徐州教育年鉴

（2018）

徐州市教育局编

方志出版社
Publishing House of Local Records

图书在版编目（CIP）数据

徐州教育年鉴．2018 / 徐州市教育局编．-- 北京 ：方志出版社，2018．9
ISBN 978-7-5144-3207-7

Ⅰ．①徐… Ⅱ．①徐… Ⅲ．①教育事业—徐州—2018—年鉴 Ⅳ．①G527.533-54

中国版本图书馆CIP数据核字（2018）第200087号

徐州教育年鉴（2018）

编　　者：徐州市教育局
责任编辑：张　昊
出 版 人：冀祥德
出 版 者：方志出版社
地址　北京市朝阳区潘家园东里9号（国家方志馆4层）
邮编　100021
网址　http://www.fzph.org
发　　行：方志出版社图书经销中心
电话（010）67110500
经　　销：各地新华书店
印　　刷：合肥远东印务有限责任公司
开　　本：889×1194　1/16
印　　张：26
字　　数：594千字
版　　次：2018年9月第1版　2018年9月第1次印刷
印　　数：0001~3000册

ISBN 978-7-5144-3207-7　**定价**：180元

《徐州教育年鉴(2018)》编审人员名单

主　　编	吴　昊
副 主 编	张宝民　王志升　曹昭海
审　　稿	吴　昊　葛宝堂　李运生
	李　清　刘　艳　张宝民　刘桂云
编　　辑	曹昭海　钱立群　严国年
县(市、区)组稿	宋红军　赵鸿雁　朱玉洁　花少锋
	周奎英　张春恩　吴　伟　乔　雷
	李洪涛　李世明　李智梅　王兴博

编 辑 说 明

一、《徐州教育年鉴》是一部专业的资料性工具书。在中共徐州市委教育工作委员会、中共徐州市教育局委员会、徐州市教育局的领导下，以马克思列宁主义、毛泽东思想、邓小平理论、“三个代表”重要思想、科学发展观和习近平新时代中国特色社会主义思想为指导，由徐州教育志办公室主持编纂。创刊于1987年，原刊名为《徐州教育概览》，每2—3年1卷，1996年改版为《徐州教育年鉴》，每年1卷。

二、《徐州教育年鉴(2018)》记述2017年徐州市教育改革、发展情况。

三、《徐州教育年鉴(2018)》类目设置为：特载、大事记、总述、教育管理、各类教育、高等教育、县(市)区教育、荣誉录、年度教育人物及重要文件目录。

四、《徐州教育年鉴(2018)》收录的资料，由徐州市各级教育行政部门及各级各类学校撰写并经单位领导审核。

领导视察

10月12日,江苏省副省长王江(右2)教育厅厅长葛道凯(左2)到徐调研教育工作

11月3日,教育部科学技术司司长雷朝滋(左2)到徐调研基础教育信息化工作

摄影:张　琦　林　静

2017 徐州教育巡礼

4月14日，徐州市召开2017年全市教育工作会议

11月11日，新教育实验现场会在钟吾中学举行，
朱永新教授(右2)观看学生剪纸

9月8日，徐州市召开庆祝第33个教师节大会

5月15-17日，由中央电教馆主办的基础教育信息化
应用典型示范案例研讨会在徐州市召开

12月2日，市教育局举办学习贯彻党的十九大精神、
推进教育系统党建工作发展专题培训班

摄影：张　琦　王志华　李智梅

10月13日，徐州市举行江苏省
全民终身学习活动周开幕式

12月1—3日，徐州市教育局局长吴昊、副局长李运生赴南通调研，
并看望在南通跟岗学习的校干、教师

4月21日，江苏省“教学新时空·名师课堂
（高中生物）”直播活动在徐州市成功举行

4月13日，徐州市召开职业教育工作会议

12月9日，2017年徐州市“市长杯”青少年校园足球冠军赛
在市奥体中心开赛

9月7日，徐州市召开学前教育工作会议

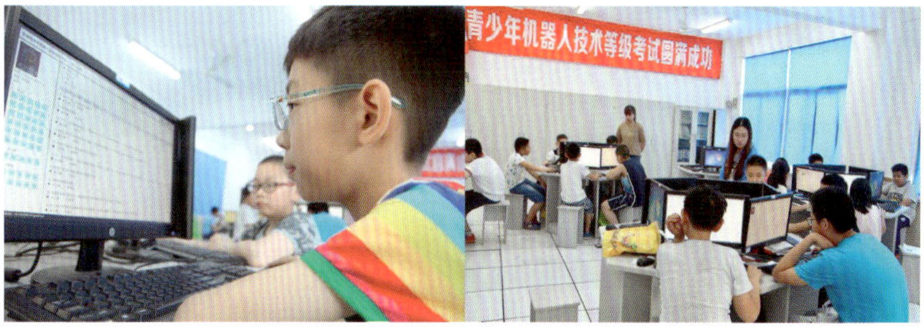

5月，徐州市举办首次全国青少年机器人技术等级考试

课改创新实验结硕果

11月23日，由教育部主办的首届基础教育改革创新实验区课改优秀项目与课例展示活动在徐州市拉开帷幕

课改优秀项目与课例展示活动在徐州市三十六中举行

课改优秀项目与课例展示活动在云兴小学

“课堂翻转”铸就课改旗帜，“项目研究”书写辉煌篇章——泉山课改绽放异彩

课改优秀项目与课例展示活动在星光小学

5月22-24日，市教育局举行教育部基础教育课程课改实验区课题开题会

摄影：张　琦

项目引领，聚焦“学讲”

2月20日，市教育局举行“学讲”工作推进会

9月19日，市教育局举行“学讲计划”推进工作（方案）研讨会

10月31日，教育局举行“深化学讲，项目引领”语文主题学习实验研讨会

4月25日，《上海教育科研》杂志社到徐州调研“学讲计划”

市教研室开展以质量为核心的“学讲”视导活动

新沂一中举行“学讲”课堂校际交流

市“学讲”推进工作现场活动在开发区西朱小学举行

摄影：张　琦　王荣辉　徐　峰

创客教育培育小小"创客"

1月18日，由市教育局主办的首届中小学校园创客文化节在科技实验小学举行

徐州市举办第二期中小学校创客教育类师资培训班

8月，徐州市学生在NOC大赛中捧得"教育信息化发明创新奖"

8月19-23日，在第二届"登峰杯"全国中学生学术科技创新大赛——机器人竞赛中，徐州市第一中学团队获"人型体操"机器人比赛全国一等奖、第三中学团队获"光电车型搬运"机器人比赛全国一等奖。

三十四中首届创客节

省第九届青少年机器人竞赛青年路小学获团体一等奖

"匠"心筑梦 创新有为
——职业学校创新创业教育采撷

"警营中的爱迪生"——铜山中专毕业生蔺浩然

摄影：张　琦　商小红　高　露

树德铸魂 做“四有”好教师

8月27日，徐州市3.5万名教师
参加业务能力考试

9月18日，市教育局召开干部警示教育大会

2017年度德润彭城·最美教师

12月19日，由中央电教馆主办的第二十一届全国
教育教学信息化大奖赛中，侯集高级中学曹红梅、
李鹏、胡献钊合作的微课作品《超重失重》
荣获基础教育组微课一等奖

9月27日，徐州市选手在省中小学班主任基本功
大赛和班主任论文大赛中获佳绩

11月，徐州市教师在全省中小学理科实验教学说课比赛中获佳绩

摄影：张　琦

城乡学校网上结对,优质资源均衡发展

6月22日,徐州市举行"城乡学校网上结对"试点工作会议,市教育局副局长张宝民做工作部署

乡村骨干教师培训站工作座谈会

举办城乡学校结对工程试点"同步课堂"工作研讨会

9月28日,徐州市城乡学校结对工程网上同步学堂正式启动

助推城乡教育一体化发展,网上同步学堂正式启动

睢宁县举行网上同步学堂观摩与研讨活动

摄影:张 琦

(责任编辑 钱立群)

目 录

各类教育

基础教育

职业教育与社会教育

徐州生物工程职业技术学院

九州职业技术学院

县(市)区教育

丰县

沛县

邳州市

铜山区

贾汪区

云龙区

鼓楼区

泉山区

经济技术开发区

荣誉录

先进集体

先进个人

教育人物

第三届国家“万人计划”领军人才（教学名师）

第四批“江苏人民教育家培养工程”培养对象

特 载

徐州市人民政府副市长李燕在2018年全市教育工作会议上的讲话

（2018年3月2日）

一、充分肯定全市教育改革发展取得的成绩

刚刚过去的2017年，是徐州发展史上极不平凡的一年。国务院明确了徐州淮海经济区中心城市的发展定位；省委省政府专题研究徐州工作，把中心城市建设作为一个单独板块，纳入全省“1+3”功能区战略布局。特别让全市人民欢欣鼓舞、无比振奋的是，去年12月12日、13日，习近平总书记亲临徐州开展十九大后首次调研视察，对我市振兴转型发展实践给予充分肯定，这在徐州发展史上具有十分重要的里程碑意义。过去的一年，也是教育工作取得显著成绩的一年，各项改革发展都取得了重要进展。重点抓了三个方面工作：

一是解决了一批要事难事。下定决心，动真碰硬，严厉打击在职教师校外有偿补课，全面取消市区高中借读生，清理规范了2514所无证幼儿园。积极化解历史遗留问题，被辞民师生活补助增长机制、免费男幼师就业安排等问题得到妥善解决。潘安湖科教创新区启动建设，江苏师范大学科文学院、徐州幼专新校区建设有序开展，高校布局进一步优化。

二是做了一批打基础利长远的实事。按照淮海经济区中心城市发展定位，制定了新一轮中心城区中小学布局调整规划，明确了主城区中小学幼儿园投资建设管理体制、居住小区配套幼儿园规划建设及管理使用办法。年度重点工程全面完成，优质教育资源大幅扩增，创建省市优质幼儿园117所、省义务教育现代化学校185所。设立了2500万元专项资金，激励市直属学校提升教育教学水平，教育工作面临着良好的政策环境。

三是教育面貌焕然一新。启动“三师”工程评选，创新名优教师培养模式，组织3.5万名教师开展业务能力测试，教师队伍活力不断增强。深入推进“基础教育学南通”活动，组织了400多所学校赴南通学习交流，500多名教师校干挂职跟岗。教育教学质量不断提升，2017年高考指标均创新高，高考本科上线率63.05%，仅低于全省4.85个百分点。教育生态进一步优化，群众对教育的满意度不断提升。

徐州教育摊子大、底子薄、欠账多，面对全省百舸争流、竞相发展的工作态势，我们取得的每一点成绩、数据增长的每一个百分点都来之不易。在此，我谨代表市政府，向在座的各位，并通过你们向全市10万教职工，表示衷心的感谢！

二、深刻把握新时代教育事业面临的形势和要求

党的十九大作出了中国特色社会主义进入新时代这一重大政治判断，为教育事业发展明确了新的历史方位，我们要认真研判新形势新任务，积极承担新的使命责任。

一是紧扣主要矛盾新变化，推动教育平衡充分发展。进入新时代，我国社会主要矛盾已经转化为人民日益增长的美好生活需要和不平衡不充分的发展之间的矛盾。这一判断同样适用于教育领域，不平衡主要体现为城乡教育二元结构明显，从2016年教育现代化监测得分来看，泉山91.7分、云龙90.2分、鼓楼90.2分，苏北率先、江北领先，但各县（市）全部集中在低分段，其中徐州经济技术开发区分值同比下降，邳州、新沂、睢宁低于全省80.24的平均分值。不充分主要体现为优质教育资源不足，全市三星级以上高中55所、四星级高中19所，分别占比63%和20%，均居全省末位；同时教育供给比较单一、粗放，教育结构还不够优化，无法满足群众对教育的多样化、个性化需求。这在一定程度上引发了择校热、大班额等现象，全省小学最大的班额、初中最大的校额都在我市。下一步要把推动教育平衡充分发展作为工作主线，抓重点、补短板、强弱项，推进教育优质、协调、多样特色化发展。

二是紧扣徐州工作总命题，走高质量发展之路。今年1月份召开的省“两会”上，省委娄勤俭书记参加徐州代表团审议时指出：“习近平总书记视察徐州时，强调的一个主题就是高质量发展，江苏正处于由高速增长向高质量发展的转型时期，要重点实现“六个高质量”（经济发展、改革开放、城乡建设、文化建设、生态环境、人民生活），在这个大的定位下，徐州应当交出一份什么样的答卷，这是做好徐州工作的一个总命题。”教育在经济社会发展中具有基础性、先导性、全局性的作用，教育工作更应该坚持高质量发展。今天的会议签订了2018年教育发展目标责任书，无论是教学质量、学校管理，还是项目建设、产教融合等，都要用精细化、系统化的思维研究，确保高标准推进、高质量完成。

三是紧扣城市发展新定位，努力实现教育“凤凰涅槃”。省委娄书记多次强调，徐州不能简单地把自己看做江苏的一个市，要在国家大战略中提高站位，大胆突破惯性思维，敢于瞄准大城市的能级进行规划建设。实事求是地讲，目前我市教育事业的发展水平，与徐州经济总量在全省的地位、与淮海经济区中心城市的定位不相匹配。从基础教育来看，2017年全市高考本科上线率居全省后两位，除了市直高中、新沂、铜山、贾汪四家以外，其他县（市）区全部低于全省平均水平，甚至位居全省末端，严重拖了全市后腿。从高等教育来看，作为中心城市，无论是规模还是质量，远落后于临近的郑州、济南、合肥、南京等省会城市（郑州高校56所、在校生112万人，合肥高校54所、62万人，济南高校43所、56万人，南京高校53所、72万人；南京“双一流”高校12所、一流学科38个，合肥“双一流”高校3所、一流学科13个；我市一流学科建设高校1所、一流学科2个）。我们要进一步增强危机感、责任感，对照中心城市的发展定位，提高标杆、进位争先、崛起腾飞，力争“十三五”期间打个翻身仗，县区不拖大市后腿，大市不拖全省后腿，到2020年基础教育水平整体进入苏北第一方阵，高等教育水平跃居省会城市之列。

三、切实做好2018年各项教育重点工作

今年是贯彻党的十九大精神的开局之年，是实施“十三五”规划承上启下的关键一年。我们要着眼于“十三五”后三年目标，紧在前、干在先，全力以赴抓好年度任务的落实。

（一）坚持问题导向，加快完善教育公共服务体系。重点解决新一轮学校布局规划建设等方面问题，确保建成一批、创优一批、规范一批，加快实现教育的标准化、均衡化、一体化发展。一是抓紧启动新一轮规划修编。根据市政府主要领导同志要求，去年我们按照到2035年360万人的增长预测情况，对中心城区中小学布局进行了新一轮优化调整。各地也要尽快行动，突出中心城市的目标定位，加快修编新一轮中小学布局规划。要强化用地保障，确保各规划点顺利建设。二是抓好重点工程。建设任务已经通过责任书的形式分解给各地了，全市要新（改扩）建幼儿园216所、中小学133所。随着二孩政策的实施，各学龄段入学压力陡增，所以这件事情不能按部就班，要特事特办、急事急办，加快建设步伐。三是提升优质占比。今年省优质园占比要达到60%以上，义务教育标准化比例达80%以上。确保今年建成3所四星级高中，逐步提升星级占比;到2020年全部取消二星级高中办学资格,转设为职业学校或义务教育学校。四是加大规范清理力度。坚持疏堵结合,持续加强对无证幼儿园清理整治,逐步整改提升看护点。研究解决大班额、大校额问题,今年要全部消除66人以上的超大班额,逐步消除20轨以上超大高中,努力实现标准化办学。

(二)坚持立德树人,全面提升教育教学水平。一是继续开展"基础教育全面学南通"活动。重在学精神、学理念,特别是学习南通教师吃苦奉献的精神,学习南通学校精细管理的经验,学习他们对教研的重视,学习南通全社会支持教育发展的做法。无论政府层面、教育局层面、学校层面,要结合实际,以学促建,抓好高考质量提升、学校管理提效、教师素养提高、教育生态营造等,促进升学水平、素质水平"双提升"。二是加强教学研究。2018年是全市的"教研建设年",各地要加强教研队伍建设,提升学科基地建设水平,特别是市教研室、市高考研究中心等承担着全市教育教学的科研任务,要集中优势资源,组织协作攻关,充分发挥指导作用。2018年高考已经进入到100天倒计时,各地要加强高考备战,认真研究高考政策,加强质量监测,同时处理好适度分流和适当选拔的关系,挖掘普通高考、对口单招、提前招生等一切增长点,扩大分子、减少分母,力争今年本科上线率超过全省平均水平,一本上线率实现更大的突破。三是深化学校内涵建设。尊重教育规律,以人为本、因材施教,大力倡导适合的教育。特别是以"学讲计划"为抓手,深化课堂教学改革,建立以学生发展为本的新型教学关系。抓好素质教育实施,利用我省高中考试招生制度改革的契机,深化体育美育改革,把体质健康、审美修养作为学生综合素质评价的重要指标。打造书香校园,让学校图书馆里的书走出来,摆到教室、走廊、餐厅里,让学生想看就看。同时盘活所有教育装备资源,走出来、用起来,最大限度地发挥育人作用。四是强化家校共育。立德树人是系统工程,学校、家庭、社会要协同育人。要顺应群众需求,健全课后服务制度,科学制定弹性离校制度,提供丰富的课后服务项目。创新家校沟通方式,提升家长对学校教育的认识和理解;加强家庭教育指导,提升家庭教育水平,防止"学校减负、家庭增负"。

(三)提升发展理念,全力加快区域教育中心建设。周铁根市长在政府工作报告中强调,中心城市不是领导"封"出来的,不是自己喊出来的,而是靠实实在在干出来的。区域教育中心主要体现在高校、职业院校的发展水平上,我们要在国家大战略中提高站位,以更先进的理念、更高的标准谋划区域教育中心建设。一是进一步增强高校综合实力。支持在徐高校加强内涵建设,争创"双一流"学校、创建一流学科,加强高层次人才引进,推进校地合作,大力提升产教融合水平。进一步优化高校布局,全力支持徐州幼专升本、徐州医药高职校升格工作,加快推进徐州工程学院创建区域性应用技术型大学。全力加快潘安湖科教创新区建设,根据周市长要求,要成立专门的工作小组,积极破除体制机制障碍,加快打造集聚人才、技术、资金等创新要素的一流科教创新平台。同时加快推进江苏师范大学科文学院新校区建设,加快启动徐州幼专新校区建设,加快推进中国矿大徐海学院独立校园建设,积极研究推进徐州生物工程学院与徐州卫校合并工作等。市委市政府在产教融合、人才引进、学校升格、创办县区分院方面,设立了一批专项资金,无论省部属还是地方高校,无论是公办还是民办,平等享受政策支持。二是大力提升职业院校发展水平。根据今年职业教育提前招生情况来看,全省报名人数下降了9%,我市却逆势而上提升了13%,人数占全省近三分之一。要充分利用这一难得的发展态势,加快打造"徐州工匠"品牌,进一步提升职业教育基础能力,积极对接区域产业发展,大力创新办学体制、专业机制,加快构建现代职业教育体系。要像重视高考一样,抓好职业技能大赛,让更多的学生拿金牌、提高技术含量。强化中专对口单招,扩大"3+3""3+4"分段培养项目,实现升学增加、生源增长的良好互动,给每个职校生谋一个更好的前程。三是大力发展社会教育。去年国务院办公厅印发了《关于进一步激发社会领域投资活力的意见》,要求进一步激发教育等社会领域投资活力。要大胆解放思想,鼓励和引导民间资本进入教育领域,创新投融资体制,完善民办教育奖补机制,实施积极的民办学校收费政策,落实建设用地和税收优惠政策,优化民办教育发展环境,加快形成政府主导、社会参与、比例适当、多元办学、规范管理的发展格局。依托"一城一谷一区一院",积极引进国内外知名高校、科研院所来徐州设立分院、科研中心等。整合社会资源，进一步做强区域艺术考级基地，发展高考艺体专业辅导机构，大力发展雅思、GRE等国际化考试培训，逐步把徐州打造成为淮海经济区规模最大、门类最齐全的教育培训市场。四是大力提升教育国际化水平。我市约有200多名外籍人士子女在徐生活，每年我市约有300多名学生出国读书，近期不少外商来徐洽谈创办国际学校的事情。要顺应城市发展需要，提升教育国际化水平，重点打造1-2所基础教育国际学校，向群众提供更加多样化的教育选择。鼓励学校在坚持自主办学的同时，积极与国际知名教育机构合作，开展全方位、宽领域、多形式的智力引进、办学合作和学术交流，特别要在国际通用职业资格证书、新兴领域技能培训、国际化考试培训等领域有新成果，提高我市教育开放合作的层次和水平。

（四）突出改革创新，加强教育人才队伍建设。今年1月20日，中共中央、国务院出台了《关于全面深化新时代教师队伍建设改革的意见》，这是新中国成立以来党中央国务院出台的第一个专门面向教师队伍建设的里程碑式政策文件，将教育和教师工作提到了前所未有的政治高度。目前，省、市都在研究贯彻落实的文件，这里先强调几个方面：一是在管理体制上求突破。省里正研究对全省所有编制进行统筹管理，建立“省编制池”。去年市编制部门已经率先探索，开展了富裕编制的跨行政区域统筹使用。下一步将继续加大改革创新力度，盘活事业编制存量，合理核定教职工编制，优先保障教育发展需要；探索“县管校聘”改革，真正使教师由“学校人”转为“系统人”；要完善绩效工资制度，建立表彰奖励制度，增强教师的成就感。二是在优化配置上想办法。今年全市新招聘教师任务超4000名。各地要加大招聘力度，探索教师编制配备和购买服务相结合的方式，满足教育快速发展需求。以“教育学南通”为抓手，探索合作新模式，大力引进优秀教育管理团队。稳步推进免费定向师范生培养，吸引更多的优秀人才投身教育事业。三是在专业建设上下功夫。健全教师培训体系，加强“三师工程”人选培养，大力推进“双师型”教师培育，进一步完善名师工作室、名师团队等制度，不断提高教师专业化水平，培育更多的特级教师、名优教师。加强“名校长”培养，形成以名校长为中心的管理团队。加大教育人才引进力度，千方百计吸纳优秀大学毕业生到一线任教，进一步优化教师队伍结构。

四、以强烈的“答卷意识”抓好工作落实

今年2月2日市委市政府召开专题会议，传达省“两会”精神。周铁根市长强调，徐州要树立强烈的“答卷意识”，干在实处、走在前列，努力交出让总书记、省委和全市人民满意的答卷。全市教育系统要认真落实市委市政府要求，以强烈的“答卷意识”抓好各项工作落实，写好奋进之笔。

一要提振教育精气神。时代是出卷人，我们是答卷人，人民是阅卷人。我们以什么样的精神面貌答卷，直接决定着教育的形象和人民群众的满意度。习近平总书记说过，选择当老师就选择了责任和奉献，就要尽到教书育人、立德树人的责任。广大教育工作者要做践行社会主义核心价值观的表率，坚定职业理想，坚守职业道德，大力弘扬正能量，为人师表、以身立教，自觉抵制社会不良风气的影响。今天，我市首批领军名师也参加了会议，你们是全市教师的榜样，希望你们珍惜荣誉，以自己的模范品行带动和影响的更多的教师，忠于党的教育，静心教书、潜心育人，忠于职守、甘于奉献，努力做让学生爱戴、社会满意、党和政府放心的教师。

二要强化责任担当。党的十九大报告把发展教育事业摆在民生之首，并多次强调必须坚持优先发展，办好人民满意的教育，这是我们各级党委政府宏观决策的重要遵循。市委市政府主要领导同志对教育工作高度重视，到目前为止，教育上的事情只要我们提出来周市长没有不支持的。前段时间，我牵头研究城区中小学布调规划，一些区里的领导在地块问题上讨价还价。周市长多次讲，这不是钱的问题，是执政理念的问题，是对人民群众感情的问题。各地分管负责同志要强化责任担当，增强机遇意识、危机意识和紧迫意识，以强烈的教育情怀，牵头推进教育事业的改革发展。同时要加大向主要领导同志的汇报力度，争取各个方面的支持力量，把优先体现在规划、资金、编制、建设等各个具体工作中，真正做到教育优先发展。

三要加强行业管理。继续采取过硬措施，严厉打击在职教师有偿补课等不正之风。据反映，一些名校的教师仍然我行我素，采取小班制甚至“一对一”等更加隐蔽的形式在外补课，“一对一”补课的学生一节课竟然高达2千多元。踏踏实实备课上课的教师会不会感到“吃亏”？这对教育生态的破坏十分恶劣。要规范校外教育培训机构，按照“谁审批、谁负责”的原则，采取联合执法，严审办学资质，规范培训内容，严查与学校挂钩招生、利益输送等违规行为。市委巡查工作正在深入开展，教育系统各级领导干部要认真落实“一岗双责”，抓好党风廉政建设，以良好的党风促政风带行风。

四要确保安全稳定。安全稳定工作必须警钟长鸣、常抓不懈。要加强安全教育，深入创建平安校园，确保校舍安全、食品安全、校园安全、校车安全。2018年全国两会即将召开，要按照“属地管理、分级负责”的原则，抓好涉及教育的信访维稳事项，切实维护社会稳定。最近全国范围内学生极端事件频发，据统计学历越高发生极端事件的比例越高，其中50%是毕业年级。去年我市也发生了几起学生极端事件，引发了舆论炒作。要加强学生日常心理健康教育，有针对性地开展心理干预，结合校园文化建设，打造阳光校园。要加强社会宣传，传播科学的教育理念，合理引导社会预期，同时提高舆情应对能力，优化教育舆论环境。

五要强化督导检查。今年开始，省政府将对大市的教育工作进行考核，市里也正在研究，将对各地的教育工作进行打分考核，考核结果除了全市通报以外，还要把各地教育工作完成情况在徐州主流媒体刊登，接受全市人民的评判。同时，请市教育局继续加强教育现代化监测、义务教育标准化监测、高考质量评价、基本公共教育类服务体系指标等，情况及时上报市政府，同时通报县(市)区党委政府。

同志们，发展新时代教育事业任重道远、使命光荣，让我们以党的十九大精神为指导，以想做事的责任心、敢做事的魄力和能做事的实招，不断开创全市教育工作新局面，努力打造人民满意的教育！

全市教育工作报告

徐州市教育局局长　吴　昊

（2018年3月2日）

一、2017年全市教育改革发展取得新成绩

过去的一年，全市教育系统紧紧依靠市委市政府的坚强领导，紧紧依靠各级党政组织和社会各界的关心支持，不折不扣贯彻上级部署，积极主动回应群众期待，推进重点、攻克难点、化解热点，较好完成了年初确定的各项目标任务，教育改革发展整体向好。市教育局在市直机关年度绩效考核中跃入优秀档次，在文明城市创建中荣立集体二等功。

（一）教育资源供给实现大幅增长。以实施城建重点工程和“为民办实事”项目为抓手，坚守公平底线，努力扩大优质教育资源供给。学校建设步伐明显加快。大力实施基础教育布局优化工程，各地新（改扩）建幼儿园184所、中小学119所，数量再创新高，超过年初计划。全市建设校园校舍103.8万平方米，添置信息化设备4.8万套，完成“改薄”五年规划总任务的91.6%，超过省定85%的年度目标，在全省“改薄”推进会上作典型发言。高标准完成新一轮中小学布点规划修编，拓展了下一步大发展的空间。优质资源总量明显放大。创建省优质园67所、市优质园40所。创建义务教育现代化标准学校185所，标准化率超过70%。贾汪中学建成四星级高中，邳州明德学校、徐州五中、开发区高级中学接受四星级评估。创建省级游戏化课程项目3个、省级中小学课程项目15个，项目总量保持全省第一。教育惠民成效明显提升。提请市政府研究出台《统筹推进城乡义务教育一体化优质均衡发展的实施意见》，督促指导各地加快实施消除“大班额”计划、推进集团化办学等工作。提前完成无证幼儿园清理整顿任务，累计消除无证园2514所，在全省学前教育现场推进会上作典型发言。全面取消市区普通高中借读，没有办理一个高中借读生，没有发生一起招生集访，招生秩序明显改善。制定《做好农村义务教育阶段留守儿童教育工作的意见》，保障留守儿童健康成长。推进教育资助工作，发放各类助学金1.46亿元，资助14.6万人次，尽力做到不让一名学生因贫困失学。

（二）教育教学质量取得明显进步。把上级要求、社会期待与教育实际有机结合，积极探索培养模式、教学方式、评价机制改革，扎实推进素质教育和升学水平“双提升”。省义务教育质量监测显示，我市各项数据整体向好，学生品德行为素养、教师教学方式等指标进入全省前列。全市高考本科上线19995人，本科上线率63.05%，11人被北大、清华录取，各项指标均创新高。教育评价考核更趋完善。广泛征求各方面意见，研究制定了市直初中、高中教学质量监测评价方案，牢固树立"初中全员综合评价、高中分类多元评价"的导向。抓实抓细教育督导，深入开展幼儿园规范办学、民办学校办学等专项督导，面上铺开县域普通高中质量督导，并创新引入第三方评估，六个县(市)区入选"全国中小学校责任督学挂牌督导创新县市区"。课堂教学改革更富成效。深入推进"基础教育学南通"，遴选500名校干教师赴南通跟岗学习，引进海门高水平团队接管开发区高级中学。持续实施"学讲计划"，举办于永正教学思想研讨会，承办教育部基础教育改革创新实验区项目开题会和课改展示活动，全国高中生涯规划教育研讨会、全国新教育实验开放活动在我市举办，"学讲行动"、"儿童的语文"、"画育童心"等3项成果获省教学成果特等奖。综合素质培养更具特色。启动中小学美育课程测评，首次将体育工作列入学校教学质量综合评价，首次面向全市学校所有学生发放"体质健康成绩单"，4所学校入选"全国中小学优秀文化艺术传承学校"，6人入选"省第四届美德少年"，"振动心育之翼"获教育部中小学德育优秀案例奖。促进信息技术与教育教学深度融合，在全国中小学信息技术创新与实践活动中获24项一等奖，在世界机器人大赛中获36项一等奖，在全国校园影视大赛中获2项银犊奖，全国基础教育信息化应用示范案例培训会在我市举办。

（三）教师队伍建设做到质量双增。优化师资配置，加大教师补充力度，全市新招聘公办幼儿教师845人、中小学在编教师1938人，数量大幅增加。师德师风建设持续优化。强化典型引领，大力宣传于永正等教育名家和杨金军等师德模范的先进事迹，教师节期间集中表彰146家先进集体和626名先进个人，26人获"德润彭城·最美教师"称号。严厉打击在职教师有偿补课行为，暑期对13名违规教师严肃处理，通过媒体向社会发布，产生极大反响，省委教育工委向全省转发了我们的经验做法。名优骨干群体持续壮大。更加关注教师成长发展，启动"三师工程"，完善教师发展体系，282人获首批领军名师、带头优师、青年良师称号。"项目研究引领教师专业成长"获省教师队伍建设优秀工作案例特等奖，"三师工程"获得一等奖。郭庆、刘杰、张安义三位老师获国家"万人计划"教学名师称号，数量居全省第一；佟广标、蒋炜两位老师获"江苏最美职校教师"提名奖；15人获省教学名师称号，5人获评省人民教育家培养对象，18人获评中小学正高级教师。教师综合素养持续攀升。组织暑期业务能力测试，局机关、校领导带头参与，全市3.5万名教师参加，成绩向社会发布，引领广大教师钻研业务。举办国家、省、市级培训项目35个，参训教师4.7万人。在省级各类教学大赛中获一等奖29项，数量较上年大幅增长。推动实施乡村教师支持计划，在省首届乡村骨干教师培育站终期考核中，获一等奖4项，272人受到表彰。推进县级示范性教师发展中心建设，贾汪区、云龙区、开发区通过省级评估。

（四）职业教育综合实力不断增强。促进高等教育、职业教育、社会教育协调发展，推动教育资源向发展资源加快转化。产教融合更加紧密。强化职业教育综合实力，医药高职校、财经高职校、模特学校创建为省现代化示范性(特色)职业学校，新创建现代化专业群6个、现代化实训基地7个。组建健康养老、服务外包2个区域性职教集团，启动11个特需专业建设，打造20个产教深度融合平台，《中国教育报》头版头条以"职业教育助老工业基地闯新路"为题报道了我市典型经验。举办"职教对接周"，460多家企业、15000余名学生参与，22家院校与156家企业现场签约。"产教融合"的成功举措荣获"徐州市创新奖"优秀奖。技能型人才培养拓宽路径。全市申办分段培养项目77个，在"3+4"转段考试中，4所试点学校287人被本科院校录取，录取率达到95%。高职院校提前招生录取12763人，录取率达到76.2%。举办"淮海职教杯"创业大赛，淮海经济区8个核心城市25所职业院校参加。在职业院校技能大赛中获国赛金牌4块、省赛金牌28块，综合成绩连续九年蝉联江北第一，在全省职业学校创业能力大赛中获团体总分第三名，实现历史性突破。终身教育体系不断完善。创建省级社区教育示范区1个、教育服务"三农"示范基地2个、标准化社区教育中心15个、居民学校26所。全市5.3万人次参加成人高考和自学考试、30万人次参加非学历证书考试、80万人次参加各类技能培训。省

“终身教育学习周”开幕式在我市举办，社会教育工作得到王江副省长充分肯定。

（五）党的建设工作取得较好成绩。坚持党的建设和教育事业双促共进，全系统“四个意识”进一步增强，“四个自信”进一步坚定。基层党建工作亮点纷呈。制定《加强全市中小学党建工作规范化建设的意见》，市直学校29个党组织和机关党委全部成功换届。强化民办学校党支部基础建设，探索民办学校流动党员管理办法，中组部派员来我市专题调研。推进“两学一做”常态化制度化，开展“百千万”大走访，打造“争做三个先锋”活动品牌。启动市直学校年轻后备校长培养工程，首批选配7名校长助理。举办“德润彭城·经典诵读”、志愿者服务等活动，工会、共青团组织的凝聚力进一步增强。党风廉政建设不断强化。以落实巡察整改为契机，制定《“三重一大”党委决策意见》、《党委议事决策规则意见》，出台校长责任审计、严肃财经纪律等一揽子制度，加大对基建工程、招生考试、师德师风等重点领域和关键环节的监督执纪。支持纪检监察体制改革，配合派驻纪检组深入开展各项工作。对不良现象和违规违纪问题，积极开展专项整治行动，敢于亮剑、主动问责，对市直学校8人违规违纪线索立案审查，对纪律审查中发现问题的学校主职干部“一对一”提醒谈话，工作成效得到市纪委的充分肯定，在市直机关绩效考核中，成为纪检监察部门唯一给予加分的单位。意识形态责任制扎实落实。开展十九大精神宣讲，举办大学生“学习十九大”演讲比赛。把培育和践行社会主义核心价值观作为基础工程，推进“进教材、进课堂、进头脑”。启动“亮区域名片，讲教育故事”宣传行动，优化徐州教育网，开通“徐州教育”微信公众号，主动引导教育舆论。维护安全稳定成效明显。强化安保维稳措施，不定期组织了15次校园安全大检查，持续开展“防范校园欺凌”等活动。推进矛盾纠纷排查化解，在市政府的大力支持下，解决了被辞民师生活补助增长机制、免费男幼师就业安排等历史遗留难题。

一年的创新实践，我们共同收获了一批改革发展成果，也进一步加深了对新形势下办好人民满意教育的思考。最深切的体会有三点：徐州教育事业跨越不易、进步不难。摊子大、底子薄是徐州教育最大的实际、最现实的难题。在这种情况下，试图毕其功于一役，短时间内大幅攀升、全面跨越，不是实事求是的态度。但是只要全系统上下凝心聚力、尽力而为，一件事情接着一件事情干，一步一个脚印向前走，每位同志、每所学校、每项工作都能月月有提升、年年有进步，徐州就可以积跬步至千里、积小胜为大胜。推动事业发展务必广借外力、多聚内力。发展教育事业，教育人责无旁贷，但也要跳出教育看教育、借力聚力办教育。当前尤其要抓住优先发展教育的机遇，多争取领导支持、多争取政策资源，抓住各界对教育高度关注的机遇，多争取社会理解、多争取舆论资源。同时，要切实关爱教师队伍成长，点燃每位教职员工的工作热情和进步激情，真正做到学高为师、身正为范。通过上下各方的共同努力，推动徐州教育事业不断进步。改革创新亟待直面难题、勇于担当。突出问题导向，是十八大以来中央反复倡导、实践充分检验的极为精当的方法论。面对困难和矛盾，是熟视无睹、推诿扯皮，还是分析研究、攻坚克难，这是对每一名党员干部教师责任意识和政治素质的考量。当前形势下，要在全市教育系统大力倡导负责态度与担当意识，特别是各级干部要拿出逢山开路的闯劲，拿出滴水穿石的韧劲，想方设法破解难点，凝心聚力弥补短板，让上级领导和社会各界不断看到徐州教育事业的新变化新进步。

二、奋力开启徐州教育改革发展的新征程

中国特色社会主义进入新时代，各项事业都要有新气象新作为。党的十九大深刻阐述了新时代教育事业的历史使命，并就优先发展教育、建设教育强国、加快教育现代化做出全面部署。十九大之后，习总书记首次地方考察亲临徐州，为徐州发展加压指路，全市上下倍感光荣自豪、深受鼓舞激励。这都为我们开启教育改革发展新征程注入了强大的精神动力、提供了根本遵循。今年的全国教育工作会议，教育部党组提出要把实施“奋进之笔”行动作为贯彻落实十九大精神和2018年工作的主要抓手，陈宝生部长在讲话中强调“七个聚焦”，切实做到瞄准问题、准确定位、强化攻坚、体现协同。全省教育工作会议提出把满足人民群众日益增长的美好生活需要作为努力方向，把推动教育平衡充分发展作为工作主线，葛道凯厅长强调了七个方面的工作。这都为我们指明了努力方向、明确了目标要求。我们要认真贯彻中央和省、市对教育工作的决策部署，以新的历史站位审视教育，以新的精神状态发展教育，合力写好新时代徐州教育的奋进之笔。

——强化“四个意识”，用习近平新时代中国特色社会主义思想指导教育实践。中国特色社会主义进入新时代，赋予了教育新的发展要求、发展内涵。我们要深入研究这一重大判断，围绕“建设教育强国”总体目标，把发展徐州教育事业放在贯彻十九大精神的大坐标中领会把握，放在全省高质量发展大环境中研究思考，放在建设淮海经济区中心城市大格局中谋划部署，加快形成教育改革发展的“徐州方案”、“徐州路径”，蹄疾步稳、扎实向前。要紧扣社会主要矛盾发生的历史性变化，把解决教育发展不平衡不充分问题作为重要着力点，把高质量发展作为确定思路、制定政策、分配资源的根本要求，推动教育供给从总量增长向结构优化转变、教育质量从片面追求升学向学生全面发展转变、教育公平从机会公平向过程公平转变、教育资源从重点配置向均衡配置转变，努力让每个孩子都能享有公平而有质量的教育。

——奋力开拓创新，从破解事业发展现实难题中深化教育综合改革。创新，讲到底就是不断发现、分析和解决问题的过程。当前，我市教育发展距离实现教育现代化的战略目标、距离建设区域教育中心的规划蓝图、距离人民满意的美好愿景还有很大差距，还存在很多问题，特别是学龄人口激增，公办资源缺口加大，大班额问题突出；城乡、区域和校际之间不均衡，择校热远未根本解决；教育教学质量亟待提高，保障学生健康成长任务艰巨；教师队伍严重短缺，结构性矛盾长期存在等等。我们要以贯彻《关于深化教育体制机制改革的意见》、《关于全面深化新时代教师队伍建设改革的意见》等文件为契机，抽丝剥茧、层层深入，对症下药、精准突破。要强化系统化改革思维，在持续推进区域均衡发展、优化教育结构、促进教育公平的同时，把促进人的全面发展摆在改革的突出位置，配套实施招生考试、考核评价、教学组织等一揽子改革举措，使人的培养更加契合新时代的定位和需求。

——坚持求真落实，着力推动教育“奋进之笔”从字面落到行动。恢宏壮丽的篇章要靠一笔一划认真谱写，教育工作的“奋进之笔”要靠实干苦干逐步实现。教育部即将下发《学习贯彻落实党的十九大精神写好教育“奋进之笔”总体方案》，我们要结合实际，找准主攻方向和工作重点，特别是要聚焦“十三五”后三年，统揽全局谋划重大工作抓手，编制实施《淮海经济区教育中心建设方案》。今年中小学建设的重点工程和为民办实事项目已经明确，年度工作要点也已形成，向社会发布就要出成果、见实效。要制定详细任务书，排定路线图、时间表，项目化进行推进，一锤接着一锤敲，一个节点接着一个节点往前推，真正让“奋进之笔”从说法变成做法、从承诺化成效果。要进一步大兴调查研究之风，把调研重点更多放在事关全局的大事要事上，放在情况复杂、矛盾突出的问题上，放在群众关心、社会关注的热点难点上，深入基层、深入师生，掌握一手资料，摸清真实情况，多出解决思路，快出工作实效。

——牢记育人责任，切实树立“帮每个孩子谋个前程”的育人情怀。树木是为了培养栋梁，育人是培养德智体美全面发展的社会主义建设者和接班人。习总书记教导我们，“要让每一个孩子都对自己有信心、对未来有希望”。鼓励和发展学生的个性，实现社会角色、个人追求的统一，是新时代教育发展的应有之义，也是教育人应有的情怀。教育工作要做深内涵、做强品质、做出特色，积极宣传、认真践行“平衡充分发展的教育，才是适合的教育；适合的教育，就是最好的教育”等科学教育理念，帮助孩子们在求知的路上走得更主动更长远。“帮每个孩子谋个前程”是“适合的教育”理念在徐州的落实方案，根本目的是要以学生终身发展为目标，提高他们对生命价值、生活意义的理解和对自身特点、成长潜力的关注，强化职业意识，培养能力特长，成长为更好的自己。具体抓手是改进对教学成果的考评，引领学生更多认识社会、感受职业，让升学的选择更多样，让成长的路径更适合，让每个孩子都能拥有美好的前程、出彩的人生。今年，我们将修订完善相关制度机制，把“帮每个孩子谋个前程”作为对学校考核的重要指标，推动学校家庭社会更加精准地关心学生成长，为学生一生的幸福奠基。

三、努力实现新年度全市教育工作的新进步

今年全市教育工作的指导思想是：以习近平新时代中国特色社会主义思想为指导，深入贯彻党的十九大精神和习近平总书记视察徐州重要指示，全面贯彻党的教育方针,落实立德树人根本任务,积极倡导“适合的教育才是最好的教育”等科学理念,切实树立“帮每个孩子谋个前程”的育人情怀,把解决教育发展不平衡不充分问题作为主攻方向,把加快实现教育现代化、建设区域教育中心作为工作目标,着力保障教育公平,着力提升教育质量,着力深化教育改革,着力破解难点问题,不断提高人民群众对教育的满意度,合力写好新时代徐州教育的奋进之笔。这里,我重点强调六个方面工作:

(一)认真落实立德树人根本任务。立德树人是教育系统践行习近平新时代中国特色社会主义思想的核心所在。要牢固树立育人理念,全面创新育人模式,不断丰富育人载体,精心构筑育人环境,形成全员全过程全方位的育人格局。重点抓好三项工作:着力推进家校共育。密切家校合作,树立“适合的教育”的理念,为孩子的个性成长服务,让每个孩子得到应有的尊严与关爱,让每个孩子成为更好的自己。要实施好“开好家长会”等八项具体任务,发掘家长、社会一切可以利用的资源融入育人工作,构建健康新型的合作关系,合力改变教育生态。要强化宣传,积极传播先进理念,引导社会舆论,办好广播“家有儿女”栏目,不定期举办家庭教育公益讲堂,共同架起畅通无阻的家校合作桥梁。积极打造书香校园。围绕“提高素养、涵养人文”目标,抓住“形成氛围、养成习惯”重点,实施师生阅读素养提升工程。将课内阅读与课外阅读结合起来,开足开齐阅读课,努力保障师生阅读时间,积极举办阅读节、经典诵读等活动,提高师生参与度。创设优良的阅读环境,注重培养学生阅读兴趣,大力倡导亲子阅读、师生共读,引导教师、学生和家长树立起正确的成长观,让阅读文化成为徐州校园文化的特质。教师节前后,市局将集中举办“师生诵读”展示活动。提升校园文化内涵。按照“主题突出、内涵丰富、特色鲜明、可以传承”的原则,制定校园文化建设方案,按照“量力而行、逐步深化”的思路,开展校园文化项目建设,确保建一项成就一个精品,干一样成就一个亮点。市教育局将组织校园文化项目评审,今年重点支持20个市直学校精品项目建设,以后逐年推进,努力把学校建成师生共享共有的精神家园。

(二)大幅提升基础教育质量。质量是教育的生命,也是社会关注的焦点。要以质量为本,围绕素质教育、升学水平“双提升”的目标,完善标准,严格考评,推动教育进入提质增效的轨道。抓关键提升高考水平。江苏新高考制度将从今年秋季入学的高一新生开始实施,这是一场由点及面、撬动系统的改革,涉及教育观念更新、培养模式改革、评价体系完善、师资队伍建设、学校机制创新等各个层面,我们要围绕改革目标,进行系统研究和统筹设计,指导改进教育教学。同时,全省将试点从今年秋季入学的初一新生开始实施新的考试招生改革方案,我们要在完善初中学业水平考试、健全学生综合素质评价与使用等方面提前研究谋划,力求实现初、高中学生培养整体设计、系统衔接。要狠抓高考备考,对高中开展全覆盖教学视导,发布高中学科教学分析报告和备考指南,提高备考水平,力争全市高考本科上线率有大幅提升,达到全省平均水平。要加强政策引导,抓好高职院校提前招生、中职学校对口单招。要加强考核评价,高考、中考大数据分析及时上报市委市政府,同时抄送县区党委政府主要领导和分管领导,为领导决策提供可靠依据。抓常规提高管理效益。深入推进“基础教育学南通”,组织第四、第五批校干教师跟岗学习,开展“常规管理示范校”、“优秀教师团队”等项目建设,全面系统学习南通教育经验。深入推进“学讲计划”,探索课改可持续发展机制,加大区域课改统筹实施力度。开展“教研品质年”活动,强化学科教研组建设,探索城乡教研共同体建设,加大对薄弱学校、农村学校教研帮扶力度。加强对义务教育新教材、普通高中新课程方案和学科课程标准的研究,持续改进学科教学。强化教学质量过程性监控,抓好市直初中、高中教学质量监测评价方案的使用和调研,向各县区推广,秋季学期开始,高中教学质量监测要扩大到全市所有四星级高中。抓素质实现全面发展。落实市《进一步规范学校管理促进学生健康成长的意见》,规范办学行为,落实减负要求,提升中小学管理标准化建设水平。推进“普职融通”,鼓励职业院校资源面向基础教育开放,为学生提供职业体验。加强心理健康教育,力争中小学每两周不少于1课时的心育课程。深化体育美育工作,落实体育艺术“2+1”活动,开展美育课程纳入中考的调研性抽测,面向社会发布体质健康监测和艺术教育监测报告书。高度重视科技教育,做靓创客教育品牌,提升学生核心素养。

（三）加快完善公共教育服务体系。促进公平是办好人民满意教育的关键抓手，要抬高底部、夯实基础，积极破解教育资源特别是优质资源不平衡不充分的问题。加大学校建设力度。加强学前教育和义务教育资源预警预测和前瞻规划，在推动幼儿园、小学、初中建设规划落地的同时，调整、建设一批高中学校。重点抓好年度重点工程和为民办实事项目，加快推进新（改扩）建幼儿园216所、中小学133所的年度任务，强化督促检查，实行排序通报，确保形象进度好于去年。启动公办幼儿园建设和看护点提升三年计划，结合新园建设逐步消除看护点。完善普通高中发展规划，逐步消除8轨以下小规模学校和20轨以上超大学校，推动主城区部分三星级高中迁址办学，为创建四星级高中创造条件，推动县区高中“新建一批优化一批”，逐步提升星级高中占比。促进城乡教育一体化发展。贯彻市政府《统筹推进城乡义务教育一体化优质均衡发展的实施意见》，多渠道多形式优化教育资源配置。推进“改薄”攻坚，全面完成五年规划任务，全部消除66人以上超大班额。创建义务教育标准化学校120所，标准化比例要超过80%。组织市直初中与区属初中开展“一对一”帮扶，快速提高新建学校办学水平。完善扶持政策，保障家庭经济困难的孩子和有特殊教育需要的孩子接受教育。放大优质教育资源。实施普通高中提升三年计划，完成徐州五中、邳州明德实验学校、开发区高级中学四星级创建任务，启动新一批四星高中申报工作。实施学前教育优质发展工程，创建省优质园68所、市优质园78所。创建省市课程游戏化项目6个、中小学省级课程项目12个。今年，省教育厅重新启动了“义务教育优质均衡发展县市区”和“学前教育改革发展示范区”评估认定工作，各地要结合实际、以创促建，提高教育发展水平。

（四）整体提高教师队伍建设水平。教师是立教之本、兴教之源，要抓住《全面深化新时代教师队伍建设改革的意见》出台的重大机遇，针对教师队伍“不够用”、“不够优”等问题，实施教师队伍建设攻坚行动。优化配置教师资源。市县两级启动编制教师队伍建设专项规划，提出教师培养补充的总体目标和阶段性任务。加大教师招聘力度，严格落实“退一补一”政策，积极推进按岗位购买服务补充教师，全市新招聘教师数量力保超过4000名。科学制定四年制本科层次师范生定向培养计划，鼓励和吸引优秀高中毕业生报考师范类专业。探索面向初中毕业生招收五年制专科层次小学和学前教育专业，试点开展定向培养，为乡村学校和教学点培养“一专多能”教师。提高教师专业素质能力。大力振兴教师教育，完善教师培训体系，实施教师业务素质能力提升工程、学历提升工程、名优教师培训工程、名优校长培训工程等项目，完成省市级3万人次培训任务。持续开展暑期教师业务能力测试，学校排名及优秀教师成绩向社会发布。开展“劳模精神进校园”活动，与市总工会联合举办青年教师基本功大赛和班主任基本功大赛。推进县级教师发展中心建设，鼓楼、泉山要通过评估，丰县、邳州、睢宁、铜山要加快创建步伐。着力做强骨干教师队伍。加快骨干教师培养，强化“培养+使用”的导向，对首批“三师”实行目标管理，经常性开展“示范课”等活动，辐射带动更广泛的教师群体。实施乡村教师“领雁工程”和“助力工程”，对第二届市、县培育站工作开展考核评估。加强班主任队伍建设，逐步提高班主任待遇。实施职业院校教师素质提高计划，支持学校、企业共建教师培养培训基地，着力培养一批“双师双证”优秀教师。积极争取各级各部门支持，努力提升教师获得感、幸福感和荣誉感，加快形成优秀人才争相从教、教师人人尽展其才、好老师不断涌现的局面。

（五）积极推进产教融合发展。办好高等教育、职业教育是满足人民美好生活需要的重要方面，也是推进科教文化中心建设的重要支撑。要不断提高我市职业教育实力，加快打造淮海经济区职教高地和技能型人才培养中心，努力争创全国产教融合发展试点市。提升学校协同发展的能力。适时召开全市职业教育工作会议，研究部署新时代职业教育创新发展工作。支持徐州工程学院建设区域性应用技术型大学、徐州幼儿师范高等专科学校创建本科学院。优化区域内中高职学校布局，强化专业分工合作，推动优势集中、资源共享、协同发展。强化基础能力建设，创建省高水平高职院校2所、省现代化示范性职业学校2所、现代化专业群4个、现代化实训基地4个。抓住高中阶段生源触底反弹的机遇，加大职业学校宣传力度，扩大招生规模，努力实现普职招生大体相当。启动组建淮海经济区职业教育创业联盟，加强与周边地区职业院校、行业企业交流合作。提升对接产业发展的能力。会同相关部门和县区建立拓展政校企合作大数据平台，定期发布行业人才需求预测，指导职业院校适度超前、精准培养急需人才，引导学生在家乡就业创业。面向战略新兴产业发展，启动建设煤化工技术、云计算、非晶技术、数字媒体应用技术等4个特需专业，改造组建淮海现代农林、先进制造和商贸等3个区域职教集团，建设20个产教深度融合实训平台，努力实现“十家集团职校办班、千家企业校企合作、十万学子企业实训”。提升培养高素质人才的能力。建立以“招得来、教得好、留得住”为导向的评价机制，指导职业学校像普通高中一样抓质量，像现代企业一样抓流程，引导职业学校加强和改进教学管理，打好“两考一赛”三大战役。开展现代职业教育体系建设项目试点，构建完善人才培养的“立交桥”。大力开展职业学校技能大赛、创业大赛、“职教对接周”等活动，让更多的学生拿金牌、上大学、找到好工作。

（六）不断健全教育发展保障体系。对照教育现代化建设目标，积极构建科学化、规范化、高效率的保障机制。加快推进教育信息化。紧扣深化应用、融合创新的核心理念，推进“三通两平台”建设，实施智慧教育创新引领行动，开展智慧校园试点和智慧课堂示范点建设，创建智慧校园60所。以“彭城课堂”为基础，打造资源汇聚、管理、应用、共享一体化平台，为优质资源全面覆盖、精准投放提供技术保障。推广混合型专递课堂模式，开发数字资源，多渠道破解农村小学音乐、美术师资短缺问题。强化教育督导工作。提请市政府成立教育督导委员会，深入细致、从严从实做好督学督政工作，开展县级政府履行教育职责市级考评，认真迎接省级督导，力争取得优秀成绩。建立民办学校责任督学制度，持续开展民办学校督导评估，评估结果向社会发布。大力规范校外培训机构，建立负面清单制度和联合监管机制，使其成为学校教育的有益补充，努力解决孩子校内减负、校外增负的问题。完善幼儿园质量评估体系，探索学前教育行业监管，建立办园行为常态监测机制，确保依法依规办园。全面推进依法治教。牢固树立法治思维，加强法治宣传教育，善于运用法治方式和手段处理纠纷、维护权益、规范行为、惩处乱象，让法治成为教育改革发展的助力。加强学校章程和现代学校制度建设，提高依法自主办学、规范办学的能力水平。切实加强安全稳定。切实把安全稳定工作做实做细做好，严格落实“一岗双责”，勤提醒、常督促、多检查，做到警钟长鸣，一刻不松。进一步完善“五大防控体系”建设，提高校园安全风险防控能力，持续开展安全信访隐患排查和积案化解，妥善处置各类历史遗留问题，为教育改革发展营造良好的外部环境。

四、在加强和改进党的建设上实现新作为

今年是教育部党组确定的全国教育系统的“党建质量年”，我们要牢牢把握新时代党建工作的总要求，以提升党的组织力为重点，进一步强化党对教育工作的全面领导，把教育系统各级党组织真正建设成为坚强战斗堡垒，为写好“奋进之笔”提供牢固的政治、思想和组织保证。

（一）旗帜鲜明讲政治。党的政治建设是党的根本性建设，决定党的建设方向和效果。要坚持把党的政治建设摆在首位，用习近平新时代中国特色社会主义思想武装头脑、指导实践、推动工作，教育引导广大党员干部师生自觉做共产主义远大理想和中国特色社会主义共同理想的坚定信仰者和忠实实践者。全市教育系统各级党组织要进一步增强履行全面从严治党主体责任意识，贯彻中央“八项规定”和省、市“十项规定”及其细则，严格落实“一岗双责”“管行业就要管行风、就要管党风廉政建设”的要求，始终坚持党风廉政建设工作和业务工作同部署、同落实、同考核。要着力完善督查通报、约谈问责等工作机制，层层压实全面从严治党责任。

（二）实施“党建强基五项工程”。强组织基础，进一步推动各级各类学校党组织和党的工作全覆盖，支持县区加快组建教育工委并开展实体化运作。抓实基层党建规范化建设，制定学校党建工作例会制度、党建考核办法，形成“述职述党建、评议评党建”的常态机制，发挥好党组织的政治核心作用。强思想教育，推进“两学一做”教育常态化、制度化，开展“不忘初心、牢记使命”主题教育。开展“双走访三争当”、“最佳党日”等活动，以党风引领师风行风。强党建阵地，依托“书记项目”，建设教育工委党建基地，打造一批学校党建品牌。强队伍建设，对换届后党组织书记队伍和纪检书记队伍开展专题培训，按照年轻后备校干培养的总体思路，开展新一轮后备干部选拔和培养工作，确保事业薪火相传。强群团工作，以党建带群建，强化工会桥梁纽带作用和共青团的向心力，创新活动载体，促进全方位育人。

(三)持之以恒正风肃纪。项目化推进“三清示范区”建设，贯彻落实“三重一大”决策制度，完善廉政风险防控和责任追究体系，对市直学校开展作风巡察，以过硬的手腕对教育乱收费、违规招生等行为予以治理，以铁一般的纪律营造风清气正的政治生态。局机关要不断强化服务意识，全力支持学校做好工作，对学校真有益的工作又好又快办，还没想清楚的工作互相商量看，形式主义走过场的事决不添麻烦。深化“双联双促”活动，推动机关干部一线调研，检查决策实效，谋划发展实招。全系统要不断优化师德师风，大力宣传优秀典型，弘扬高尚师德，在全市中小学应届毕业生中开展“心中的恩师”评选活动，引导教师潜心育人。推行师德考核负面清单制度，建立师德失范曝光平台和定期通报制度，保持对在职教师有偿补课等违规行为的高压态势。

(四)持续深化综合改革。全国教育工作会议提出，教育新体制“四梁八柱”已经搭建完成，整体进入“全面施工内部装修”阶段。我们身处基层，施工更要实处发力、精准突破。今年改革创新，重点推出两个抓手。对县区教育局，推行“一县一策”，根据各地具体实际和工作基础，找准改革创新的着力点，通过单兵突破取得经验后，进而引导其他县区借鉴跟进，最终实现整体推进。对机关各处室，推行“一处一题”，从工作短板入手，向现实难题发力，把上级要求、基层创新与面上工作有机结合，寻找破解之道，形成制度成果。改革创新重点突出三个方面：一是教育内涵建设。树立全面的质量观，推进德育和智育、素质和分数、能力和知识的有机融合，深化考试招生、课堂教学、教育评价等改革，解决课堂教学效益低、学生课外负担重等难题，实现学生健康成长，推动质量稳步提升。二是师资队伍建设。创新教师引进渠道和培养路径，探索教师编制配备和购买服务相结合的方式，弥补教师缺口。探索推进“县管校聘”改革试点，推进义务教育校长教师交流轮岗，逐步缓解教师结构性矛盾。探索校干“能上能下”机制，提高干部队伍整体素质。三是优质均衡发展。建立健全城乡高中学校之间、市属与区属初中学校之间、同区域各类学校之间的结对协作机制，积极推行热点民办初中部分生源电脑派位，不断放大优质教育资源，加快实现教育公共服务均等化。

(五)努力抓实意识形态。指导各类学校在贯彻十九大精神开局之年、改革开放40周年等重要历史节点，开展党的理论教育、革命传统教育、中华优秀传统文化教育等活动，指导学生扣好“人生的第一粒扣子”。深入推进社会主义核心价值观教育，实施中小学生品格提升工程，促使学生将其内化为精神追求、外化为行动自觉。贯彻全市高校思想政治工作座谈会精神，建立完善高校意识形态联席联动机制。教育与人民群众切身利益息息相关，容易成为社会关注的焦点。各地各校要高度重视新闻宣传和舆论引导工作，主动发声、尽早发声、科学发声，以教育系统的主流声音引导社会舆论。今年，市教育局与广电、报业两大传媒集团建立了战略合作关系，开展“讲好教育故事”新闻宣传行动。各地各校要借助新闻媒体，用好自有阵地，积极开展政策解读，合理引导社会预期，努力在社会认可等方面形成最大共识。

同志们，写好新时代徐州教育的奋进之笔，任务非常艰巨，使命格外光荣。让我们深入学习贯彻习近平新时代中国特色社会主义思想和党的十九大精神，紧紧依靠市委市政府的坚强领导，一件事情接着一件事情办，一年接着一年干，奋力开启新征程，合力抒写新篇章，不断提高人民群众对教育的满意度，为建设“强富美高”新徐州作出新的更大的贡献！

大事记

徐州市2017年教育大事记

1月

18日　徐州市中小学生寒假第一天，由市教育局主办的首届中小学校园创客文化节在徐州市科技实验小学举行。市教育局副局长张宝民出席活动并宣布“徐州市首届中小学校园创客文化节”开幕。无锡市电教馆、宿迁市电教馆教师及学生代表，徐州市教育局各直属学校负责创客教育的教师代表、各县（市、区）电教馆长等参加创客文化节系列展示与创客论坛活动。市直属学校及各县（市、区）90余所中小学的1800余名学生及部分家长代表参加文化节比赛活动。

2月

10日　江苏省中小学教师培训中心及省教育行政干部培训中心常务副主任严华银等一行4人到徐州调研乡村骨干教师培育站建设工作。市教育局副局长李运生、乡村骨干教师培育站主持人及学员代表20余人出席调研会。李运生向调研组介绍徐州市乡村骨干教师培育站建设工作的整体情况，各乡村骨干教师培育站主持人和学员代表发言，汇报培育站建设过程中的经验及发现的问题。

15日　徐州市2017年学前教育工作会议在徐州市第二实验幼儿园召开，主城区省级优质幼儿园及省课程游戏化项目幼儿园园长、县区省课程游戏化项目幼儿园园长共120人参加会议。

20日　市教育局召开“学讲计划”工作推进会。总结“学讲计划”推进三年的典型经验和成绩，反思徐州市课改中存在的问题，为下一阶段的推进工作指明方向和路径。市教育局副局长李运生、局机关相关处室负责人，各县（市、区）教育（教体）局业务副局长、教师发展中心主任、教研室主任、教科所所长、基教科科长，直属各学校校长、分管副校长，市区民办学校校长，“学讲计划”推进工作先进学校校长参加会议。会议由市教育局教研室主任何振国主持。李运生作题为《不忘初心，深化“学讲”，全面提高课堂教学质量》报告。

21日　市教育局在徐州市第一实验幼儿园举行2017年徐州市省优质幼儿园创建培训活动。邀请江苏省评估院院长周明、省评估院专家包丽娜、葛青对省优质幼儿园的创建工作开设讲座。全市各县（市、区）幼教干部、2017年拟创建省优质幼儿园园长或副园长220人参加现场培训。

21—22日　新华社记者李京、江苏网记者竺隽吉到徐州市铜山区三堡实验小学、清华中学，通过采访、听课、观察等，全面深入了解徐州市“女童保护”专项普法教育工作。从铜山区两所学校的集中展示中，记者们感受到徐州市专项公益普法教育的力度和效果。

24日　由中央电化教育馆信息资源开发部承担的全国教育技术研究规划2016年度重点课题“基于过程性学情数据的中学数学适应性学习系统的开发研究”，在徐州市第三十一中学召开开题工作会。市教育局副局长张宝民出席并讲话，市电教馆馆长周岩主持会议。各县（市、区）电教馆馆长、教研室初中数学教研员，直属基础教育学校和民办学校分管校长、数学教研组长以及南京、无锡、淮安等地学校子课题教师代表约200人参加开题活动。

3月

1日　徐州市教育科学“十三五”规划省、市课题开题培训会在徐州高级中学南校区报告厅召开。会议特邀江苏省教育科学规划办公室主任彭钢，为全市省教育科学“十三五”规划课题、市教育科学“十三五”规划课题、“徐州南通教育比较研究”专项课题和准备申报“学科建设”专项课题的主持人及部分课题组成员700余名教师作专项培训。

3日　徐州市中小学创客教育工作座谈会在徐州市第十三中学召开。会议期间举行创客教育实验学校授牌仪式，徐州市各直属中学和民办学校分管校长出席会议。市教育局副局长张宝民为徐州市中小学创客教育实验学校授牌，市电教馆馆长周岩与4所直属中学校长签署实验学校建设责任书。

15日　徐州市教育局召开全市学校基本建设工作座谈会。各县（市、区）教育（教体）局分管局长和基建科长参加会议。会议座谈交流“十三五”期间中小学建设工作基本思路、2017年学校建设工作计划和落实措施，就义务教育学校大校大班情况进行原因分析并提出对策建议。会议传达省教育基本建设学会年会精神和“长三角教育建筑纵横征稿”通知。市教育局副局长张宝民出席会议并讲话。

17日　联合国儿童基金会预防和控制儿童伤害项目在铜山新区实验小学报告厅启动。铜山区副区长许海莉、徐州市妇联副主席鹿茜、徐州市政府教育督导团办公室副调研员苏建刚、徐州市政府妇儿工委办公室主任刘志敏、徐州市教育局政策法规处处长朱云等出席启动仪式，并共同按动启动屏启动该项目。

17日　省职业学校信息化教学巡讲活动在江苏模特艺术学校举办。徐州市各职业学校的业务副校长、教科室主任和骨干教师300余人参加培训。该活动由江苏省教育厅发起，徐州市职成研究室主任丁蕾主持。

24日　徐州市第十二届校园电视研讨会在徐州经济技术开发区高级中学召开。市教育局副局长张宝民出席活动并讲话，徐州经济技术开发区高级中学校长牛树超致辞。各县（市、区）教育（教体）局宣传科长、电教馆长、学校代表，市教育局直属学校分管领导、电教主任、校园影视教育工作者260余人参加研讨及交流活动。

31日　市政府召开2017年高中校长座谈会。副市长李燕、市教育局局长吴昊、市政府机关党委副书记戴立红、市教育局副局长李运生出席，相关县（市、区）政府分管领导、全市四星级高中校长参加。会议由吴昊主持，李燕讲话。李运生总结回顾近一年全市高中教学工作情况，部分县（市、区）政府、教育部门和学校参会人员作交流发言。

20—31日　著名学者、福建师范大学教授余文森带领的教师发展团队两批共140人到徐州进行课堂教学交流活动。余文森和原省教科所所长成尚荣一起听取市教育局副局长李运生关于“学讲计划”实施情况的介绍。随后，余文森在李运生陪同下进行“学讲计划”调研。福建140名老师分两批深入到主城区的中小学听课、座谈、研讨。徐州市10所学校参与该交流活动。

4月

7日　全市禁毒工作会议在市行政中心召开，市四套班子领导参加会议。会上，通报徐州市禁毒工作的严峻形势，市委常委、市政法委书记韩冬梅对2017年禁毒工作提出具体要求和明确的工作思路。市教育局、市司法局、云龙区禁毒委和铜山区禁毒委在会上作经验交流。市教育局被评为全市禁毒工作先进单位。

13日　市教育局在江苏模特艺术学校召开全市学校安全稳定工作会议。会议传达学习省教育厅《关于2017年安全教育工作要点》《全省教育信访工作要点》，市教育局印发《2017年徐州市中小学(幼儿园)安全工作意见》，部署教育系统全面排查安全隐患、切实落实校园安全工作的任务。会上，副局长张宝民分析教育领域安全形势，针对安全稳定工作提出具体要求。各县(市、区)教育主管部门分管领导、安保科长，局直属学校分管校长、安保主任和相关民办学校领导参加会议。

12—14日　徐州市教育局副局长李运生带队，参加在山东临沂举办的教育部基础教育课程教材发展中心2017年度实验区联席工作会议。徐州市“学讲办”主任高青、李志坚，鼓楼区文教体局副局长刘文琪及市教研室课程教研员韩秋红随行。参加会议的有全国12个实验区。教育部课程教材发展中心主任田慧生、副主任张国华参加会议并讲话。12个实验区分别进行工作汇报和交流发言，李运生介绍徐州市推进“学讲计划”的工作进程。

13日　徐州市2017年全市职业教育工作会议召开。市教育局职社处处长徐志、职成研究室主任丁蕾、副主任徐永峰和各县(市、区)教育局分管局长，相关高职校、中专校校长、业务副校长及教科研主任出席会议。会议由徐永峰主持。会上为获得2016年教学大赛组织奖的11家单位颁发奖牌。

14日　徐州市2017年全市教育工作会议召开。市政府副市长李燕、市教育局局长吴昊、市政府机关党委副书记戴立红和各县(市、区)政府分管领导、教育(教体)局局长，市区相关高校、高职校、中专校校长，市教育局领导班子成员、处室负责人和直属学校校长、书记出席会议。会议由戴立红主持。李燕代表市政府讲话，吴昊代表市教育局作工作报告。

17日　市委常委、市纪委书记董向阳一行到市教育局调研指导党风廉政建设和反腐败工作，并召开座谈会。市教育局局长、党委书记、市委教育工委书记吴昊及局领导班子成员陪同调研，部分直属学校党组织书记和局机关处室负责人参加座谈会。

5月

15-17日　由教育部基础教育司指导、中央电教馆主办的“基础教育信息化应用典型示范案例研讨会”在徐州市召开。中央电化教育馆馆长王珠珠、江苏省教育厅副厅长苏春海、教育部基础教育司装备与信息化处处长张权出席会议并讲话，教育部基教司装备与信息化处副处长敖静，江苏省教育信息化中心主任、电化教育馆馆长吴胜东、省教育厅基础教育处副处长顾春明、徐州市政府副秘书长周广春，徐州市教育局局长吴昊、副局长张宝民参加活动。全国各省(市、自治区)电教馆、有关地市、有关学校以及徐州市各县(市、区)电教馆长、学校校长200余人参加研讨活动。

22—24日　教育部基础教育课程教材发展中心在徐州召开课程改革实验区校本课程建设推进项目第二批课题开题会。课程中心课程处副处长张广斌，徐州市教育局局长吴昊、副局长李运生和北京、河南、山东等地的专家出席开幕式。北京、河南、四川、浙江、山东、江苏6个实验区27所实验学校的27个课题组分别进行开题汇报，听取专家意见。徐州高级中学、徐州市民主路小学等5家单位的课题参与该活动。

30日　市教育局、市公安局联合召开全市教育系统网络安全工作会议暨全市网络与信息安全培训会。市教育局副局长张宝民，市公安局党委委员、政治部主任高雷出席会议并讲话，各县（市、区）教育（教体）局分管局长、电教馆长，直属学校分管校长、电教主任和各县（市、区）四星级以上高中、职业学校分管校长参加培训会。

6月

1日　市教育局组织召开全市学校安全稳定工作会议，就中高考及高温汛期期间学校预防溺水、交通安全、食物中毒、外出安全、校园火灾、自然灾害等各类事故发生，保障学校安全，维护教育稳定进行全面部署。市教育局局长吴昊到会并讲话，各县（市、区）教育（教体）局、直属学校、相关民办学校负责人及安保干部参加会议。

30日　徐州市教育局召开2017年高考总结会议。全市相关县（市、区）教育（教体）局、四星级高中、市区高中、市教育局部分处室负责人共130人参加会议。市教育局副局长李运生对2017年高考工作作全面总结，局长吴昊到会讲话，对进一步抓好高考工作提出要求。

7月

7日　"创新徐州·大院大所合作对接会"在徐州举办，美国、英国、加拿大、乌克兰等多个国家和地区的500余名科技精英、60余所高校院所携带522项科技成果"智汇"徐州，借助大院大所科技力量，为徐州创新驱动发展提供有力支撑。

11日　"新媒体环境下学校管理创新驱动与应用实践暨互联网教育高峰论坛"在青岛举办，徐州市应邀在论坛上作校园影视教育工作经验交流。徐州市电化教育馆曹鹏代表徐州市校园影视协会作"典型·坚持·整合——打造徐州校园影视品牌提升服务教育教学水平"的交流发言。

10—21日　由省教育厅、省教育国际交流中心统筹安排，市教育局引进27名外教，到徐州开展"引智"培训。27位外教分别赴徐州高等师范学校、运河高等师范学校、新沂教师发展中心、沛县教师发展中心、贾汪区教师发展中心、铜山区和丰县教师进修学校、睢宁城区实验学校等地，开展27个班级的培训任务。高中英语，初中数学、物理，小学的双语、体育和音乐骨干教师及幼儿园业务副园长等1000人参加培训。

27日　市教育局、市公安局联合召开全市学校安全隐患大排查大整治工作推进会。会议传达学习省、市安全生产大排查大整治文件精神，印发《全市学校（幼儿园）安全隐患大排查大整治活动工作方案》，部署用电安全、消防安全、食品卫生安全、校园建筑安全、特种设备安全、校车安全等九项排查重点。市教育局副局长张宝民、市公安局内保支队支队长冯涛出席会议并讲话。各县（市、区）教育（教体）局分管领导、安保科长，公安局各相关分局内保人员，局直属学校分管校长、安保主任参加会议。

28日　徐州市政府教育督导团办公室在徐州

高级中学举办2017年暑期责任督学培训班。全市11个县(市、区)督导室主任和328名中小学责任督学参加培训,市教育局局长吴昊出席开班仪式并讲话,省政府教育督导委员会办公室副主任张虎成、南通市政府教育督导室责任督学钱文华分别就加强学校安全工作督导、责任督学操作实务等问题进行培训、辅导。

31日　徐州市教育局召开机关党员大会。局领导吴昊、李运生、李清、刘艳、刘桂云、苏建刚出席,机关全体党员参加会议。局党委委员、工会主席刘桂云代表机关党委作工作报告。会议审议通过《中共徐州市教育局机关委员会选举办法(草案)》,选举产生新一届中共徐州市教育局机关委员会和机关纪律检查委员会,刘桂云等人当选新一届局机关委员会委员,王培彦等3人当选新一届局机关纪律检查委员会委员。

8月

2—4日　省教育厅学生资助中心主任陈虎一行4人,专程到徐州市检查指导县区学生资助开展情况。市教育局副局长李清、市学生资助中心负责人陪同检查。检查组分别赴铜山区、丰县、沛县、贾汪区、邳州市、新沂市,就学生资助规范管理年工作开展情况、大学生生源地信用助学贷款开展情况、暑期学生资助宣传情况,听取工作汇报,实地考察大学生生源地信用助学贷款办理情况。

19—21日　徐州市教育局直属学校2017年暑期校长培训在贾汪区凿岘干部培训基地举行。培训以质量提升和改革创新为主题,通过专家报告、小组学习、汇报交流等形式,凝聚校长们的智慧,振奋新学年的精神。市直属学校的68名校长和局机关部分处室负责人参加培训,市教育局局长吴昊、副局长李运生全程参加并讲话。

31日　市教育局召开教育基础建设工作会议。各县(市、区)教育(教体)局分管负责人、基建科科长参会。会议分析义务教育规划修编工作及学校建设工作所面临的形势和任务,明确工作要求。各地就义务教育规划修编工作、2017年新(改、扩)建学校任务完成情况和2018年新(改、扩)建学校项目安排情况进行交流。市教育局副局长张宝民出席会议并讲话。

9月

7日　全市学前教育工作会议在第一实验幼儿园召开。各县(市、区)幼教干部、教研员、园长近200人参加会议。会上,鼓楼实验幼儿园园长郭婷、丰县学前办主任李建芝、开发区学前办主任马玉荣分别进行经验交流,市教育局学前办就新学期幼儿园管理工作进一步明确要求。

8日　市政府召开庆祝第33个教师节大会。受表彰的先进集体和优秀教师代表,各县(市、区)政府分管领导,市、县教育局负责人,市局直属学校校长、分管副校长,在徐高校、高职校、职业学校相关负责人参加会议。副市长李燕出席会议并讲话,副秘书长周广春宣读市委市政府致全市教师和教育工作者的慰问信。市教育局局长吴昊主持会议,并部署下一阶段工作。

18日　市教育局召开干部警示教育大会,传达贯彻省、市委警示大会精神和相关部署要求。市教育局领导班子成员、局直属学校和机关处室负责人参加会议。会议由市委教育工委副书记刘艳主持。市教育局副局长李运生代表局党委就落实全面从严治党、坚定不移推进党风廉政建设提出要求。会上观看警示教育片《迷途之殇》,通报市委对教育系统有关人员违纪问题的处理决定。

26日　市教育局、市公安局联合召开全市学校安全维稳工作会议。市教育局副局长张宝民传达市政法工作会议精神，对近期教育系统安全稳定形势进行研判并提出要求。市公安局内保支队副支队长冯涛就学校（幼儿园）基础安全防范工作作全面总结，指出各地存在的突出问题，明确整改措施，就下一步工作作出部署。各县（市、区）教育(教体)局分管局长、安保科长，局直属各学校及有关民办学校分管校长、安保主任参加会议。

28日　徐州市举办教育信息化领导力暨教师信息技术应用能力提升培训活动。市教育局副局长张宝民出席活动并就加强教育网络安全工作、提升中小学教师信息化教学能力水平提出要求。各县（市、区）教育（教体）局分管领导、电教馆长、市直属学校和民办学校分管校长、电教主任以及部分中小学学科骨干教师260余人参加培训。

29日　市委教育工委在新城区召开在徐高校党建工作座谈会。在徐10所高校党委组织部部长参加会议。市委教育工委副书记刘艳主持会议并讲话。会议还对《在徐高校党建工作联席会议制度》进行讨论。

30日　市教育局召开2017年义务教育学校标准化建设监测工作部署暨培训会。市教育局局长吴昊出席会议并讲话，市教育局调研员葛宝堂主持会议，市政府教育督导团办公室主任徐志作工作部署。各县（市、区）教育（教体）局分管局长及科室负责人、市教育局各相关处室负责人、市直属和民办各义务教育学校分管校长和处室负责人、责任督学等120余人参加会议。

10月

12日　江苏省副省长王江到徐州调研教育工作，省政府副秘书长陆留生、省教育厅厅长葛道凯、徐州市副市长李燕、市政府副秘书长周广春、市教育局局长吴昊等陪同调研。王江一行先后视察徐州经济技术开发区社区教育中心、解放路小学、徐州高级中学、徐州医药高等职业学校。

13日　2017年江苏省暨徐州市全民终身学习活动周举行。副省长王江宣布活动周开幕，省政府副秘书长陆留生、省教育厅厅长葛道凯，徐州市市长周铁根、副市长李燕等出席开幕式。周铁根致辞，葛道凯讲话，李燕介绍徐州市社会教育情况。

17日　徐州市教育教学研究室举办以“深化课改、典型引路”为主题的优秀教师座谈会，主城区及直属学校的15名教师参加座谈，市教育局副局长李运生、教育教学研究室副主任李秋颖及“学讲”办人员参加活动。

27日　徐州市举办教育系统网络安全保障工作专题培训活动，市教育局副局长张宝民出席活动并讲话。各县（市、区）电教馆长、网络安全管理人员，市教育局直属学校、有关民办学校分管校长、网络安全管理人员及各县（市、区）部分中小学校长和网络管理人员270余人参加培训。

31日　徐州市“深化学讲　项目引领——语文主题学习实验研讨会”在徐州高级中学礼堂召开。市教育局副局长李运生、市教研室主任何振国，上海师范大学教授、国培专家吴忠豪，沈阳大东区教育局副局长王丽雪出席会议，全市11个县（市、区）500余名教研室主任、中小学业务副校长、学科骨干教师参加会议。

11月

3日　教育部科学技术司司长雷朝滋到徐州市调研基础教育信息化工作。科技司信息化处副处长任昌山，省教育厅科技与产业处处长张兆臣，省教育信息化中心副主任、省电教馆副馆长金玉，徐州市教育局局长吴昊、副局长张宝民陪同调研。

25日　全市教育系统学习宣传贯彻党的十九大精神专题培训班正式开班。各县(市、区)教育行政部门主要负责人、市属高校高职校分管负责人、市直属学校领导班子成员和市教育局机关全体党员干部260人参加培训。市委教育工委书记、市教育局党委书记、局长吴昊作主题宣讲。

12月

2日　市教育局举办学习贯彻党的十九大精神推进教育系统党建工作发展专题培训班。市委教育工委副书记刘艳主持培训，市委组织部副部长、市委党建办主任杜庆琦，市纪委副书记、市监察局局长陈勇，共青团江苏省委少年部副主任、江苏省少先队总辅导员助理聂德勇分别就学校党建工作、纪检监察工作和团队一体化工作作专题讲座。市教育局直属学校党组织书记、专职副书记，纪委书记、纪检委员，学校基层党支部书记，团委书记、副书记、团委委员，市委教育工委民办学校党委委员及局属各民办学校党支部书记200余人参加培训。

1—3日　徐州市教育局局长吴昊、副局长李运生带领市局相关处室及部分县(市、区)教育(教体)局负责人，赴南通调研教育学南通工作，看望徐州市在南通学习的校干、教师。

4—8日　福建师范大学及福建省福州市晋安区的教师代表团队130余人，到徐州进行区域课改工作交流。活动先后在徐州经济技术开发区教师发展中心、开发区实验学校、云龙区云兴小学、鼓楼区鼓楼小学、泉山区星光小学、徐州市科技中学、徐州市第三十一中学、徐州市撷秀中学举行。7所学校面向福州教师团队开设观摩研讨课近60节，并进行24场现场教学研讨。用“学讲”方式开展教研活动成为该教学交流研讨的特色。

22日　市教育局召开学校安全工作会议，就岁末年初及寒假期间学校安全工作进行部署。会上，副局长张宝民要求各地各校利用多种手段开展形式多样的安全教育，全面开展学校安全隐患排查整治。要求各地各校进一步加强校园安全管理，强化安全应急演练和值班工作，确保节假日安全和谐。各县(市、区)安保科长、局直属学校、民办学校分管校长、安保干部参加会议。

(责任编辑　曹昭海)

总 述

徐州市2017年教育事业发展概况

2017年，全市有各级各类学校2260所，在校生195.2万人。其中幼儿园932所，在园幼儿31.5万人；小学937所，在校生94.2万人；初中258所，在校生28.7万人；普通高中86所，在校生11.2万人；特殊教育学校12所，在校生2521人；中等职业技术学校25所（含2所师范学校），在校生8.1万人；在徐州高校10所（不含军事院校），在校生17.9万人（含成人教育）。全市教育系统教职工13.4万人。全市学前教育毛入园率97.8%，义务教育覆盖率100%，高中阶段毛入学率99%。

2017年，全市教育系统紧紧依靠市委市政府的坚强领导，紧紧依靠各级党政组织和社会各界的关心支持，积极推进重点、攻克难点、化解热点，教育改革发展整体向好。教育资源供给实现大幅增长。各地新（改扩）建幼儿园184所、中小学119所，数量超过年初计划。全市建设校园校舍103.8万平方米，添置信息化设备4.8万套，完成“改薄”五年规划总任务的91.6%，超过省定85%的年度目标，在全省“改薄”推进会上作典型发言。创建省优质园67所、市优质园40所。创建义务教育现代化标准学校185所，标准化率超过70%。创建省级游戏化课程项目3个、省级中小学课程项目15个，项目总量保持全省第一。提前完成无证幼儿园清理整顿任务，累计消除无证园2514所。全面取消市区普通高中借读，组织“选择适合自己孩子的学校”集中宣讲，招生秩序明显改善。教育教学质量取得明显进步。全市高考本科上线19995人，本科上线率63.05%。确立“初中全员综合评价、高中分类多元评价”导向，六个县（市、区）入选“全国中小学校责任督学挂牌督导创新县市区”。深入推进“基础教育学南通”，遴选500名校干教师赴南通跟岗学习，引进海门高水平团队接管开发区高级中学。持续实施“学讲计划”，“学讲行动”“儿童的语文”“画育童心”3项成果获省教学成果特等奖。在全国中小学信息技术创新与实践活动中获24项一等奖。教育部基础教育改革创新实验区项目开题会、课改展示活动、全国基础教育信息化应用示范案例培训会在徐州市举办。教师队伍建设做到质量双增。全市新招聘公办幼儿教师845人、中小学在编教师1938人。教师节期间集中表彰146家先进集体和626名先进个人。严厉打击在职教师有偿补课行为，暑期对13名违规教师严肃处理。启动“三师工程”，282人获首批领军名师、带头优师、青年良师称号。“项目研究引领教师专业成长”获省教师队伍建设优秀工作案例特等奖，“三师工程”获得一等奖。3人获国家“万人计划”教学名师称号，数量居全省第一。15人获省教学名师称号，4人获评省人民教育家培养对象，18人获评中小学正高级教师。举办国家、省、市级培训项目35个，参训教师4.7万人。在省级各类教学大赛中获一等奖29项。职业教育综合实力不断增强，医药高职校、财经高职校、模特学校创建为省现代化示范性（特色）职业学校，新创建现代化专业群6个、现代化实训基地7个。组建健康养老、服务外包2个区域性职教集团，启动11个特需专业建设，打造20个产教深度融合平台，《中国教育报》头版头条以《职业教育助老工业基地闯新路》为题报道了徐州市典型经验。举办“职教对接周”，460多家企业、15000余名学生参与，“产教融合”的成功举措荣获“徐州市创新奖”优秀奖。举办“淮海职教杯”创业大赛，淮海经济区8个核心城市25所职业院校参加。在职业院校技能大赛中获国赛金牌4块、省赛金牌28块，综合成绩连续九年蝉联江北第一，在全省职业学校创业能力大赛中获团体总分第三名。终身教育体系不断完善，创建省级社区教育示范区1个、教育服务“三农”示范基地2个、标准化社区教育中心15个、居民学校26所，省“终身教育学习周”开幕式在徐州市举办。党的建设工作取得较好成绩。制定《加强全市中小学党建工作规范化建设的意见》，强化民办学校党支部基础建设。推进“两学一做”常态化制度化，开展“百千万”大走访，打造“争做三个先锋”活动品牌。制定《“三重一大”党委决策意见》《党委议事决策规则意见》，出台校长责任审计、严肃财经纪律等一揽子制度。开展十九大精神宣讲，举办大学生“学习十九大”演讲比赛，推进社会主义核心价值观进教材、进课堂、进头脑。启动“亮区域名片，讲教育故事”宣传行动，优化徐州教育网，开通“徐州教育”微信公众号，主动引导教育舆论。强化安保维稳措施，持续开展“防范校园欺凌”等活动。

（张　涛）

2017年各级各类教育事业一览表

表1

	学校数（所）	教学点数（个）	班级数（个）	毕业生数（人）	招生数（人）	在校生数（人）	教职工数（人） 总数	教职工数（人） 其中：专任教师数
基础教育合计	2225	108	42516	365551	410924	1691818	116599	97027
学前教育	932	—	10300	133020	102857	347880	30116	17211
小学	937	108	22888	118463	155728	942356	41924	44595
普通中学	344	—	9142	113895	151920	399061	44031	34784
其中：初中	258	—	6472	71351	115635	286563	27015	23246
高中	86	—	2670	42544	36285	112498	17016	11538
特殊教育学校	12	—	186	173	419	2521	528	437
中等职业教育	25	—	—	28515	29355	80654	4839	3875
其中：(1)调整后中职学校	3	—	—	4648	6156	17769	786	647
(2)普通中专学校	8	—	—	6177	8163	20693	1471	1113
(3)成人中专学校	3	—	—	3607	4458	13830	279	183
(4)职业高中学校	11	—	—	14083	10578	28362	2078	1798
地方高等教育学校（省教育厅提供）	10	—	—	45601	59323	179353	12275	8366

徐州市教育局党政领导成员及处室负责人名单

中共徐州市委教工委领导成员一览表

表 2

职　务	姓　名	任职时间
书　记	张德超	2013.11—2017.3
书　记	吴　昊	2017.3—
副书记	刘　艳(女)	2017.7—

中共徐州市教育局委员会成员一览表

表 3

职　务	姓　名	任职时间
书　记	张德超	2012.8—2017.3
书　记	吴　昊	2017.3—
委　员	李运生	2008.12—
委　员	李　清	2012.7—
委　员	史志东	2017.9—
委　员	刘　艳(女)	2016.9—
委　员	张宝民	2015.12—
委　员	刘桂云(女)	2015.12—

徐州市教育局领导成员一览表

表 4

职　务	姓　名	任职时间
局　长	张德超	2012.8—2017.3
局　长	吴　昊	2017.3—
副局长	葛宝堂	2007.1—2017.8
副局长	李运生	2008.12—
副局长	李　清	2012.8—
教育纪工委书记	刘　艳(女)	2016.9—2017.7
教育工委副书记	刘　艳(女)	2017.7—
副局长	张宝民	2015.12—
工会主席	刘桂云(女)	2015.12—
机关党委书记	刘桂云(女)	2017.7—

徐州市人民政府教育督导团领导成员一览表

表5

职　务	姓　名	任职时间
市政府教育督导团办公室主任	徐　志	2017.8—
市政府教育督导团办公室副调研员	苏建刚	2012.12—

徐州市教育局其他副处级及以上干部一览表

表6

职　务	姓　名	任职时间
市教育局调研员	葛宝堂	2017.8—
市教育局副调研员	蔡陵军(女)	2014.4—
其他副处级干部	王　亚	2014.12—
其他副处级干部	徐保卫	2014.12—
其他副处级干部	姚　杰	2015.6—
市教育局副调研员	杜耀东	2016.9—

徐州市委教工委、市教育局处室负责人一览表

表7

部门	职　务	姓名	任职时间
教育纪工委	副书记	王培彦(女)	2015.12—2017.11
监察室	主　任	王培彦(女)	2015.12—2017.11
机关党委	副书记	王思军	2016.11—
办公室	主　任	王志升	2013.12—
	副主任	王　静(女)	2015.12—2017.12
	副主任	张　涛	2015.12—
组织处	处　长	杜　涛(女)	2013.12—
	副处长	高　昊	2011.12—
宣传处	副处长	张　涛(兼)	2016.11—2017.12
工会	副主席	徐新文(女)	2016.11—
督导团办公室	副主任	李　乐(正科)	2008.9—2017.8
人事处	处　长	张甫彬	2015.11—2017.12
	处　长	王　静(女)	2017.12-
	副处长	付桂忠	2013.12—

续表 7-1

师资教育处	处　长	崔　瑛(女)	2011.12—2017.12
	处　长	张　焰(女)	2017.12—
	副处长	张　焰	2015.12—2017.12
政策法规处(行政许可服务处)	处　长	朱　云(女)	2013.12—2017.12
	副处长	朱德庆	2013.12—2017.12
政策法规处与宣传处	副处长	张　涛(主持工作)	2017.12—
行政许可服务处	处　长	徐　志(兼)	2017.5—2017.12
	处　长	崔　瑛(女)	2017.12—
	副处长	朱德庆(兼)	2017.5—
基础教育处	处　长	李进强	2013.12—
高等教育处	处　长	姚新文	2013.12—
职业教育与社会教育处	处　长	徐　志	2015.11—2017.8
	处　长	李　乐	2017.8
体育卫生与艺术教育处	处　长	王胜勇	2011.12—2017.12
	处　长	朱　云(女)	2017.12—
财务与审计处	处　长	魏建春	2015.11—
	副处长	李庚申	2011.5—
发展规划处	处　长	钱　彬	2013.12—
	副处长	孟　玮	2011.12—
安全保卫与维护稳定处	处　长	刘　峻	2013.12—
	副处长	张　波	2013.12—
职业教育与成人教育研究室	主　任	丁　蕾(女)	2011.2—
	副主任	徐永峰	2011.2—
德育研究室	主　任	王　芳(女)	2017.1—
	主　任	陈　戈	2009.10—2017.1
	副主任	徐新颖(女)	2009.10—
高等学校招生委员会办公室	主　任	宋广良	2004.8—
	副主任	顾　君	2011.2—
	副主任	孙慧敏(女)	2016.11—
自学考试指导委员会办公室	主　任	郭凤清	2004.8—
	副主任	亓　峰(女)	2016.11—
中小学卫生保健所	所　长	张兆成	2009.10—
教育教学研究室	主　任	何振国	2006.3—
	副主任	李秋颖(女)	2011.2—
	副主任	程廷伟	2016.11—
教育技术装备中心	主　任	陈　戈	2004.8—2017.1
	副主任	宋浩宇	2013.12—2017.1
	副主任	宋浩宇(主持工作)	2017.1——
电化教育馆	馆　长	周　岩	2004.8—
	副馆长	余长营	2016.11—
教师教育中心	主　任	王　芳	2017.1—
	副主任	申瑞杰	2016.11—

（高　昊）

（责任编辑　曹昭海）

教育管理

行政许可(政策法规)

【推动行政审批标准化】 2017年,市教育局按照“三级四同”的要求,推动行政审批标准化。“以标准化促进行政审批规范化”,对市教育局51项行政权力要素标准、审批流程标准、自由裁量标准和审批条件、办理流程、材料目录、法律依据等进行梳理,实现行政权力清单办事指南全覆盖。同时公布行政权力事项标准化清单,在权力事项名称、编码、依据、类型上达到标准化,做到清单之外无审批。对行政权力事项标准化清单和办事指南按照标准化的要求进行完善,并通过政务服务网和徐州教育网向社会公开。

【积极推行“不见面”审批】 2017年,市教育局依托江苏政务服务网,推进行政审批项目“网上办、集中批、联合审、不见面”。网上完成从受理申请到做出办理决定,最后形成办理结果快递投送的过程。年内,通过“不见面”审批事项的梳理,市教育局24个行政审批项目100%满足“不见面”审批要求,实现让数据“多跑路”,让群众“少跑腿”。

【开展“减证便民”活动】 2017年,市教育局开展“减证便民”活动。按照“依法、合理、便民”的原则,对审批服务过程中需服务对象提供的各类证明材料进行全面梳理,对涉及办学审批、民生服务领域的身份证明、贫困证明、思想道德证明、亲属关系证明、是否违法犯罪证明等进行全面清理,减少4项证明材料,切实解决审批服务事项中因申报材料问题造成的“办证难,办事难”,让办事程序更清晰,申报材料更简化。

【推进“互联网+政务服务”建设】 2017年,市教育局24项审批事项全部实现网上审批,推进“互联网+政务服务”建设。所有审批事项入驻江苏政务服务网,实现查询办件指南、在线申报、进度查询、结果反馈等网上办事服务,畅通群众网上办事通道。全面推行网上审批,做到网上咨询、网上受理、网上办理、网上反馈,真正做到政务服务事项“应上尽上、全程在线”。

【加强智慧政务服务、智慧在线平台建设】 2017年,市教育局开设网上“徐州市直属初中学区划分查询”旗舰店,方便群众查询。加快电子证照生成和应用,做好行政审批事项证照及时录入电子证照库,按时间节点完成2016、2017年电子证照新增和存量的生成与应用工作。

【完成集中行使行政许可权改革】 2017年,市教育局按照《徐州市政务服务中心集中行使行政许可权工作方案》要求,完成行政许可权整合归并到一个处室(行政许可处)集中行使行政许可权,实现一个处室管审批。行政许可处进驻市政务服务中心大厅B11窗口。教育窗口开展服务受理“零推诿”、服务事项“零积压”、服务方式“零距离”、服务质量“零差错”、服务过程“零违纪”活动,提升教育窗口服务效能。

(崔　瑛)

教育督导

【春季开学检查专项督导】 2月22—24日,市政府教育督导团办公室组织对各县(市、区)开学工作进行专项督导。重点督查开学条件保障、安全管理、安全教育等。对督导中发现的问题,及时梳理反馈,要求各单位及时整改,并建立登记销号制度。截至3月底,存在问题的单位全部上交整改方案和实际整改情况资料。

【学南通工作专项督导】 2月,市政府教育督导团办公室成立学南通专项督导组,对徐州县(市、区)11家单位22所学校进行学南通工作专项督导。督导检查结果为:各地区能积极响应市委、市政府“基础教育全面学南通”的号召,按照教育局“教育学南通、水平双提升”的要求,主动作为,潜心谋划,精心组织,有序推进。学南通工作的教科研氛围浓厚,有思想,有创新,形成各具特色的学南通局面。

【完成市直属部分初、高中督导评估】 3月、11月,市教育局分别对十三中、三十一中、西苑中学、三十四中4所公办初中和五中、三十五中、三十七中、九里中学、王杰中学5所三星级高中进行综合督导。两次综合督导,均聘请南通市政府教育督导室主任秦建荣为组长的4名专家担任各项目组组长,从“发展水平评估”“要素分析评估”二个维度进行评估。南通专家认为，徐州教育管理制度完善，课改推进扎实有效，信息化教学技术应用普遍，师德师风优良。南通专家对徐州教育提出希望：一是加强学校文化建构，优化育人环境；二是加强课程建设，打造办学特色；三是加强精细化管理，提高教学的有效性。南通专家对每所学校的办学水平和影响要素进行认真的诊断和分析，并提出改进建议，深受被督导学校的欢迎。

【县级政府教育工作督导考核暨县域学前教育督导】 4月14—24日，市政府教育督导团办公室对全市11个县（市、区）政府2016年度教育工作暨县域学前教育进行全面督导。该督导首次引入第三方参与督政：通过电信对学生家长、部分校长、人大代表和政协委员进行电话访谈，聘请迅达会计师事务所的专职会计师参与对政府教育经费投入的督查，增加督导的科学性和公信力。督导发现2016年度教育工作存在的问题是：教育现代化依然存在一些短板，部分县（市、区）教育投入尚存在缺口，学前教育和义务教育资源总体不足，师资紧缺成为制约教育发展的突出问题。

【市直属特殊教育学校督导】 6月19日，市政府教育督导团通过第三方教育评估机构，在全国范围内选聘特教专家，对市特殊教育中心进行为期2天的督导，并邀请全市特殊教育学校校长现场观摩。

【完成省对设区的市政府教育工作督导自评】 6月中旬，市教育局按照市政府要求，落实省政府办公室印发的《江苏省设区的市政府履行教育职责考核办法》，组织各处室“对标找差距，自评定目标”，认真梳理徐州市教育工作情况，汇总各项教育发展数据，进行市政府教育工作督导自评。省考核指标满分为100分，徐州市自评得分为70.79分。从一级指标看，统筹协调教育发展、加强教师队伍建设、保障教育投入三个一级指标得分率低于70%。由于近年生源激增，生均教育资源不足的问题突出，统筹协调教育发展指标得分率低于60%；由于举报投诉数量超过2016年同期，在减分项目中扣减2分。徐州市教育工作存在的问题有：部分政策尚未得到全面落实；教育资源紧缺的问题突出，部分教育发展指标低于省要求；师资紧缺成为制约教育发展的突出问题；教育投入保障水平仍需进一步提高。

【组织全市责任督学培训】 7月28日，市政府教育督导团办公室组织全市责任督学培训。聘请江苏省教育督导办公室副主任张虎成、南通市新桥中学原校长钱文华，对全市346名责任督学就责任督学操作实务和学校安全工作督导进行为期1天的培训。

【对县域义务教育改薄工作进行督导】 10月，市政府教育督导团对县域义务教育改薄工作进行自查、督导。9—20日，组织全市公办义务教育学校进行改薄工作“20条底线要求”达标情况自查。23—24日，市教育局组织由局领导带队，改薄、督导、学校管理、财务、教育装备与工程管理专家等成员组成的11个市级复查组，抽取77所学校进行督查，督查发现，徐州市在“20条底线要求”上依然存在大班额问题严重、学校厕所蹲位不足、校园运动场地和设施设备不能满足学生体育活动需要等问题，需要继续加快推进义务教育标准化建设，不断优化义务教育学校布局。强化督导检查，倒排工期，实行竣工销号制度，定期通报工作进展情况。

【完成部分三星级高中教学质量专项督导】 年内，市政府教育督导团办公室与教育教学研究室联合，对丰县顺河中学等7所县（市、区）三星级高中进行“以提升教育质量特别是教学质量为核心，促进高中优质特色发展”为重点的专项督导。

【开展义务教育学校标准化建设监测工作专项督导】 11月底，市政府教育督导团办公室组织对全市11个县（市、区）义务教育学校标准化建设监测工作的专项督导。督导发现部分县（市、区）在监测工作中存在的认识不到位、工作不认真，甚至在数据采集、审核上弄虚作假问题，指导各县（市、区）进一步端正思想认识，实事求是，认真负责做好监测工作，为促进县级政府进一步加强义务教育学校标准化建设提供真实可信的决策依据。

（徐志 李乐）

思想宣传

【扩大宣传，塑造教育良好形象】 2017年，市教育局重点加强与市级媒体的联系，大力宣传教育成绩亮点，塑造教育良好形象。全年在《徐州日报》等各类报刊刊发正面报道266篇，数量较上年翻番。主题宣传强化，能够紧贴党委意图，紧跟阶段中心工作，跟进宣传。与职社处联合开展“职教对接周”“全民学习周”“淮海职教杯”创业大赛宣传，与招办、基教处组织中考招生政策宣讲，与监察室、教研室策划暑期治理有偿补课、开展教师业务能力测试系列报道，与人事处、师资处联合开展教师节优秀教师宣传，在社会上均产生良好反响。

【依托宣传平台，强化阵地建设】 2017年，市教育局认真抓好“徐州教育”新网站运行，依托宣传平台，强化阵地建设。按照省、市要求不断调整规范教育网站管理，制定《加强徐州教育网管理和信息发布工作的通知》和量化指标，明确处室分工和责任，对各栏目开展常态监控，做到信息每天更新，互动及时答复，顺利通过省、市网站建设评估。开通“徐州教育”微信公众号，拓展教育宣传的渠道，在教师节期间，依托微信平台开展“请为我的老师点赞”活动，访问90万人次，点赞15万次，公众号进入者接近3万人。

【推动文明创建，加强学校内涵建设】 年内，局宣传处以强化统筹为重点，编印下发《教育系统文明校园创建工作手册》，推动学校文明创建，加强学校内涵建设。组织推进会、业务培训会、现场观摩会等，协调推进104家单位学校文明创建工作。以区、校为单位大力营造“讲文明树新风”的浓厚氛围，宣传板（牌）做到抬眼可见，举足即观。以培育践行社会主义核心价值观为主线，开展15大类主题教育活动，确保创建活动知晓率100%。在中央文明办测评中成绩优异，实现“不失分、有亮点、创特色”的目标。

【妥善处置舆情，确保平安稳定】 2017年，局宣传处制定《网络舆情应急预案》，妥善处置舆情，确保平安稳定。凡是直属学校发生的舆情，积极指导，协同处置；凡是县区学校出现的舆情，保持关注，协调应对。年内，局直属单位各类舆情处置及时，均控制在蓝色预警状态，未造成重大影响。加强对市委市政府信息报送工作，信息工作排名从全市末位次跃升至中游位次。认真办理市政府“12345”热线、书记市长信箱、一把手网络服务厅等意见建议、咨询投诉，市教育局被市政府表彰为热线工作先进单位。

【加强理论学习，夯实思想保障】 2017年，局宣传处认真履行理论学习助手职责，协助局党委认真制定《贯彻落实〈中国共产党党委（党组）理论学习中心组学习规则〉的实施细则》。会同相关处室研究制定《学习宣传贯彻党的十九大精神努力办好人民满意教育的通知》，组织年度局党委中心组理论学习。强化意识形态和思想政治工作，组织全市教育系统净化舆论环境专项整治，在省委意识形态责任制督查中获得充分肯定。

（张　涛）

纪检监察

【构建党风廉政建设责任体系】 2017年，局党委坚持把党风廉政建设摆上教育事业发展的突出位置，列入领导班子、领导干部目标责任管理，统一研究部署、统一组织实施、统一检查考核。召开全市教育系统党风廉政建设工作会议，制定《2017年全市教育系统党风廉政建设工作要点》、领导班子党风廉政建设责任清单，建立“两个责任”联系点、约谈和定期报告制度，细化责任，督促落实。

【强化党纪法规意识】 2017年，局党委组织广大党员教师深入学习《关于新形势下党内政治生活的若干准则》《中国共产党廉洁自律准则》《中国共产党纪律处分条例》《中国共产党问责条例》《中国共产党党内监督条例》及《当前违反中央八项规定精神和隐形“四风”问题常见表现形式及查处典型案例》，强化党员、干部党纪法规意识。全年先后开展6批次组织考学测试，抽查140名党员教师参加党内政治生活准则、党内监督条例和教师职业道德规范知识考试。组织2700多名党员参加“违反中央八项规定精神及典型案例解读”知识考试，以考促学，以学促用。召开干部警示教育大会，观看警示教育片《迷途之殇》，通报违规违纪案例，教育引导广大党员干部，从身边反面典型案例汲取深刻教训，以案为鉴，深刻警醒，严明纪律规矩，始终保持清正廉洁。

【纠正“四风”】 年内，市教育局从各个方面、采取多种措施纠正“四风”。开展违规使用公务加油卡、“私车公养”专项整治，对涉事的6名驾驶员给予党纪政纪处分或责令辞退，追缴全部违规所得，对分管领导诫勉谈话。开展违规吃喝治理，对2013年以来公务接待情况逐张票据逐一核查，对发现的问题下发整改通知单，限期整改。开展收费清理整顿专项行动，对市教育局及直属学校所有收费项目逐一起底排查，确保国家和省关于取消、降低、停(免)征收费项目政策执行到位，杜绝违规收费。

【落实市委巡察整改反馈意见】 2017年，市教育局党委针对市委巡察徐州市第一中学反馈意见，先后召开6次专题会议，制订整改责任清单，明确全面加强工作督导、强化监督执纪问责、推动教育事业健康发展三个方面十项整改任务。按照“谁主管、谁负责”的原则，层层抓好落实，确保整改到位。指导徐州一中认真梳理反馈意见，从落实“两个责任”、加强班子和干部队伍建设、抓好作风建设、深化改革加强内部管理四方面积极整改。市教育纪工委认真核实巡察移交线索，对涉及的8名党员干部和教师立案审查并分别给予党纪政纪处分。

【重拳治理在职教师有偿补课】 2017年，市教育局重拳治理在职教师有偿补课行为。坚持“综合施策、精准治理、疏堵结合、重在疏导”的原则，与市纠风办联合制定《关于开展在职教师有偿补课专项整治活动的实施意见》，局班子成员带队分五批到县区和直属学校“督责任”“督效果”。加强教学管理，鼓励教师开设“名师公益课堂”“党员示范课”，培优补差，提升教学质量。开展“最佳党日活动”，组织党员名师在校内开设公益课，满足学生解疑释惑的需求，把学生吸引到学校教育中。聘请百名社会教育专项工作行风监督员，建立微信联络群，形成校内、校外立体监督网络。规范社会培训机构办学行为，实施“有偿补课周周查”，根据举报线索，对直属学校14名违规教师作出调离原岗位及相应人事处理，通过媒体向社会发布通报，产生极大反响。省委教育工委向全省推介徐州的经验做法。

【纪律审查逐步深化】 2017年，全市教育系统纪律审查逐步深化。年内，信访件数271件，涉及教育收费、招生考试、选人用人、职称评聘、评优评先等方面，所有投诉全部按规定流程核查处理回复，办结率100%。全市教育系统立案72件，涉案人员72人，其中68人受到党纪政纪处分。

（张　雯）

组织建设

【推进“两学一做”学习教育常态化制度化】 2017年，市教育局制定下发《徐州市教育系统推进“两学一做”学习教育常态化制度化的实施方案》，指导学校深入推进“两学一做”学习教育。全局各级党组织认真制订学习教育方案。广泛开展“做好教师党员争先、创新业绩甘做奉献”主题活动，重点开展“党员先锋行动”“最佳党日活动”，引导广大教师爱岗敬业，在教育发展中争做贡献。组织局直属学校党员开展百万党员学宪法学党章考法活动，取得较好成绩。

【举办十九大精神专题培训】 11月25日，市教育局党委举办全市教育系统学习宣传贯彻党的十九大精神专题培训。各县(市、区)教育行政部门主要负责人、市属高校高职校分管负责人、市直属学校领导班子成员和市教育局机关全体党员干部260人参加培训。市委教育工委书记、市教育局党委书记、局长吴昊作十九大精神宣讲，市纪委常委、市委巡察组组长马涛作“不忘初心、忠诚干净、履职尽责”专题报告。会后，分9个小组开展专题讨论。组织局直属学校党员开展学习贯彻党的十九大精神网上学习评测，取得较好成绩。

【举办党组织书记专题培训】 12月2日，局党委举办学习贯彻党的十九大精神推进教育系统党建工作发展专题培训。市委组织部副部长、市委党建办主任杜庆琦，市纪委副书记、市监察局局长陈勇，共青团江苏省委少年部副主任、少先队总辅导员助理聂德勇分别就学校党建工作、纪检监察工作和团队一体化工作作专题讲座。局直属学校党组织书记、专职副书记，纪委书记、纪检委员，学校基层党支部书记，团委书记、副书记、团委委员，市委教育工委民办学校党委委员及各有关民办学校党支部书记200余人参加培训。组织全市中小学党组织书记参加教育部党组织书记网络培训班。

【开展“双走访三争当”党员先锋行动】 2017年，局党委组织局直属学校开展校干走访教师、党员走访学生，争当教育教学先锋、争当师德师风模范、争当志愿助学表率活动。暑期，局直属学校1391名干部、党员和教师参加走访活动，召开座谈会324次，帮助解决问题100余个。在直属学校开展“最佳党日活动”，组织党员名师在校内开设公益课，满足学生解疑释惑的需求。

【加强中小学党建工作制度建设】 2017年，市委教工委、市教育局党委制定《关于加强全市中小学校党建工作规范化建设的意见》，从组织建设、思想建设、队伍建设、制度建设、阵地建设等方面规范基层党建工作。制定《关于进一步明确局党员领导干部联系点的通知》《关于进一步完善议事决策规则的意见》《关于进一步推进中小学校贯彻落实“三重一大”决策制度的意见》，明确学校管理和发展的规矩制度。

【指导局直属学校党组织换届】 年内，局组织处按照党章要求，以三十六中党委换届为示范，指导直属学校基层党组织换届工作。全局直属29个学校党组织均完成换届工作，配齐党组织书记和委员，建立纪检监察队伍，所有学校均配齐纪委书记或纪委委员，做到基层党建“工作有人做、责任有人担”。

【民办学校党建取得新进展】 7月，市教育局党委举行徐州市民办学校党建工作现场会暨第二批新建党组织集中授牌仪式，为9个新建党支部授牌，观摩华顿国际学校党建工作，交流党建经验。深入摸底，探索研究制订民办学校流动党员管理办法和民办学校联席会议制度。

【开展“双抓双促”和“百千万”走访活动】 2017年，市教育局深入开展“双抓双促”“百千万”大走访大落实活动。了解掌握基层工作情况，帮助解决基层矛盾困难，推动基层党建工作和教育事业改革发展不断取得新成效。市教育局成立7个帮扶小组，对口包挂新沂市邵店镇14个行政村。局机关党员干部累计下基层调研22批次，参加活动党员210余人次，走访各类贫困家庭158户，协调解决走访问题累计65个，其中，市级层面问题10个，新沂市20个，邵店镇(村)33个，全部销号解决。为新沂市邵店镇邵西小学购置价值2万元的6台电脑和200册图书，用于改善学校办学条件。组织局机关党员干部广泛开展大走访、大排查、大宣讲活动，面向农村广大党员群众宣讲十九大精神。“百千万”大走访做到宣传培训、人员走访、上下联动、问题梳理、工作开展“五个精准到位”。

【加强年轻干部选拔培养】 2017年，局党委针对局直属学校校级干部年龄严重老化的突出问题，制定《直属学校年轻校级干部培养选拔方案》，加强年轻干部选拔培养工作。从政治素质高、业务能力强，能担当的中层干部中首批选配7名年龄40岁以下的干部，按照兼顾学科、学段、交流锻炼等原则，明确任职校长助理。

【对口援疆、援藏、援青、援宝鸡】 2017年，市教育局继续开展对口援疆、援藏、援青、援宝鸡工作。接待并组织新疆奎屯对口交流4批共141名教师到徐培训，接待宝鸡11名教师到徐培训。选派2批22名徐州优秀教师赴奎屯开展送教活动。选派10名教师去西藏拉萨市江苏实验中学、拉萨市第二中等职业技术学校支教。选派1人赴青海省海南州第一中学支教。与宝鸡市教育局签订《徐州市、宝鸡市教育支援及职业教育合作协议》，赴宝鸡市开展对口交流活动，为宝鸡市渭滨区晁裕中学捐赠价值10万元的笔记本电脑25台。

【教育扶贫工作】 2017年，市教育局以促进帮扶地区发展为目标，充分发挥教育优势和人才优势，对新沂市邵店镇刘冲村进行定点帮扶。全年共拨付扶贫资金15万元，用于帮扶村草站建设、村内路段照明绿化和新村部相关设施建设。向联合小学赠送价值3万余元的多媒体白板、书籍、书包等物资。春节和“全国扶贫日”期间，赴刘冲村开展走访慰问活动，为贫困户送去价值2万余元的米、面、油等物资及慰问金。

（撰稿：周兵兵　审稿：杜　涛）

发展规划

【推进城建重点工程和为民办实事工程建设】 2017年，市教育局积极推进徐州市城建重点工程学校和为民办实事工程建设。年内，列入市区城建重点工程学校建设项目共17个，其中，续建项目11个，新建项目6个。至年底，潇湘路九年制学校竣工投入使用，幸福家园小学基本竣工，开元二小、矿山路二小主体建筑基本完工，彭祖大道小学进行主体施工，徐州一中迁建项目主体建设完成进行内装工程，紫金东郡小学、欣欣路学校进行基础施工，七里沟九年制学校、苏宁悦城小学等9所学校在办理前期手续。2017年全市为民办实事工程新改扩建中小学校任务为117所，至年底，竣工项目20个，开工项目99个，合计119所，超计划完成任务。

【修编、优化义务教育学校布局规划】 2017年，市教育局认真贯彻落实市政府《关于统筹推进城乡义务教育一体化优质均衡发展的实施意见》，督促各地做好义务教育学校布局规划修编工作。至年底，各县（市、区）义务教育学校布局规划修编工作基本完成，市教育局与市规划局联合完成《市中心城区中学布点规划优化》《市中心城区小学布点规划优化》。新优化的中心城区中小学按规划区范围内可承载人口360万人，共布点学校218所（小学125所，初中57所，九年一贯制学校15所，高中19所，完全学校2所），其中，保留学校134所，规划建设学校84所。

【明确主城区中小学和幼儿园投资建设管理体制】 2017年，市教育局在征求市财政局、市重点办、新城区管委会等部门意见的基础上，提请市政府办公室印发《关于进一步明确主城区中小学校和幼儿园投资建设管理体制的通知》，明确主城区中小学和幼儿园投资建设管理体制。小学和新布点初中学校（含九年制学校）由市、区两级财政共同出资，各区政府作为实施主体进行建设和举办管理。原则上以市级投入为主、区级投入为辅，市里负责校舍建设资金，各区负责添置教学设备。新城区负责新城区初中学校建设，建成后交由云龙区举办管理。高中新建学校由市财政投资，代建部门代建，市教育局举办管理。新城区高级中学由新城区投资建设，建成后移交市教育局举办管理。幼儿园建设以政府投建为主，各区政府负责资金筹集、园舍建设和举办管理。新城区负责新城区幼儿园建设，建成后交由云龙区举办管理。徐州经济技术开发区、铜山区、贾汪区按原投资渠道和建设模式组织学校建设。理顺主城区中小学和幼儿园投资建设管理体制。

【加强制度建设，增强廉政风险防控能力】 2017年，市教育局印发《关于加强中小学基本建设管理，增强廉政风险防控能力的通知》，加强廉政风险防控能力制度建设。《通知》在中小学基本建设立项审批、勘察设计、工程招标、合同管理、质量控制、工程变更、竣工验收、资金拨付各环节依法依规提出要求，扎紧制度的笼子，不断增强参建人员风险防范意识和能力，提高廉洁的自觉性。

【做好计划、统计等工作】 年内，局发展规划处认真做好计划、调研、统计等工作。先后编制完成市属大、中专院校招生计划，全市高中阶段教育招生计划及2016年教育事业统计分析资料。完成2017—2018学年度教育事业统计，撰写《徐州市义务教育阶段生源预测及对策分析》的调研报告。配合市有关部门做好局属学校的节能减排、防震减灾等工作。加固直属学校校舍13栋，维修改造项目35项，完成投资8800万元。

（钱　彬）

教育人事

【参加省级培训并完成教师资格认定】 3月13日，省教育厅在徐州市举行教师资格管理信息系统认定模块操作培训班。市教育局安排人员参加培训并按照操作规程认真做好教师资格认定工作。苏北五市教师资格认定机构50余人参加培训。全市全年共认定各级各类教师资格7910人，其中，幼儿园1887人，小学3396人，初中942人，高中1577人，中职107人，中职实习指导1人。

【开展在编在岗教师定期注册工作】 从2016年下半年开始，徐州市对全市中小学校在编在岗教师实行5年一周期的定期注册审查。2017年，市教育局直属事业单位定期注册74人，合格73人，暂缓1人。定期注册审查不合格人员，不得从事教育教学工作。各县(市、区)同时按照这一要求开展在编在岗教师注册工作。

【教师招聘及机关工作人员选调】 2017年，市教育局完成教师招聘及机关工作人员选调工作。全市招聘工作面试整合到一个考点，同学科选拔的科学性和公平性进一步增强。市教育局直属学校面向社会公开招聘74名教师，2名会计。选调机关事业处室工作人员15名。

【试点推进"县管校聘"管理体制改革】 2017年，市教育局根据省教育厅办公室《关于县(市、区)建立义务教育学校教师"县管校聘"管理体制改革联席会议制度的通知》精神，试点推进"县管校聘"管理体制改革。各地建立义务教育学校教师"县管校聘"管理体制改革联席会议制度，制订改革方案，努力争取实质推进。

【推进义务教育学校教师交流】 8月，根据《市直属义务教育学校教师校长交流工作实施方案》精神，市教育局积极推进义务教育学校教师交流。市直义务教育学校被划分为五个学区，每个学区有一所牵头学校，学区内成立交流工作联席会议，采取"双向选择""托管交流""学区联盟""自主结对"等形式，以学区内交流为主，跨区交流为辅。通过学区内学校间互通有无，托管学校间辐射带动，跨区学校间点对点的支持，较好完成交流任务。

【开展优秀教师评选表彰】 9月1日，中共徐州市委教育工委、徐州市教育局联合表彰一批先进集体和先进个人。表彰市教育系统先进集体146个，市优秀教育工作者401名，"德润彭城·最美教师"26名。

【加强教育人事干部业务培训】 11月16—19日，人力资源和社会保障部教育培训中心在苏州市举办学校人事制度改革培训班，徐州市教育局直属学校及县(市、区)教育人事干部55人参加培训。

【开展课题研究】 9—10月，局人事处针对制约教育人事工作发展的瓶颈问题，组织人员调研，开展课题研究。先后完成《中小学教师编制管理思考与建议》《岗位设置管理思考与建议》《县管校聘改革推进现状及问题分析》《关于治理中小学教师有偿家教制度设计的思考》4个课题。

【宁本涛调研中小学教师绩效工资实施情况】 12月，局人事处协助华东师范大学教育学部宁本涛教授在徐州市开展中小学教师绩效工资实施情况调研。宁本涛受教育部教师工作司委托，承担"中小学教师绩效工资实施现状、成效及问题研究"课题。12月4—6日，局人事处工作人员陪同宁本涛到新沂市和沛县两地，深入到城镇及乡村中小学开展调研，与基层一线教师座谈交流，倾听教师意见及诉求，为课题研究掌握了第一手资料，也为徐州市中小学教师工资制度改革提供基础数据。

【完成各类年报和工资业务】 2017年，局人事处完成人事年报、工资年报、统计年报、年度考核等信息上报工作和事业单位法人年报公示工作。完成机关事业单位工作人员4622人薪级调整、95人退休手续审批、83人死亡抚恤金审批及23人教龄津贴变动审批等工资福利审批业务。

(撰稿：付桂忠　审稿：王　静)

师资队伍建设

【实施教师队伍建设"三师工程"】 7月，市教育局下发《关于实施教师队伍建设"三师工程"的意见》，在全市教育系统实施教师队伍建设"三师工程"。《意见》规定，"三师工程"评审每两年开展一次，每批计划评审30名领军名师、100名带头优师、170名青年良师。获得领军名师、带头优师、青年良师称号的教师，在管理期内与所在单位、教育部门签订目标责任书，明确目标任务，积极开展名师论坛、专题讲座、学术交流、送教下乡和示范课、公开课、观摩课等活动，逐年考核，期满进行全面考核兑现补贴。根据《关于开展徐州市首批"三师工程"评选工作的通知》精神，市教育局组织开展徐州市首批"三师工程"评选推荐工作。经个人申报、单位推荐、资格审查、业绩评审、评审委员会审议后，确定领军名师28人，带头优师93人，青年良师161人。

【3名教师入选国家“万人计划”领军人才】 12月，徐州市3名教师入选国家“万人计划”领军人才。中央人才工作协调小组统筹安排，中宣部、教育部、科技部组织专家，在全国遴选推荐的723名科技创新领军人才、373名科技创业领军人才、220名哲学社会科学领军人才、197名教学名师于年底公布，其中，邳州市特殊教育学校郭庆、徐州市大马路小学刘杰、徐州市第一中学张安义3人位列教学名师榜单。在国家“万人计划教学名师”中，全国基础教育阶段教师入选68人，江苏入选8人，徐州市入选人数居全省首位。

【高质量完成教师培训工作】 2017年，徐州市高质量完成教师培训工作。全年完成国家级培训12项，省级培训64项，完成市级信息技术应用能力提升工程网络培训与线下研修混合式培训。39433人参加培训，培训参与率与合格率98%。

【建立乡村教师研训基地】 2017年，市教育局以乡村骨干教师培育站为依托，培养乡村优秀骨干教师，建立乡村教师研训基地。年内，完成第一届乡村骨干教师培育站终期考核，获得省级一等奖4人，省二等奖5人。被评为优秀培育站8家，优秀主持人8人，优秀导师37人，优秀学员227人，获奖人数居全省第二。26个培育站学员在省、市以上刊物发表论文370余篇，通过省级立项课题28项，有100余名教师在市级以上优质课、青年基本功大赛等竞赛中获奖，通过市级立项课题118项，执教县级以上公开课810节。

【加大省示范性县级教师发展中心创建力度】 年内，市教育局动员组织各县（市、区）教育（教体）局开展省示范性县级教师发展中心创建工作。经省教育评估院评审，省教育厅认定，贾汪区教师发展中心、开发区教师发展中心、云龙区教师发展中心通过全面评估验收，鼓楼区教师发展中心、泉山区教师发展中心通过材料验收。

【加强教师职业道德教育】 2017年，市教育局把社会主义核心价值观教育融入教师培养全过程，广泛开展做“四有”好老师主题教育活动，引导教师立德树人、为人师表。健全师德建设长效机制，把教师职业理想、职业道德、学术规范、心理健康教育融入到招录准入、职后培训、日常管理和考核奖惩的全过程。暑期，在全市中小学教师中开展“两学一做，深化师德教育，提高教师自我约束意识”主题教育实践活动。通过发动宣传、学习交流、教师家访、结对帮扶活动，着力解决师德建设中存在的突出问题，警示一批师德失范、师风不正的教师，培养一批教书育人的师德典范，提高教师的思想政治素质和职业道德水平。

【开展师德表彰活动】 9月，市教育局开展2017年徐州市师德先进个人、师德模范和师德建设先进集体评选活动。经广泛推荐和综合评审，市委教育工委、市教育局研究决定，授予王冬梅等26人“德润彭城·最美教师”称号，授予汪静等200人“徐州市师德先进个人”称号，授予丰县华山中学等88家单位“徐州市教育系统先进集体”称号。并在《徐州日报》等媒体对部分先进个人及先进集体的事迹进行宣传报道。

（张　焰）

教师继续教育

【送教下县】 5月23—24日，市教育局组织优秀教师到睢宁送教。课程覆盖幼儿园、小学、初中、高中各学段，包含同课异构、教学研讨、学术讲座、教师沙龙等不同形式。千余名教师参与活动。

【以课题引领培训】 2017年，教师教育中心以“名师工作坊和校本研修模式建设的研究”为课题，探索构建教研训一体的培训体系。联合教研室，选拔组织名师深入学校开设“名师课堂”，通过示范课、教学研讨，让更多学生能聆听名师授课，让更多教师和名师对话教研，充分发挥名师的区域性引领辐射作用。在二十二中、三十二中、五中、一中、新沂一中、王杰中学开设语数外、心理健康、信息技术、化学生物等多门学科名师课堂，并陆续将有关资源上传到“彭城课堂”。

【探索入职培训新模式】 暑期，教师教育中心联系一线教师、校长开展调研，初步制定《徐州市教育局直属学校教师职初教育课程方案（试行稿）》。以校本培训为主，增设十三中、徐高中为新教师跟岗研修基地，组织教师到基地学校研修，开展拓展训练、上课观摩、研讨交流活动，促进新教师尽快成长为师德优良、教育教学水平合格的教师。

【分层做好教师继续教育】 2017年，市教育局分层举办教师培训，为不同层次教师的成长搭建平台。11月6—8日，组织青年骨干教师到南通学习名师成长建设工作。12月28—29日，启动名师高级研修班第一期学习，为名师、正高级教师的推荐做好人员储备。

（王　芳）

教师职称评审

【加大研讨力度】 2017，市教育局就教师职称评定中是否借用全国中小学教师资格认定面试系统测评中小学教师中级职评教学能力开展调研。3月1日，邀请部分教研员、一线正高级教师及特级教师、评委库成员参加论证会，初步形成可行性意见。

【完成职评准备工作】 2017年，市教育局教师职称评审办公室分别组织四个系列、两个级别的教学能力测试工作。完成1158名中级教师职务教学能力测试，1690名高级教师教学能力专项测试，并以文件形式下发成绩通知，做到信息公开。4月10—12日，完成市属高职校、中职校、局直属学校教师继续教育年审。5月9—10日，组织开展2017年职称评审论文鉴定，共鉴定论文4703篇，75人进行论文答辩。

【更新评委库成员】 2017年，教师职称评审办公室联合教研室等部门，选拔1000余名优秀教师进入评委库，完成调整、更新徐州市教师高级、一级专业技术资格评审委员会和学科评议组成员库的工作。

【完成职称评审】 年内，全市完成四个系列教师中级、高级职称评审。其中，中小学一级142人，幼儿园一级23人，中职校讲师53人，高校讲师9人，中小学高级教师660人，幼儿园高级19人，中职校高级讲师50人，中小学正高级教师18人，共974名教师分别具备各系列中级、高级专业技术职务资格条件。按职评工作有关规定予以公示无异议，向市、省人社部门报批。完成各系列教师的初定报名、材料审核。

（张　焰）

教育国际交流与合作

【专题研修计划项目出国培训】 2017年，市教育局认真做好全市专题研修计划项目设置，选派人员出国培训。按需求设置中小学教学改革专题研修班、中小学教育教学评价专题研修班、中小学教师专业发展指导专题研修班、学科教师信息化素养专题研修班4个培训团，选派120人，分别到美国、英国、澳大利亚、德国培训学习。

【组织参加“雏燕”出国培训项目】 2017年，市教育局组织“雏燕”出国培训项目选拔考试，12名小学教师，3名初中教师，20名高中教师通过选拔考试。徐州市通过该项目参加出国培训的人数在全省排名前位。

【开展引智培训及STEM项目培训】 年内，市教育局通过省国交中心，聘请28名外籍教师暑假到徐州市组织引智培训，1000余名教师参训。通过3周封闭式强化训练，全体学员在英语听说读写能力、对外语教学方法最新发展趋势的了解和实践方面都有较大的提高。至2017年，该项目已将全市英语教师轮训一遍。

【推进中外合作办学】 2017年，徐州市有计划、有步骤地重点推介、引进一批优势的合作项目，推进中外合作办学。引进国外先进的办学理念、教学模式、优质课程等软资源，一中、三中、五中、三十六中、十三中等12所学校与国外学校建立国际友好学校。

（张　焰）

财务与审计工作

【全市教育经费及财政投入情况】2017年，全市地方教育经费总投入为206.9亿元，比上年192.04亿元增加14.86亿元，增长7.74%；全市国家财政性教育经费为187.64亿元，占总投入的90.69%，比上年172.35亿元(同口径)增加15.29亿元，增长8.87%；民办学校举办者总投入为0.35亿元，占总投入0.35%；社会捐集资办学经费为0.32亿元，占总投入0.17%；事业收入为16.89亿元，占总投入的8.16%，其中学费为15.6亿元，占事业收入的92.36%；其他教育经费为1.59亿元，占总投入的0.77%。

【公共财政教育支出增长高于财政经常性收入增长情况】2017年，全市公共财政教育经费182.42亿元，比上年169.69亿元，增加12.73亿元，增长7.51%。2017年全市财政经常性收入348.19亿元，比上年336.99亿元增加11.2亿元，比上年同口径增长3.32%，公共财政教育支出增长高于财政经常性收入增长4.19%。

表8　各级各类学校生均公共财政预算教育事业费支出增长情况表

学段	指标	生均事业费
普通高等学校	2016年（元）	11256.95
	2017年（元）	13569.25
	2017年比2016年增减（%）	20.54
中等职业学校	2016年（元）	9911.32
	2017年（元）	11406.24
	2017年比2016年增减（%）	15.08
职业高中	2016年（元）	7884.54
	2017年（元）	9795.97
	2017年比2016年增减（%）	24.24
普通高中	2016年（元）	16643.72
	2017年（元）	20583.67
	2017年比2016年增减（%）	23.67
普通初中	2016年（元）	19684.55
	2017年（元）	20211.93
	2017年比2016年增减（%）	2.68
普通小学	2016年（元）	9248.18
	2017年（元）	9082.95
	2017年比2016年增减（%）	-1.79
幼儿园	2016年（元）	2337.14
	2017年（元）	2701.97
	2017年比2016年增减（%）	15.61

表9　各级各类学校财政预算公用经费支出增长情况表

各类教育	标准	金额
普通高等学校	2016年（元）	1928.35
	2017年（元）	3921.53
	2017年比2016年增减（%）	103.36
中等职业学校	2016年（元）	2048.56
	2017年（元）	3415.23
	2017年比2016年增减（%）	12.03
职业高中	2016年（元）	3397.95
	2017年（元）	4385.13
	2017年比2016年增减（%）	29.05
普通高中	2016年（元）	2877.10
	2017年（元）	4617.59
	2017年比2016年增减（%）	60.49
普通初中	2016年（元）	5096.83
	2017年（元）	5991.83
	2017年比2016年增减（%）	17.57
普通小学	2016年（元）	2947.70
	2017年（元）	2767.62
	2017年比2016年增减（%）	-6.11
幼儿园	2016年（元）	908.51
	2017年（元）	1119.10
	2017年比2016年增减（%）	23.18

【完善教育经费保障机制，逐步提高保障水平】2017年，义务教育全面纳入财政保障范围。按照小学每生每年不低于700元，初中每生每年不低于1000元，生均取暖费补助25元核定公用经费和取暖费，不足100人的规模较小学校按100人核定，特殊教育学校学生与随班就读学生生均公用经费按当地普通同级学校生均公用经费的8倍以上拨付，逐步提高保障水平。学前教育公用经费由每生每年不低于200元增长到每生每年不低于300元，实行政府投入、社会举办者投入、家庭合理负担的投入机制，建立公办幼儿园和普惠性民办幼儿园公用经费拨付标准，其中云龙区、泉山区、丰县等地按照小学公用经费标准的一半执行。普通高中实行以财政投入为主，其他多种渠道筹措经费为辅的体制。目前按照每生每年不低于800元标准拨付公用经费，随着财力的增强，将会逐步提高高中阶段教育财政投入水平。中等职业教育实行政府、行业和企业以及其他社会力量等多渠道依法筹集经费投入的机制。高等教育实行以举办者投入为主、受教育者合理分担培养成本、学校设立基金接受社会捐赠等筹措经费的机制。终身教育实行政府主导、多元投入的机制。逐年提高各类教育生均经费基本标准和财政拨款基本标准。

（魏建春）

德育研究

【开展践行社会主义核心价值观教育】 2017年，局德育研究室在全市中小学生中开展践行社会主义核心价值观教育。组织全市中小学校编写宣传核心价值观童谣1500余首，并参加全国比赛，获全国奖项6个。组织参加全省核心价值观主题情景剧大赛，获全省第四名。组织开展“争做美德少年”“文明伴我成长”“戏曲进校园”“我们的节日”“烈士公祭日”“八礼四仪”及“赢在未来杯”学生科普竞赛展示等15大类主题教育实践活动。中小学每月主题教育活动总数达2000场(次)。曹胤鹏获全国最美孝心少年称号，秦晓筱获江苏省第四届“十大美德少年标兵”称号。

【推进文明礼仪养成教育】 2017年，局德育研究室在全市中小学积极推进文明礼仪养成教育。在组织开展的“一区一品”“一校一品”养成教育活动中，鼓楼区建立学生文明有礼“自我成长”档案，铜山区建立“日行一善积分卡”，新沂市开展“美行、美书、美读”“三美”教育，贾汪区开展“文明礼仪之星”评比活动，徐州一中等5所学校试点使用学生道德素养评价平台。年内，完成《小学生文明礼仪养成教育评价手册》编写。组织“文明城市你我同行”征文大赛，全市近2万名学生参加。持续推进“四个一”工程，即组织评选一批“礼仪养成教育精品课”、创编一批礼仪小游戏、制作一套礼仪成长手册、推广一系列“四仪”教育，为全市中小学深化礼仪教育提供教学内容、特色活动和仪式规范。

【创建中小学品格提升工程项目】 年内，局德育研究室组织培训指导全市50多所学校申报省品格提升工程项目。3个项目获省级立项并获省建设资助资金52万元。德育研究室督促协调3个项目学校工作推进，顺利通过省教育厅项目实施中期评估。

【深化心理健康教育】 年内，局德育研究室深化全市中小学心理健康教育工作。聘任6人担任徐州市中小学心理健康教育兼职教研员，并指导30余所学校开展心理健康教育特色校创建，录制心理健康教育名师课，开设心理工作坊。制定《徐州市中小学心理咨询室建设运行管理测评办法》，对直属学校进行5轮督查，主城区中小学普遍设立心理咨询室。举办德育骨干教师心理健康教育培训，德育干部、心理健康教育骨干教师近300人参加培训。组织国家心理咨询师三级培训工作，全市中小学近700人参加。开展“心理健康教育特色学校”市级创建，20所中小学进入现场考察。《振动心育之翼，扮靓幸福人生》获得教育部颁发的全国中小学德育工作优秀案例奖。调整、新聘徐州市未成年人成长指导中心心理咨询师62人并开展短期咨询能力培训。延长志愿咨询服务时间，全年累计接受各类咨询约3000人次。

【加强社会实践基地建设】 2017年，徐州市中小学生社会实践基地建设得到进一步加强。在全市开展市级研学基地评选活动，培训指导48家单位申报市级研学基地，22家单位进入现场考察。组织培训并申报省推荐国家级研学基地，全省通过推荐5家。淮海战役烈士纪念塔基地获省推荐，全省通过国家评审3家，淮塔基地全面通过并获资助。组织培训青少年活动场所项目提升申报，市青少年宫、市妇幼中心、铜山区青少年活动中心、新沂市青少年活动中心中心获国家彩票公益基金资助784万元。

（撰稿：杨　波　审稿：陈　戈）

【开展国防教育示范校特色校创建】 2017年，市教育局在全市中小学深入开展国防教育示范校、特色校创建活动。24所中小学获省级国防教育特色学校称号，3所学校申报国家级国防教育示范校，2所学校通过省级评审上报教育部。

【加强班主任队伍建设】 2017年，局德育研究室采取各种措施，加强班主任队伍建设和德育干部队伍建设。组织徐州市第六届中小学班主任基本功大赛，经县级比赛选拔，108名班主任参加市级比赛，6人参加省级比赛，获1个一等奖、1个二等奖、4个三等奖，1人代表江苏省参加长三角区域比赛，获论文一等奖。确定"班主任专业发展与激励机制研究"立项，召开班主任工作座谈会，调研全市各学段1523名班主任的工作情况，完成调研报告，拟定可行性方案，激励教师投身班级管理工作。举办中小学德育工作研修班，邀请中央党校、北师大、西南大学、北京教科院专家到徐授课，全市700名德育干部、班主任参加培训。

【完成全国文明城市创建工作任务】 1—9月，市教育局在徐州市全国文明城市创建工作中完成所承担的各项任务。完成未成年人思想道德建设体系全部6大测评项目19个测评指标、未成年人成长指导中心全部5大测评项目17个测评指标和全国文明城市创建体系的7个测评标准的档案台账整理工作。完成必检点位——未成年人成长指导中心的迁址、建设，迎接省、国家暗访、现场检查工作，未失一分。开展五轮直属37个迎检点位的心理咨询室建设督查。

教育教学研究

【深度推进"学讲计划"】 2017年，市教育局深度推进"学讲计划"，强化顶层设计，关注区域课改战略布局。召开各级各类教师座谈会13场，近300人次参加，举办专家研讨论证会7次，形成阶段性总结材料40万字，举办大市层面推进会5场，形成新一阶段全市和各县（市、区）"学讲"推进方案。项目引领，聚焦"学讲"热点、难点。在基础教育改革创新实验区平台上，深入推进"深度学习教学改进研究""校本课程建设""教育质量监测"和"实验区基地学校跟岗研修"等项目研究，组织项目培训3000余人次。机制创新，形成上下联动、学科深化的新格局。开展"学讲"推进主题教研活动12次，指导各县（市、区）开展教研活动23次。学科推进取得显著成果，形成一批典型课例、案例。分层推进有所进展，部分学校课程领导力显著提升。以评促建，探索课改背景下的教学新标准。年内，市教育局先后完成学校课程规划方案评比、"深度学习"教学改进一校一案例评比，开展2016—2017年度"学讲"先进集体和个人评比。参与各级各类学校视导，逐步形成新课改背景下的教学评价新标准。经验分享，逐步形成辐射全国的影响力。承办国家部级会议2次，接待全国各地教学观摩交流活动6次，参与人员2000余人次。完成《学进去讲出来——区域课堂教学改革的实践2016》编著1部，30万字。《"学讲行动"：地级市整体推进课堂教学改革的新样本》获江苏省基础教育类教学成果奖特等奖。

【积极进行教研实践转型和机制创新】 2017年，局教育教学研究室积极进行教研实践转型和机制创新，提高全市教育教学研究工作水平和实效。加强对教学质量的过程性监控。完成局课题《市教育局直属初中2017—2018学年度教学质量监测评价指标体系》《市教育局直属高中2017—2018学年度教学质量监测评价指标体系》，对市直属初、高中学校及部分民办学校进行监测评价。中、高考评价体系逐步完善：中考研究增值评价方案，通过"看起点、比进步"，坚持全员评价；高考评价体系促进学生多元发展。加强对学校教学质量过程管理：完成初中、四星级高中教学视导工作2次。完善教研"协同攻关"机制。将学期初、学期末及每月最后一周的周三定为教研室主题学习时间，通过集中学习，进行目标建构，明确任务分解，形成服务大局协同攻关的工作机制。落实教研活动"六化"要求。提出并实践落实"教研主题课题化、教研引领专业化、教研程序完整化、教研过程可视化、教研参与实时化、教研成果作品化”，用高质量的校本教研支持课改，提升质量。完善高考备考制度、视导制度、课题申报管理制度，强化教学过程管理，提升管理内涵。对幼儿园、小学、初中、高中近90所学校进行形式多样的教学活动，学科培训及研讨活动近200场次，参与教师近3万人次。

【全面提升教研专业能力】 2017年，徐州市教师教育教学研究专业能力全面提升。在省基本功比赛及省评优课比赛中，19人获一等奖，数学、初中英语学科获全国优质课一等奖。在省中小学“师陶杯”教育科研论文评选中，全省33篇特等奖论文徐州市占7篇，获奖人数居全省第一。另有205篇论文分别获省一、二等奖，推荐论文获奖率91.8%，获奖人数占全省的近20%。2017年省“师陶杯”幼教论文评比，徐州市一等奖6人，占7.5%，与淮安在苏北地区并列第一。完善基于教师专业能力提升的研训一体化机制。在第五届全国中小学实验教学说课比赛中，徐州经济开发区实验学校教师袁莉莉获一等奖，并获2017年度全国中小学实验教学能手称号。

【三项成果获省基础教育教学成果特等奖】 年内，在省第三届教学成果奖评选中，徐州市有3项获特等奖。三项获奖成果为《“学讲行动”：地级市整体推进课堂教学改革的新样本》《儿童的语文：徐州小学语文教学变革的区域样本》《画育童心：睢宁儿童画60年的探索实践》。全省评出基础教育教学成果特等奖30项，徐州市名列第四。

【获首届基础教育改革创新实验区优秀创新项目奖】 11月，在教育部基础教育课程教材发展中心举办的首届基础教育改革创新实验区课改优秀项目与课例展示活动中，徐州市教育局提交的课改案例《基于问题解决构建长效机制的项目研究与管理》获首届基础教育改革创新实验区优秀创新项目奖。该项目是泉山区教育体育局推进区域课改的典型案例，项目文本由泉山区教育体育局提供，并代表徐州市教育局参加优秀项目评审现场答辩。

【义务教育质量监测成绩呈上升趋势】 2017年，省教育厅公布2016年省义务教育质量监测结果，徐州市学生整体学业成绩呈明显上升趋势。其中，三年级语文、数学优秀率有较大幅度提升，小学数学的优秀率位列全省第七；八年级语文、数学优秀率提升幅度较大，各学科的合格率较好，与全省平均水平相当，均高于苏北平均水平，八年级语文、数学、英语、科学校间均衡指数均优于全省水平。小学、初中学生的品德水平指数较高，在全省均位于第三。

【高考成绩进步幅度明显】 2017年，徐州市高考成绩进步幅度明显。本科上线人数19995人，比2016年增加8012人，本科上线率63.05%。其中，一本上线人数4399人，上线率13.9%。徐州市2017年本科上线率较全省平均水平低4.8个百分点，2016年较全省平均水平低低15个百分点，本科上线率与全省差距明显减小。全省文理前100名，徐州市有7人，比2016年增加4人。

【教师业务能力测试引发全社会关注】 2017年，徐州市教师业务能力测试引发全社会关注，受到好评。全市3.5万名45周岁以下中小学教师参加业务能力测试，其中，市直初、高中学共2649人参加测试，参考规模、参考率为历年新高。测试成绩首次面向社会公开，受到舆论好评，也为建立新的教师评价与发展机制奠定良好基础。

（何振国）

科技教育

【开展“三百行动”专家进校园活动】 5月22日，市教育局邀请省科普传播专家分别在新沂市和邳州市部分学校开展“三百行动”专家进校园活动。专家们为学生作“从身边现象到尖端科技”“无处不在的创意”等为主要内容的科普报告，1200余名中小学生参加报告会。

【组织学生走出校园，开展科技实践活动】 2017年，局基教处组织多所学校学生走出校园，开展科技实践活动。4月12日，组织徐州市科技实验小学走进省级科普教育基地——气象科普馆；5月26日，组织徐州市民富园小学走进中国矿业大学博物馆；11月24日，组织徐州市树恩中学附属小学走进徐州市植物园。

【举办公民科学素养大赛】 10月14日，市教育局在徐州高等师范学校第一附属小学教育集团经十路小学举办首届徐州市公民科学素养大赛（城区小学组）现场决赛。徐州市鼓楼小学、科技小学、铜山区实验小学等10所学校的30名三至五年级的小选手参加决赛。

【举办市青少年科技创新"市长奖"表彰大会】 6月3日，市教育局在新城区行政中心召开全市科技创新"市长奖"暨科学技术奖励大会。会议表彰第二届徐州市青少年科技创新"市长奖"获奖人员。王子苏等10名学生获得市第二届青少年科技创新"市长奖"，石云松等10名学生获提名奖，王新艳等8名教师获优秀科技辅导员奖，徐州科技小学等6所学校获优秀组织奖。

【组队参加省青少年科技创新大赛决赛和机器人竞赛】 年内，市教育局组队参加第28届省青少年科技创新大赛决赛和机器人竞赛。徐州市选送的作品获得三等奖以上为99件，其中，2件作品在第32届全国青少年科技创新大赛评比展示类项目中获奖。在第17届省青少年机器人竞赛活动中，徐州市首次组建25支代表队参赛，其中，WER机器人能力挑战赛15支代表队。徐州参赛的高中组代表队取得WER能力挑战赛一等奖1个，占全省的14%；二等奖4个，占全省的20%。丰县中学代表队被评为团体一等奖，新沂市第一中学代表队被评为团体二等奖，撷秀初级中学等10支代表队被评为团体三等奖。

【开展市科学教育综合示范学校创建工作】 2017年，市教育局在全市中小学开展"十三五"第二批徐州市科学教育综合示范学校创建工作。经过综合考核，徐州市奎园小学等10所学校被命名为"十三五"第二批徐州市科学教育综合示范学校。徐州市云兴小学等4所学校被推荐为江苏省"十三五"第二批科学教育综合示范学校，丰县华山中学被命名为"十三五"第二批省科学教育综合示范学校。

【举办徐州市青少年科技竞赛系列活动】 年内，市教育局举办徐州市青少年科技竞赛系列活动。5月21日，分别在徐州市撷秀初级中学和徐州鼓楼生态园小学，举办第九届江苏省青少年普及机器人大赛暨第三届徐州市青少年机器人大赛，750余人参赛。组织第十七届江苏省青少年电子技师认定活动，800余人参加青少年电子技师认定。10月28日，在徐州市高等师范学校第一附属小学经十路分校举办第二十四届省青少年科技模型竞赛（徐州选拔赛）暨"观澜别院杯"第十三届徐州市青少年科技模型竞赛，全市1500余名中小学生参加比赛。11月29日，第十三届徐州市青少年科技创新大赛评审会在铜山区实验小学召开，经过评审专家的认真评审、现场讨论和综合点评，共评出科技小论文84篇、科技小发明77件、少年儿童科学幻想绘画290幅。

【组织师生参加全国中小学信息技术创新与实践活动（NOC）比赛】 7月，市教育局组织广大师生参加十五届全国中小学信息技术创新与实践活动（NOC）比赛。徐州市选手在青岛大学举行的全国总决赛中，参加FEG智能无人车、物联网创新设计、机器人超市购物、智能航天计划、无人机应用技能挑战、机器人场地越野赛等多项创客类比赛，获NOC最高奖项"恩欧希教育信息化发明创新奖"，同时获一等奖24项，二等奖37项，三等奖8项。

（赵锡安）

语言文字工作

【完成县域普通话普及情况调查工作】 2017年，市语委办对徐州市7个地区的城镇和农村居民使用普通话顺畅交流情况进行田野调查、数据上传和复核校验等工作。5月，市语委办确定以丰县、沛县、新沂市、邳州市、睢宁县、铜山区、鼓楼区7地为该次普通话普及情况调查范围。6月11日，召开7县（市、区）语委办负责人调研会，确定调查乡镇（街道），制订调查方案。6—8月，由各县（市、区）语委办带队，共组织近200名调查员、近30名工作人员，利用双休日、暑假，结合学生家访、家长会、入户调查、街头访问等多种方式，按县域人口总数0.5‰—4‰的抽样比例，对近4000名居民（村民）进行田野调查，并完成调查数据上传。根据省网站统计数据的结果，徐州市共上传有效样本3034个，其中，城市样本724个，农村样本2310个。60周岁及以下居民能用普通话顺畅交流的比例97.43%，其中，城市比例

98.90%，农村比例96.97%，高于全省94.78%的比例，也高于“十三五”末全省普通话普及率85%的确保线。提前实现“十三五”末东部地区普通话基本普及目标。市语委办对在该调查中表现突出的个人进行表彰，授予姚鹏飞突出贡献奖，授予周亚等8人优秀调查员称号。

【组织中小学教师中华经典诵写讲能力展示会】6—10月，市教育局、语委办在全市范围内组织徐州市首届中小学教师中华经典诵写讲能力展示系列活动。经过地方初赛和县区复赛，47所学校的55名选手进入市决赛。7月6日，在全市决赛中，每名选手从《义务教育语文课程标准》推荐背诵的136首古诗词中选取1篇，经过普通话朗诵、规范汉字书写、模拟课堂讲解三个环节的展示，54位选手获得徐州市奖项，其中，30人获一等奖，24人获二等奖。市语委办选拔9名优胜教师代表赴省参赛。10月26—28日，江苏省语委办在苏州举办中小学教师中华经典诵写讲能力省级综合展示活动，徐州市选手滕磊获省特等奖，刘渊、孙厚瑾获省一等奖，张琰笛、刘晨、石琳、张晓娜、李慧、邵鸣获省二等奖。

【开展市语言文字规范化示范校评选认定工作】年内，市语委办开展市级语言文字规范化示范校评选认定工作，全市有123所学校申报。12月，各县（市、区）语委办对该地申报学校的材料进行遴选，上报市语委办。12月中下旬，市语委办组织专家组对各地各校上报材料进行初审，分派8个评估组对其中的65所学校现场检查评估。各检查组按照测评指标体系，对学校自荐和地方推荐上报的学校进行材料初评、实地考察和检查评分。从领导机构、制度建设、校园文化、基本功水平、学科渗透、经典诵读活动开展方面考量，评选出祥和小学等118所徐州市语言文字规范化示范学校

【举办彭城书法大赛品牌活动】 4—6月，徐州市教育局、徐州市文化广电新闻出版局、徐州市语言文字工作委员会办公室、徐州市书法家协会、徐州热线传媒有限公司、猫扑徐州站等部门共同组织主题为“书香徐州，文明古城”的2017年“维维豆奶杯”彭城书法大赛暨第九届规范汉字书写大赛。比赛分临帖组、创作组、应用组三类、软硬笔两种，兼顾小学一组、小学二组、初中组、高中组、教师组、社会人员组六个组别，五县六区100多所中小学及职业学校近10万名师生参加。经过初赛、复赛，6月11日，在徐州高级中学举行全市现场书写决赛。经组委会评定，2000名学生和300余名教师进入决赛。学生组1072人、教师组321人获得奖项。祥和小学等53所学校获大赛组织奖，王伟等66人获得大赛先进个人，李虎等93人获优秀指导教师奖。

【开展全国推广普通话宣传周系列活动】 2017年，徐州市开展第20届全国推广普通话宣传周系列活动。各县（市、区）语委办针对街头社会用字开展“啄木鸟行动”，通过发动学校学生关注社会用字是否规范，让师生在街头用字的甄别检查中，提升用语用字规范化水平。

【组织经典诵读书写观摩交流会】 10月17日，江苏师范大学语委办、徐州市语委办共同组织经典诵读书写现场观摩活动。活动现场设在鼓楼区祥和小学和徐州高级中学，全国30多个省、市、自治区的150人及各县（市、区）语委办和直属学校100多人参加活动。参会者留言，认为徐州市的经典诵读活动起步早、效果实、成绩好，体现加强中华优秀文化传统教育和传承体系的建设成果。

【加强师资培训和干部储备】 3月，市语委办从全市语言文字规范化示范校、诵读讲堂试点校选送50名骨干教师参加江苏省中小学经典诵读骨干教师培训。从新沂市、邳州市、睢宁县选送18名乡村学校校长参加江苏省乡村学校校长语言文字规范化专题培训。4月，市语委办从新沂市、邳州市、睢宁县、丰县、沛县、贾汪区、铜山区选送25名乡村学校骨干教师参加江苏省乡村学校骨干教师语言文字规范化专题培训。

（马龙浩）

职成教研

【稳步开展教学诊改试点工作】 2017年，市教育局研制、发布《徐州市职业学校教学诊断与改进工作实施方案》，稳步开展教学诊改试点工作。局职成教研室成立徐州市职业学校教学工作诊断与改进

专家组，组织并指导4所国家级示范学校对诊改工作进行分解，成立相应的项目组，结合学校的常规工作出台校级教学诊改方案，并在试点过程中逐步形成学校自主诊断、自我改进的常态化诊改机制。

【教学竞赛成绩取得突破】 年内，市教育局职成教研室组织全市职业学校课堂教学大赛、信息化教学大赛，并加强选手培训，积极参加省赛，成绩取得突破。课堂教学大赛获得一等奖4个，二等奖3个，三等奖17个。信息化教学大赛获得一等奖3个，二等奖6个，三等奖12个，2个项目入围国赛并分别获二等奖、三等奖。2017年徐州市职业教育信息化教学大赛成绩大幅提升，进入全省第一方阵。

【完成年度培训调研任务】 2017年，市教育局职成教研室较好完成年度培训和调研任务。推荐4人参加年度中等职业学校骨干教师出国进修，组织推荐467人参加省级骨干教师培训，组织600多名职业学校教师参加三个专题的暑期培训，圆满完成首期徐州市职业学校名特优教师后备人才培训班培训任务，并向49名参培教师颁发结业证书。年底，局职成教研室对全市职业学校省级以上培训需求进行摸排，调研150多个项目，汇总1165名教师的需求，上报省级培训机构。

【完成省学业水平考试相关任务】 2017年，局职成教研室完成省学业水平考试相关任务。研究确定会计、会计电算化考点11个，数控技术应用专业信息化综合实训平台技能考试考点1个。组织非统考专业（汽车整车与配件营销和汽车美容与装潢专业）58名学生参加专业技术课考试，公平公正、科学严谨地认定成绩并及时上报省学测办。

【深入开展教科研活动】 年内，局职成教研室指导13个市级职业教育学科中心组围绕竞赛、科研和提升教学质量开展各具特色的教研活动。积极组织课题研究，经个人申报、专家评审，审核通过49个二期职教教改立项课题，并按照规划要求，完成开题工作。

【做好职业学校教育教学质量监测】 2017年，局职成教研室组织全市职业学校进行统一检测，分析测试成绩，及时向学校反馈。按照省教育厅要求，组织旅游服务、机电一体化设备组装与调试、汽车定期维护三个项目的技能抽测，333名学生参加考试，为期4天。期间，抽调人员全程巡视、服务，确保抽测工作圆满完成。

【启动文明风采竞赛和创新大赛活动】 年内，以“文明风采伴我行，成就出彩人生梦”为主题，局职成教研室组织全市各类中等职业学校及高职附属的中专部学生参加第九届江苏省中等职业学校“文明风采”竞赛。组织教师积极参与创新活动，为第八届江苏省职业教育创新大赛做好准备工作。

（丁　蕾）

高校招生与中考招生

【招生考试工作获得省级表彰】 2017年，市招办获得省级考核优秀单位称号。市高等学校招生委员会办公室完成33万人次的普通高考（含学业测试）、成人高考、中考、对口单招、中职学测、高职提前招生文化测试等教育招生考试各项工作，顺利实现“平安招考、和谐招考”的工作目标，获省普通高考考务工作考核优秀单位、成人高考考务工作考核优秀单位称号。

【普通高校招生】 2017年，全市报名参加普通高考考生45311人，31715人参加普通高考。全市共录取39205人，其中，本科录取16380人，专科录取22825人（含高职提前招生录取12763人）。

【空军招飞】 2017年，徐州市向空军航空大学输送8名飞行学员。青少年航空实验学校在徐州市录取18名考生。

【成人高校招生】 2017年，全市报名参加成人高考考生共29674人，其中，专升本16342人，高起本786人，高起专12546人。全市参加全国统一考试20770人，符合免试政策1760人（其中，退役士兵838人、成绩互认75人、其他免试生847人），校企合作4267人，艰苦行业推荐考核2877人。全市共录取24623人，其中，专升本录取13658人，高中起点本科录取589人，高中起点专科录取10376人。

【中考招生】 2017年，全市（包括五县两区）中考考生为7.1万人，普通高中招生3.6万，职业类学校招生3.5万人，高中阶段入学率98%。中考的考试和管理全部采用网上操作，中考考务组织和管理全部“零差错”。初二地理、生物考查继续实行机考方式，并在每一个考场安装视频监控，对考务实行全程、全方位的监控，全市7.8万名考生的地理、生物考查实现“零差错”。

【面向职业学校中职学测和对口单招】 2017年，市招办完成全省中职学生学业水平测试工作，全市报名8674人，分布在21考点，考务组织工作规范有序。面向中职学校对口单招报名4238人，实际录取3899人，其中，本科365人（含转段入学本科281人），专科2130人（含转段入学专科176人），注册入学1404人。

（宋广良　顾　君）

高等教育自学考试

【33.6万人参加考试】 2017年，市自考办全年组织33.6万余人参加各类考试。其中，自考为33374人，非学历证书考试（不包含大学英语四、六级考试）为30.3万人，合计33.6万余人。

【组织3.34万人自学考试】 2017年，市自考办组织4次高等教育自学考试，2次增考，2次助学专业考试，2次专接本考试。上半年考生15833人，下半年考生17541人，合计33374人。2017年共有3000余名考生获得专科或本科毕业证书。

【30.4万人参加非学历证书考试】 年内，市自考办组织约30.4万人参加非学历证书考试。其中，全国计算机等级考试（NCRE）7.8万人，书法水平等级考试19.2万人，全国中小学教师资格证书考试2.8万人，全国英语等级证书考试5068人，剑桥少儿英语考试863人，合计30.4万人。

【13万高校学生参加大学英语四、六级考试】 2017年，市自办组织2次高校大学英语四级、六级考试。全市13.1万名高校学生，分别在中国矿业大学、江苏师范大学、徐州医科大学、徐州工程学院、徐州空军学院、江苏建筑职业技术学院等考点进行考试。

【2.7万人参加教师资格证书考试】 2017年，徐州市27697人参加江苏省全国中小学教师资格证书考试。其中，笔试27697人，面试11852人，参考人数均占全省1/6。考试期间，省教育考试院、市教育局领导分别对各考点的考试组织工作进行巡视、监督、指导。

【19.22万人次参加江苏省书法水平等级证书考试】 2017年，徐州市19.22万人次参加江苏省书法水平等级证书考试。其中，上半年考生94818人，下半年考生97391人。

【教材供应工作】 2017年，市自考办认真做好教材资料的供应工作。通过网络订购和现场订购、快递等方式，热情为考生服务，确保每一名考生正常使用学习、复习资料。

【教研课题结题】 2017年，市自考办的省考试院立项课题《基于自学考试平台的中职计算机应用专业第三方评价实践研究》结题。该课题获徐州市“十二五”教育科学优秀成果一等奖。市自考办副主任申瑞杰3篇论文在国家核心期刊发表。

【组织培训、比赛活动】 2017年，市自考办多次组织培训比赛活动。12月21日，聘请徐州高级中学校长秦晓华在全省中小学教师资格考试面试工作动员会上，对全省骨干考官进行培训。12月28日，自考办在徐州高级中学对全市拟聘任的800余名教师资格面试考官进行全面培训。年内，自考办召开全市书法水平等级证书考试工作会议及全国计算机等级考试教学研讨会。先后组织全国计算机考试课堂教学优质课评选，举行“自考杯”全国计算机考试技能大赛、“撷秀杯”书法大赛、“树人杯”剑桥少儿英语比赛。

（撰稿：陈　浩　审稿：郭凤清）

安全保卫与维护稳定

【加强安全基础工作】 2017年，市教育局针对全局安全稳定工作形势，连续下发各类通知，加强安全基础工作。春季，印发《2017年全市教育系统安全稳定工作要点》《关于做好春节寒假期间学校安全稳定工作的通知》《关于开展2017年徐州市中小学幼儿园平安寒假安全教育专项活动的通知》《关于做好春节期间安全生产工作的通知》。夏季，印发《关于开展夏季学校安全大检查的通知》《关于立即全面排查安全隐患切实落实校园安全工作责任的通知》《关于开展防灾减灾主题教育活动的通知》《关于组织开展2017年徐州市中小学幼儿园预防溺水专题教育活动的通知》《关于召开市平安校园创建暨学校安全维稳工作会议的通知》《徐州市教育局应急综合应用系统数据管理和日常应用工作的通知》《徐州市教育系统关于做好中小学幼儿园校车安全隐患排查整治工作的紧急通知》《关于进一步做好中小学幼儿园突发事件处置工作的通知》。秋季，印发《关于开展全市教育系统安全隐患大排查大整治活动的通知》《关于进一步加强中小学幼儿园气象雷电安全工作的通知》《关于调整建立市教育局领导成员安全管理责任网络的通知》《关于进一步加强突发事件信息报送工作的通知》《关于印发全市学校及周边治安综合治理专项排查整治行动方案的通知》《关于做好强降雨防范应对工作的通知》。冬季，印发《关于做好应对雨雪低温天气工作的紧急通知》《关于切实做好今冬明春火灾防控工作的通知》《关于切实做好岁末年初及寒假期间学校安全工作的通知》。

【扎实开展学校及周边治安综合治理】 年内，学校周边治安综合治理成员单位加强对校园周边治安综合治理工作。重点治理校园周边网吧，对学校食堂和小饭桌进行专项督查，在有关学校上下学期间加派护学岗，对学校的消防和安防设备有针对性地进行抽查，使校园周边环境得到改善。年初，市教育局与金山街道办事处结成综治共建单位。市教育局积极发挥综治委成员单位的职能作用，局领导、业务处室2次到现场开展综治调研，积极履行共建职能，帮助街道办事处分析存在问题，研究制订综治和平安创建计划，扎实开展综治挂钩共建工作。

【安保队伍培训及安防设施建设工作】 2017年，市教育局和市公安局共同组织全市直属学校189名保安的培训。培训内容包括保安基本知识、基本技能及执勤要求，技防、物防等安防设备的操作与使用，应急情况的处置等。年内，市财政局拨专款150万元用于提升改造部分直属学校视频监控系统、周界报警系统。22所学校更换高清数字视频监控系统。

【信访工作】 2017年，市教育局接待群众来访96批次、1200余人次，其中，集体访85批次。信访电话直接答复225件，全部办结，避免集体访8件。受理国家信访局及教育部转办单8件，省长信箱3件，省委书记信箱1件，厅长信箱转办单42件，市政府信访复查复核12件，全部办理完毕。领导干部大接访，局长、分管局长共接待46批次，各处室处长协同接访，共化解矛盾12件，化解率100%。

【开展学校周边安全隐患排查整治】 2017年，市教育局会同市公安部门开展中小学、幼儿园及周边秩序整治集中攻坚，会同市交警支队开展校车和接送学生车辆集中整治，会同市消防支队开展消防安全专项教育。全面排查校园安全隐患、涉校矛盾纠纷及周边各类重点人员底数，全面摸排中小学、幼儿园、儿童托管场所及接送学生车辆安全防范措施落实情况。联合公安、城管、工商等部门对校园周边200米范围内治安进行整治，打击涉校涉生、滋扰校园及周边的各类违法犯罪活动。开展社会办学机构、学生托管场所安全检查整治，对校园周边文化出版物开展检查，清理清缴恐怖、迷信、低俗、色情出版物。对校园周边占道经营行为进行整治，清理学校周边非法游商，下大力气解决无证摊点占道经营影响师生上放学交通秩序问题。对学校周边出租房屋、宾馆旅社开展检查，及时清理校园周边歌舞厅、足疗、洗浴桑拿等场所，查处影响校园安全稳定和未成年人健康成长的“黄、赌、毒”等问题。

（刘　峻）

教育技术装备

【组建教育技术装备中心专家成员库】 2017年，教育技术装备中心组建专家成员库。充分发挥专家库人才优势，做好实验教学研究，以人才带动装备的发展，以装备的发展服务教学、引领教学、促进教学水平的提升。

【完成直属学校装备大数据库建设】 2017年，教育技术装备中心完成直属学校装备大数据库建设。通过调研及现场查验，不断完善数据，四易稿件，完成直属学校装备大数据库建设，为今后装备工作提供科学有力的数据保障。

【编制完成《徐州市中小学实验室危化品使用与保管注意事项》】 年内，教育技术装备中心编制完成《徐州市中小学实验室危化品使用与保管注意事项》一书。装备中心加强中小学实验室管理，确保危化品存放及使用安全，对实验室相关管理人员进行培训，并给各校统一配备标准储存柜。

【加强装备采购建设，规范部门集中采购】 2017年，教育技术装备中心加强装备采购建设。查找工作中的风险点，对设备采购中存在的风险点制定相应机制，规范工作流程，防止违规行为发生。统筹教育部门整体采购，对采购项目系统分类，建立管理平台，实现制度化、规范化的集中采购。

【编制徐州市装备管理人员培训手册】 2017年，装备中心认真做好装备管理及使用人员培训工作，编制培训手册，细化培训内容。对直属学校信息化室、实验室、图书馆等管理人员进行业务培训，提升业务能力及管理水平。加强对县(市、区)装备管理人员的业务培训及指导，为邳州市、睢宁县培训实验室及图书管理人员160人次。

【完成《中学理科实验教学创新案例汇编》】 2017年，教育技术装备中心编制完成初高中阶段理、化、生学科的实验课创新实验案例——《中学理科实验教学创新案例汇编》，为徐州市中学理科实验教学提供好的参考方案。

【教师实验技能省大赛获奖】 2017年，徐州市中小学教师参加省实验技能大赛获奖。在全省中小学理科实验教学说课比赛中，徐州市6名参赛选手，获一等奖3名，二等奖3名，为历年来最好成绩。4名选手参加全省初中物理实验教学技能比赛，获二等奖2名，三等奖2名。10名选手参加全省幼儿园自制玩教具展评活动，获一等奖1名，二等奖3名，三等奖6名，装备中心获江苏省幼儿园优秀自制玩教具展评活动组织奖。

【加强书香校园建设】 2017年，教育技术装备中心加强各中小学图书馆建设，努力将各中小学建成书香校园。全年共投入112万元采购4.5万册图书，投入20万元购买图书防盗仪、书架、杂志架及阅览桌椅等图书馆设备，改善学校图书馆硬件设备。开展不同形式的读书活动，三十四中"经典诵读""世界读书日阅读节"活动，王杰中学师生共读、传承经典系列读书活动均产生较大影响。

【"五个一工程"结硕果】 2017年，教育技术装备中心实施"五个一工程"成果丰硕。"五个一"工程，即装备中心每人服务一个学校，每人负责指导一个县(区)，每人选择一个大市进行经验交流，每人向一所大学教授请教学术知识，每人完成一个课题或论文学术研究。年内，专家库成员在省级以上刊物发表8篇与装备相关论文，市教育局2个课题顺利结题。

（宋浩宇）

电化教育

【加强网络安全教育与监测】 2017年，市教育局加强网络安全教育与监测。5月11日，市教育局召开直属学校网络安全工作会议，部署加强网络安全教育与监测工作，进行《中华人民共和国网络安全法》专题培训，100人参加培训。10月，部署徐州市教育网络综合治理行动，并开展专题培训，270人参加。截至11月底，全市教育系统发生网络安全事件17起，2小时内响应并应急处置的11起，24小时内响应并应急处置的6起。全部及时完成处置并反馈上级部门。

【试点上网行为管理】 11月，市电教馆在6家行政事业单位办公区及学校先行试点上网行为管理。启动徐州教育城域网上网行为管理工作，加强网络漏洞安全检测。年内，实现186所学校千兆到校、百兆到班。

【案例遴选、推广普及】 4—6月，市电教馆将《徐州市教育信息化创新应用成果案例集》推广普及到全市各中小学，现场培训2000余人，并遴选322项2017年度案例进行培育提炼。徐州市的实践成果《江苏省徐州市："学讲行动"计划实施与信息技术应用》评为2016—2017年度教育部教育信息化应用典型示范（区域）案例。

【承办基础教育信息化应用典型示范案例研讨会】 5月16—17日，由教育部基础教育司指导、中央电教馆主办的"基础教育信息化应用典型示范案例研讨会"在徐州市召开。中央电教馆馆长王珠珠在会上作题为《总结提炼典型案例，示范引领全国教育信息化持续发展》的辅导报告，徐州市电化教育馆代表徐州市作经验交流，重点介绍徐州市的教育信息化案例《信息技术，让课改做得到、Hold住、落得实》。

【加强统一认证建设】 7月开始，市电化教育馆搭建徐州市教育信息化统一认证平台，加强统一认证建设。至年底，统一认证平台教师认证数为41442人，学生认证数为28646人。

【深化教育信息化宣传】 2017年，市电化教育馆重视深化教育信息化宣传工作。在《江苏教育信息化》《中国教育信息化》网站、中央电教馆网站、江苏省教育厅网站等平台发表徐州市教育信息化宣传报道46篇。全年"徐州电教"微信公众号共推送文章318篇，转发3745次，阅读量达11.85万人次。

【推进"一师一优课、一课一名师"活动】 2017年，市电化教育馆积极推进"一师一优课、一课一名师"活动。全市教师晒课率从2015年的50%增长到2017年的90%，省优课、部优课数量居全省前列。年内，在"一师一优课、一课一名师"活动中，徐州市晒课报名教师64579人，晒课教师61705人，晒课117234节，有课堂实录7422节，晒课教师人数、晒课数、课堂实录数位居全省前列。

【实施教师信息技术应用能力提升工程】 年内，市电化教育馆组织"2017教育信息化领导力培训""智慧教育建设专题培训"等系列活动，实施教师信息技术应用能力提升工程。全年完成81047名教师的培训任务，合格率92.5%，其中，乡村参训教师占比76.5%。10月，徐州市代表江苏省在"全国能力提升工程高研班"上作经验交流发言。

【举办全国青少年机器人技术等级考试】 3月，徐州市在全省率先启动并逐步推进由中国电子学会主办的"全国青少年机器人技术等级考试"。全年举办3次考级，通过率90%。

【全国中小学信息技术创新与实践活动获奖】 7月，在第十五届全国中小学信息技术创新与实践活动（NOC）决赛中，徐州市选手获NOC最高奖项"恩欧希教育信息化发明创新奖"，同时获一等奖24项，二等奖37项，三等奖8项。

（周　岩）

体育卫生艺术

【体育中考全面使用电子设备】 2017年，徐州市体育中考在全省率先实现考试项目和数据处理全面使用电子设备。整个考试过程无人工干预，更加公正、公平。解决老师、家长、考生疑义247人次，比2016年减少83%。

【大力推进青少年校园足球运动】 2017年，徐州市大力推进青少年校园足球运动。57所学校被全国校园足球领导小组办公室授予全国校园足球特色学校。6月，市教育局举办2017年徐州市"市长杯"青少年校园足球联赛，历时31天，全市中小学144支球队、2126名运动员参加比赛，45名裁判参与350场次比赛执法，其中，80%为学校老师。12月，成功举办2017年徐州市"市长杯"青少年校园足球冠军赛，市政府副市长李燕出席颁奖典礼。市教育局起草《关于加快青少年校园足球运动发展的实施意见》，市政府第12次常务会审议通过，明确从2018年起，市财政每年安排青少年校园足球专项经费500万元。

【继续开展学生体质健康监测】 2017年，市教育局继续开展省、市学生体质健康监测。体卫艺处组织专家对95所学校的17156名学生体质健康数据进行样本分析研究，编写《2016年徐州市中小学生体质健康监测结果报告》，对中小学生的体质健康状况提出了干预建议并将监测结果向社会公布。组织人员对6所省属高校的2200名学生进行体质健康情况监测，检测结果用于全省中小学生体质健康检测报告。对29所市局直属学校的1300名学生体质健康情况进行抽测，数据分析结果进入学校教学质量综合评价体系，提升体育在学校总体发展中的地位。

【深入推进全市中小学美育改革】 年内，市教育局深入推进全市中小学美育改革。起草《关于全面加强和改进学校美育工作的意见》，经征求意见和专家论证等程序，市政府审议通过。出台《徐州市中小学美育课程测评实施意见》，在2所学校先行试点，促进学校深入推进美育改革，引导学生树立正确审美观念，提升审美素养，促进学生全面发展。

【全面检查学校食堂、订餐点】 2017年中、高考和春、秋季开学期间，市教育局会同市药监局对学校食堂、集中供餐点进行全面检查。查出问题当场开单，当场处理。与市卫生局召开联席会议，对全市各级各类普通中小学、中等职业学校和普通高等学校开展“2017学校卫监行动”，重点对学校传染病与常见病防控、学校教学环境卫生、学校饮用水进行监督检查。

【推进健康促进学校创建】 至2017年底，全市共创建健康促进学校142所。在校学生健康知识知晓率和健康行为形成率逐步提高，学生的体质健康状况不断改善。全市主城区健康促进学校覆盖率达90%以上，主城区学校完成省定“十三五”创建目标。

【指导全市学生健康体检】 2017年，局体卫艺处指导全市学生健康体检并组织开展市区中、高考体检。根据全市学生健康体检工作状况和《市教育局、市卫生计生委关于进一步加强学校卫生管理与监测工作意见》《徐州市中小学生健康体检实施方案》文件精神，市教育局联合卫计委下发《关于进一步加强全市学生体检工作的通知》，组建体检队伍，认真组织培训，加强后勤保障，圆满完成高考7784人和中考12361人的体检任务。认真进行体检数据分析，撰写分析报告。实现体检零差错。

（朱　云）

机关党建

【扎实开展“两学一做”学习教育】 年内，局党委印发《教育局机关关于推进“两学一做”学习教育常态化制度化工作的通知》，在机关党员中扎实开展“两学一做”学习教育活动。开展“书记讲党课”活动，全年局机关党委委员、党支部书记组织专题党课学习30余次，宣讲十九大报告精神10余场。党员全部参加组织生活会，民主评议均在合格以上。梳理问题35条，给支部书记提意见建议18条。设置“两学一做”机关党建专门工作室，建立党建联系点制度。各支部每月至少集中学习一次，开展一次专题大讨论，组织“两学一做”微心得评选，参加全市网上考评。对“两学一做”学习教育活动中取得优异成绩的先进集体和个人进行表彰。全体机关党员干部160余人分两个场地集中观看党的十九大开幕式。制定《机关党委学习宣传贯彻党的十九大精神工作方案》。

【学测结合提升党员干部政治素养】 2017年，局机关采取学测结合方式加强党员干部学习，提升党员干部的政治素养。全年组织4次学习测试。对机关干部业务能力、《准则》《条例》知识学习、中央八项规定典型案例学习、行政执法（监督）知识学习等内容，全部闭卷考试，成绩均达到80分以上，严格的测评增强了党员干部党规党纪意识。局机关代表队参加市“三清杯”党章党规党纪知识竞赛，获三等奖。

【调研先行，以课题研究引领教育改革】 2017年，局党委要求每个处室开展一项调研，研究一个课题、形成一份调研报告，以课题研究引领教育改革。机关各处室紧盯教育改革发展难题，研究有效破解措施。《徐州市义务教育阶段生源预测及对策分析》《徐州市中小学装备标准研究》《徐州教育精准资助研究》等24份结题报告，以其科学性、前瞻性为

2018年教育工作奠定基础。机关第一支部撰写的《市教育局机关会议和文件管理现状及对策研究》，为新形势下改进教育系统机关作风建设提出可行性意见。

【典型引领，推进文明机关创建】 年内，局党委下发《关于印发〈关于开展“创建文明处室、争优文明职工”活动实施方案〉的通知》，积极开展文明处室和文明单位创建。在建党96周年、迎接党的十九大召开前夕，评选表彰32名优秀共产党员和14名优秀党务工作者。各处室与包挂学校形成创建共同体，出台《徐州市教育局机关开展“双联双促”工作法实施方案》，与基层学校建立共建关系。凝心聚力开展文明城市创建活动，建立机关党员志愿服务队，常态开展创建志愿服务，100多名党员冒酷暑严寒走上街头、路口站岗执勤。8名党员义务献血。全体党员积极参加“人道万人捐”和扶贫济困“一日捐”活动，累计捐款1.6万元。

【“百千万”走访帮扶活动】 2017年，市教育局心系共建困难家庭，开展“百千万”走访帮扶活动。局机关成立7个帮扶工作组，深入新沂市邵店镇开展走访活动，做到宣传培训、人员走访、上下联动、问题梳理、工作开展“五个精准到位”。下基层走访15批次，参与走访党员192名，累计走访各类贫困家庭30户，梳理问题122条，与村支部共同研究脱贫措施，针对不同的贫困户，提出扶贫解决方案共40多条，提供支援帮扶资金近20万元。

【开展星级支部创建工作】 年内，机关党委开展星级支部创建工作。机关党委召开党委会、支部书记会，研究党建工作目标细化和分解，各支部认真研究制订支部创建工作方案，将责任和工作要求传递到每一个基层支部和党员。机关第六党支部和第八党支部分别申报“五星级支部”和“四星级支部”，机关其他党支部申报“三星级支部”。

【做好换届选举工作】 6月，机关党委认真做好换届选举工作。对机关党支部进行重新划分调整，由10个支部调整为9个支部，各支部召开党员大会，选举新的支部委员会。7月31日，机关党委按照规范程序进行机关党委换届选举，产生新一届机关党委委员会和7名委员，书记刘桂云，副书记王思军，委员杜涛、王志升、王培彦、郭凤清、周岩。设立机关纪律检查委员会，书记王培彦，委员王芳、张雯。

（王思军）

工会工作

【开展送温暖活动】 春节期间，局工会组织学校工会继续开展送温暖活动。慰问直属学校68名教职工。为直属学校4名教职工申领由市总工会负责帮扶的“特困职工证”。

【举办经典诵读比赛】 5月，局工会在徐州高级中学举办“德润彭城·经典诵读”比赛。局机关、局直属学校32个单位248名教职工参加比赛。参赛者的诵读使在场的师生体会到中华经典永不磨灭的光辉与魅力。比赛评出9个一等奖，15个二等奖，19个三等奖，24个优秀组织奖。

【举办直属学校教职工书画摄影大赛】 8月，局工会举办直属学校“中国梦·育人美·幸福路”教职工书画摄影大赛。经学校推荐，共收到参赛作品123件。经专家评审，评出一等奖23个，二等奖37个，三等奖63个。

【指导工会片区活动制度常态化】 2017年，局工会进一步指导基层工会片区活动制度常态化。根据局直属学校办学层次和地域位置，将所属学校划分6个活动片区，每个片区由3至6所学校组成。局工会指导片区集中活动每学期不少于1次。

【规范学校工会财务工作】 年内，局工会组织相关专家对28所学校基层工会的财务进行全面检查。重点检查各单位每一笔账支出是否符合中央和省、市相关规定，是否符合全总关于经费使用“八不准”的管理，是否有贪污挪用、白条抵现、公款违规转私人账户，是否存在小金库、涂改银行对账单等方面的问题。局工会聘请专家对31所直属学校工会财务工作人员进行财务电算化管理专项培训，严明财务纪律，为规范财务工作提供保障。

【规范“职工之家”建设】 2017年，局工会将基层工会各项重点工作统一整合到“职工之家”的建设中，努力把各校工会组织建成教职工群众信赖的“职工之家”。严格履行工会成立、换届报批制度，规范报批程序，确保工会组织团结统一。开展“职工之家”建家调研，选派10余名新任工会主席参加省、市工会干校培训。指导江苏模特艺术学校、三十六中、三十四中工会换届选举。

【开展创先争优活动】 2017年，局工会在全局范围内开展创先争优活动。评选全国、省级、市级“巾帼建功”活动先进集体和先进个人，推荐评选省、市级五一劳动奖。进行年度基层职工互助保障工作考核，评选推荐省厂务公开民主管理工作先进单位等一系列评优评先活动。共推荐先进集体5个，先进个人5人。

（徐新文）

共青团工作

【推进中学中职校共青团改革】 2017年，局团委稳步推进中学、中职校共青团改革，全面落实中央群团工作会议精神，深入研究推进直属学校团组织改革的长效机制。积极探索共青团工作的新模式，认真把握新时期青年的特点，有针对性地开展工作。徐州市侯集高级中学被确定为江苏省中学共青团改革直接联系示范单位，徐州市西苑中学被确定为江苏省少先队改革直接联系示范单位。

【联合举办市首届学生社团展示交流会】 5月，市教育局团委与团市委、市学联联合举办徐州市首届学生社团展示交流活动。徐州市第一中学和雅礼仪社、徐州高级中学机器人社团、徐州市第十三中学创客社团、徐州市第三十一中学航模社获金奖社团称号。另评选出银奖社团10个、铜奖社团4个、最具风采奖2个、最具创意奖1个、最具人气奖2个、优秀组织奖6个。

【开展共青团风采展示评选活动】 2017年，局团委在各中学中职校共青团组织开展“实力团干部、魅力团支书、活力团支部”风采展示评选活动。推进“强基固本”工程和基层团支部“活力提升”工程向纵深实施，激发基层团支部的活力，提升全市学校共青团工作整体水平。6月，市教育局团委联合团市委评选出市级实力团干部6名，魅力团支书6名，活力团支部6个。推优参加省级风采展示评选。

【开展五四表彰活动】 五四青年节前夕，市教育局各级共青团组织开展五四表彰活动。经评选，10家单位被评为市级五四红旗团委和五四红旗团支部，15人获市级优秀团干部和优秀共青团员称号。4家单位被局团委命名为五四红旗团委，并评选出局五四红旗团支部91个。表彰局级优秀团干部136人，优秀团员272人，关心支持奖91人。组织全市中学中职学校开展优秀校内外共青团辅导员评选工作，共评选优秀校内外共青团辅导员各8名，支持共青团工作的好校长6名。

【开展少先队表彰活动】 年内，局团委积极开展中学少先队表彰活动。10人获得“徐州市优秀少先队员”称号，10人获“徐州市优秀少先队辅导员”称号。40人获得“江苏好少年”称号。

【开展暑期社会实践活动】 暑期，局团委组织各单位开展文化科技卫生“三下乡”社会实践活动。各校认真组织活动，取得丰硕成果。6家社会实践组织被评为市暑期“三下乡”社会实践活动优秀团队。8人获得市级社会实践先进个人称号。10人获得市级社会实践先进工作者称号。

【做好中学中职校共青团工作品牌】 2017年，局团委努力推动学校共青团工作改革创新。深化“一团（校）一品”创建工作，努力打造各校团组织的特色项目、品牌项目。11月，联合团市委在徐州市第三十三中学举办中学中职学校微团课大赛。择优推荐参加省赛，取得团体总分一等奖和个人奖多项。

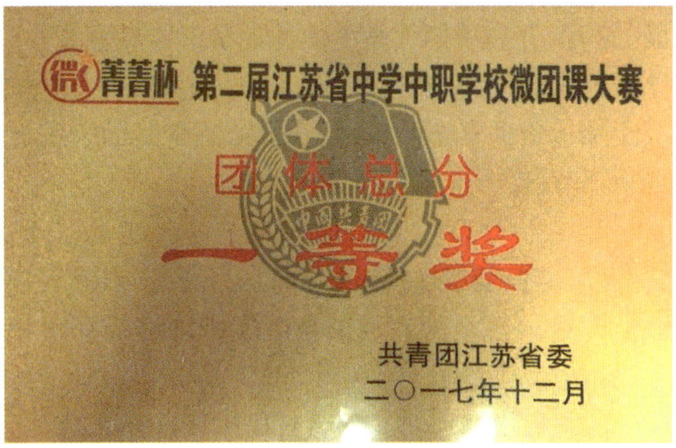

【开展文明交通志愿服务工作】 年内，市教育局团委组织所属单位积极投身全国文明城市创建工作。全面参与包挂十字路口文明交通执勤等志愿服务活动。市教育局志愿服务人数2000余人。广大教职员工和优秀团员青年身体力行，宣传文明理念，树立教育形象，提升自身素质，促进城市文明。

【开展年度团队工作能力系统提升工程】 2017年，局团委全面实施年度团队工作能力系统提升工程。2月，组织直属学校团干参加“学习总书记讲话做合格共青团员”主题教育实践活动动员部署电视电话会议。4月，组织开展徐州市少先队辅导员培训班。9月，配合团市委积极组织直属学校团干参加江苏省“建设青年身边的共青团”专题轮训班，推荐优秀团干部参加省级高中团委书记培训班。11月，组织局直属学校团委书记学习党的十九大精神并分小组讨论，加大基层团队工作业务培训力度。

（李　颖）

学生资助工作

【贯彻落实资助政策，做好各类资助工作】 2017年，市教育局全面贯彻落实学生资助政策，完成各类资助资金的申请、审核、发放。全年全市共发放各类资助资金2.24亿元，资助30.6万人次，其中，为市直属学校发放资助金2526万元，资助2.46万名家庭经济困难学生。为2.6万名徐州籍大学生办理大学生生源地信用助学贷款2.15亿元。

【加强学生资助工作管理】 2017年，市教育局加强学生资助工作管理，推进资助管理信息化。全面完成全国营养餐系统10个全国和省学生资助信息系统的编制。开展中职校受助学生异常数据核查工作，对各中职校的异常数据核查情况进行专项通报。8月，开展暑期大学生生源地贷款专项督查，指导各地做好生源地贷款工作。10月，在局直属学校全面推行资助资金集中打卡发放，减少资助金发放中间环节，提升资助精准化。

【开展全市资助工作绩效评价】 2—3月，市教育局学生资助中心全面完成市县学生资助绩效评价工作。大市及5个县（区）教育局取得省学生资助绩效评价优秀等次，3个县（区）教育局取得良好等次。

【开展学生资助工作培训】 2月，市教育局举办学生资助绩效评价专题培训班。10月，举办全市学生工资助作培训班，邀请省教育厅领导、江苏师范大学专家为资助工作者作报告，各县（市、区）教育（教体）局分管领导、资助工作负责人等120余人参加培训。

【加强学生资助工作宣传】 2017年，市教育局在《徐州日报》等主流媒体宣传徐州市学生资助政策，发放《全国学生资助管理中心致初中毕业生的一封信》《全国学生资助管理中心致高中毕业生的一封信》，印制发放徐州市学生资助政策宣传彩页5万份。

【评选表彰“徐州市励志之星”】 5月，市教育局开展“徐州市励志之星”评选表彰活动。经过县（市、区）教育（教体）局、直属学校初选，市教育局在全市评选出50名“励志之星”。6月27日，市教育局学生资助中心在淮海战役纪念馆举行受资助学生“励志感恩”系列活动，对“徐州市励志之星”进行表彰奖励，组织“励志之星”瞻仰淮海战役纪念塔，参观淮塔国防园。

【参加省资助成效汇报演出】 6月，市教育局学生资助中心组织相关学校参加江苏省第三届学生资助成效汇报演出。徐州市选送的徐州兰成艺校两名学生表演的数来宝《国家资助助我腾飞》，沛县体校、沛县少林武校学生们的武术与技巧表演《大汉之魂》，沛县唢呐学校学生演出的唢呐齐奏《报喜》，形式新颖，主题鲜明，表演精彩，获得到场观众的赞扬。

【开展全市学生资助主题征文活动】 10—11月，市教育局学生资助中心在全市受资助学生中开展资助主题征文活动。各县（市、区）教育（教体）局、局直属学校广泛动员，广大受助学生积极参加，参评征文1200多篇，评选出一等奖15篇，二等奖30篇，三等奖45篇。

【开展“励志少年说”评选表彰活动】 10月，市教育局会同徐州广播电视台开展“励志少年说”评选活动。经过学校、县（市、区）教育（教体）局层层推选，公众微信及网上投票等环节，评选出60名励志少年。10月29日，市教育局、徐州广播电视台联合举办“励志少年说”颁奖盛典，徐州电视台“张慧帮你问”栏目连续对励志少年进行采访报道，提升教育资助工作的影响力。

（姚新文）

志鉴编纂

【《徐州教育年鉴（2017）》出版发行】 9月20日，《徐州教育年鉴（2017）》由方志出版社出版发行。全卷68万字，除特载、大事记、教育综述、荣誉录及表格外，全书1596个条目，94版彩页。《徐州教育年鉴（2017）》的发行工作好于往年，发行再次突破3000册，发行数量保持在一个较高较稳定的水平。《徐州教育年鉴（2017）》经过方志出版社专家的初审、复审和终审，给予较高的评价。评审意见认为，《徐州教育年鉴》2017卷设计科学，内容丰富，资料翔实，结构合理。全书信息量大、实用性强，主要表现在对内容的选取把握得好，紧扣主题；时代特色鲜明，行业特色突出，是行业年鉴中为数不多的精品之作。复审意见认为，该年鉴系统记载了过去一年徐州教育的发展历程，为人们了解徐州教育教研与成果提供了一本有价值的工具书，具有历史资料价值。

【参加第八次全国地方专业年鉴研讨会】 11月1—2日，徐州教育志办公室派员参加在上海交通大学举办的第八次全国地方专业年鉴研讨会暨首届全国高校年鉴论坛。研讨会由中国出版学会年鉴工作委员会和上海交通大学共同主办，中国版协年鉴工委会地方年鉴工作部、高校年鉴工作部、上海交大党史校史研究室联合承办。中国版协年鉴工委会主任许家康、副主任黄丽联合作题为《从十所大学年鉴看高校年鉴的编纂质量》报告，中国版协年鉴工委会副主任、上海社会科学院副院长张兆安作题为《专业年鉴功能特色与编纂要点》的报告。

【召开2017年徐州教育年鉴工作会议】 12月21—22日，2017年徐州教育年鉴县区工作会议、市区工作会议分别在徐州开放大学报告厅召开。会议印发《徐州教育年鉴（2017）》编纂方案，总结2017年工作，表彰2017年年鉴工作先进集体和先进个人，部署《徐州教育年鉴（2018）》编纂工作。会上，《徐州教育年鉴》编辑人员开设专题讲座，对撰稿人进行培训。

（曹昭海）

关心下一代工作

【开展“三热爱”系列教育实践活动】 2017年，局关工委继续深入开展以党史国史教育为主的“三热爱”系列教育实践活动。重点抓好纪念建军90周年教育活动，开展“红星闪闪照我心，我的军人梦，我的中国梦”读书、征文活动，组织广大青少年阅读《红星闪闪照我心》《钢铁长城》教育读本。建军节前夕，局关工委在徐高中举行学史立志、爱国强军，纪念建军90周年报告会启动仪式，开展情系军魂系列活动。

【加强讲师团建设】 2017年，局关工委继续充实讲师团队伍，发挥讲师团在“三热爱”系列教育中的重要作用。新增讲师团成员有全国道德模范周长芝、徐州市民俗学会会长李世明、徐州市总工会原宣传部长张忠泰、徐州市云龙区原教育局局长盛载杰、徐州一中全国优秀教师王怀祖、徐州一中心理教育专家朱海梅。市教育讲师团深入县区和直属学校作多场报告会，讲师团团长周广华为让青少年听得懂、喜欢听、记得住，用3个月时间，自费到南昌八一纪念馆、井冈山、湖南等地收集材料，撰写4万余字《爱军情，强国梦》宣讲稿，并发动学校师生剪纸配图。

【推进关工委工作常态化建设】 11月，局关工委在丰县召开全市关工委工作常态化建设总结表彰会，表彰55所常态化建设先进集体。2017年是基层学校关工委常态化合格单位创建的收官之年，至年底，全市96%学校通过考核，验收合格，高于全省平均合格率。

【成立家长学校总校】 2017年，局关工委全力推进县（市、区）家长学校总校建设，提高家校育人水平。市教育局下发《关于推进家庭教育工作实施意见》，成立家庭教育指导中心，要求各县（市、区）成立家长总校。指导中心由德育办主抓，关工委配合，中心领导小组由一把手局长担任主任，关工委主任为副主任，办公室设在德育处。至年底，各县（市、区）家长学校总校建设全面落实，规范化、标准化、课程化、特色化的办学格局正在形成。

【精准帮扶贫困学生创新关爱工作平台】 2017年，全市各级教育关工委向社会筹集资金1281万元，帮扶贫困学生13653人。局关工委联系市慈善总会和市关工委，联合举行全市暑期慈善助学仪式，对直属学校和开发区新考入高校的家庭困难学生每人给予2000元爱心资助，资助款总计10万元。国庆节前夕，局关工委和侯集高中与中国劲牌公司联合举行接受社会捐资助学仪式，精准帮扶50名高一贫困学生，每人每月发放400元，连续3年，现场接受20万元捐款。第一期资助的50名贫困学生2017年高考全部达到本科线，42人达到一本线。

【关工委工作获多项表彰】 2017年，局关工委工作获得多项表彰。在全省2017年"主题教育读书与征文"活动中，徐州市有37名学生获奖，其中，7人获一等奖，占全省获奖总数的1/7；徐州市教育局关工委、新沂市教育局关工委、邳州市教育局关工委、丰县教育局关工委、沛县教育局关工委、铜山区教育局关工委获优秀组织奖。在全省教育系统"工作创新奖"项目评比中，市教育局关工委的"创新'四以'工作机制让主题教育入脑入心"被评为5个一等奖的第一名，新沂市教育局关工委的"家长大讲堂"被评为二等奖的第二名。在全省教育系统社会主义核心价值观"精品教育项目"评选中，局关工委选送的"党在我心中，永远跟党走"和丰县教育系统关工委选送的"李贞乾烈士的光辉一生"入选。

（赵平贵）

教育学会工作

【做大做强品牌学术活动】 2017年，市教育学会做大做强品牌学术活动。全年举办3期小学、幼教课改培训班，培训班在形式和内容上作适当改革，质量和效益有很大提高。开展送教下乡活动，年内，学会分别到开发区徐庄镇和贾汪区汴塘镇送教，农村教师在本乡镇就能听到好课。活动受到农村学校教师的欢迎。

【开展课题研究活动】 2017年，市教育学会组织、指导学会系统开展课题研究活动。举办市教育学会"十三五"立项课题负责人培训，组织专家指导课题研究。完成"十二五"课题结题工作，对立项课题组织评审，认真指导、管理中国教育学会和省教育学会课题在徐州市的研究。

【开展教育教学论文评选活动】 2017年，市教育学会开展教育教学论文评选活动。指导教师根据教育教学实践中遇到的问题开展研究，帮助教师把研究成果运用到教学实践中去，促进教学质量的提高。年内共收教育教学论文1301篇，经过专家组认真评审，评出特等奖91篇，一等奖857篇，二等奖353篇。

【办好《徐州幼教》杂志和学会网站】 2017年，市教育学会共办《徐州幼教》4期，介绍市教育学会的科研成果和学术活动。利用学会网站积极探索互联网背景下市教育学会活动的新形式，开展网络研讨活动，发挥学会网站的教改平台作用。

【组织中小学生参加各类比赛活动】 2017年，市教育学会组织全市学生参加全国中小学生读写大赛、全省中小学生诗歌竞赛和全省中小学生"七彩语文"杯书法大赛。

【举办内蒙古、徐州学前教育创新发展论坛】 2017年，市教育学会与内蒙古创新教育学会联合举办"2017内蒙古、徐州学前教育创新发展论坛"，促进两地学前教育创新、和谐、均衡、持续健康发展。

【加强学会自身建设】 2017年，市教育学会不断加强自身建设。加强学会党支部建设，组织驻会工作人员深入学习习近平总书记系列重要讲话，学习十九大习近平总书记的报告，严格按照党的原则、纪律、规矩办事。年内，市教育学会部分专业委员会进行换届选举。定期召开会长办公会、专业委员会和县（市、区）学会秘书长会议，组织学会工作人员外出参观学习。

（蔡　葵）

离退休老干部工作

【开展送温暖活动】 中秋、春节期间，离退休教师协会协同局组织处走访慰问老干部、老教师，送去组织的温暖和关怀。年内，协会多次看望生病住院和家庭出现特殊困难的离退休人员。

【组织娱乐活动活跃离退休职工生活】 春节前夕，离退休教师协会组织局直管学校离退休教职工和局机关退休党支部的干部，开展扑克牌掼蛋比赛，活跃离退休人员的生活。

【组织游园活动】 重阳节，离退休教师协会组织局直属学校离退休教职工和局机关退休干部，在云龙公园举行游园步行活动。

（高 昊 任淑琴）

陶行知教育思想研究

【举办专题讲座传播行知思想】 3月，市陶研会利用多个场合举办专题讲座，大力弘扬陶行知教育思想，激励和指导教师快速成长。3月上旬，市陶研会在新沂市城关小学举办“思想的芦苇——三月陶花红”学陶师陶培训大会。市陶研会副秘书长姚焕书以《认真学习习近平总书记讲话精神，自觉做党和人民满意的好老师》为题，以陶行知思想阐述习近平总书记讲话精神。并且以新沂人身边的榜样教师为例，引领教师“做有理想信念、有道德情操、有扎实学识、有仁爱之心的好老师”。3月中旬，市陶研会在沛县曙光小学举办“学陶师陶做‘四有’好老师”主题报告会，聆听特级教师尹建林、王鸿的报告。3月中旬，市陶研会到徐州市太阳花体验教育基地对全体工作人员宣讲陶行知教育思想。

【邀请专家作师德师风报告】 5月下旬，沛县教育局、丰县教育局分别邀请中国陶行知研究会讲师团团长汤翠英、南京市中山小学原校长王丽萍、无锡市人民身边的“活雷锋”王培、浙江省平湖市团市委副书记许涛等专家和领导，围绕“弘扬行知精神，加强师德建设”主题，在沛县中学、丰县青少年活动中心举行“弘扬行知真善美，爱满天下铸师魂”师德师风报告会。沛县中小学分管学陶、师陶工作的校长、德育主任及骨干教师360余人参加会议，丰县全县各镇（街道、办事处）中心校、民办学校、局直属各校校长、副校长、工会主席（各镇定点小学校长）及教师代表近400人参加会议。

【组织骨干教师参加培训】 年内，市陶研会多次组织教干教师参加各类培训。4月下旬—5月上旬，市陶研会推荐20名校长、教师分别参加江苏省2017年行知实验学校教师、校长培训班学习。7月下旬，组织省市实验学校校长、骨干教师130余人参加中国陶行知研究会在温州翔宇中学举办的第五届“行知式校长高级研修班”暨第十七届“陶研骨干培训班”。11月中旬，组织46人赴浙江省宁波市参加长三角地区第六届“行知伴我成长”论坛。12月上旬，组织130余名实验学校校长和学陶骨干教师参加中国陶行知研究会在合肥市行知学校举办的以“学陶师陶践陶，变革低效课堂，优化教育生态”为主题的中国陶行知研究会农村教育实验专业委员2017年年会。

【成立分团联盟】 9月下旬，市陶研会在新沂市马陵山镇中心小学召开徐州市陶研会常务理事扩大会暨新生活教育实验共同体（联盟）成立大会。成立新生活教育实验共同体（联盟）和8个分团联盟，即彭城十校教研联盟、教师发展团队联盟、传统文化进校园联盟、整体推进学陶师陶联盟、七彩校园联盟、小陶子社团建设联盟、家园共育联盟、阳光校园联盟，涉及72所会员单位。

【召开专题会议】 4月中旬，市陶研会在运河高等师范学校召开全市陶研会实验学校工作会议。铜山区大许实验小学、云龙区解放路小学、新沂市瓦窑中心小学和运河高等师范学校4所省市陶研会实验学校分别作大会交流。会长张广焕作大会工作报告，会议对《徐州市陶行知研究会实验学校章程》《徐州市陶行知研究会实验学校评估细则》进行讨论修改。各县（市、区）陶研会负责人，省、市陶研会实验学校校长（园长）和第五批命名的实验学校校长（园长）近220人参加会议。会上命名沛县杨屯中学等31所学校（基地）为第五批徐州市陶行知研究会实验学校（基地）。

【开展课题研讨，提升研陶质量】 年内，市陶研会组织2017年度徐州市陶行知研究会“十三五”滚动科研课题申报工作。推荐江苏省陶行知研究会“十三五”课题申报立项14项。徐州市陶行知研究会“十三五”课题申报立项共245项，其中2017年滚动课题立项57项。3月中旬，陶研会在新沂瓦窑中心小学举行省、市陶研会课题开题报告会。6月上旬，在睢宁庆安中心小学举行2017年徐州市陶研会滚动课题立项主持人培训会，新沂、邳州、铜山和开发区的30名主持人参加培训，副秘书长姚焕书作科研课题管理辅导报告。6月中旬，陶研会在丰县示范幼儿园新城分园开展徐州市陶行知研究会“十三五”滚动课题主持人培训会暨省、市陶研会“十三五”滚动立项课题开题仪式，丰县、沛县22个省市陶研会立项课题组主持人，示范幼儿园部分青年教师代表50余人参加会议。

【组织论文评选】 上半年，市陶研会组织会员单位参加省陶研会第九届“行知杯”论文评选活动。徐州市共有748篇论文获奖，其中，一等奖47篇、二等奖224篇、三等奖477篇，睢宁市陶研会、贾汪区陶研会、铜山区陶研会、丰县陶研会、丰县首羡镇中心小学5家单位获优秀组织奖。下半年，市陶研会举办徐州市第16届“行知杯”科研成果评选活动。活动收到论文1597篇，1214篇获奖，其中，一等奖304篇、二等奖489篇、三等奖421篇。睢宁县陶研会、经济开发区陶研会、铜山区陶研会、贾汪区陶研会、丰县陶研会5家单位获优秀组织奖。

【城乡课堂活动，提升践陶成效】 10—11月，市陶研会与徐州市教研室、南通市陶研会三家联合在徐州市范围内开展“行知行——2017城乡大课堂”优秀教师教学交流活动。活动面向全市高中、初中、小学、幼儿园城乡优秀教师，邀请南通市陶行知研究会选派南通市名特优教师和学科带头人参加活动。全市130名教师参与教学观摩、展示与交流活动。徐州和南通两地的优秀教师交流上课思路、修改教案，观摩课堂实景、研讨课堂得失，同台上课、同课异构，开启两地交流的新形式、新阶段。

（周洪芝）

（责任编辑　曹昭海）

各类教育

徐州市第二中学

第二中学始于明朝洪武二年(1369年)的徐州府学宫(徐州文庙),原址位于河清路96号,2017年8月整体搬迁至府学路1号。新校区占地约6.67公顷,总建筑面积90577平方米,总投资3.1亿元。学校1997年创建成江苏省重点中学,2004年转评为省三星级高中,2014年创建成省四星级高中,先后获得省文明校园、省体育传统项目学校(围棋)等称号。

徐州市委书记张国华(右前)到学校调研

高三(1)班学生柯洁指导同学下围棋

开学典礼

新校区游泳馆

“我们的节日——重阳”诵读活动

徐州二中新校区

摄影:徐伟强

徐州市体育运动学校——三十年励精图治铸辉煌

学校建于1987年，2015年迁至新城区奥体中心内，2017年被国家体育总局命名为国家重点高水平体育后备人才基地，并获全国体育事业突出贡献先进集体奖。新校区行政教学楼建筑面积39645平方米，标准田径场1片，标准足球训练场2片，可容纳10个训练项目的综合训练馆1座。承担国家8个项目的训练，同时承担全市“三集中”运动员的文化课教学。30年励精图治，30年艰辛探索，学校逐步迈入管理制度规范、设备设施完善、训练理念先进、育人环境和谐的新境界。

徐州市副市长李燕校庆致词

校长吴南宁致答谢词

30年校庆盛大庆祝活动

英姿飒爽

程训钊全运会夺冠与母校恩师合影

歌舞曼妙

身轻如燕

科研医疗

击剑训练馆

摄影：邱　枫

徐州工程机械技师学院

XUZHOU CONSTRUCTION MACHINERY TECHNICIAN COLLEGE

徐工技师学院由徐工集团投资兴建，是徐州地区唯一一所被人社部授予“国家技能人才培育突出贡献奖”的学校，是国家高技能人才培训基地、江苏省高技能人才专项公共实训基地。建校26年，学院坚持走“精品、精致、精深”发展之路，积极适应市场经营体系转型变革，持续探索企校深度、全方位合作，在专业设置、国际顶尖技能交流、员工终身教育实施、精益生产推进等方面形成鲜明特色。致力于知识型、技能型、创新型高技能人才培养，从高技能人才培养体系构建到使用和激励，从技校入门到生产岗位实践，再到大赛练兵，融会贯通，紧密结合，走出一条独特高技能人才培养道路，培育大批适应企业和社会发展需要的技能人才，为产业与地区经济发展做出积极贡献。

省人社厅副厅长朱从明(左2)到校走访调研

承办全国技工院校工程机械运用与维修专业一体化师资培训班

与中水十一局技校联合开办“徐工—中水蓝海精英班”

徐工“全球好机手”公益项目持续进行

多彩校园品牌活动激发学生青春活力

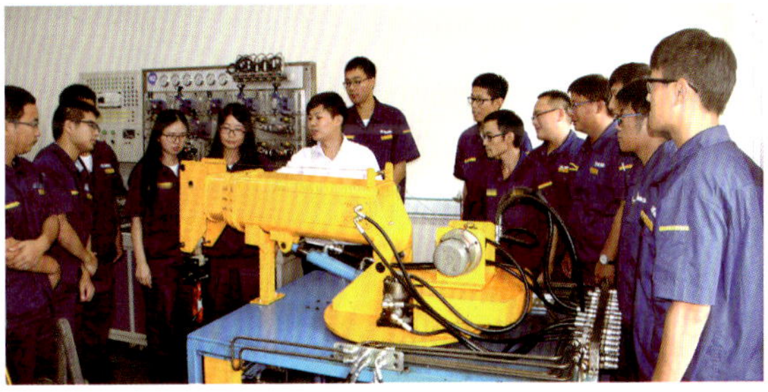

多类型、多层次培训服务企业及价值链上下游

特色职业素养教育提升学生综合素质

学生在各层次技能竞赛中实现历史性突破

(责任编辑　钱立群)

摄影：孙思瑜　王重阳　刘　辉　孟　瑞

基础教育

【综述】 2017年，徐州市基础教育大力促进教育公平均衡发展，提高教育教学质量。以深化改革为动力，以创新创建为抓手，全面贯彻落实教育发展规划纲要要求，认真落实全市教育工作会议精神。积极推进学前教育优质普惠发展，进一步促进新（改、扩）建幼儿园建设，开展省市优质幼儿园创建活动和幼儿园课程游戏化建设，加强幼儿园规范管理、规范教学，开启小幼衔接工作研究实践，组织完成无证幼儿园清理整顿，启动学前教育服务区试点工作。积极推进义务教育优质均衡发展，全面完成校安工程建设任务，加快新（改、扩）建学校建设步伐，大力实施改善义务教育薄弱学校办学条件工程，持续开展义务教育现代化标准学校创建活动，加强学校特色项目建设，关注弱势群体学生健康成长。积极推进普通高中优质特色发展，强化星级创建和复审工作，推进高中学校课程改革和课程基地建设，开展普通高中发展情况视导活动，高考成绩取得新的突破。进一步强化质量意识，加强质量监控，全面推进课程改革，大力实施“学讲计划”，加强各类课程项目建设，丰富课程资源，优化教育教学管理，教育教学质量稳步提升。

2017年，全市有幼儿园932所，在园幼儿31.5万人；小学937所，在校生94.2万人；初中学校258所，在校生28.7万人；普通高中86所，在校生11.2万人；特殊教育学校12所，在校生2521人。学前教育毛入园率97.5%，义务教育入学率和巩固率均100%，高中阶段毛入学率99%。全年新（改、扩）建幼儿园184所，创建省优质幼儿园67所，146所省优质幼儿园通过省优复审，创建省幼儿园课程游戏化项目3个。全市共招聘幼儿教师936人，其中，在编教师223人，人事代理713人。截至10月5日，全面完成无证幼儿园清理工作任务，共清理无证幼儿园2514所，占比100%，其中，取缔1092所，规范为看护点1342所，提升为合格园80所。年内，全市累计投入改薄资金24.3亿元，开工建设校舍面积103.8万平方米，购置图书70.1万册，课桌凳11.1万套，计算机等教学仪器设备4.8万台，全市完成改薄工作任务的86%。创建义务教育现代化标准学校185所，占比提高到70%以上。关注弱势群体学生健康成长，出台《关于做好农村义务教育阶段留守儿童教育工作的意见》，指导学校规范开展留守儿童教育管理工作。落实以流入地为主，以公办学校为主的“两为主”政策，保障进城务工人员随迁子女在流入地就学的同城、同等待遇。在充分调研论证的基础上起草《关于统筹推进城乡义务教育一体化优质均衡发展的实施意见》，由市政府颁布实施。积极开展科研活动，科学推进义务教育城乡一体化发展。《推进城乡义务教育一体化、优质均衡发展研究》被省教育厅立项为重点课题。积极推进星级创建工作，创建4所四星级高中，完成7所星级高中复审。徐州市创建三、四星级高中55所，数居全省第一。2017年，创立省高中课程基地5个，总数32个，数居全省第一。组织开展全市普通高中办学情况普查工作，为进一步优化普通高中布局和提升发展奠定基础。2017年，全市高考成绩进一步提升，一本上线4399人，一本上线率13.87%，本科上线19995人，上线率63.05%。成功申报5个省级特殊教育发展工程项目，立项省级前瞻性教学改革实验项目4个，申报立项中小学省级课程项目15个，居全省第一，申报成功率100%，获得省专项建设资金900万元。组织省市级教学成果奖评选和推荐工作，在2017年江苏省教学成果评选中，徐州市获得特等奖3项，一等奖7项，二等奖30项。立项市直属学校特色发展项目6个，创建省市科技示范校11所，省STEM示范校20所，省节水型学校7所、市级49所，省语言文字规范化示范学校5所，省书香校园5所，市民族教育基地学校11所。

·学前教育·

【学前教育优质发展】 2017年，市教育局超额完成为人民办实事任务，学前教育优质发展。全市新改建幼儿园目标任务184所，实际开工建设204所。全市新创建省、市优质幼儿园107所，其中，省优67所，市优40所。

【启动学前教育服务区工作】 2017年，市教育局启动学前教育服务区试点工作。截至12月底，云龙区、泉山区、鼓楼区、开发区、铜山区、贾汪区、丰县、新沂市和睢宁县9个地区出台相应方案，并开展服务区试点工作。

【全面完成无证园清理整顿工作】 2017年，市教育局全面完成无证园清理整顿工作。取缔1092所，提升为合格园80所。6月9日，在做好教育信访维稳工作会议上，市政府通报无证园清理情况，并对进一步加强清理整顿无证园工作提出严格的要求。6月19日，市政府副市长李燕召开无证幼儿园规范清理工作会议，进一步明确工作要求。6月30日，市政府下发《关于进一步加快无证幼儿园清理整顿工作的通知》。7月5日，李燕召开无证幼儿园规范清理工作会议。7月17—28日，教育局督查无证幼儿园。8月18日，李燕组织召开清理工作调度会议。8月22日，李燕到邳州考察清理整顿无证幼儿园工作进展情况。8月29日，市教育局对沛县无证幼儿园规范清理工作进行抽查。

【签订学前教育“十三五”发展目标责任书】 4月14日，市政府与各县（市、区）政府签订学前教育“十三五”发展目标责任书。落实地方各级政府发展学前教育的责任，围绕新改建幼儿园，省、市优质幼儿园创建，招聘公办在编教师，清理无证幼儿园，健全财政保障机制，省课程游戏化建设六项工作，明确下达年度分解指标。

【创建省市级课程游戏化建设项目】 2017年，全市创建省级课程游戏化建设项目3个，市级项目10个。新创建的3个省级项目中，2个进入前十名，丰县被评为全省第二名，获省教育厅25万元区域推进奖励。每月定期开展徐州市第一批课程游戏化“领衔人”培养工作，着力培养一批具有较高研究能力和专业水平的课程专家团队，并带动各地各园加快课程建设。邀请省专家定期开展定点教研伴随式指导，全面提升幼儿园课程实施水平。

【开展课程游戏化建设项目“园园行”活动】 12月26日，市教育局在云龙区孙店幼儿园组织开展全市省级幼儿园课程游戏化建设项目“园园行”活动。活动邀请江苏省教科所学前与特殊教育研究所副所长张晖、南京幼儿教育专家赵岭进行现场指导。全市11个地区的幼教干部、教研员以及省级幼儿园课程游戏化项目单位的园长、业务副园长100余人参与活动。

【吴昊在全省学前教育现场推进会上发言】 12月28日，市教育局局长吴昊在句容召开的全省学前教育现场推进会上进行交流。吴昊从落实政府责任，健全机制取得新成效；加快事业普及，资源覆盖取得新进展；加大财政投入，保障水平获得新提高；加强编制保障，队伍建设迈出新步伐；加快优质创建，办园质量得到新提升；规范行业管理，专项治理取得新突破六个方面，对徐州市学前教育发展作介绍。

（韩　莹）

·义务教育·

【推进义务教育学校现代化标准建设】 2017年，市教育局推进义务教育学校现代化标准建设。重新规划制订2018—2020年义务教育现代化标准学校建设三年规划，组织召开义务教育现代化标准学校建设现场会，选派专家到现场督查和调研，指导学校做好创建工作。全市创建义务教育现代化标准学校184所，其中，丰县39所，沛县30所，铜山区31所，睢宁县25所，邳州市37所，泉山区1所，贾汪区21所。截至12月底，徐州市共有864所学校通过义务教育现代化标准学校评估验收，全市义务教育现代化标准学校占比提高到73.4%。

【持续实施“全面改薄”工程】 2017年，市教育局持续实施“全面改薄”工程。把改薄工作完成情况纳入督政考核项目，实施改薄进展情况双月报、双月通报制度，督促各地按序时进度完成改薄任务。年内，徐州市投入改薄资金合计28.7亿元，其中，校园校舍建设资金25.6亿元，设施设备采购资金3.1亿元。开工建设校舍面积111.3万平方米，室外运动场34.6万平方米，采购图书100万册，课桌凳12.9万套，计算机等教学仪器设备7万台(件、套)。徐州市在全省“全面改薄”工作推进会上作典型发言。

【统筹推进城乡教育一体化发展】 2017年，市教育局发挥政策引领、科研支撑作用，积极推进城乡义务教育一体化发展。在充分调研论证的基础上起草《关于统筹推进城乡义务教育一体化优质均衡发展的实施意见》，由市政府颁布实施。积极开展科研活动，科学推进义务教育城乡一体化发展。《推进城乡义务教育一体化、优质均衡发展研究》被省教育厅立项为重点课题。

【加强留守流动儿童教育管理工作】 2017年，市教育局加强留守流动儿童教育管理工作。出台《关于做好农村义务教育阶段留守儿童教育工作的意见》，建立农村留守学生登记和结对帮扶制度，优先满足农村留守学生进入寄宿制学校学习，加强留守儿童控辍保学工作，留守儿童义务教育巩固率99%以上。落实以流入地为主、以公办学校为主的“两为主”政策，保障进城务工人员随迁子女在流入地就学的同城同等待遇。符合条件的进城务工人员随迁子女100%入学，在公办学校就读率90%以上。

【做好义务教育招生工作】 2017年，市教育局做好义务教育招生工作。开展初中招生工作调研，出台《徐州市2017年义务教育学校招生工作意见》《徐州市2017年市区初中学校招生实施办法》，指导相关地区和学校做好义务教育学校招生工作。2017年，徐州市小学155728名学生，初中115635名学生顺利入学。

【开展控辍先进单位、先进个人评选活动】 年内，市教育局开展义务教育控辍先进单位、先进个人评选表彰活动。经过自下而上的推荐、评选，评选出丰县赵庄镇赵庄小学等90个控辍工作先进单位，丰县常店镇马楼小学常传珍等97名控辍工作先进个人。

·普通高中教育·

【完成创建4所四星级高中的任务】 2017年，市教育局积极推进星级普通高中创建工作，完成创建4所四星级高中的任务。指导贾汪中学进行创建验收和整改工作，5月，贾汪中学获批晋升为省四星级高中。徐州市第五中学、徐州经济技术开发区高级中学、邳州市明德实验学校2017年下半年申报创建四星级高中，其中明德实验学校接受省评估院专家组现场评审，徐州市第五中学、徐州经济技术开发区高级中学在材料评审的基础上进行整改，等候现场评估验收。

【完成7所星级高中复审任务】 2017年，市教育局认真做好星级高中复审工作，完成7所星级高中复审任务。组织指导7所学校开展星级复审工作，其中，徐州市第三十六中学、新沂市第一中学、睢宁李集中学3所四星级高中通过省评估院组织的四星级高中复审。徐州市受省评估院委托，组织完成对丰县顺河中学、宋楼中学、华山中学、新沂市高级中学4所三星级高中复审，形成《徐州市三星级高中复审报告》报送省教育评估院。

【超额完成新创建省高中课程基地目标任务】 2017年，市教育局超额完成新创建省高中课程基地目标任务。积极推进普通高中特色发展，新创省高中课程基地5个，超额完成新创建省高中课程基地4个的目标任务，总量达32个，数量居全省第一。

【推进普通高中生生涯规划指导工作】 年内，市教育局积极推进普通高中生生涯规划指导工作。三星级以上学校均启动实验生涯规划指导课程。侯集中学高中生生涯规划指导工作成效突出，获建江苏省普通高中生生涯规划教育课程基地，4月，承办全国高中生生涯规划教育研讨会。

【开展普通高中综合素质评价试点工作】 2017年，市教育局开展普通高中综合素质评价试点工作。按照省教育厅统一要求，普通高中将实施新的《普通高中学生综合素质评价实施意见》，并启用全市统一的普通高中学生综合素质评价电子化管理平台，徐州市侯集中学、徐州市第二中学、徐州市第三十七中学被确定为试点学校。

【开展普通高中办学情况调查】 年内，市教育局开展普通高中办学情况调查。按照教育部部署要求，在调查研讨的基础上，制订完成徐州市普通高中教育攻坚计划，推动全市普通高中教育提升发展。组织开展全市普通高中办学情况普查工作，宣传徐州市普通高中基本办学情况资料库，为进一步优化普通高中布局和提升发展奠定基础。

【整顿规范招生秩序】 2017年，市教育局整顿规范普通高中招生秩序。市政府纠风办、市教育局联合出台《关于开展市属普通高中学校借读问题专项整治的通知》，市教育局领导班子成员签订“拒绝借读，杜绝‘条子生’”承诺书。市直高中、市区民办高中签订规范招生责任状，在媒体公示。10月初，直属普通高中、民办高中均报送《是否严格按照招办录取名单录取情况报告》，没有办理一个高中借读生，没有发现一例有偿招生，没有发生一起招生集访。

（李进强）

•特殊教育•

【启动“区域融合教育资源中心建设项目”】 2017年，徐州市特殊教育发展指导中心成功申报省特教发展工程“区域融合教育资源中心建设项目”。按项目建设计划，为定点的4所学校（幼儿园）以配建资源教室和个训室、改造无障碍环境、创设生活化教育环境的方式，建设适合特殊儿童学习发展需求的融合教育资源中心。徐州市特殊教育发展指导中心发挥徐州特教优势，面向全市做好特殊需要儿童诊断评估、课题研究培训、融合教育及随班就读巡回视导、教育政策咨询推广等工作，为全市残疾儿童少年打造良好的教育环境。项目建成，可从根本上解决徐州市残障儿童融合教育问题，基本达到每个乡镇、街道建1所融合教育资源中心（弹性设置资源教室），覆盖周边学校（幼儿园），满足特殊儿童少年就近入学的需求，实现适龄残疾儿童少年受教育率98%的目标。

（撰稿：平昌盛　审稿：李之刚）

【铜山区特教中心部署个别化教育】 2017年，铜山区特殊教育中心对个别化教育工作进行部署。组织专业教师队伍，对全区173所学校随班就读的特殊儿童进行摸底排查。举行铜山区特殊教育融合教育资源中心颁牌仪式，邀请省、市、区有关领导为铜山区25个创建资源教室的学校进行授牌。举行铜山区普特融合个别化专题培训，组织全区各中小学、幼儿园校干、教师进行观摩研讨活动。承办个别化教育专题培训活动，省市专家为全区中小学业务校长、教导主任、融合教育资源中心（教室）教师、融合幼儿园分管园长作专题报告。

（刘建民）

【泉山特教启动“送教（康）上门项目”】 2017年，泉山区特教中心成功申报省特教发展工程“送教（康）上门项目”。在泉山区辖区内需要送教（康）学生比较集中的3个社区建立3个教学点，每个教学点建设一个资源教室，全面建立区域送教（康）上门制度，明确送教（康）的责任主体和责任范围。对确实不具备入学条件的义务教育阶段适龄重残障儿童，由教育、医疗、康复等机构联合实施送教（康）进社区，送教（康）上门服务。组建校内融合教育教学与管理团队，由泉山区特殊教育发展中心整合资源，统筹各项融合教育工作，如个别化教育计划制订与实施，随班就读的融合教学等。指导本地区送教上门工作的开展，承担各教学点的巡回指导、特殊教育教研和质量管理工作，帮助特殊儿童更好融入社会。

（撰稿：张丽斌　审稿：李冀湘）

【邳州特教中心全国特教排舞公开赛获奖】 12月2日，邳州特教中心参加在扬州举办的全国第2届特教学校排舞公开赛获多项奖。培智儿童舞蹈《小玉米》获智障组大集体特等奖，听障生舞蹈《看见爱》获听障大集体组二等奖，教师舞蹈《歌声满行囊》获大集体组一等奖，由教师和培智学生组成的师生合作组大集体舞蹈《蹲蹲舞》获特等奖，学校获团体第四名、优秀组织奖。

（撰稿：李　薇　审稿：裴洪光）

【邳州特教中心教研课题获省特等奖】 12月，江苏省中小学教学研究第十期课题评奖结果揭晓，邳州市特殊教育中心的省重点课题《聋儿语言康复中家长实施亲职教育的研究》获省课题评比特等奖，为徐州市唯一获评特等奖的课题。邳州市特教中心获奖课题于2013年申报立项，课题通过对家长亲子教育的研究，教给家长康复知识和技能，提高家长康复水平，从而促进听障儿童全面康复。课题有重要实践指导意义，取得令人满意的教学效果。

（撰稿：李　薇　审稿：裴洪光）

徐州市公园巷幼儿园

园　长　李艺然
书　记　李艺然
副园长　张文惠
执行园长　王　玲

【概况】　2017年，徐州市公园巷幼儿园占地0.22公顷，建筑面积6700平方米。拥有游泳池、教职工图书馆、幼儿绘本馆、科学探索发现室、美术工作室、数学工作室、幼儿影院、幼儿游泳体验中心和680平方米悬浮地垫活动场地。图书馆、绘本馆共藏书1.1万册。毕业幼儿89人，在园幼儿364人，招收新生100人。教职工52人，其中新入职2人（江苏省免费幼儿师范男生1人），专任教师50人。有省特级教师3人，市名校长1人，省三八红旗手1人，市三八红旗手1人，五一巾帼标兵1人，市劳动模范1人，“江苏人民教育家培养工程”培养对象1人，高级教师3人，市名教师2人，市青年名教师2人，市青年优秀骨干教师3人，市学科带头人1人，市首批“青年良师”1人。5月，幼儿园获市教育局五四红旗团总支称号。

【教科研成果显著】　2017年，幼儿园教科研成果显著。省级课题《公办幼儿园男教师园本培训研究与实施》、市级“十二五”规划课题《幼儿园打击乐演奏课程的实施研究》结题。5名教师论文分获市教研室、市教科所优秀论文一、二、三等奖，5名教师分获市区级优质课一、二等奖。园长李艺然《“小人国”的“大成长”》发表在《基础教育研究》上，论文《幼儿园大型活动的组织与策划》收入《幼儿园管理案例与评析》一书，论文《以文化力推进幼儿园的可持续发展》《爱心无限》收入《幼儿园园长专业标准》一书。

【承办多项观摩培训活动】　3—12月，幼儿园发挥优质示范园作用，承办多项观摩培训活动。接待省教师培训中心组织的园长培训班290人，接待“国培计划”全国各地幼儿园园长、骨干教师380人，接待跟岗培训幼儿园园长、骨干教师58人，接待徐州高等师范学校见习生100人和徐州幼儿高等师范专科学校实习生20人。

【实施“慧玩小人国”园本课程研究】　年内，幼儿园全面实施“慧玩小人国”园本课程研究，推进教育特色化。在开展省级规划课题“小人国社会体验性游戏的实践建构”中，幼儿园设有专家组，实地指导课题班、组，具体开展混龄模式探索研究，在幼儿一日活动的各个环节，利用大带小实施课程初探，取得有效成果。幼儿园在课程中增设户外探究活动，按季节不同，气候变化，引导幼儿走进大自然，启动各种感官进行探究活动。

【利用家长资源完善家园共育】　3—12月，幼儿园利用家长资源，带给孩子们不一样的活动和新知。邀请家长走进校园共计28人次，进行特色教学活动28节。进课堂的家长有医务工作者、安保工作者、银行职员、部队军人、消防警官、公安民警、客货司机、烘焙店老板等，不同的行业带给孩子们不同的认知领域，丰富孩子的感知，同时也让家长体验幼儿园教师的生活。

【抓校园网络信息安全】　2017年，幼儿园在党的十九大召开之际，重抓校园网络信息安全。进行幼儿园校园网站域名独立、安全备案，全园上下清查网络群、组，责任到人，登记造册。幼儿园微信公众号责任到人，推送发布信息逐层审核。配合市局电教馆，及时配备安装网络行为管理器。

（撰稿：张　辉　审稿：王　玲）

徐州市第一实验幼儿园

园长、党支部书记　犁　红
副园长　袁冰楠　王　莉　方红娣

【概况】　2017年，徐州市第一实验幼儿园在新城区开办第二个分园丽城幼儿园。民主南路总部占地

0.67公顷。有音体室、阅览室、涂鸦室、手工坊、建构游戏室、科学发现室、录播室、淘气堡、生活体验室。设三个年龄段共15个班级，在园幼儿532人。教职工95人，其中专任教师66人。省特级教师1人，市名校（园）长1人，市学科带头人4人，市首批"青年良师"1人，区青年名教师1人，区学科带头人3人。年内，幼儿园获市三八红旗集体、省青少年科技教育三星级先进集体、市"五有五好"基层关工委先进集体称号。接待全国观摩学习的幼儿园园长、骨干教师400余人次。

【举办60年园庆活动】 5月26日，幼儿园在徐州汉纳国际演艺中心举办幼儿园60年园庆活动。参加园庆活动的有全市幼教同行，老教师、校友代表。市教育局副局长李运生以"过眼风光皆绝胜，迎人日月更辉煌"的寄语，对幼儿园发展给予肯定。师生们在全市各大广场进行18场"快闪"活动及美术展。

【承办市课程游戏化领衔人培养活动】 11月8日，幼儿园承办徐州市幼儿园课程游戏化领衔人培养活动。12名领衔人在省教科院幼教与特教研究所所长张晖的引领下，深层次的研讨课程游戏化项目实施过程中幼儿游戏与课程之间的关系。

【省前瞻性教改试验项目专家委员会成立】 12月12日，幼儿园省前瞻性教学改革实验项目"补偿性课程的建构与实施"专家委员会成立。幼儿园邀请省特殊教育学科专家委员赵锡安，市教育局基教处韩莹，江苏师范大学教授师远贤、刘剑眉，云龙区红十字会会长王秀梅作为专家委员会成员，指导幼儿园省实验项目深入研究。

【教科研取得新成绩】 2017年，幼儿园教师在教科研方面取得新成绩。2项省级规划课题立项，2项市级规划课题立项，7项市级教师个人课题开题，15项市教师个人课题结题。张萌获省优秀教育活动评比一等奖，犁红获市评优课比赛一等奖，侯增晴获省信息化"领航杯"教学能手一等奖。8名教师的9篇论文在《早期教育》《上海托幼》《徐州教育科研》等省、市级刊物上发表，17名教师在省"师陶杯"教育学会论文评比中获奖。

（撰稿：周红彦　审稿：犁　红）

徐州市第二实验幼儿园

园长、党支部书记　金　文
副园长　孔乃玉　吴文秋

【概况】 2017年，徐州市第二实验幼儿园占地0.95公顷，建筑面积1.01万平方米。拥有幼儿绘本馆、录播室、数字影院、儿童游泳池、陶艺坊、木工坊、音体室。图书馆藏书8578册。全年教育经费投入956万元。开设大、中、小19个班级，共有幼儿642人。教职工45人，其中专任教师40人。有省特级教师1人，高级教师3人，市级名校长1人，市级学科带头人3人，区学科带头人2人。聘用教师32人，均具有幼儿园教师资格证书，学历达标率100%。幼儿园园长、教师、保育员、保健医生、财务人员、厨房工作人员、保安、保洁工均持证上岗。年内，幼儿园被评为省巾帼文明岗，市教育系统先进集体，"五有五好"基层关工委先进集体，五四红旗团总支。

【获省巾帼文明岗称号】 4月，幼儿园被江苏省妇女联合会授予巾帼文明岗称号。幼儿园以争创省级巾帼文明岗为契机，通过打造文明服务品牌、评先创优等活动，打造文明服务形象。

【申报省基础教育前瞻性项目】 6月9日，幼儿园成功申报省基础教育前瞻性教学改革实验项目。该项目以"幼儿园自然生长特色课程的建构与实践"为主题，根据幼儿身心发展的规律和需要，利用和挖掘幼儿园内外自然资源，创设适于幼儿自然健康生长的教育环境及开展系列教育活动，旨在激发幼儿活动的兴趣，同时把自然环境转化为有利的教育因素，引导幼儿在感受、了解、探索自然活动中快乐生长，获得全面发展。

【申报省STEM教育项目试点学校】 9月1日，幼儿园成功申报省STEM教育项目试点学校。省科学技术协会、省教育厅确定由省青少年科技中心与省中小学教学研究室组织评审专家组根据学校软硬件基础、师资力量、发展规划、经费投入等方面的标准，从各地推荐的学校中遴选STEM教育项目试点学校。幼儿园成为该项目徐州市2所试点幼儿园之一。

（撰稿：王凯旋　审稿：金　文）

73061部队幼儿园（徐州八一中心幼儿园）

园　长　孙惠敏
副园长　丁　红
行政助理　陈　丽

【概况】 2017年，73061部队幼儿园占地0.6公顷，建筑面积3950平方米。在园幼儿427人，教职工55人。年内3篇论文在省级刊物上发表，8篇论文获省级奖励，5篇论文在市级刊物上发表，10篇论文获市级奖励，1个评优课获大市级一等奖，3人在市级教师基本功大赛中获奖。全园31名在岗专任教师参加江苏省信息技术能力平台的培训，年度学时达标率100%。

【开展学军活动】 2017年，幼儿园为纪念中国人民解放军建军90周年开展学军活动。东路战区开展“童爱军营，快乐成长”主题教育活动。幼儿园进行大型碳化积木专题建构《百万雄师过大江》《军爸我想对你说》短视频征集活动，并通过幼儿走进军营与解放军一起体验攀岩，过天梯，走摇船，过障碍等军体训练，全方位培养幼儿从小爱军学军的情感。

【举办建构游戏大赛】 年内，幼儿园举办全园建构游戏大赛。建构游戏大赛是游戏化园本课程的专题研讨竞赛活动，旨在以赛促研，以研促教。大赛分为四个阶段：初赛——技能培养的基本养成期；复赛——利用国培开放的磨炼展示期；提高赛——通过PPT说明会的专题研讨期；决赛——制作微信群中美篇说明的理性与实践结合的升华期。教师们教研热情高涨，教育能力获得提升，幼儿的空间建构能力获得发展。

【通过江苏省重点课题中期评估】 6月，幼儿园“中国民间文学绘本应用于园本戏剧课程的研究”课题通过江苏省重点课题中期评估。徐州市教研室邀请江苏省专家评估小组3人，对全市30多个中小学、幼儿园江苏省第11期立项课题进行集体中期评估，专家们听取幼儿园中期报告汇报，分组对每一个课题进行答辩、审核、指导、评价，并进行等级评分。幼儿园的课题获得最高分(91分)，被评价为最好的中期报告和汇报。

【组织防暴恐演练】 年内，幼儿园针对恶性事件时有发生的现象，开展防暴恐演练。演练从活动前的周密部署到活动过程，各部门积极配合，演练过程逼真形象，师生防范措施迅速果断，防暴恐演练提高师生应对暴恐危机的能力和意识。

（撰稿：陈　丽　审稿：孙惠敏　丁　红）

徐州市妇联幼儿园

园　长　朱秀梅
后勤园长　李　君

【概况】 2017年，徐州市妇联幼儿园占地0.73公顷。全年教育经费投入约200万元。有国画室、陶艺室、围棋室、创意吧、舞蹈房、语言室、综合活动室。开设托、小、中、大共19个班，在园幼儿614人。教职工79人，本科学历99%，研究生学历2人，小教高级职称14人。专任教师均有幼儿园教师资格证，学历达标率100%。幼儿园园长、教师、保育员、保健医生、财务人员、厨房工作人员均持证上岗。

【教科研取得新成绩】 2017年，幼儿园教科研工作取得新成绩。省“十三五”规划课题“开放环境中儿童体验游戏的园本实践研究”立项，3名教师分别在省级“师陶杯”论文评比中获二等奖、三等奖，乔梅花在徐州大市学前评优课中获得一等奖，孙喜喜、董秋颖、方莉莉在市第14届中小学“创新杯”教学优秀论文评选中获一等奖，9名教师在市“科研杯”论文评比中获奖，多名教师论文获奖并在《徐州幼教》发表。

【开设公益大讲堂】 年内，幼儿园开设公益大讲堂。4月，开设“阅读改变一生”——妇联幼儿园公益大讲堂，为家长讲述亲子阅读的重要性与必要性，传递早期阅读的科学理念。6月，开设“礼仪规范与文化素养”——家风润万家公益大讲堂，提倡在新时期开展少年儿童的礼仪教育，传承优秀的中华传统文化。

【承接“国培计划”展示活动】 11月，幼儿园承接“国培计划”——幼儿教师访名校活动。幼儿园向到访的全国幼儿园园长、教师展示幼儿园的游戏、区域活动以及环境创设。

【开展多项活动】 年内，幼儿园开展多项活动。5月，带领大班幼儿参观小学，帮助幼儿做好入小学准备。11月，开展美术活动中期研讨和系列业务学习与减压相结合的制作润唇膏、藤编花篮活动。12月，开展冬日送温暖活动。开展“缤纷冬日、为爱奔走”健步走活动，同时发起“爱心储蓄罐”倡议，为留守儿童和困境儿童送温暖。

（撰稿：孙喜喜　审稿：朱秀梅）

徐州市文化艺术幼儿园

园　长　程艳华
副园长　卢爱民

【概况】 2017年，徐州市文化艺术幼儿园占地0.22公顷，建筑面积3038平方米。全年教育经费投入120万元。设9个班级，毕业74人，招生58人，共有幼儿262人。教职工36人，其中专任教师18名。有高级教师1人，幼儿园一级教师7人，本科学历16人，大专学历4人。年内，1人被评为文广新局优秀基层工作者，1人被评为文广新局优秀共产党员，1人被评为云龙区领衔名师。幼儿园被市教育局评为教育年鉴工作先进单位，获“童画之星”第17届世界华人幼儿创意美术大赛特等组织奖。

【进编教师面试】 1月15日，幼儿园进行进编教师面试。经徐州市人事局审批，幼儿园有2个入编名额，报名者经过全市事业单位人员招聘笔试环节，7人进入面试。面试在园内进行，徐州市人事局、徐州市文广新局12人负责组织协调，幼教专家7人作为评委，7名考生进行说课、绘画、舞蹈、弹唱、答辩五个项目面试，根据文化成绩和面试成绩，2人被录取。

【安保主任和班主任竞聘上岗】 9月，幼儿园举行安保主任和班主任上岗竞聘。10人参加竞聘。竞聘者进行竞聘演讲，陈述个人的竞聘条件、理由及竞聘上岗后的工作打算，并回答园长提问。1人被聘为安保主任，9人被聘为班主任，试用期3个月。试用期结束，安保主任和8名班主任转正。

【迎新年亲子健步走】 12月29日，幼儿园在云龙公园举行迎新年亲子健步走活动。活动的主题为“我运动，我健康，我快乐”，400名家长和幼儿参加活动。开场是师生韵律活动，健步走过程中，分班依次喊“身体棒，颜值高，艺幼宝贝棒棒棒！”的口号，队伍健步绕公园一周。

【教科研取得新成绩】 年内，幼儿园教科研工作取得新成绩。10名教师的文章在省级刊物发表。10人次获省市级优秀论文奖，9人次获国家级辅导奖，2人次获市级奖项。幼儿园1个市级课题结题，1个市级课题立项。2个个人课题结题，1个个人课题立项。

（撰稿：卢爱民　审稿：程艳华）

徐州市育苗幼儿园

园　长　鲍　丹
副园长　任明侠

【概况】 2017年，徐州市育苗幼儿园占地0.22公顷。开设托、小、中、大共9个班级，在园幼儿305人。教职工36人，其中，专任教师18人，保育教师9人，保健教师1人。本科学历8人，大专学历10人。年内，幼儿园获市级青年文明号单位、省优质幼儿园、市十佳民办幼儿园称号。幼儿园为徐州幼儿师范高等专科学校实践基地。

【传统文化走进幼儿园】 年内，幼儿园开展传统文化进园活动。10月19日，邀请徐州本土剧种梆子剧团走进幼儿园，给孩子们表演梆子戏，观看演员们从化妆到表演的全过程。徐州电视台主持人大卓主持，并邀请孩子们上台与演员们互动，模仿生旦净末丑的招式动作，孩子们对地方剧目产生兴趣。12月21日，幼儿园开展亲子制作香包活动，家长和孩子们跟随非物质文化遗产传承人学做香包。

【提升教师专业素养】 2017年，幼儿园开展多种形式的活动，提升教师专业素养。9月8日，开展“争做最美教师”演讲比赛，促进师风、师德建设。9月25日，开展为期一周的“一人一课”教学观摩活动，教师在备课、听课、评课、反思中互相学习，提高自身教学水平。每月开展教师基本功考核活动，内容涉及自弹自唱、简笔画、编排舞蹈、折纸及粉笔字。

【开展亲子活动彰显园本特色】 年内，幼儿园开展各种亲子活动，彰显园本特色。2月8日，开展“元宵节·亲子制作花灯”活动，家长和幼儿利用各种废旧材料制作花灯，并在小区内展览，培养幼儿动手能力，加强亲子环保意识，增加节日氛围。5月10日，开展“母亲节·送给妈妈甜甜的爱”亲子包糖果活动，教育幼儿学会感恩与回报。9月7日，带领全园家长与幼儿到七里沟果园采摘猕猴桃，探索大自然的奥秘。9月30日，开展幼儿园第4届美食嘉年华活动，亲子制作美食，全园共同分享。10月13日，开展亲子卖报活动，组织幼儿走上大街，学习与陌生人交流，锻炼胆量及语言表达能力。

【教科研成果显著】 2017年，幼儿园教科研成果显著。2名教师论文获省级二等奖，7名教师的论文在市级论文评比中获奖，其中，一等奖3名，二等奖4名。

【改善办园条件】 2017年，幼儿园办园条件得到改善。投入10万余元改善环境及增添设施设备。6月，增添幼儿区角游戏材料。9月，添置幼儿储物柜。10月，扩大园内绿化面积，开拓各班种植区。

（撰稿：任明侠　审稿：鲍　丹）

徐州市房管局幼儿园

园长、党支部书记　田慧平
副园长　孙继芳　冯秀春

【概况】 2017年，徐州市房管局幼儿园开设大、中、小、托10个班级，在园幼儿337人。教职工41人，其中专任教师25人。有小学高级教师8人，小教一级教师15人。有省住建系统五一巾帼标兵1人，市五一巾帼标兵1人，市三八红旗手1人，市学前教育先进工作者1人。年内，幼儿园成功申报徐州市幼儿园课程游戏化建设项目。10月，幼儿园与内蒙古赤峰市六一幼儿园签订《加强合作、资源共享、共同发展协议》。

【举行庆六一文艺会演】 5月27日，幼儿园在原政协礼堂举行庆六一文艺会演。文艺演出以“放飞梦想，童心飞扬”为主题，表演的节目有舞蹈、相声、小品、童话剧、情景剧，呈现幼儿园建设的新成果。市房管局局长闫军、副局长司成明、局机关各处室领导、各兄弟单位领导及全园家长观看文艺演出。

【开展防恐防暴演练活动】 6月，幼儿园联合和平派出所开展防恐防暴应急演练活动。演练活动模拟幼儿早上入园时遭遇恐怖暴力袭击的场景，对孩子们进行防恐防暴知识教育，并适时对幼儿进行心理辅导，消除孩子们紧张、害怕情绪。

【开展家长进课堂活动】 2017年，幼儿园开展家长进课堂活动。幼儿园利用家长资源，开展"家长进课堂，携手助成长"主题系列活动。20名不同职业的家长，根据各自职业特点，组织孩子们进行一系列生动、有趣的活动，让孩子学习平时难以接触到的知识。

【教科研取得新成绩】 2017年，幼儿园教师教科研工作取得新成绩。市级教育科学专项课题"幼儿园区域游戏材料投放策略的研究"立项，2个市级个人课题立项，3名教师的论文分获省级二、三等奖，18名教师论文分获市级一、二、三等奖，杨涛、王晓玥编排的舞台剧《国学童趣》获徐州市少儿春晚特等奖。

（撰稿：孙继芳　审稿：田慧平）

徐州铁路地区幼儿园

园　长　金思梅

【概况】 2017年，徐州铁路地区幼儿园为省优质幼儿园。占地0.33公顷，绿地占有率31%。设有8个教学班，毕业幼儿76人，招生53人，在园幼儿235人。在编教职工36人，其中专任教师16人，具有中级及以上职称的教师占45%。

【做好安全防范改善办园条件】 2017年，幼儿园加大校舍安全的改善工作。投资近80万元对幼儿园校舍的电线及消防设施进行全面更新，为安全办园提供保障。

【创建微信平台】 年内，幼儿园创建微信平台。幼儿园在原有家长QQ群的基础上，创建微信平台，及时向家长及社会展示幼儿园伙食、通知及丰富多彩的特色活动。微信平台成为家园联系的桥梁。

【让游戏点亮快乐童年】 年内，幼儿园把教学活动与游戏活动有效的融合在一起。教师充分尊重幼儿游戏的权力，将教育渗入其中，实现游戏与教育的有机结合。在活动中投放多样丰富的材料，激发幼儿的创造性思维，让幼儿在活动中发现美，感受活动的乐趣。

【开展"主题墙创设"评比活动】 12月26日，幼儿园开展"主题墙创设"评比活动。主题墙的创设，不仅是幼儿活动的展示，更是幼儿学习过程和结果的体现，贯穿环境育人、环境塑人的理念。

（撰稿：范叶莉　审稿：金思梅）

徐州幼师幼教集团

理事长　徐剑媚

【概况】 2017年，徐州幼师幼教集团有班级380个，在园幼儿9366人。教职工1362人，其中专任教师658人。办园规模覆盖到徐州6区2县，并延伸到苏州、镇江、上海、北京、河北等地。下属幼儿园、培训中心、教育公司、托儿之家共81个教育实体。

【新建幼儿园开园】 2017年，幼师幼教集团新建7所幼儿园开园。新建幼儿园有幼师清风幼稚园、幼师高铁英伦幼儿园、幼师雨润新城幼儿园、幼师中茵龙湖幼儿园、贾汪英伦幼稚园、睢宁水岸英伦幼儿园、幼师青年路实验幼儿园。

【开展公益送培结对帮扶活动】 年内，幼师幼教集团开展公益送培，结对帮扶活动。举办江苏名师公益送培活动，徐州地区和周边城市800名园长、教师参加活动。对青海省、云南省的18所幼儿园给予结对帮扶、捐资助学、送教送培等，推进西部贫困地区幼教事业的发展。

【开展多项创新活动】 2017年，幼师幼教集团开展多项创新活动。成立大众蹦床幼儿蹦床队，在江西新余参加全国幼儿蹦床大赛，取得团体一等奖。承办"感受阳光的爱"小歌星大赛，并成立幼儿艺术团。召开"众创众投"创业者大会，全面启动"众创新时代，共赢好未来"的新战略发展格局。举办教师节大型"领跑幼教·环湖乐走"主题活动，400名教师参加该活动。组织全体教师暑期草原长途旅行。与著名导演张继钢团队携手开展"让艺术美感唤醒生命美感"的公益活动。

【承担输出管理学习培训工作】 2017年，幼师幼教集团承担输出管理学习培训工作。全年共计输出管理园所40所，提高品牌影响力和专业辐射力。先后接待德国杜塞尔多夫华文学校、马来西亚马中商会、澳大利亚和中国台湾等30家单位参观访问，启动新加坡、马来西亚、泰国卓越园长培训，接纳见习生、实习生2000人次，接待学习培训人员4000人。

（撰稿：卫若男　审稿：徐剑媚）

徐州市慧朵儿幼教集团

园　长　张　蕾

副园长　闫虹文　周红艳　杨　莉　卞彩虹　刘园园

【概况】　徐州市慧朵儿幼教集团的前身是鼓楼区华康幼教中心。2017年，徐州市慧朵儿幼教集团有4个分园，分别是华康幼教中心、春之光艺术幼儿园、民馨幼儿园和雍景新城幼稚园。总占地1.75公顷，建筑面积1.12万平方米。4所分园均配备多功能教室、专业美术活动室、整体塑胶软地、人工草坪。毕业幼儿406人，招收幼儿594人，在园幼儿共1320人。教职工172人，其中专任教师91人。年内，幼儿园被市教育局评为“十佳民办幼儿园”、徐州教育年鉴工作先进单位，园长张蕾被评为“十佳园长”。

【雍景新城幼稚园正式开园】　3月，雍景新城幼稚园正式开园。雍景新城幼稚园位于云龙区丽水路与宋锦路交汇处，占地0.45公顷，建筑面积2522平方米。教职工37人，其中专任教师18人。开设9个班，共招生270人。

【举办创意手工花灯节】　农历正月十五，慧朵儿幼教集团第12届创意手工花灯节在彭城壹号主广场举办。千余盏纯手工制作的创意花灯参加展出。参展的花灯都是幼儿园的孩子们和家长一起利用废旧物品塑料袋、酒盒、报纸、包装袋、一次性纸杯等做成的。展出期间，市民在欣赏创意手工花灯的同时，给喜爱的花灯投票，领取奖品。

【保育工作精细化】　2017年，幼儿园注重保育工作精细化。后勤园长、保健教师深入后勤第一线，观摩保育员与教师配合情况，明确每一环节、每一流程的规范要点。保育员在明确标准化保育操作的基础上，通过跟进式、互助式培训指导，汇集重要问题，重温保育工作要点，实现由保育到保教的角色转变。

【开展防拐骗演习活动】　11月16日，民馨分园组织开展防拐骗安全教育活动。幼儿园邀请其他分园老师扮演“骗子”，老师们设计各种常见的骗术，例如食物引诱、花言巧语、代家长接幼儿等，让孩子在亲身体验中掌握一些基本的防拐骗技巧，提高幼儿防拐骗的自我保护意识。

（撰稿：孙永涛　审稿：张蕾）

徐州市第一中学

校长、党委书记　陈　青

副校长　叶弘媚　陈　雷　张安义　魏全星

【概况】　2017年，徐州市第一中学占地25.4公顷，建筑面积9.7万平方米。教职员工273人，其中专兼职教师254人。教授级高级教师7人，特级教师9人，高级教师115人，中级教师111人。具有研究生学历或硕士学位的教师占比超过43%。有教学班66个，撷秀中学高中班16个，国际部班4个，在校学生合计3433人。年内，学校被授予中国科学院大学、南京工业大学优秀生源基地，中国人民大学中小学国学教育基地，全国中学生国学大赛暨国学等级考试优质生源基地，市科普教育基地，省中小学优秀校园网站称号。

【高考名校录取率实现新突破】 2017年，学校高考名校录取率实现新突破。高三毕业生参加高考（含国外）人数1024人，达本科录取线以上及被国外名校录取人数共1002人，达一本录取线以及被国外一流名校录取的人数共766人。达公办文化类本科录取线787人，达线率98.9%；国外名校录取人数16人，进入世界排名前50学校的有14人。徐州大市文科前10名，学校占10人；理科前10名，学校占9人。王子晔获得省物理生物类总分第2名。学校国际部澳洲优飞班在澳大利亚全球大考中取得好成绩，首届澳洲方向13名毕业生全部被澳洲五星八大名校录取。

【多名教师获得国家及省市级奖励】 年内，学校多名教师获得国家及省市级奖励。张安义入选第三批国家"万人计划"教育名师。张培强、袁文斌、史颖等7人获徐州市首批"三师工程"称号，其中，张培强获"带头优师"称号，袁文斌、史颖、李剑亮、王晓宁、王海燕、张在凡获"青年良师"称号。王璟璟、乔磊获江苏省基本功大赛一等奖、王圣博获二等奖，吴艳、张培强、齐琳获江苏省评优课一等奖。

【成立学术委员会】 8月30日，学校成立学术委员会。副校长张安义宣读《徐州一中学术委员会学科主任委员任职通知》，宣布徐州一中学术委员会正式成立，任命李因林等12名教师为徐州一中第一届学术委员会学科主任委员。学科委员将在本学科领域内发挥带动和引领作用，推动学校教育教学品质提升。

【承办多场高水平教科研活动】 2017年，学校承办多场高水平学术活动。11月7日，学校与徐州市教研室共同举办全市"英语教学目标的分类与陈述"专题教研活动，由华东师范大学教授皮连生和市教研室主任李秋颖担任主讲。11月16日，2017年江苏省普通高考评价报告解读会在学校（九里校区）召开，学校作为省教育考试院10所试点学校之一参加2017年的普通高考评价试点。北京师范大学心理学部博士生导师刘红云，江苏省考试院纪委书记吴仁林，科研处专家范美琴、杨从意，徐州市教育局副局长李运生，市高校招生办公室主任宋广良、副主任李秋颖及三星级、四星级普通高中校长、业务副校长近200人参加会议。11月，以"核心素养的课堂培养策略"为主题的教学研讨活动在学校举行。

【聘请师德师风监督员】 3月24日，学校举行师德师风建设监督员聘请仪式。从校内各个年级遴选出18名社会各个行业的家长代表，作为徐州一中师德师风建设的监督员。市教育局纪工委书记刘艳出席仪式。

【扎实做好市委巡视整改工作】 2017年，学校扎实做好市委巡视整改工作。上半年，学校做好第12届市委第四巡视组对学校党委的专项巡视整改工作。针对巡视组反馈的问题，学校党委逐条认真研究，明确整改任务，列出整改问题、任务和责任三项清单，逐项落实整改。8月，经上报市教育局党委同意，学校设立校纪检监察室，由姜竹梅担任监察室主任。

（撰稿：王雨馨　审稿：陈　青）

徐州市第三中学

校长、党委书记　赵　伟（—8月）
支乾锋（8月—）
副校长　周　强　徐　杨　潘峻峰

【概况】 徐州市第三中学由本部（徐州市民主北路47号）和西校区（徐州市民主北路61号）组成，共占地6.04公顷，建筑面积4.02万平方米。全年教育经费投入5700万元。图书馆藏书14.1万册。学校（不含树人高中）设置36个教学班，在校学生1762人。教职工202人，其中专任教师189人。教授级教师2人，特级教师2人，高级教师88人，一级教师77人。4月，市教育局局长吴昊、副局长李运生到学校实地调研，市教育局和江苏师范大学在学校举行高中英语"学讲计划"专题研讨系列活动。6月，学校国际部举行"中加2+1"国际班首届毕业生颁奖典礼，多名学生考入多伦多大学等加拿大名校。9月，学校党委召开换届选举党员大会，选举支乾锋为党委书记，周强为纪检书记。

【学习党的十九大精神】 10—12月，学校党委组织全校党员深入学习党的十九大精神。10月18日，校党委组织全校党员干部集体收看党的十九大开幕式。11月3日，校党委理论学习中心组召开会议，集中学习党的十九大精神。12月5日，校党委邀请市委教育工委副书记刘艳就“守纪律，讲规矩，强师德，正师风”为全校党员上专题党课。

【开展教学课改活动】 2017年，学校开展多项教学改革活动。4月，市教育局和江苏师范大学在学校举行高中英语“学讲计划”专题研讨系列活动。5月，学校与南京市第十三中学开展“同课异构、共享成长”教研活动。9月，省基础教育前瞻性教学改革实验项目专家组视导学校“基于物联网应用的中学创新实践课程建设”项目建设情况。学校全面实施课堂教学改革，从备课、上课、课后辅导、考试评价等环节全面规范课堂教学。

【多名教师受表彰】 2017年，学校多名教师受表彰。2月，《彭城晚报》连续报道学校优秀教师代表王娇、段晓莺、周亚莉、徐崇伟、陈兴丽先进事迹。3月，申翠获第4届全国中小学外语教师教学能手称号。9月，徐崇伟获市教育局授予的“德润彭城·最美教师”称号，王顺、韩广被评为市优秀教育工作者，高三年级获市教育系统先进集体称号。

【多名学生获国家、省级奖】 年内，学校多名学生参加国家、省级各类比赛获奖。2月，高一年级王郁博、许景康、许家赫、邓崴滔在第2届“登峰杯”全国中学生学术科技创新大赛数学建模竞赛初赛中获二等奖。4月，戴文辉、陈俊霖、窦超凡设计的“沙漠盐碱湖地带植树灌溉装置”被国家产权局授予“实用新型专利”。5月，高二年级胡怡诺获中国工程机器人大赛暨国际公开赛一等奖，高一年级顾馨洋、高二鹿淳清获全国生物联赛江苏赛区省一等奖。

【体育比赛取得新成绩】 2017年，学校参加多项体育比赛取得新成绩。5月，学校获2017年徐州市中小学生射箭比赛中学男子组、中学女子组团体冠军和中学组团体总分第一名。6月，学生建煜哲取得2017年全国青少年射箭锦标赛参赛资格。8月，校射箭队获2017年全国射箭重点学校锦标赛1个第三名、3个第五名、1个第六名、4个第七名和1个第八名。9月，校男篮两支球队分获“2017中国三对三篮球联赛”青年组亚军、第四名。12月，校足球队获2017年徐州市“市长杯”青少年足球冠军赛高中男子组冠军。12月，校足球队获笼式足球联赛苏北赛区冠军，全省第四名。

【校友回访母校】 2017年，多名知名校友回访母校。3月，著名教授陈明伟回访母校。4月，艺术大师喻继高、程大利，国家开发银行原行长杨晓堂回访母校。5月，知名歌手耿斯汉回访母校举行答谢歌会。5月，世界知名设计师李昱回访母校。

【与国内外同行交流学习】 年内，学校与国内外同行交流学习。4月，澳大利亚昆士兰州教育工作者访华团到学校参观交流。5月，中国、加拿大国际教育研讨会在学校举行。11月，新疆奎屯教育代表团到学校考察交流。

（撰稿：赵爱武　审稿：周　强）

徐州市第三十六中学（江苏师范大学附属中学）

校长、党委书记　陈　强
副校长　王　敏　翟　澎　张世栋(9月—)

【概况】 2017年，徐州市第三十六中学占地6.9公顷，建筑面积3.1万平方米。有足球场、篮球场、排球场和400米塑胶跑道。图书馆藏书9.5万册。全年教育经费投入4544.4万元。年内，毕业894人，其中，小学267人，初中265人，高中362人；招生1012人，其中，小学336人，初中287人，高中389人；在校生3941人。教职工220人，其中专任教师214人。高级教师77人，市学科带头人4人，市青年名教师1人，市青年骨干教师7人，市首批“青年良师”1人。年内，学校获江苏省巾帼文明岗称号，获批教育部基础教育课程教材发展中心实验区“人美美育学堂”基地。

【创建数字化党员教育实境课堂】 12月4日，省委组织部考核组观看学校党委数字化党员教育实境课堂。学校党委创建的数字化党员教育实境课堂成为市教育工委党建工作基地,并被市委组织部推荐参加省级党员教育实境课堂考核。《徐州市第三十六中学党委微信平台工作法》被市委组织部收录、发表,并向全市推广。

【与南通海陵中学合作交流】 1月16日,学校与南通市海安县海陵中学举行合作交流签约仪式。年内,学校派3名教师赴南通进修学习,海陵中学安排3名教师到学校教学交流。

【多名教师获省级奖项】 2017年,学校多名教师获省级奖项。张兴涛获省中小学"师陶杯"教育科研论文特等奖,严乾获省"领航杯"信息化教学能手比赛一等奖、张存存获二等奖,戴淑蓉、李欣、周园、吴艳侠、张汝慧获省中小学"师陶杯"教科研论文二等奖,严乾获中学物理教学改革和科研论文二等奖。

【学生获省级奖项】 2017年,学校学生参加省级比赛获奖。王娴斌、邹雨含获省第15届"中学生与社会"作文大赛一等奖。余宜有获省第29届中小学生"金钥匙"科技竞赛一等奖,丁宏非、黄恩尧获二等奖。姚辉梦、杨羽、王晨晓、张泽润获省第31届中国化学奥林匹克竞赛二等奖。徐建飞、宗兆宇获省第26届全国中学生生物联赛二等奖。

【加拿大教育同行到访】 5月24日,加拿大卡莫森学院院长Sherri Bell一行到访学校。Sherri Bell介绍卡莫森学院历史、办学特色,一行人参观学校艺术课程基地、版画工作室、剪纸工作室,观摩美术班课堂教学展示。

【举行"新教育"系列活动】 2017年,学校举行"新教育"系列活动。5月31日,21名青年教师参加学校"说课"比赛活动。11月23日,学校举办首届基础教育改革创新实验区课改优秀课例展示活动,江苏师范大学化学与材料科学学院教育实习基地挂牌。10月27日,开展亲子户外课堂互动活动。11月27日,举行10岁成长仪式。12月20日,举办第11届英语节。12月21日,举办"新父母"讲堂活动。

(撰稿:张兴涛　审稿:陈　强)

徐州市侯集高级中学

校长、党委书记　支乾锋(—8月)
　　　　　　　　　吴启龙(8月—)
副校长　张广义　王孝军　周广钦　彭金虎

【概况】 2017年,徐州市侯集高级中学占地18.6公顷,建筑面积16.3万平方米。固定资产1.5亿元。拥有篮球场、乒乓球场、体育馆、形体健身房、400米塑胶跑道等基础教育设施。全年教育经费投入约7636万元。毕业921人,招生760人,新疆部学生340人,在校生共2510人。教职工368人,其中专任教师355人。教授级高级教师2人,特级教师2人,高级教师132人,市级青年骨干教师15人,市学科带头人12人,市名教师11人。年内,学校获徐州市教育系统先进集体等16项省市荣誉称号。2017年高考一本上线率75%,本科上线率96.5%,学校连续3年在徐州市高考总结表彰大会上作经验介绍。

【吴启龙担任校长】 8月9日,市委组织部宣布吴启龙担任侯集高级中学校长。市委组织部干部四处处长胡廷海宣读关于徐州市侯集高级中学主要负责人职务任免的决定,原徐州市第三十六中校长吴启龙担任徐州市侯集高级中学校长,支乾锋不再担任侯集高级中学校长,另有任用。市教育局局长吴昊出席会议并对侯中工作提出要求。

【名特优教师人数增加】 年内,学校名特优教师人数增加。柳方平、洪永清通过正高级教师职称评审,周瑾、程新辉获市首批"青年良师"称号。

【获批省级课程基地】 4月,学校普通高中"订制式"生涯规划课程获批省级课程基地。为将课程基地建设好,学校从场馆建设、课程设置、专题活动等方面入手,考察学习上海控江中学、无锡怀仁高级中学、江阴一中等学校优秀生涯规划课程基地,根据学校实际情况,研究制订学校课程基地建设方案。

【澳大利亚中小学校长到访】 10月21日,澳大利亚昆士兰州中小学校长代表团到学校参观访问。

校长吴启龙就学校的历史沿革，师资队伍建设，办学特色向客人作介绍，并与客人进行友好交流。代表团参观校园和学生成长指导中心“愉心苑”。

【完成新疆班教育教学工作】 2017年，学校完成新疆班教育教学工作。学校坚持以新疆班学生“政治合格”为首要教育目标，提高教育教学管理水平。基础年级的教学不断进步，高考成绩不断提高。2017届学校新疆班2个班毕业71人，创历史新高。布尔兰以576分的成绩居省内民考汉(4年)理科第三名，被浙江大学录取。一本上线达一半以上，“985”“211”名校录取人数进一步提高。

（撰稿：张邦科　审稿：吴启龙）

徐州高级中学

校长、党委书记　秦晓华
副校长　姚　斌　鹿晓波(—8月)　冯　利

【概况】 2017年，徐州高级中学占地6.31公顷，建筑面积5.56万平方米。拥有篮球场10片、标准足球场1片、400米塑胶跑道1个和乒乓球台30副。自动录播教室、数字实验室、未来教室、创客工作室、电子阅览室、校园数字影院设备齐全。禁毒教育馆、安全教育馆投入使用。图书馆藏书近20万册。全年教育经费投入7867万元。毕业553人，招生423人，在校生1399人。教职工317人，其中专任教师302人。中小学正高级教师2人，特级教师6人，高级教师138人，全国优秀教师1人，省有突出贡献的中青年专家1人，省人民教育家培养对象1人，省“333高层次人才培养工程”第二层次培养对象1人，市首批“领军名师”1人、“带头优师”2人、“青年良师”5人，市劳动模范6人，市名教师8人，市学科带头人4人，市青年骨干教师21人，市教学能手1人。学校被评为第一批全国青少年校园篮球特色学校、省育人模式转型示范课程基地学校、省优秀中学共青团组织、市优秀家长学校、市基层学校关工委常态化建设先进单位、市教育年鉴工作先进集体。

【入选省课程基地建设项目】 4月28日，学校“高中STSE教育课程基地”入选2017年省普通高中课程基地建设项目。学校实现一文一理两个省级课程基地建设项目的发展规划。

【获省基础教育教学成果一等奖】 9月14日，学校获2项省基础教育教学成果奖。《诗性语文教学的实践探索》《汉画像石人文教育课程建设的创新实践》获2017年江苏省基础教育教学成果一等奖。

【副省长王江到校调研工作】 10月12日，副省长王江到学校调研工作。王江观摩“机器人马球运动”“无人机编队表演”“汉画像石解读”“汉服秀”“汉画像石拓片制作”等校本课程，参观安全教育基地，在教师书吧与教师座谈。省政府副秘书长陆留生、省教育厅厅长葛道凯、省教育厅副厅长曹玉梅、副市长李燕陪同调研。

【举行省实验项目中期汇报活动】 10月18日，学校举行省基础教育前瞻性教学改革实验项目“‘素质体育机器人运动’校本化探索与实践”中期汇报活动。视导组专家们听取汇报，参观“素质体育机器人运动”活动中心，现场观看机器人足球赛、机器人马球运动、机器人舞蹈和无人机队列表演，对学校实验项目取得的成果表示肯定。

【被评为省示范课程基地学校】 11月25日，学校被评为江苏省示范课程基地学校。学校获省育人模式转型示范课程基地学校称号，并作大会专题发言。

【举办省课程基地联盟学校研讨会】 12月15—16日，学校举办江苏省普通高中文化类课程基地联盟学校交流研讨会。13个地市的29所联盟高中学校校长、基地负责人参加活动。学校的校本课程“汉画像石故事文化解读”“历史的细节”展示课，“汉代乐舞”“汉服秀”“汉画像石艺术赏析”“汉画像石拓片制作”“汉画像石拓片书法题写创作”“汉画像石拓片装裱”“汉文化3D设计与打印”“舌尖上的汉画像石”受到与会者的好评。8所联盟学校进行课程基地工作交流汇报，省课程基地建设指导中心专家进行点评。

（撰稿：黄　伟　审稿：秦晓华）

徐州市第二中学

校　长　李桂强

党委书记　李桂强（9月—）

副校长　李卫国　张德志　霍伟东

【概况】　2017年，徐州市第二中学新校区建设完工，总投资3.1亿元。新校区位于府学路1号，总规划用地面积6.58公顷，规划总建筑面积9.1万平方米，其中，地上总建筑面积7.70万平方米，地下总建筑面积1.36万平方米，可容纳师生近3000人。建有游泳馆、篮球馆、乒乓球馆、400米塑胶跑道、实验楼。图书馆藏书9.3万册。全年教育经费投入3827万元。毕业432人，招生424人，在校学生1299人。教职工149人，其中专任教师135人。教授级中学高级教师1人，中学高级教师60人，"江苏人民教育家培养工程"培养对象1人，省特级教师、市名教师、市级骨干教师14人。年内，学校获教育部国防教育特色学校称号。2017年高考本科上线人数完成上级下达任务的158%。

【完成学校整体搬迁工作】　6—8月，学校进行整体搬迁，8月底搬迁基本完成。8月31日，全体师生及部分家长代表在新校区体育场举行2017—2018学年度第一学期开学典礼，市教育局局长吴昊应邀参加开学典礼。历经648年的徐州府学宫开始易地续写辉煌。

【承办"江苏人民教育家培养工程"培养对象研讨活动】　7月14—16日，"江苏人民教育家培养工程"第三期中学校长组研讨活动在学校举行。教育部中学校长培训中心原主任、华东师范大学博士生导师陈玉琨，南京师范大学原副校长、博士生导师吴康宁，省教育科学院教授徐兆兰与第三期"江苏人民教育家培养工程"中学校长组熊新华、徐光静、沈斌、杨勇诚、李桂强5名校长举行研讨活动。

【开展重温入党誓词活动】　12月5日，学校党委举行以"不忘初心跟党走、矢志强校站排头"为主题的重温入党誓词活动。全体党员在党委书记李桂强的带领下面对党旗宣誓。李桂强要求全体党员做践行入党誓词、对党绝对忠诚、对党感恩感怀、敢于担当奉献的先锋队，推动学校内涵发展，特色发展，可持续发展，把学校打造成为一所名副其实的省四星级高中。

【获批省基础教育前瞻性项目】　年内，学校获批省基础教育前瞻性项目，并取得教学改革成果。6月23日，学校申报的项目"基于云课堂培养学生核心素养"入选江苏省基础教育前瞻性教学改革实验项目。7月29日—8月1日，中央电化教育馆在成都举办以"大数据视角下的教师专业学习"为主题的学术交流观摩活动，学校教师孙骊的云课堂现场展示课《鸿门宴》被评为优秀现场课，唐峰的云课堂教学录像《同分异构现象》被评为优秀课例。

【扎实推进教育学南通工作】　2017年，学校扎实推进教育学南通工作。先后派出周婷、朱洪磊、张望、李磊、王莹、王卫刚、张先云、赵秦乙、王峰到南通一中、南通大学附属中学、海安中学、如东中学跟岗学习。周婷被徐州市教育局评为教育学南通工作先进个人。6月，邀请南通大学附中教师张报春、张林健为学校全体教师开设题为《用智慧的方式培养出智慧的人》《智慧课堂模式下的导学案设计和使用》教学交流讲座。8月，组织跟岗学习的教师进行汇报交流，并修改完善学校教育教学管理制度。

【全国中小学信息技术创新与实践比赛获奖】　年内，学校代表队参加第15届全国中小学信息技术创新与实践比赛（NOC大赛）获奖。学校代表队参加"物联网创新设计"项目，曾柄豪、潘子恒获得团体一等奖，张广澍、杜佳明获得团体二等奖，帅程中获得个人二等奖，徐伟强获优秀指导教师称号。

【特色教育成果凸显】　2017年，学校特色教育成果凸显。3月18日，高二（1）学生班柯洁参加中央电视台"朗读者"节目，以"第一次"为主题对话董卿并展开朗读。学校以围棋特色被省教育厅、省体育局评为2017—2020年度江苏省体育传统项目学校。学校获省第12届中学生棋类锦标赛高中团体总分第一名，高中围棋团体总分第一名，体育道德风尚奖，江苏省青少年篮球锦标赛女子甲组冠军，全国中学生围棋赛团体第三名，全国第2届“名校联盟杯”中学生围棋甲级联赛团体一等奖，徐州市中小学生游泳比赛中学组团体总分第一名。

（撰稿：李益群　审稿：李桂强）

徐州市第五中学

校长、党委副书记　孟　彦
党委书记　章　春
副校长　陆金寿

【概况】　2017年，徐州市第五中学占地4.06公顷，建筑面积2.4万平方米。拥有300米塑胶跑道、5人制足球场。图书馆藏书9.5万册。全年教育经费投入2783万元。年内，高中毕业492人，高中招生412人，在校生共1306人。教职工137人，其中专任教师121人。高级教师52人，市青年骨干教师4人，市青年名教师1人，市学科带头人2人，市名师1人。

【课程基地验收】　1月7日，学校接受省数学课程基地验收。专家组王爱斌、沈雪芹、李菊梅一行3人，对学校数学课程基地建设情况进行实地考察，听取学校对“五三楼”建设情况的汇报，查看课程基地建设过程性资料，并进行有针对性的反馈。

【省规划课题获批】　3月1日，学校申报的省规划课题获批复。学校课题“基于高中生核心素养的校本课程建设实践研究”、个人课题“整合校外地理课程资源开展探究式教学的行动研究”，获江苏省规划院批复通过，入选江苏省教育科学“十三五”规划课题，主持人分别为校长孟彦和地理教师孙慧敏、滕磊。

【艺体教学综合楼项目获批立项】　2017年，学校申请建设艺体教学综合楼项目获市教育局批准立项。艺体教学综合楼设计建筑面积7000多平方米，内设篮球馆、乒乓球馆、美术教室、音乐教室、500人会议室和能容纳78个车位的地下停车场。

【到南通中学学习考察】　3月30–31日，学校高三年级28名教师到南通中学学习考察。学校高三教师参加南通一中高三年级“二检”成绩分析会，与通州湾三余中学高三年级教师就高考第三轮复习进行研讨。

【澳大利亚中学教师到访】　4月11日，澳大利亚中学教师到访学校。澳大利亚康科德高中一行40人，在校长Craig Anderson率领下对学校进行友好访问，学校党委书记章春代表学校与其签订友好合作协议。

【治理教师有偿补课】　4月26日，学校治理教师有偿补课现象。学校召开治理有偿家教专项工作会议，教职工分别与学校签下《拒绝有偿家教承诺书》。

【获市教育系统先进集体称号】　9月10日，学校获教育系统先进集体称号。在市教育局举办的第33个教师节表彰大会上，学校被授予徐州市教育系统先进集体称号。

【上报四星级普通高中创建材料】　9月15日，学校上报四星级普通高中创建材料。创建的相关材料上传至江苏省评估院网站。学校按照四星级高中评估标准加快各项建设，迎接专家现场验收。

【葛马可曾孙到访】　10月16日，葛马可曾孙到访学校。学校创始人葛马可曾孙爱莉女士到访曾祖父生前工作学习的地方。徐州五中为1905年美国传教士葛马可创立的一所教会学校——私立培心书院，该学校为徐州市成立最早的新式中等学校。

【高考成绩创新高】　2017年，学校高三毕业班学生参加高考，成绩创新高。文化类本科上线近300人，创历史新高；培正班本科上线率超90%；艺术双过线43人，部分学生被中国传媒大学、北京电影学院等知名院校录取；81人被高校提前录取；10余人被韩国庆熙大学、高丽大学、台湾交通大学等知名高校录取。

【举办“双学双提升”教研活动】　12月7日，学校举办“双学双提升”大型教学研讨活动。南通一中、徐州一中、徐州三十七中90余名教师作为受邀代表共同参与教研活动，江苏师范大学教授及26名研究生观摩活动。相关专家对活动内容进行点评。

（撰稿：严作永　审稿：孟　彦）

徐州市第八中学

校长、党支部书记　郭洪跟
副校长　李颖华　晁　虹

【概况】　2017年，徐州市第八中学占地1.13公顷，建筑面积1.54万平方米。有13个初中班，在校生504人。教职工72人，其中专任教师64人。中高级教师62人，市名教师2人，学科带头人2人，市级青年骨干教师2人。

【市经典诵读大赛获赞誉】　年内，学校代表队参加市文明办、市教育局主办的“尚文堂杯”徐州市未成年人经典诵读大赛获得评委赞誉。国家一级播音员鲁言专门作点评，给予高度评价。经典诵读是学校的特色校本课程。每日清晨，全校学生集体吟诵学校自编的经典篇目，每两周进行一次测试比赛。

【教研大讲堂开讲】　2017年，学校推出“徐州八中教研大讲堂”活动。活动主讲为在某一领域、某一方面有特别研究或突出业绩的教职工。首次“大讲堂”由张健、王大卫两名教师主讲。张健从“基础要实、阅读要深”两个方面对时下的语文教学作深入探讨，王大卫从教学态度、教学方法尤其是教学软件的使用方面给老师们提供很好的示范。

【足球队获市赛冠军】　12月8—10日，学校足球队在2017年徐州市“市长杯”校园足球冠军赛上获得冠军。学校重视足球队建设，充实队伍，强化训练，足球队有长足进步，参加市校园足球比赛获得冠军。年内，学校足球队参加“省长杯”笼式足球赛获得苏北大区第三名。

【营造花园式育人环境】　2017年，学校营造花园式育人环境。学校营造出海棠花圃、郁金香溪、牡丹花园、垂丝海棠园。师生们在花园式学校环境中身心舒畅投入工作和学习。

（撰稿：潘　畅　审稿：郭洪跟）

徐州市第三中学实验学校（徐州市第十中学）

校长、党支部书记　倪绍刚
副校长　孙　华

【概况】　2017年，徐州市第三中学实验学校占地2.3公顷，建筑面积9347平方米。有4片篮球场，1片运动场。有4个标准化物理、化学、生物实验室，2个电脑网络教室，1个多媒体报告厅，20个多媒体教室，1个未来教室。图书馆有纸质图书3.5万册。毕业240人，初一招生380人。有20个班级，在校学生1024人。教职工71人，专任教师68人。本科及以上学历65人，高级职称24人，中级职称38人，初级职称3人。市首批“青年良师”1人，市三八红旗手1人，学校被评为控辍先进学校。

【承办市“学南通促学讲”交流课活动】　12月12日，学校承办由徐州市教育局、李庚南实验学校主办的徐州市“学南通促学讲”同课异构初中数学教学研讨活动。徐州、南通两地的专家和数学教师200余人参加活动。学校教师曹芮执教初二数学课现场直播。市教研室程廷伟对学校办学成绩和学生们的课堂表现予以肯定，对学校周密组织、精心安排研讨活动予以表扬。

【打造信息化课堂教学模式】　年内，学校打造信息技术主导下的信息化课堂教学模式。学校不断提高教师信息化技术水平，七年级7、8班的教师利用“优学派”电子书包，实施信息化教学常态化，受到师生的好评。

【外出学习接受新的教育理念】　12月，学校40余名教师到南通、南京学习，接受新的教育理念。赴南通启秀中学参加首届基础教育国家级教学成果一等奖“初中数学‘自学·议论·引导’教学法”第2期全国研修活动。听取李庾南"学材再建构，在结构中教与学"的报告，观摩李庾南的课堂教学展示课。到南京师范大学苏州实验学校举行校际交流活动，听取校长舒慧的汇报。"自学·议论·引导"教学法与徐州市的"学讲计划"有效融合，为学校的课堂教学改革提供新的途径。

【开展多种形式的活动】 2017年，学校开展多种形式的活动，提高学生的综合素养。学校组织开展贾汪爱国主义教育基地的秋游、运动会、表彰大会、教师大讲堂、师生阅读多种活动，提高学生的学习兴趣和综合素养。11月，学校为庆祝建校60周年，举行文艺会演。

【教师参加各级各类比赛成绩优秀】 2017年，学校教师参加全国、省、市级比赛取得成绩。翟仁爱、曹芮在"一师一优课"活动中，分别获得市级优课一、二等奖。翟仁爱的《苏轼与徐州》获省级校本教材二等奖。苗厚松指导学生在第十届全国中小学信息技术创新与实践活动中获得初中团体二、三等奖。马民在徐州市区2017年初中物理实验技能比赛中获一等奖，丁杰、马民在徐州市初中物理实验技能比赛中获得一、三等奖。

（撰稿：马　民　审稿：王绍峰）

徐州市第十三中学

校长、党支部书记　金建明
副校长　蔡晓梅　李　燕

【概况】 2017年，徐州市第十三中学占地3.1公顷，校舍总面积2.1万平方米。其中，永安校区1.4万平方米，和平校区7742平方米。全年教育经费投入5252.87万元，其中基础建设项目投入290.96万元。图书馆藏书11万册。毕业920人，招生944人，在校生共2661人。教职工225人，其中专任教师211人。特级教师1人，高级教师64人。市首批"带头优师"3人，市首批"青年良师"2人，学科带头人5人，青年骨干教师5人，青年教学能手1人。年内，学校获创建全国文明城市先进单位、省初中教学管理创新特色学校、省健康促进金牌学校和省健康单位称号。

【获创建全国文明城市先进单位称号】 年内，学校获创建全国文明城市先进单位称号。6月，徐州市创建全国文明城市工作现场会在学校召开。徐州市委常委、宣传部长冯其谱带领市创建办领导，检查指导学校创建全国文明城市的准备工作，并予以肯定。学校多措并举全力推进全国文明城市创建工作，被中共徐州市委、徐州市人民政府授予创建全国文明城市先进单位称号。

【深入推进"学讲"，创新教学管理】 12月，在江苏省第十届初中校长峰会暨2017江苏省教育学会初中教育专业委员会上，学校获江苏省初中教学管理创新特色学校称号。《点燃智慧教育的理想，助力"学讲"行动的征程》《品味教师的幸福》《"阳光教育"理念下特色课程建设的三个维度》3篇阐述学校教学管理工作亮点的文章被录入《核心素养视野下的初中课程建设》一书。

【承办教育部课改展示活动】 11月，学校承办教育部"首届基础教育改革创新实验区课改优秀项目与课例展示活动"初中语文现场活动。全国课改实验区的12名初中语文教师展示精彩课例，共计260余名教师观摩。

【与国际友好学校交流】 年内，学校多次与国际友好学校进行交流活动。9月，澳大利亚Kings grove North Middle Shool学校领导到访。10月，美国蒙特奥利弗学校校长一行到访。11月，新西兰友好学校国际部主任Alex到访。

【信息化水平再创新高】 2017年，学校信息化水平再创新高。3月3日，徐州市首批中小学创客教育实验学校授牌仪式在学校举行，学校被授予徐州市中小学创客教育实验学校称号。3月9日，徐州市青少年机器人技术等级考试培训班在学校举行，学校被授予全国青少年科普创新教育基地、全国青少年机器人技术等级考试考点。8月，在全国中小学信息技术创新与实践大赛中，学校获团体一等奖、个人二等奖。9月，学校被确立为江苏省STEM教育项目学校。

（撰稿：王丽萍　审稿：金建明）

徐州市王杰中学

校长、党委书记 郭兆峰
副校长 闫洪振　袁　剑　王　敏

【概况】 2017年，徐州市王杰中学占地3.9公顷，建筑面积2.25万平方米。图书馆藏书7万余册。全年教育经费投入3370万元。毕业学生509人，其中，初中171人，高中338人；招生534人，其中，初中181人，高中353人；在校生共1510人。教职工143人，其中专任教师136人。有特级教师1人，高级教师51人，省人民教育家培养对象1人，市级“领军名师”1人，学科带头人2人，“青年良师”1人，青年优秀骨干教师1人。年内，学校获江苏省国防教育特色学校称号，获得省教学成果奖（基础教育类）一等奖。

【学习贯彻党的十九大精神】 11月，学校通过集中学、自主学、结合学的“三学模式”，学习贯彻党的十九大精神。11月22日，举办“学习十九大精神争当育人模范”专题党课。11月29日，邀请江苏师范大学马克思主义学院副教授马先辉到校解读十九大报告。

【构建国防课程体系　引领学习方式变革】 2017年，学校构建国防课程体系，引领学习方式变革。按照《徐州市王杰中学国防课程教育课程标准（试行）》《徐州市王杰中学国防教育课程基地建设方案》，开发系列校本课程，形成目标清晰、功能协调、逻辑合理、特色鲜明的国防教育课程群，实施校本课程19门。国防课程的融合渗透，校本课程的生动实践，推动学习方式的变革，建立“学—思—讲”相结合，“观摩学习、操作演练、制作模型”相统一的学习方式，实现育人模式的转型。

【开展“月月有主题”活动】 2017年，学校开展“月月有主题”活动。3月，开展“诚信教育、养成教育”主题活动。4月，开展“缅怀先烈爱我国防”活动。5月，开展“戏曲进校园”征文及手抄报评比，“文明志愿者”挂牌活动。6月，举行“助力中高考祝福毕业班”活动及“感恩母校扬帆远航”毕业典礼。8月，开展“国防课程之走进军营”军训活动。9月，举行秋季田径运动会和“生命如虹，青春无悔”青春仪式活动。10月，开展“我的梦，中国梦”主题教育活动。12月，举办“不忘初心砥砺前行　传承王杰精神书写人生华章”体育文化艺术节。形成月月有主题，班班有活动，生生有参与的格局，增强德育工作实效。

【启动培养卓越教师项目】 4月24日，学校启动与江苏师范大学协同开发国防课程，培养卓越教师项目。江苏师范大学副校长蔡国春、徐州市教育局副局长张宝民出席仪式并讲话。

【成立校本课程工作坊】 6月14日，学校成立校本课程工作坊。工作坊的成立形成教师自主发展，高校专家与学科专家帮助、教师同伴互助，教育境界和价值追求提升、课程开发能力提升、课程实施能力提升、教育科研能力提升“一主、二助、四提升”的教师专业团队培养模式。

【教科研取得新成绩】 2017年，学校教科研工作取得新成绩。1人获得教育部“一师一优课”一等奖，1人入选江苏省第四批人民教育家培养工程，8人获得市级以上评优课一等奖，市级以上课题立项10项，发表与获奖论文36篇。学校报送的“弘扬王杰精神：国防教育实践探索”项目获2017年江苏省基础教育教学成果一等奖。

【创客教育凸显成效】 2017年，学校创客教育凸显成效。3月，在“亮区域名片，讲教育故事”第13届徐州市校园电视比赛中获优秀组织奖及一等奖1个，二等奖1个，三等奖4个。5月，在全国中小学信息技术创新与实践活动FEG智能车赛项中获全国一等奖1组，二等奖1组，省一等奖2组。在“领航杯”信息技术应用能力大赛（创客及3D创意设计项目）中获一等奖1个，二等奖2个，三等奖3个。学校获市中小学创客教育实验学校称号，被授予全国青少年机器人等级考试考点，全国青少年科普创新教育基地称号。

（撰稿：吴　瑾　审稿：郭兆峰）

徐州市第二十二中学（徐州市第一中学实验学校）

校长、党支部书记 万 众
副校长 朱卫华 程廷伟(挂职) 周 宁
校长助理 李 辉

【概况】 2017年，徐州市第二十二中学(徐州市第一中学实验学校)占地2公顷，建筑面积4422平方米。图书馆藏书3.2万册。全年教育经费投入1299万元。初中毕业135人，初中招生193人，在校生569人。教职工60人，其中专任教师56人，包括交流教师2人、支教教师13人和外聘教师6人。有高级教师16人，中级教师29人。1月，学校获市元旦健身长跑优秀组织奖。4月，学校获假日校际运动会优秀组织奖。

【省课程基地项目立项】 4月28日，学校"基于学生核心素养的校本化综合实践活动课程"被省教育厅批准立项。经市教育局推荐，4月6日，校长万众、共建学校徐州市撷秀初级中学校长陈雷赴南京参加省教育厅组织的答辩评审，被确定为2017年省课程建设基地。年内，学校在七、八年级开展课程项目实验。

【成为首批省STEM教育试点学校】 9月14日，学校被确定为首批江苏省STEM教育试点学校。经市教育教学研究室推荐，省青少年科技中心与省中小学教学研究室组织专家评审，学校成功入选。年内，物理、生物学科分别开设STEM课程。

【成为市综合实践活动课程学科基地】 年内，学校被确定为徐州市综合实践活动课程学科基地。学校先后承办徐州市初、高中综合实践课程教师培训和徐州市综合实践课程中心组成员研讨会。

【中考再创佳绩】 2017年，学校中考再创佳绩。27人达四星级高中学录取分数线，录取率20%。中考均分位次较2016年中考和入学均提升5位，成绩提升位于市区第一位，进入市区公办学校前10名，受到市教育局表彰。

【开设"立达"家长学堂】 9月22日，学校"立达"家长学堂第一课开讲。学校围绕"立己达人知行合一"的教育理念，制订精细的"立达"家长学堂实施计划。至年底，学校邀请心理专家、国学讲师开设3期家长学堂，分别就"家长如何在教育中发挥更大作用""弘扬传统文化，教育一代新人""提高'有效'学习，疏导'逆反'心理"三个主题和家长们交流沟通。

【曾冠闳参加省级比赛获奖】 12月16日，学校八(1)班学生曾冠闳参加省中学生英语口语电视比赛获一等奖。曾冠闳作为个人组选手，通过前期市初赛选拔，代表徐州市参加由省教育厅主办的第16届"领航杯"中学生英语口语电视比赛，获个人赛初中组一等奖。

【启动师生共读活动】 12月25日，学校举行"我的读书生活"演讲比赛暨师生共读活动启动仪式。经各班初赛，学校预赛选拔的16名学生和各教研组推荐的7名教师代表先后登台演讲，从不同角度展示读书活动成果。

(撰稿：张 锋 审稿：万 众)

徐州市科技中学

校长、书记 吴小凡
副校长 姚元芝 董中梅 丁永刚

【概况】 2017年，徐州市科技中学占地2.81公顷，建筑面积1.1万平方米。毕业398人，招生468人，在校生共1278人。在职教职工92人，其中专任教师67人。有高级教师21人，市名教师1人，省特级教师1人。年内，学校被授予徐州市篮球特色学校，全国篮球特色学校称号。学校获徐州市青少年篮球赛初中组第一名，徐州市"市长杯"足球赛女子组第二名、男子组第四名，徐州市"市长杯"足球冠军赛女子组第二名、男子组第三名，江苏省"省长杯"足球赛女子组第四名，第八届淮海经济区机器人大赛暨无人机大赛优秀组织奖。

【德育管理取得新成绩】 2017年，学校德育管理工作取得新成绩。学校对学生的管理转向学生自我管理。组织“自管示范班”评比，阳光体育跑操比赛活动，开展“青春·文化”主题系列活动，“校园十佳美德少年”评比、表彰活动，学生的文明素质有所提高。加强家校沟通，举办家长学校系列讲座，安全知识系列讲座，使德育工作不断得以延伸。

【校领导深入课堂抓教学】 年内，学校领导深入课堂抓教学。学校班子成员和全体中层干部进班听课，从上课、教案、作业批改、班主任工作手册记录、班级卫生和公物管理等方面对教师的课改情况和班级管理工作进行综合督导，并及时反馈，作为课改调研依据，推进课堂教学改革，促进班级管理工作的规范化。

【开展“我为创城做贡献”主题活动】 2017年，学校开展创建全国文明城市“我为创城做贡献”主题活动。学校“创城”领导小组对“创城”工作作出安排、部署。利用行政办公会、教职工大会、升旗仪式等向广大师生发出倡议，积极动员，广泛宣传。全体教职工积极响应，学校有计划地组织师生共同参与多种创建活动。暑假期间，领导小组成员及相关教师放弃休息，为创建全国文明城市做出贡献，取得实效。

【开展师德师风创优活动】 2017年，学校开展师德师风创优活动。学校把教师们爱岗敬业的故事以各种形式记录下，通过新年联欢会形式，弘扬正能量，表彰优秀教师，汇成学校宝贵的精神资源。

（撰稿：许　鸣　审稿：吴小凡）

徐州市第三十一中学

校长、党总支书记　姚　灿
副校长　张晋良　沈　瑜

【概况】 2017年，徐州市第三十一中学东、西两校区占地4.12公顷，建筑面积2.64万平方米。有笼式足球场1个，300米、250米塑胶跑道各1个，图书馆藏书10万余册。全年教育经费投入4551.37万元。毕业884人，招生850人，在校生2593人。有教职工192人，其中专任教师168人。有高级教师55人，市名教师2人，市学科带头人1人，市青年骨干教师7人，市教学能手2人，市首批“领军名师”1人，“青年良师”4人。年内，学校获评“一师一优、一课一名师”活动先进集体，全国青少年科普创新教育基地，市青少年校园足球示范学校，市中小学创客教育实验学校，初中教学管理创新优秀学校和市十佳社团称号。

【航模课程获省优秀校本课程一等奖】 1月7日，学校“航空模型制作”校本课程在省中小学优秀校本课程评选活动中获一等奖。评选活动由省教研室组织课程专家对各市上报的535项教科研成果进行评审，共评出一等奖87项，二等奖134项，三等奖173项。

【中央电教馆重点课题举行开题仪式】 2月24日，中央电教馆在学校举行教育技术规划重点课题“基于过程性学情数据的中学数学适应性学习系统的开发研究”开题会。南京、徐州、淮安等地子课题成员汇报前期研究成果。学校为子课题成员，教师胡子扬介绍数学组前期研究成果。

【承办数字化学习研讨会】 5月26日，学校承办由市教育局电化教育馆主办的数字化学习研讨会。常州市、徐州市4名教师开设4节研讨课，省、市专家进行点评。常州市新闸中学管建峰作题为《“互联网+”时代初中数学课堂教学范式研究总结》的发言，常州市新闸中学校长高红作题为《如何利用互联网开展名著阅读》的发言，学校教师王馨蕾作题为《巧用微信订阅号助力作文教学》的发言。

【获全国中小学信息创新与实践大赛一等奖】 7月18日，学校获全国中小学信息创新与实践大赛一等奖。由中央电教馆、中国教育技术协会和中国发明协会举办的第15届全国中小学信息技术创新与实践大赛在青岛举行，学校参赛队6人在智能无人车项目中获一等奖，学生张子辰获得该赛事最高奖“恩欧希”大奖。

【5名教师获市“三师”称号】 2017年，在徐州市开展的首批“领军名师、带头优师、青年良师”活动中，

学校5名教师获“三师”称号。蔡宏获市“领军名师”称号,王莉、孙兵、徐慧姝、刘睿位获市“青年良师”称号。学校开展青年骨干教师培养工程,通过师徒结对,定期跟踪培养对象的发展情况,完善青年骨干教师成长档案,督促其按时、保质、保量完成个人计划,促进教师发展。

【彭瑞娜获全国数学优秀课一等奖】 12月8日,学校教师彭瑞娜在全国第十届初中青年教师优秀课展示与培训活动中获数学优秀课一等奖。全国有3500名代表参加该活动,有123名各地选拔的优秀选手进行数学优秀课展示。该活动开展形式为上课、说课相结合及专家点评。

(撰稿:胡义广　审稿:姚　灿)

徐州市西苑中学

校　长　赵　苑
副校长　杨江波　张琳琳

【概况】 2017年,徐州市西苑中学占地1.8公顷,建筑面积1.54万平方米。拥有250米塑胶跑道,图书馆藏书6.99万册。全年教育经费投入2887.08万元。毕业704人,招生699人,在校生共2044人。教职工138人,其中专任教师134人。有特级教师2人,高级教师42人,市级青年骨干教师4人,市名教师1人。1月,学校获省第16批“绿色学校”称号。2月,学校获评教育部年度国防教育特色学校。5月,学校获市教育局组织的“德润彭城·经典诵读”比赛一等奖。7月,学校获省青少年弘扬社会主义核心价值观情景剧大赛初中组二等奖。

【市教育局督导团到学校督导评估】 3月30日,市教育局督导团到学校督导评估。由南通市政府教育督导室主任秦建荣和市委教育工委原副书记杜耀东任组长的市教育督导团对学校的办学理念,学校管理,师生面貌和办学成绩给予肯定,对学校的长远发展提出指导性建议。

【举办市级教学研讨活动】 4月14日,学校举办徐州市初中“无痕语文”教学研讨活动。全市各学校约200名教师参加活动,“无痕语文”创始人李凤老师作讲座,“无痕语文”课程团队的老师开设2节示范课。参加活动的老师感受到“无痕语文”教学的魅力。学校为“无痕语文”实验学校。

【举行信息技术支撑下的适学课堂教研活动】 12月6日,学校举行“信息技术支撑下的适学课堂”教学研讨活动。共有10门学科14名教师开设公开课,200多名兄弟学校的教师参加该活动听课、观摩。活动得到市教育局教研室领导的支持。

(撰稿:王　瑞　审稿:赵　苑)

徐州市第三十二中学

校长、党总支书记　练晓涛
副校长　李海港　周　毅　张　强

【概况】 2017年,徐州市第三十二中学占地1.79公顷,建筑面积1.26万平方米。有两个硅PU篮球场,占地面积1140平方米。有200米塑胶跑道和乒乓球台5个,图书馆藏书2.43万册。全年教育经费投入1205万元。毕业160人,招生232人,在校生614人。教职工51人,其中专任教师48人。有高级教师13人,市级青年骨干教师1人。3月,学校获市教育局创客实验学校称号。9月,学校获市第九届规范汉字书写大赛优秀组织奖。

【创客教育取得新成绩】 2017年,学校创客教育取得新成绩。学校获得FEG智能无人车赛项全国团体一等奖,在徐州赛区NOC-FEG智能车竞速赛中获市团体赛一等奖,在市首届中小学校园创客文化节中获奖数量在直属初中排名前列。10月,学校获上级“敢创教育”专项资金,学校“创客空间”装修完毕,即将投入使用。

【开展多项特色活动】 2017年,学校开展多项特色活动。6月,学校举办第三届校园文化艺术节,特邀非文化遗产继承人进校园,为学生开设戏曲、剪纸、泥人制作讲座,开拓学生视野,陶冶学生情操。学生社团从篮球、棋类、舞蹈,又新增吉他、动漫、书法学生喜爱的社团。12月，学校举办校园体育节，全校师生积极参与“阳光体育”运动。

【市名教师到校送课】 12月5日，市6位名教师应市教育局教师教育中心的邀请到学校送课。市区学校近200名领导、专家和同行到校指导、观摩。开发区中学张增光等6位名师以深厚的教学功底、精湛的教学经验、娴熟的课堂驾驭能力和随机应变的策略开设观摩课，让听课老师们大开眼界，收获颇丰。学校作为“局2017年名师讲堂”活动的第一站，为送课活动的成功举行做好充分准备。

【爱心义卖传温暖】 12月22日，学校全体师生举行爱心义卖活动，为学校学生白血病患者李玉恒献爱心、传递温暖。义卖物品有学生手工制品、大量的闲置书籍、日用品、学习笔记、复习试卷等。每个班的摊位前均打出爱心标语。爱心义卖活动是学校团委继爱心捐款之后，为李玉恒募集更多治疗费用的活动，义卖所得钱款全部捐助李玉恒。

（撰稿：杜黎明　审稿：练晓涛）

徐州市第三十三中学

校　长　于　欣

副校长　董向伟　项冬松　吴　婕

【概况】 2017年，徐州市第三十三中学占地1.54公顷，建筑面积9210平方米，有200米塑胶跑道，图书馆藏书5.4万册。全年教育经费投入1896.47万元。毕业397人，招生363人，在校生1070人。教职工92人，其中专任教师86人。有特级教师1人，市名教师1人，高级教师22人。5月，学校悦动男子足球队获2017年徐州市“市长杯”青少年足球联赛冠军。11月，学校学生会获江苏省2016—2017年度大中专学校“十佳学生会”称号。

【依托省级课题落实有效教学管理】 年内，学校依托省级课题落实有效教学管理。6月7日，学校举行江苏省教育科学“十三五”规划课题“基于学历案的初中生学习力提升研究”开题论证会。开展常态推门听课，专家评课回头看，校干包挂学科组等活动，锁定各年级发展目标，细化教学“五认真”检查反馈，完善教学质量监控体系，助力教学质量整体提升。

【开展多项活动凸显艺体特色】 2017年，学校开展多项活动，凸显艺体特色品牌。1月1日，长跑方队在市元旦长跑活动中获得最佳风采奖。10月，基于学生学科核心素养的书法特色项目获批。开展“周五悦动课堂新时空”活动，组建悦动舞蹈团、合唱团、篮球队，培养学生艺体爱好，多元探索艺体特色建设。

【优化家校共育体系】 年内，学校提升校园文化品质，优化家校共育体系。3月起，校长于欣面向全校家长开设公益系列讲座共计14次，规范建立家长委员会，提升家庭教育水平。4月16日，承办徐州市青少年文学协会第28届年会。11月10日，承办徐州市中学中职微团课大赛。6月15日，举行建校40周年文艺会演暨毕业典礼。组织教工团员编写“文明礼仪”校本课程，促进文明礼仪教育校本化建设。

【学习十九大精神　打造学习型基层党组织】 2017年，学校学习贯彻党的十九大精神，打造学习型基层党组织。9月30日，学校举行党总支换届选举大会。10月18日，组织全体党员观看党的十九大开幕式。组织党员落实十九大精神专题学习，主题宣讲，书记党课，红歌会演，网考创优活动，不断提升思想认识和政治站位，用行动诠释新时代党员教师形象。

（撰稿：陈　洁　审稿：于　欣）

徐州市第三十四中学

校　长　王飞鸣

书　记　刘　洪

副校长　张世栋　徐成林　张黎明

【概况】 2017年，徐州市第三十四中学占地3.3公顷，建筑面积2.7万平方米。图书馆藏书5.66万册。全年教育经费投入2384.3万元。毕业469人，其中，初中260人，小学209人；初中招生332人；在校生2338人。教职工112人，其中专任教师100人。中学部专任教师52人，中小学高级教师20人，中小学一级教师23人；小学部专任教师48人，中小学一级教师24人，中小学高级教师1人。省特级教师1人，市名教师1人，市学科带头人1人，市青年骨干教师1人，市教学能手2人。

【获“德润彭城·经典诵读”一等奖】 5月26日，学校获“德润彭城·经典诵读”一等奖。学校教师代表队参加市教育局举办的“德润彭城·经典诵读”比赛，朗诵《诗经·小雅·蓼莪》获一等奖第一名，学校获优秀组织奖。

【市中小学羽毛球比赛获奖】 6月4日，学校小学羽毛球代表队在市中小学羽毛球比赛中获奖。学校小学羽毛球代表队获小学组团体总分第四名，三(3)班岳恰杉获得10岁女子组第一名，六(3)班杨艺航获得12岁男子组第6名，二(1)班鲁玥麟获得8岁女子组第8名。

【举办首届创客节】 6月8日，学校举行首届创客节。学生通过作品展示、创客体验等活动形式，展示学校创客成果，交流创客教育经验。市电教馆馆长周岩对学校在创客教育方面做出的创新探讨给予高度评价。

【获评全国足球班级联赛优秀学校】 8月19日，在浙江金华召开的全国校园阳光体育足球班级联赛发展研讨会上，学校被评为全国校园阳光体育足球班级联赛优秀学校。会上表彰在2017年足球班级联赛中组织得力、成效显著的19所学校。江苏省有4所学校受表彰，三十四中为徐州市唯一受表彰学校。

【向省节能考核小组汇报节能工作情况】 9月29日，学校教师陈凤玲向省节能工作考核小组汇报学校节能工作情况。学校为江苏省公共节能示范单位，省节能考核小组对学校的节能工作和基础信息给予高度评价。

【全国青少年机器人等级考试取得好成绩】 12月，学校学生参加全国青少年机器人等级考试取得好成绩。学校首次参加全国青少年机器人等级考试，有14名学生获得一级证书。

（撰稿：张伟萍　审稿：王飞鸣）

徐州市第三十五中学

校长、党委书记　王冀宁(女)
副校长　汪建军　马　毅　李　明

【概况】 2017年，徐州市第三十五中学占地4.2公顷，建筑面积2.4万平方米。有200米塑胶跑道，图书馆藏书9万册。毕业生580人，其中，高中350人，初中230人;招生453人，其中，初中96人，高中357人，在校生1477人。教职工160人，其中专任教师139人。有高级教师63人，特级教师1人，正高级教师1人。年内，学校获市优秀家长学校、省科研基地学校、市教育系统先进集体、市青年教师培养先进单位、市师德先进集体称号。

【中高考取得好成绩】 2017年，学校中高考取得好成绩。高三毕业生197人参加高考，109人本科上线(文化课本科上线101人)，达线学生中有40%中考成绩在市区4000名之后。中考成绩在施教区的学校中排名在前。学校获徐州市教育系统先进集体称号，王冀宁作为直属学校代表，在全市教师节表彰大会上作经验介绍。

【教师业务能力测试取得好成绩】 2017年，学校教师业务能力测试取得好成绩。初高中共10个学科组进入徐州市前5名，12名教师进入各学科徐州市前10%，13名教师进入各学科徐州市前20%。

【举办全学科教师研修培训】 7月28日—8月2日，由陕西师范大学基础教育研究院主办、《中学地理教学参考》编辑部承办的“徐州市第三十五中学暑期全学科骨干教师研修班”，在陕西师范大学雁塔校区举办。学校75名骨干教师参加研修班培训。研修活动安排内容丰富，形式多样，理念先进，涵盖各教育教学领域的讲座，安排《中学教学参考》主编与研修班学员座谈会，对学员的论文写作进行面对面指导。为期6天的研修活动，教师们聆听教育教学最前沿理论，与专家零距离沟通，解决困惑，启迪创新。

【举行十八岁成人礼暨高三百日誓师仪式】 2月27日，学校举行十八岁成人礼暨高三百日誓师仪式。高三年级全体学生齐聚篮球场，佩戴着象征责任与担当的成人纪念章，在师长和亲人的注视下，在学弟学妹的祝福中，步入"成人门"，完成"成人礼"，翻开人生成长的新篇章。

【开设党员"义务助学"线上讲堂】 年内，学校引导党员教师为学生开设"义务助学"线上讲堂。每名党员通过"钉钉"上传一节微课，校党委组织各教研组长挑选覆盖六个年级、九门学科40多节微课，放在校园网上，学生随手点击，免费使用翻转课堂的课程资源，满足学生个性化的学习需求。青年党员教师创新形式，利用网络资源，开设各具特色、高效、互动的"义务助学"线上讲堂。

（撰稿：张玉峰　审稿：王冀宁）

徐州市第三十七中学

校　长　程友平
党委书记　戴世荣
副校长　邱志宏　杨　倩　王运思

【概况】 2017年，徐州市第三十七中学占地2公顷，建筑面积1.93万平方米。有塑胶跑道运动场、篮球场、羽毛球场。图书馆藏书8.79万册。全年教育经费投入3102.3万元。毕业479人，其中，初中144人，高中335人；高中招生366人，在校学生1127人。教职工154人，其中专任教师129人。中小学高级教师64人，市名教师1人，市学科带头人1人，市"青年良师"1人。学校获全国青少年校园足球特色学校、省三星级高中、省平安校园、省绿色学校、省学生军事训练先进单位、市依法治校示范校、市田径传统项目学校、市艺术教育先进单位、市创建全国文明城市先进单位称号。

【深化学南通活动】 2017年，学校深入开展教育学南通活动。3月15日，学校领导赴南通如东高级中学，双方签订《徐州市第三十七中学与江苏省如东高级中学合作办学协议书》，在学校管理、教育教学、队伍建设、教学研究方面开展合作交流。学校于秋季招收2个"如东班"，学习借鉴如东高中的教育理念、管理方法和教学策略，引进其师资、教学资料，选派骨干教师赴南通挂职学习。

【组建"日出心海"心理辅导中心】 3月28日，学校"日出心海"心理辅导中心建成使用。该中心室使用面积约90平方米，辟有接待室、个体辅导室、团体辅导室，环境装饰有绿色长藤瓜果、常青花卉，配置有音乐椅、沙发、彩色椅、地垫、发泄人、催眠转盘以及电脑等完善的办公设施。投资14万元装备高中生生涯规划择业指导测评系统软件、中小学生心理健康测评系统、反馈性心理减压系统、团辅箱、挂图。专兼职教师配备由2人增加到5人，配有经过省市培训的志愿者5人。

【开展学习杨金军活动】 5月27日，学校响应市教育局《关于开展向杨金军同志学习的决定》号召，开展学习杨金军活动。学校女教师杨金军，因病于2017年4月17日逝世，年龄41岁。杨金军从教18年，一直担任生物学科教学，其中担任班主任16年，多次获优秀教师、优秀共产党员、优秀班主任、学生最喜爱的教师称号，杨金军的事迹先后登载《徐州日报》《江苏教育报》。学校党委中心组举行"向杨金军同志学习"专题讨论会，全体党员结合"两学一做"学习教育，开展"对标找差、争当先锋"学习活动，学校利用集会、升旗仪式、板报、校园网向全体师生员工进行宣讲教育，学校工会组织向杨金军学习征文活动。

【建成全国青少年校园足球特色学校】 6月29日，学校被教育部认定为全国青少年校园足球特色学校。学校大力发展足球特色教育，加强领导，加大投入。对照全国青少年足球特色校园标准，制订规划，出台措施，开发足球课程，激发学生兴趣，开展普及教育和训练，招收足球特长生，组建男女球队。2017年，女队获省中学生锦标赛第四名，男队获“市长杯”高中组第四名。

【完成实验楼综合楼加固】 9月15日，学校实验楼、综合楼加固全面竣工。实验楼、综合楼均建于20世纪90年代，部分屋顶漏水、墙体开裂。上级财政投入1300万元，自6月22日开始对整个楼体进行加固，完成部分墙体拆除及新建，更换门窗、水电管线、网络通讯设备，对楼房周边场地重新进行硬化和景点绿化。

（撰稿：王志强　审稿：程友平）

徐州市东苑中学
（徐州市第三中学初中部）

校长、党支部书记　吴国方

副校长、党支部副书记　王海燕

副校长　赵　晖

【概况】 2017年，徐州市东苑中学占地2.18公顷，建筑面积1.88万平方米。拥有硅PU篮球场3片，笼式足球场1个，300米塑胶跑道。图书馆藏书3.5万册。全年教育经费投入2661万元。毕业748人，招生751人，在校生2106人。教职工121人，其中专任教师111人。有特级教师1人，正高级教师1人，高级教师28人，市级青年骨干教师10人，市名教师1人。1人获省青年教师优质课评比一等奖，1人获市青年教师基本功大赛一等奖，4人获市优质课评比、“一师一优课”评比一等奖。2017年徐州市教师业务能力测试，学校语文、英语、物理、化学、地理五个学科组分别获得全市第二、第九、第六、第八、第五名。

【开设党员公益课堂】 8月，学校组织党员教师开设公益课堂。每个党员教师根据专业特长，在学生军训期间开展文学欣赏、走进数学世界、魅力几何、国际形势、国防教育等一系列特色公益课堂，为学生提供丰富的精神大餐，满足学生解疑释惑的需求，拓宽学生学习生活。

【建立“一对一”帮扶学习模式】 年内，学校建立“一对一”帮扶学习模式。学校探索“党员领导干部+备课组+学生”“教师+班级+学生”的“一对一”帮扶学习模式，以初三为基点，每个班子成员根据专业特长联系2—3个备课组，3—5名学困生、问题生，每名任课教师结对帮扶1名以上学困生、问题生，在经济上扶持，在生活上照顾，在学习上帮助，在心理上疏导。围绕谈、访、教、帮，制订“六个一”帮扶措施，即结对初期与帮扶学生共同制订一份学习计划，确定学期奋斗目标；每周与帮扶对象谈话一次，了解学生作业情况、思想动态、学习情况；帮助学生做一次考试分析，总结经验，制订改进措施；每学期挑选并指导学生读一本名人传记；每学期开学和结束阶段各进行一次家访。

【校女足省市赛取得好成绩】 2017年，学校女子足球队参加省市比赛取得好成绩。1月7日，省教育厅、省体育总局在江苏省广播电视总台教育频道为2016年江苏省青少年校园足球赛举行年度颁奖仪式，副校长王海燕代表学校接受颁奖。4月18—21日，学校女足参加“省长杯”江苏省青少年校园足球联赛获苏北区冠军。5月26—29日，学校女足参加徐州市“市长杯”青少年校园足球联赛获冠军。7月16—19日，学校女足参加“省长杯”江苏省青少年校园足球联赛总决赛获第五名。12月，学校女足参加徐州市“市长杯”青少年校园足球冠军赛获冠军。吴国方被授予徐州市2017年青少年校园足球优秀校长称号，单世英获徐州市2017年青少年校园足球优秀教练员称号。

（撰稿：任晓玲　审稿：吴国方）

徐州京师未来实验学校（徐州市九里中学）

名誉校长 厉益森
校　长 毛彬湖
执行校长 齐玉海
校党总支书记 黄　俊
副校长 张功忠　王　旭　纪晓马
校工会主席 李　波

【概况】 2017年，徐州京师未来实验学校（徐州市九里中学）占地6.63公顷，建筑面积2.1万平方米。拥有标准篮球场5片，排球场2片，300米塑胶跑道。图书馆藏书6.64万册。年内，高中毕业356人，招生584人，其中，民办初中招生184人、公办高中招生325人；在校生1493人，其中公办生978人。教职工200人（公办教师131人），其中专任教师178人（公办118人）。高级教师51人。市"领军名师"1人。学校获得"传承有我经典诵读"大赛团体组一等奖。

【承办市高中音乐优质课比赛】 4月25日，徐州市高中音乐优质课比赛在学校举行。比赛由徐州市教研室主办，徐州京师未来实验学校（徐州市九里中学）承办，市、县8名优秀音乐教师参加比赛。比赛采用现场教学、借班上课的方式进行。参赛教师课堂设计新颖独特，讲授方法丰富多样，评委对参赛教师的表现进行点评，并对课堂教学中出现的问题提出整改意见。

【签约江苏师大音乐实训实习基地】 12月11日，徐州京师未来实验学校校长齐玉海应邀参加在江苏师范大学举行的师范专业（音乐学专业）实习实训基地的签约仪式。江苏师范大学音乐学院院长苗雨、副书记杨仲迎、副院长董兵、副院长王志军、实习实训中心主任陈莹出席签约仪式。齐玉海在江苏师大音乐学院领导陪同下参观马可音乐厅，观看汉乐、合唱团演出。

【吴昊到学校调研】 5月18日，市教育局局长吴昊到徐州京师未来实验学校（徐州市九里中学）调研。两校一体化办学领导班子成员陪同调研。吴昊查看校园建设，召开座谈会，听取学校一体化管理委员会校长齐玉海的工作汇报。吴昊肯定学校发展取得的成绩，强调学校要创新发展，主动作为，用成绩赢信誉，用实力求发展，用发展赢支持。要准确定位发展路径，凸显特色，创新发展。

（撰稿：李　华　审稿：黄　俊）

中国矿业大学附属中学（徐州市矿大实验学校）

校　长 王健鹏
副校长 张　诚　罗永奇　张红卫
黄永乔　林清华

【概况】 2017年，中国矿业大学附属中学（徐州市矿大实验学校）占地6.87公顷，建筑面积2.38万平方米。图书馆藏书4万册。有艺体馆、400米标准塑胶跑道。教育经费投入2000多万元。有29个班级，毕业507人，招生468人。有高中学生479人，初中908人，在校生共1387人。教职工116人，其中专任教师96人。高级教师51人。

【混合所有制办学】 2017年，中国矿业大学附属中学与徐州市矿大实验学校采取混合所有制办学模式。徐州市矿大实验学校是由中国矿业大学教育发展基金会依托中国矿业大学附属中小学兴办的全日制非营利性的民办学校，根据《学校章程》《矿大附中与矿大实验学校的合作办学协议》，矿大实验学校交由矿大附中实施一体化管理，形成"一个管理团队、一支教师队伍、一起统一编班"的合作办学模式。徐州市矿大实验学校建于2016年4月。

【教师获部、省、市级奖】 2017年，学校多名教师获部、省、市级奖项。孔凡敏、于雪获部级优课奖，徐沙沙、申鸿、于雪获市级优课一等奖，闫会主持的一项省级课题结题，并获江苏省中小学教学研究课题评选一等奖，曹瑛被授予徐州市优秀教育工作者称号。

【学生学科竞赛获奖】 2017年，学校学生参加省市级学科竞赛获奖。刘雨卉、郭怡萱获江苏省中学生英语口语大赛初中组一等奖，盛遵锴获徐州市英语口语大赛高中组一等奖，学校被授予市优秀组织奖。吴奕君、曹博群获全国中学生信息学奥林匹克联赛（江苏赛区）省一等奖。6项课题研究成果获得徐州市第五届中学生研究性学习课题评比一等奖。

【试办“战狼班”】 8月，学校试办矿附高16级“战狼班”。旨在发扬“狼道精神”，明确目标，严明纪律，精诚团结，积极热忱，坚忍执着，讲究策略，奋勇拼搏。“战狼班”的成立，是学校实施分层次教学进行的尝试。学校通过定期和不定期开设针对性专题讲座，强化课后辅导，提高学生学习效率，取得显著成效。

【开展国际交流活动】 2017年，学校与澳大利亚、匈牙利教育同行开展国际交流活动。4月10日，澳大利亚校长教育考察团一行8人到学校参观考察。4月13日，匈牙利佩奇大学教授爱奇拉·哈沃斯到校开办题为《匈牙利的教育、科技和生活》的讲座。9月21日，澳大利亚凯恩斯远程教育学校、苗曼纽中学师生一行40人到校访问交流。

（撰稿：孙卫国　审稿：王健鹏）

徐州市撷秀初级中学

学校负责人 陈　雷
教学校长 王友强
德育校长 丁　雷

【概况】 2017年，徐州市撷秀初级中学占地7.99公顷，建筑面积3.71万平方米。有学生食堂，学生宿舍，图书馆。设初中3个年级54个班级，2833名学生。教职员工175人，其中专兼职教师158人。

【中考创佳绩】 2017年，学校中考创佳绩。市区前6名，670分高分中学校占3人，市区前100名，学校占44人。70%以上学生被四星级以上高中录取。在徐州一中2018年创培班招生考试中，学校共有24人被录取（市区共录取40人），占市区总录取人数50%以上，其中，前10名学校占7人，前20名学校占13人。

【举行建校20周年庆祝典礼】 10月6日，学校举行建校20周年庆祝典礼。庆祝大会由校长陈雷主持。徐州一中校长陈青，徐工集团领导李格，1998届优秀毕业生代表、北京大学最年轻的教授、博士生导师吴聪颖，优秀教师代表衡莹，优秀在校学生代表张曦文分别致辞。

【承办国家级课改活动】 11月23日，学校承办首届基础教育课程改革实验区优秀项目课例展示活动（初中数学部分）。该活动由教育部课程中心组织，在全国尚属首次。学校会场有不同省市的12名选手参加课例展评，全国各地200余名教育专家、学者和教师参加研讨学习。学校教师魏兵役参加课例展示，其授课得到专家评委们好评。

【被定为全国首批首家国学教育基地】 12月19日，学校被定为全国首批首家国学教育基地。中国人民大学国学院院长诸葛忆兵到学校宣布徐州撷秀初级中学为首家中国人民大学国学院中小学国学教育基地、全国中学生国学大赛暨国学等级考试优质生源地。

（撰稿：王　伟　审稿：陈　雷）

徐州市树人初级中学

校　长 都晓明
书　记 钱益民
副校长 赵银鹤　胡学文　祁元祥

【概况】 2017年，徐州市树人初级中学本部与分部共有51个初中班，在校生2369人。教职工172人，其中专任教师150人。有中学一级教师46人，高级教师16人，共产党员39人，研究生学历教师10人。年内，学校被市总工会授予“五一劳动奖状”，被共青团市委评为徐州市未成年人保护工作先进集体，被市教育局评为教育系统先进集体，被省教育厅、省科技厅、全国中小学金钥匙科技竞赛组委会评为青少年科技教育先进学校，校长都晓明被市教研室授予徐州赛区“科技校长”称号。学生孙彬然、时项苑、刘子墨获江苏好少年称号。

【市中考取得好成绩】 2017年，学校应届初三毕业生中考取得好成绩。总均分及优分率、及格率均位于全市前列。全市中考成绩前15名，学校占有5人，全市前100名，学校占有22人，3人被西安交大提前录取，过徐州三中录取分数线的有233人，有24人被徐州三中E班提前录取。

【参加市元旦长跑获奖】 1月1日，学校师生参加市元旦长跑获奖。学校组织2个方队，师生高喊口号“阳光体育伴我成长，树人中学奋发向上”。学校获徐州市元旦长跑最佳风采奖第一名。

【举行元旦联欢会】 12月29日，学校全体教职工在徐州三中第一报告厅举行“新时代新征程”教工元旦联欢会。校领导致辞，文艺演出在教工子女的歌伴舞《向着太阳生长吧》中开始，节目形式多样，掌声不断，祥和愉悦。联欢会在初三年级大合唱《咱初三的人》中结束。

【教师参加省市级大赛获奖】 2017年，学校教师参加省市级大赛多人获奖。参加徐州市大市优质课竞赛7人获一等奖，2人获二等奖；陈晶晶在江苏省数学优质课大赛中获一等奖第一名；参加教师基本功竞赛2人获市区一等奖；苏婷在江苏省中小学班主任基本功大赛中获一等奖。学校教师参加市第13届“创新杯”论文竞赛7人获奖，其中，2人获一等奖，4人获二等奖。参加市第18届“科研杯”论文竞赛6人获奖。

【启动名师培养工程】 2017年，学校启动名师培养工程，成效显著。学校把教师的专业发展作为质量提升的重点抓，高薪聘请江苏师范大学教科院专家到学校对教师业务进行“一对一”精准指导。高玮琪、刘莉的研究课题立项，多名教师的专业论文在省市级刊物上发表。

（撰稿：宗培红　审稿：都晓明）

徐州树德中学

校　长　任义侠

【概况】 2017年，徐州树德中学占地0.81公顷，校舍建筑总面积3980平方米。有运动场塑胶环形跑道，篮球场两片，沙坑、联合器械区各一个。图书馆藏书1.52万册。有物理、化学、生物实验室共4个，计算机教室1个，校园广播系统1套，小会议室、学术报告厅（300座）共3个。新增校舍面积250平方米，新建视频会议系统、直播课堂系统各一套。有3个年级，20个班级，学生935人。教职工76人，其中专任教师64人。校长任义侠获2017年度江苏省民办学校最具创新力校长奖。

【完善特色时政播报】 年内，学校完善特色时政播报，培养学生主动学习意识。学校传统的课前时政播报，一直由同位学生二人合作完成，一人收集材料，一人负责播报。新学期开学，改为4人小组的PPT展示方式，小组内细化要求，找新闻、搜图片、整合PPT的分工明确，最后由播报员讲解播报。方式的改变提高学生们积极性和参与度，增强活动的趣味性、可观性。

【专家学者到校开设讲座】 2017年，学校邀请多名专家学者到校开设讲座。3月8日，清华大学领导力课程特聘教授徐尊龙作主题为“强者之路”的演讲。3月14日，徐州市国学研究会会长、彭城书院院长汉风，到校开设“家庭教育与传统文化”专题讲座。9月26日，中国人民解放军陆军工程大学副教授王昔，以《走近人民解放军》为题，用具体的案例、丰富的史实向全校师生展示国家的国防力量，以及所面临的国际问题。11月20日，南京师范大学附中树人学校著名特级教师、学生创新实验首创人、奥林匹克高级教练员汤金波到校指导教学。12月12日，全国教育学会书法教育专业委员会会员、江苏省书协会员孙晋忠到校指导书法学习。

【“致英雄·淮海战役故事校园行”走进学校】 3月27日，淮塔管理局“致英雄·淮海战役故事校园行”

主题教育活动走进学校。7名解说员向全校师生讲述淮海战役故事。活动旨在把红色经典故事送进校园，让英雄故事和精神走近中小学生，培养爱国主义情怀和崇尚革命英雄的精神，明确职责和使命。

【瞻仰吴亚鲁革命活动旧址】 4月29日，学校团委组织20名优秀团员和入团积极分子瞻仰"吴亚鲁革命活动旧址"，并举行集中入团仪式。活动由共青团鼓楼区委、黄楼街道办事处主办，学校与彭城壹号团委承办。活动主题为"青春喜迎十九大，不忘初心跟党走"，缅怀革命先烈，继承光荣传统，争做时代先锋。吴亚鲁为中国共产党徐州地方组织的创建人。

【举办封闭式军训夏令营】 8月17—21日，学校举办封闭式军训夏令营。学校在空军勤务学院举办初一年级新生军训夏令营，以"接受成长磨砺，迎接完美蜕变"为主题，学习解放军吃苦耐劳和"一不怕苦、二不怕死"的英雄主义精神，培养严明的组织纪律性和自主独立的生活能力。400名新生参加为期5天的封闭式训练，16名家长自愿报名担任志愿者，参与管理服务工作。

【建立社会综合实践基地】 10月19日，学校首个校外教育社会实践基地在淮海战役烈士纪念塔管理局挂牌。淮海战役烈士纪念塔管理局局长蒋越峰与校长任义侠为基地揭牌。双方就地方课程、校本课程以及游学旅行等合作项目，展开积极酝酿、策划和探讨。

【开设英语外教课堂】 2017年，学校引进外籍教师，开设英语外教课堂。学校与徐州市第三中学协商，合作开设树德中学外教课堂。经学生自愿报名、学校推荐，36名学生参加首期外教课。外教课由徐州市第三中学国际部推荐加拿大肯特学校教师任教，每周上课1次。

【获市民办学历教育综合督导评估奖】 12月，学校获市民办学历教育综合督导评估奖。在徐州市民办学历教育学校综合督导评估中，学校获评"优秀"，被市教育局推荐参加2017年江苏省教育学会民办教育专业委员会年会，获江苏广播电视总台教育频道颁发的"江苏省优秀品牌学校"奖牌。

【"三合一"校园网络】 12月，学校安装"三合一"校园网络。安装AP并统一密码设置，进一步完善校园无线网络。添置直播设备一套，实现校园视频会议与校际课堂直播。安装高清摄像头，搭建10口标准化考场。

（撰稿：姚　杰　审稿：任义侠）

徐州启星学校

校长、党支部书记　洪　韩

【概况】 2017年，徐州启星学校占地2.35公顷，建筑面积3.3万平方米。有师生住宿床位3368个，师生就餐座位2564个，300米环形塑胶跑道，5片塑胶篮球场。全年教育经费总投入2938.72万元。毕业学生891人，其中，小学293人，初中196人，高中402人；招生982人，其中，小学381人，初中364人，高中237人。教职工377人，其中专任教师248人。各学段专任教师学历合格率100%。年内，被铜山区教育局授予学校安全工作年终考核先进单位、教育督导工作考核先进单位、阳光体育活动特殊贡献单位称号。

【加强学校党支部建设】 12月22日，学校党支部增选书记1人、委员1人，按小学、初中、高中3个学部设立3个党小组。建立党员活动室，落实"三会一课"（党支部会、党小组会、党员大会和党课）制度。2016年11月4日，经中共徐州市民办学校委员会批复，成立中共徐州启星中学支部委员会，陈光柱任副书记。

【成立教学督导室】 2月10日，学校成立教学督导室，聘请3名教学专家任专职督学。学校制定《教学督导室岗位职责》，专职督学全日制在校上班。督学的职责为听课评课，指导备课上课。周周有导课，有导必听，有听必评，每人每学期听课均在240节以上。督学每月参与对各类干部教学业务检查评定，对教学质量检测考核，在全面分析教师教学情况的基础上，有针对性开设专题讲座。

【用项目引领教学改革】 9月，学校设立“智慧课堂”“教后反思”项目，用项目引领教学改革。“智慧课堂”项目旨在引导教师自觉利用“优教班班通”操作平台提供的海量教学资源，融会贯通于课堂教学中，提高教学效率。教师借助现代化设备，及时迅速了解分析学生利用智能答题卡对主观题的答题情况和通过电子设备网络提供客观题的答题情况，从而增加课堂容量，提高教学针对性。“教后反思”项目要求参与者在每节课后撰写“教后反思”，鼓励用教育理论指导教学实践和通过教学实践创新教育理论，旨在引导教师主动思考课堂教学的成功和不足、机智和创新，进行教学再设计，从而实现教师的专业成长。教师自愿参加项目实践，每月对项目进行考核，依据考核结果给予奖励。学校每月用于项目的奖励经费约15万元。

【参加省啦啦操联赛获奖】 5月19—21日，学校健美操代表队在省啦啦操联赛中获得2项冠军、2项亚军。比赛由省健美操运动协会和啦啦操运动协会主办，南京师范大学承办，在南京师范大学体育馆举行。全省44个代表队，722人参加比赛。启星中学健美操代表队38名队员参加4个项目的比赛，中学甲组获技巧啦啦操自选动作冠军、花球自选动作亚军，国际年龄二组获有氧舞蹈规定动作冠军、双人舞蹈自选动作亚军。

（撰稿：冯　静　审稿：毕先华）

徐州华顿国际学校

校　长　陈建国
副校长　冯泽松　夏跃杰

【概况】 2017年，徐州华顿国际学校占地约4公顷，总建筑面积3.15万平方米。图书馆藏书2万余册。招收小学一年级新生216人，初中一年级新生186人。有教职工212人，其中专任教师118人。学校由上海中锐教育集团公司主办，是基础教育性质的民办全日制中小学寄宿制学校。学校分设小学部、中学部、国际部，实施“十二年一贯制”人才培养模式。

【校长赴加拿大看望留学生】 1月，校长陈建国赴加拿大看望学校留学生。陈建国与奥克纳根教育局副局长、寄宿家庭负责人、学校校长、学校国际学生负责人、温哥华公立教育局联盟当地负责人进行交流，全面了解学生学习生活情况。加拿大校方对华顿留学生入读的表现充分肯定，留学生具有一定英语基础，能很快适应当地学习生活，和住宿家庭相处较为融洽。

【赴澳大利亚研学】 2月1日，学校国际部学生赴澳大利亚开展为期11天的研学活动。在布里斯班，学生们进入澳洲家庭体验生活。在坎特伯雷学院与当地学生一起课堂学习，动手协作完成各项任务。学生们去天堂农场看袋鼠、考拉，观看剪羊毛、赛马、茶艺等多种表演，感受澳洲当地的土著文化。

【接待泰国游学学生】 3月，学校接待泰国游学学生。泰国学生在学校进行为期4周的游学生活，从周一至周五与学校学生一起上课，学习中文和具有中国特色的课程、文化。周末，泰国学生去周边景区游学，感受中国文化的博大精深。有的泰国学生是第二次到学校游学。

【暑期夏令营研学活动】 7月，学校学生在北京进行4天暑期夏令营研学活动。学生们游览颐和园、天安门、王府井，访问北京大学、清华大学，登上长城，参观国家博物馆和国家科技博物馆。

【获吉尼斯世界纪录奖牌】 7月22日，学校手风琴乐团师生参加国际手风琴艺术节演出，获吉尼斯世界纪录奖牌。受深圳国际手风琴艺术节组委会邀请，学校手风琴乐团成员刘俊彤、赵禹乔在指导老师章青青的带领下赴深圳宝安，与世界各地的2260

名手风琴成员共同演奏《春天的故事》，挑战世界最大规模的手风琴合奏。刘俊彤、赵禹乔在世界少年流行擂台赛中获得第三名，获儿童公开赛组三等奖，章青青获优秀指导老师奖。

【设立小学语文数学工作室】 9月，学校设立小学语文数学工作室。学校设立徐琳数学工作室、王熙美语文工作室，市教育局基教处处长李进强出席揭牌仪式并讲话。工作室培养和指导青年教师成长，为教学工作提供更多更优的教学资源。

【加拿大BC省奥克那根-斯卡哈教育局国际处长到访】 9月，加拿大BC省奥克那根-斯卡哈教育局国际处处长Stephen William Cann到访学校。Stephen William Cann与学校领导交流，反馈学校2015级学生在加拿大学习、生活，及大学申请情况。学校在加拿大学习的学生将于2018年6月高中毕业，入读大学。

【市教育局民办教育督导检查】 12月13日，市教育局民办教育督导检查小组到学校全面督导检查教育教学工作。学校按照市教育局相关文件要求，做好各项准备工作。督导组听课，检查资料，听取汇报，对学校的办学状况、教师队伍素质、学生的文明礼貌方面给予高度评价。

（撰稿：李　宁　审稿：陈建国）

徐州市金榜国际学校

校　长　李刚亚
副校长　曹庆伟

【概况】 徐州市金榜国际学校为无锡春蚕教育集团全额投资的全日制民办学校，办学范围涉及幼儿园、小学、初中、高中、高考复读等基础教育。2017年，学校占地5.4公顷，建筑面积4.7万平方米。有教学楼、多媒体教室、电子阅览室、美术室、音乐室、心理咨询室。图书馆藏书1万册。全年教育经费投入10万元。有12个班级，在校生共178人，实行小班化教学。教职工30人，其中专任教师25人。本科学历25人，特级教师1人，中学一级教师10人。

【召开教学研讨会】 9月8日，学校举办第二届教育教学研讨会。会上，学校5名教师分别就注重基础知识的夯实，学业水平测试试题的命题导向，教学方法的改进，高考分析研究，注重与学生沟通五个专题进行交流。教师们共同交流教育教学方面的发现、心得、教学研究成果，全体任课教师参加教学研讨会。

【举办校园艺术节】 11月1—25日，学校举办校园艺术节。开展黑板报评比、书法绘画、手抄报等活动。全校有100名学生参加，55名学生获奖。评出优秀组织奖5个，一等奖10个，二等奖20个，三等奖25个。

【举行校园羽毛球比赛】 12月5日，学校举行以“我运动，我快乐”为主题的羽毛球比赛。参赛教师20人，参赛学生30人。活动项目为男子单打、女子单打和男女混打。比赛采用15球制，三局两胜。评出一等奖10人，其中教师4人，二等奖20人，其中教师6人。

（撰稿：马巧分　审稿：朱兴文）

徐州市树恩中学

校长、党支部书记、初中部校长　薛淑萍
副校长、高中部校长　刘永生
副校长、附属小学校长　胡　钢
副校长　陈　莉　王玉府　葛友刚　曹凤阁

【概况】 徐州市树恩中学是徐州宝润实业集团全资创办，并经徐州市教育局批准设立的一所全日制民办学校。学校办学包括小学、初中和高中。有高铁和复兴北路2个校区，高铁校区为总校区。2017年，高铁校区占地4.73公顷，建筑面积约5万平方米。有风雨操场、塑胶跑道运动场和塑胶篮球场。总投资约3亿元。复兴北路校区位于徐州市复兴北路179号，租用江苏模特艺术学校校舍办学。年内，投入73万元，新建生物、物理实验室，配置仪器设备、课桌凳，添置电脑、投影仪、空调等教学办公用品。有初中生495人，小学生180人。教职工61人，其中专任教师45人。学校的办学理念为“以关注学

生生命为核心，合力打造原汁原味的校园生活，为孩子们的终生学习奠基”。

【矿大“来华留学生实践基地”授牌】 5月12日，中国矿业大学“来华留学生实践基地”授牌仪式在学校复兴校区举行。中国矿业大学国际学院副院长李红海和校长薛淑萍共同为基地揭牌，揭牌仪式由莫桑比克籍留学生里奥主持。15名外籍留学生进行简短的自我介绍，并向同学们赠送小礼物。学校200多名学生参加活动，与留学生们进行英文互动交流。

【举行高铁校区落成典礼】 7月16日，学校高铁校区落成典礼在学校广场举行。徐州市政协副主席张爱军、陈萍参加典礼，徐州市高铁投资公司董事长朱明勇、校长薛淑萍出席活动并讲话。张爱军、陈萍由徐州宝润实业集团董事长张爱平陪同参观校园。

【组织消防逃生演练活动】 10月16日，学校利用体育活动课组织消防逃生演练活动。消防逃生演练的内容为应急逃离火场的方法，疏散后的集中地点和疏散途径的路线。学校还同时进行模拟发生火灾的扑灭演练，现场演示消防器材的使用方法。消防逃生演练活动每学期举行一次。

【戚其彬省青年教师教学基本功大赛获奖】 2017年，学校教师戚其彬参加江苏省基础教育青年教师教学基本功大赛获奖。戚其彬获得徐州市青年教师教学基本功大赛一等奖，代表徐州市初中体育教师参加省级比赛，获得江苏省基础教育青年教师教学基本功大赛二等奖。

【市民办学校年检会议在高铁校区召开】 12月29日，徐州市2017年度民办学校年检会议在学校高铁校区召开。徐州市教育局局长吴昊出席会议并讲话。徐州各县（市、区）教育（教体）局分管副局长、市教育局审批的市区民办学历教育的民办学校、非学历民办教育培训机构负责人和党组织负责人近300人出席会议。与会领导参观学校高铁校区，对新落成的现代化学校给予较高的评价。

【举办校园文化艺术节】 12月29日，学校举办第二届文化艺术节暨元旦文艺会演。徐州宝润实业集团董事长张爱平、校长薛淑萍、副校长刘永生与全校师生一同观看演出。薛淑萍致新年贺词。整台文艺演出节目均由师生自编自导自演，音乐社团、动漫社团、体育社团、话剧社团多个学生社团参演。

（撰稿：陈　莉　审稿：薛淑萍）

徐州市特殊教育学校

校　长　李之刚
党总支书记　裴洪光
副校长　张文豹　鲍红安
党总支副书记　张吉峰

【概况】 2017年，徐州市特殊教育学校占地3.7公顷，建筑面积2.93万平方米。有200米塑胶跑道，图书馆藏书1.72万册。全年教育经费投入3267万元。毕业81人，其中，小学46人，初中14人，高中21人；招生128人，其中，小学67人，初中25人，高中36人；在校生共516人。教职工138人，其中专任教师112人。有高级教师23人，市青年骨干教师1人，市名校长1人。4月，学校被评为江苏省健康学校。11月，获中国生态校园行动实验学校称号。

【举行“助残日”活动】 5月18日，学校举行第27届助残日活动。主题为“推进残疾预防，健康成就小康”。视障、听障学生开展按摩义诊，表演器乐演奏、歌舞。市委副书记杨时云、副市长赵兴友、市教育局局长吴昊到学校参加活动。

【朱梦珂参加水科技发明比赛获奖】 年内，学校学生朱梦珂参加水科技发明比赛获奖。5月21—23日，朱梦珂参加第15届全国中学生水科技发明比赛暨斯德哥尔摩青少年水奖中国地区选拔赛决赛，获C水环境知识普及宣传类特等奖。8月，朱梦珂代表中国赴瑞典参加2017年世界青少年水科技比赛获特别荣誉奖。朱梦珂与美国俄勒冈聋校学生联合开展环保行动，其作品《中美聋生携手：保护家乡的河流》获评委认可。

【听障学生高考达线率100%】 2017年，学校10名听障学生参加高考，本科、大专达线率100%。冉会然、王世浩等5人达本科线。

【澳门地区代表团到访】 11月8日，澳门地区代表团一行56人到访学校。校长李之刚向代表团介绍学校情况，代表团参观校园，观看学生舞蹈节目，品尝学生做的面点作品。市对外事务办公室港澳办主任马光陪同代表团参观交流。

【参加体育比赛取得好成绩】 2017年，学校组织学生参加全国、省、市体育比赛取得好成绩。视障学生董祥玉参加全国盲人门球锦标赛获第四名。学校组队参加江苏省残疾人田径锦标赛获10枚金牌、6枚银牌、4枚铜牌，团队总成绩第二名。参加市聋人篮球赛获团队精神文明奖，参加市聋人乒乓球赛获体育道德风尚奖。

【教科研工作取得新成绩】 2017年，学校教科研工作取得新成绩。12月，王庆宝、朱树林、陈炜、潘莉、张军个人课题结题。5名教师2017年度个人课题批准立项。教师7篇论文在省、市级论文评比中分获一、二、三等奖，苗云获市级评优课一等奖。

（撰稿：朱树林　审稿：李之刚）

徐州市彭城培智学校

校　长　韩汝芬

名誉校长　陈美银（美籍华人，联合国教科文组织驻北京办事处原行政官）

常务副校长　洪　弘

副校长　洪小云

工会主席　王　娟

【概况】 2017年，徐州市彭城培智学校占地0.14公顷，建筑面积1440平方米。有校办工厂、学生餐厅、体能训练室、医务室。图书馆藏书4700册。全年教育经费投入120万元。招生3人，在校生共168人。教职工38人，其中专任教师26人，辅教教师5人，高级教师3人，市名教师1人。

【注重提高教师专业素养】 2017年，学校注重提高教师专业素养。5—12月，组织全体教师参加市残联组织的培训班学习。3月，张珊珊、王娟到南京分别参加蒙台梭利康复应用技术培训班、培智学校康复课标解读与课程实施培训班学习。5月，梁艳到南京参加培智校生活语文课标解读与课程实施培训班学习。9月，彭雨到南京参加中青年教师高级研修班学习。10月，杨帆到南京参加培智生活语文课标解读与课程实施第二期培训班学习。12月，张珊珊到南京参加骨干教师音乐治疗第三阶段培训班学习。培训方式：面授培训，实际操作，互动交流，业务考核。

【开展多种主题活动】 年内，学校开展多种主题系列活动。3月，组织学生春游，去淮海战役烈士纪念塔扫墓。4月，开展“接纳包容，让星星的孩子也有幸福灿烂的明天”专题活动。9月，邀请市中级人民法院工作人员到学校作“让法律成为学校的护身符，让学生远离不必要的危险和伤害”专题讲座。11月，开展“跳蚤市场”亲子活动。12月，上海银来投资有限公司工作人员到学校与师生开展庆元旦迎新年活动。

【开展优质课评比活动】 年内，学校开展青年教师优质课评比活动。参赛教师教学设计大胆创新，将全新的教育教学理念渗透到教学活动中。运用多媒体直观教学，教学方法新颖灵活，把学生带入轻松愉快的氛围。优质课观摩后，业务副校长带领教师们针对每个教学环节，开展教学反思和评价。

（撰稿：李　琳　审稿：韩汝芬）

职业教育与社会教育

【综述】 2017年，徐州市共有职业院校31所，其中，大专层次高等职业技术院校6所，中等职业学校22所，技工类学校3所。在校生12.4万人，专任教师6850人。共开设18大类206个专业。

·职业教育·

【概况】 2017年，市教育局以贯彻落实《市委市政府关于加快发展现代职业教育提升服务产业发展能力的意见》为主线，发挥好政策和专项资金的杠杆作用，调动行业、企业和学校各方积极性，广泛开展订单式培养，深化校企合作，促进产教融合发展，服务产业发展能力显著提升。

【举办首届徐州职教对接活动周】 5月9—12日，市教育局联合市经信委等单位在徐州市人力资源社会保障中心开展以“展示职业院校风采，发挥校企合作优势，成就学生精彩人生”为主题的2017年职业教育对接活动周。全市25所中高职院校，8800余名中高职学生，徐工、卡特彼勒、中能硅业、金鹰国际、恩华药业等徐州市400多家用人单位参与活动。活动内容包括院校风采展示，企业展示和宣传，校企合作洽谈以及搭建学生就业平台（现场招聘会）。院校在对接活动中按照专业对接产业的要求和专业分类，各职业院校推介学校特色专业、优势专业，展示学校师资队伍、课程体系、教学条件和培养质量。企业在现场设置展位，展示企业科技成果，特别是高新科技创新成果、产品，宣传和展示企业的制度文化、产业发展、产品技术、科技创新、企业运营、人才需求等信息。职业院校和企业就校企深度合作开展对接，在校企联合办学、订单培养、顶岗实习，师资互聘等方面进行深入交流和探讨。重点推进提升职业院校专业服务产业发展能力项目、共建“校中厂”基地项目、现代学徒制试点项目、青年教师企业实践和特聘兼职教师等工作。同时，在校企深度对话的过程中，组织全市职业院校应届毕业生（含2018年将毕业的学生）参加现场招聘活动。职教对接活动周还开展一系列评选活动。市教育局联合多家政府单位、徐州报业集团评选出徐州生物工程职业技术学院畜牧兽医等53个专业为徐州市“品牌特色专业”，张向明等45人或团队为徐州市“出彩职教人”，高杰等30名学生或团队为徐州市“创新创业之星”，江苏宗申集团等35家企业为徐州市“校企合作示范企业”。

【区域性职业教育集团建设取得新突破】 2017年，徐州市区域性职业教育集团建设取得新突破。6月，3所本科院校、6所高职学院、4所中高职学校递交组建职教集团的申请材料。7月底，市教育局组织政府部门、行业协会以及社会企业负责人对申报材料进行初审，并于8月初现场考察4所候选学校。8月27日，市教育局会同发改委、经信委、财政局及相关高校、行业协会等部门，经过组织申报、现场考察、答辩评审等环节，确定江苏建筑职业技术学院牵头组建淮海服务外包职教集团，徐州开放大学牵头组建淮海健康养老职教集团。12月15日，在江苏建筑职业技术学院举行淮海服务外包职业教育集团成立大会。12月22日，在徐州开放大学举行淮海健康养老职教集团成立大会。

【2名教师获省“最美职教教师”提名奖】 9月7日，第33个教师节前夕，在南京举行的“感动江苏教育人物——2017最美职教教师”表彰仪式上，徐州市佟广标、蒋炜获“感动江苏教育人物——2017最美职教教师”提名奖。“感动江苏教育人物”系列评选表彰活动是经省教育厅批准，由江苏省教育基金会和江苏教育报刊总社联合主办的一项公益活动。“2017最美职教教师”评选，共推选出140名参评教师，经过微信票选和组委会初评、复评、终评三轮评选，最终评定10名“2017最美职教教师”、10名提名奖教师。徐州市教育局获优秀组织奖。

【特需专业建设快速发展】 11月，市教育局联合市发改委、经信委、商务局等部门发布徐州市职业院校服务重点产业领域一览表，通过申报、现场考察、答辩等环节，由徐州工程学院、徐州工业职业技术学院等9所院校领办工业机器人技术、光伏技术与应用、新能源汽车技术、药品生物技术、皮具制作与工艺、食品生物技术、数字媒体应用技术、康复治疗技术、电子商务、服务外包、软件工程11个特需专业建设。依托徐州市龙头企业和骨干院校，合作推动新型技能公共实训平台建设，评选20个徐州市产教深度融合实训平台。

【举办首届“淮海职教杯”创业大赛】 11月18日，首届“淮海职教杯”创业大赛总决赛在徐州工业职业技术学院举行。大赛范围由徐州市拓展到淮海经济区8个核心城市,25所职业院校的"双创"团队先后参加校赛、培训、路演、初赛等一系列环节,45个团队的93名选手进入决赛。决赛分为创业计划竞赛、创业实践挑战竞赛、创业教育教学能力竞赛、毕业生优秀创业成果评选。评选出一等奖19个、二等奖26个、三等奖52个,比赛还评出12名最佳创业指导教师,8家单位获优秀组织奖。首届"淮海职教杯"创业大赛是2017"赢在徐州"创新创业大赛的分项赛事之一。主题为"梦起职教、创赢淮海",赛事由市教育局主办,旨在通过搭建展示才华、创赢人生的平台,推进淮海经济区中高职院校的创业教育,激发学生创业热情,提升创业能力,发掘优秀创业项目。决赛后,市教育局举办"新闻会客厅",邀请大赛主办方、市教育局领导和参赛教师、学生等有关方面代表,通过访谈形式,就如何推进职业院校创新教育、激发学生创业热情等作进一步交流。

【举办全市中等职业学校"校校行"活动】 12月,市教育局组织开展为期4天的全市中等职业学校"校校行"活动。由市教育局副局长李清带队,全市16所职业学校的校长、副校长以及县(市)、区分管领导50人组成观摩工作组,考察全市12所中等职业学校。观摩工作组深入教室、实训基地、食堂餐厅,围绕校园文化、办学理念、教科研等方面内容进行全方位参观考察。

【职业院校提档升级工程项目创新高】 2017年,徐州市职业院校提档升级工程项目创新高,完成职业教育省级项目创建任务。创建省现代化示范性职业学校2所、现代化优质特色职业学校1所,创建省现代化专业群6个、现代化实训基地7个。

【稳步推进现代职教体系建设】 2017年,市教育局稳步推进现代职教体系建设,统筹中高职协调发展。申办中职-高职-本科"3+3""3+4"等分段项目77个,徐州财经高职校等4所试点学校共302人参加全省统考,有287人被本科院校录取,转段升学率95%。

（李　乐）

·技工教育·

【概况】 2017年,徐州市技工院校招生7396人,其中,技师、预备技师145人,高级工1992人。毕业3689人,当年就业3592人,就业率97.4%。在校生20311人,教职工1351人,其中,文化技术理论教师822人,生产实习指导教师210人,一体化教师518人。全年培训社会人员68784人。徐州市技工院校的招生培训工作受到省人力资源和社会保障厅的表彰。

【评选表彰优秀教师、教育工作者】 9月1日,经过院校推荐、市级评审,徐州市人力资源和社会保障局印发《关于表彰2016-2017学年徐州市技工院校优秀教师和优秀教育工作者的决定》,评选出20名优秀教师、10名优秀教育工作者。

【评选表彰优秀班主任】 1月26日,经过个人申报、教师民主测评、院校推荐、市级评审,徐州市人力资源和社会保障局印发《关于表彰徐州市技工院校优秀班主任的决定》,评选出30名徐州市技工院校优秀班主任。

【举行校园体验日活动】 7月2—3日,徐州市人力资源和社会保障局在全市技工院校组织开展"徐州市第三届学生职业体验日"活动。该活动围绕"培育大国工匠、成就技能梦想"的主题,向社会开放高技能人才公共实训基地和国家、省高技能人才培养示范基地,指导和帮助中小学生和求职青年通过实地参观和职业体验,发现职业兴趣,挖掘潜在能力,增强创新意识,明晰职业理想,选择适合职业。活动中,增加青年学生与技能大师面对面的项目,徐州市技能大师工作室领办人、江苏技能状元等优秀高技能人才代表与青年学生一起畅谈技能成才经验,为青年学生成就技能梦想引路领航。两天内,全市共有上万名中小学生、求职青年及学生家长、教师到技工院校实地参观体验。

【加强师资队伍培训】 2017年,为推进技工院校师资队伍建设以及管理队伍能力建设,切实提高"一体化”教师的专业能力、教学水平和职业素养，市人力资源和社会保障局组织全市技工院校教师参加各类师资培训。共安排22名教师参加省组织的师资培训，11名教师赴德国、美国和英国研修。

【开展示范专业、精品课程、教学名师、重点专业和专业带头人评选创建活动】 2017年，市人力资源和社会保障局深入开展“示范专业、精品课程、教学名师、重点专业和专业带头人”评选创建活动。经过院校申报、专家评审和江苏省人力资源和社会保障厅评审，产生江苏省技工院校示范专业1个，江苏省技工院校重点专业2个，江苏省技工院校精品课程3门，江苏省技工院校教学名师2名和江苏省技工院校专业带头人11名。

【教师专业技术资格评审工作】 2017年，徐州市技工院校有26名教师通过技工院校教师高级专业技术资格评审，20名教师通过中级专业技术资格评审，10名教师通过初级专业技术资格评审。

【创建江苏省高技能人才专项公共实训基地】 年内，徐州技师学院的轨道交通专业被评为江苏省高技能人才专项公共实训基地建设项目。

（撰稿：王兴博　审稿：王　浩）

·社会教育·

【概况】 2017年，市教育局社会教育大力扶持发展名牌教育机构。围绕“推进全民终身学习，建设学习型江苏”主题，大力宣传全民学习、终身学习的理念。组织开展江苏省暨徐州市全民终身学习活动周。倡导全民学习、终身学习，践行社会主义核心价值观，加快构建灵活开放的终身学习服务体系，建设先进学习型城市。继续推进城乡社区教育中心建设，继续大力实施“现代农民教育工程”，中青年农民培训工程和“教育富民五项行动”。

【大力扶持发展名牌教育机构】 2017年，市教育局大力扶持发展名牌教育机构。依托徐州市教育培训机构办学水平较高，知名品牌较多，办学信誉较好的实际，不断发挥徐州教育培训对周边城市的辐射引领作用，大力扶持发展新东方英语学校、华夏传统文化学校、北大青鸟中博教育培训中心、星光舞校等名牌教育机构，吸引众多学生到徐州参加学习。新东方英语学校等名牌教育机构办学主体多元，培训内容齐全，学习形式灵活，为徐州技术技能人才培养和终身教育体系建设做出重要贡献。

【组织开展全民终身学习活动周】 10月13日，江苏省暨徐州市全民终身学习活动周启动仪式在徐州举行。省政府副省长王江，省教育工委书记葛道凯，省教育厅副厅长曹玉梅，省成教协会副会长马良生，徐州市市长周铁根，副市长李燕以及江苏省各厅局领导、各大市教育分管局长、职能处室负责人、在徐高校负责人、教育机构负责人、部分群众代表800余人出席活动。活动周主题为“推进全民终身学习，建设学习型江苏”，大力宣传全民学习、终身学习的理念。活动周期间，举办全省全民终身学习成果展示，“百姓学习之星”评选等活动。徐州市和各县（市、区）举办全民终身学习总论坛及社区教育、老年教育、企业教育等研讨会和大批免费教育课程。

【推进社区教育和农村成人教育工作】 2017年，市教育局推进社区教育和农村成人教育工作。按照省《关于加快发展社区教育工作的意见》《江苏省县（市、区）教育现代化建设主要指标》的要求，继续推进城乡社区教育中心建设，创建省级标准化社区教育中心15个，教育服务三农省高水平省级农科教结合示范基地2个，省级标准化社区教育示范区1个，省级居民学校26所。

【大力实施社会教育、培训工程】 2017年，徐州市大力实施社会教育、培训工程。继续实施“现代农民教育工程”、中青年农民培训工程和“教育富民五项行动”。截至年底，全市农村劳动力转移培训6.1万人，农村实用技术培训28万人次，中青年农民技能学历双提升3550人，社区教育培训120万人次。全员培训率33.98%，年培训率56%。全市老年大学（学校）和各类社区教育机构共开展各类老年教育培训近60万人次，全市五县（市）六区老年教育网络基本形成。

（马国桥）

江苏模特艺术学校（徐州文化艺术学校）

校　长　陈荣海
党委书记　李尚亚
副校长　邱　海　王明志　李　康
工会主席　王奇志

【概况】　2017年，江苏模特艺术学校（徐州文化艺术学校）分南（王陵路）、北（复兴路）两个校区办公。学校占地4.04公顷，建筑面积2.9万平方米。图书馆藏书5.2万册。全年教育经费投入5102.8万元。毕业202人，招生479人，在校生1258人。教职工228人，其中专任教师187人，高级教师62人，全国职教名师1人，省高层人才（333工程培养对象）2人，市名教师1人，市带头优师1人，市青年优秀骨干教师1人。学校开设旅游服务、服装表演、音乐、舞蹈、美术等专业，涉及15个专业方向。其中，服装表演与礼仪、美发与形象设计、旅游服务与管理、舞蹈表演为省级特色专业。年内，继续实施与高校联合办学，与深圳小橙堡等企业合作办学。在省市级优质课、信息化教学活动中有8人次获奖，其中1人获省一等奖。在市第18届“科研杯”、第11届“职教杯”教育论文评选中16人获奖。学校获教育部国防教育特色学校、省优质特色职业学校、省技能大赛先进单位称号，并获健康促进校银牌。

【召开艺术设计系成立大会】　9月6日，学校在艺术中心召开成立艺术设计系大会。校长陈荣海、书记李尚亚、学校中层及以上干部和艺术设计系全体师生参加成立大会。副校长邱海主持大会，会上宣读《关于成立江苏模特艺术学校艺术设计系的决定》，陈荣海、李尚亚为艺术设计系揭牌。艺术设计系有美发与形象设计、动漫游戏、美术和影视影像技术4个专业，有专兼职教师27人，专业班10个，学生248人。

【开展校本培训活动】　年内，学校在音乐厅开展两次校本培训活动。9月24日，举办第一次校本培训，内容为省级课堂教学大赛一等奖获得者叶飞的观摩课《送考》，课后叶飞介绍参加省级课堂教学大赛的经历和感悟，教学处主任田敬喜对其观摩课作现场点评。10月20日，举办第二次校本培训，由市教育局职成教研室主任丁蕾作题为《课程的革命》讲座，介绍信息化时代教与学方式的变革，并以主讲人参加信息化大赛国赛一等奖作品为案例，引领教师思考信息化时代如何进行课堂教学改革，启发教师在信息化和“自媒体”时代，如何适应“互联网+”的现代学习方式转型。全体专任教师参加培训。

【省优质特色职校评估组现场评估验收】　6月19日，江苏省优质特色职业学校评估验收专家组，到学校检查验收优质特色职业学校建设项目成果。专家组成员有苏州工业园区职业技术学院副院长孙海泉等6人。专家组听取学校工作汇报，进行随机听课、师生访谈，查看项目工作保障机制、人才培训模式、课程体系改革、师资队伍建设、特色项目、案例等方面的支撑和佐证材料，实地检查学校重点建设专业和特色项目的建设成果，并进行集中研讨。专家组对学校创建省优质特色职业学校工作给予高度评价。

【举行校级公开课活动】 11—12月，学校按系科举行公开课活动。公开课由学校统一部署，分系科上报课题、时间，教科室统筹后仍按系科组织开课。分管领导及包挂干部必须参加听课和评课，鼓励教师打破系科界限，参加听课、评课。两个月内共有3个系部、15名教师开设公开课，探讨不同的专业课、文化课，涉及课程教学改革、新理念的贯彻实施、信息化运用多个议题。

【入选省首批优质特色职业学校】 8月，学校入选江苏省首批优质特色职业学校并获专项奖金。学校经省教育评估院对上报材料的评审，现场考察，答辩论证，经省教育厅审定、评估，入选首批江苏省优质特色职业学校，成为全省4所优质特色职业学校之一。学校获得专项奖补资金300万元。

（撰稿：李 慧 审稿：陈荣海 李尚亚）

江苏省徐州经贸高等职业学校（江苏联合职业技术学院徐州经贸分院）

校长、党委书记 黄学勇
副校长、党委委员 霍久真 钱 跃 吴建新

【概况】 2017年，江苏省徐州经贸高等职业学校占地13.47公顷，建筑面积12万平方米。馆藏图书23.69万册。全年教育经费投入5883.86万元。拥有完备的教学、生活和体育设施。招生1578人，其中，高职871人，中职637人，“3+4”分段培养项目70人。毕业1132人，其中，高职394人，中职738人。在校生6016人。教职工300余人，其中专任教师232人。“双师型”教师占比75.82%，研究员1人，教授3人，正高级会计师1人，副教授等副高级职称100多人，全国供销合作社系统教学名师3人，省高校“青蓝工程”学术带头人1人，省“333工程”中青年科技带头人8人，省职业教育领军人才2人，省教科研中心组成员6人，江苏联合职业技术学院专业带头人6人、优秀教学团队3个，市优秀专家和拔尖人才7人、技术能手4人。学校设置商贸、管理、信息技术、机电工程、艺术设计5个系12个高职、13个中职专业。有“3+4”中职本科分段培养现代职教体系建设试点项目4个，国家级重点建设专业4个，省现代学徒制试点专业1个，省市级中职示范专业10个，省级高职品牌特色专业4个，省级高职示范专业4个，省级高职优秀专业4个，省级课改实验点2个，江苏联合职业技术学院重点建设专业2个，市级品牌特色专业6个。有省职业教育名师工作室2个，省级高水平示范性实训基地2个，校内实习实训室90多个。

【市委巡察组到校巡察】 5月4日—6月10日，市委巡察组进驻学校开展政治巡察。6月19日，巡察组将巡察情况向学校作出反馈并提出整改意见。校党委从讲政治的高度增强巡察整改的主动性和自觉性，召开专题会议学习反馈意见，剖析问题根源，研究整改方案，强化纪律刚性、压实整改责任，做到条条有回应、件件有落实。同时，完善制度建设，实现整改工作常态化、制度化。

【省职业学校技能大赛获金牌】 年内，学校师生参加省职业学校技能大赛获4枚金牌。师生参加省职业学校技能大赛现代物流中心作业、叉车作业、物流运输作业、物流单证处理、电子商务、会计手工账务处理、汽车营销等项目比赛，获得4枚金牌、5枚银牌、7枚铜牌。1月16日，市教育局发函祝贺。

【开展“管理水平提升年”活动】 年初，学校确定2017年为管理水平提升年，开展“管理水平提升年”活动。2月18日，在学校报告厅召开动员大会，提出实施突出问题专项治理，完善管理制度标准建设，提高基础管理效能，构建教学质量保障体系，拓展文化育人协同创新，执行管理内部控制规范，发挥智慧校园平台功能，推动管理团队能力提升八项专题行动。通过活动开展，各项管理工作达到制度健全，流程完备，标准清晰，执行到位，规范有序，科学高效的预期目标。

【接受省现代化专业群建设视导】 4月14日，江苏省现代化专业群建设评估视导专家组对学校物流管理专业群建设进行现场视导。专家组听取汇报，随机听课，查看实训基地，检查建设材料，访谈专业群负责人，全面了解物流管理专业群建设情况。同

月，省教育厅、财政厅联合发文，认定学校物流管理专业群为省现代化专业群。

【获评省职业学校智慧校园】 6月，学校获评江苏省职业学校智慧校园。省教育厅、省经济和信息化委员会组织专家对学校申报的智慧校园建设方案及相关建设项目进行网络评审、现场答辩和论证，学校被确认为省职业学校智慧校园。

【领办徐州市特需专业】 9月23日，学校通过市“十三五”规划特需专业建设项目申报答辩会，获批领办市特需物联网专业。有23所徐州市本科院校、高职院校等各级各类学校参加徐州市“十三五”规划特需专业建设项目申报答辩会，分别对11个特需专业进行领办申报。学校从专业基础，领办优势，发展规划和领办机制方面向与会专家汇报并接受专家提问，通过答辩获批领办。

【全国职业院校信息化教学大赛获奖】 11月27日，学校参加全国职业院校信息化教学大赛获二等奖。全国职业院校信息化教学大赛在山东济南市举行，大赛包括信息化教学设计、信息化课堂教学、信息化实训教学等赛项，全国各职业院校1586件作品参赛。学校3名教师组成江苏省代表队参赛，经过参赛作品展示，现场回答专家提问，教学理念陈述等比赛环节，获得全国职业院校信息化课堂教学二等奖。

（撰稿：曹　锋　审稿：黄学勇）

江苏省徐州医药高等职业学校（江苏联合职业技术学院徐州医药分院）

校　长　崔福军
党委书记　高　侠
副校长　袁　龙　陈志东　佟光进
党委副书记　刘小强

【概况】 2017年，江苏省徐州医药高等职业学校占地10.3公顷，建筑面积15万平方米，教学行政用房面积近10.22万平方米，实训基地建筑面积3.3万平方米。教学仪器设备总值6911.14万，图书馆藏纸质图书近27.2万册，电子图书45万册。毕业975人，其中，高职782人，中职193人；招生1336人，其中，高职1016人，中专320人。教职工318人，其中专任教师288人。有副教授以上高级职称117人，“双师型”教师198人。共开设9个高职专业，4个中专专业。年内，学校被首批认定为江苏省现代化示范性职业学校，获市创建全国文明城市工作先进单位称号。

【王江等领导调研学校工作】 年内，王江等领导调研学校工作。10月12日，省政府副省长王江一行到学校调研考察，对学校服务医药卫生事业和地方经济发展做出的贡献予以肯定，副市长李燕参加调研。11月30日，省纪委综合派驻纪检组组长吴应年、副组长葛晓末一行5人，到学校调研指导党风廉政建设和反腐败工作。9月7日，省食品药品监督管理局副局长王越到学校调研指导学校建设发展工作，就学校的发展提出具体要求。

【专业和课程建设进展显著】 年内，学校专业和课程建设进展显著。药学专业群被认定为省现代化专业群，制药技术实训基地被认定为省现代化实训基地，药学、药品质量与安全2个专业被评为徐州市品牌特色专业。新增1个五年制高职助产专业，招生53人。组织首批12名护理专业学生及2名教师赴台湾辅英科技大学交流学习。

【校企深度合作】 年内，学校与企业深度融合展开合作。与江苏泰州“中国医药城”签署合作协议书，围绕医药人才培养、校企共建实训基地、药城职工培训、产学研深度融合等方面开展校企深度合作。与江苏大学附属澳洋医院签署护理专业现代学徒制合作试点项目，探索建立校企联合招生、培养和“一体化”育人的长效机制。

【加强师资队伍建设】 年内，学校加强师资队伍建设。新增2名教授、6名副教授、1名副主任护师，增加1名省高校“青蓝工程”培养对象，1个省名师工作室培养对象，1个江苏联合职业技术学院优秀教学团队。加强教师培训，教师全年参加各级各类培训296人次。出台《高层次人才引进与管理办法》《关于鼓励教师攻读博士的规定》，鼓励教师提升教育教学能力，合理规划职业发展。

【学生创业创新大赛取得好成绩】 年内，学校组织学生参加省市创业创新大赛取得好成绩。1名学生获第二届徐州市青少年科技创新市长奖，1名教师被评为优秀辅导员，学校获优秀组织奖。组织学生参加省职业学校创业能力大赛，获高职组二等奖第一名。参加徐州“淮海职教杯”创业实践挑战赛，获创业计划赛高职组一等奖，中职组一等奖，学校获团体优胜奖，2名教师被评为优秀指导老师。

【推进智慧校园建设】 2017年，学校智慧校园建设稳步推进。新建网络中心机房并投入使用，完成统一门户平台和数据交换平台的建设，实现图书管理、网络学习、协同办公、人事管理、学生管理、后勤管理、校园一卡通等系统的统一身份认证和集成对接。协同办公系统上线运行近3个月，性能平稳，能够满足日常办公需要。人事管理、学工管理、后勤管理等系统上线试运行。教务管理和实训管理系统招标完成，正处于合同签署和初期整合开发环节。

【德育工作取得新成绩】 2017年，学校德育工作取得新成绩。学生参加“人文徐州”知识竞赛、“经典徐州”诵读比赛、“印象徐州”征文比赛均获一等奖，参加第五届驻徐高校大学生传承普及徐州历史文化活动月获优秀组织奖，参加江苏联合职业技术学院经典诗文诵读大赛获二等奖。3人获评联院优秀班主任，1人获评优秀学生工作者，1人获评联院资助工作先进个人。学生管理部门获省级机关“青年文明号”称号和第八届江苏省文明风采大赛优秀组织奖。

【承办省市级多项赛事】 2017年，学校承办省市级多项赛事。承办省食品药品监管系统羽毛球比赛，江苏省第八届职业学校学生篮球比赛，徐州市市场监督管理系统乒乓球比赛，淮海经济区机器人大赛大型体育赛事。做好中药传统技能项目省赛、药物制剂压片技术等5个项目市赛的组织承办和服务保障工作。

（撰稿：刘嘉铭　审稿：崔福军）

江苏省徐州财经高等职业技术学校

校长、党委书记　曹华祝
副校长　庄国华　李　利　李国庆
张　威（4月—）

【概况】 2017年，江苏省徐州财经高等职业技术学校占地13.5公顷，建筑面积11.2万平方米。有高性能教学用计算机3150台，馆藏纸质图书29.3万册、电子图书7太字节。全日制在籍学生5742人，完成各类培训近2万人次。学校教职工249人，其中，教授5人，副教授74人，硕士以上学历133人，“双师型”教师124人。全国优秀教师1人，全国职教名师1人，省职教领军人才3人，省“333工程”高层次人才培养对象5人，省级专业带头人9人，省级教学名师10人，市优秀专家1人、拔尖人才5人。设有12个五年制高职专业，10个普通中专专业。会计、电子商务、计算机网络技术专业为省五年制高职教育品牌专业，证券投资与管理、影视动画专业为省五年制高职教育特色专业，会计、会计电算化、会计与审计、计算机应用技术、电子商务专业为省五年制高职示范专业。继续进行省现代职业教育体系建设试点工作，与江苏师范大学联合招生并组建会计、物流管理专业“3+4中本衔接”班。与江苏建筑职业技术学院联合招生并组建网络技术专业“3+3中高衔接”班。学校为省职业教育技能教学研究基地。财会类、信息技术类2个实训基地被确认为省职业教育高水平示范性实训基地。4月，计算机网络技术专业群被直接认定为省现代化专业群。12月，学校获省职业学校创业能力大赛优胜奖、优秀组织奖，获市创建全国文明城市工作先进单位称号。

【通过省现代化示范性职业学校验收】 6月，学校通过省现代化示范性职业学校验收。学校对照建设标准制订方案，完善工作制度，认真组织实施，搭建专题建设网站与验收网站，有效推进学校内涵建设与发展。在创建过程中，先后成功申报现代化专业群、现代学徒制、现代职教体系试点等省级项目，学校现代化建设水平显著提升。

【参加全国、省级大赛成绩突出】 2017年，学校参加全国、省级大赛获奖。1月，在省职业学校技能大赛中，财会类、计算机类代表队获12枚金牌、8枚银牌、10枚铜牌。6月，在全国职业学校技能大赛数字影音后期项目中，获1枚金牌。在省级课堂教学大赛中，获一等奖1个。12月，在省职业学校创业能力大赛中，获创业实践挑战赛毕业生组一等奖1个、学生组一等奖1个。

【承办省职业学校专业技能大赛】 年内，学校承办省职业学校专业技能大赛。1月6—8日，学校承办省职业学校财会专业技能大赛暨第37届珠算技术比赛，省内职业学校342名选手参赛，省教育厅巡视员杨湘宁、省财政厅副厅长赵光、省教育厅职教处处长刘克勇、市教育局局长张德超参加开幕式。6月25—26日，承办省职业学校财经商贸组课堂教学大赛决赛，各职业学校参赛选手共16名，比赛按“封闭备课、同课异构、借班上课”原则，选手采用现场组织教学的方式进行，评审专家从课程总体设计、教学过程、教学效果、教学素养方面进行综合评定。

【举行“苏北财税共享中心”揭牌仪式】 5月25日，学校与上海枫江科技发展有限公司联合举行会计专业现代学徒制高峰论坛暨苏北财税共享中心揭牌仪式。上海枫江科技发展有限公司、立信中联（江苏）会计师事务所有限公司等62家企业领导和代表参加会议，代表们从“苏北财税共享中心”的战略意义、筹备运作情况方面作主题发言，签订《苏北财税共享中心》协议，为“苏北财税共享中心”揭牌。1月，学校会计专业群获省首批职业教育现代学徒制试点立项。

【与韩国全州大学合作办学】 11月29日，学校与韩国全州大学开展合作办学交流。学校与韩国全州大学就学生培养，语言研修，师资互访方面进行交流，在人才培养、师资交流方面达成合作意愿，确定双方合作交流框架及路线图。

【电子商务专业获批市特需专业】 10月，学校获批市“十三五”期间特需专业电子商务专业领办单位。学校电子商务专业申办团队参加市“十三五”期间特需专业建设项目申报答辩会，全市23所各级各类学校分别对11个特需专业进行领办申报。学校申报产教深度融合实训平台建设，进一步促进学校电子商务专业建设，为省级现代商务类专业群申报工作奠定基础。

（撰稿：胡　婷　审稿：曹华祝）

徐州市体育运动学校

校　长　吴南宁
副校长　丁　力　陈　钢　王鹏飞

【概况】 2017年，徐州市体育运动学校文化教学和生活用房建筑面积3.965万平方米。拥有标准田径场1片，标准足球训练场2片，可容纳10个训练项目的综合训练馆1座。图书馆藏书2万余册。全年教育经费投入628.43万元。在校学生892人，其中，中专生358人，初中生426人，小学生108人。招生129人，毕业生127人。毕业生中52人考入各类高校。教职工131人，专任教师23人，其中高级职称8人；专任教练员56人，其中高级教练10人。

【许昕获世乒赛冠军】 年内，学校输送的运动员许昕在世乒赛和瑞典公开赛中获得冠军。6月4日，在杜塞尔多夫世乒赛男双比赛中，中国选手许昕/樊振东4比1战胜日本组合森园政崇/大岛祐哉获得冠军。11月20日，在瑞典公开赛男子单打比赛中，许昕4比1战胜队友樊振东，获得瑞典公开赛男子单打冠军。

【金坤女足亚锦赛取得好成绩】 10月28日，在U-19女足亚锦赛3—4名的比赛中，学校输送的女足运动员金坤成绩突出。在比赛的第54分钟，金坤禁区前沿得球，晃开对手后卫一脚远射，球漏进球门，中国队以3比0胜澳大利亚队获得季军，同时获得2018年U-20女足世界杯的比赛权。金坤2010年进入市体校足球队，2012年进入省队。

【组织党员到革命传统教育基地学习】 12月14—16日，学校组织党员干部到南京大屠杀纪念馆、上海中共一大会址、二大会址和嘉兴南湖革命传统教育基地学习。党员们观看日军残暴罪行的照片、文字资料和“万人坑”遗址。在中国共产党的诞生地嘉兴南湖，党员们走进历史场景，感知党史细节，体悟信仰忠诚。在党旗前，党员们举拳宣誓，重温入党誓词。

【组织“奥运梦，少年强”作文大赛】 11月3日，学校教务科组织“奥运梦，少年强”作文大赛。学校为激发学生的写作热情，以“以人为本”的教育理念和运动员思想为切入点，结合“学、训统一”的教学特点，让学生结合训练及校园生活，写出青少年风采和真情实感。比赛结束，每个年级推选1名一等奖获得者，代表学校参加徐州市中学生写作比赛。

【完成“徐马”辅助裁判工作】 4月9日，在徐州市首次举办的国际马拉松比赛中，学校完成辅助裁判工作。参加马拉松比赛的国内外选手共2万余名。学校110名学生参与比赛的赛道检查辅助裁判工作。学校按照赛事组委会的要求，优选出思想好、素质硬、作风强、纪律优的学生，并组织学生参加赛事组委会的相关培训，冒雨进行实地演练。学生们良好的精神风貌和吃苦耐劳精神受到赛道检查裁判的好评。

【举行建校30周年校庆活动】 12月6日，学校在市奥体中心综合馆举行建校30周年庆祝活动。南京体育学院副院长黄步龙，徐州市副市长李燕，市体育局局长陈钢出席庆典活动。国家体育总局青少年体育司、全国体育运动学校联合会等65家单位发贺信或贺电。学校30年先后为国家培养出闫森、许昕奥运会冠军，培养出杨影、孙晋、李红云、黄海洋、李菲、秦晓庆、程训钊、张艳茹等几十名世界冠军、亚洲冠军和知名运动员，培养出宫鲁鸣、胡卫东等体育明星，为国家队、省运动队、解放军队和各级各类高校输送大批优秀体育后备人才。学校自2005年连续三轮被国家体育总局命名为“国家高水平体育后备人才基地”。2016年，学校被命名为“国家重点高水平体育后备人才基地”，2017年，学校获全国体育事业突出贡献奖。

（撰稿：王姝姝　审稿：丁　力）

江苏省徐州技师学院

党委书记　朱志杰
院　长　唐自强
副书记　胡恒庆
副院长　刘希泉　安德锋　周青生

【概况】 2017年，江苏省徐州技师学院占地32.33公顷，建筑面积24万平方米。有教学楼4栋、综合实训楼3栋、办公楼2栋、学生公寓7栋、学生活动中心1栋、食堂1栋、标准化运动场1片。图书馆藏书近35万册。全年教育经费投入1.28亿元。年内，注册新生5522人（全日制新生3414人），社会培训4891人次。专任教师443人，其中，研究生学历或学位110人，高级职称及以上140人，高级技师111人，技师133人，“双师型”教师234人，专业课教师302人，专业课教师中“双师型”教师占80%以上。

【学校行政主要负责人调整】 7月5日，学校召开干部大会，宣布省委关于学校院长调整的决定。省委决定，唐自强任江苏省徐州技师学院院长，免去沈士德院长职务。省委组织部干部五处副处长沙晰清宣读省委决定，市委组织部副部长朱云燕出席会议并讲话，市委组织部干部四处处长胡廷海出席会议。学校原院长沈士德、院长唐自强分别讲话，党委书记朱志杰主持会议。

【省人社厅朱从明到校视察工作】 7月14日，省人力资源和社会保障厅副厅长朱从明一行到学校视察工作。朱从明等一行9人，在徐州市人力资源和社会保障局副局长、公务员局局长李冬梅的陪同下，到校视察，并召开乡土人才工作座谈会，徐州市国家级、省级非遗项目传承人，各行业乡土人才参加座谈会。

【洽谈“订单班”培养轨道交通人才】 4月19日，合肥城市轨道交通有限公司领导到学校轨道交通学院，交流洽谈“订单班”等合作事宜。双方以该次活动为契机，进一步夯实合作基础，拓宽合作领域，深化合作层次、内涵，实现良性互动，合作共赢，为徐州轨道交通建设事业储备人才打下基础。

【参加市“职教对接周”活动】 5月9日，学校参加在市人力资源服务中心举行的，由徐州市人才工作领导小组办公室、市经济和信息化委员会、市教育局、市人力资源和社会保障局联合举办的“职教对接周”活动，向社会全面展示学校的风采。

【参加首届江苏发展大会】 5月20日，学校参加江苏发展大会组委会在南京举办的首届江苏发展大会。海内外1200多名江苏知名人士参加活动，省委书记、省人大常委会主任李强发表主旨演讲，诺贝尔物理学奖获得者丁肇中，亚洲基础设施投资银行行长金立群，美国国家工程院院士、微软全球执行副总裁沈向洋，联想集团创始人、联想控股董事长柳传志等嘉宾到场。学校教师许鑫的面塑雕刻作品受到大会组委会嘉奖。

【全国技能大赛获奖】 年内，学院师生参加全国技能大赛获奖。4月16日，学校教师唐建成参加国家人力资源和社会保障部、中央电视台主办的“中国大能手”“三维印象”3D打印项目全国总决赛，获得亚军。8月20日，首届金砖国家技能发展与技术创新大赛机电技能大赛在广西机电职业技术学院举行，学校学生焦科军、王宁与全国55所职业院校、74支代表队的288名选手同台竞技，获得“自动化生产线安装与调试”赛项三等奖。

【开展国际联合教研活动】 2017年，学校开展与德国IB西部教育集团等联合教研活动。深化与德国IB西部教育集团合作办学项目，汽车维修、电气自动化设备安装与维修两个专业实现第二年连续招生。4月下旬，德国IB公司专家到校授课，全校100多名专业带头人，省、市、校级骨干教师参加观摩听课活动，电气工程学院和汽车工程学院6名教师分别开设专业公开课，与德国专家进行现场交流互动，IB公司奥兰多女士以《德国职业教育理念》为题作学术报告。5—6月，两名德国教师分别在电气工程学院和汽车工程学院上课。11月，德国教师在汽车工程学院授课交流，专兼职教师轮流听课观摩。5月，与上海上朴教育、德国IB共同设立中德师资培训徐州基地，为学校中德合作项目提供师资培训。

【与外国同类院校实现师生游学互访】 2017年，学院与外国同类院校实现师生游学互访。3月，与波兰克拉科夫通讯技术学校、克拉科夫第一美食学校就机电一体化专业和烹饪专业达成合作办学协议。9月，学院商贸旅游学院和电气工程学院25名师生分赴波兰克拉科夫第一美食学校和克拉科夫通讯技术学校参加夏令营活动。10月，波兰克拉科夫第一美食学校和克拉科夫通讯技术学校29名师生到学校开展学习交流。

【搭建中外文化交流合作平台】 年内，学院搭建中外文化交流合作平台。4月，澳大利亚昆士兰州校长团一行9人，到学校商贸旅游学院“中国文化实践基地”考察，为学校的国际交流合作搭建平台。5月底，学校商贸旅游学院教授朱诚心应邀走进联合国，推广彭祖美食文化，得到联合国秘书长、高级官员和美国总统高级顾问等嘉宾的高度评价。

【举办学生职业体验日活动】 7月1日，徐州市人力资源和社会保障局与学校联合举办徐州市第4届学生体验日暨江苏省徐州技师学院第7届校园开放日。徐州电视台、徐州报业集团对开放日各项活动进行全程报道。活动围绕“弘扬工匠精神成就职业梦想”主题，向社会全面开放高技能人才实训基地。开幕式现场举行“我与技能大师面对面”活动，10名技能大师工作室领办人、省技能状元、技术能手与学生进行面对面交流。

（撰稿：樊 凡 审稿：王卉娟）

江苏安全技术职业学院

党委书记 贾 涛
院 长 徐建春
党委副书记 孙健身
副院长 吴如根 任国兴
纪委书记 成伯君
党委委员 薛 莲 邓守林

【概况】 江苏安全技术职业学院是华东地区唯一一所以培养安全专业人才为主的公办全日制综合性高等职业学院，建有徐州云龙校区、贾汪校区。2017年，学院占地33公顷，总建筑面积21.5万平方米。图书馆藏书39.1万册。全日制在籍学生8869

人,完成各类培训6250人次。毕业2150人;招生3652人,其中新疆籍学生99人。教职工460人,其中专任教师346人。副高级及以上职称89人。3月,学院被评为市2017年春运志愿者优秀组织单位。5月,学院团委被团市委授予五四红旗团委称号,学院成为中国职业技术教育学会会员单位。6月,学院获市无偿献血优秀组织单位称号,获得《百度信誉》2017资质认证,获市2017年暑期社会实践先进单位称号。9月,学院被江苏联合职业技术学院评为资助工作先进单位。12月,学院获市创建全国文明城市工作先进单位称号。刘麟获评嘉奖,黄清站被评为先进个人。

【与泰国博仁大学签署联合办学协议】 1月9日,学院与泰国博仁大学签署联合办学协议。泰国博仁大学中国—东盟国际学院副院长李文甲一行3人到学院洽谈联合办学合作项目,院长徐建春、副院长任国兴接待博仁大学代表团,双方就中泰两国学历资格评定、学分认定和两校对接合作方式进行交流和探讨,就师资互派培训达成共识。

【学生志愿者为“徐马”维持交通秩序】 4月9日,学院大学生志愿者协助公安交警维持2017徐州国际马拉松赛程线路交通秩序。早上5时,150名志愿者就到马拉松赛程线路上,在40多公里的跑道上协助公安交警维持交通秩序。

【周铁根关注学院“智能语音机器人”】 5月3—4日,在团市委主办的2017徐州青年创新创业项目对接会上,学院“智能语音机器人”受到市长周铁根的关注。“智能语音机器人”利用云服务技术,不仅可以实现智能对话,还能完成一定的动作演示、按指令运动行走,并且能够与人进行简单问答交流,通过眼球变化表达喜怒哀乐。

【学院聘任名誉院长】 7月14日,学院举行名誉院长聘任仪式。加拿大皇家科学院院士、工程院院士、滑铁卢大学教授杨恩辉,加拿大皇家科学院院士、艾伯塔大学荣誉教授王家璜受聘为学院名誉院长,党委书记贾涛为两位院士颁发聘书,院长徐建春致欢迎辞,市委宣传部副部长王雪春为“杨恩辉院士信息安全技术研究室”揭牌。

【团省委领导调研共青团工作】 9月12日,团省委中少部副调研员徐美华、省人社厅职业能力建设处主任郭毅一行,到学院调研指导共青团工作。学院党委书记贾涛,团市委、市人社局相关领导接待。调研组领导视察学院团员成长室,观看迎新文艺会演,参观实践教学场所,听取学院共青团工作汇报,对学院共青团工作给予肯定。

【省高校检查组到学院检查工作】 9月19日,省高校后勤安全管理第16检查组一行9人,到学院检查后勤安全工作。专家们对学院学生餐厅、学生公寓、医务室、配电室、超市进行检查,查阅学院后勤安全管理工作台账,听取后勤安全工作汇报,对学院后勤安全工作给予肯定。

【获批5个三年制高职新专业】 年内,学院获省教育厅批5个三年制高职新专业。机电一体化技术、城市轨道交通运营、工程安全评价与监理、云计算技术与应用、幼儿发展与健康管理5个三年制高职专业,获得省教育厅批准,并通过教育部备案。学院三年制高职专业达到16个。

【优化师资队伍】 2017年,学院优化师资队伍。公开招聘编制内硕士研究生及以上教师35人,引进博士1人、副教授2人,晋升教授1人、副教授8人,选送教师参加出国培训5人,教师参加省级培训35人。

【宣传落实十九大精神】 2017年,学院开展宣传落实十九大精神系列活动。举办“喜迎十九大践行‘两学一做’”党建知识竞赛;组织全院党员干部师生观看十九大开幕式;召开党委中心组(扩大)会议专题学习十九大报告精神;开展“习近平新时代中国特色社会主义思想”学习交流研讨会;制订学院学习宣传贯彻十九大精神工作方案,下发任务分解清单,落实学习要求;举办学院领导干部培训和党支部书记培训班,组织全院中层以上干部到淮安瞻仰周恩来纪念馆,重温入党誓词;成立十九大精神宣讲团,党委书记带头宣讲;举办“学习十九大精神 不忘初心牢记使命”歌咏比赛。

(撰稿:郝允龙　审稿:徐建春)

中煤职业技术学院（江苏煤电技师学院）

院　长　靖大同
书　记　魏茂坤
副院长　李成银　王平炎　徐树君　张一璞
副书记、纪委书记、工会主席　刘　琴

【概况】　2017年，中煤职业技术学院在校生为659人，外部培训2554人次，内部培训41738次。其中，职业技能鉴定2795人次，创业培训896人次。在岗教职工304人，其中237人具有教师职称，高级职称74人。拥有电、钳、机电一体化和煤矿通风、安全系统仿真实验室等40多个实训车间、实验教室和12个实训操作基地，1个标准化拓展训练基地等，所有教室均配备标准电化教学设备。学院通过各类上级检查评估，被评为全国职工教育培训示范点、大屯公司文明单位，杨古荣大师工作室获上海市技师创新工作室称号。

【省“世界青年技能日”活动在学院举办】　7月15日，江苏省2017年“世界青年技能日”宣传活动在学院举办。活动由江苏省人力资源和社会保障厅主办，徐州市人力资源和社会保障局、沛县人民政府承办，活动主题为“新青年、新技能、新梦想”，旨在把培养造就青年技能人才队伍作为促进就业结构优化，实现经济转型升级的重点工作。江苏省人力资源和社会保障厅副厅长朱从明，徐州市人力资源和社会保障局局长翟彩霞，大屯公司总经理包正明，十九大代表、中华技能大奖获得者、技能大师邓建军，沛县人民政府副县长王小明出席活动。

【举办预备技师班】　2017年，学院举办在职职工预备技师班。预备技师班在大屯公司试点，共招收3个工种81人，其中，维修电工18人，巷道掘砌工13人，矿山机电工51人。技师班为学员制订技师人才培养方案、教学大纲、教学计划，在师资选聘、课程安排等方面精心安排，培训方式充分吸收新型学徒制的培训理念，并辅以网络学习和“一体化”集中教学，学时2年，通过考核的学员颁发毕业证书和资格证书。

【全国职业技能大赛获佳绩】　6月13日，学院选手参加在重庆举办的全国职业院校技能大赛暨第五届全国煤炭职业院校技能大赛取得好成绩。全国有40所煤炭院校的346名选手参加比赛。学院16名选手参加6个赛项的比赛，获个人一等奖3个、二等奖2个、三等奖8个，获中职组团体二等奖、高职组团体三等奖，3名指导教师被评为优秀指导教师。该比赛首次增设教育部主办的瓦斯检查、综采电气高职组国赛项目。

【教科研工作取得新成绩】　2017年，学院教科研工作取得新成绩。参与国家煤矿安监局题库、教材编审，承担煤炭行业岗位标准编写、中煤考试中心信息化课题，开发矿井维修电工实操题库、煤矿一般从业人员培训大纲，为中天合创公司开发《采煤机司机》《掘锚机司机》《综采维修工》《液压支架工》《主提升机操作工》《防爆无轨胶轮车司机》教材，实施《煤矿安全培训合格证信息管理及终端查询系统研制》项目，《实训平台组态功能的研发》《在线培训考核系统的研发》、QC项目分获煤炭行业、江苏省一等奖。

（撰稿：张晓菲　审稿：邵学庆）

徐州机电技师学院（徐州机电工程学校）

院　长　章结来
党委书记　钟　诚
纪委书记　苍中洪
副院长　刘运举　倪罗平

【概况】　2017年，徐州机电技师学院暨徐州机电工程学校占地10公顷。在校学生4789人，教职工194人，研究生学历（学位）教师40人，高级以上职称教师36人，“双师型”教师77人。重点建设加工制造、信息技术、交通运输、资源环境、财经五大类专业，常年开设机电一体化、电气运行与控制、计算机及应用（图像处理、网络、动漫）、建筑测量、数控加工、汽车维修、财会、幼儿教育、铁路客运服务、城市轨道交通等20多个专业。有省级特色专业1个，省级

重点专业11个，省级示范专业3个，省级精品课程9个，省级实训基地5个，省级高技能人才培训基地1个，市级示范专业8个，品牌专业4个，特色专业2个，重点专业、高水平示范性实训基地各1个。学院为江苏省四星级中等职业学校、江苏省高水平示范性职业学校。学院获江苏省文明单位、徐州市文明单位标兵、徐州市优秀人才培养单位、江苏省煤矿安全培训先进单位称号。

【办学、教学质量内涵提升】 2017年，学院办学、教学质量内涵提升。学院被认定为国家级高技能人才培养基地建设单位，获中央财政项目建设资助500万元。新增物联网应用技术五年制、工程测量3+3、建筑工程管理等7个复合型专业；全面实施教学质量提升工程，完善学术管理机构，有5项江苏省职教学会课题通过论证，立项省市级课题5项，立项并结题学院课题11项。有19篇论文在徐州市“职教杯”论文评选中获奖。完成“装配钳工”职业培训开发包（指南包与课程包）模块终审。

【参加各级技能大赛获奖】 2017年，学院师生参加各级技能大赛获奖。在江苏省职业学校技能大赛中获2枚金牌、4枚银牌、8枚铜牌，市赛获一等奖15个，二等奖21个，三等奖19个。参加省市级信息化比赛、教学比赛、微课比赛，获奖67个。参加全国文明风采大赛系列活动获国赛一等奖1个、三等奖2个、优秀奖1个，参加省赛获奖33个。学院获第13届全国中等职业学校文明风采竞赛优秀组织奖。

【与开发区企业签订战略合作协议】 10月，学院与开发区企业签订战略合作协议。召开专门面向开发区企业的校企合作洽谈会，与区内3家企业签订校企发展战略合作协议，与6家企业签订校企合作定向班协议，首批600余名2015级学生被提前“抢订”，为校企双方继续合作打下坚实基础。

【校报获全国金奖】 年内，学院校报获全国金奖。《徐州机电校报》获全国优秀校报校刊评选综合项目金奖，学院获全国优秀学校报刊建设特别奖。

【校园文化彰显品牌魅力】 2017年，学院校园文化彰显品牌魅力。成立学院礼仪队、女子国旗班，组建艺术团。开展“一节三月两会”品牌活动，先后举办“书香校园，文明机电”读书月活动，“‘雷’厉如锋，从善如流”雷锋月活动，“喜迎十九大，共筑机电梦”第11届校园文化艺术节和第33届田径运动会等系列文体活动。

（撰稿：姜盛如　审稿：章结来）

徐州工程机械技师学院

院长、党总支书记 冯跃虹
副院长 苏　源
党总支副书记 牛　杰
院长助理 刘邦才

【概况】 2017年，徐州工程机械技师学院占地13.5公顷，建筑面积5.3万平方米。在校学生1637人。设有数控加工技术、焊接加工技术、工程机械装配与调试技术、工程机械机电技术4大培训基地，涵盖工程机械制造全工艺流程；建有发动机系统装调维修等校企合作一体化教学工作站，工程机械电气系统装调等45个“一体化”实训区，三坐标精密测量等28个开放式实验室及集合图书借阅和电子阅览功能的“一站式”图书馆。学院致力于培养与世界级徐工相适应的知识型、技能型、创新型高素质技能人才，开设物联网应用技术、焊接机器人编程与应用、工程机械技术服务与营销（海外服务方向）等5大类11个专业。学院教职工95人，其中40%为企业技术专家、工艺师，全国技术能手4人，省技术能手19人，省专业带头人11人，“一体化”教师占专业教师85%以上。年内，学院成为国家“一体化”师资培训基地，获批“江苏省工程机械机电控制（智能物联技术方向）校企实训中心”“江苏省重型车辆维修高技能人才专项公共实训基地”等4个建设项目。

【贯彻学习习近平到徐工考察重要指示精神】 12月12日，中共中央总书记习近平考察徐工集团，听取集团公司领导的汇报并发表重要讲话。学院3名员工现场参与。学院按照集团党委统一部署，通过多种形式贯彻落实习近平调研徐工的重要指示精神，切实将师生的思想和行动统一到习近平的重要指示精神上，持续助力徐工建设世界一流企业，实现珠峰登顶战略目标。

【在人社部平台分享徐工办学经验】 3月15日，学院在人力资源和社会保障部平台分享徐工特色企业办学经验。学院作为国有企业办学全国先进学校，在人社部技工教育"十三五"规划部署会上以《企校一体产教融合聚力打造全国一流企业办技工院校》为题，分享徐工特色企业办学经验。

【校企联办徐工—中水蓝海精英班】 5月9日，学院与中国水利水电第十一工程局技校联合开办徐工—中水蓝海精英班。精英班培养具备机电液、跨产品的服务能力和较熟练英语表达能力、能够从事海外工程机械技术融通服务的高技能人才。34名中水十一局技校学生在学院接受13个月的定制培养。

【省人社厅朱从明到校调研】 5月17日，省人社厅副厅长朱从明到校调研。朱从明了解学院高技能人才培养工作，听取技工教育及技工院校建设的意见和建议。徐州市人社局及集团公司相关领导陪同调研。朱从明一行参观学院国际培训中心，询问学院办学情况，肯定学校企校一体、产教融合，走出一条特色鲜明的企业办学、技工院校办学之路。

【启动国际焊工培训认证基地建设项目】 5月，学院启动国际焊工培训认证基地建设项目。学院与哈尔滨焊培中心签订培养协议，启动国际焊工培训认证基地建设工作。年内，开办2期国际焊工培训班，21名企业焊接精英通过国际焊工资格认证。

【2名教师获"江苏工匠"称号】 12月7日，学校教师蒋炜、赵荣幸获首届江苏技能大奖——"江苏工匠"称号。学院为全省唯一一家有2人入选的技工院校，也是入选单位中唯一一家企业办学校。年内，蒋炜获评"感动江苏教育人物——2017最美职教教师"提名奖，赵荣幸获评2017年徐州市职业教育"出彩职教人"。

【承办国家级师资培训】 12月19日，学院承办全国技工院校工程机械运用与维修专业"一体化"师资培训班。培训班为全国12个省20所技工院校30名骨干教师提供徐工特色培训。年内，学院作为国家"一体化"课程教学改革试点工程机械运用与维修专业牵头院校，开发完成《国家技能人才培养标准编制指南》《一体化课程规范技术规程》并通过终审。

【学生参加国家、省市技能竞赛获奖】 年内，学院选派学生参加国家、省、市各类技能竞赛获奖。1人参加第44届世界技能大赛"重型车辆维修项目"集训，获全国第四名；2人在学院技能辅导团队指导下分获第13届"振兴杯"全国青年职业技能大赛模具工项目第四、五名；学生在省第6届"南通航院杯"船舶行业电焊工技能大赛两项赛事中获7项第一。

【教科研取得成果】 2017年，学院教师教科研取得成果。教师在各类国家、省级教研成果评比中有80人次获奖。其中，2人在国家微课比赛中获奖，78人次在省级教研成果评比中获奖；18篇论文在省级以上期刊发表；10本国家级规划教材出版，并在全国技工院校推广应用；8项校本课题通过评审并结题；1个专业被评为省重点专业。

【创新培训内容与模式】 2017年，学院精准对接企业需求，创新培训内容及模式，开展多维度培训。省首批新型学徒制培训结束，培养68名工程机械技术服务人才和20名汽车技术服务与营销人才，形成14个《企业训练课程标准》。与企业合作实施"一师双证"双优技术人才培训，75名新入职大学生通过鉴定。后市场服务人才培养，为徐工大客户开办8类工程机械操作工培训班，培养106名操机手。探索"军地两用人才"培养模式，为徐州工程兵学院培养45名汽车维修工和维修电工。

【"我行"教育凸显新成效】 2017年，学院搭建各类学生"我行"教育平台凸显新成效。1100多人参与各类"我行"教育平台展示，学生综合展示率比2016年提高13%。其中，五项教育教学品牌活动由学生团队自主竞标承办，学生参与率100%。1人获人社部"技能雏鹰"奖学金，1人获评江苏省十佳"最美春蕾之星"，3个班级获省市"三创"先进班集体称号，6人获省市"三创"优秀学生干部、优秀学生称号，15人获市技工院校优秀学生称号。

（撰稿：王重阳　审稿：冯跃虹）

徐州电力高级技工学校（徐州电力工业学校）

校　长　高武军
书　记　金英儒
常务副校长　信　超
教务长　陶　林
总务长　杨启程

【概况】　2017年，学校占地15公顷，建筑面积4.8万平方米。有专业实训室12个，配有基本的实验实训设施；学校仿真中心有137.5兆瓦、220兆瓦、300兆瓦仿真机组，100兆瓦循环流化床仿真机，600兆瓦超临界、1000兆瓦超超临界仿真机组。图书馆藏书8万余册。全年教育培训经费投入160万元。根据主管单位神华国华电力公司要求，学校的主要任务是为企业提供职工培训鉴定服务。年内，完成5839人次培训鉴定任务，其中，培训3704人次，技能鉴定1554人次，技能大赛考评581人次。教职工71人，其中专任教师61人。高级职称30人，中级职称26人，国家级仿真培训专家1人，中央企业技术能手1人。

【学校升格管理】　4月26日，国华电力公司下发《关于明确神华国华徐电培训中心管理模式的通知》，明确学校的管理模式和业务定位。学校升格为国华电力公司直管单位（正处级），在国华电力公司授权范围内从事培训教学与人才评价工作，接受公司人力资源部管理，实行校长负责制。业务上主要开展生产技术技能人员培训与评价，包括安全生产知识、技能培训教学、职业技能鉴定、职工技能大赛、管理培训等。学校根据公司要求，完成机构设置、干部聘任和教职工岗位配置工作。

【举办“铜钥匙”技能大赛】　7月16—19日，学校举办国华电力公司2017年“铜钥匙”工程电力专业技能大赛。大赛设置14个项目，其中，生产类12个，分别为集控运行、辅控运行、燃料运行、汽机检修、锅炉检修、电气一次检修、电气二次维修、热工维修、化学检修、灰硫检修、燃料检修、综合检修；管理类2个，分别为经营物资、行政党群。共有480名选手参赛，其中，生产类470名，管理类10名。生产类选手的比赛形式是制作“铜钥匙”，管理类选手的比赛形式是专业答辩和TED演讲。该次大赛是国华电力公司历史上最大规模的一次专业技能大赛，旨在比武练兵，培育工匠精神。

【举办高校毕业生入职培训】　7月23—31日、11月27日—12月6日，学校分别举办国华电力公司、国华能源投资公司2017年高校毕业生入职培训班。国华电力公司、国华能源投资公司181名新入职高校毕业生参加培训。入职培训旨在帮助和促进高校毕业生融入公司，培养和树立正确的职业理想、职业操守和价值观念，增强责任担当，助力成长成才。培训内容为军训、户外体验、企业文化、人力资源、安全教育、战略发展、高效沟通、七个习惯、职场礼仪、实践课堂、对话成长。

【组织神华集团高级技师技能鉴定】　8月下旬—9月下旬，学校组织神华集团高级技师技能鉴定。根据神华集团职业技能鉴定指导中心部署，组织实施神华集团电力板块2017年度高级技师、技师鉴定理论考试和实操技能答辩。94人参加高级技师鉴定，366人参加技师鉴定，共鉴定高级技师、技师460人。鉴定考核工种包括继电保护工，热工自动装置检修工，锅炉本体检修工，集控值班员等31个工种。

【举办非生产专业人员培训】　10月13日，学校举办国华电力公司2015、2016年度入职生产岗位非生产专业毕业生培训班。培训班旨在帮助公司两年内入职生产岗位的非生产专业高校毕业生掌握必要的电力生产知识技能，为胜任岗位需求奠定专业基础。培训采用集中脱产的方式进行。培训内容为专业理论教学、实操基本技能、专业实操训练、综合能力提升，共安排29门课程，1074课时。培训授课任务由国华公司专家、学校教师和外聘培训专家共同承担。国华电力14家单位31名学员参加培训，培训班为期6个月。

【完成培训教材编写出版】　9—12月，学校完成培训系列教材的编写与出版。完成《1000MW超超临界机组仿真培训教程》《锅炉设备检修》《钳工技能培训》3本教材的编写与出版。教材编写以实用为原则，结合企业员工技能提升的实际需求，做到理论与实践紧密结合，突出技能培训特点。

（撰稿：刘庆云　审稿：高武军）

徐州高等师范学校

党委书记、校长　曾宪安
党委副书记、副校长　倪正华
党委委员、副校长　张茂杰　张逢成
党委委员、校长助理、工会主席　蒋　铭
党委委员、校长助理、组宣处处长　苗苏莉
党委委员、校长助理、学工处处长　张　勇

【概况】　2017年，学校占地9.3公顷，建筑面积6.6万平方米。馆藏图书10.97万册。在校生1888人，52个教学班，毕业564人，招生307人。均为五年制初中起点专科生，包含师范类小学教育（文、理）、学前教育、英语教育、音乐教育、美术教育等专业。教职工210人，其中专任教师188人，高级教师80人，特级教师3人，硕士学位130人，省“333”工程培养对象4人，省市名优骨干教师44人，市“青年良师”2人。学校承办徐州市第五届驻徐高校大学生传承普及徐州历史文化活动月——“经典徐州·诵读比赛”，并获一等奖；学校被省联院评为教科研先进集体，2017年度徐州市“十佳书香集体”；学校代表市委教育工委参加徐州市“三清杯”党章党规党纪知识竞赛获三等奖；微电影《晴空下的秘密》获全国智慧校园影视教育应用研讨会暨第14届全国中小学校园影视评选一等奖；《共和国之恋》获省第五届大学生艺术展演活动朗诵展演甲组二等奖。

【党建工作扎实有力】　2017年，学校党建工作扎实有力。8月9日，市委组织部领导到校宣布党委书记曾宪安兼任校长。9月27日，召开学校党员大会，听取和审议学校党委工作报告，选举产生曾宪安、倪正华、张茂杰、张逢成、蒋铭、苗苏莉、张勇7名新一届党委委员，同时，选举倪正华为学校纪委书记，蒋铭、阎怀中、姜南、杨平为纪律检查委员会委员。党委注重加强意识形态工作，规范“三会一课”，开展专题党课，举行庆七一表彰会，开展红色教育，推进“两学一做”学习教育常态化制度化。50余名党员到徐州高新区28家企业开展“百千万”走访帮扶活动，梳理7大类90个问题。印发《“三重一大”决策制度实施办法》，出台《关于进一步加强学校基层党支部建设的意见》《学校网络宣传安全突发事件应急预案》，加强新形势下网络思想阵地的建设和安全综合治理。

【教师获奖情况】　2017年，学校教师参加全国、省、市级大赛获奖。5人在全国高师小教工委第二届微课大赛中获奖。刘娟、于庆分获省联院微课大赛数学学科比赛一、二等奖。孔繁晶、臧楠楠在市区级优质课比赛中获一等奖，苗乔乔等6人分获二、三等奖。孙俊丽等21人在市“领航杯”信息技术作品比赛中获奖。

【“专升本”录取率提高】　2017年，学校学生参加“专升本”考试录取率提高。157名学生通过“专升本”考试，进入南京晓庄学院攻读本科，录取率比2016年高出1.3个百分点，张子一、杜琼琼分获语文单科全省第一、二名。

【学生获奖情况】　年内，学校学生多人获全国、省、市级奖项。24人在全国初教系统师范生数学教学能力大赛中获奖，其中7人获一等奖；39人在全国高师小教工委第二届微课大赛中获奖，其中9人获一等奖。6人分别被评为省三好学生、省联院三好学生、优秀学生干部、市“励志之星”。

【招生、就业工作顺利】　2017年，学校招生、就业工作顺利。招收学前教育、音乐教育、美术教育专业307人，录取率97%。召开2018届毕业生就业洽谈会，甄选65家优质用人单位到校参展，提供岗位536个，毕业就业率96%。组织非学历考试7项，693名在校生取得各级各类证书。

【主办或承办各类培训】　年内，学校主办或承办各类培训。学校完成徐州市乡村小学体育、音乐兼职教师等6项省级培训，徐州市名优教师后备人员等4项市级培训，信息技术能力提升工程全员培训，总计培训教师40128人。

【更新教学设备】 2017年，学校更新教学设备，改善学习环境。新增资产72万元，33口教室安装触控一体机，更新学校网站，新添视频展台1套、电脑5台、打印机7台、心理软件1套、图书2669册、课桌凳400套，为学生教室安装空调50台。

【发放奖助学金】 2017年，学校发放国家和学校奖助学金。发放国家奖助学金65.88万元，计375人；发放学校奖助学金46.525万元，计2771人。

（撰稿：伏建彬　审稿：曾宪安）

运河高等师范学校

党委书记、校长　卢振球
副校长　毛国良　丁彦华

【概况】 2017年，运河高等师范学校占地12.07公顷，建筑面积7.2万平方米。有39个教学班，毕业生476人，在校生1632人。有教职工171人，其中146名专兼任教师，正教授1人，副教授49人，高级讲师18人。与江苏师范大学和晓庄学院联合办高等教育函授专业，在籍本专科函授学员400多人。

【开展"两个主题"教育活动】 2017年，学校坚持开展"两个主题"教育活动，收效明显。累计开展9个系列"月主题"教育活动，各项大小活动近70（场）次；统一召开"主题班会"课44节，开讲8场次"道德讲堂"，收效明显。学校以"两个主题"教育活动为抓手，推进爱国主义教育、养成教育、责任教育、传统文化教育，引导学生学会感恩，懂法守法。

【提升教师教学技能】 2017年，学校注重提升教师教学技能。构建"扎实有效·自主探究·愉悦发展"的课堂教学生态。开设校系两级示范课、观摩课、公开课134节，参与人数和专业实现100%全覆盖，选派约20名教师外出参加课堂教学比武活动，提升教师教学技能。

【本科升学率提高】 6月，学校学生参加江苏省本科院校升学考试，升学率提高。206人升入本科院校，其中，全省美术专业本科生招生70人，学校20人考入；全省音乐专业招生80人，学校16人考入。

【省基本功大赛获奖】 11月，学校学生参加江苏省第六届师范生基本功大赛获奖。参赛学生获一等奖1个、二等奖3个、三等奖5个，学校获优秀组织奖。

【学生资助工作成效显著】 2017年，学校学生资助工作成效显著。继续开设学生生活绿色通道，累计发放各类资助金202.38万元，确保学生健康成长。

【学生社团活动丰富多彩】 2017年，学校学生社团活动丰富多彩。书法协会、麦田话剧社、北岸文学社、绿野环保社等27个社团相继开展丰富多彩的活动，促进学生个性特长发展。举办基本功训练项目23项、学术讲座31次，组织学科知识竞赛28次，开设选修课6门。

【市经典诵读大赛获奖】 5月，学校参加市经典诵读大赛获奖。参加徐州市2017"传承有我诵读经典"大赛的选手有近1万人，学校参赛选手获2个个人组一等奖，1个最佳人气奖，1个团体组二等奖，学校获优秀团体奖。

【扎实开展党建工作】 2—6月，学校党委扎实开展党建工作。以深化"两学一做"学习教育常态化、制度化为重点，做好"百千万"大走访工作。全校党员干部走访贫困户124户、268人，切实帮助困难群众解决实际问题。组织全体党员干部赴淮安开展重温入党誓词活动。

（撰稿：汤　秋　审稿：卢振球）

徐州老年大学

校　长　陈美行
常务副校长　唐朝双
副校长　葛维琴　杜文生　朱广卫

【概况】 2017年，徐州老年大学占地0.33公顷，建筑面积6100平方米。有工作人员37人，教师96人。学校设置办公室、教务处、研究室、总务处，在教务处下设7个系，45个专业，78门课程，185个教学班，在校学员9059人次。2017年，学校被中国老年大学协会授予全国示范老年大学称号，被中华诗词协会授予全国诗教先进单位称号，被省老年大学协会授予江苏省老年教育教材建设先进单位称号。3月9日，学校被中国老年大学协会批准成为中国老年大学协会全国老年教育理论研究基地成员单位。

【校艺术团赴香港参赛获奖】 5月11日，学校葫芦丝艺术团参加香港紫荆卫视在深圳主办的庆祝香港回归20周年专题节目特邀演播选拔赛获奖。艺术团的2个节目经徐州赛区选拔后参加决赛，《雪莲花开》获一等奖，《草原美》获二等奖。

【校舞蹈队全国大赛获奖】 9月4日，学校民族舞蹈队赴京参加在北京民族文化宫举办的全国全民健康盛典大赛获奖。参赛节目《春回大地》获大赛最佳表演奖。中央电视台四套中文国际频道对该场节目直播并向全球播放。

【校考察团赴俄罗斯考察交流】 8月，应俄罗斯圣彼得堡华人妇女联合会和圣彼得堡唐人集团邀请，学校组织部分学员赴俄罗斯考察交流。8月28日，圣彼得堡华人妇女联合会和唐人集团在新建的唐人饭店礼堂举办欢迎晚宴和联欢晚会，学校学员表演42式太极剑、京舞《梨花颂》、京剧《智斗》、摩登舞、舞韵瑜伽及俄罗斯歌曲《小路》《喀秋莎》等节目。圣彼得堡舞蹈学校师生跳探戈舞，俄罗斯华人妇女联合会副会长女高音独唱《亲吻祖国》，表达旅居华人对祖国眷恋的感情。圣彼得堡舞蹈学校师生与徐州老年大学的学员进行交流，希望建立校际交流合作关系。

【凤凰卫视采访组到访】 9月4日，凤凰卫视采访组到访学校。采访组对学校被评为全国老年大学示范学校进行全面采访，探索徐州老年大学成长的历程。校长陈美行及两名师生代表接受采访。陈美行从学校发展状况、专业设置及办学特色、师资建设、校园文化、对外交往、教学规划方面，全面介绍徐州老年大学办学成果。该节目在凤凰卫视播出。

【学校获香港"紫荆杯"多个奖项】 11月27日，由香港紫荆卫视主办的"最炫舞林风"入围展演在深圳市举行。学校选送7个节目参加比赛，其中，舞蹈《贵州放歌》、主持朗诵班的《青春中国》获银牌，口琴《拉斯夫进行曲》获铜牌，摩登舞队的集体舞、校合唱团的男女生独唱和男生小合唱分别获最佳风采奖、最佳传承奖和最佳编排奖。

【中国老年大学协会领导到校指导工作】 11月12日，中国老年大学协会学术委员会主任陆剑杰等领导到学校指导工作。陆剑杰肯定徐州老年大学历年对老年教育事业做的贡献，就江苏省北片区老年大学研究课题"江苏省老年教育现代化的环境分析和路径选择"论文撰写、进展情况进行指导。

【第五届学校文化节闭幕】 10月中旬，学校第五届文化节经过近半个月的巡回展演闭幕。文化节规模大，阵容强，近2000人分4个专场进行展演，校艺术团的民舞队、健舞队、拉丁舞队、摩登队、模特队、合唱队、管乐队、葫芦丝队8个活动群体，在72个校外活动站展示艺术才艺。校长陈美行向2017年获全国、省市文体大奖的艺术团体及学员颁奖。

（撰　稿：王　勇　审稿：陈美行）

徐州第二老年大学

校　长　郭希忠
副校长　刘雅刚　杨素贞

【概况】 2017年，徐州第二老年大学建筑面积2920平方米。在职教师42人，管理人员18人。有教室11口，办公室9间。学校设立办公室、教务处、科研宣传处、总务处、艺术团5个中层单位。设立12个学科，26个专业，86个教学班（队）。在校学员5025人次，毕业学员1045人，新招学员2899人。学校在2017年徐州市"老有所为"先进典型团体推选活动中，获"老有所为"先进团体称号。

【办学规模扩大30%以上】 2017年，学校办学规模扩大30%以上。学校贯彻国务院办公厅颁发的《老年教育发展规划（2016—2020年）》精神，市委、市政府重视老年大学的建设和发展，拨出专项资金解决实际问题。学校建筑面积增加770平方米，新增教室4口、办公室6间、桌椅400余套，新建直达六楼的电梯1部，配备大屏电视、投影仪等教学设备12件，添置空调及热水器等20余件，铺设活动场所300平方米。

【开展十九大主题系列活动】 2017年，学校开展以党的十九大召开为主题的系列活动。十九大召开前，开展喜迎十九大系列活动。主题为歌颂党的十八大五年的成就，创造优异成绩向党的十九大献礼。十九大召开后，学校印发学习贯彻十九大精神的文件，提出具体措施要求，科研宣传处编写3份宣讲十九大精神的提纲，由班主任在上专业课前向学员宣讲，深受学员欢迎。利用多种平台和途径，采取多种形式开展宣传教育活动，征集有关诗词、书画、摄影、剪纸作品，举办多场十九大专题展览和文艺演出。

【教科研取得新成绩】 2017年，学校在教科研方面取得新成绩。科研处在《老年大学》杂志发表论文2篇，诗词研究班出版2期《宣武诗讯》发行100册，绘画班出版《李志高师生国画作品选》《刘嵩山师生作品选》，书法、绘画专业在国家级报刊发表作品30多件，在省市报刊发表作品90多件，舞蹈、戏剧、声乐专业参加省市多次演出获得多个奖项。

（撰稿：王传良　审稿：郭希忠）

徐州市青少年宫

主　任　钟　玲
党支部书记　于桂芬
副主任　史　胜　刘　羽

【概况】 2017年，徐州市青少年宫占地1.4公顷，活动大楼面积6954平方米。有教职工45人，其中，高级教师6人，中级教师17人。徐州市青少年宫以引领未成年人健康成长为工作主线，深入开展社会主义核心价值观教育，把握青少年宫的公益服务属性，坚持思想性、先进性、自主性，以务实创新的精神，开展以“深耕传统文化、厚培当代价值”为主题的系列公益活动，打造志愿服务品牌。

【确保志愿服务常态化】 2017年，市青少年宫完善志愿服务体系，确保志愿服务常态化。以“我志愿、我快乐；我志愿、我光荣；我志愿、我先行”为主题对志愿者服务工作进行统筹布局，特别注重关爱农民工及外来务工子女，开展志愿服务行动。市青少年宫在册志愿者300多人，以感受城市、讲座宣传、文艺演出、七彩夏令营等形式，提供志愿服务。组织教职工志愿者、小义工走进学校、社区，宣传文明知识和传统文化，组织文艺演出和民俗活动，累计参与服务人数1万余人次。

【开展系列主题公益活动】 2017年，市青少年宫开展系列主题公益活动。围绕红色引领、爱国主义、中华经典传统传承主题，开展“深耕传统文化、厚培当代价值”系列公益活动，及“多彩年华快乐假日”“前进吧少年”大型主题教育活动。“国际儿童读书日”举办台湾教育家张大光魔法故事会。组织实施“我们的节日·爱心相伴手拉手”公益活动。为邳州市向日葵爱心书屋捐赠图书700册，组织100多名邳州、丰县向日葵读书点和市青少年宫“E读E写社团”的师生开展读书分享活动。开展“我们的节日——端午节公益活动之‘爱心相伴手拉手’”阅读主题活动及为向日葵读书点捐书活动。

【举办多项公益赛事】 2017年，市青少年宫举办多项公益赛事。举办徐州市“紫微风采”青少年儿童舞蹈大赛，第21届中国徐州—日本半田青少年书画联展，“守望家园共建生态徐州——第二届‘爱徐州爱家乡’争做文明小导游大赛”，第17届故事大王比赛暨第11届诗歌朗诵大赛，徐州市第五届“天籁之声”少儿歌唱大赛及第八届淮海经济区机器人大赛，参赛人数近2万人次。

【开展流动青少年宫公益“百千万”活动】 年内，市青少年宫开展流动青少年宫公益“百千万”活动。11月，市青少年宫教师志愿者一行32人到邳州市铁富镇中心小学，开展“深耕传统文化，厚培当代价值”的流动青少年宫公益“百千万”活动，丰富多彩的特色教育实践活动受到学生们的欢迎。12月，流动青少年宫公益“百千万”活动到奎园社区，以科技类项目为主的丰富多彩的游戏，受到社区居民和孩子们的欢迎。

【参加全国、省级赛事获多奖项】 2017年，市青少年宫参加全国、省级赛事获多奖项。青少年宫学员在全国青少年才艺展示活动中获得5枚金牌、3枚银牌、5枚铜牌，并获4个“十佳”和十佳优秀组织奖。在第15届全国少年儿童故事大王选拔赛中，青少年宫3名学员获最佳故事大王称号，教师薛雁、周亚获金牌导师称号。参加第三届江苏省少年儿童讲故事、朗诵、曲艺比赛获一等奖2个、二等奖3个、三等奖7个。

（撰稿：马　蓉　审稿：钟　玲）

徐州市少先队工作委员会

【概况】 2017年，徐州市共有少先队员100多万人，少先队大队辅导员828人，中队20182个。市少工委深入学习贯彻习近平总书记重要讲话精神和少先队改革指导思想，把贯彻落实《共青团中央改革方案》《少先队改革方案》精神作为重中之重，保持改革定力，坚定改革方向，聚焦重点任务，确保改革措施在徐州落地生根。进一步加强中国梦和社会主义核心价值观教育，打造徐州少先队特色品牌，着力建设少年儿童成长服务平台，活跃少先队基层组织，构建活力型、魅力型、专业型徐州少先队工作体系。

【召开四届五次全委（扩大）会议】 3月10日，市少工委四届五次全委（扩大）会议暨市少先队工作学会第13次年会，在徐师一附小经十路小学召开。会议对2016年度少先队优秀科研成果和综合考核先进单位进行表彰。团市委书记陈婕出席会议并讲话。

【开展主题队日活动】 年内，市少工委利用六一、建队日开展主体队日活动。六一期间，举行“喜迎十九大，红领巾寻访强国梦”主题队日活动，启动少年儿童书信文化活动。10月，举办徐州市少先队管乐鼓号大赛，举行校级少代会观摩活动。

【开展“徐奎红领巾手拉手”活动】 2017年，市少工委开展与新疆奎屯少先队的“手拉手”活动。7月，做好“徐奎红领巾手拉手”奎屯来访接待工作。8月，组织带领徐州少先队员和辅导员共计12人到新疆奎屯进行回访活动，进一步增强两地少先队员之间的民族情谊。

【开展“太阳花”主题教育活动】 年内，市少工委持续开展“太阳花”主题教育活动。太阳花体验教育基地以“红领巾动感假日”为载体，以“红领巾喜迎十九大”“红领巾寻访强军梦”为教育主线，面向青少年开展学军、学农、“前进吧！少年”主题体验营16个批次、3160名（其中家庭困境少年儿童125人）青少年参加的体验活动。暑假，开设学军、学农、学工、军事自护、“前进吧！少年”“情暖童心”爱心公益行主题活动，参与普惠性体验的学校131所，队员3570余人，其中纯公益性人数360人次。

【开展市优秀少先队员、优秀少先队集体评选活动】 年内，市少工委开展市十佳（优秀）少先队员、十佳（优秀）辅导员、优秀少先队集体、“星星火炬”奖章、“支持少先队的好校长”的评选活动。共评出32个优秀队集体，225名优秀少先队员，72名优秀辅导员，14枚“星星火炬”奖章，31名好校长，10名十佳少先队员，10名十佳辅导员。

【开展“江苏好少年”评选活动】 年内，市少工委开展“江苏好少年”评选活动。全市逐级推选出1380名优秀少先队员，被省少工委命名为“江苏好少年”。在江苏省第七次少代会上，市青年路小学少先队员朱海歌代表全省550万少先队员向省委书记李强作现场汇报。

【举办市少先队辅导员风采大赛】 11月，市少工委在市青年路小学举办2017年度徐州市少先队辅导员风采大赛。丰县等11支代表队获团体综合特等奖、一等奖、二等奖，并选出6名优秀辅导员参加省级少先队辅导员风采大赛。在12月的省赛中，徐州市代表队获综合团体金奖。

【举办省少儿研究会年会】 12月18—19日，省少年儿童研究会班队集体建设专业委员会第八次年会，在市云兴小学城东分校举行。年会由省少工委办公室、省少年儿童研究会、共青团徐州市委、市少工委主办，云龙区教体局、云龙区少工委、市云兴小学承办。省少工委副主任、团省委中少部长张志方，共青团徐州市委书记潘晓，云龙区副区长、云龙区教体局党委书记康宁出席会议，340名少先队代表参加会议。

（刘　雨）

徐州市关心下一代工作委员会

【概况】 2017年，徐州市关心下一代工作委员会以学习宣传贯彻党的十九大精神和总书记习近平视察徐州重要指示为首要政治任务，围绕“学史立志、崇德向善”开展主题教育活动，打造“农业科技镇村行”品牌，关爱帮助青少年成长成才，开展预防和减少青少年违法犯罪及创建“五有五好”基层关工委活动。市关工委获得中国关工委、司法部、中央综治办联合颁发的“关爱明天·普法先行——青少年普法教育活动先进单位”，市委市政府颁发的创建全国文明城市先进单位，中国关工委授予的《中国火炬》宣传发行工作先进集体，省文明办、省关工委联合颁发的校外教育辅导站工作先进集体称号。市关工委办公室获市预防和减少未成年人违法犯罪工作先进集体称号。

【组织学习十九大精神】 2017年，市关工委组织学习宣传贯彻十九大和总书记习近平视察徐州重要指示精神。市关工委第一次以主任会议形式集中观看十九大开幕会直播并进行讨论。举办全市关工委学习贯彻党的十九大精神培训班，特邀十九大代表、下水道四班班长马静作报告，市关工委副主任郑庆生以《我国新时代的主要矛盾》为题进行宣讲十九大精神。

【开展主题教育活动】 2017年，全市各级关工委以“学史立志、崇德向善”为主题，开展系列教育活动。全市各级关工委共组织演讲比赛1600多场，听讲青少年达80多万人次。小海燕记者团组织小记者赴延安，践行红色基因教育，弘扬革命传统，磨炼奋斗意志。市关工委先后编印司云胜编写的《周恩来与徐州》等材料发给基层，《小海燕》报开辟主题教育专栏，刊登介绍党史国史的文章，利用网络、微信等手段传递开展主题教育的信息。全市共组织宣讲员3300多人，编写宣讲材料4500多篇，听讲青少年达180多万人次。在省关工委组织的“喜迎党的十九大·童心向党”演讲比赛中，徐州获1个二等奖、2个三等奖。

【开展智力扶贫、文化扶贫活动】 2017年，市关工委开展智力扶贫、文化扶贫活动。市关工委将“薪火学堂”总辅导员周广华编写《爱党民谣》《爱军情强军梦》两本宣讲教材印制6000册，绝大部分赠给徐州市对口支援的西部三个市（州）。联合市委农工办、红十字会救助困难学生200人，发放救助款20万元，捐赠图书2000册、电脑20台。协助爱德基金会救助徐州市中小学校孤儿学生34人，发放救助款2.7万元。协助省关心下一代周报社开展“冰凌花”活动，救助徐州市困难学生137人。联合市慈善总会资助大学新生50名，发放救助金10万元。联合徐州广电传媒集团、市慈善总会举办“善行徐州·助力梦想”爱心助学活动，资助79名留守儿童，发放救助款15.8万元。年内，全市关工委配合教育等部门向社会筹资1281.6万元，帮扶贫困学生13653人。

【加强校外辅导站建设】 年内，市关工委加强辅导站建设，服务青少年成长成才水平有新提高。省关工委对徐州市辅导站给予支持，列入受奖励辅导站7个，奖励资金14万元；列入受扶持的辅导站20个，扶持资金12万元。市政府支持的75万元用于购买电脑和图书，全部投入到校外辅导站建设中。

【预防和减少青少年违法犯罪工作取得新成效】 2017年，市关工委预防和减少青少年违法犯罪工作取得新成效。市关工委编印《中华人民共和国国歌法》《江苏省预防未成年人犯罪条例》《江苏省关于加强新时期家庭建设工作的意见》等学习材料2400册，供各地学习和宣传使用。全市共组织法治报告团（宣讲团）492个，开展活动2000余场，听报告的青少年达130余万人次。

（詹三文）

民办教育

【综述】 2017年，徐州市有各类民办教育机构265个（其中市区179个）。市教育局完成年度民办教育培训机构年检工作。开展学历民办学校综合督导评估。多次召开民办教育培训机构负责人会议，要求各民办教育培训机构充分认识加强民办教育培训机构规范管理工作的重要性。严格、规范民办学校审批。

【完成年度民办教育培训机构年检工作】 2017年，市教育局完成年度民办教育培训机构年检工作。通过组织发动、单位申报、材料初审、现场考察、综合评审、公布结果等程序，重点检查培训机构的安全工作、财务状况和社会信誉。第一批年检合格的142家培训机构，经补检合格的12家共计159家培训机构，通过教育网等形式对社会公布；对存在安全隐患，财务管理混乱，社会信誉不好及不参加年检的12家办学机构年检未予通过。联合执法，规范民办教育培训机构办学秩序。

【开展学历民办学校综合督导评估】 12月初，市教育局对市区15所民办学历学校进行督导评估。局督导室、基教处、职社处、安稳处、装备中心、教研室、财审处和各校督导专家按照《中华人民共和国民办教育促进法》要求，对民办学校办学条件、学校管理、教育教学、师资队伍、安全保障、办学成效六项18个指标进行综合督导，划分优秀、合格、不合格等次，对督导学校均出具整改报告。

【召开全市民办教育管理工作会议】 6月21日、12月29日，市教育局两次召开全市民办教育规范管理工作会议。会议总结全市民办教育的发展情况，分析存在的问题，明确发展方向和任务。局长吴昊、副局长李清、纪工委书记刘艳参会并讲话，徐州树德中学、徐州市华杰实验学校、徐州市慧文教育培训中心等单位作典型发言，会上宣读民办学校诚信办学倡议书，邀请全国民办教育专家开讲座，对9月1日实施修改后的《中华人民共和国民办教育促进法》进行深入解读。

【规范民办教育培训机构办学秩序】 年内，市教育局联合执法，规范民办教育培训机构办学秩序。市民办教育联席会议成员单位每周按照职责分工进行联合执法检查，查处在职教师有偿补课和违规、无证办学点。先后40次对教育培训机构进行突击检查，检查136家教育培训机构，查处在职教师有偿补课行为，并对其进行处罚。市教育局多次召开民办教育培训机构负责人会议，要求各民办教育培训机构充分认识加强民办教育培训机构规范管理工作的重要性和紧迫感，配合市教育局中心工作，不聘请在职教师代课，不为在职教师提供教学场地及资质，不与中小学联合举办学科类补习班，不组织与“小升初”挂钩的考试。

【严格、规范民办学校审批】 2017年，市教育局严格、规范民办学校审批。共审批民办学历教育学校2所，非学历培训机构20个。下半年，市教育局进驻市行政审批服务中心，民办学校受理交由窗口办理。

【加强民办学校党的建设】 2017年，市教育局加强民办学校党的建设。新建第二批9个党支部。民办学校党委共批准建党支部20个。7月，民办学校党委在华顿国际学校组织召开徐州市民办学校党建工作现场会暨第二批新建党支部授牌仪式，会上华顿国际学校党支部、华杰实验学校党支部介绍工作经验。

（马国桥）

（责任编辑　严国年）

高等教育

【综述】 2017年，徐州市有10所普通高校，2所独立学院。各类在校生17.94万人，其中，本科生96277人，专科生32977人，成人教育本专科在校学生3.67万人。硕士研究生11878人，博士研究生1498人。高校教职工12275人，其中专任教师8366人。高校校舍面积390万平方米，占地面积795公顷。

【开展高校思想政治工作调研】 年初，按照市委要求，市教育局开展在徐高校思想政治工作调研。全面了解在徐高校思想政治工作现状、存在问题，以及高校开展思想政治工作的建议，为市委召开全市高校思想政治工作座谈会提供准备。

【开展大学生防范金融诈骗宣传】 年内，市教育局会同市金融办等部门，先后走进中国矿业大学、徐州医科大学、徐州工程学院、江苏建筑职业技术学院4所高校，广泛开展互联网金融风险防范宣传进校园活动。在徐高校近万名大学生受到教育，有效防范"校园贷"等互联网金融诈骗在高校蔓延。

【支持高校资源整合，提升办学层次】 2017年，市教育局全力支持徐州幼儿师范高等专科学校、徐州高等师范学校、运河高等师范学校合并升本，徐州工程学院向应用技术型大学方向发展。会同三所师范学校做好前期升本调研，提出合并升本方案，积极争取市委、市政府对幼专升本工作的支持。省政府将徐州幼专创建本科高校、徐州工程学院建设应用技术型大学纳入《省委省政府关于支持徐州建淮海经济区中心城市的意见》，徐州幼专创建本科高校纳入《江苏省高校设置十三五规划》。

【加强成人高等教育管理】 年内，市教育局按照省教育厅要求，认真做好高校在徐校外教学点年审初审工作。3月底，省教育厅专家组对7所高校在徐校外教学点进行现场督查。各教学点均获得合格以上等次。

【举办大学生学习宣传十九大精神演讲比赛】 11—12月，市教育局组织开展在徐高校大学生"学习宣传十九大精神践行社会主义核心价值观"演讲比赛。在徐10所普通高校大学生踊跃参与。经过初赛、复赛和决赛，江苏师范大学徐童等5名同学获得一等奖，徐州工业职业技术学院曹静茹等10名同学获得二等奖，徐州工程学院贺笑笑等15名同学获得三等奖。市委组织部副部长、市委党建办主任杜庆琦，市委宣传部副部长吕岩，市委教育工委书记、市教育局局长、党委书记吴昊，共青团徐州市委书记潘晓，市委教育工委副书记刘艳，江苏师范大学副校长刘广登为一、二等奖选手颁奖。

【召开高校党建工作座谈会】 9月29日，市委教育工委在新城区召开高校党建工作座谈会。在徐10所高校党委组织部长介绍学校党建工作取得的重要成就和工作亮点，并围绕创新工作机制、加强高校党的基层组织建设、开展大学生思想政治工作、党员"百千万"大走访活动展开深入交流，同时提出新时期高校党建工作的困难和问题。会议还讨论了《在徐高校党建工作联席会议制度》。

【召开高校思想政治工作座谈会】 10月16日，市委教育工委在新城区召开在徐高校思想政治工作座谈会。会议围绕贯彻落实中央和省委高校思想政治工作会议精神，各校思想政治工作特色做法、主要经验以及当前高校师生思想政治工作存在问题，进行充分交流。市委教育工委副书记刘艳主持座谈会，市委宣传部副部长吕岩出席会议并讲话，在徐10所高校党委宣传部长参加座谈。

（姚新文）

中国矿业大学

党委书记 刘　波（5月—）　邹放鸣（—5月）
校　长 葛世荣
党委副书记 曹德欣　蔡世华　才庆祥
副校长 赵跃民　秦勇（—7月）　赵建岭
李　强（外派挂职）
周国庆　卞正富（7月—）
纪委书记 才庆祥
校长助理 刘圣汉　张万红

【概况】 中国矿业大学是教育部直属全国重点大学，是国家"211工程"和"985优势学科创新平台项目"重点建设高校，教育部与江苏省人民政府、国家安全生产监督管理总局共建高校。

2017年,学校占地面积294.2公顷(文昌校区103.7公顷,南湖校区190.5公顷),校舍建筑面积145万余平方米。固定资产总值344749.81万元,其中教学科研仪器设备108493.52万元。图书馆建筑面积58072平方米,藏书240余万册。学校下设研究生院和2个学部、19个学院,另有1个独立学院,开设本科专业57个,覆盖理、工、文、管、法、经、教育、艺术8个学科门类。有16个一级学科博士点,34个一级学科硕士点。有11个专业学位授权点(类),1个一级学科国家重点学科,8个国家重点学科,1个国家重点(培育)学科,6个江苏省一级学科重点学科。有12个"江苏省高校优势学科建设工程"。有14个博士后科研流动站。有2个国家重点实验室,2个国家工程(技术)研究中心,1个国家工程实验室,1个国家大学科技园,4个教育部重点实验室,2个教育部工程研究中心,17个其他省部级重点实验室和工程研究中心(含基地)。有3个国家级实验教学示范中心和2个国家级虚拟仿真实验教学中心。

2017年,有各类在校学生44060余人。其中,全日制普通本科生23900余人,各类硕士、博士研究生11000余人,留学生460余人,成人教育本专科生8700余人。2017年毕业16345人,其中,博士研究生218人,硕士研究生2060人,普通本科生6102人,成人教育本专科生7965人(本科生5670人,专科生2295人)。本科生就业率98.84%。全年招收各类学生13499人,其中,学历教育学生中全日制研究生3029人(博士生261人),普通本科生6049人;成人教育本专科生4421人(本科生2447人,专科生1974人)。学校有教职工3096人,其中专任教师1916人。专任教师中有正高级职称424人,副高级职称746人,博士生导师370人,硕士生导师975人。中国工程院院士和中国科学院院士15人(含外聘7人),169人享受国务院颁发的政府特殊津贴。全年引进专任教师47人,招收师资博士后27人,选拔资助106人赴海外高校培训研修。学校入选教育部首批"高校教师考核评价改革示范校"。

2017年,8人入选"长江学者"特聘教授、国家杰青、"万人计划"等国家级人才工程,26人登入"双创计划""青蓝工程"等省级人才计划,6人获全国创新争先奖,6人登入中国高被引学者榜单,5个团队入选省部级创新团队。获批建设江苏省公共安全创新研究中心、中国矿业大学澳大利亚研究中心。

2017年,学校入选世界一流学科建设高校。新增博士学位授权点1个。在全国第四轮学科评估中,学校4个一级学科进入A档学科,14个一级学科进入B类学科。获得国家科技进步二等奖2项,省部级科技奖励12项。获国家重点研发计划项目3项、课题9项,并列全国高校第32位。新增自然科学基金各类项目126项,军工科研项目4项。实到科研项目经费4.39亿元,其中纵向科研经费2.33亿元。授权发明专利696件,排名全国高校第28位。3件专利获中国专利优秀奖。在国际期刊发表高水平论文达1800篇。

【深入学习领会习近平新时代中国特色社会主义思想】 2017年,全校师生深入学习领会习近平新时代中国特色社会主义思想。积极推进中共十九大精神进教材、进课堂、进头脑、全覆盖,研究出台相关实施意见和具体举措。制订校党委及二级单位党委(党总支)理论学习中心组学习规则实施办法、两级党委中心组专题学习计划,全面贯彻党的教育方针,牢固树立"四个意识",进一步增强"四个自信",坚决做到"四个服从",不断坚定扎根中国大地办好社会主义大学的政治信念和行动自觉。

【人才培养质量新提升】 2017年,学校接受教育部本科教学工作审核评估,专家组现场考察反馈总体情况良好。生源质量工程成效明显,超一本线50标准分的新生占比71%,比2016年提高11.8%。加强教风学风建设,获评省教学成果奖8项。新建校外实习基地20个,选派230名学生赴海外实习,立项大学生创新训练计划项目849项。学生获省级以上竞赛奖励583项,"挑战杯"总成绩位列全国高校31位。博士研究生生均发表高水平论文1.71篇,增幅28.57%。学校获批江苏省大学生创新创业示范基地,获评全国社会实践活动优秀单位。

【科研平台建设新进展】 2017年,学校新建生命健康工程研究院、国际煤地质学研究中心,获批建设教育部澳大利亚研究中心、省公共安全创新研究中心等科技创新平台。国家煤炭智能开采装备工程技术研究中心培育点、省煤基CO_2捕集与地质储存重点实验室、"老工业基地资源利用与生态修复"协同创新中心通过验收评估。

【学科建设迈上新台阶】 2017年，学校入选世界一流学科建设高校。编制上报“双一流”建设方案，组建矿业工程和安全科学与工程两个一流学科群。工程学领域进入ESI学科前300位，学校国际排名居内地ESI排名百强高校进步之首。新增博士学位授权点1个。在全国第四轮学科评估中，学校A+档学科数在全国高校中排名并列第22位，矿业工程和安全科学与工程继续全国领先(A+)，测绘科学与技术、地质资源与地质工程全国排名第三(A-)，14个一级学科进入B类学科。

【合作交流格局不断完善】 2017年，学校合作交流格局不断完善。举办国际矿业高等教育联盟暨“一带一路”暑期学校活动，拓展与“一带一路”沿线高校的合作伙伴关系。作为唯一中国大陆高校加入国际矿业工程教育能力中心。举办“绿色开采理论与实践”等国际会议。推进旅游孔子学院建设。首次实施学校“聘专引智推进计划”，获批建“江苏省外国专家工作室”。建设全英文授课专业24个，留学生全英文授课专业建设实现零的突破。举办首届海外青年学者“越崎论坛”。组建第六届董事会，新签续签合作协议8项，新增董事单位4家，新增地市级政府合作单位3家。教育发展基金会获评全国先进单位。发布全国首个省域公共安全蓝皮书。融入徐州市“一城一谷一院”创新高地建设，潘安湖采煤塌陷地的生态修复工作产生重大影响，总书记习近平视察并给予高度评价。

【基础建设稳步推进】 2017年，学校稳步推进基础建设。南湖体育馆、室外游泳池和附属中学等项目整体移交使用。开工建设大学生创新训练中心。加强公有房产制度建设，清退办公用房面积2000余平方米。制订完善实验室安全准入制度，实现数字化监控系统全覆盖，一键式紧急求助报警投入使用。全年购置中文图书5万余册、数据库共计217个。

【校园文化建设新气象】 2017年，学校校园文化建设呈现新气象。倡议发起并联合9所驻江苏部属高校与淮塔管理局开展“爱国主义与革命文化教育实践”活动。继续开展科技文化节、文化艺术节、读书节等品牌活动，镜湖大讲堂举办高水平讲座23场。举办矿大半程马拉松赛，学校获评中国学生定向先进集体。学校官方微信获评中青报“十佳运营创新奖”，微博影响力居部属高校前10位。《光明日报》《中国教育报》等主流媒体登载学校报道200余篇。

（撰稿：朱正中　审稿：赵红灿）

江苏师范大学

党委书记　华桂宏
党委副书记、校长　周汝光
党委副书记　岑　红(女)
副校长　钱　进　郑元林　刘广登
　　黄军伟　蔡国春
纪委书记　王　峰

【概况】 江苏师范大学是江苏省人民政府和教育部共建高校，是江苏高水平大学建设高校。学校有泉山、云龙、奎园、贾汪4个校区，占地136.5公顷，校舍建筑面积81.2万平方米。固定资产总额14.35亿元，其中教学科研仪器设备总值5.31亿元。图书馆建筑面积2.2万平方米，藏书284万册。

学校设有22个专业学院及敬文书院、继续教育学院、国际学院、独立学院科文学院和教育部批准设立的首个非独立法人中俄合作办学机构，江苏师范大学圣彼得堡彼得大帝理工大学联合工程学院。2017年，有68个本科招生专业，28个一级学科硕士点，8个专业硕士学位授权点，1个服务于国家特殊需求博士人才培养项目，1个博士后科研流动站，覆盖11个学科门类。具有以同等学力申请硕士学位授予权和硕士研究生推免权。有6个省优势学科、12个省重点学科。有省(部)级设置的研究院(所、中心)、实验室30个，国家级实验教学示范中心3个，省级实验教学示范中心18个。

2017年，在校生总数21145人(不含独立学院科文学院)。其中，全日制本科生18084人，硕士研究生3043人，博士研究生18人。全年招收各类学生6687人。其中，学历教育学生中全日制研究生1090人(博士生8人)，普通本科生4778人，留学生819人。本科生就业率98.67%，研究生就业率97.3%。

学校有教职工2409人，其中，专任教师1551

人。有教授290人，副教授627人，博士生导师50人，硕士生导师729人。有长江学者特聘教授1人、讲座教授1人，江苏特聘教授9人。4人获得全国先进工作者、全国五一劳动奖章、全国模范教师、全国优秀教师称号，32人享受国务院颁发的政府特殊津贴。2017年，引进高层次人才102人，入选国家“万人计划”教学名师1人、国家优青1人，江苏特聘教授3人、“双创人才”1人、“六大人才高峰”6人，省“青蓝工程”学术带头人3人、骨干教师4人、教学团队1个，获省“333高层次人才培养工程”科研资助3人。

2017年，获批国家级项目96项，其中社科24项（重大3项、中华学术外译1项），重大项目立项数全省排名第二；自科70项（其中优秀青年基金项目1项），位居全国师范院校第八；军工项目2项。获批省部级项目57项（社科28项，自科29项）。获批省级重点培育智库1个，省级社科研究基地1个，厅级校外研究基地1个，与省市共建研究中心1个。获批省高校哲学社会科学优秀创新团队、省高校优秀科技创新团队各1个。出版著作50部，发表学术论文1450篇，其中，SCI(E)收录360篇，EI收录220篇，CPCI-S收录65篇、CSSCI期刊300篇（含扩展版）。以学校为论文第一及通讯作者单位在PNAS等顶尖期刊上发表高水平论文。获江苏优秀理论成果奖4项，省社科应用研究精品工程奖7项。

2017年，学生在各类学科专业竞赛中获得国家级奖项239项（其中国际级15项）、省级299项。其中，获第十五届“挑战杯”全国大学生课外学术科技作品竞赛一等奖2项、二等奖2项、三等奖2项，参赛总成绩列全国前30强，在全国师范类大学中排名第二；获国际（美国）大学生数学建模竞赛一等奖2项、二等奖13项；获全国大学生数学建模大赛一等奖2项、二等奖1项；获第五届全国统计建模大赛一等奖1项、二等奖1项、三等奖1项；获第十三届全国学生运动会大学生女子足球赛亚军、男子组链球亚军。

2017年，学校获首届全国文明校园、江苏省内部审计先进集体、江苏省普法工作先进集体称号。

【深入学习贯彻党的十九大精神】 2017年，学校深入学习贯彻党的十九大精神。举办专题报告会、座谈会，开展知识竞赛等。12月5日，徐州市委副书记、市长周铁根到学校宣讲党的十九大精神，300余名师生代表参加报告会，校党委书记华桂宏主持报告会。校领导周汝光、岑红、黄军伟、蔡国春、王峰出席。12月26日，《光明日报》第8版全版报道学校深入学习贯彻中共十九大精神，扎根地方、砥砺前行的事迹。

【跻身省高水平大学建设序列】 4月20日，江苏师大参加省政府召开的江苏高水平大学建设推进会，作为9所高校之一作大会经验交流发言。6月24—25日，参加省高水平大学评审答辩会并通过答辩，学校正式跻身省高水平建设序列。

【获得首届全国文明校园称号】 11月17日，中央精神文明建设指导委员会发布《关于表彰第五届全国文明城市、文明村镇、文明单位和第一届全国文明校园的决定》，江苏师范大学获评第一届全国文明校园。校党委书记华桂宏参加全国精神文明建设表彰大会，受到总书记习近平接见。

【全面进入本一批次招生】 2017年，学校全面进入江苏省本一批次招生。招生总人数4778人，生源来自23个省（自治区）。江苏省文科录取线为338分，高出本一线5分，平均分343.6，高出本一线10.6分；理科录取线337分，高出本一线6分，平均分345.5，高出本一线14.5分。

【科研工作首获NATURE杂志关注】 8月14日，以教授伍少远为带头人的江苏高校优秀科技创新团队——“系统发育与比较基因组学创新团队”在PNAS上发表的论文入选NATURE杂志研究亮点以及“FacultyofF1000Prime”文章。这是学校科研工作首次获得NATURE杂志的关注和报道。近年，团队成员在PNAS、SystematicBiology、Evolution、BMCGenomics等国际期刊发表SCI论文30余篇。

【杨亦鸣入选“万人计划”】 12月28日，第三批国家“万人计划”领军人才人选公示，教授杨亦鸣入选“万人计划”教学名师系列。

【国际化办学取得新进展】 2017年，学校获批“中国政府奖学金生委托培养高校”。全年注册入学国际学生819人，其中，学历生338人，来自41个国家。

入选教育部区域国别研究中心备案名单3所。“一带一路”研究院成立海外研究基地3个。加入“中俄教育类高校联盟”。澳大利亚昆士兰科技大学孔子学院获评“全球先进孔子学院”。

【潘安湖科教创新区暨江苏师大科文学院项目开工】 11月15日，潘安湖科教创新区暨江苏师范大学科文学院项目举行开工仪式。徐州市委书记张国华、市长周铁根、市政协主席王昊、市委秘书长吴新福、市人大常委会副主任张赴宁、副市长李燕，贾汪区委书记曹志、区长张克，中核华兴建设集团董事长陈宝智，江苏师大党委书记华桂宏、校长周汝光、副校长黄军伟出席仪式。江苏师范大学科文学院是入驻科教创新区的首个项目，一期占地66.67公顷，规划总建筑面积31万平方米，可容纳师生1万余名。计划2018年8月建成使用。该项目是徐州加快建设区域性产业科技创新中心、深化产教融合、支持高等教育发展的一大创新举措，是校地合作的标志性成果。

（撰稿：茅静华　审稿：王作权）

徐州医科大学

党委书记　吴永平
校　长　郑葵阳
党委副书记、副校长　赵世鸿
党委副书记、纪委书记　季　红（女）
副校长　印晓星
副校长、附属医院院长　徐开林
副校长　蔡红星
副校长　徐海波
副校长　郑骏年
副校长　王人颢

【概况】 徐州医科大学是江苏省独立设置的两所西医类高等医学院校之一，是淮海经济区医学教育、医疗服务和医学科研的中心。学校占地约73公顷，教学行政用房面积20.3万平方米、宿舍面积11.0万平方米。固定资产146390.4万元，其中教学、科研仪器设备27525.5万元。图书馆藏书105.63万册。

2017年，学校设18个院系、16所附属医院。有27个本科专业，涵盖医、理、工、管4个学科门类。有临床医学、生物学2个博士学位授权一级学科，7个硕士学位授权一级学科和5个专业学位授权点，具备硕士研究生推免权，并设有博士后科研流动站和工作站。形成从本科生、研究生到博士后，从全日制到成人教育、留学生教育全方位、多层次的教育体系。

2017年，学校有全日制普通本科在校生11774人、博士生40人、硕士生1792人、留学生427人。招收本科生2777人、博士生17人、硕士生665人、留学生105人。2017届本科毕业生年底就业率95.06%。

学校有教职工1336人，其中专任教师788人。新增江苏特聘教授5人、省“双创人才”1人、“双创博士”6人、“六大人才高峰”11人、“青蓝工程”团队1个、学术带头人和骨干教师7人。

学校在全国率先创设麻醉学本科专业，围绕麻醉学专业教育，创建具有中国特色的麻醉学人才培养体系，牵头制订国家麻醉学专业（本科）教育标准，建成麻醉学江苏省重点实验室、国家重点实验室培育建设点，成为国家级创新人才培养基地，麻醉学教育成果先后获得国家级教学成果一等奖、二等奖。

【修订大学章程】 2017年，学校修订《徐州医科大学章程》，并获江苏省教育厅批复通过。学校充分发挥章程作用，积极完善内部治理结构，持续推进依法依章办学，促进学校内涵建设质量和总体办学水平的不断提升。

【教育教学与人才培养】 2017年，学校增设眼视光医学本科专业，新增3个学士学位授权专业；通过教育部临床药学专业认证；麻醉学专业在《中国大学及学科专业评价报告（2017—2018）》中排名全国第一。获省教育教学改革重点课题1项，省教学成果奖一等奖1项、二等奖2项。本科生代表队在第十五届国际生理学知识竞赛中获亚军。1982届校友、教授董家鸿当选中国工程院院士。学校在上海软科发布的2017“中国最好大学排名”中位居167位。

【学科建设与科研工作】 2017年，学校学科建设和科研工作有新的提升。临床医学一级学科ESI排名保持全球前1%。获批省卫生应急研究所、省人工听觉工程实验室、省高校人文社科校外研究基地和省科普教育基地。学校新增詹启敏、王学浩、王广基3个院士工作站。与中国矿业大学联合成立“健康工程研究院”。获市厅级以上课题137项(包括国家自然科学基金项目57项)，获批资助经费2715万元。“CAR-T细胞治疗”项目顺利完成美国AABB国际认证；“脑胶质瘤基础与临床研究”团队获评江苏省高校科技创新团队。成功举办“健康江苏”全媒体大讲堂、省研究生学术创新论坛等学术交流活动。

【师资队伍建设】 2017年，学校大力推进师资队伍“博士化”“国际化”工程。全年引进博士38人。举办首届海外高层次人才学术论坛，吸引一批优秀人才洽谈加盟徐医。顺利完成各类职称评聘工作，44人获评教授、副教授资格，首次开展正高级实验师职称评审。修订完善中青年教师境外研修实施办法、教职工在职攻读博士待遇补充规定、教职工退休管理暂行办法等人事规章制度。

【加强对外交流与合作】 2017年，学校不断加强对外交流与合作。与美国塔夫茨大学签订合作谅解备忘录、硕士联合培养项目、教师互访合作协议，与韩国乙支大学签订交换生项目协议，与美国伊利诺伊理工大学联合开展“3+2”本硕联合培养国际合作项目。全年启动10个学生出国(境)交流项目，选派学生赴国(境)外交流及临床实习74人次；接收韩国临床实习学生12人次。全年选派教师出国(境)学习交流60余人次。邀请一批海外专家学者和校友到校讲学、学术交流及洽谈合作。

【附属医院建设】 2017年，徐医附院不断加强内涵建设，医疗水平、服务能力和社会影响力进一步提升。医院实际开放床位4873张，年门急诊工作量281.62万人次，出院病人21.26万人次，手术例数92091人次。徐医附院位居全国顶级医院排行榜第75位，全国地市级医院第4位，并获全国文明单位称号。学校新增2所非直属附院，分别为徐州医科大学附属徐州康复医院、徐州医科大学附属沭阳医院。

【和谐校园建设】 2017年，学校从多方面加强和谐校园建设。先后召开教代会、团代会、学代会和研究生代表大会，广泛听取师生意见和建议，依法保障师生各项民主权利。加快推进基础设施建设，实施双回路电源改造，快递服务中心建设，教工餐厅扩建，及学生宿舍、餐厅、浴室改造等工程项目。调整绩效工资标准，提高住房公积金和房贴标准，保证教职工收入的稳步增长。完成职工养老保险并轨相关工作，提高退休人员的医保缴存基数。做好学生资助、心理教育、就业服务等工作。

【召开思想政治工作会议】 9月20日，学校组织召开全校思想政治工作会议。会议总结学校思想政治工作取得的成绩，分析面临的新形势和新要求，并对下一步做好全校思想政治工作进行具体部署。会议要求全体师生统一思想认识、把握关键环节、力求工作实效，不断开创学校思想政治工作新局面，努力为学校早日建成“特色鲜明、国内先进的高水平医科大学”做出新贡献。

(撰稿：张国浩　审稿：姚书林)

空军勤务学院

院　长　董治光
政　委　穆树乾
副院长兼教育长　朱　江
副院长　谈少琴
副政委兼纪委书记　田元龙
副政委　王　宁

【概况】 2017年，学院教育训练工作坚持以习近平强军思想为指导，在学习贯彻中国共产党十九大精神、空军战略转型建设加速推进、院校调整改革全面落地的大背景下，按照稳中有进的总基调，着眼教学为战、教战一致，改革创新、真抓实干，教育训练水平有所提高。

【教育理念不断创新】 2017年，学院坚决贯彻军委、空军关于开展“新时代办学思想大讨论”的指示要求，紧紧围绕准确把握学院新职能新定位、推动内涵式发展、重塑实战化教学体系等内容，广泛开展研讨交流活动。打仗牵引、实战标准、联教联训等实战化教学理念进一步深入人心。

【实战化教学改革持续深化】 2017年,学院持续深化实战化教学改革。一是人才培养顶层设计进一步优化。编写专业教学大纲,初步构建新型课程体系。开展实战化教学改革研讨系列活动,邀请空军机关、部队领导以及军内知名专家到院举办专题讲座,参加教学大纲、教材建设联审,指导综合演练等活动,为学院实战化教学把关定向。二是教学内容不断更新。定期下发《教学内容更新指南》,大力推进教材建设,多部教材获奖。三是组训模式改革有力推进。依托部队实践教学基地,开展“嵌入式”认知实习和毕业实习。组织带有实战背景的各层次毕业学员综合演练,探索演练新路子。广泛开展第二课堂、研究生学术活动日等活动,有效促进学员综合素质提升。四是教员队伍执教水平稳步提升。开展实战化教学改革展示交流活动,检验实战化教法训法水平,找准差距和不足。严格教员岗位资格认证和试讲制度,依托院级教学创新团队,开展研讨交流,探索实践多元化教学方法,教员队伍执教能力进一步提升。

【教学正规化管理有效加强】 2017年,学院坚决贯彻“四个从严”要求,不断强化“全程化监控、常态化督导、动态化管理”。制订学院《教育督察制度(试行)》,开展“学习贯彻习主席训令,谋划准备新学期教学”专项督察。制订下发《进一步加强和规范一线教学秩序管理》等措施制度,开展“一线教学秩序规范月”等活动,始终确保对一线教学秩序的有效管控。

【教学训练条件不断改善】 2017年,学院不断改善教学训练条件。军队“2110工程”三期建设成效明显,新建实验室全面形成保障能力。升级改造轻武器射击、400米障碍、单兵战术等共同基础训练场,充实完善支撑规模化技战术训练活动的练兵环境。

【科研学术创新稳步推进】 2017年,学院牢固树立“为战研战”根本导向,积极开展勤务保障理论、关键技术和装备体系研究攻关,为新型装备战斗力快速生成提供坚实保障。一批军事理论研究成果为服务机关决策咨询、指导部队战训保障实践提供有力支持。新上国家自然科学基金项目1项,获军队科技进步二、三等奖16项,空军军事理论研究优秀成果奖5项。

(陈潇楠)

徐州工程学院

党委书记 王　超
院长、党委副书记 张新科
党委副书记、副院长 沈　超
副院长、党委常委 宋农村　殷惠光　王冬冬
刘　洋　李苏北
纪委书记、党委常委 王宏萍(女)

【概况】 徐州工程学院是一所为区域经济社会发展培养高素质应用型人才的全日制普通本科院校。2017年,学校有3个校区,占地132.7公顷,校舍57.22万平方米,固定资产17.74亿元,教学仪器设备总值1.79亿元。图书馆藏书196万册。学校与美国、俄罗斯、德国等13个国家和地区的20所高校和机构建立合作关系。学校设有15个二级学院、1个继续教育学院和1个创新创业教育学院,开设54个本科专业。建有国家级特色专业2个,教育部“卓越工程师计划”实施专业3个,国家级“专业综合改革试点”项目1个,国家级工程实践教育中心3个,国家级大学生校外实践教育基地1个,国家级国际合作办学项目2个,省级品牌专业3个,省级重点专业(类)5个,省级实验教学示范中心8个。获批省级精品教材13部、省级重点教材7部。有省级一级重点建设学科5个,省级重点实验室1个、重点建设实验室3个,省工程实验室5个,省工程技术研究中心9个,省工业设计中心、省联合技术转移中心、校外人文社科研究基地各1个,省级科技创新团队2个。

2017年,全日制在校生2.2万人。招生5870人,毕业5434人,就业率98.5%。教职工1415人,其中,具有正高职称95人、副高职称410人,博士学位189人、硕士学位869人。国务院政府特殊津贴获得者、二级教授、全国模范教师、全国优秀教育工作者及省级各类人才129人。

2017年,学校成功获批江苏省硕士学位授予立

项建设单位,并有3个专业硕士点通过审核。学校获批国家基金项目9项、省部级项目99项,新增科研经费1457.5万元。获批各级各类科研成果奖63项,其中省部级以上19项。获专利授权279件,其中5件专利实现成果转化。获批国家级大学生创新训练项目22项、省级项目48项。学报社会科学版首次入选中国社科院引文数据库来源期刊,自然科学版首次入选"RCCSE中国核心学术期刊"并再次被科技部中国科学技术信息研究所评为"中国科技核心期刊"。

2017年,学生毕业设计(论文)获评省优秀毕业设计(论文)12篇,在各类竞赛中获国际级奖项7项、国家级81项、省级337项。学校获省高校"微党课"视频二、三等奖各一项,两个基层党组织的经验做法入选《全市基层党组织"两学一做"学习教育常态化制度化典型案例汇编》。主流媒体对学校报道80余篇次,官方微博微信刊发学校重要活动近50篇次。

【创建"徐州大学"获得省政策支持】 2017年,学校拟创建"徐州大学"获得省政策支持。省委、省政府《关于支持徐州建设淮海经济区中心城市的意见》中提出"支持徐州工程学院创建区域性应用技术型大学(徐州大学)",进一步明确学校在徐州创建区域科创中心中的服务定位和发展目标。

【贯彻学习党的十九大精神】 2017年,学校广泛深入学习贯彻中国共产党十九大精神和习近平中国特色社会主义思想。组织全校师生收听收看中共十九大开幕会,将十九大精神纳入各级中心组学习、党校培训和形势政策课,成立以党委书记为团长,全体校领导、相关部门负责人和理论专家在内的十九大精神宣讲团,在校内开展宣讲近40场。

【学科建设大面积提升】 2017年,学校数十项学科建设项目获得认可和提升。工程管理专业类通过住建部工程教育专业认证,食品科学与工程专业认证得到专家组认可。5个省级重点专业(类)建设成果通过省教育厅验收。遴选65门课程作为混合式教学模式改革项目予以立项建设,87门专业核心课程作为校级优质课程进行立项建设。获批"十三五"江苏省高校在线开放课程4部。获批省立项建设重点教材5部。实训实验室新增教学科研仪器设备总值1588.87万元。创新型人才培养入选全国普通本科高校创新人才培养综合排名第265名(全省14所同类院校仅有2所学校进入前300名)。"'四大观'理念引领下的应用技术型高校人才培养模式创新与实践"获江苏省教学成果奖一等奖。"应用型人才培养新模式"被教育部网站专题报道。

【科研服务社会不断扩大】 2017年,学校科研服务社会不断扩大。与徐工集团共同发起、组织成立徐州市机械工程学会。与云龙区、鼓楼区签署全面战略合作协议,并成立徐州工程学院技术转移中心云龙区、鼓楼区分中心。立项建设校级产业技术研究院(所)14个、优秀创新团队13个。"淮海地区非物质文化遗产研究中心"获批省高校人文社会科学校外研究基地。大学科技园获批为"国家级科技企业孵化器"。大学生创新创业基地获批"江苏省创业培训实训示范基地""徐州市创业培训示范基地"。继续教育1个专业获批省成人高等教育重点专业,2门课程获批省成人高等教育精品资源共享课程。继续实施海军"徐州舰"官兵学历提升项目。

【继续推进"五个一"工程】 2017年,学校继续推进大学生素养提升"五个一"工程(内容见2016年《徐州教育年鉴》)。编写出版《大学生创新创业素养》获评省重点教材。中国教育报《办有灵魂的教育,育有素养的人才》宣介"五个一"特色亮点。学生素质能力不断提高,校大学生女子桥牌队首获全国锦标赛冠军,学校获第五届江苏省大学生艺术展演一等奖2项,获省大学生安全知识竞赛二等奖,1人被授予江苏省大学生"校园青春榜样"称号。

【加强国际交流与合作】 2017年,学校积极融入"一带一路"国际教育格局,继续加强国际合作与交流。与国外4所高校新建合作关系。继续推进教师海外培训工程,选拔17名教学骨干教师赴德国研修。与俄罗斯圣彼得堡国立电子技术大学联合培养学生410名,该项目获江苏省中外合作办学高水平示范性建设项目。留学生在2017"同乐江苏"外国人汉语演讲比赛中成绩突出。1名外籍教师获徐州市五一劳动荣誉奖章。

【校区规划建设】 2017年，学校积极推动校区置换和新校区建设工作。在徐州市打造淮海经济区中心城市进程中，学校主动参与构建地方创新体系，大力支持“一城一谷”建设，扎实落实市政府2016年第24号、25号会议纪要精神，依照时间节点做好“2.5产业园置换及搬迁”工作，全力推动城南校区置换工作，做好新校区建设前的准备工作。

【支撑保障工作提档升级】 2017年，学校支撑保障工作提档升级。全面提升师生就餐环境水平，多个餐厅获“江苏好食堂”称号。构建“一个平台、三个终端”为框架的后勤信息化体系，获评2017年度全国教育后勤信息化建设先进单位和江苏省优秀示范单位。图书馆获第二届全国高校图书馆阅读推广案例大赛优秀奖，“一馆一阁一库一店两中心”的特色体系基本形成。信息化工作获评省高校信息化建设先进集体。规范档案管理，档案馆获市档案工作先进集体称号。加强发展规划和教育发展基金会工作，全年受捐总额首次突破100万元。

(撰稿：韩天仇漫漫　审稿：徐辉)

徐州开放大学

党委书记、校长　杜吉林
副校长　韩超英(女)　陈玉全　袁　惠(女)　魏红光
校长助理　王传喜

【概况】 徐州开放大学是经江苏省人民政府批准建立的，以现代信息技术为支撑，面向全体社会成员，举办高等职业教育、学历继续教育、中等职业教育、非学历教育及支持服务全民终身学习的新型高等学校。

2017年，学校占地19.75公顷，校舍建筑面积11.55万平方米。固定资产17191.53万元，其中，教学仪器和实验设备总值5339.36万元，图书馆建筑面积2350平方米，藏书22万余册。学校设有机电工程学院、经贸学院、电子信息工程学院、建筑工程与艺术设计学院、健康与养老教育学院、汽车工程学院、公共教学部、远程开放教育学院8个院(部)。

2017年，在校生总数7413人，其中，全日制高职学生1232人，中职学生741人，远程开放教育本、专科学生5440人(本科2920人，专科2520人)。全年共招收各类学生1731人，其中，全日制高职学生121人，中职学生200人，远程开放教育本、专科学生1410人(本科702人，专科819人)。学校有教职工405人，其中专任教师287人。有教授3人，副高级职称125人。江苏省“333高层次人才培养工程”1人，市第六期“双百高层次人才培养工程”拔尖人才1人。

2017年，学校被评为全国招生和就业工作先进集体、师资队伍建设先进单位，徐州市优秀平安校园。学校经贸学院获评2013—2015年度徐州市先进集体，机关第一党支部获评徐州市先进基层党组织，远程开放教育学院获评徐州市教育系统先进集体。

【获评全国办学系统招生工作优秀集体】 1月18日，在全省办学系统招生工作座谈会上获悉，徐州开放大学获评全国办学系统招生工作优秀集体。这是全国办学系统招生工作的最高荣誉。

【认真做好巡察整改工作】 年内，学校认真做好巡查整改工作。3月1日—4月10日，市委第六巡察组对学校党委进行巡察，并于4月26日反馈巡察意见。校党委对巡察反馈意见高度重视，成立巡察整改工作领导小组，制订整改方案，分解整改责任，明确整改时限，落实整改任务。共制订完善制度23个。

【国家开放大学江苏分部领导到学校检查工作】 6月9—10日，国家开放大学江苏分部教学处副处长吴国平一行5人到徐州开放大学检查2017年春季学期教育教学工作。副校长魏红光接待检查组并参加检查指导活动。

【举行党员法规知识测试】 6月23日，学校党委举行党员法规知识测试。测试内容涵盖《中国共产党章程》《中国共产党廉洁自律准则》和《中国共产党纪律处分条例》等党内法规和行政法规，以测试深化“两学一做”学习活动。

【获评市品牌特色专业、出彩职教人、创新创业之星】 2017年，开放大学汽车运用与维修专业被市教育局认定为徐州市品牌特色专业，石勇被评为出彩职教人，学生吴峰、杨童被评为“创新创业之星”。

【学生获省大学生职业规划大赛一等奖】 年内，开放大学建筑工程与艺术设计学院学生李雪琦凭借作品《一名造价工程师的图纸和方案》，获全省办学系统2017年大学生职业规划大赛一等奖，苏科成、王国强、宋洪臣获大赛优秀奖。

【承办市职业学校汽车、楼宇类技能大赛】 10月20日，由市教育局主办、开放大学承办的2017年全市职业学校技能大赛汽车、楼宇类技能大赛在中职校区举行。全市10多所中高职院校的师生选手参加比赛。

【召开校第一次妇女代表大会】 1月9日，徐州开放大学妇女联合会第一次妇女代表大会在学术报告厅召开。市妇联主席石启红在大会上讲话，校党委书记杜吉林致辞。徐州市妇联副主席鹿茜，副校长韩超英、袁惠出席会议。会上，妇女代表们听取并审议通过大会筹备工作报告，选举产生第一届执行委员会委员17名。新当选的妇联执委会召开第一次会议，袁惠当选为第一届妇联主席，健康与养老教育学院院长王晓斐、党政办公室宣传科长吕甜甜当选为副主席。

【举办“做合格共产党员”演讲比赛】 11月10日，学校在中职校区学术报告厅举行“不忘初心，牢记使命，做合格共产党员”主题演讲比赛。各党支部优秀选手参加比赛，校党委书记杜吉林，副校长韩超英、陈玉金、袁惠，校长助理王传喜，党政办公室主任唐剑组成特邀评委团为选手打分。全体党员干部观看比赛。

【被认定为淮海职教集团牵头单位】 年内，市教育局下发《关于公布职教集团牵头院校和面向徐州战略产业的特需专业领办院校认定结果的通知》，正式批准徐州开放大学为淮海健康养老职教集团牵头院校。

【应邀参加全国养老产业与职业教育高端对话活动高峰论坛】 11月17—18日，徐州开放大学党委书记、校长杜吉林应邀参加由全国民政职业教育教学指导委员会主办、北京社会管理职业学院(民政部培训中心)承办的第四届全国养老产业与职业教育高端对话活动暨第二届京津冀养老高峰论坛。大会在北京举行。杜吉林就老龄事业产业发展与为老服务人才队伍建设等研讨内容作主题发言。论坛以“养老人才职教集团发展”为主题，有主题演讲、直面对话、国际视野及毕业生供需见面会、项目发布等环节。全国近30个省份150余家养老教育机构、养老服务机构和相关部门、媒体500余人参加活动。

【江苏开放大学副校长吴光林到学校考察】 11月15日，江苏开放大学副校长吴光林带领科技处、教科院有关人员到学校调研科研工作。校领导杜吉林、韩超英、魏红光参加调研会。杜吉林介绍徐州开放大学产学研和办学远景规划，重点阐述学校在健康与养老教育方面的思路和举措。吴光林高度评价徐州开放大学各项工作，对学校健康与养老专业建设和职教集团式的人才培养模式予以充分肯定。同时指出，科研工作应该广泛调研，不断开拓思路，深化认识，为后续科研政策的修订和出台提供依据，助力学校二级管理推进工作。

【获传承普及徐州历史文化月活动多项表彰】 11月30日，由中共徐州市委宣传部主办，市社科联、市文广新局、市旅游局、团市委联办，驻徐各高校承办的第五届驻徐高校大学生传承普及徐州历史文化月活动闭幕式在徐州医科大学举行，徐州开放大学获“经典徐州·诵读大赛”一等奖，“人文徐州·知识竞赛”二等奖，学生曹顺、赵祥瑞分获“印象徐州·征文大赛”二等奖和优秀奖，校团委、学生会、社团联合会获优秀承办奖，刘子意、陈媛媛、陈昕博获优秀指导教师奖，曹顺、苏科成、张宇3名学生获特别优秀奖。省社科联，市委市政府，市各主办部门和驻徐各高校的主要领导，以及获奖人员代表、学生代表400余人参加活动。

【8项市社科联立项课题结题】 12月，徐州开放大学8项2017年度社科联立项课题经市社科联专家

评审,顺利结题。课题分别为:《徐州市职业学校校企合作的现状、问题及对策》(主持人:鲍宜周)、《新媒体特别是自媒体传播引导机制研究》(主持人:张军常)、《徐州社区居家养老问题研究—住宅空间适老化改造》(主持人:刘子意)、《徐州农村股份合作制的实践与探索》(主持人:张建伟)、《政府向社会组织购买服务机制建设研究》(主持人:张建伟)、《徐州农村人才返乡创业的现状与趋势研究》(主持人:张建伟)、《家庭文明建设研究》(主持人:刘改)、《涉众型金融犯罪中利益协调与矛盾化解研究》(主持人:田露)。其中,《政府向社会组织购买服务机制建设研究》获市社科基金重点资助,《新媒体特别是自媒体传播引导机制研究》《徐州社区居家养老问题研究—住宅空间适老化改造》《涉众型金融犯罪中利益协调与矛盾化解研究》获得一般资助。

【举办淮海健康养老职业教育集团成立大会】 12月22日,淮海健康养老职业教育集团成立大会暨首届淮海经济区健康养老服务业产教融合创新发展高峰论坛在云泉山庄举办。淮海经济区20个地级市的院校、养老机构、医院及涉老产品生产企业等107家单位、220名代表出席成立大会。大会由徐州市教育局局长吴昊主持。徐州市副市长李燕致欢迎辞。中国社会福利与养老服务协会会长冯晓丽、全国民政行指委老年专指委副主任、秘书长杨根来教授为淮海健康养老职业教育集团揭牌。杨根来(兼北京社会管理职业学院老年福祉学院院长)、冯晓丽、石晓燕(江苏经贸职业技术学院九如老龄产业学院院长)分别作报告。会议审议通过集团章程,选举集团理事长、副理事长、监事、秘书长、副秘书长。徐州开放大学党委书记、校长杜吉林当选为集团理事长。淮海健康养老职业教育集团是由徐州开放大学牵头,联合淮海经济区107家单位共同发起成立的。

(撰稿:孟　磊　审稿:杜吉林)

徐州幼儿师范高等专科学校

书　记　王晓三
校　长　蔡　飞
党委副书记　马　玲(女)
副校长　曹利群(女)　邓宪亮
纪委书记　王启高

【概况】 2017年,徐州幼儿师范高等专科学校占地28.5公顷,建筑面积17.2万平方米。学校图书馆藏书43.93余万册,期刊458种,电子图书380吉字节。学校有多功能演播厅、音乐厅、多功能报告厅。建有标准化的体育场,完善的体育设施设备,有乒乓球馆、体操房、健身房、瑜伽室、室内跑道等。校内有学前教育、音乐教育、舞蹈教育、美术教育、外语教育等34类实训基地,校外有实习实训基地100个。学校设有学前教育、特殊教育、教育管理、早期教育、英语教育、旅游英语、应用英语、商务英语、美术教育、装饰设计、动漫设计与制作、应用艺术设计、音乐教育、音乐表演、舞蹈教育、舞蹈表演、体育教育、社区康复、老年服务与管理、音乐剧表演、家政管理与服务21个专业,其中10个师范类专业、11个高职类专业。下设学前与特殊教育学院、外语系、美术系、音乐舞蹈系、人文社科系、思政部、体育部、信息网络中心、继续教育学院9个教学与培训单位。

2017年,在校学生5455人,全年共招收学生1734人。毕业生就业率保持在98%以上,居全省高职高专之首,对口就业率保持在92%以上,高于省平均水平。

学校有教职工362人,其中专任教师231人。有博士5人,硕士115人,教授15人,副教授96人。年内教师参加国培、省培150余人次,21人出国出境学习交流。2017年,学校新增教授5人,其中引进教授4人,在读博士7人,省高校“青蓝工程”优秀青年骨干教师培养对象3人,省高校教师境外研修1人,省高职院校教师高端研修2人,省第五期“333高层次人才培养工程”1人。

2017年,学校承担各级各类课题57项,其中,教育部人文社科项目课题1项,全国教育信息技术研究课题3项，省文化科研课题1项，省教育厅高校哲社课题15项，省教育科学“十三五”规划课题6项，省社科应用研究精品工程课题2项，市社科基金课题13项等。全校公开出版11部专著、译著及教材，发表科研论文172篇。学校承担国家级、省级和市级培训项目30项，计3208人次。组织国家级职业资格培训，培训人数723人，通过成人教育学历提升的344人次。开展各类省级培训150余人。

2017年，学校获评徐州市创建国家文明城市集体三等功，在市共青团年度绩效考核工作中获一等奖，1人获江苏省优秀共青团干部。《塑造儒雅阳刚之质，促进教育生态平衡——男幼儿园教师培养的徐州样本》获省级教学成果一等奖，特殊教育专业获批省高等职业教育高水平骨干专业，《学前心理学》课程被评为省级在线开放课程，《学前教育学》教材获批省级重点教材。获得省级微课大赛一等奖2项。3项课题获省级教改课题立项，其中1项为省级重点课题。10项大创课题获省级立项。完成28项校级教改课题立项工作和10项重点课题立项工作。学生作品获得江苏省第十五届“挑战杯”特等奖，学前教育专业首次教师资格证笔试通过率98.66%，保教知识通过率99.5%。学校获第九届全国高校校园文化建设优秀成果二等奖、江苏省青年志愿服务行动组织奖，微电影作品《梅》获省资助成效微电影一等奖。

【升本工作获得进展】 年内，学校制订整合徐州学前和小学教师优质培养资源建设“徐州幼儿师范学院”的升本方案。市长周铁根主持召开专题会议，研究学校升本工作，形成《市政府关于徐州幼儿师范高等专科学校等联合升本工作的会议纪要》。市政府出台《市政府关于支持徐州幼儿师范高等专科学校升本工作的意见》，并成立升本工作领导小组。省教育厅派专家组到校进行考察，学校升本工作顺利列入省“十三五”高等学校设置规划并上报教育部，同时列入省委省政府《关于支持徐州建立淮海经济区中心城市的意见》。

【加快推进新校区建设】 2017年，学校加快推进新校区建设。在贾汪科教创新区无偿获得新校区建设用地61公顷，完成项目立项备案及土地初审、地勘招标和新校区总体规划方案、施工图设计招标第一阶段，正在进行土地预审、规划方案第二阶段招标工作。规划新校区总建筑面积为30.44万平方米（不含地下部分），其中一期总建筑面积23.8万平方米，二期总建筑面积6.64万平方米。

【召开全校思想政治工作会议】 2017年，学校贯彻落实全国、全省高校思想政治工作会议精神，召开全校思想政治工作会议。出台“一总六分”系列文件，按照省、市文件要求撰写学校意识形态工作责任制落实情况汇报材料，统筹相关部门整理、制作学校思政工作台账12盒。推进全员育人，实施“全员导师制”、卓培班学生“双导师制”、西藏班学生“导师制”，由校领导、院系领导干部、专任教师组成导师团队。推进全方位育人，完善“三育人”工作机制，明确各岗位育人职责和工作规范，并纳入教职工考核体系。

【完成学前教育专业省级试点认证】 年内，学校以优异成绩完成学前教育专业省级试点认证。学生说课优良率86%，即兴儿童画创作优良率89%，儿童歌曲即兴弹唱优良率93%，书写优良率100%，多媒体制作优良率100%，学校成为全省首家完成认证的专科学校。

【推进西部支教事业】 2017年，学校完成西部实习支教、毕节幼专帮扶和幼儿园手拉手“三位一体”活动。卓培班47人次实习支教任务圆满完成，表彰优秀教师6人、优秀实习生14人。开展青海省海南州幼儿园“手拉手”帮扶工作及幼儿园一日活动现场观摩培训，组织专家团队到青海省海南州贵德县、共和县幼儿园进行帮扶工作。与毕节市6所幼儿园签订“手拉手”帮扶协议，并向参会的6所幼儿园分别捐款1万元。

【推进幼教集团发展】 至2017年，徐州幼教集团已建成江苏省最大的幼教集团。集团旗下共拥有81所幼儿园、亲子园等教育实体，员工人数1400人，在园幼儿1万余人。集团走出国门，在马来西亚创办幼儿园，与美国华盛顿、德国杜塞尔多夫的合作正在洽谈中。

【拓展境内外交流】 2017年，学校不断拓展境内外交流。与美国威斯康辛大学奥斯哥斯分校的正式协议、与中国台湾台中教育大学的学术和交流协议及学生交换细则。全年累计接待日本中部学院大学、马来西亚英迪教育集团、陈嘉庚基金文化中心、日本筑波大学、中国台湾育达科技大学、中国台湾维特外语顾问有限公司等高校访问交流团、上级外事工作指导组等6个批次。全年共接待省内外兄弟院校、教育机构和政府教育团体110余次。

【举办各类专业活动】 2017年,学校举办各类专业活动。承办教育部职业院校教育类专业教育指导委员会第一次会议、2017年江苏省暨徐州市全面终身学习活动周开幕式,主办"第二届海峡两岸学前教育论坛"活动,承办省级教学基本功大赛选拔、第六届江苏省师范生教学基本功大赛。受江苏省教育厅委托,承办全国学前教育专业教学基本功大赛江苏赛区选拔赛。

【获全国职业院校信息化教学大赛一等奖】 11月,学校教师黄晨、刘曲、李秀敏组成教学团队代表江苏省在教育部主办的2017年全国职业院校信息化教学大赛中获一等奖。现场决赛在山东省济南职业学院举行。

【获全国高等职业院校体育教学技能大赛一等奖】 11月,学校教师郭盼盼代表江苏省在第二届全国高等职业院校体育教学技能大赛中获综合类全国一等奖。

(撰稿:李艳萍　审稿:邓宪亮　曹剑成)

江苏建筑职业技术学院

党委书记　吴光林(—6月)　孙　进(6月—)
院长、党委副书记　孙　进(—6月)
沈士德(6月—)
党委副书记　张登宏(—6月)　梁　惠(6月—)
纪委书记　张登宏(—6月)　魏　勇(6月—)
副院长　季　翔(—6月)　任留钦(—6月)
梁　惠(—6月)　曾凡远
刘海波(6月—)　蒋兆峰(6月—)

【概况】 2017年,学校占地74.5公顷,校舍建筑面积40.3万平方米。固定资产7亿元,教学设备总产值1.8亿元。图书馆建筑面积3.6万平方米,藏书72.95万册。学校下设9个二级学院,共12个教学单位。设53个专业及专业方向,建成15个专业群。其中,建筑工程技术、建筑装饰工程技术、供热通风与空调工程技术、矿井建设4个专业为国家示范重点专业,机电一体化技术、道路桥梁工程技术2个专业为中央财政支持重点专业,建筑工程技术、建筑装饰工程技术2个专业为省政府立项品牌专业,建筑工程技术、建筑装饰工程技术、供热通风与空调工程技术、工程造价、机电一体化技术、道路桥梁工程技术、会计7个专业为省高水平骨干专业。建筑装饰工程技术专业牵头国家级专业教学资源库项目建设。牵头1个省协同创新中心,建有7个省级工程研发中心、28个市级工程研发中心和9个高新技术重点实验室。

2017年,在校学生19868人,其中,全日制专科生12150人,成人专科生7500人,海外留学生218人。毕业4037人,专科就业率98.37%。全年招收全日制学生4250人,面向全国28个省(直辖市)自治区招生。招收各类留学生125人。学校有教职工753人,其中专任教师580人。有教授57人,副教授266人,1人享受国务院颁发的政府特殊津贴。有1个国家级教学团队,3个省级教学团队,3个省级科技创新团队,4个省"六大人才高峰"学术团队。国家级教学名师1人,省级教学名师4人,省突出贡献中青年专家2人,"十大建筑科技之星"1人,省"青蓝工程"中青年学术带头人10人,省"青蓝工程"优秀青年骨干教师30人,省"333工程"人才培养对象13人。

2017年，学校入围江苏省高水平高职院校建设单位，入围“全国高等职业院校国际影响力50强”，入选全国第三批职业技术院校数字校园建设实验校，被评为江苏省高校信息化建设先进集体、徐州市全国文明城市创建先进单位。学校牵头成立徐州市淮海服务外包职教集团，与徐州经济开发区签订战略合作框架协议。与泉山区共建的大学科技园被认定为“省级科技企业孵化器”。学校获“全省百佳学生资助工作单位典型”称号。校团委获评江苏省共青团工作先进单位、五四红旗团委。

【组成学校新一届领导班子】 7月5日，省委组织部、省委教育工委到学校宣布校领导班子成员任免决定。经中共江苏省委决定，孙进任党委书记，沈士德任院长。经中共江苏省委教育工委决定，沈士德任党委委员、副书记，梁惠任党委副书记，魏勇任党委委员、纪委书记，曾凡远续任副院长，刘海波任副院长，蒋兆峰任党委委员、副院长。

【学校召开第二次党代会】 9月29—30日，中国共产党江苏建筑职业技术学院第二次代表大会召开。大会选举产生新一届党委、纪委。党委书记孙进代表学校党委作工作报告，提出大力实施人才强校、创新提升、服务地方、信息化、国际化和幸福共享的“六大战略”，号召全校党员为努力实现学校“十三五”发展规划目标和建设全国一流高职名校而奋斗。

【学习贯彻党的十九大精神】 10月18日，学校党委组织全校教职工在会堂集中收看中国共产党第十九次全国代表大会开幕式。制订下发《学习宣传贯彻党的十九大精神方案》，邀请市宣讲团成员作宣讲报告，成立学校党委宣讲团，通过中心组学习、干部专题培训、专家宣讲、书画摄影展、“初心·筑梦”咏诵会等16项活动，将宣传贯彻党的十九大精神推向高潮。

【教育部现代学徒制试点项目启动】 8月23日，教育部公布第二批现代学徒制试点，学校道路桥梁工程技术、机电一体化技术、建筑工程技术3个专业入选。机电一体化、道路桥梁工程技术专业试点项目分别于11月、12月启动。该试点项目按照学校六大发展战略部署，结合区域经济发展实际需求，积极探索实践多方协同育人，共同培养符合企业发展需求的优秀人才的途径。

【国家级专业教学资源库项目通过验收】 6月13日，教育部发布职业教育专业教学资源库验收结果，学校主持的职业教育建筑装饰工程技术专业教学资源库项目通过验收。9月中旬，教育部2017年度职业教育专业教学资源库评审结果揭晓，学校与黄冈职业技术学院共同主持的“建筑钢结构工程技术”入库建设，工程造价等3个联建项目入库建设。

【成为全国高职高专学报研究会理事长单位】 7月5日，全国高职高专学报研究会第六次会员代表大会在学校召开，学校被推举为第六届高职高专学报研究会理事长单位，党委书记、学报主编孙进担任第六届理事会理事长。全国有21个省、直辖市，90家学报编辑部的140余名嘉宾出席大会。在中国高校科技期刊研究会七届九次常务理事会议上，孙进增补为研究会常务理事。

【老挝教育部职业教育团到访】 10月24日，老挝教育与体育部技术与职业教育司副司长BOUN-PHENG先生率老挝职业教育团一行6人到访。双方就设立老挝职业教育驻华机构、开设老挝分校、共建专业二级学院、提供来华留学生资助等合作意向进一步深入商谈，学校与老挝老德技术学院等5所学校签署校际合作协议。

【多个项目获省级奖励或立项】 9月18日，2017年江苏省教学成果奖评审结果揭晓，党委书记孙进主持的“以科技创新平台为依托，高职院校协同育人模式的构建与实践”项目获一等奖，孙武、王俭副教授主持的项目均获二等奖。教授王军强、副教授解恒参申报省高校自然科学重大项目均获批立项，副研究员周衍安申报省高校哲学社会科学研究重点项目获批立项，学校教师申报的省住建厅36个项目全部获批立项。

【承办首届“礼射”国际学术研讨会】 4月15日，首届＂礼射＂国际学术研讨会在学校召开。研讨会由香港嘉礼堂、清华大学中国礼学研究中心与学校共同举办。通过演礼展示和学术报告两种形式，从文化、器物、技法三个方面对中、日、韩“礼射”进行全面展示、研讨和交流。国内高校第一个“礼射”场投入使用。研讨会是中国也是国际上第一场“礼射”为主题的学术会议，吸引中国、英国、日本、韩国等国20余所高校、研究机构150余名专家学者、爱好者参加会议，中央电视台等数十家媒体到会报道。

【学生张震鸣大爱义举引起社会关注与赞誉】 12月3日，学校城轨15—1班学生张震鸣因病离世，主动捐献器官，挽救6个人4条生命的大爱义举引起社会广泛关注与赞誉。学校通过校园网、微信等形式宣传张震鸣的大爱精神，举行师生座谈会、张震鸣追思会，向全校团员青年发出学习“张震鸣精神”倡议，赴广东看望慰问其父母，转交全校师生的慰问信和10万元慰问金。

（撰稿：李彦江　审稿：李存健）

徐州工业职业技术学院

党委书记　祝木伟
党委副书记、院长　张登宏
党委副书记　李　红
党委委员、副院长　鲍桂楠
副院长　张芳儒
党委委员、纪委书记　徐　勇
党委委员、副院长　朱作付

【概况】 2017年，徐州工业职业技术学院占地73.3公顷，校舍建筑面积33.2万平方米。固定资产总额10.11亿元，其中教学科研仪器设备总值1.14亿元。图书馆建筑面积2.4万平方米，藏书85余万册。学院设有材料工程、化学工程、建筑工程、机电工程、信息与电气(新能源)工程、工商管理、基础课教学、思想政治教育与研究、体育与艺术教学、继续教育学院(教育培训处)10个(院、部)教学单位。有15个专业群共44个专业，其中，省级品牌专业2个，省级重点专业群4个，中央财政支持的重点建设专业2个，省级特色专业1个。有国家精品资源共享课、教学资源库2门，国家级、省级精品课程7门，国家“十一五”“十二五”规划教材17部，省级精品、重点教材12部。有国家级实训基地4个、省级实训基地6个，省级大学科技园1个，省、市级研发中心(实验室)41个。年内，获批5个江苏省高水平骨干专业，2个徐州市特需专业，4个徐州市品牌特色专业。

2017年，在校生11960人，其中，普通专科生9900人，成人教育专科生2060人。毕业3400人，就业率为98.08%。全年招收各类学生4100人，其中，普通专科生3100人，成人教育专科生1000人。学院有教职工686人，其中专任教师502人。有教授31人，博士12人，“双师型”专业教师占85%。有全国优秀教师1人，江苏省高校名师2人，全国化工职业教育教学名师3人，“黄炎培职业教育杰出教师”1人，江苏省“青蓝工程”中青年学术带头人和优秀青年骨干教师培养对象20人，江苏省“333高层次人才培养工程”第三层次培养对象7人，江苏省“青蓝工程”科技创新团队1个。

2017年，学院获评全国高等职业院校服务贡献50强、全国高校实践育人创新创业基地、全国深化创新创业教育改革特色典型经验高校、高职院校思想政治工作创新示范案例50强、江苏省产业人才培训示范基地、江苏省＂大众创业万众创新＂区域示范基地、江苏省公共机构节能工作综合考评优秀单位、江苏省高职院校后勤行业先进单位、江苏省高校房地产管理工作先进单位、江苏省健康单位等2 0余项国家级、省级荣誉称号。

【深入学习贯彻党的十九大精神】 2017年，学院深入学习贯彻中国共产党十九大精神和习近平新时代中国特色社会主义思想。强化校院两级党组织中心组理论学习，开展“两学一做”“双抓双促”“徐州市百千万大走访”等专题活动，党员干部“四个意识”进一步增强。严肃党内政治生活，坚持“三会一课”制度，严格规范党内组织生活。出台《各单位、各部门党风廉政建设责任清单》《采购工作监督管理办法》《巡察工作暂行办法》等文件，制订责任清单，落实“两个责任”。坚持问题导向，实施专项巡察，开展廉政风险点排查和防控工作。驰而不息纠正“四风”，开展违规吃喝问题专项整治“回头看”，对发现的问题督促整改。

【获评省高水平高职院校建设单位】 2017年，学院获批为江苏省高水平高等职业院校建设单位。学院精心设计江苏省高水平高职院校建设方案，得到专家一致认可。

【获评省大学生创新创业示范基地】 年内，江苏省教育厅办公室下发《关于公布2017—2020年度江苏省大学生创新创业示范基地名单的通知》，学校大学生创业园成功获得批准。

【召开学院第二次党代会】 9月29日，中国共产党徐州工业职业技术学院第二次代表大会在图书馆报告厅举行。会议选举产生新一届领导班子，明确建设"国内一流、海内外有影响的高职院校"的发展目标，科学谋划学校未来五年的建设思路与任务，提出"四校同建"的发展路径。修订并深入实施学校"十三五"规划和六个专项规划。

【省现代职教体系建设试点工作取得新突破】 2017年，学校积极组织实施江苏省现代职教体系建设试点工作。获批1项"3+2"项目，8项"3+3"项目，首次完成2个专业的"3+2"转段工作。

【师资队伍建设持续增强】 2017年，学院持续加大师资队伍建设力度。新增27名高级职称教师，其中7名教授。获批4名产业教授，成立2个技能大师工作室。批准8名教师报考博士，6名教师攻读博士学位。新增9名省中青年学术带头人、骨干教师培养对象、"333高层次人才培养工程"培养对象。入选省"333高层次人才"项目1项。

【教学竞赛取得新突破】 2017年，教师在教学竞赛中取得新突破。获得省高职高专思政课教师教学技能竞赛特等奖，省高职高专体育教师技能竞赛一、二等奖，省高校第五届数学基础课青年教师授课竞赛三等奖，省高等职业院校信息化教学大赛一等奖，实现历史性突破。

【教学改革进展显著】 2017年，学院教学改革进展显著。出台并实施《徐州工业职业技术学院学分制改革工作方案》《徐州工业职业技术学院学分制学生学籍管理规定》等文件，完成《2017级学分制人才培养方案》制订和与学分制改革相适应的"教务管理系统"升级改造方案论证工作。

【职业技能大赛成果丰硕】 2017年，学院在各级各类职业技能竞赛中获奖30余项。获全国职业技能大赛一等奖2项、三等奖1项。获国际大赛一等奖、银奖2项，取得学校在国际赛历史上的最好成绩。完成全国职业院校现代化工HSE大赛、江苏省电子商务技能大赛、PMC大赛、省大学生机械创新设计大赛等国家、省级大赛的承办工作，得到参赛各方一致认可。

【持续推进精准资助和帮扶工作】 2017年，学院持续推进精准资助和帮扶经济困难学生的工作，资助育人成效进一步提升。开展徐州、连云港等31个县区281户家庭经济困难学生家访工作，全年累计发放奖、助学金680余万元，学费减免70万元，社会捐资助学66.7万元。

【辅导员队伍建设不断加强】 2017年，辅导员队伍建设不断加强。学院获得江苏省高校辅导员职业能力大赛复赛一等奖，获2016江苏省高校辅导员年度人物入围奖。心理健康教育四级网络工作机制和"六位一体"的积极型心理健康教育体系得到进一步完善，心理工作案例获得江苏省辅导员优秀案例二等奖。打造线上线下"一站式"学生事务与发展服务中心，学生管理水平不断提升，获全省高校学生管理创新一等奖。

【教育交流工作不断拓展】 2017年，学院不断拓展教育交流工作。出台《关于留学生工作的若干规定》，成立对外汉语教研室，完善留学生管理和服务体系。留学生招生取得历史性突破，共招收24个国家的339名留学生。积极开发国际教育合作项目，以共建机电一体化技术专业为载体，为越南坚江职业技术学院输出学校先进的人才培养方案和优质的教学资源，实现教学标准从"引进来"到"走出去"的突破。组织23名学生赴中国台湾、韩国交换学习，接收中国台湾大仁科技大学、韩国交通大学和越南坚江职业技术学院等合作院校近20名师生到校交换学习。

【科研服务社会成效显著】 2017年，学院以科研服务于社会成效显著。专利转让38项，发明专利授权45项，实现成果转化和技术服务合作36项。“四技”服务经费2900余万元，技术市场交易额位列全省高职院校第五位。获批徐州市工业科技（重点研发）项目和徐州市国际合作（产学研前瞻性联合研究）项目各1项。获徐州市专利金奖1项。新增2个市级研发平台，省级技术转移中心顺利通过验收。成立科学技术协会并通过协会章程，科技研究工作更加规范、高效。

【智慧校园建设不断加强】 年内，学院完成智慧校园项目实施方案分配工作，由数字化校园向智慧校园转变。引入1200余万元完成无线网建设工作，实现无线网校园全覆盖。

（撰稿：孙　鹏　审稿：侯亚合　陈令霞）

徐州生物工程职业技术学院

党委书记　谢建林

院长、党委副书记　蒋留生

党委副书记、副院长　秦越华

副院长　刘明生

【概况】 2017年，徐州生物工程职业技术学院占地40.9公顷，总建筑面积23.2万平方米，建有108个校内实验实训基地（实训室），实习场所建筑面积3.9万平方米。固定资产总额4亿元，教科研仪器设备总值5000多万元。图书馆建筑面积2.3万平方米，纸质图书34.3万册。学校有教职工323人，其中专任教师234人。有教授8人，副教授87人，博士8人，具有研究生学位的教师153人，“双师型”教师160人。有全国农业职教名师6人，江苏省“333高层次人才培养工程”第三层次人选7人，江苏省高校“青蓝工程”优秀学术带头人1人、优秀中青年骨干教师培养对象10人，徐州市“双百工程”优秀专家2人，拔尖人才4人。

2017年，学校开设三年制高职专业30个，五年制高职专业13个，其中，畜牧兽医专业成功获批省高水平骨干专业，药品生物技术专业、食品生物技术专业成功获批市特需领办专业，植物保护与检疫专业、畜牧兽医专业为徐州市品牌特色专业。现代农业实训基地为省级农业紧缺型人才实训基地。建有徐州市现代农业生物技术重点实验室和徐州市风景园林、绿色植保、生物制药等13个市级研发平台。

2017年，学校有全日制在校生5000人。2017年报到新生1200人，毕业1209人，年终就业率98.05%。

【加强“两学一做”学习教育】 2017年，学校党委在干部和党员教师中加强“两学一做”学习教育。充分发挥“两学一做”学习教育常态化对学校工作的促进作用，广泛开展学习贯彻十九大精神活动。按照习近平总书记关于“更加注重加强教育和提高人力资本素质”的要求，拓展党员服务学生渠道，探索党员发挥作用的有效途径，持续推进“党员进班级树新风，引导学生传播正能量；党员进宿舍树文明，引导学生文明生活；党员进社团树形象，引导学生增强集体意识和服务意识”“三进三树”工程，拉近党员与学生间的距离，打通党群情感沟通渠道，充分发挥党员模范表率作用。

【领办2个徐州市特需专业建设项目】 年内，药品生物技术、食品生物技术两个专业通过徐州市教育局答辩评审，获批领办徐州市特需专业建设项目。学校将瞄准药品食品产业发展趋势，立足区域药品食品生物技术行业经济发展的需求，建设一流的品牌特色专业，全面提高人才培养质量和服务发展能力，为徐州地区药品食品生物技术等战略新兴产业发展提供有力智力支持，实现专业建设与产业升级融合发展，协调发展。

【畜牧兽医专业获批省高水平骨干专业】 2017年，学校畜牧兽医专业获批江苏省高水平骨干专业。学校畜牧兽医专业持续突出“职”教本色，学生实践技能过硬，教师水平一流，有全国技能大赛金牌教练2人，20余人次在各级技能大赛中获大奖，涌现大批省市级创业明星。教师科研成绩突出，获江苏省农业丰收奖一等奖、徐州市科技进步奖等，获批国家、省、市级科研项目26项。专业服务社会凸显，共培训农技推广人才、职业农民、大学生村干部4000余人次。逾30人次担任省“挂县强农富民工程”项目专家，在该地区建成生态肉鸭养殖、肉羊养殖等科技示范基地6个，推广养殖新技术、新模式10余项。

【师资队伍建设进一步增强】 2017年，学校关心支持教师成长，鼓励教师不断提升教育教学能力。1人被评为全国农业职教名师，3人入选省第五期“333高层次人才培养工程”第三层次培养对象。在省“青蓝工程”选拔中，1人被评为中青年学术带头人，2人为骨干教师。1人当选为江苏省高等教育学会职业能力研究委员会副理事长，1人当选为徐州市新农村与城镇建设发展研究会会长，1人当选中国越野行走（学校）协会副主席。6人通过高校中级以上职称评审，其中，1人晋升教授，3人晋升副教授。12人年内取得硕士学位。引进7名人才，其中1名博士后、5名硕士研究生、1名国家二级运动员。

【教科研成果丰硕】 2017年，学校教科研取得丰硕成果。生物制药教学团队的《“产学创融合”下药品生物技术课程建设研究》获江苏省2017年优秀教学成果一等奖。在全省信息化教学大赛和全省高校微课大赛中获得一等奖1项，二等奖2项，三等奖11项。王善辉老师主持的“新型鸭坦布苏病毒亚单位疫苗的研制”获批省重点研发计划项目。燕宪俊老师参与国家社科基金重大项目“中国古代方言学文献集成”，承担子课题“‘徐州十三韵’的整理与研究”。

【获评徐州市后方帮扶先进单位】 年内，学校被评为徐州市后方帮扶先进单位。学校派出1名中层干部到邳州小埛村驻村开展扶贫工作，多次组队下村为该村脱贫出谋划策，除利用自身优势进行智力帮扶和农技指导外，认真抓好建立健全村两委组织队伍、改善道路交通、建设综合服务中心及村农技阅览室、整治公共空间、开挖农田机井、修建温室大棚和引进光伏等民生工程，2年精准帮扶，实现村集体经济收入达标，完成该村48户、175人贫困人口脱贫任务。

【服务社会成绩突出】 2017年，学校认真实施国家星火计划、省农业“三新”工程、省“挂县强农富民工程”、市农业开发科技推广等项目。通过专家组入驻对接村（企），团队定期到点，发展设施农业，及时为农户提供技术指导，为农业企业和广大农户解决技术问题，将科技成果送上门，助力发展现代高效农业。举办各类培训班24期，为徐州和连云港地区培训大批农技骨干、种植大户和新型农民。学校1人获省农委“送科技、比服务、促增收”奖，学校被省农委授予全省挂县强农富民工程绩效优秀单位称号。

【积极参与黄河故道开发】 2017年，学校编制的《徐州市黄河故道综合开发“十三五”农业产业发展规划》（以下简称《规划》）通过专家组评审会。《规划》立足黄河故道沿线资源、产业基础和区位优势，聚焦徐州地区优质果品、特色瓜菜、高效水产等重点产业，明确将在“十三五”期间把黄河故道全面建成国家农业可持续发展试验示范区、国家绿色经济试验示范区和全国黄河故道现代农业先行区。《规划》充分体现省委、省政府及市委、市政府关于黄河故道综合开发的总体部署和要求，为徐州市黄河故道综合开发、农业产业快速发展明确了路线图。

（撰稿：金　琛　张　宁　审稿：蒋留生）

九州职业技术学院

董事长　张建委
常务副院长　陈万平
副院长　朱　涛　杜蜀宾
党委书记　张建委
党委副书记　朱　涛

【概况】 九州职业技术学院占地15.8公顷，校舍建筑面积15万平方米，拥有可容纳6000名学生规模的教室、实验室、图书馆、学术报告厅、食堂、学生公寓、运动场、文体馆等设施，累计投资近3亿元，其中教学仪器设备总值3520万元。学院建有78个校内实验实训室，紧密型校外实习实训基地46个，在18家企业建立企业教学实践部。图书馆图书27.4万册。

2017年，学院设有机电工程系、土木工程系、经济与管理系、中锐汽车学院、社会公共服务系、翔宇航空学院、公共基础课部、继续教育学院等教学单位，开设30余个专业。全日制高职高专在校学生

5000余人。招生1561人,毕业879人,毕业生就业率为96.93%。学院有专、兼职教师396人,其中,校内专任教师215人,校内兼课教师48人,校外兼职教师58人,校外兼课教师89人。专任教师中48.83%具有研究生硕士学位,高级职称教师占比33.02%,“双师素质”教师占比86.04%。

2017年,学校有1名教师入选江苏省2017年高校“青蓝工程”优秀青年骨干教师培养对象,1名职工获2017年江苏省高等学校“信息化建设先进个人”称号,3名教师获评2017年徐州市“出彩职教人”。1名体育教师参加第二届全国高等职业院校体育教师教学技能大赛,获全国一等奖。

【专业建设取得成果】 2017年,学校专业建设取得显著成果。护理专业三年制职高专科纳入国家招生计划。该专业于2016年12月经江苏省教育厅、卫生计生委组成联合专家评估组现场评估,同意学校试办。建筑工程技术、机电一体化技术、汽车检测与维修技术等专业被评为徐州市品牌特色专业。9月,康复治疗技术专业获批领办徐州市特需专业建设项目。建筑工程技术专业入选江苏省高等职业教育高水平骨干专业立项建设。

【获多项省市科研立项】 2017年,学校先后获得省市科研立项共计33项。其中,省教育科学“十三五”规划2016年度课题4项,省现代教育技术研究2017年度课题2项,省教育厅2017年度高校哲学社会科学研究基金项目和专题项目15项,市2017年度社会科学立项12项。

【一项典型案例入选省高职质量年度报告】 年内,学校一项人才培养典型案例入选省高职教育质量年度报告。2017江苏省高职教育质量年度报告第三部分“教育教学质量”的“信息技术”中,引入学校建筑实训基地信息化建设的案例。

【学生获国际技能大赛奖】 5月,学生参加在中国矿业大学举办的2017中国工程机器人大赛暨国际公开赛(Robowork),获一等奖5项,二等奖1项,三等奖4项。

【文化体育竞赛成果丰硕】 2017年,学校在文化体育竞赛中成果丰硕。自主拍摄微电影《点亮梦想》,在省教育厅组织开展的“他们——我身边的资助”116部微电影创作活动中,获特等奖。朗诵《中华少年》获省第五届大学生艺术展演二等奖,舞蹈《楚汉》和戏剧《作弊》分获三等奖。4月,学生男子排球队获省第十九届运动会高校部排球乙组冠军。12月,昂在院新生篮球代表队蝉联“2017城市传奇江苏高校新生篮球冠军赛”徐州分站赛冠军。

【校园信息化建设取得重大进展】 2017年,学校加速推进校园信息化建设。投入近300万元,经过多次改造升级,形成以网络中心机房为核心,呈星型向四周节点发散的网络格局,校园网出口带宽达2.11吉字节,万兆速率主干覆盖整个校区,全网实现千兆速率到桌面。全网纳入信息点4500多个,被省教育厅评为校园信息化建设先进单位。

【举行“劳模精神进校园”先进事迹报告会】 3月22日,徐州市教育系统“劳模精神进校园”先进事迹报告会在学院举行。全院教职工听取江苏师范大学教授赵兴勤、中国矿业大学教授匡亚莉、徐州市水务局下水道四班原班长陈秋燕的先进事迹报告。

【组织召开第二届教职工代表大会二次会议】 4月14日,学院召开第二届教职工、工会会员代表大会第二次会议。出席会议代表60人,应邀列席会议代表8人。会议审议和通过《学院职能部门、系(院、部)年度绩效考核办法》。

【举办“职业教育活动周”活动】 5月8—15日,学校举办主题为“知识改变命运,技能成就未来”职业教育活动周,并组织参加徐州市首届“职教对接周”活动,参与品牌特色专业、出彩职教人、创新创业之星、校企合作示范企业四个项目的评选。

【成立市第一支高校平安志愿者服务队】 5月31日,徐州市第一支高校平安志愿者服务队——九州职业技术学院平安志愿者服务队成立。志愿者活跃在文明城市创建及维护道路交通安全等活动中,受到《徐州日报》、今日头条、徐州平安志愿者官微、铜山发布、平安铜山365官微等多家媒体的关注。

【毕业生就业创业督查获好评】 6月14日，江苏省2017年高校毕业生就业创业专项工作第七督查组到学院督查。督查组听取工作汇报、召开教师座谈会和查阅台账等，对学院2014—2017年毕业生就业创业工作给予好评。

【出台《学生职业技能竞赛管理办法》】 6月21日，学校出台《学生职业技能竞赛管理办法》。《办法》进一步规范学生技能竞赛的组织管理与实施、经费管理与使用、评估与奖励等，确保学生职业技能竞赛项目设置的科学化、规范化和常态化。

【被省住建厅确定为无纸化考核考点】 9月6日，省住房和建设厅专家组一行，对学院申办江苏省建设领域无纸化考核徐州考点建设工作进行验收，确定学院为省住房和城乡建设领域从业人员岗位培训无纸化考核考点。

【讨论确定选择非营利性办学方向】 9—10月，学院召开两次大会讨论确定办学方向。9月22日，召开教职工大会，听取教职工民办学校分类管理的意见和建议。10月28日，召开第五届董事会第六次会议扩大会议，讨论并确定分类管理等事项。两次会议一致认为，根据现行的国家法规性政策要求，职业技术教育发展的趋势，学校目前的实际状况及学院章程中的有关规定，确定选择非营利性办学方向。

【2个工程技术研究中心被认定为市工程技术研究中心】 11月1日，学校"徐州市装配式建筑信息化云端工程技术研究中心""徐州市透水砼检测工程技术研究中心"，被徐州市科技局批准认定为市工程技术研究中心。

【召开学院党委班子换届大会】 11月24日，学院党委召开党员大会，选举产生新一届学院党委会。党委成员有张建委、朱涛、吕苏南、张超、张鑫燚。选举产生新一届纪律检查委员会委员，其成员是张超、苗青、胡伟。徐州市委教育工委书记、市教育局局长吴昊到会并讲话，市委教育工委组织处处长杜涛参加会议。

【承办省民办高校工会工作座谈会】 12月4日，2017年江苏省民办高校工会工作座谈会在学校召开。江苏省教育科技工会副主席孙焱、教育科技工会高校部部长高顺岭及全省20余所民办高校工会领导出席座谈会。

【接受省委督查室高校思想政治工作督查获好评】 12月20日，以省教育工委副书记徐子敏为组长的江苏省委第二督查组一行5人对学院学习贯彻落实《加强和改进新形势下高校思想政治工作》情况进行督查。督查组听取汇报，与学院领导及相关部门负责人进行访谈，查阅相关文献资料，对学校思想政治工作给予好评。

【首次参加全省高校党委书记述职大会】 12月27日，党委书记、董事长张建委代表学校党委首次参加省委教育工委召开的全省高校党委书记履行党建工作责任述职大会，并作为民办高校党委书记代表在大会上述职。

（撰稿：华国民　审稿：陈万平）

（责任编辑　钱立群）

县(市)区教育

丰县民族中学

丰县民族中学地处“千古龙飞地，一代帝王乡”古城丰县城北关。学校始建于1976年，原名丰县城关中学，1996年更名为丰县民族中学。2014年成功创建省四星级高中。学校以鲜明的民族教育特色，深邃的学校文化内涵，丰硕的素质教育成果，出色的高考成绩，享誉省内外。

美丽的校园

运动员代表徐州市参加省民运会

陀螺运动员在省民运会比赛中

聚精会神——我们的课堂

重温入团誓词

学生社团活动

青年教师拜师会

摄影：王　振

丰县华山初级中学

华山初中以“建设现代化、高质量、有特色、一流水平的社会主义新型学校”为办学目标，坚持“注重素质，突出特色，培养能力”的教育思想，认真实施素质教育，努力发展学生个性特长。先后被评为江苏省德育先进学校、江苏省学陶师陶实验学校、徐州市模范学校、徐州市硬笔书法特色学校。

校长　王传新

国防教育

共建绿色校园——植树认领活动

硬笔书法比赛

全国青少年技巧冠军队

校园艺术节

教职工篮球赛

拔河比赛

摄影：胡绍华

丰县师寨初级中学

——用“五大行动”倾情打造“幸福师中2.0”

师寨初中全体师生心有所梦，踏歌而行，以“名师成长助力”“质量天团培植”“品质课程建设”“书香校园创建”“舌尖感觉幸福”五大行动为抓手，让师中质量再提升，内涵更丰富，校园更暖心，品位更卓越，努力打造“幸福师中2.0”。

“红枫奖”教师表彰

“质量天团培植行动”访谈

“五大行动”启动仪式

始终保持最好姿态的教师团队

校园文化长廊

“你理想的食堂是什么样的?”

学校体育节盛大开幕

“幸福师中”合唱团展演

摄影：付 伟

丰县宋楼初级中学

宋楼初级中学是一所教学设施完备、教育特色鲜明的省级现代化初级中学。学校以“办好人民满意的教育”为宗旨，以“优秀做人，成功做事”为办学指针，坚持“德育为先”，开展各种文艺活动，促进学生全面发展。先后被评为江苏省教育现代化示范初中、健康促进(金牌)学校，徐州市优秀平安校园、陶行知实验学校，2017年获第十届江苏省中小学诗歌竞赛优秀组织奖。

喜迎十九大青年教师演讲比赛

语文优质课展示

精神饱满——校运动会入场式

国防教育进校园

14岁离队入团仪式

梨花节专场演出

摄影：李　想

丰县欢口镇中心校

欢口中心校下辖9所定点小学、10所幼儿园。各校(园)教学楼房坚固,校园宽敞舒适,实验功能齐全,“安防”条件较好。欢口镇义务教育、幼儿教育快速发展,走在全县前列,呈现出校园环境整洁、教学秩序井然、人际关系和谐、事业蒸蒸日上的良好景象。

欢口小学优美的教学环境

欢口镇陈大庄小学新建教学楼

欢口镇苇子园小学整洁的校园

2017年度丰县鼓号队比赛中的欢小风采

欢口镇后大营小学冬季阳光体育运动

欢口中心校教研活动

欢小老师在指导学生做吹塑模板版画

欢口小学科技馆

欢口小学农耕文化展览室

摄影:高海燕

丰县创新外国语学校小学部

创新外国语学校是一所现代化民办学校。2017年有81个教学班，4000余名学生。216名专任教师，本科学历达标96%。学校努力推进教学改革，优化课堂教学，打造精品教育。坚持特色办学，被评为省“艺术教育特色学校”，“民族音乐进校园”“中国陶笛教学”示范基地。全国各地40家兄弟单位先后到学校参观学习，学校特色教育模式得到肯定和推广。

校长蒋显敬应邀到中国矿业大学作《善教·乐学·音乐·人生》专题讲座

中组部、教育部党建工作抽查组到学校督导考核

承办省人民教育家培养工程活动

举行“喜迎十九大”主题队日活动暨六一新队员入队仪式

校第九届”舞动的音符“器乐比赛

承办省“传承民族文化 筑梦教育自信”艺术展演

荣誉证书

为表彰 2017 年江苏省教学成果奖（基础教育类）获奖者，特颁发此证书，以资鼓励。

成果名称：

主要完成人：

主要完成单位：

奖励等级：

江苏省教育厅
二〇一七年九月

课题成果获江苏省教学成果奖二等奖

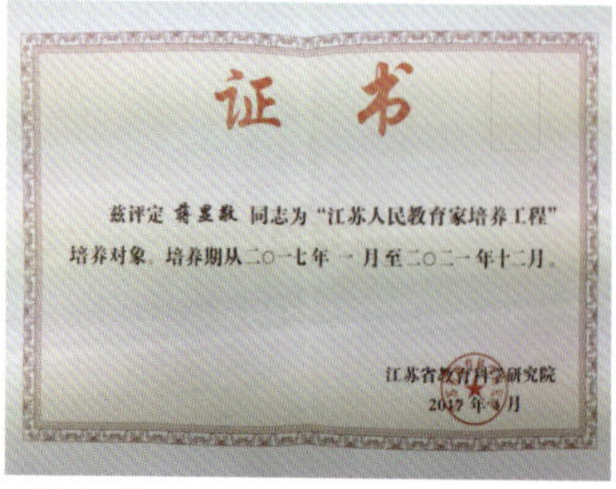

证书

兹评定 蒋显敬 同志为“江苏人民教育家培养工程”培养对象。培养期从二〇一七年一月至二〇二一年十二月。

江苏省教育科学研究院
2017年 月

校长蒋显敬被评为第四批“江苏人民教育家培养工程”培养对象

摄影：郭绍博

丰县示范幼儿园新城分园

丰县示范幼儿园新城分园是一所建筑独特、充满童趣、富有生机的现代化幼儿园。有48名专任教师，市、县名优教师12人。幼儿园始终坚持“以人为本、关爱心灵、启迪智慧、发展个性”，精心打造多元育人环境。2017年，先后代表丰县成功举办省“课程游戏化园园行”活动，接待国家学前教育改革发展实验区督导团专家督导和省、市、县领导调研视察，省内外同行考察交流达600余人次。幼儿园顺利通过省优质园、省优秀平安校园和市A级食堂验收。

丰县示范幼儿园新城分园

国家学前教育改革发展实验区督导组
专家王海英（中）到园视察

县委书记王克华（左8）等领导
六一儿童节看望师生

副县长孙寸贤（前右3）陪同省平安校园示范县
建设考核验收组到园检查指导工作

早操掠影

户外活动——爬坡

户外活动——玩水

种植园里摘辣椒

充满童趣的一楼大厅

宽敞明亮的教室

艺术街区

摄影：赵四龙　张　璇

沛县中学

沛县中学创办于1923年，省四星级高中，办学历史悠久，文化底蕴厚重。2017年有59个教学班，学生2752人。教职工308人，其中特级教师2人，研究生学历42人，省市县名优教师112人。学校多次获得省市表彰，被评为江苏省教育工作先进集体、徐州市“一师一优课”活动先进集体等，社会美誉度不断提升。

校长　范建银

“深入学南通 学讲再提升”现场推进会

集体备课观摩活动

“学讲”课堂展示

入团宣誓仪式

跑操比赛

刘运君艺术馆开馆仪式

摄影：刘　刚

沛县第二中学

沛县第二中学1978年建校，1992年成为县直属高中。校园教学教辅软硬件设施齐备，生活用房、运动场地达标。2017年，有45个教学班，在校生2133人，教职工217人，其中专任教师213人。学校先后获得江苏省爱国卫生先进单位、模范职工之家，徐州市先进集体、花园式学校、安全文明校园、教育新闻宣传工作先进单位，沛县工会工作先进单位等称号。

承办徐州市创新教育学会座谈会

开展大型系列示范观摩课活动

校本课程建设全面启动

家长学校成立

情暖彭城——构筑安全校园

摄影：宋永恒

沛县体育中学

体育中学是1964年经县政府批准成立的公办学校，12年一贯制。学校融运动训练、文化教学、体育科研于一体，设立武术、技巧、散打、足球、跆拳道、田径、篮球、网球、蹦床、拳击、击剑11个项目。先后荣获全国业余体育训练先进集体、全国群众体育先进集体、全国教育系统先进集体等称号。2017年被国家体育总局命名为国家高水平体育后备人才基地，江苏省体育局命名为首批江苏省五星级业余体校。学校为国家培养输送6000余名运动员，包括冬奥会冠军韩晓鹏、武术世界冠军张凯等26名世界冠军，168名全国冠军。

校长 赵米青

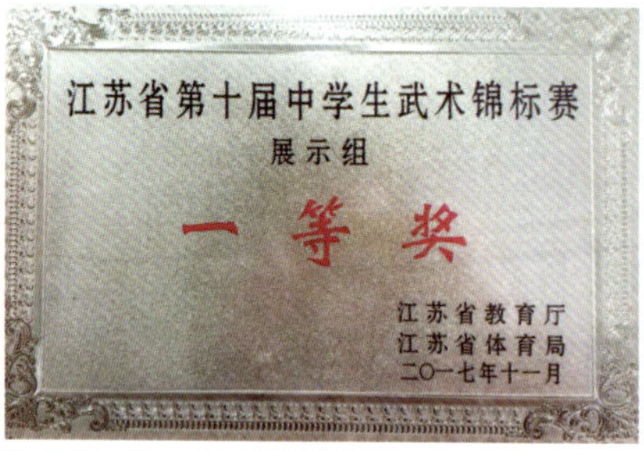

蹦床世界冠军张阔回母校

举办世界冠军成长报告会

张阔为学弟学妹签名

教练员班主任管理例会

足球训练

摄影：张玉龙

沛县第三中学

沛县第三中学是一所全日制公办初级中学。学校本部有46个班级，树人校区15个班级。教职工237人，学历达标100%。学校实行“半封闭”式管理，以“文明、严谨、勤奋、求实”为校风，“勤学、善思、明理、求真”为学风，形成以足球、武术、汉文化研究、国学诵读为特色的校本课程体系。先后获评江苏省模范学校、现代化示范初中、书香校园、平安校园、德育先进学校等称号。

校长常海为十四岁青春仪式致辞

联盟学区教研活动

气派的学校大门

缅怀先烈

步伐整齐，精神抖擞的跑操比赛

十四岁青春仪式闭幕式

军训磨砺迎开学
飒爽英姿展风采

摄影：郭志宏

沛县初级中学新城校区

2010年9月，沛县人民政府合并6所学校组建了九年一贯制学校——沛县汉源中学。2017年9月，县政府又将汉源中学纳入沛县初级中学集团，更名为沛县初级中学新城校区，依托沛县初级中学的资源优势，“制度、教学、人员、考核、资源”五位一体，共同发展。2017年学校有75个教学班，教职工238名，在校学生5200余名。

沛县初级中学新城校区

公开课

教师座谈会

欢庆六一

运动会开幕式

颁奖盛典

摄影：刘洪峰

沛县正阳小学

沛县正阳小学(南校区)在沛城街道孔庄小学原址新建,2017年8月投入使用。有专任教师79人,专科以上学历占94.9%,其中中小学高级教师5人。学校以打造“七彩童学馆”为契机,建构多元、开放、可选择的自主发展“儿童创意课程”体系。学校多次承办市、县教育教学现场会,成为沛县小学教育的一张靓丽名片。

县委县政府领导到学校慰问教师

校长姚恺在2017徐州市小学品质课程会上致辞

学校承办2017徐州市小学品质课程现场推进会

学校承办县委宣传部贯彻十九大精神诗歌朗诵会

品质课程现场推进会——剪纸现场

儿童画社团

“繁星文学社”成立

创意线描社团

摄影:朱雪静 司天辉

沛县张庄镇中心小学

张庄镇中心小学2012年11月通过江苏省现代化标准学校验收，2016年9月搬迁至新校区。占地约4.5公顷，绿化面积约3.2万平方米。2017年有48个教学班，在校生2567名，教职工131名。学校先后获得江苏省青少年科技特色学校、剪纸特色学校，徐州市实验小学、“弘扬创新精神，深化素质教育实验基地”等称号。

承办沛县诵读大赛

教科研活动——课题结题报告会

范庄小学自编校园操——《中国范儿》

田楼小学主题班会

西南小学剪纸社团

张庄镇中心小学电脑课

书法社团

黄寺小学作业评比

摄影：王洪玲　吴继玲

沛县胡寨镇中心小学——以武育德 以武育智

胡寨镇中心小学新校位于胡寨镇安庄新村，占地2.2公顷，一期建筑面积4656平方米。2017年有30个教学班，在校学生1579人。学校以中国传统武术为载体，坚持以武育德，以武育智，深入实施素质教育，多次受到各级表彰。

校长 秦淑国

棍术

县教育局领导到学校指导武术校本课程开发

拳术

学生戏曲表演

刀术

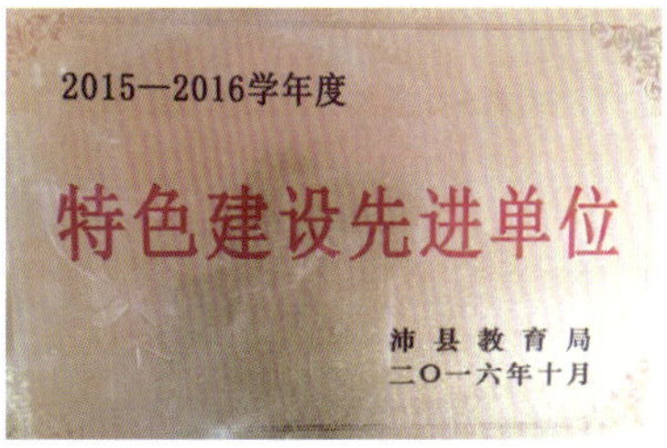

教师太极拳比赛

摄影：赵则清

睢宁县李集二中

2017年，李集二中有20个教学班，在校生1079人。学校积极践行“学校以教师为本、教师以学生为本、学生以品德为本”的管理理念，先后获江苏省平安校园、徐州市体育传统项目学校、江苏省中小学足球特色学校称号，2017年获睢宁县“县长杯”足球联赛初中男子组一等奖。

教学楼

教师集体备课

广播操比赛

运动会开幕式

合唱比赛

女职工代表大会

摄影：史　伟

睢宁县王集第二中学

王集第二中学是一所规模较大的农村初级中学。学校以“创建特色学校，塑造优秀教师，培养高素质学生，办成高质量教育”为发展方向，求实创新，锐意改革，在校园管理、教育质量、社会声誉等方面稳步提升，实现教师发展、学生成长双丰收。

社团活动拓展探究时空

饶有兴致的课堂教学延伸

小组合作学习探究

体育课中的足球教学

广播操汇报展演

谋化教学新发展

摄影：余　贺

睢宁县庆安中学

庆安中学秉承“教人求善，学做真人，和谐发展”的办学思想，遵循“求真、求善、求美、求实”的校训，脚踏实地，开拓进取，学校先后被授予徐州市文明单位、徐州市教学质量先进学校、徐州市级“模范教工之家”等称号。

校长徐寒带头植树绿化校园

“乡土田园”文学社采风小组走进大自然现场写作

教学开放日，家长走进教室

元旦汇演，学生表演京剧《花木兰》选段

家长观看展出的优秀作业

加大对名优教师的宣传

叠被子比赛马上开始

摄影：冷　永

睢宁县双沟中学

双沟中学是一所公办完全中学，创办于1953年。励精图治60余年，创造出骄人业绩，学校先后获得江苏省三星级高中、江苏省平安校园、徐州市课改先进集体、徐州市教育教学管理先进集体、徐州市绿色校园等称号。

寸草心，三春晖——“老师，您辛苦了！”

我们的歌声向太阳

我们坐上了定制公交

目标，正前方，冲！

坚忍，坚持——好一个铿锵玫瑰！

跨越

“黑虎掏心，哈！”——强健体魄，乐在其中

摄影：柏　朕　刘　乐　王　宝

睢宁县新城区实验学校

新城区实验学校是一所九年一贯制学校，设有中学部和小学部，设计定位为“多功能、高标准、现代化、信息化”。学校始终秉承“让优秀成为一种习惯”的办学理念，坚持“遵循教育规律，成长为重；回归教育本真，学生为本”的指导思想，围绕“优德优教优学优行”校风，“敬业严谨博学善导”教风，“乐学静思自主合作”学风，努力推进内涵发展和质量提升，办好人民满意的教育。

陶行知塑像揭幕仪式

承办省教育科学规划办“科研普惠工程”赴徐活动现场

与北京科技大学联合举办科技夏令营

八年级学生十四岁青春仪式

承办省引智培训（睢宁班）开班典礼及培训

澳大利亚碧根山学院师生到学校参观交流

师生瞻仰周总理纪念馆及故居

首届民族运动会

摄影：吕　娜　王春光　李　武

睢宁县中等专业学校

江苏省睢宁中等专业学校是省四星级中等职业学校、省高水平示范性中等职业学校。学校设有基础部、服装艺术部、建筑部、机电部、信息部5个中职专业部和开放大学、教师进修学校、社区教育学院3个成人教育专业部。2017年,有全日制学历教育在籍学生3195人,有教职工340人,其中专任教师263人。学校已形成集"3+3"直升班,职业中专,本、专科学历教育和多种培训于一体的办学格局。

县长朱明泉(左2)到学校检查工作

省"十三五"课题开题汇报会

日本友人到学校参观

读书论坛

2017年对口单招技能全部过关,校长送蛋糕祝贺

第三届职业教育活动周

高雅艺术进校园暨第三届体育文化艺术节开幕式

摄影:陈计威

睢宁县第四实验小学

第四实验小学是睢宁县委县政府2015年重点工程之一,2016年9月1日正式投入使用。建校一年多,学校先后通过江苏省现代化学校验收,被授予徐州市优秀平安校园、徐州市依法治校示范校、陶行知研究会实验学校、江苏省小学数学珠心算实验学校、睢宁县红旗大队等称号。

优美的校园环境

中央电视台编导组到学校采风

第一届家长委员会成立

召开第一届少代会

六一文艺汇演

经典诵读

摄影:李恒连

邳州市第二中学

邳州市第二中学建于1977年。学校以"起于精心,行于精细,成于精神"的办学理念,教育教学稳步提升,先后获得全国青少年校园足球特色学校、江苏省教育工作先进集体、江苏省绿色学校、江苏省环境与生命课程基地、徐州市教学先进单位、徐州市安全文明校园、徐州市师德建设先进集体等荣誉称号。

校长 张士超

省课程基地验收小组视导

入选2017年全国青少年校园足球特色学校

十四岁青春仪式——唱响未来

十八岁成人仪式——感人瞬间

省正高级教师张明指导学生使用天文望远镜

校园新貌

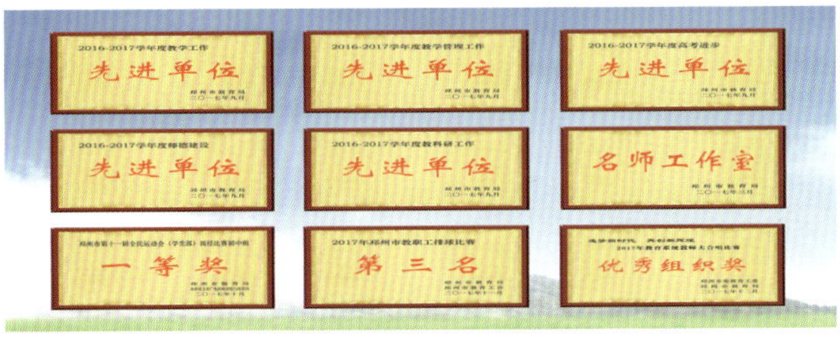

硕果累累的2017年

砥砺奋进的五年·(2012–2017)

摄影:王 非

邳州市红旗中學——夯实名校之路 铸造品牌教育

红旗中学是江苏省首批教育现代化示范初中。2017年,学校借原址重建契机,走全面育人、特色办学之路,树立建设徐州品牌学校的目标。通过科研助力名师成长工程提升教师队伍综合素质,打造特色教育基地提升学生文明程度,校园文化建设提升校园品牌文化内涵,培养有师德、懂教学、会科研的教师,会学习、会协作、讲诚信、会创新的学生。2016-2017学年度获省教育工作先进集体、市师德建设先进单位等称号。

省特级教师、校长曹兴辉(右3)在徐州市乡村骨干教师培育站交流指导

教师发展中心

升旗仪式

徐州市教研室到学校调研

家校沟通

学校新貌

摄影:马 政

邳州市薛集中学

薛集中学建于1975年，历经40多年，学校不断发展。校园占地约4公顷，建筑面积4万余平方米。有15个教学班，在校学生700余人，教职工60余人。学校致力于推进新课程改革，强化师资队伍建设，深挖教学潜力，形成环境育人、全员育人、全面发展、质量第一的办学特色。先后被评为徐州市德育先进校、绿色学校、平安校园、“一师一优课”先进单位，邳州市教学先进单位。

校长　胡争科

团结奋进的领导班子

学生到敬老院义务劳动

“关注安全，珍爱生命”安全教育签名仪式

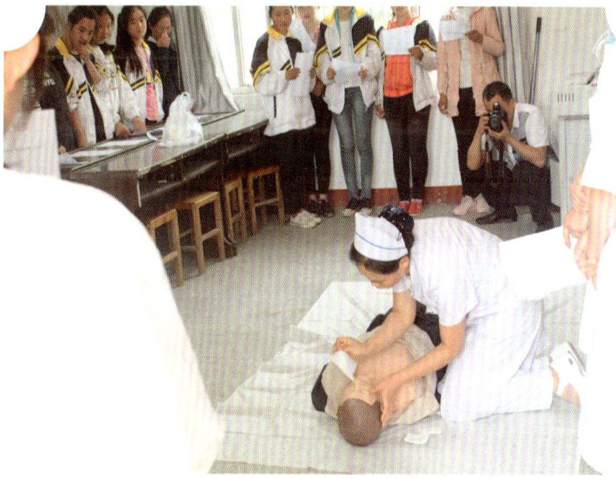

“科普宣传周”活动

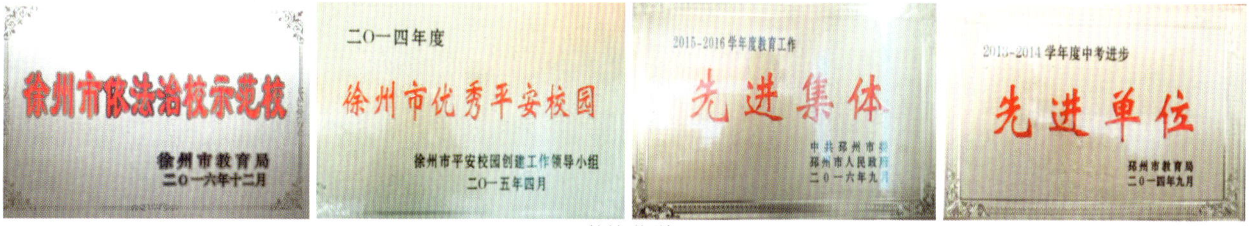

学校荣誉

摄影：卢鸿儒

戴庄镇中心小学

2017年，戴庄镇有完全小学7所、教学点1个，教学班124个，在校学生5112人。公办幼儿园2所，在园幼儿2402人。教职工269人，其中专任教师260人。中心小学以“重基础、强规范、抓管理、提质量、促发展”为主线，以常规管理为切入点，抓教学质量管理、教师专业发展、学生综合素质提升，完善校安工程，较好的完成年度目标任务，获邳州市教育系统先进集体、教学工作先进单位等称号。

禹王山小学

禹王山小学清明祭扫活动

举行“三新”报告会

我为学校自豪——禹王山小学奖牌榜

古诗教学研讨活动

优秀教案展评

消防演习　学会自救

摄影：潭长浩

赵墩镇中心小学

赵墩镇中心小学下辖11所小学、4所公办幼儿园。在校小学生6467人，在园幼儿1550人，教职工339人。学校坚持向德育要质量、向读书要质量、向多媒体要质量、向体育要质量的办学思路，大力改善校园环境，加大教育信息化投入，全面推进师生“大阅读”活动，教育教学质量稳步提升，沿着规范化、制度化的轨道快速前进。

升旗仪式

教师节庆祝表彰大会

教育教学质量表彰会

青年教师展示课

“快乐英语”口语比赛

跑操活动评比

幼儿园韵律器械操比赛

滩上小学评选第一届“书香家庭”

摄影：姬长旺　胡恒江

邳州市运平路小学

2017年，运平路小学在校学生5017人。教职工210人，其中，特级教师1人，徐州市名师、优师、青年良师11人，获评邳州市级以上优课的教师62人。学校秉持“为孩子美好人生奠基”理念，按照“强基础、创特色、办精品、树品牌”的整体思路推进各项工作，精心打造榜样文化，潜心开展教学研究，先后荣获徐州市书法特色学校、科技教育特色学校，邳州市教育教学工作先进集体等称号。

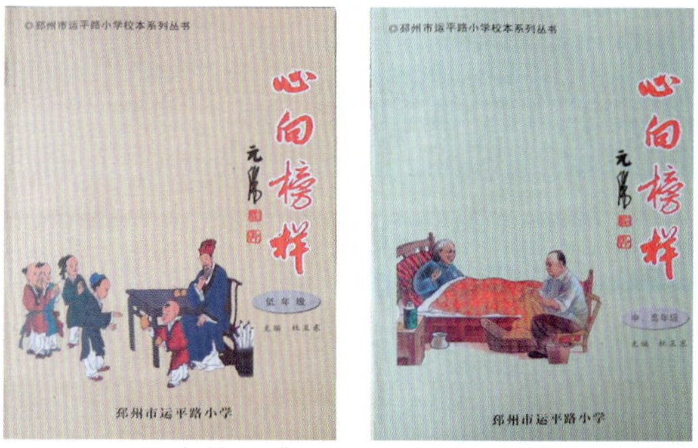

校本教材《心向榜样》进入课程

第18期“运平论坛”展示活动

徐州市于永正“儿童的语文”教学思想研讨活动

现场教学设计比赛

学海安经验汇报会

第一届校园小歌手比赛

第六次少先队员代表大会

摄影：齐传亮

邳州市新城幼儿园——给孩子健康阳光的童年

新城幼儿园是教育局直属公办幼儿园，设18个教学班，教职工78人。幼儿园先后通过江苏省优质幼儿园、平安校园的评估验收，是全国家园共育实验基地。秉承“回归自然，崇尚童真，遵循教育规律和人才成长规律，让幼儿的人生坚实起步”的办园理念，坚持“为提升每个孩子的生命质量奠基”的办园宗旨，合理优化一日课程，打造原生态阳光快乐的游戏乐园，给孩子一个健康、阳光的童年。

江苏省“优秀园丁” 园长 蔡莉

国旗护卫队

运动会入场仪式——坦克方阵

快乐游戏——拉小车

DIY 创意生活馆

勇于挑战

种植园的萝卜丰收啦

摄影：王 丽

新沂市教育局

2017年，新沂市教育局补充新教师1008人，行知学校建成招生，新安小学二部、时集小学新校区启用，第三中学易地新建工程主体完工。深度落实“教育学南通”暨新教育实验工作，成功举办全国新教育实验新沂开放活动。家校共建工作走上全国舞台，《家长大讲堂》录播54期，点击量突破6000万人次。高、中考成绩均位居徐州市县区第一名，高考二本上线率近80%，实现上线人数和比率“六连增”。

新教育实验新沂开放活动主会场

家长大讲堂特别节目

名师成长工程暨教干暑期培训

“天一杯”读书节活动颁奖

新安街道教育奖励基金颁奖仪式

第33个教师节庆祝大会

第六届校长沙龙

时集小学新校区

摄影：钱雪华

新沂市第一中学

第一中学2017年11月通过省教育评估院四星级普通高中复审。教职工356人，其中正高级职称教师1人，徐州市领军名师1人、带头优师4人、青年良师3人。学校以有效提升教育质量为目标，开展“管理落实年”活动，聚焦课堂，狠抓落实。2017年高考实现“六连增、四第一”：二本上线率94%，一本增加数、二本上线率、高考语文和数学均分均居徐州市县区学校第一。6人考入复旦大学，13人考入C9联盟高校。

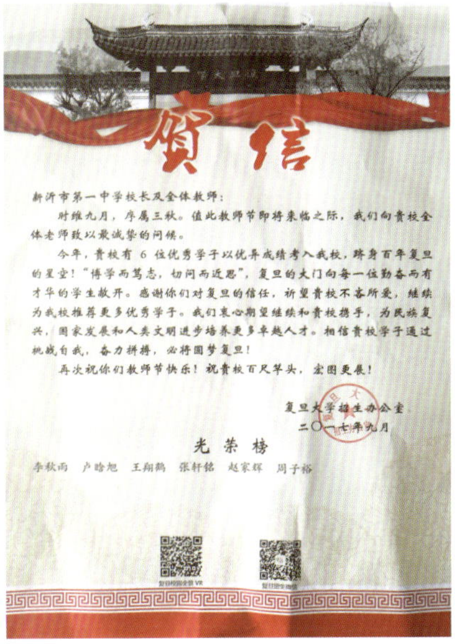
贺信

新沂市第一中学校长及全体教师：

时维九月，序属三秋。值此教师节即将来临之际，我们向贵校全体老师致以最诚挚的问候。

今年，贵校有6位优秀学子以优异成绩考入我校，跻身百年复旦的星空！“博学而笃志，切问而近思”，复旦的大门向每一位勤奋而有才华的学生敞开。感谢你们对复旦的信任，祈望贵校不吝所爱，继续为我校推荐更多优秀学子。我们衷心期望继续和贵校携手，为民族复兴，国家发展和人类文明进步培养更多卓越人才。相信贵校学子通过挑战自我，奋力拼搏，必将圆梦复旦！

再次祝你们教师节快乐！祝贵校百尺竿头，宏图更展！

复旦大学招生办公室

二〇一七年九月

光荣榜

李秋雨　卢晗旭　王翔鹤　张轩铭　赵家辉　周子裕

复旦大学贺信

开学典礼

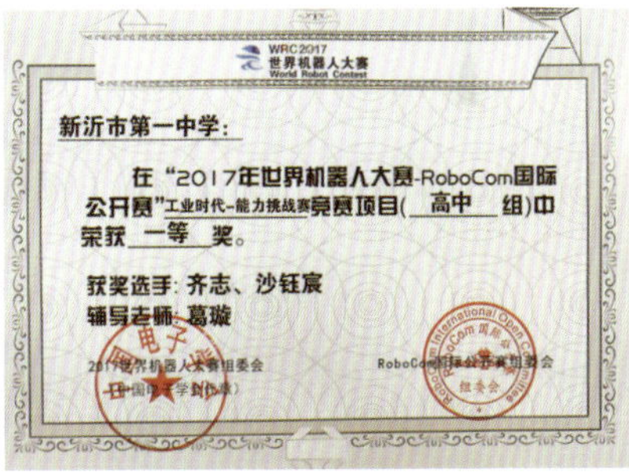
WRC 2017 世界机器人大赛 World Robot Contest

新沂市第一中学：

在“2017年世界机器人大赛-RoboCom国际公开赛”工业时代-能力挑战赛竞赛项目（高中组）中荣获一等奖。

获奖选手：齐志、沙钰宸

辅导老师：葛璇

2017世界机器人大赛组委会　RoboCom国际公开赛组委会

世界机器人大赛一等奖

国庆大合唱比赛

“学讲”课堂校际交流

元旦汇演暨“三节”表彰会

趣味运动会

摄影：徐　峰

新沂市高级中学

高级中学创建于1956年，为江苏省三星级高中，师生近2000人。学校深入落实精细化管理，推进错位式发展，围绕“管理”“课堂”“教研”等关键环节提升教学质量，在高考、小高考中实现“质量连升”“办学连增”，先后获得徐州市教育系统先进党支部、教育系统先进集体、“学讲”先进学校等称号，2017年获新沂市管理创新奖。

新沂市教育局局长王学伦（左）陪同沛县教育局局长贺磊（中）到校指导工作

党员示范岗授牌
——以党员引领团队，以团队凝聚力量

“三级”研课——校级教研、集体备课、一天一研

特色育才——在美读、美书、美行的“三美”活动中成长

家校共育——学生开学，家长开班

错位式发展——用画笔描绘人生蓝图

生活即教育——以协作互助锤炼品格

青春放飞梦想

摄影：叶大伟

新沂市第四中学

第四中学2017年有22个教学班，1159名学生。学校秉承“聚精会神抓质量，一心一意谋发展”的办学理念，描绘“引孩子快乐学习，助孩子全面发展，伴孩子幸福成长”的愿景，先后获得全国体育先进单位、江苏省德育先进单位、徐州市教育先进集体等20多项称号。

一中校长郭振京送来中考喜报

新沂四中“一训三风”

智慧课堂研讨会

部级“一师一优课”获奖教师张桂梅“学讲”观摩课

说文明话、做文明事、争当文明四中人

家长大讲堂走进新沂四中

摄影：周瑞奇

新沂市马陵山中学

马陵山中学地处钟吾古国和花厅文化的发祥地。2017年,有33个班级,学生2040人,在职教师168人。学校秉承"坚柔和美,合融共进"的文化理念,积极探索,砥砺前行,先后被评为省平安校园、省红十字示范校,徐州市教育工作先进集体、"学讲"推进工作先进集体、依法治校示范校,在新沂市局综合考核中连续十年获得一等奖。

党支部书记 校长 邹以标

"家长大讲堂"走进马陵山中学

拔河比赛

田径运动会

餐厅秩序井然

宿舍内务、卫生评比

摄影:周 莹

新沂市钟吾中学

钟吾中学创办于2002年。学校坚持以“打造幸福教育，让每一位师生找到适合自己的天空”为发展目标，按照继承、发展、创新的思路，以“更新理念、整合方法、形成特色”为主旨，多方面探求师生发展有效途径。深入打造少教多学模式下的“学讲”课堂，建设体育、德育、心理健康、艺术、家校共育等多元化校本课程，有效提升学校的办学内涵。

承办新教育实验现场会

新教育实验现场会——朱永新教授(右2)观看剪纸社团活动

读书活动先进个人

经典诗词朗诵

文学爱好者听诗词讲座

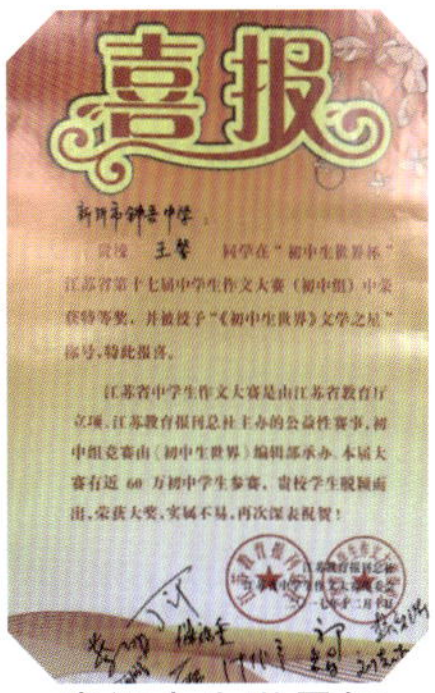

省初中生世界杯作文大赛特等奖喜报

获奖学生

摄影：王志华

新沂市城西小学

城西小学位于市政府所在地新安街道中心，创办于1967年。以50年校庆为契机，学校致力于实现文化融合与课程整合，形成以“润德、启智、健体”为核心理念的“润教育”文化体系和课程体系。先后被评为全国群众体育先进集体、徐州市书香校园、徐州市学讲先进集体。

充满活力的领导班子

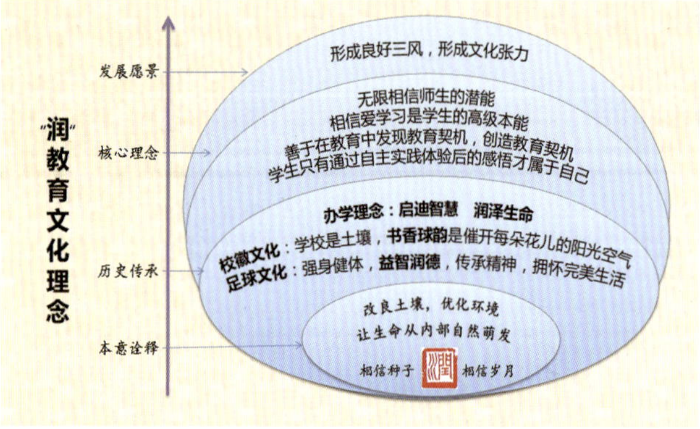

“润教育”文化体系

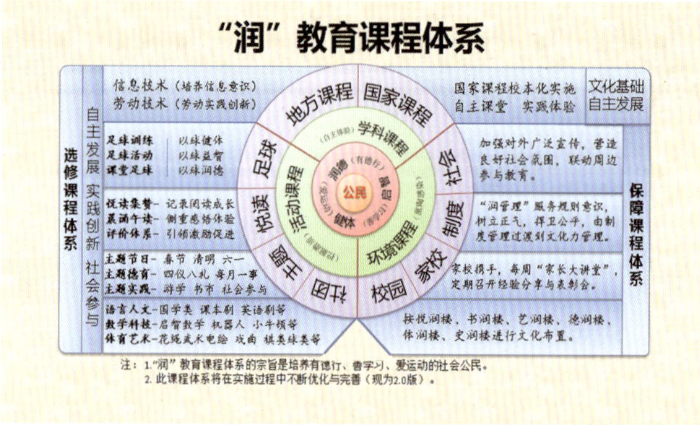

“润教育”课程体系

喜迎建校50周年

跳蚤书市，热闹非凡

书香润泽生命

学校“战狼”足球队

摄影：苗廷娟

新沂市草桥镇周嘴中心小学

周嘴中心小学建于1950年，2017年有25个教学班，1200名学生。专任教师68人，均为大专及以上学历。学校以爱为校魂，以科研为先导，以教学为中心，大张旗鼓抓质量；以养成教育为突破口，以培养学生良好习惯为根基，全心全意办教育。先后获评江苏省教育工作先进集体、徐州市“学讲”先进单位、全国新教育实验学校。连续6年获得新沂市教育系统综合评比一等奖。

参与全国新教育开放周活动

“教学沙龙”助推教师专业成长

特色校园吸引了各级领导和同行

“小组合作”让学生成为课堂主人

有温度有底蕴的校园

参加新教育开放周特色展示活动

撰稿：朱　永

新沂市墨河中心幼儿园

墨河中心幼儿园以幼儿水粉画为办园特色，走廊、墙壁，到处都是幼儿挥笔创作和展示才能的天地。在市教育局细则评估中，该园连续多年获得一等奖，多名教师先后被评为市优秀工作者，多人次获得市优质课一等奖。教科研成果突出，教师有数十篇论文获评省、市一、二等奖。

团结奋进的教师队伍

亲子绘画

亲子阅读时光

户外亲子游戏

特色美工室

丰富多彩的游戏

创意长廊

撰稿：王孟梅

铜山区教育局

2017年,铜山区创建教育现代化学校82所,投入资金477.5万元。投资1.5亿元开工建设校安工程,建成中小学教学楼23栋、幼儿园教学楼13栋,恢复教学点2所,总建筑面积8.7万平方米。投入3000万元开工建设学生营养餐配餐点20个,总建设面积2万平方米。优质普惠发展学前教育,至年底创建省级合格幼儿园118所,其中省级优质园85所。加强义务教育学校"改薄培优",全区已开工校舍项目3万平方米,建设室外运动场地4.4万平方米。优质特色发展中、高职教育,对口单招本专科上线31人。全区高考二本上线3870人,上线率80.6%,2人考上清华大学。

教育局局长吴亮开讲年轻干部成长论坛,

铜山教育"春之翼"合唱团

航拍下的柳新实小呼拉圈特色操

房村郭集小学丁香书园

汉王中学宽阔的塑胶操场

茅村实小跑操运动

铜山区诗词大会(第二季)

铜山实小教育集团定制课程展示

张集实小书法特色现场展示

摄影:刘会会

铜山中等专业学校

铜山中等专业学校为全日制公办中等职业学校，首批国家级重点职业学校，省四星级中等专业学校，省高水平现代化学校。2017年有专任教师268人，研究生学历教师占15.8%，高级职称教师32.8%，双师型教师89.8%。学校开设机械加工技术、电子技术应用、计算机应用、汽车运用与维修、建筑、城市轨道交通运营与管理、学前教育、旅游服务与管理专业。先后荣获江苏省实施素质教育先进学校、职业教育先进单位、德育工作先进单位、平安校园、学生资助工作先进单位、体育先进单位、教育工作先进集体等称号。

校长滕道明接受媒体采访

2017届考取本科院校的学生

“校园心语”省名师工作室师生活动

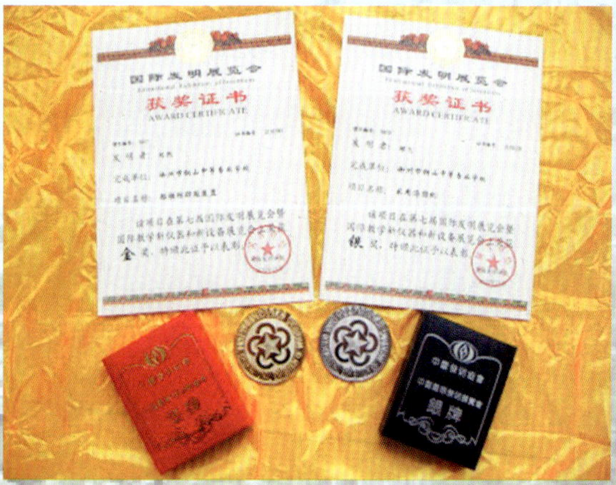
刘强文老师获国际发明奖金奖

省技能大赛金牌获得者刘风云(左2)

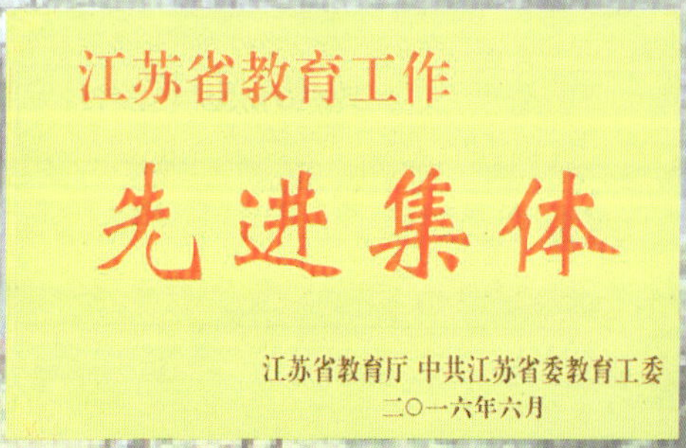

学生才艺展示

元旦晚会开场曲

毕业生和幼儿园双向选择

旅游管理专业学生风采

秋季运动会开幕式

师生参加全民阅读活动

摄影:高　露

铜山区棠张镇中心中学

棠张镇中心中学是一所设施设备达省教育现代化标准的初级中学。有教职工162人，其中专任教师142人，高级教师41人。学校坚持“赏识教育，做有思想的教育工作者；愉快学习，做德才兼备的阳光少年”的理念，提出办“文脉相承、和谐宜学、特色鲜明、质量上乘的人文学校”的目标，先后获国家级体育联盟实验学校、江苏省示范初中、江苏省义务教育现代化学校、徐州市德育先进学校。

校长 滕道忠

省、市、区领导到学校指导工作

全国著名工笔画画家喻继高先生为学生讲学

书香校园——与喻继高艺术馆共建图书室活动

中日书画联展中获奖同学

获省优秀校内体育设计特等奖的第十七届师生运动会开幕式

获江苏省青少年排球锦标赛二等奖的参赛队员们

摄影：申 冬

铜山区郑集镇小学中心校

郑集镇小学中心校下辖6所完小、2个教学点及4所省优质公办幼儿园。2017年，该镇大力推动校干、教师轮岗交流，以实现优质教育资源的均衡发展。优先发展学前教育，提升保教保育水平。确立品牌发展理念，校校有特色，发展求品质。中心校不断沟通协调，镇政府将原华泰工具厂0.73公顷工业用地转变为教育用地，扩建郑集实小。在郑集镇二院对面批准1.53公顷土地，建设郑集镇第二中心幼儿园。

中心校校长赵玉朋部署校干教师轮岗交流工作

实验小学获评第一批全国青少年校园篮球特色学校

镇中心幼儿园利用乡土资源创建创意美术室

肖楼实验小学“五色花天使”代表在国旗下宣誓

尤楼小学家访活动受到关注—电视台在采访

卢楼幼儿园社区联谊活动——捉泥鳅

前鹿楼小学诵读国学经典

摄影：赵 刚

铜山区张集镇中心中学

铜山区张集镇中心中学建于1958年,2005年评为江苏省示范初中。学校占地约8.5公顷,校舍建筑面积1.8万平方米。2017年有33个教学班,学生1780人。专任教师105人,其中,高级教师42人,中级职称60人,市、区级学科带头人和骨干教师28人。学校先后获得江苏省义务教育现代化(标准化)学校、江苏省平安校园、全国地理教学先进集体、徐州市控辍先进单位、徐州市绿色学校、徐州市"一师一优课 一课一名师活动先进学校"等称号。

校长 路军

区教研室问诊课堂

自主管理—班干部座谈会

文艺汇演

教学研讨活动

家校共育

广播操比赛

摄影:贺广军

铜山区柳新镇中心中学

柳新镇中心中学有中心校区、西校区、北校区、成教中心。教职工334人，有全国优秀教师1人，江苏省特级教师1人，高级教师65人。学校坚持“全镇一盘棋，人人都努力，人人都出彩”的教育理念，坚持“德育为首，学生至上”教育原则，重视教师专业发展，实行“首席教师”制，实施差异教学法，办学成绩突出，历年中考均居全区前茅。先后获得全国作文教学先进单位，省教育工作先进集体、省最有影响力初中、省平安校园、省绿色学校等称号。

校长董祥武

温暖——老师过生日校长送鲜花

带头——柳新中学要复兴，党员干部走在前

爱国——师生合唱国歌

感动——大型励志报告会

奋斗——幸福的开学典礼，奋斗的柳新中学

学校大门

柳新中学功德亭，银杏林里醉秋风

摄影：李　静

铜山区单集镇中心中学

单集镇中心中学是一所现代化公园式学校，实行封闭式管理。有教职工91人，专任教师82人，其中，研究生学位1人，本科学历57人，中小学高级教师22人，市、区级骨干教师26人。学校以“赏识教育，做有思想的教育工作者；愉快学习、掌握方法，做德才兼备的阳光少年”为理念，坚持走“内涵发展、特色发展”之路，创建书香校园，注重家校共育，促进学生成长。先后获评省绿色学校、网络培训先进单位、语文课程实验基地，市先进基层党组织，区教学质量优胜奖、进步奖等。

校长 党支部书记　张林涛

教研室教学视导

校运动会

师生同台唱国歌

关心教育好家长

颁发学习小组优胜奖

走进大自然

摄影：周发洪

铜山区何桥镇小学中心校

校长 赵庭

何桥镇小学中心校下辖7所现代化小学和4所优质幼儿园，153名教职工，4794名学生 。学校以“和雅教育”统领全局，突出“培养文雅学生，塑造儒雅教师，营造博雅课堂，创建优雅学校”的办学理念，稳步进取。先后获得全国校园足球特色学校、江苏省体育传统项目学校、江苏省培养足球后备人才重点学校、江苏省第十届诗歌竞赛优秀奖、市“一师一优课、一课一名师”先进集体等称号。

“阳光体育”大课间

拼搏——女足队员在“市长杯”足球联赛上

“学讲计划”教学研讨课

书法社团活动——写好人生每一笔

唱响心中永远的歌

口风琴社团上春晚啦

焕然一新的袁寨小学

摄影：李　涛　张成国

铜山区黄集镇中心幼儿园

黄集镇中心幼儿园开设大、中、小班级13个，在园幼儿440余名。园内设施设计规范，拥有配套的安全防护设施，场地布置美观童趣，适合幼儿学习、生活。教师整体学历高、专业对口，保教保育经验丰富。幼儿园打造面塑特色课程，2015年参与市课程游戏化项目基地建设。先后获得江苏省平安校园，徐州市先进集体、和谐校园、绿色校园等称号。

园长　卜庆飞

区教育局局长吴亮到园检查工作

多才多艺的教师

六一节活动剪影

美观富有童趣的幼儿园环境

课程游戏化——区角游戏真有趣

孩子，加油！——亲子运动会花絮

摄影：冯　利

贾汪区紫庄中学——留守儿童温暖的"家"

紫庄中学占地约4.67公顷，建有教学楼1幢、实验楼1幢、学生公寓2幢及餐厅、标准学生运动场等基础设施。学校在留守儿童关爱工作方面成效显著，成功举办10余次市区级留守儿童教育现场会，被央视"焦点访谈"栏目、《新华日报》、江苏电视台等多家媒体报道。荣获江苏省示范初中、教育工作先进集体、优秀家长学校，徐州市思想道德建设先进单位、留守儿童教育示范学校等称号。

校长 赵增顺

央视"焦点访谈"到学校采访

"焦点访谈"聚焦"关爱课堂"

留守儿童和代理家长趣味运动会

江苏最美乡村教师——徐翠梅

美丽的校园

承办江苏省"思源工程·留守儿童五年回眸"活动

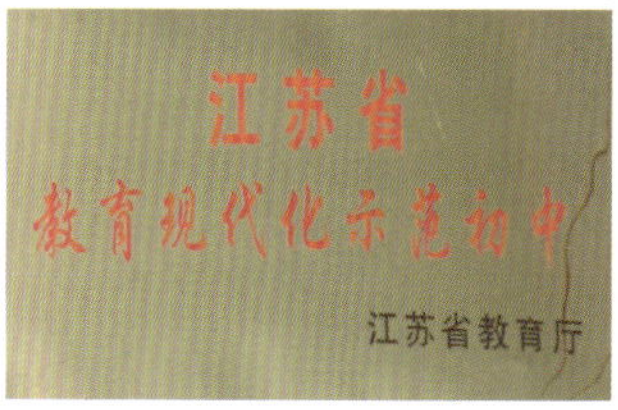

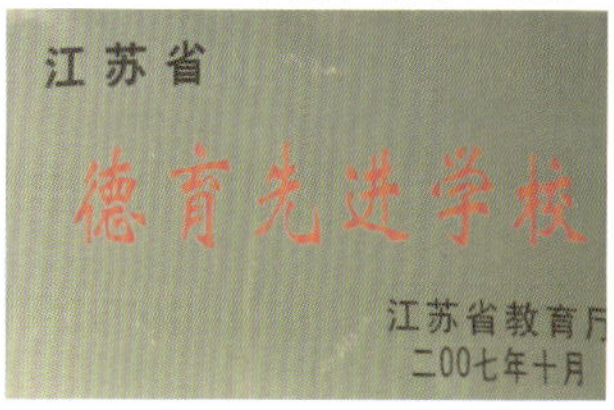

摄影：刘慎田

徐州工业园区南湖学校

南湖学校是由徐州工业园区管委会投资近1.5亿元新建的一所高标准、现代化九年一贯制学校。环境优美，布局合理，办学条件上乘，可满足2500名学生入学就读。学校秉持“关注每个生命，奠基精彩人生”的办学理念，精致管理，凝聚成上善若水的校训，海纳百川的校风，润物无声的教风，水滴石穿的学风，教育教学质量赢得社会广泛赞誉。

工业园党工委书记刘安华、区教育局局长张先州到学校检查工作

校长李克杰宣讲十九大精神

我要飞翔——运动会剪影

小组合作学习，构建高效“学讲”课堂

讲故事比赛

表彰优秀教师

表彰学科知识竞赛获奖选手

摄影：杜明辉

贾汪区汴塘镇中心幼儿园

汴塘镇中心幼儿园2010年通过江苏省优质园评估验收，2016年搬迁至新址。占地0.4公顷，建筑面积3700平方米。校园设计合理，环境温馨。幼儿园坚持“开放办园、文化立园、科研兴园，打造品牌名园”的发展思路，注重幼儿课程游戏化的开展，以培养健康、自由、活力、自信的幼儿，成就德才兼备、以研促能、儒雅优秀的教师为目标，先后被评为江苏省平安校园、学前教育先进单位。

园长 孟庆玲

创意美术活动

生活体验活动—包糖饼

有趣的石磨坊

舞蹈《毛毛虫》

绘本表演

教师参加啦啦操比赛

摄影：杜　丽

徐州市青年路小学教育集团——百年童心　快乐生长

青年路小学教育集团弘扬创始人杨维周先生提出的“学校是儿童的乐园，儿童是学校的中心”办学思想，唱响“百年童心，快乐生长”教育主旋律。通过真诚的生命对话，多元开放的办学姿态，澄净灵动的和谐共生，帮助儿童坚定自我成长的力量，成就最好的自己。学校以云龙教育“三名工程”为主题，不断扩大“名校+”优质均衡办学影响力。

昂扬向上的领导班子

教育部课程改革实验学校

教育部中华优秀文化艺术传承学校

省基础教育改革前瞻性项目立项

文心书吧书友会滋养名师成长

信息技术助力集团化沉浸式教研模式区域推广

2017集团阳光体育节

省第九届青少年机器人竞赛获团体一等奖

菁菁看世界国际交流

摄影：商晓红

解放路小学

解放路小学始终遵循陶行知“六大解放”的教育思想，积极开展“小主人大志愿”教育实践，构建“解放儿童”的课程，培养具有自由、自信、自觉气质的学生，推进“小先生”课堂，努力帮助学生成为具有文化修养、适应未来社会需求的人。学校被评为江苏省前瞻性教学改革项目学校和江苏省“STEM”实验学校。

10月12日，副省长王江（右2）教育厅厅长葛道凯（左2）到校调研

“追寻红色足迹、诵读红色经典”千人诵读主题队会

承办市教学观摩研讨会

舞蹈《啊，草地》获市比赛一等奖

校足球队市比赛夺冠

新元小学开设戏剧校本课程

下河头校区的趣味“游考”

摄影：林　静

云兴小学教育集团

云兴小学教育集团以“立德树人”为根本，坚持继承与创新，秉承“做真正的教育”理念，专注于教育科研的传达、感知和呈现，引领学校课程体系多元、特色发展。立足云龙教育“三名工程”优质平台，助推名师、名科、名校共成长。在“生长教育”核心理念指引下，培养“有朝气、受欢迎、远志向”的云兴娃。

承办省小学数学课堂教学改革现场会

省“动感中队”年会在云兴小学举行

省委组织部到云兴调研党建工作

全国首个校园轮滑主题馆在云兴开馆

“快乐童年 感恩幸福”十岁成长礼

土山寺校区田园课程——大松树下的阅读

病魔无情 云兴有爱

郑晓薇名师工作室理论专题研修

摄影：吴 伟 王秋芬

承办全国中学生轮滑锦标赛

徐州市汉桥小学

汉桥小学创建于1964年。学校以“笃志勤学 贵在坚持”为校训，以“文化育人 多元发展 快乐成长”为理念，将诵读国学经典融入教育，营造全科阅读儒雅与诗意的校园文化。50多年铸就“尊师、爱生、文明、守纪”的校风，形成“认真、务实、开拓、创新”的教风，培养“勤学、真学、会学、乐学”的学风。先后获得省诗词文化进校园先进单位、省书法特色学校、市和谐校园、市留守流动儿童示范学校等称号。

教师节送温暖（左　校长赵琦）

领导班子慰问退休老教师

高雅艺术进校园

汉桥小学第五届一次少代会

书法社团活动

“我的童话我做主”首届童话节

校园足球小健将

一年级新生入学仪式

摄影：韩玉栋

中山教育集团白云山小学

白云山小学隶属中山外国语实验学校教育集团。2016年开工建设，同年年底竣工。设计规模为6轨36个教学班，可容纳约1600名学生就学。2017年9月，迎来近200名新生。依托中山外国语实验学校优质资源，秉承快乐教育办学理念，实行集团一体化管理，母体衍生，和而不同。学校致力于课程的研发，通过丰富多彩的教育教学活动，努力创造教与学的快乐，赢得家长和社会的广泛赞誉。

鼓楼区区委书记龚维芳(右1)到校调研

承办市级课程研讨会

戏曲进校园 跟着学起来

丰富多彩的社团活动

与外教一起游戏

精彩纷呈的入学百日庆典

摄影：陈 娟

鼓楼区下淀小学——培育终身阅读者

2017年5月，下淀小学"培育终身的阅读者——儿童全学科阅读能力提升的策略"获得鼓楼区立项。学校成立由校长任组长的项目研究领导小组，全学科教师参与研究，聘请专家引领课内外项目实施。结合中华传统节日、德育主题活动等契机，举办校园读书节，推进学生经典诵读、班级借阅、班级图书角及班级文化建设等开展。通过全学科教师推荐书单、师生共读等日常活动，培养学生自主学习的能力。

"让书香浸润童年"——经典诵读

"月满情浓"主题活动

高年级诵读《上下五千年》

全家阅读日

阅读积分卡海报

教室文化

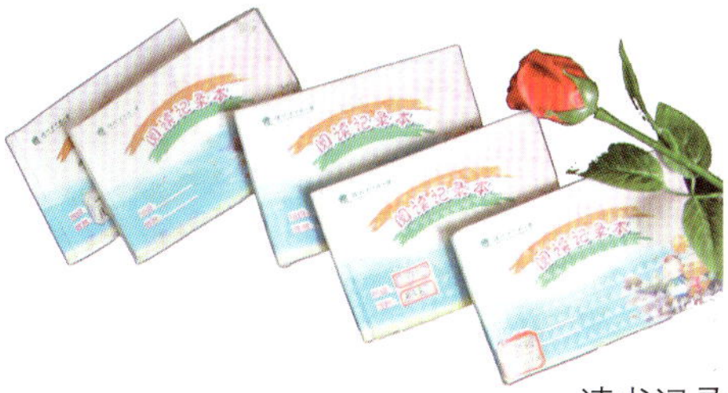

读书记录本、校级特色书单

摄影：石 刚

鼓楼区玉潭实验学校

玉潭实验学校建于1950年。2017年有教学班40个，学生1865人，教职员工104人。学校秉承“励志、好学、尊师、崇德”的学风，遵循“严谨、温馨、求实、真诚”的教风，“用美德和智慧为学生人生奠基”，把“办一所孩子们喜爱的学校”作为追求的目标。先后获得国家足球特色学校、中国软式垒球实验学校、全国少儿美术教育示范单位、鼓楼区教育先进集体等称号。

玉潭情 巾帼梦

校长 陈亚文化艺术节致辞

区局领导指导青年教师

教师校本培训项目建设

博雅好少年 七彩飞扬梦——校园艺术节

校本阅读——《弟子规》展示

家校互动——趣味运动会

“快乐足球”训练

摄影：曹艳梅

祥和小学

祥和小学2017年有28个教学班，学生1429人，专任教师78人。学校在“祥以至善，和而不同”理念引领下，培养既植根于传统文化精髓又面向未来的现代公民。开发国学教育元素，注重融合与创新，形成以“善能、善博、善创”为主要内容的“至善课程”体系。构建教师素养发展课程，引导教师创造性地开展“阶梯式教研”。1月，“祥和文化”建设项目通过省小学特色建设工程验收，评为“优秀”。

学校通过省小学特色文化工程验收，被评为优秀

阶梯式教研

校园国学元素之一——汉字演变图示

校园国学元素之二——书苑

“梦想，在金秋放飞”主题开学典礼

足球队小队员训练赛

摄影：赵逸群

徐州市北辰小学

北辰小学于2017年9月投入使用，总建筑面积1.7万平方米，绿化率25.7%，一期占地约1.5公顷。2018年将建设大型操场及报告厅，建成后占地约3.3公顷。该校为大马路小学教育集团下属学校，设计规模为48个班，2017年招收5个班209名学生，有教师14人。“为了儿童未来，培养未来儿童”，学校致力于帮助每个儿童找到适合的“生命方式”，拥有值得回望的童年。

承办鼓楼区远程课堂教学观摩活动

集团校名师到校指导青年教师

迎来首批学生

走进特殊教育学校

“我心飞扬 唱响校园”迎新年活动

一手好字 相伴一生

把美术课搬进博物馆

摄影：陈文嘉　谢　宇　王　圣
　　　张　静　赵洪波

徐州市和风雅致幼儿园

和风雅致幼儿园是鼓楼区教体局新成立的一所全日制公办园，环境优美，设施现代化。100多平米的教室设计融活动室、寝室、盥洗室、消毒间、卫生间为一体，内有能满足教学科研所需的摄影机、照相机、多媒体投影仪等设备。设有科学发现室、美术创作室、多功能活动室、图书室等专用活动室。幼儿园秉承鼓楼区先进教育理念，以"精心服务，用爱教育"为宗旨，以《幼儿园教育纲要》为指导，关注每个孩子的发展，将鼓楼区幼儿教育优质资源最大限度普惠于民。

区委书记龚维芳（右1）、教体局局长赵智红（中间）到园视察

参加雅园社区环保活动——垃圾分类

生活课程——植物认养

大班教师潘蕾的生成课程展示课——《下雪了》

秋季游戏运动会掠影

功能齐备的教室

图书室

美术室

摄影：张艳芹

徐州市第34中学附属小学

新建的34中学附属小学坐落于太山南麓，透露着蓬勃、书香、自然之气。学校以“和雅教育”为理念，秉承“读圣贤书，立君子品，做有德人”思想，以诵读国学经典为载体，形成鲜明办学特色。全面开展“琴棋书画，诗数礼乐”教育，努力塑造“和而不同，才高人雅”的少年。连续两年被评为徐州市师德先进集体。

市委书记张国华(右3)、副市长赵兴有(右2)视察学校

学校戏曲社团演出

“戏曲艺术进校园”授牌仪式

校园一隅——学生手绘脸谱

“让经典走向未来”庆六一文艺展演

二胡社团汇报演出

晨读——诵读经典

摄影：郑九伟

西苑小学

西苑小学西校区占地1.53公顷，绿地覆盖率37.6%。校园设计科学，布局合理，综合办公楼达省级标准，多媒体影视报告厅可容纳近500人，信息中心接入千兆光纤，教学区给孩子提供净化、美化、现代化的学习空间，多功能体育楼设施一应俱全，室外塑胶操场设计环保。明显的区位优势，良好的人文环境，助力西苑小学实现跨越发展。

西校区校门

泉山区区长李勇(左1)到校视察

学校领导班子

“三个一”教学研讨观摩活动

学校综合楼及主建筑群

校园文学诗词大赛

新生入学仪式

升旗台及操场一角

摄影：李柏宁

徐州市苏山小学

苏山小学创办于1949年。2015年10月，区政府投资3000余万元在原址重建新校，2016年9月1日正式投入使用。校园布局合理，环境优美宜人。学校坚持“以德立校，依法治校，特色兴校，改革强校”，以“一切为了孩子的明天”为办学宗旨，被授予全国足球特色学校、江苏省文明单位、江苏省绿色学校等称号。

教学研讨

书法课

写春联，送祝福主题活动

“区长杯”足球赛初试锋芒

“感恩母校，梦想起航”毕业班纪念活动

感恩父母教育活动

家长委员会成立大会

摄影：李永波

泉山区机关幼儿园

泉山区机关幼儿园建园20余年,全园教职员工团结拼搏,无私奉献,实现环境优美化、设备现代化、队伍专业化、保教精细化,先后被评为徐州市精神文明单位、模范幼儿园、绿色幼儿园、多元智能优秀实验幼儿园、优秀家长学校,泉山区校园管理优秀幼儿园、托幼机构卫生工作先进集体、先进教师群体等。

爱阅读的孩子

建构游戏真有趣

我爱我的幼儿园

我们毕业啦

小小升旗手

演绎童话,放飞梦想

走进军营

朝气敬业的教师

摄影:尤春雨

徐州市星光实验幼儿园

星光幼儿园2005年为省示范性实验幼儿园。遵循“快乐体验 健康成长”的办园理念，以实施课程游戏化项目建设为抓手，打造适宜幼儿发展的育人环境，建设高品质的教师队伍，构建精细化的后勤管理，彰显篮球体能锻炼特色。星光幼儿园正向着综合化、精品化、生活化、个性化的方向发展。

区委书记赵兴友(前右2)副区长李燕(前左1)巡视校园

绚丽的星光实验幼儿园

美工室

阳光向上的教师团队

科学发现室

班级自然角

篮球特色操

自主户外体育游戏

摄影：王　茜

徐州经济技术开发区工业学校

2017年，开发区工业学校坚持走质量立校、特色兴校之路，依托开发区强大的产业背景，充分发挥两个省级实训基地的功能，在做好省技能抽测、市技能大赛赛点工作的同时，积极开展多种形式的技能训练、校企合作、对外培训等，与区内20多家企业建立密切合作关系。学校成为徐州市淮海服务外包职教集团和开发区政校企合作联盟理事单位。

市委常委、区党工委书记王强（左2）到校调研

校长陈尊雷（中）走访徐州海伦哲公司

为区内企业职工开展培训

学生在徐工集团顶岗实习

与华道数据公司签约

教师薛书平获得省技能大赛铜牌

学生李斌获得省技能大赛铜牌

摄影：李　新

徐州黄山外国语学校

徐州黄山外国语学校属于民办寄宿制初中，是全国英语实验学校，联合国科教文组织“中国可持续发展实验学校”，江苏省先进民办学校、教育现代化示范学校，徐州市中学生轮滑基地。2017年有30个教学班，1556名学生，教职工129人。学校本着“从最后一名抓起，绝不放弃任何一名学生”的办学理念，取得辉煌的中考成绩，实现重点高中上线率全市“十一连冠”。

志愿者在云龙公园采风

校长李桂树与学生在一起

第13届校园文化艺术节

第八届轮滑比赛的选手们

感恩励志教育现场

美德少年文化一条街

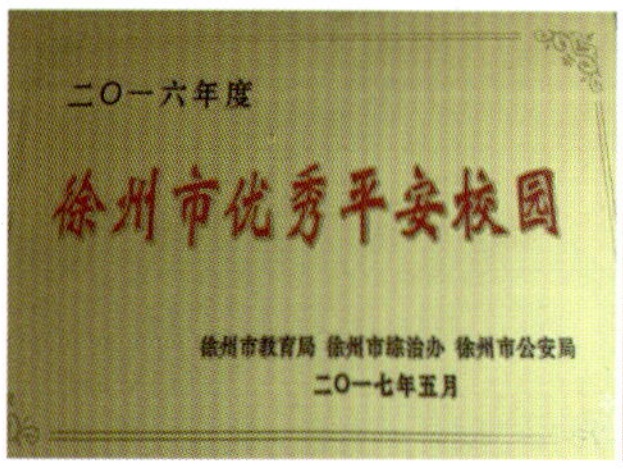
二〇一六年度
徐州市优秀平安校园
徐州市教育局 徐州市综治办 徐州市公安局
二〇一七年五月

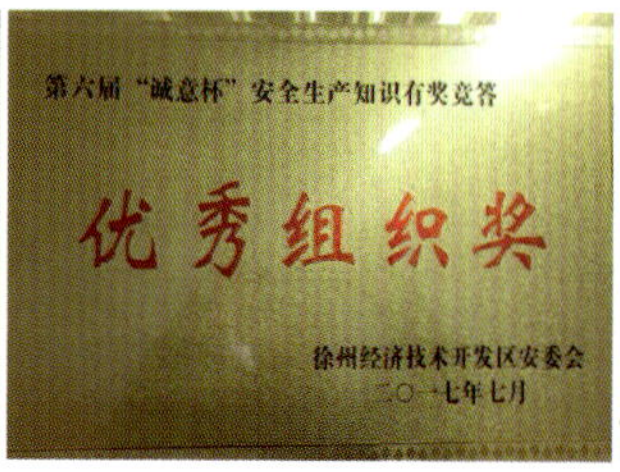
第六届“诚意杯”安全生产知识有奖竞答
优秀组织奖
徐州经济技术开发区安委会
二〇一七年七月

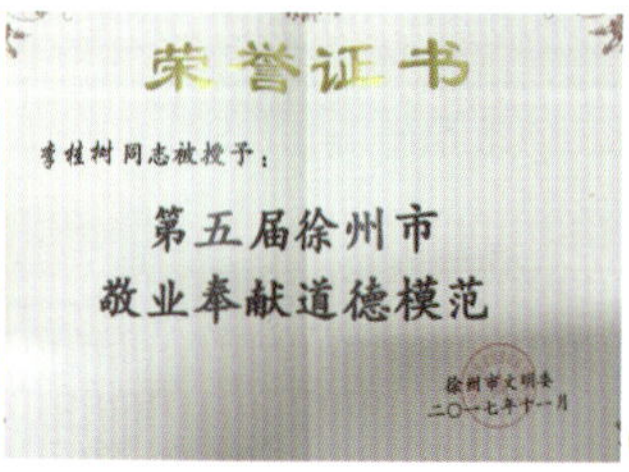
荣誉证书
李桂树同志被授予：
第五届徐州市
敬业奉献道德模范
徐州市文明委
二〇一七年十一月

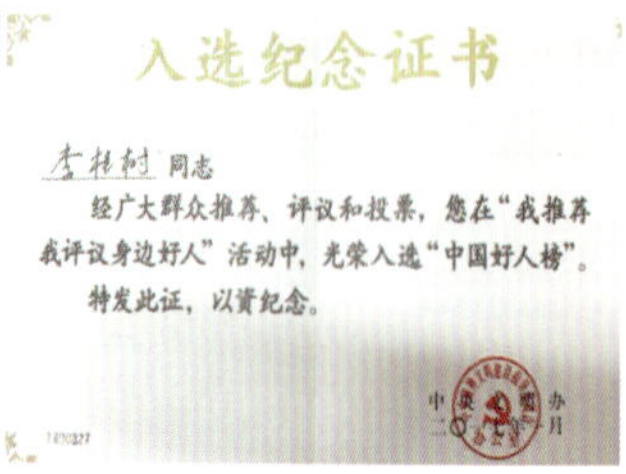
入选纪念证书
李桂树 同志
经广大群众推荐、评议和投票，您在“我推荐我评议身边好人”活动中，光荣入选“中国好人榜”。
特发此证，以资纪念。

摄影：王宝玉

西朱小学——打造智慧校园　开启智慧人生

西朱小学新校园于2011年在原址重建而成，是一所富有现代气息的新型学校。秉承科学规划、人文管理、强化特色、技术支持办学理念，围绕教师专业化发展、学生综合素质评价和家校合作，打造智慧校园，开启学生智慧人生。2017年，学校获省健康促进学校金奖、省“互联网+时代课堂教学范式研究”先进集体、市“一师一优课”先进集体等称号。

教育部基础教育司装备与信息化处处长张权、省信息化中心主任吴胜东到学校调研

市教育局局长吴昊(左1)调研学校工作

市“学讲”工作推进会在学校举行

足球小组活动

“传承有我 诵读经典”获市一等奖

创客活动

校园特色——剪纸扮美校园

摄影：王荣辉

开发区社区教育中心——创建省级“学习苑”

开发区社区教育中心统筹整合教育资源，构建终身学习公共服务平台，开发社区教育特色项目和课程，2017年创建成省级“学习苑”，是江苏省开放大学在徐州设立的唯一一所“学习苑”。有星空书吧、书画活动中心、远程教育中心、多功能活动中心等核心活动场所。2017年，5次承办省“全民终身学习活动周”“家庭诗词朗诵大赛”“传统家训书法展”等大型活动。

副省长王江(左2)视察

省教育厅副厅长曹玉梅(中)视察

首届家庭诗词朗诵大赛

家风家训展活动

书法展活动

星空书吧

学习电脑操作

展示民间艺术

摄影：李智梅 张永伟

（责任编辑 钱立群）

局长、党委书记、县委教育工委书记 谢 辉
党委副书记、工会主席 辛 丽(女)
副局长 王厚果(—8月) 李若强(—8月)
李成凯 王 磊 丁运超(8月—)
陈 静(女)(8月—)
纪委书记 王 鹏(—8月)
党委委员、主任科员 王厚果(8月—)
王 鹏(8月—)

【概况】 2017年,丰县有各级各类学校150所(含民办学校,不含幼儿园),其中,初中26所,高中8所,九年一贯制学校4所,十二年一贯制学校1所,小学109所,特教学校1所,中等职业学校1所。各级各类学校中,民办十二年一贯制学校1所,民办九年一贯制学校3所。全县各级各类学校在校学生138310人(含民办学校),其中,高中13810人,初中38555人,小学80836人,特教学校在校生363人,中等职业学校在校生4746人。全县有幼儿园110所,在园幼儿42223人。义务教育阶段入学率100%,初中巩固率99.18%,高中阶段入学率99%,学前三年幼儿入园率97.2%。全县公办学校有教职工9427人,其中专任教师8683人。教师学历合格率高中100%、初中100%、小学99.5%、幼儿园89.8%。全县有省特级教师10人,省、市名师、名校长11人,人民教育家后备人才培养对象2人。

2017年,全县有省三星级以上普通高中6所,省实验小学3所,省、市优质幼儿园79所,省、国家重点职业技术学校1所,省特殊教育现代化示范学校1所,省标准化学校85所。全年投入教育经费18.12亿元。

【中组部、教育部党建调研组到丰县调研】 6月15日,中组部、教育部党建工作调研组到丰县调研督查中小学党建工作。中央组织部组织二局副局长刘文等一行,先后到创新外国语学校、师寨初中等学校,查看党建活动场地、图文资料,听取学校负责人汇报,与县、镇、校三级党建有关负责人座谈,详细、深入了解中小学日常党建工作。调研组充分肯定丰县中小学党建工作取得的成效,对以“党建育人工程”为核心的党建工作给予高度评价,并希望各学校在党建工作上取得新的成绩。

【丰县教育奖励基金会成立】 6月27日，“丰县教育奖励基金会”注册成立。基金会决定从2017年开始，先期实施三年使用基金1500万元，用于奖励潜心教育教学并取得成绩的教师。县教育局制订考核奖励方案。

【《新华日报》报道丰县中小学校党建工作】 7月17日，《新华日报》以《丰县全面夯实中小学校党建基础》为题报道丰县中小学校党建工作。报道指出，丰县针对以往中小学校党组织单纯“属地管理”带来的问题，及时成立县委教育工委并实体化运作，建立县委统一领导、组织部门牵头协调、教育工委具体负责、相关单位齐抓共管的学校党建工作领导体制，规范中小学校党组织设置，全面压实学校党建工作责任，大力加强“三支队伍”建设，全县中小学校党建工作水平明显提升。

【举行“建设‘三清示范区’、打造‘清风校园’书画展”】 6月29日，丰县“建设廉洁政治‘三清示范区’、打造‘清风校园’廉洁书画展”在县博物馆开幕。县纪委副书记、监察局局长朱应平，县委宣传部副部长孙厚银，县教育局局长谢辉应邀出席开幕式。该书画展展出500余幅优秀廉政书画作品，旨在进一步陶冶党员干部情操，提升廉政文化素养，引导广大党员干部筑牢拒腐防变的思想防线。现场观看的党员干部表示，既受到艺术的熏陶，又接受一次廉政教育，也为廉洁政治“三清示范区”建设营造良好的文化氛围。

【徐子敏赴丰县开展走访活动】 6月13—14日，省教育厅机关党委书记徐子敏带领厅机关党委、江苏教育报刊总社部分工作人员到丰县基层学校走访调研。徐子敏一行先后走访丰县大沙河镇姚庄小学和顺河初级中学2所农村中小学。他们走进课堂、深入一线老师和家长、学生群体走访交流，了解农村义务教育发展现状、面临的困难问题，认真听取教育行政部门、基层学校校长、师生以及学生家长对教育工作的意见和建议。徐子敏表示，下一步将对走访中收集到的意见和建议进行认真梳理，列出问题清单，提交党组会议集中分析研究，认真落实整改，主动接受基层监督，以“找补改提”抓落实行动的实际成效，提高人民群众对教育的满意度和获得感。

【《江苏教育报》报道丰县学前教育改革成绩】 10月18日，《江苏教育报》以《金秋果满园》为题，头版头条报道丰县学前教育改革发展成绩。12月3日，《中国教育报》以《丰县：城乡幼儿都能上好园》为题再次进行报道。

【“丰县教育发布”微信公证号开通运行】 8月2日，丰县教育局官方微信公证号——“丰县教育发布”正式上线运行。该微信平台共设置公示公告、资讯发布、教育人文三个栏目，宗旨是服务于丰县教育事业，为打造教育强县奠定宣传基础。

【举行“县长杯”青少年足球联赛】 5月22日—6月1日，由丰县人民政府主办，丰县教育局、丰县文化广电与体育局承办的2017年丰县“县长杯”青少年足球联赛分别在丰县初级中学体育场、民族中学体育场、创新中学体育场举行。比赛有56支代表队，近700名运动员参加。运动员们在比赛中呈现出良好的赛风赛纪和精神风貌，赢得观众喝彩。

【做好“第一书记”薄弱村扶贫工作】 6月15日，县教育局认真做好“第一书记”薄弱村扶贫工作。拨付薄弱村扶贫对象师寨镇仇集村5万元，在全村主要路段安装光伏路灯50个。方便村民出行。教育局还投入24万元为该村定点小学进行校园环境改造。

【启动爱心助学仪式】 4月18日，丰县中小学“‘鞋手’同行，一起奔跑”爱心助学启动仪式在人民路小学举行。启动仪式上，丰县福利印刷厂志坚服务队主任独立新发表讲话，爱心企业福建省双驰鞋业有限公司和丰县福利印刷厂志坚爱心服务队共同为优秀学生及贫困学生捐助学生运动鞋280双，总价值3万余元。

【中小学校长讲坛开讲】 3月29日，丰县中小学校长讲坛在教育局四楼会议室开讲。教育局领导班子成员和全体工作人员参与讲坛活动。第一次讲坛的主讲是大沙河中心校校长袁吉春和宋楼初中校长薛志刚。袁吉春从真抓质量和抓真质量入手，谈到学校团队文化的建构。薛志刚以《教育教学的精细化管理的思考和实践探索》为题，从制度建设、队伍管理、德育工作、教学管理、文化建设方面，对精细化管理方式进行详细论述。两名校长的讲座既有理论的指导，又有自身的实践探索和工作反思，让人很受启发。

【教育局辞旧迎新话发展】 1月20日，县教育局举办"迎新春话发展"讲坛。机关全体人员参加，副局长王厚果主持。教育局局长、党委书记谢辉向全县教育系统师生员工致以新春问候，同时回顾2016年工作，展望2017年前景。教育局各股室负责人分别就其工作特点畅所欲言，发言具有很强的前瞻性和操作性。

【培训农村校园专职保安人员】 10月7日，县教育局联合县公安局、保安公司等部门在青少年活动中心举办全县农村小学校园专职保安人员培训班。全县14所中心校安保主任，113所小学专职保安人员参加培训。县公安局内保大队渠慎剑从单位内保角度对学校技防设施安装标准、维护和保安人员的工作职责及突发事件紧急处置进行解读培训；县教育局安保股李春雷从学校安全管理制度规范、保安职业道德和业务理论、值岗值勤日常规范、工作要求等方面进行专题培训；县巡特警大队刘伟就学校安保"技防"和"物防"技术应用、突发事件紧急处置和防卫技能等理论知识和业务技能进行培训。县教育局副局长王磊对培训提出三个到位，要求所有参训人员要做到"认识到位、培训到位、工作到位"，进一步认识学校安全保卫工作的重要性、特殊性和紧迫性，增强责任感和事业心，扎实做好学校日常安保工作。

【督查全县各学校校园安全】 6月21—23日，教育局在全县学校开展校园安全督查活动。督查共分9个督查小组，由教育局领导班子成员带领股室人员按事先划分联系点对全县中小学、幼儿园逐校逐园进行。督查主要涉及校园安全、食品安全、无证幼儿园清理。通过检查了解，各学校都能够定期开展安全自查，排查治理校园及周边安全隐患。督查人员对检查中发现的问题进行现场反馈，要求学校立即整改，填写督查记录表并跟踪督促。

【多举措迎接省义务教育现代化评估验收】 5月，县教育系统多措并举做好迎接省义务教育现代化评估验收工作。县教育局成立迎检工作领导组、材料组、资料组、督查组、后勤组，明确职责，上下联动，统筹推进迎检工作。召开义务教育发展基本均衡县迎接省评估工作培训动员会，按照评估程序、标准、方式及学校迎检工作所要做好的各项准备工作，对全体参会人员进行培训。并将教育局人员分成六个督查组，对全县开展三次督查，通过督查、互查，督导组现场提出整改措施，跟踪监督工作进度，对存在的问题进行督导，争取高标准通过验收。

【召开初中教学质量工作会】 9月25日，丰县教育局召开县部分初中教学质量工作会。县教育局局长、党委书记谢辉，副局长丁运超出席会议。会上，县教研室主任王纯旭就教学常规管理和教学精细化管理提出具体要求，并对教研室开展的几项活动进行说明。谢辉要求各学校要认清形势，面对落后局面下定决心背水一战。丁运超在总结讲话中要求各学校要守住教学和管理的"底线"，积极行动，共同推动丰县教学质量的提升。

【部署交通安全工作】 4月24日，县教育局针对个别学校学生上下学交通状况存在的问题，召开会议部署交通安全工作。会议观看学生违规乘车上下学视频及图片，安保股祝坤分析存在问题和薄弱环节的原因，副局长王磊就加强道路交通安全特别是确保学生往返学校乘车安全提出具体要求。

【召开关心下一代工作会议】 3月27日，丰县教育局召开全县教育系统关心下一代工作会议，部署2017年关心下一代工作。全县中小学、中心校分管关工委工作的校领导、关工委负责人参加会议，教育局副局长、关工委主任李若强总结2016年度关工委工作，局关工委常务副主任房新峰布置2017年关心下一代工作。县关工委常务副主任洪信来对学习习近平总书记讲话和2017年关心下一代工作任务的落实问题讲话。会议对2016年主题教育活动、常态化建设、家庭教育、家校教案评选的先进单位和先进个人进行表彰，对征文评选获奖的学生颁发荣誉证书，发放奖品。

【县第44届中小学生运动会开幕】 10月25日，丰县第44届中小学学生田径运动会暨体育传统校田径比赛在丰县初级中学运动场举行。县委常委、统战部长渠慎鹏，县教育局局长谢辉，文体局局长李景洲等参加开幕式。开幕式由县教育局副局长李成凯主持。运动会为期3天，共设置30个比赛项目，全县中小学60个代表队952名运动员参加比赛。

【在线学习“周末之星”人数居全市之首】 2月28日，江苏省教育厅下发《关于表彰2016年度江苏省在线学习“周末之星”的决定》，丰县获得表彰人数居徐州市之首。王传新等6名学员获得2016年度在线学习“周末之星”优秀表彰，李春兰等10名学员获得提名表彰。据统计，2016年度全县共有3087人在江苏在线上学习，累计学习257388分。

【开展安全教育日主题教育活动】 3月27日，各学校积极组织开展“珍爱生命，牢记安全，学会避险”主题日活动。各校充分利用学校《安全周报》、徐州安全教育平台、学校安全教育课、学校安全教育展板，对全体师生加强安全常识教育，通过一系列教育活动，增强师生的安全意识，形成自觉行动。

【举办庆祝六一儿童节活动】 六一节期间，丰县各学校组织开展丰富多彩的庆祝活动。各小学、幼儿园紧扣校园文化特点，结合少年儿童身心特点，师生、家校联动，开展内容丰富、形式多样、人人参与的展示活动，让师生、家长感受节日的乐趣。同时，各小学、幼儿园开展家风故事搜集、“小手牵大手”、文明劝导、爱老敬老等实践活动。

【多所学校获评全国青少年校园篮球、足球特色学校】 11月24日，教育部办公厅公布1976所中小学校为第一批全国青少年校园篮球特色学校，实验小学和丰县初级中学名列其中。12月，丰县20所学校被命名为国家青少年足球特色学校。

【承办省级立项课程项目学校建设成果展示会】 6月12日，徐州市2016省级立项课程项目学校建设成果现场展示活动在丰县师寨初中举行。徐州市教育局基教处刘勇主持会议，县教育局副局长李成凯和全市各立项学校领导及项目负责人70余人参会并观摩师寨初中课程展示活动。师寨初中校长付伟围绕申报项目“在传承民族民间文化的课程中实现教学质量和核心素养的双提升”，从定位、内容、实施、成效几方面与参会者分享项目实施的经验。参会者观看该校项目课程合唱、陶笛、快板、跆拳道、非洲鼓、国画、麦秸画制作等。

（撰稿：魏学军　审稿：谢　辉）

【丰县中学承办城乡大课堂“行知行”教学观摩活动】 11月20日，由徐州市陶研会联合南通市陶研会主办，丰县中学承办的2017徐州市城乡大课堂“行知行”优秀教师教学观摩活动在丰县中学举行。该活动为教师们提供相互交流、加深了解、增进友谊的平台，促进教师教学理念的更新、教学模式的改革。

（撰稿：邢长印　审稿：程　煜）

【民族中学在省民运会上再创佳绩】 10月28—29日，丰县民族中学陀螺、蹴球、高脚竞速和板鞋竞速运动队代表徐州市参加江苏省“红石榴杯”少数民族传统体育运动会再创佳绩。蹴球队获得女子双蹴一等奖，陀螺队包揽男、女团体赛一等奖。

（撰稿：刘运涛　审稿：谢丽光）

【宋楼中学校史《跨越十年》出版】 10月1日，宋楼中学校史《跨越十年》出版。为纪念宋楼中学建校六十周年，宋楼中学编撰出版记录学校的校史《跨越十年——丰县宋楼中学记》，以传承文化、激励后人。该书资料翔实、图文并茂，受到好评。

（撰稿：张世全　审稿：崔卫兵）

【华山中学被确定为省STEM项目学校】 8月21日，华山中学被江苏省科学技术协会、江苏省教育厅确定为江苏省STEM教育项目试点学校。华山中学着力于科学教育特色发展，被评为徐州市、江苏省科学教育特色学校、科学教育综合示范学校。学校依托承担的江苏省普通高中人工智能科技教育课程基地项目，积极探索学科融合的课程设计模式，致力于促进学生学习方式转变和构建多样化课程体系。实践成绩显著，被县、市教育局、科协推荐申报江苏省STEM教育项目，8月，顺利通过审核，被确定为项目试点学校。

（撰稿：黄海丰　审稿：王居春）

【欢口中学承办市省级课程基地现场交流活动】 10月26日，徐州市2017年省级课程基地建设“校校行”视导工作现场会在欢口中学举行。市教育局基教处处长李进强、各县（市、区）课程基地建设负责人及2016年、2017年获省课程基地建设项目立项的学校校长、项目主持人等70余人参会。现场交流活动分别进行成果展示、实地观摩、现场汇报、提问答辩、经验介绍、专家点评、交流合作等内容，欢口中学充分展示学校创建省劳动课程基地建设的理念、特色、成果。各参会学校之间相互学习，相互借鉴。

（撰稿：孔凡秀　审稿：韩运鹏）

【顺河中学地球小博士科技大赛创佳绩】 9月18日，接中国地理学会通知，第十一届地球小博士全国科技大赛成绩揭晓，顺河中学创佳绩。学校6名同学获全国一等奖，7名同学获全国二等奖，7名同学获全国三等奖，该校地理组获得优秀组织奖，校长于牧华获得全国科教先进校长称号，教师王尊强、江红光、庞猛、赵惠芳、黄启夫、徐琪、耿俊民被评为全国优秀科技辅导员。

（撰稿：王新珍　审稿：于牧华）

【王沟中学志愿者慰问孤寡老人】 5月16日，王沟中学组织学生志愿者到王沟镇敬老院开展“给老人送温暖”活动。志愿者给老人们送去生活用品、食品等慰问品，帮助老人清理房间，打扫卫生，给老人营造温馨、舒适的生活环境。校长李浩带领志愿者为每一位老人洗脚，老人们感动得热泪盈眶。

（撰稿：杨志东　审稿：李　浩）

【丰县初级中学女子篮球队5队员入选U14国家篮球队】 8月14日，在北京参加集训选拔的丰县初级中学女子篮球队5名核心队员入选U14国家女子篮球队。丰县初级中学女子篮球队在徐州市校园篮球锦标赛中蝉联冠军。2015年获江苏省青少年篮球锦标赛冠军，2016年、2017年获江苏省青少年篮球锦标赛亚军。丰县初级中学系省、市体育传统项目学校。

（撰稿：陈延庆　审稿：王　平）

【市政府督政团到丰县实验中学视导】 4月21日，以徐州市教育工委副书记杜耀东为组长的市教育督导组在丰县教育局局长谢辉等陪同下到实验中学视导。市、县领导仔细查看教室、办公室、宿舍、食堂“四室”，充分肯定实验中学的办学实绩，同时提出意见和建议。

（撰稿：王昌军　审稿：刘德检）

【刘王楼初级中学操场竣工】 11月3日，历时2个月，刘王楼初中砂质操场改建顺利竣工。原操场是煤渣铺成，学生运动不方便，刮风时黄土漫天，新建砂质操场，教室不再进沙尘。学生们的校园生活得到改善。

（撰稿：李秀杰　审稿：孙春雷）

【孙楼初中太极功夫队创佳绩】 12月8日，孙楼初中太极功舞蹈队在县教育局举行的比赛中获得团体二等奖，九个单项奖。教师们参与活动，既锻炼了身体又丰富了课余生活。

（撰稿：蒋尊峰　审稿：陈东军）

【李寨初中举行校园文化节会演】 12月27日，李寨初级中学举行校园文化节会演。同学们用歌声、舞蹈、笑声、活力表达对学校的美好祝愿。多姿多彩的节目,充分展现该校学生多才多艺、积极上进的精神风貌。会演在全体演员《明天会更好》大合唱中结束。

(撰稿:孙建恩; 审稿:张 兴)

【梁寨初中推进书香校园建设】 10月,梁寨初中以全民阅读活动为契机,推进师生全员读书,推进书香校园建设。学校建设文化廊厅与文化墙,改建阅览室。班级开展文化建设评比。图书室和阅览室采用智能化管理系统,充实中外经典文化图书,不定期的举办读书沙龙、新书推荐、读书心得展、演讲比赛等活动,营造厚德载物的校园文化氛围。

(撰稿:梁成新 审稿:汪 峰)

【黄楼初中举行元旦文艺会演】 12月28日,黄楼初中在操场举行元旦文艺会演。同学们用唱歌、舞蹈、唢呐、小品、相声等节目表达对祖国、学校的美好祝愿。节目精彩纷呈,赢得广大师生及家长观众的赞誉。

(撰稿:邹 恒 审稿:生新文)

【宋楼初中接受省健康促进学校验收】 12月14日,江苏省健康促进学校省级验收专家组,对丰县宋楼初级中学创建江苏省健康促进学校(金牌)进行评估验收。验收专家组进行实地检查评估,观看学校的专题片,听取校长薛志刚的创建工作汇报,对学校创建工作给予较高评价,并就今后的工作提出建议和意见。

(撰稿:李 想 宁顺平 审稿:薛志刚)

【市教育现代化创建专家组到单楼初中指导工作】 5月9日,徐州市教育现代化创建工作专家组和县教育局副局长李若强等人到单楼初中检查指导教育现代化创建工作。专家组查看该校校容校貌及校园文化布置,深入各功能室查看器材配备及使用情况,到各办公室、教室查看师生的办公、学习环境,到档案室查阅相关的档案资料。听取校长李成锋汇报,按《江苏省"义务教育现代化标准化学校"评估标准》的评定办法,逐条进行核查和评估。

(撰稿:李体辉 审稿:孙建强)

【范楼初中改善办学条件】 10月,范楼初中在丰县教育局的支持下,筹措办公经费,改善办公环境。学校对校园硬件设施进行整改与治理,改善了工作环境。

(撰稿:吴保庭 审稿:常仁龙)

【金陵初中获市"学讲"先进学校称号】 2017年,金陵初中落实市教育局"学讲计划",实施课堂教学改革,获市"学讲"先进学校称号。在校长的带领下,教科室积极开展工作,全体教师全员参与,成绩突出。

(撰稿:石 峰 审稿:刘永胜)

【京庄初中通过市标准化学校验收】 1月13日,徐州市标准化学校验收评估组对京庄初级中学进行市标准化学校验收检查。检查组认真听取校长孙维龙创建工作汇报,到功能室进行实地查看,查阅各项工作资料。检查组对学校各方面工作给予肯定,并提出意见和建议。

(撰稿:邓 杰 审稿:孙维龙)

【华山初中获全国技巧大赛冠军】 11月18日,由中国体操运动管理中心、中国蹦床与技巧协会、江苏省体育局、徐州市体育局、沛县人民政府联合举办的全国技巧冠军赛在沛县体育馆举行,华山初中获冠军。华山初级中学技巧队9名队员在少年丙组大集体比赛中获得第一名。该奖项突破丰县农村初中没有技巧冠军的历史。

(撰稿:李广帅 审稿:王传新)

【套楼初中获评市优秀平安校园】 5月,套楼初中被徐州市教育局、综治办、公安局授予徐州市优秀平安校园称号。套楼初中始终树立"安全无小事"的办学理念,完善学校安全管理制度、措施,人防、技防、物防有效结合。投入资金,新增36个高清探头,更换、维修重点部位的消防器材和安全设施,定期排查安全隐患,配合公安机关做好校园周边环境的综合治理。

(撰稿:史志习 审稿:杨德东)

【孙寸贤到史店初级中学调研】 3月15日,丰县副县长孙寸贤在华山镇党委副书记高源等陪同下,到史店初中调研。孙寸贤一行先后查看食堂及校园环境，详细询问学校存在的困难，深入教室、办公室和老师面对面交流。孙寸贤对于史店初中教师的爱岗敬业精神及认真朴实的工作作风给予高度评价，对学校取得的成绩给予肯定。

（撰稿：王厚华　审稿：郭绍利）

【师寨初中举办九年级毕业嘉年华】　6月14日，师寨初中在校玉兰广场举办“幸福师中·因为有你”2017届九年级毕业嘉年华。全校师生、九年级学生家长1500人参加。活动分为校园巡礼、走红毯、过拱门、忆流年、颂母校、感师恩、颁证书、赠寄语、表誓言、送祝福等环节，期间穿插精彩的节目表演。整个活动充满真诚、温馨、热烈、留恋、感恩、奋进气氛。

（撰稿：张忠良　审稿：付　伟）

【省督导组到东渡初中指导工作】　12月6日，省“全面改薄”工作督导组到丰县师寨镇东渡希望初级中学，就全面改善义务教育薄弱学校基本办学条件完成情况进行现场评估。督导小组查看现场、查阅资料，赞扬该校在“改薄”建设中取得的成绩，对下一步“改薄”创新提出建议。

（撰稿：章会领　审稿：尹　军）

【欢口初中举行南通跟岗学习汇报会】　4月24日，欢口初中举行南通跟岗学习汇报会。从南通如东实验中学跟岗学习归来的黄艳艳向全体教职工作题为《且学且思且行》的跟岗学习汇报。黄艳艳从如东先进的教学理念、精细高效的教学管理、丰富多彩的德育活动、尊师重教的社会氛围、如东教师的“六个特别”等方面向老师们作汇报。

（撰稿：邵长民　审稿：张业永）

【欢口育英初中召开中考备考反馈会】　3月24日，育英初中召开中考备考反馈会。会议由副校长刘永晨主持，教务主任巩锋通报上级部门督导反馈情况，从学生的答题情况、学习状态、作业问题、上课情况及教师教学工作的不足深入剖析，明确教师日常教学工作要求，从优生、中等生、学困生三个层面在原有方案基础上制订调整方案，尤其对特优生和特困生制订翔实的辅导方案。校长陈光远进行总结，从树立目标、明确方向、强化课堂教学、提高课堂高效性、加强集体备课、关注学困生等方面提出具体要求。

（撰稿：董书军　审稿：陈光远）

【顺河初中推行“学讲”过关课】　2月21日开始，顺河初中推行教干上引领课、骨干教师上示范课、其他教师全员参与的“学讲”过关课系列活动。通过推行“学讲”过关课活动，学校涌现一批骨干教师和一批精品课堂。

（撰稿：李　旭　审稿：孙俊臣）

【首羡初中举行教学一体机优质课比赛】　5月8日，首羡初级中学组织开展教学一体机优质课比赛活动。比赛有19名教师自主报名参加。参赛教师能熟练掌握教学一体机操作流程和使用技巧。比赛激发老师们上课使用教学一体机的积极性。

（撰稿：李　翔　审稿：马　路）

【首羡镇和集初中市创客文化节获奖】　3月10日，首羡镇和集初级中学在徐州市首届创客文化节活动中获得优秀组织奖。学校教务处、电教室积极指导学生训练，精心组织学生参加比赛。全校8名学生参赛全部获奖，学校获得徐州市优秀组织奖。教师徐伟、吴振东获优秀辅导员称号，宁成烨、任红涛、孟昊铮、崔苏迪等同学在“创意框架搭建比赛”项目中获二等奖，马中硕、宁成烨获得“我是机器人小老师”称号。

（撰稿：刘红卫　审稿：蒋　林）

【张五楼初中西扩重建】　年内，张五楼初级中学根据县政府对学校的整体规划，正式启动新校重建工作。新校占地近6.7公顷，设计规模为6轨54个班级，为九年一贯制的高标准学校。学校总体平面图由南京教育设计院设计完成，资金由县教育局统筹县财政拨款，项目建议书由县发改委审批，环境评价已备案，项目选址书已办理。

（撰稿：张智超　审稿：刘　旭）

【赵庄初中举行扶贫济困捐赠仪式】　12月19日，赵庄初级中学举行“扶贫济困一日捐”捐赠仪式。德育主任孔祥明宣读《倡议书》，九(1)班学生代表向全校学生发出倡议，呼吁同学们加入到“扶贫济困一日捐”的行动中。全校师生们把一份份爱心捐款投入捐款箱。

（撰稿：丁际国　审稿：李昌国）

【马楼初中安保措施提档升级】　2017年，马楼初中在原有的技防基础上，对校园监控设备再一次提档升级。在食堂操作间、餐厅、男女学生宿舍等重要区域，重新配置高清摄像头。在教学楼楼梯间、化学实验室危险品柜等处增设6个高清摄像头，基本实现校园监控全覆盖。

（撰稿：李世玮　审稿：赵　果）

【常店初中举行家长开放日活动】　12月7—8日，常店初中举行家长开放日活动。活动期间，班级全部开放，400多名学生家长推门听课，听报告，参加主题班会、座谈会，听取期中考试成绩分析，参观学校各功能室、食堂和宿舍，体验学校的各项活动，并与班主任和各任课教师交流探讨学生在校表现和教育问题。

（撰稿：陈福德　审稿：齐英民）

【中阳里民族小学获全国中小学校园影视一等奖】12月10日，中阳里民族小学拍摄的《家乡的味道》在中国教育电视协会、中央电化教育馆联合举办的第十四届全国中小学校园影视评比中获一等奖。该专题片还获得徐州市委宣传部主办的第四届中国·徐州网络公益短片暨微电影大赛纪实短片类一等奖、徐州市教育局举办的“亮区域名片讲教育故事”第十三届徐州市校园电视比赛一等奖。

（撰稿：马培赞　审稿：王友胜）

【凤城街道两小学迎接省现代化学校验收】　5月9—10日，江苏省现代化学校验收组到凤城中阳小学和凤城宝堌寺小学，对两校创建义务教育现代化学校进行评估验收。验收组成员参观学校文化建设，考察学校微机室、科学实验室、美术室、音乐室、图书室、体育器材室等功能教室。深入课堂，感受“学讲计划”的推行效果。通过调查问卷，了解教师、学生、家长对学校创建现代化学校的满意度，听取学校创建汇报。验收组肯定两校现代化学校创建成果，对创建工作给予较高评价。

（撰稿：谢　娟　审稿：孙晓英）

【省幼教专家到孙楼街道中心幼儿园检查评估】　5月24日，江苏省幼教专家包丽娜与郭婷、阚稳一行在教育局和街道领导陪同下，对孙楼街道中心幼儿园进行省优质园复检评估。专家组深入到孩子们中间，观摩晨操，查阅台账资料，分别到三个班级随机推门听课，课后与授课教师面对面交流。在反馈会上，专家组对该园抢抓机遇创建省优质园所取得的成绩给予肯定，同时提出建议。

（撰稿：王传裕　审稿：徐兆东）

【大沙河李寨中心小学足球队“市长杯”比赛获佳绩】　6月2日，大沙河李寨中心小学少年足球代表队参加徐州市教育局、徐州市体育局联合举办的“市长杯”小学生足球比赛获奖。在为期5天的比赛中，全市多支球队激烈角逐，该校男子U11足球队获徐州市“市长杯”小学生足球比赛二等奖。

（撰稿：张忠文　审稿：袁吉春）

【师寨镇贾庄小学强化安全教育】　11月16日，贾庄小学邀请师寨镇派出所警员吴敦城，到学校举办“自我安全保护”安全教育讲座，进行防火、防地震安全逃离训练。该活动使同学们增长了知识，自我保护意识得到进一步提高。

（撰稿：李武昌　审稿：张敬峰）

【梁寨中心小学足球队“县长杯”小学组联赛获奖】5月13日，梁寨镇中心小学男、女足球队参加丰县2017年“县长杯”青少年校园足球小学组联赛，获男子组一等奖、女子组二等奖。

（撰稿：肖东军　审稿：庞恩华）

【徐工集团赴范楼小学开展捐赠助学活动】　9月15日，徐工液压件有限公司党委副书记张丽娜带领徐工集团志愿者及徐工集团合作伙伴赴丰县范楼镇范楼小学，探访昔日援建的徐工希望小学，并向范楼小学捐赠50套桌凳、羽毛球拍、篮球等文体用品。张丽娜鼓励同学们好好学习，立志成才。

（撰稿：常　伟　审稿：丁维新）

【宋楼镇中心校开展教干展示课活动】　9月19日起，宋楼镇中心校8所定点小学相继开展教干展示课、示范课活动。教干们课前精心准备，课堂充分体现“以学生为主体”“重兴趣、重基础、重实践”以及“学讲”等新课程改革的本质特征，积极创设教学情景，激发和调动学生的学习兴趣，师生互动性强，课堂气氛轻松和谐。课后，各校及时组织听课教师开展议课、评课活动。

(撰稿:杨秋分　审稿:顾中昊)

【华山镇中心校举行青年教师“学讲”过关课活动】 12月11日，华山镇小学举行青年教师“学讲”过关暨展示课活动。在为期一周的活动中，参评教师运用“学讲”理念，精心设计导学案，课堂上运用“学进去、讲出来”教学方式，组织小组开展学习交流。良好的精神风貌及扎实的教学基本功得到听课教师和评委们的好评，32名青年教师通过考核。该校采用多种形式为青年教师提供锻炼的机会，促使其尽快成为学校教学的骨干力量。

(撰稿:杜中华　审稿:蒋海明)

【欢口镇中心小学全国版画作品展获奖】 年内，欢口中心小学在全国版画作品展中获优秀组织奖和多个奖项。欢口镇中心小学确立版画为学校特色，取得长足发展，2017年度，在首届少儿版画基地学校展示活动中获金奖的师生25名、银奖46名、铜奖109名，学校获得全国优秀组织奖，并被中国少儿版画协会吸纳为会员单位。

(撰稿:邢海芳　审稿:刘　昕)

【“交汇点”记者到顺河镇路庄教学点采访】 11月26—27日，江苏新华报业集团“交汇点”记者陈彤到丰县顺河镇路庄教学点，就省教育厅开展的“适合的教育在江苏的探索和实践”进行典型学校采访。陈彤深入课堂，实地观摩路庄小学作为主场并与开发区实验小学进行的网络“同步学堂”，观摩路庄小学“七彩丰土”校本课程中阅读、滚铁环等兴趣小组活动，观看五谷杂粮画展览、学生果蔬实践园等。

(撰稿:巩尊峰　审稿:孙敦保)

【首羡镇和集小学校刊获省优胜奖】 11月，由江苏省中小学校刊联盟主办，关心下一代周报报社承办的江苏省中小学校刊联盟优秀校报校刊展评揭晓，首羡镇中心小学校刊获得优秀奖。全省267所学校的291份校报校刊参加评比，丰县首羡镇和集小学校刊《春蕾》获江苏省三等奖，首羡镇中心小学校刊获优秀奖。

(撰稿:王东强　审稿:王　峰)

【赵庄小学获全国技巧冠军赛幼儿组第二名】 11月18日，赵庄镇赵庄小学技巧队在2017年中国·沛县“农商行杯”全国技巧冠军赛暨首届沛县技巧邀请赛中，获得全国幼儿组第二名。学校成立技巧队，为县、市、省专业队输送多名优秀运动员。

(撰稿:张成辉　审稿:宋在杰)

【王沟镇育英小学新教学楼投入使用】 4月10日，王沟镇育英小学新教学楼建设项目顺利竣工并投入使用。该校300余名师生结束在外借教室上课的困扰，搬入新教学楼上课。该教学楼建筑面积2425平方米，总投资300余万元，校园绿化面积达30%，容纳10个教学班，多功能室、阅览室、实验教室、电脑室、音乐室等一应俱全，并配套建设门卫室、消防设施等。

(撰稿:王玉敏　审稿:刘永志)

【常店镇各小学开展作业展评活动】 11月29日，常店镇各小学开展"以展促学，以评促优"为主题的作业展评活动。全体师生积极参与，共同交流探讨，互相学习。展评活动促进学校教育教学质量的提高。

(撰稿:赵同强　审稿:刘以坤)

【实验小学获全国青少年校园篮球特色学校称号】 11月，教育部办公厅公布第一批全国青少年校园篮球特色学校名单，丰县实验小学榜上有名。学校篮球运动有近40年的历史，曾获各级各类奖项几十项。校女子篮球队组建6年获6次省级冠军。学校获江苏省体育传统项目学校、江苏省青少年优秀训练基地称号，2015年，被命名为江苏省校园篮球特色学校。学校累计向市、省、国家运动队输送优秀运动员89名。

(撰稿:刘　涛　审稿:李　钊)

【学校联盟活动在人民路小学举行】 12月12日，丰县人民路小学举行“北斗星”学校联盟“教学相长薪火传承”——人民路小学名带青优培养阶段成果汇报活动。联盟学校的教师代表近百人参加活动。与会代表观摩特色课堂、教务常规特色资料、“读书者说”读书论坛，听取名带青优培养阶段成果汇报。活动加强了校际交流，促进联盟学校互助合作、谋求更大发展空间。

（撰稿：徐爱勤　审稿：杨学艳）

【县特教中心职业实践基地投入使用】 4月，县特殊教育中心特殊教育职业实践基地投入使用。该项目工程包含残障推拿按摩、糕点制作、宾馆服务以及汽车美容等项目。该实践基地投入使用有力促进特殊职业技术教育，使残障学生拥有一技之长，为残障学生就业拓宽门路。

（撰稿：刘成礼　审稿：刘永君）

【省教育厅专家到示范幼儿园分园检查指导】 9月24日，江苏省教育厅基础教育处副处长殷亚竹在市教育局基教处学前办主任韩莹、县教育局学前办主任李建芝陪同下，到示范幼儿园新城分园进行省课程游戏化区域推进情况视察调研。殷亚竹现场察看幼儿园的办园环境、设施设备、区域环境创设，调研了解幼儿园在贯彻《指南》、实施课程游戏化方面的具体措施，对幼儿园实施课程游戏化项目给予高度评价，对下一步课程实施工作指出目标和方向。

（撰稿：渠春华　审稿：石淑萍）

【机关二幼获评徐州市科学教育综合示范校】 6月13日，在徐州市科学教育工作会议上，丰县机关第二幼儿园被市教育局命名为徐州市科学教育综合示范校。机关二幼坚持以科学教育为特色，以园所建设为契机，从室内外装修、绿化景观、活动场地、专用教室、师资培训等方面入手，全方位打造幼教科技园。教师在科学特色活动中逐步成长，多个科教活动获优质课、多篇科教论文获省、市、县奖，教师、家长、孩子们的科技小制作获徐州市奖项，幼儿园连续多年获徐州市教玩具制作大赛团体一等奖。

（撰稿：段清　审稿：王绍侠）

【广宇学校省“十三五”规划立项课题开题】 10月，广宇中英文学校主持的江苏省教育科学“十三五”规划立项课题“运用成功意识改善学生心理素质的行动研究”成功开题。学校有省级教科研课题1个，市级教科研课题2个。

（撰稿：李海明　审稿：邵宗明）

【修远国际学校举行少年军校揭牌授旗仪式】 7月11日，丰县修远国际学校举行少年军校揭牌授旗仪式。县人武部、县双拥办、教育局、消防大队的领导参加活动。常务副校长董立平宣布丰县修远国际学校少年军校成立，校长马连义致辞，县双拥办主任、民政局副局长渠彪和教育局副局长李若强为少年军校揭牌，丰县人武部领导为军校授旗。丰县修远国际学校少年军校是丰县城区第一所少年军校。

（撰稿：杨　帅　审稿：马连义）

2017年丰县各级各类学校基本情况表

表10

校名	班级数（个）	在校生数（人）	毕业生数（人）	招生数（人）	教职工数		学校领导			
					计（人）	专任教师（人）	校　长	副校长	书　记	副书记
常店中心校	63	5131		857	228	221	刘以坤（主持）	赵同强	刘以坤	
大沙河中心校	78	3317		598	217	213	袁吉春	王　俊	袁吉春	
范楼中心校	104	4760		920	271	271	刘庆端（主持）		刘庆端	丁允良
凤城中心校	73	4073		926	176	173	史友伟（主持）	孙晓英	史友伟	闫召满
华山中心校	128	6079		1087	320	319	蒋海明	王贤松	蒋海明	
欢口中心校	135	6027		1167	336	330	刘　昕	张　超	刘　昕	
梁寨中心校	83	3672		777	221	217	孙宗伟（主持）	李新喜	孙宗伟	
师寨中心校	93	3820		724	241	236	刘鸿飞	陈　刚	刘鸿飞	
首羡中心校	108	5131		857	288	284	王　峰	王东强	王　峰	
顺河中心校	68	2986		550	200	200	孙敦宝	巩尊峰	孙敦宝	
宋楼中心校	103	5727		1193	291	289	顾中昊	于　泳	顾中昊	
孙楼中心校	48	2364		460	159	158	徐兆东	董善良	徐兆东	董善良
王沟中心校	100	3722		752	361	360	许正风	徐继彬	许正风	
赵庄中心校	79	3064		617	220	218	宋在杰	曹兴彬	宋在杰	宋在杰
中阳里中心校	97	6175		1118	243	240	史志福	李旭华	史志福	
实验小学	96	5925	844	1107	274	274	李　钊	杜中华　张立群　丁运勇　王进军	徐　萍	李　钊
人民路小学	83	5109	606	1182	194	193	杨学艳	张　智　李先会　仇传剑　贡志刚（助理）	张　智	宋红军
常店初中	9	389	82	85	71	67	齐英民	单丰伟　孙朝永	齐英民	
常店马楼初中	9	311	59	90	93	90	赵　果	史经臣	赵　果	
大沙河李寨初中	23	1460	308	368	108	105	张　兴	许汝光	张　兴	
单楼初中	16	564	86	128	105	103	孙建强	齐　峰　齐行业	孙建强	

续表10-1

校名	班级数（个）	在校生数（人）	毕业生数（人）	招生数（人）	教职工数		学校领导			
					计（人）	专任教师（人）	校　长	副校长	书　记	副书记
范楼初中	15	613	90	193	77	77	常仁龙	吴保庭　李德华 李　松		
范楼金陵初中	13	701	132	163	53	49	刘永胜	陈庆运　邓　凯 石　峰（助理）	刘永胜	
范楼京庄初中	14	752	106	218	57	56	孙维龙	王　振	孙维龙	
丰县初中	76	4740	1448	1623	295	278	王　平	毛立功（助理） 许　丹（助理）		
丰县实验初中	56	3277	911	1159	200	195	刘德俭	师以波　况世恩 袁保平　程训岭		
凤城张五楼初中	9	312	56	61	69	68	刘　旭	常依民	刘　旭	
华山初中	32	1831	290	505	182	179	王传新	尹洪标　郭兆民 屈　峰	王传新	
华山史店初中	16	685	86	169	74	71	郭绍利	赵　海	郭绍利	
华山套楼初中	11	518	90	137	67	65	杨德东	王以朋　郭　靖 王以东	杨德东	
欢口初中	34	1951	401	525	122	120	张业永	李先召　常艳荣	张业永	
欢口育英初中	39	2334	461	608	148	144	陈光远	刘永晨　刘　枫 陈宗庆（助理）		
梁寨初中	24	1306	209	317	221	217	汪　峰	刘召成　陈　敬	汪　峰	
梁寨黄楼初中	8	332	70	84	57	56	生新文	高中文　李福生 王福光	生新文	
梁寨黄楼初中（小学部）	9	411		104						
师寨初中	22	1419	269	379	93	92	付　伟	周　博　张宗方	付　伟	
师寨东渡希望初中	16	829	157	219	93	89	尹　军	赵海峰　章会领 徐国超	尹　军	
首羡初中	23	1182	232	276	91	88	马　路	王伟岭　毕先计	马　路	
首羡和集初中	15	764	147	197	79	77	蒋　林	张孝恩　袁志强	蒋　林	
顺河初中	26	1690	333	445	94	89	孙俊臣	岳冬泳　徐厚坤 刘　鑫	孙俊臣	
宋楼初中	35	2172	360	635	172	169	薛志刚	周建奎　宋善清 周复磊	薛志刚	
宋楼刘王楼初中	11	519	105	109	82	77	孙春雷	李宗军	孙春雷	
孙楼初中	12	625	111	188	77	75	陈东军	李　翔	陈东军	

续表10-2

校名	班级数（个）	在校生数（人）	毕业生数（人）	招生数（人）	教职工数		学校领导			
					计（人）	专任教师（人）	校　长	副校长	书　记	副书记
王沟初中	18	629	114	152	152	143	李　浩	朱效学　王　建	李　浩	
赵庄初中	19	1258	276	323	119	112	李昌国	段素勇　刘　军 孙传义	李昌国	
丰县中学	69	3248	1139	955	337	322	程　煜	刘　飞　马　辉		
民族中学	48	2149	916	541	274	265	谢丽光	董正堂　丁继华 丁运涛		
欢口中学	33	1560	577	457	194	188	韩云鹏	师以尚　董志峰 刘本俊　陈宗哲	刘本俊	
顺河中学	22	615	260	205	214	206	于牧华	张化林　孔德银	于牧华	
华山中学	39	1632	603	476	263	260	王居春	戴宪锋　胡绪峰 李　峰	王居春	
宋楼中学	30	1384	485	454	218	215	崔卫兵	张仁忠　王慧茹 李　建	崔卫兵	张世金
群益中学	16	824	362	257	46	46	张继存			
智慧树学校（小学）	41	1622	240	390	97	97	李　光			
智慧树学校（初中）	5	147		102						
群元双语学校（小学）	7	327	78	48	11	10	胡世发			
创新外国语学校（小学）	81	3853	1046	495	371	371	蒋显敬			
创新外国语学校（初中）	55	3128	939	1098			滕义英			
修远双语学校（小学）	51	2297	550	171	216	216	马连义			
修远双语学校（初中）	26	1377	437	491						
修远双语学校（高中）	23	1270	383	557						
广宇中英文学校（小学）	48	1997	576	163	192	192	邵宗明			
广宇中英文学校（初中）	22	1129	415	360						
广宇中英文学校（高中）	18	814	309	229						
示范幼儿园	63	2835	940	942	63	63	石淑萍	刘景云　刘秀清 马淑华　渠春华	石淑萍	
机关二幼	66	3150	1350	950	54	54	王绍侠	孙　洁　胡　香	王绍侠	
职教中心	192	4746	1555	1655	336	317	田兆瑞	于吉东　王俊岭 王成名　李景民		
特殊教育中心	11	363	72	119	33	32	刘永君	周　莹	韩正涛	刘永君

（魏学军）

沛县

局　长　贺　磊(女)
党委书记　贺　磊(女)(9月—)　朱思瑞(—9月)
党委副书记　刘　畅
副局长　杨　平　朱信平(8月—)　赵鸿雁(8月—)
肖祖部(—8月)　王书勤(—8月)

【概况】　2017年,沛县有各级各类学校164所(含民办学校,不含幼儿园),其中,小学117所,初中25所,普高8所(含完中1所),特教学校1所,中等职业学校2所,九年一贯学校11所。各级各类学校中,民办学校4所。全县中小学在校学生160902人(含民办学校),其中小学113611人,初中30267人,高中11302人,特教中心校308人,中等职业学校在校生5414人。全县有幼儿园86所(其中民办幼儿园40所),在园幼儿46436人。义务教育阶段入学率100%,初中巩固率100%,高中阶段入学率97%,学前三年幼儿入园率97.4%。全县有教职工9265人,其中专任教师9000人。教师学历合格率高中、初中、小学、幼儿园均100%。全县有省特级教师10人,省、市名师、名校长24人,人民教育家后备人才培养对象1人。2017年,全县义务教育阶段省教育现代化学校105所,省三星级以上普通高中7所。全县有省市优质幼儿园53所,合格园达标率100%。全年撤并学校3所,新建学校4所。全年教育经费投入21.78亿元。

【中、高考实现新突破】　2017年,沛县高考本科上线1895人,比2016年增加793人,本科上线率65.03%,比2016年提升38.21个百分点。其中文化课一本上线354人,比2016年增加144人,上线率比2016年提升9.22个百分点,增幅全市第二。张寨中学高考艺体成绩突出,上线率达63.2%。2017年中考,在试卷难度提升、全市总均分下降、沛县参考率提升7.7%的情况下,中考总均分比2016年提升35.6分,增长幅度全市第一。沛初中、五中、三中位居全市259所公办初中前10名。

【加大学校建设力度】　2017年,沛县加大学校建设力度,有序推进校舍安全工程和义务教育“改薄工程”。新(改、扩)建学校9所,其中,新建实验小学、汉源小学、正阳小学南校区学校3所,改(扩)建歌风小学、安国中学等学校6所。歌风小学扩建教学楼、多功能教室、图书馆竣工验收,交付使用。新建实验小学占地5.2公顷,建筑面积3万平方米,主体建设完工。新建正阳南校区占地5.2公顷,建筑面积2.3万平方米,9月建成投入使用。新城区新规划建设沛县汉源小学,占地4.6公顷,建筑面积2.4万平方米,开工建设。新城实验学校建筑面积8100平方米,投入资金3390万元,扩建工程启动。2017年校安工程项目5个,安国中学综合楼、五段俞庄小学(幼儿园)教学楼、王店中学教学楼,建筑面积1.8万平方米，投入资金5544万元。安国镇二郎庙小学新建4500平方米，投入资金1434万元。湖西农场中学新建2000平方米，投入资金677万元。

【全方位加强教师队伍建设】 年内，沛县多渠道、全方位加强教师队伍建设，扩充教师队伍。通过社会招聘新教师229人，通过政府购买服务的方式再聘用合同制教师71人，一定程度上缓解教师短缺的压力。沛县教育系统坚持请进来、走出去相结合，多层次开展教师全员培训。省级以上培训300人次，市、县级培训30000人次。沛县教师赴南通跟岗培训200人次，全年多次组织高中组研训人员赴南通如皋市参加高中备课组长会议和如皋教学视导，与南通开展协同教研，巩固和完善集体备课、活动单编写、三课范式等教研成果。

【名师工程初见成效】 2017年，沛县教育局出台《沛县新教师123成长方案》《中小学“教学七认真”实施意见》，大力实施名师名校长工程、青蓝工程，建立名师培养梯队，制订《名特优教师（校长）考核办法》。县教育局以师德建设为核心，积极推进师表工程，教师职业道德和日常行为进一步规范，涌现出一大批品德高尚、忠于职守、锐意进取、乐于奉献的模范人物。年内，沛县10所学校被评为徐州市师德建设先进集体，6所学校被评为徐州市教育系统先进集体，24名教师获徐州市师德先进个人，2人获徐州市“德润彭城·最美教师”称号，49人获徐州市优秀教育工作者称号。徐州市首批“三师”工程，沛县12人获得青年良师、9人获得带头优师、2人获得领军名师称号。县委县政府表彰先进集体43个，优秀教育工作者257人。

【学生综合素养显著增强】 2017年，县教育局集中开展习惯养成教育、立本教育、责任教育，促进学生良好道德品质的形成和文明礼仪习惯的养成。全年开展阳光体育活动，推进足球进校园、武术进校园，全面提高学生的体质健康水平。开展阅读活动、社团活动、特色学校创建和全县中小学特色艺术、特色体育成果竞赛活动，举办3800人参演的沛县第2届中小学体育艺术节活动，其中2个特色节目被省厅选出，参加学生资助汇报演出。

【实施联盟学区建设】 2017年，沛县教育局推进城区优质学校牵头，与成员学校组成联盟学区。县教育局成立由局长贺磊任组长，教育局领导班子成员和城区领盟学校校长任成员的领导小组。各联盟学区由局领导包挂，包挂领导和教研员组织并参与活动。学区联盟按照五种工作机制开展工作：行政研讨机制、资源共享机制、集体备课交流机制、多元结对机制、考核评价机制。联盟学区形成紧密型教育教学共同体，充分发挥领盟学校示范、引领作用，有效加强联盟学区建设管理，实现联盟学区内“合作共生”。

【社区教育基地建设成绩突出】 2017年，县教育局按照《沛县农民收入五年倍增计划实施方案》关于农民培训的要求，继续加强农村社区教育的服务功能。下半年共招收农民“学历技能双提升”新学员3000人，退役士兵培训450人，开展农村实用技术培训2.8万人次，农村剩余劳动力转移培训0.4万人次，农民创业培训0.3万人次，社区教育其他培训16万人次。11月，栖山镇社区教育中心和沛城街道社区教育中心成功创建省标准化社区教育中心，3个镇社区教育中心通过江苏省标准化社区教育中心评估。全县开展新农民“学历技能双提升”培训、农村实用技术培训、社区教育培训达37.6万人次。

【学前教育发展迅速】 2017年，沛县认真落实徐州市学前教育五年行动计划，按照每5000—10000人1所幼儿园的底线标准，分期建设一批规范、安全、优质的公办幼儿园和普惠性民办幼儿园。沛县计划新（改、扩）建幼儿园33所，实际完成36所。年内，创建省、市优质幼儿园14所。开展无证幼儿园清理整顿工作，取缔无证幼儿园180所，认定幼儿园看护点249所，提升发证21所，基本实现“办园手续规范、园舍设施规范、人员配备规范、教材使用规范”的目标。

【学生资助工作获省级表彰】 6月，沛县学生资助工作获省教育厅、财政厅绩效优秀等次认定。县教育局组织开展孤贫生慰问活动，为36名孤贫学生提供3.6万元资助。高考结束，沛县对126名新考入大学的本科学生资助资金35.1万元。向省资助中心争取资金2336.86万元，为2913名大学生办理助学贷款。向589人次中职学生发放助学金58.9万元，为3015名全日制中职学生免除学费663.3万元。为3499人次高中困难学生发放助学金349.9万元，为1083人次普通高中生建档立卡，为家庭经济困难学生免学费86.64万元。为23332人次义务教育阶段学生发放生活补助费1412.288万元（含低保生资助金额），向2794人次学前教育困难儿童发放资助金139.7万元。结合沛县实际情况，为37名大学毕业生办理就业补偿20.1万元。完成2090名学生助学贷款利息催收工作，还息成功率达96.18%。

【教师省市技能大赛获奖】 2017年，沛县教师参加省、市技能大赛获奖。在省教育厅举办的中学实验说课大赛中，沛县第五中学教师孙宪明获省级一等奖。在省教育厅举办的生物实验操作技能大赛中，沛县第五中学教师孔菁获省级二等奖。在省小学科学实验教学技能大赛中，沛县实验小学教师刁爱强获省级二等奖。在省教育厅举办的幼儿园教师自制玩教具大赛中，沛城镇汉源幼儿园教师张海凤获省二等奖。在徐州市初中物理实验技能大赛中，沛县张庄中学教师葛传宝获一等奖，沛县栖山中学教师魏垂宝、张庄中学教师张延辉获二等奖。

【中小学教学设备和安防设施不断提升】 2017年，沛县中小学教育技术装备水平不断提升。全县中小学课桌凳更新20000套，共计220余万元。强化校园安保，完善校园安防设施，与公安系统联网，实现一键式报警，完成监控系统工程，安装视频监控340套、监控探头7000余个，周界报警系统186套，实现校园技防全覆盖。30所学校更新教育教学设备，投入资金1000万元，顺利通过市现代化学校验收。

【接受省义务教育“改薄”专项督导】 12月5日，省教育督导组一行4人在省教育厅教育评估院调研员施永进带领下，对沛县“改薄”工作进行专项督导。督导组听取副县长刘雪君专项汇报，查看“改薄”资料，召开座谈会，实地查看10所学校。督导组对沛县“改薄”工作取得的成绩给予充分肯定，同时指出存在的问题和不足，提出整改建议。

【接受市义务教育质量监测专项督导】 11月30日，市教育局副局长葛宝堂一行9人，对沛县义务教育质量监测工作进行专项督导。督导组听取副县长刘雪君作情况汇报，查阅相关资料，实地察看6所学校。肯定沛县教育取得的成绩，指出存在的问题，提出工作建议。教育局党委成员及相关股室负责人参加督导汇报。

【市教育督导团考核沛县教育工作】 4月21日，市督导室副调研员苏建刚带领市政府教育督导团一行10人，对沛县教育工作进行督导考核。督导团听取副县长刘雪君的工作汇报，访谈教育、财政、国土、住建等职能部门，查阅资料台账，查看8所中小学、8所幼儿园。督导组对沛县教育工作给予高度评价，肯定县政府切实履行教育职责，依法保障教育投入，统筹协调各类教育发展，加强教师队伍建设，教育工作走在全市前列。督导组对沛县教育工作提出意见和建议，指出要加强班级班额的控制，规范包括教育经费在内的各项教育管理。

【达成教育现代化监测目标】 2017年，省督导室对沛县进行教育现代化监测评估。评估共设置8个一级指标、42个监测点、83个监测要点。督导室根据《江苏省教育现代化建设市县检测评估细则》，仔细研究标准，科学落实分工，规范采集填写数据，规范操作流程，经评估，沛县2016年综合得分82.48分，达成既定目标。

【9名教师参加国际合作交流】 2017年，沛县完成江苏英语教师“雏雁”培育项目培训学员的选拔工作，9名教师短期出国进修。

【加大信息化建设力度】 2017年，沛县不断加大教育信息化经费投入。全年用于添置硬件设备、软件开发、网络升级维护等总投资4154万元，占教育公用支出的8%，有力保障教育教学的正常进行。其中，办公设备购置1862.7万元，专用设备购置1185.6万元，信息网络及软件购置更新15.7万元。新建沛县正阳小学、沛县实验小学，由江苏沛县中江国际城镇开发有限公司在工程款结算中支付、政府采购中心采购中信息化经费投入总计1089.86万元。智慧教育基础条件得到改善，智慧教育体系不断完善，有力地推动智慧校园建设，中小学实现宽带接入“千兆到校、百兆到班”数达到28所，超过《教育发展目标责任书》要求的16所。

（撰稿：许海艳　王　双　审稿：贺　磊　赵鸿雁）

【沛县中学实施校长选聘改革】　8月，沛县县委县政府在沛县中学实施校长选聘改革。选聘原江苏省白蒲高级中学校长、党总支书记范建银任沛县中学校长，在校内选拔燕海军为副校长，组成沛县中学新的领导班子。

【刘运君艺术馆在沛县中学开馆】　11月25日，沛中校友、中国国画画家协会理事、全国著名画家刘运君艺术馆在沛县中学开馆。徐州市政协原副主席张爱军，沛县县委常委、宣传部部长徐正冲，沛县文联主席杨林静，北京、上海、南京及徐州本地的书画家、书画爱好者200余人参加开馆仪式，观看画展。

【沛县中学承办全市教育学南通现场推进会】　12月19日，徐州市教育局在沛县中学举行"深入学南通'学讲'再提升"现场推进会。活动以"学研交互主体相长"为主题，以沛县中学与江苏省白蒲高级中学骨干教师开设同题异构课为载体，通过听课、评课、集中交流等多种形式，总结"学讲计划"成果。徐州市教育局副局长李运生，沛县县委常委、宣传部部长徐正冲，沛县教育局局长贺磊及全市各县区教研员、高中骨干教师和沛县所有高中教学骨干近400人全程与会。市教育局副局长李运生对活动给予充分肯定。

（撰稿：闫成功　审稿：范建银）

【湖西中学承办徐州市艺体研讨会】　年内，学校承办市艺体研讨会。10月18—20日，徐州市中小学美术教师绘画作品研讨会在沛县湖西中学举行，90余名美术骨干教师参加活动。12月4—5日，徐州市体育高考研讨会及运动训练培训会在沛县湖西中学召开，活动旨在提升徐州市高中体育教学质量及体育高考训练水平，共创2018年徐州体育高考辉煌。

（撰稿：李主敏　审稿：王　飞）

【沛县中专通过省高水平现代化职业学校验收】2017年，沛县中等专业学校通过江苏省高水平现代化职业学校验收。由国家投资2000万元、地方配套2000万元的中等专业学校公共实训基地完成建设，公共实训基地与机电技术应用专业群通过江苏省验收。

（撰稿：张建路　审稿：华传阳）

【沛县安保学校学生再创佳绩】　2017年，沛县安保学校学生在多项活动中获佳绩。1名学生在国家级文明风采大赛中获奖，7名学生在江苏省文明风采大赛中获奖。6名学生参加"欢乐春节精彩江苏"艺术团，在印度、斯里兰卡、马尔代夫3个国家进行9场演出，赢得广泛赞誉，得到国家驻外使领馆、文化部和江苏省各级领导的高度评价。

【沛县安保学校多门课程通过省认定】　2017年，沛县安保学校多门课程通过省教科院专家组的认定。受江苏省教育科学院委托，在江苏省中等职业教育第二批专业指导性人才培养方案及专业核心课程标准开发工作中，沛县安保学校保安专业团队主持制定的《保安专业指导性人才培养方案》，保安专业的两门专业基础课程《保安服务概述》《保安员人文素养》，两门专业平台方向课程《守护巡逻基础》《安全技术防范基础》顺利通过省教科院专家组的认定。

【安保学校杜建军被推荐县、市"好人"】　2017年，安保学校杜建军利用保安专业紧急救助技能见义勇为救人不留名，被沛县文明办推荐为2017"沛县好人"及"徐州好人"候选人。

（撰稿：孙　彬　审稿：高广栋）

【歌风中学加快智慧校园建设】　5月1日，沛县歌风中学启动智慧校园建设。5月18日，学校接入互联网光纤完工，光纤接入互联网速率为100兆，实现班班通网络。财政投资68.8万元，购置计算机114台、一套中心机房及相应设施。9月1日，2间装备一新的计算机机房和1间中心机房建造完工交付使用。

【歌风中学开展青年教师教学比武活动】　12月15—25日，歌风中学举行第五届青年教师教学比武活动。学校40岁以下教师参加，经过组内磨课推荐，学科组评选，校内学科磨课，推选出22名教师参加决赛。活动调动青年教师教学改革的热情，促进一批青年教师成为学校教学中坚力量。

【歌风中学成立家长学校】 3月10日，沛县歌风中学成立家长学校，县教育局副局长杨平参加成立仪式。各年级共选出家长代表35人。家长代表主要参与学生管理、学生食堂监督工作，提出学校发展规划的合理建议。杨平给予家长学校高度赞扬，希望家长学校在学校管理中发挥积极作用。

（撰稿：张家强 审稿：刘国银）

【沛县初中举行学区联盟同课异构活动】 12月27日，沛县初级中学学区联盟“同课异构”活动在沛县初级中学举行。

【沛县初中召开法制教育报告会】 11月24日，沛县初级中学召开法制教育报告会。报告会由沛县老城区派出所李警官主讲，他结合青少年中出现的违法犯罪案件，从青少年违法犯罪的原因、特点以及如何预防犯罪发生等方面，用生动的案例，以法论事，以案释法。

（撰稿：刘培峰 审稿：董桂礼）

【沛县五中创新集体备课形式】 2017年，沛县第五中学在学习如皋集体备课经验基础上，改革教育教学工作，创新集体备课方式。2月17—23日，沛县第五中学骨干教师赴如皋实验初中学习。3月初，试点导学案，先以教研组为单位进行听课、评课，然后集体研讨教学计划，共同拟定教学方案。9月，优化教学方案的制订环节，由主备人撰写教学方案提交教研组集体讨论修改、优化，形成最终教学方案。

【沛县五中举行联盟学区班主任培训】 12月19日，沛县第五中学开展南片初中联盟学区班主任培训。沛县五中优秀班主任董红雨与到会班主任分享工作中积累的经验。南片初中学校的班主任与沛县第五中学班主任进行互动交流。南片初中联盟学校近200名班主任参加培训。

【沛县五中举行国家公祭日纪念活动】 12月13日，沛县第五中学团委在阶梯教室举行国家公祭日纪念活动。全校50名中队长、团支书和75名入团积极分子参加活动。沛县第五中学团委抓住南京大屠杀80周年纪念日和第四个国家公祭日教育契机，组织中队长、团支书、入团积极分子集体默哀，表达对死难同胞的祭奠，祈愿和平，振兴国家。

（撰稿：薛　莉 审稿：刘裕来）

【沛县体育中学创建成果丰硕】 2月10日，沛县体育中学被国家体育总局命名为国家高水平体育后备人才基地（2017—2020）。国家高水平体育后备人才基地是国家体育总局对全国业余训练单位授予的最高荣誉。沛县体育中学是江苏省唯一一所获得五星级体校和国家高水平体育后备人才基地称号的学校。4月，江苏省体育局、省教育厅公布2017-2020年度省级体育传统项目学校名单，沛县体育中学武术项目名列其中。

【沛县体育中学培养出2名亚锦赛冠军】 9月19日，第十届亚洲技巧锦标赛在哈萨克斯坦闭幕，中国、印度、伊朗、哈萨克斯坦等7个国家和地区的147人参加比赛，中国队获男子四人项目冠军和混合双人项目亚军，其中获男子四人项目冠军的张峻硕、付智是沛县体育中学培养输送的运动员。

【沛县体育中学举办世界冠军回母校系列活动】 年内，沛县体育中学举办世界冠军回母校系列活动。11月23日，2017世界蹦床锦标赛单跳冠军张阔回到母校，向1000多名学生介绍成长经历。11月25日，值全国技巧冠军赛在沛县举办之际，17名世界冠军应邀回到沛县体育中学，校友们请世界冠军签名，并合影。

（撰稿：张玉龙 审稿：赵米青）

【沛县实验学校与黎巴嫩开展交流活动】 2月8日，沛县实验学校与黎巴嫩城市国际学校举行青少年交流活动。中国人民对外友好协会副会长宋敬武，黎巴嫩驻华临时代办哈提姆·纳斯鲁拉，中国驻黎巴嫩原大使吴泽献，江苏省人民对外友好协会常务副会长蔡锡生，徐州市人民政府外事办公室主任王连运，县委副书记黄浩，县委常委、宣传部长徐正冲，副县长刘雪君出席。活动以“元宵少年派，中黎欢乐颂”为主题，弘扬中黎两国友好传统，增强两国青少年交流合作。该校学生通过线上视频交流的形式，与黎巴嫩城市国际学校的学生进行相互问候并展示才艺，包括沛筑、剪纸、武术表演和黎巴嫩民间舞、传统歌曲演唱等精彩节目，双方学生留下深刻印象与美好回忆。纳斯鲁拉表示，希望中黎双方举办更多类似活动，让年轻人之间有更多的互动交流。

【沛县实验学校举行安全知识讲座】 11月2日，沛县实验学校举行以“珍爱生命，关注消防”为主题的知识讲座和消防演练，邀请沛县消防中队参谋朱开盟到学校主持讲座。朱开萌用发生在国内几个骇人听闻的火灾案例提醒师生防患于未然，教育师生“火灾猛于虎”。讲座结束后，消防警官具体讲解灭火器材的种类及其性能、适应火种及其操作要领，并进行现场示范，指导10多名师生使用灭火器进行灭火演练。

（撰稿：孟祥瑞　审稿：李志建）

【正阳小学南校区建成投入使用】 8月，在沛城街道孔庄小学原址新建的沛县正阳小学南校区投入使用。学校拥有风雨操场、塑胶田径操场、硅PU运动场、专用教室和硬件设施，建有校园网络管理系统、校园广播系统、校园安全监控系统，实现多媒体“班班通”。学校以打造“七彩童学馆”为契机，建构多元、开放、可选择的自主发展“儿童创意课程”体系。

（撰稿：华德阳　审稿：姚　恺）

【正阳小学承办习惯养成现场会】 6月21日，正阳小学承办全县中小学习惯养成教育现场会，全县中小学校长、副校长等300余人参加现场会活动。与会人员参观正阳小学剪纸、百人围棋、百人绘画、竖笛、刮画、器乐演奏、合唱、经典诵读及礼仪操展示、学生作业展示、放学路队活动。现场会还举行主题班会、各科青年教师公开课等活动。

【正阳小学承办市小学品质课程现场推进会】 12月28日，正阳小学承办徐州市小学品质课程现场推进会。学校以课程作为文化变革与特色发展的核心元素，追求有品质的课程为核心议题，构建多元、开放、可选择的自主发展“儿童创意课题”课程体系。徐州市教育局、沛县政府、沛县教育局领导、专家，徐州市各县（市、区）校长、骨干教师800余人参加会议。

（撰稿：姜　淮　审稿：程善峰）

【县委副书记李淑侠调研杨屯中学】 6月1日，沛县县委副书记李淑侠在县教育局局长贺磊陪同下到杨屯中学调研。李淑侠对学校党建工作、基建工作、教育教学管理、师资队伍建设和校园文化建设给予充分肯定，希望学校继续抓好各项工作，努力办好人民满意的教育。

（撰稿：王德强　审稿：张宜兴）

【沛县三中举行十四岁青春仪式暨校园艺术节】 4月28日，沛县第三中学举办“青春璀璨，梦想启航”——十四岁青春仪式暨校园艺术节活动。活动分“扬帆青春”“青春榜样”“青春风采”三个篇章。邀请县教育局副局长、德育办主任，联盟学区校长、副校长、团委书记参加。活动中，同学们感受到成长的欣喜，体会到成长的意义和青春肩负的责任。

【沛县三中组织联盟学区教研活动】 4月5日，沛县第三中学会同张庄中学、闫集中学、栖山中学、王店中学、朱寨中学、鸳楼中学、河口中学、孟庄中学、敬安中学、体育中学10所学校联盟一体，举行第一次教研活动。沛县教育局副局长王书勤、教研室教研员，联盟学校校长、分管教学副校长、教务主任、教科室主任等60余人参加活动。内容包括听课、参观校园、观看学生跑操、研讨制订联盟学区工作方案和工作计划。沛县第三中学发挥领盟学校教育管理资源、优秀教师资源和优秀教育教学资源的示范、辐射、引领作用，为促进联盟学区教育均衡协调发展做出应有的努力。

【沛县第三中学“县长杯”足球赛获奖】 2017年，沛县第三中学男、女足球队在沛县第三届“县长杯”校园足球联赛中获初中组冠、亚军。学校体育组老师们把足球运动融入艺体教育中，激发学生对足球的热爱。

（撰稿：齐俊秀　审稿：常　海）

【湖西农场中学开展电子白板教学培训】 11月23日，沛县湖西农场中学开展电子白板教学培训。该培训以“提高电子白板应用能力、提高课堂教学效率”为主题，采取听讲座、分学科培训、互动交流的形式，重点培训基本程序、页面功能、多媒体操作等内容。40余名教师参加培训。

【湖西农场中学举办应急演练活动】 12月15日，沛县湖西农场中学举办避震、消防和应急疏散演练活动。演练前各班召开班会，讲解应急避震的方法，讲明应急疏散的线路和到达区域。当警报响起，任课教师迅速赶往各楼梯口转弯处，各班主任迅速赶到班级组织学生撤出教室，学生分楼层按路线紧张而有序地疏散撤离到指定的地点，班长清点人数后向现场指挥员报告情况。随后，学生在操场集中学习灭火器使用方法，并现场演练。

【湖西农场中学教师签订拒绝有偿家教承诺书】 12月31日，沛县湖西农场中学开展拒绝有偿家教活动。学校通过悬挂条幅，公布举报电话，设置意见箱，将《2018年寒假致沛县湖西农场中学教师的一封信》发布到微教育平台等形式，向学生、家长、社会作出拒绝有偿家教承诺。学校43名专任教师全部签订承诺书。

（撰稿：徐世明　审稿：戚厚伟）

【五段中学开展敬老、助老活动】 4月8日，沛县五段中学团总支组织团干、团员代表16人，到五段镇敬老院开展学雷锋慰问活动。团员们到各个宿舍打扫卫生、叠被、给老人们送上爱心礼物，和老人交流谈心，表演节目。

【五段中学举办法制讲堂活动】 5月11日，沛县五段中学举办“法护人生”法制讲堂活动。学校特邀请五段镇委委员江铠同、法律顾问刘震、镇关工委李来才出席活动并主讲法制知识。“法护人生”法律讲堂活动，增强师生知法、守法的意识。

（撰稿：贺　迪　审稿：李　沛）

【敬安中学举办学史立志主题教育报告会】 9月29日，敬安中学聘请县关工委领导到学校举行“学史立志，崇德向善”主题教育报告会。县关工委主任吕继明作专题报告。通过报告会，学生充分认识到新时期的青少年要奋发向上，立志成才，把祖国建设得更加繁荣昌盛。

【敬安中学举办交互式电视教学应用培训】 9月22日，敬安中学举办交互式电视教学应用培训。教师深入学习信息技术与学科教学的结合，提高了广大教师利用多媒体技术进行教学创新的能力，加快了教师适应现代化教育教学发展的需要。

（撰稿：宋志兴　审稿：于　涛）

【龙固中学获县教育先进集体称号】 9月7日，龙固中学在沛县教师节表彰大会上被评为沛县教育先进集体。

【龙固中学市书法教育特色校挂牌】 11月10日，沛县龙固中学挂牌“徐州市书法教育特色校”。徐州市教育学会书法专业委员会专家们在沛县书法协会副主席张劲、秘书长张成舟、教育局德育办主任李素景、教育局招生办主任郭亮陪同下，对学校进行实地考察，深入课堂全面了解书法活动具体情况，感受到学校浓厚的书法氛围。教师和学生的书法作品展览得到嘉宾们一致认可。

【龙固中学组织社团展示活动】 12月29日，龙固中学组织学校各社团进行展示活动。太极拳、跆拳道社团同学们用高超的技艺展示中华武术的精髓，书法社团同学在歌曲《兰亭序》的旋律中展示书法功底，合唱社团的精彩演唱让现场同学连连叫好。社团活动让学生们从繁忙的学习中放松身心，发展兴趣爱好，展示个性。

（撰稿：闫显厚　审稿：李　晾）

【鹿湾中学开展社会实践活动】 10月22日，沛城镇鹿湾中学部分学生参与社会实践活动。活动以“走进社区，体验生活，增强责任感”为主题，分别走访县残联康复训练中心、隆鑫化工厂、鹏发鸭制品有限公司和鹿湾村委会，听取各单位负责人介绍情况。实地参观走访，让学生们受到一次良好的社会教育。256名学生参加活动。

（撰稿：崔加伟　审稿：郭红心）

【王店中学启动留守儿童关爱行动】 9月11日，王店中学召开全体教职工专项会议，全面启动留守儿童关爱行动。行动的主题是“爱心助成长、留守不孤单”。关爱小组成员给留守儿童一对一当代理家长，开展“留守儿童到我家”等活动，切实为农村留守儿童解决亲情缺失、监护不力的问题。逐步建立农村留守儿童健康发展的教育、监护和服务体系，共同呵护留守儿童健康成长。

（撰稿：刘　飞　审稿：王建勋）

【鸳楼中学教师参加沛初中集体备课】 2017年，鸳楼中学坚持每周组织各科教师参加沛县初级中学集体备课活动。活动使教师们学习到先进的教学理念，促进了学校教科研发展。

（撰稿：刘运武　审稿：杜敦升）

【朱王庄中学校园柏油路面铺设竣工】 8月，安国镇朱王庄中学校园柏油路面铺设竣工。学校多方筹措资金22万元，在校园内铺设近4000平方米柏油路面，学校面貌焕然一新。

（撰稿：姚立栋　审稿：霍久洋）

【张庄中学开展诗词诵读活动】 9月29日，张庄中学开展“祝福祖国，书香校园”庆国庆经典诗文朗诵比赛。参赛选手满怀激情诵读《我爱你中国》《春天的歌》等经典爱国主义诗篇。活动激发了全体师生的爱国情怀。

【张庄中学举行班主任工作研讨会】 5月16日，张庄中学举行全校班主任工作交流研讨活动。活动安排4节不同年级的主题班会，与会教师观摩后畅所欲言，给予精彩点评。优秀班主任代表徐晓梅、许静与大家分享班级管理经验，交流主题班会思路。

（撰稿：王振球　审稿：黄厚义）

【栖山中学通过市级语言文字示范校验收】 12月，栖山中学顺利通过市级语言文字规范化示范校评估验收。12月28日，徐州市语言文字规范化示范校评估组对栖山中学校园文化墙、宣传栏、橱窗、黑板报、标语等规范用字情况进行实地查看，围绕学校语言文字工作的组织管理、教育教学、师生语言文字规范化意识及应用能力，进行深度访谈和现场测评，详细查阅学校创建工作档案资料，听取学校创建工作汇报。经综合考评，验收合格。

（撰稿：曹　朋　审稿：孟　永）

【张双楼中学深化学校管理】 年内，沛县张双楼中学开展学校分层管理细化和深化工作。8月，校长召开全体管理人员会议，学习相关管理理论，对暑假前学校工作存在问题和取得成绩进行分析和总结。9月，对学校办学目标层层分解，分工到人，针对目标制订措施。学校管理水平整体上升，教学质量有所提高。

（撰稿：陈经华　审稿：刘瑞锋）

【张寨中学努力改善办学条件】 年内，张寨中学多方筹措资金，改善办学条件。投入30余万元为全校18间教室安装多媒体电子白板等教学设备，装配1间录播教室。投入15万元更换教职工的办公桌椅。学校办学条件有较大改善。

（撰稿：戚　辉　审稿：孟庆雷）

【五段镇中心小学举办读书活动】 2月初，五段镇中心小学开展“我把学校图书背回家”读书活动。在班主任的指导下，每个学生到学校图书室借2—5本图书，订好读书计划回家阅读。通过评选，66名学生被评为书香少年，24名学生被评为读书小达人，21名老师被评为优秀辅导老师，8个班级被评为书香班级。

【大风歌志愿者协会走进五段俞庄小学】 3月17日，沛县大风歌志愿者协会走进五段镇俞庄小学，开展以“春暖行动”为主题的系列关爱活动。协会爱心志愿者为贫困家庭学生送去书包、书籍读物，并陪孩子们谈心。

（撰稿：蒋　刚　审稿：刘　伟）

【青墩寺小学通过省教育现代化学校验收】 5月23日，张庄镇青墩寺小学通过江苏省教育现代化学校验收。专家组通过现场察看、随堂听课、听取汇报、调阅资料、民主测评等方式对学校教育现代化创建工作进行评估。随后进行现场反馈，专家组对学校创建工作给予肯定，学校顺利通过验收。

【如皋市教师代表团到青墩寺小学考察交流】 5月30日，如皋市港城实验学校校长带领骨干教师到青墩寺小学考察交流。代表团一行10余人在教育局领导和镇中心小学校长王玫的陪同下，参观校园，了解学校的发展规划，针对学校的管理、课堂教学、学生的学习情况等进行深入交流。

【县“教育学南通”课题评估会在青墩寺小学举行】 9月30日，沛县“教育学南通”课题现场评估会在青墩寺小学举行。沛县教师发展中心韩英灵、房龄刚、张振华等领导及中心小学领导一行，通过听取课题主持人汇报、查阅资料、现场答辩，对张寨镇“教育学南通”课题进行评估，对课题研究的过程及成果给予充分肯定。

（撰稿：甄　锋　审稿：王　玫）

【鹿楼中心小学操场改造工程竣工】 9月27日，鹿楼中心小学操场改造工程竣工。工程于8月20日开工建设，对原有操场进行改造，地面硬化、铺设近200米跑道，面积4825平方米，总投资35.11万元。

（撰稿：鹿　萍　审稿：张家驷）

【鹿楼中心小学举行同课异构活动】 9月1日起，鹿楼镇中心小学开展同课异构教学活动。全校分年级、分学科共54人参与活动。

（撰稿：朱信昌　审稿：张家驷）

【鹿楼镇踪平楼小学开展系列读书活动】 年内，沛县鹿楼镇踪平楼小学开展以“读书是人类最好的光合作用”为主题的系列读书活动。学校积极营造读书氛围，搭建儿童读书社、读书角等读书交流分享平台。通过“1+1”读书、听讲座、互动交流等多种形式，使全校师生感受到书的魅力。

（撰稿：喻倩倩　审稿：张家驷）

【陈新庄小学创建教育现代化学校】 8月，鹿楼镇陈新庄小学进行全面整改，迎接教育现代化学校验收。学校优化校园环境、布置校园及班级文化设施展牌、添置功能室设备、硬化路面等，共投资近60万元。改建、优化工作于12月底结束。

（撰稿：鹿　萍　审稿：张家驷）

【张庄镇中心小学通过省现代化学校验收】 5月28日，江苏省学校教育现代化验收工作组一行到沛县张庄镇中心小学，对该校创建省教育现代化学校进行验收。检查组观看学校创建工作视频，听取校长吕振宇和副校长赵玉峰的创建工作汇报，对该校教师、学生以及家长进行问卷调查，深入各个功能室实地考察，审阅学校创建档案。检查组对学校创建工作给予高度评价，认为学校校园环境整洁优美，校园文化氛围浓厚，教育设施完善，教学管理规范，师生精神面貌良好，高分通过验收。

【张庄镇中心小学晁友廷剪刻艺术馆开馆】 10月26日，张庄镇中心小学教师晁友廷剪刻艺术馆开馆。晁友廷从小研习民间剪纸，剪纸作品4万余幅，被誉为“当代毛泽东肖像剪纸第一人”“沛县剪纸第一奇人”。晁友廷剪刻艺术馆分为八个部分，即汉朝君臣像、汉风汉韵篇、古沛圣迹篇、汉画车马图、汉家田园风、武术之乡照、大汉龙飞地、汉风剪纸谱，有18160幅剪纸作品及536块大理石刻中华历代名人像在馆内陈列展出。

【张庄镇中心小学开展图书漂流活动】 12月28日，沛县张庄镇中心小学开展“捐一读百”图书漂流活动。活动是将孩子们读过的闲置书籍放置教室图书角，供大家课余时间阅读。同学们将本班图书角书籍阅读完之后，再与其他班级进行图书的漂流活动。活动引领孩子们亲近书籍，畅游书海，学会与他人分享。

（撰稿：周广仁　审稿：殷惠萍）

【张庄镇教育集团坚持特色办学】 2017年，张庄镇教育集团坚持特色办学。校长殷惠萍注重对学生综合素质的培养，提倡特色办学，教书育人，各校社团活动成绩显著。10月，张庄镇中心小学剪纸艺术馆开放；张庄镇范庄小学自编校园操，参加沛县体育艺术节展演获一等奖。11月，张楼小学获沛县武术比赛第六名。12月，吴传楼范庄小学多名学生参加徐州市小学生绘画决赛获优秀奖。

（撰稿：王洪玲　审稿：殷惠萍）

【五段镇微湖幼儿园通过省优质园验收】 11月21日，经江苏省教育评估院组织评估、江苏省教育厅审核，确认沛县五段镇微湖幼儿园为省优质幼儿园。

（撰稿：蒋　刚　审稿：刘　伟）

【敬安镇中心幼儿园通过省优质园复审】 5月23日,江苏省优质幼儿园复审专家组对敬安镇中心幼儿园进行现场复审评估。专家组通过察看幼儿园整体环境与设施设备、深入班级课堂观摩、参与幼儿游戏、听取园长复审汇报、访谈部分教师与家长、查阅台账资料等方式进行评估,认为敬安镇中心幼儿园因地制宜彰显特色,准确定位整合资源,高效管理促进发展,给予敬安镇中心幼儿园充分肯定。

【敬安镇中心小学通过市语言文字示范校验收】 12月28日,徐州市语委办组织专家对敬安镇中心小学语言文字规范使用情况进行现场评估。评估组通过查阅学校开展语言文字工作的相关资料,查看宣传栏、黑板报等语言用字环境,随堂观察、观看师生具有特色的语言文字展示等环节,全面了解敬安镇中心小学语言文字规范化示范学校创建情况,给予高度评价,通过验收。

(撰稿:赵　静　审稿:武　略)

2017年沛县各级各类学校基本情况表

表11

校名	班级数（个）	在校生数（人）	毕业生数（人）	招生数（人）	教职工数		学校领导			
					计（人）	专任教师（人）	校长	副校长	书记	副书记
沛县中学	59	2752	981	900	308	291	范建银	邵平安 朱建华 司成立 燕海军	贺磊	
沛县二中	45	2133	671	730	217	213	纪认振	张守权 朱团结 吴岩松	纪认振	
张寨中学	36	1528	632	387	216	162	孟庆雷	董恒哲 郭世明	孟庆雷	
湖西中学	18	986	301	360	141	136	王飞	冯立 朱大伟	王飞	冯立
沛县中等专业学校	85	4136	1358	1164	443	403	华传阳	王夫占 闫洪卫 邵宪永 张建路		
保安职业技术学校	9	406	115	203	88	86	高广栋	潘加磊 牛彪	高广栋	潘加磊
歌风中学	37	1537	728	450		158	刘国银	夏平 高彬 何义		
沛县初级中学	58	3120	930	1050	203	190	董桂礼	刘家国	董桂礼	
沛县五中	50	2738	757	1063	240	223	刘裕来	周剑 闫云侠	刘裕来	
体育中学	26	1128	413	441	122	120	赵米青	单衍果 马辉 刘文丰 张勇		
实验小学	55	3459	645	580	169	169	李志建	吕美荣 谢兴东 张枢宜	李志建	
歌风小学	69	4800	5800	1000	180	170	贾理平	吴德灵 张帆 丁沛君		
正阳小学	91	5800	701	735	215	212	姚恺	王忠民 程善峰 朱雪静 刘艳 谢丽成 冯勋峰	姚恺	
曙光小学	40	2260	236		118	108	董继荣	谢凤莲 徐思龙		
树人小学	73	4757	0	661	238	235	贾理平	朱小平 朱伟丽 刘艳 于际春 蔡承强 魏增海	贾理平	朱小平 朱伟丽 刘艳 于际春 蔡承强 魏增海
特殊教育中心	15	110	12	8	56	14	苏晓东	张承福 王敏		
张双楼矿校	32	1020	76	220	91	88	刘瑞峰	袁品 周脉栋		
三河尖矿校	29	1102	52	198	77	74	徐勇	郑秀强 巩绪中		
汉源中学	75	5206	391	700	238	228	马培建	高岭 曹越 韩信 侯成枝		

续表11-1

校名	班级数（个）	在校生数（人）	毕业生数（人）	招生数（人）	教职工数		学校领导			
					计（人）	专任教师（人）	校　长	副校长	书　记	副书记
龙固中学	39	2078	206	600	153	149	李　晾	闫显厚　张　锋 岳　晖　闫兴朗		
杨屯中学	30	1640	205	534	125	116	张宜兴	吕高军　姜永玉	张宜兴	
大屯中学	15	633	135	196	102	102	赵家峰	刘昭生　李亚军	赵家峰	王敦玲
郝寨中学	32	1280	114	260	170	166	程相跃	李鸿卫　李　强 朱天颂		
沛县三中	52	2820	693	1020	243	227	常　海	梁　建	常　海	梁　建
鹿湾中学	6	256	35	112	42	40	郭红心			
湖农中学	8	363	48	158	49	43	戚厚伟		戚厚伟	
胡寨中学	12	286	144	75	101	99	张　永	郝大干　王顺刚 包岩峰		
魏庙中学	16	627	91	400	101	94	张基辉	陈庆亮　黄厚敢	张基辉	
五段中学	16	886	100	356	112	109	李　沛	姜广亮		
张庄中学	30	1208	322	516	121	110	黄厚义	朱兴军　吴宝民 周　健　韩新艳		
崔寨中学	11	325	60	123	74	63	任　力	吴喜文		
张寨镇中学	18	928	325	328	137	126	孟庆雷	董恒哲　郭世明	孟庆雷	
唐楼中学	22	806	210	320	83	78	郭保富	郭元春	郭保富	
敬安中学	24	1468	216	402	93	73	于　涛	宗秀行　杨敬国		
河口中学	11	427	100	137	68	52	杨碧华	郝敬德　陈春光		
孟庄中学	12	633	80	166	57	48	王梦舟			
栖山中学	11	458	115	231	74	68	孟　永	刘西华　刘继沛	孟　永	
王店中学	13	564	92	140	54	54	王建勋			
鹿楼中学	9	438	112	190	68	54	郝敬军	魏　宏		

续表11-2

校名	班级数（个）	在校生数（人）	毕业生数（人）	招生数（人）	教职工数		学校领导			
					计（人）	专任教师（人）	校长	副校长	书记	副书记
鸳楼中学	30	1596	562	354	98	92	杜敦升	王永让　张永健	杜敦升	
朱寨中学	9	256	48	68	89	65	周广泉	王家忍		
闫集中学	7	145	239	151	96	72	陈振杰	马立雷		
安国中学	22	1236	101	232	78	77	孙念斌	刘方舟	孙念斌	
朱王庄中学	22	986	169	274	55	47	霍久洋			
龙固镇中心小学	88	2794	378	740	239	231	殷惠萍	时维锐		
杨屯镇中心小学	87	3464	265	1082	219	216	吴子庚	陈凡知		
大屯镇中心小学	118	4252	458	1150	411	411	孟庆刚	刘擩焕		
城镇中心小学	157	7312	590	1691	427	378	吴继立	杨文英		
胡寨镇中心小学	85	3085	430	783	252	247	秦淑国	赵则清		
魏庙镇中心小学	74	3653	283	981	188	185	张　峰	刘瑞峰		
五段镇中心小学	71	3136	411	631	181	171	刘　伟	王连民		
张庄镇中心小学	139	6580	520	950	344	328	殷惠萍	赵玉峰		
张寨镇中心小学	123	5090	394	1414	369	346	王　玫	朱绍国		
敬安镇中心小学	77	3856	651	799	228	227	武　略	李　川		
河口镇中心小学	89	3424	457	776	210	191	汪建光	贾广生		
栖山镇中心小学	11	4499	422	935	208	206	王　灿	陈加亭		
鹿楼镇中心小学	103	4010	680	850	267	264	张家驷	丛地峰		
朱寨镇中心小学	68	3035	495	556	253	249	魏荣华	陈忠玉		
安国镇中心小学	110	5313	70	1154	288	288	何光俭	刘运喜		
汉城国际学校（民办）	81	4094	821	755	350	225	葛志坚	张红辉　吴宪民　张组建　杨兴宽　季先永	陈殿泉	

（王　利）

局　长　彭　燕（女）
党委书记　彭　燕（女）
党委副书记、督导室主任　卢建设
党委委员、主任科员　李　辉（4月—）
　　靳晓滨（4月—）
纪委书记　房海洋（—4月）
副局长、党委委员　靳晓滨（—4月）
　　傅月莉（女）
　　房海洋（4月—）
　　李　飞（4月—）
副局长　王雪梅（女）
党委委员、副主任科员　王艳军

【概况】　2017年，睢宁县有各级各类学校185所（含民办学校，不含幼儿园），其中，初中30所，普通高中9所，九年一贯制学校3所，小学138所，十二年一贯制学校2所，特教学校1所，中等职业学校2所。各级各类学校中，民办学校12所。全县各级各类学校在校学生163656人（含民办学校）。其中，高中15381人，初中32536人，小学108215人，特教学校在校生119人，中等职业学校在校生7405人。全县有幼儿园109所（其中民办幼儿园54所），在园幼儿43144人。义务教育阶段入学率100%，初中巩固率100%，高中阶段毛入学率99.53%，学前三年幼儿入园率98.3%。全县有教职工15684人，其中专任教师13190人。教师学历合格率高中100%、初中100%、小学100%、幼儿园93.8%。全县有省特级教师12人，市名教师8人，青年名教师4人。人民教育家后备人才培养对象2人。

2017年，睢宁县有四星级高中2所，三星级高中9所；省优质幼儿园53所，市优质幼儿园42所。全年教育经费财政投入15.8亿元。

【成立教育宣讲团】　11月，县教育局成立睢宁县教育宣讲团。宣讲团聘请15名优秀教十教帅作为第一批成员，通过汇聚身边的正能量，充分发挥优秀教师的示范带动作用。12月26日，孙小宁、陈光辉、李甜和张曼4名宣讲团成员在教育局主会场通过“小鱼直播”为全县教师进行第一次宣讲。

【两课程基地建设项目获省级立项】　4月6日，省教育厅举行2017年课程基地建设项目申报答辩会，庆安镇骑路小学的“绳韵少年特色文化课程”、黄圩中学的“基于思维能力培养的语文课程”顺利通过答辩，获得立项。

【协办睢宁县第一届全民运动会】　11月4日—12月9日，睢宁县教育局在睢宁县第一届全民健身运动会中，协同运动会大赛组委会策划、组织运动会开幕式和闭幕式。县教育局与县文广新体局、县总工会共同承办全运会设置项目的比赛，独立组织青少年部足球、田径运动会和跳绳、踢毽比赛，组织校长方阵、学生方阵和裁判员方阵参加开幕式，安排200多名体育教师担任全运会裁判工作，确保各项赛事圆满完成。

【办公物品网上采购】 春季学期开始，全县公办中小学全部通过省级政府采购网上商城专用平台登录定点电商采购系统进行网上采购。该举措既保证办公用品采购过程公开、透明、方便快捷，又保证采购物品价格低廉、质量合理。县教育局要求各校及时通过公示栏或网站将网购的截图、订货清单向全体教职工公开。教育局每学期组织专项检查，通报检查结果。

【举办教育论坛】 2017年，县教育局面向中小学校长、中层教干、班主任、定点小学校长和一线教师，举办5期教育论坛，7期教育讲堂。有针对性加强教育教学理论交流，提升学校管理水平。

【政府高度重视教育】 2017年，县政府高度重视教育工作。研究出台《促进全县教育事业发展的意见》《关于统筹推进城乡义务教育一体化促进优质均衡发展的若干意见》，确立到2020年建成省教育现代化示范县、义务教育优质均衡县的奋斗目标。从体制、机制上实行系统改革，规范教干队伍管理使用，健全激励奖惩制度，强化镇级政府发展教育职责，破除制约教育发展的障碍，将学校布局规划纳入城镇发展规划，将民办教育纳入全县教育规划统筹考虑，实现全县城乡教育规划一盘棋。

【县委书记为全县教干教师上课】 10月28日，县委书记贾兴民在县文化艺术中心演艺馆为全县教干教师上课。贾兴民要求全县教干教师坚持“五讲”“五做”：讲政治，做组织的追随者；讲道德，做社会的良心人；讲学识，做业务的尖兵；讲爱心，做学生的亲人；讲发展，做家乡的代言人。

【开展“百千万”大走访活动】 2017年，县教育局成立以局长为组长的“百千万”工作领导小组，召开专题会议指导帮扶工作，开展“百千万”大走访活动。县教育局与梁集镇袁圩村、毛庄村、梁圩村、戚姬村结成帮扶关系。共走访帮扶3157农户，党员志愿者发挥先锋模范带头作用，通过开展“助力三夏”“助力秋收”“温情睢宁”“实现微心愿”“爱心课堂”等活动，为困难群众送去米面、油、棉被、棉鞋及慰问金。

【十九大宣讲团进校园】 12月，县委十九大宣讲团成员进校园，开展十九大集中宣讲活动。宣讲团共宣讲40场次，在全县中小学校掀起学习宣传贯彻党的十九大精神热潮。

【全面深化教育体制改革】 2017年，县教育局深入推进“基础教育学南通”活动，借鉴启东教育管理模式，加快基础教育改革步伐。逐步完善城乡一体化的学前教育公共服务体系，加快建设公办幼儿办园，推进普惠性民办幼儿园发展。深化职业教育改革，启动中等专业学校提档升级工程，做好异地搬迁，围绕“四大传统产业”“四大新兴产业”和电商特色产业，优化专业结构，提高“双师型”教师比例。深入推行“县管校聘”人事管理体制，加强校长管理，建立校长和教师交流轮岗常态化机制。

【制订乡村振兴实施意见】 年内，县教育局贯彻落实党的十九大精神，结合教育系统实际，制订乡村振兴实施意见。建立健全城乡融合发展机制，进一步加强农村学校基础设施建设，整合优化教育资源，开展农民技术“双提升”培训，加大乡风文明建设。

【省科研普惠工程送科研下乡】 11月23日，省教育科学规划办组织省内教育名家赴睢宁开展科研普惠工程送科研下乡活动。县政府副县长李克武在活动开幕式上致辞。活动主会场设在新城区实验学校，县实验小学和睢中南校设分会场，3个会场同时进行课堂教学研讨。

【促进城乡教师合理流动】 2017年，睢宁县促进城乡教师合理流动。暑期，共招聘新教师91名，除初中、高中、职业中学18名新教师外，其余73人到城区学校跟岗培训一年。本着城乡互动、有序补充、分步实施原则，为城区学校补充师资130人。加强支教教师管理，均衡师资配置，援教教师450余名。

【选派优秀教干赴兴海县援教】 9月，县教育局选派梁永、姚小立、赵琪3名后备干部赴青海省兴海县民族中学等校担任教学副校长，开展为期1年的教育援青工作。按照睢宁县人民政府与兴海县人民政府签署的《友好城市框架协议》及《教育结对帮扶协议》要求，睢宁县选派教育骨干赴青海援教。援青教师受到兴海县委、县政府及干部群众欢迎。

【实施教师全员培训】 2017年，县教育局建立教干教师培训项目库，确定教师培训方案，实施教师全员培训。对课程设置、专家聘请、参训人员作出精心安排，累计培训教干教师1万余人次。积极争取免费培训项目，包括1个“引智培训”项目、8个国培项目和40个省培项目。立足县情开展校本培训，强化培训考核。加强名师工作室建设，实施青蓝工程，提升教师队伍整体素质。

【扎实开展教育学南通工作】 2017年，县教育局继续扎实开展教育学南通工作。4月、11月，分两批次选派中小学校长、教研员和骨干教师91人到启东跟岗学习交流。6月，徐州市基础教育学南通推进会在双沟中学举行，启东、徐州两地专家领导近300人参加会议。12月，南通市中青年名师——陈铁梅美术工作室到睢宁举行交流活动。举办两期教育论坛，即高中和初中教干教师学启东专场汇报会，扎实开展学南通研究活动，研究室成员市级立项课题近20个，市级以上获奖文章30篇，在全县开设讲座10次，开设公开课近30节，举办沙龙2次，结集出版《学南通思考札记1—4集》。

【25名教师获市“三师工程”表彰】 12月，徐州市首批“三师工程”评选揭晓，睢宁县25名教师榜上有名。其中全市共评选“领军名师”28人，睢宁县6人上榜，占全市总数的22%，位列县（市、区）首位。

【稳步推进幼儿园建设】 年内，睢宁县稳步推进幼儿园建设。新改扩建幼儿园19所，建成住宅小区配套幼儿园7所。县政府出台《关于进一步强化城区住宅小区配套幼儿园建设监管的若干意见》的通知，规范新建小区配套幼儿园规划建设及管理使用办法。

【清理整顿无证幼儿园】 2017年，县教育局坚持“整改达标一批、转办准入一批、取缔停办一批”，组织开展清理整顿无证幼儿园工作。全县183所无证幼儿园，提升发证5所，取缔52所，转看护点126所。强化幼儿“看护点”监管，按照属地管理原则，将幼儿“看护点”纳入辖区镇中心小学统一管理。

【《画育童心：睢宁儿童画60年的实践探索》获省教学成果特等奖】 4月，睢宁儿童画以“画育童心：睢宁儿童画60年的探索实践”为题申报江苏省教学成果奖。9月，该成果经过市选拔、省初评、终评现场答辩等环节，获得2017年江苏省教学成果奖特等奖。

【改善智慧教育基础条件】 2017年，县教育局持续推进教育现代化建设，改善智慧教育基础条件。投资190余万元，完成实验小学、中等专业学校、王集中学、特殊教育中心、新城区实验学校、县第二中学等18所学校千兆到校百兆到班工作。

【获评全国女童保护优秀地方团队】 5月，县教育局女童保护工作成绩突出、举措创新，被评为全国女童保护优秀地方团队。全县有女童保护志愿者讲师259名，保证村小一校1名讲师，规模大的小学平均每10个班有1名讲师，实现女童保护教育专业化。发放女童保护手册学生版1.8万余册，家长版1万余册，受益学生近10万余人，基本实现女童保护教育全覆盖。

【承办儿童画大赛】 年内，由省委宣传部、省文明办、省教育厅联合主办，睢宁县人民政府承办“童真里的色彩”——首届中国·江苏儿童画创作大赛。大赛共征集到全国24个省（区、市）、香港、澳门地区，及英国、美国、西班牙、澳大利亚的5.4万余幅作品。经大赛评委会评选，共评选出特等奖20幅、一等奖40幅、二等奖80幅、三等奖160幅以及优秀奖、入围奖若干，汇编出版《“童真里的色彩”——首届中国·江苏儿童画创作大赛作品集》。7月20日，在南京艺术学院举行颁奖典礼和获奖作品展。

【撤销睢宁高级中学管委会】 8月31日，县委常委会决定，撤销睢宁高级中学管委会，恢复睢中南校“江苏省睢宁高级中学”校名，睢中北校更名“睢宁县第一中学”，设独立法人。

【做好中小学布局规划调整工作】 2017年，县委县政府深入学校、公安、计生、统计等部门调研，完成2017—2030年全县中小学布局规划调整工作。加快镇区和城区小学新建和改扩建，积极推进九年一贯制学校建设，有序分流农村定点小学到镇区上学，现有高中和初中学校保留并进行内涵发展，编印《2017—2030年睢宁县中小学布局规划调整方案》。

【开展师德主题教育活动】 2017年，县教育局在全县教育系统开展师德主题教育活动。举行"爱我睢宁"主题报告会，举办两场"劳模精神进校园"活动，邀请全国劳模武家兴、徐州市劳模肖婷婷、宋晓楼分别讲述在教书育人的岗位上辛勤耕耘、默默奉献的感人事迹。成立教育宣讲团，分赴学校巡回宣讲，全方位展示优秀典型人物的感人事迹，弘扬高尚师德。

【积极推进教育民生工程】 2017年，县教育局积极做好学生资助工作，推进教育民生工程。全年共资助学生37601人，资助金额2364.44万元。建档立卡家庭经济困难学生12677人，其中，建档立卡家庭学生11551人，低保2174人，孤儿115人，残疾511人，烈士子女及特困职工子女46人。发放生源地助学贷款4500笔，贷款金额近3500万元。

【县教师发展中心建成】 9月，睢宁县教师发展中心工程项目竣工。教师发展中心坐落在县城中央大街以北，乐园路以西，占地1公顷，建筑面积7000平方米，总投资2500万元。2016年9月开工建设，已申报省示范性县级教师发展中心验收。该项目严格按照江苏省示范性县级教师发展中心标准规划建设，高起点、高标准，是全市唯一新建的教师发展中心。

【县第五小学如期招生】 9月1日，县第五小学改建工程完成，如期招生。该校前身是睢宁县睢城镇仝场小学，2016年10月列为睢宁县2016年"为民办实事(交钥匙)工程"实施异地改建。学校规划总占地5.21公顷，按照6轨制36个班级、容纳学生1800人的现代化学校进行建设。建筑总面积2.4万平方米，项目总投资6000余万元。学校投入使用后，实现城区东北部区域适龄儿童入学全覆盖。

【举办迎春文艺会演】 1月14日，由县教育局、县文广新体局联合主办的2017年睢宁县中小学迎春文艺会演在县文化艺术中心举行。会演简约喜庆、主题鲜明，《篮球操》《花样跳绳》《小洪拳》《太极扇》等节目展示开展全民健身的丰硕成果，《钱杆舞》《云牌舞》等非物质文化遗产项目体现睢宁地方文化遗产的传承。县政协主席、宣传部长陈良观看演出，并为获得文艺会演优秀组织奖的学校颁奖。

【深入推进"五校同创"工作】 年内，县教育局继续深入推进"五校同创"工作。即创建江苏省义务教育现代化学校(高中阶段为星级学校、学前教育为优质园)、睢宁县中小学特色(项目)学校、睢宁县中小学绿色学校、睢宁县中小学常规管理示范学校和徐州市平安校园。全年共成功创建10所省优园、8所市优园，确认第二批特色(项目)学校培育对象53所，与县环保局联合验收县级绿色学校72所，创建市级绿色学校2所，省级绿色学校1所，验收睢宁县中小学常规管理合格学校103所，创建徐州市义务教育现代化学校108所。

【第二批责任督学挂牌督导】 3月29日，第二批责任督学挂牌督导培训会在睢小会议室召开。县教育局局长彭燕作"不负重托，切实履职"的动员讲话，会上宣读睢宁县聘任的第二批挂牌督导责任督学名单，并颁发聘书43份。

（撰稿：朱玉洁　审稿：盛立芹）

【睢宁高中举行校园文化艺术节】 12月12—30日，江苏省睢宁高级中学举行第29届校园文化艺术节。教师活动有篮球对抗赛、拔河比赛、乒乓球比赛。学生活动包括高一年级跳大绳比赛，高二、高三年级拔河比赛，全校跑操比赛，校园十佳歌手比赛和校园达人秀预决赛。学生活动由团委和体卫处负责，教师活动由校工会牵头组织。

（撰稿：邵　达　审稿：王　峰）

【睢宁一中实施学校管理五项监控措施】 2017年，睢宁一中实施学校管理五项监控措施。即教职工上下班监控、集体备课监控、课堂教学监控、教师业务材料检查和学生作业检查监控及学生成绩分析监控。加强集体备课，每周确保3小时集体备课时间，加大集体备课监督检查力度。加强课堂教学研讨，采取请进来、走出去的方式，开展大型教学研讨活动。坚持“高效课堂和高效作业”制度，全力推行课堂教学改革。

（撰稿：武　昌　审稿：倪其珍）

【魏集中学引领教师专业化发展】　2017年，魏集中学采取多种措施引领教师专业化发展。学校深化“学讲方式”的课堂教学改革，对全体教师开展一轮评估课、二轮评优课、三轮示范课系列活动。要求每位教师根据“听—思—议—评”的模式进行教育教学总结并以论文形式上交，学校组织学期优秀教案评比。年内，有20多篇论文在省、市级核心刊物上发表或获奖，在县教育局教学视导检查中，优质课比率75%。

（撰稿：王存楼　审稿：卓培芳）

【李集中学通过四星级高中复审】　11月8—9日，李集中学接受省评估院专家组对学校四星级高中现场考察，顺利通过复审。专家组成员通过实地查看办学条件、听课、开展问卷调查、召开座谈会等形式，对学校工作进行全面考察评估，一致给出好评。2月，按照江苏省教育评估院复审通知要求，学校组织人员对照四星级高中复审标准撰写自评报告并上报。7月，接到省评估院下发的整改意见后，继续组织人员对照整改意见逐条落实上报整改报告。经考评，学校通过复审。

（撰稿：彭思武　审稿：郭同芳）

【戴大为访问徐州市田家炳中学】　5月15日，香港田家炳基金会总干事戴大为一行应邀到徐州市田家炳中学进行为期两天的访问。戴大为参观校园、听取汇报，对学校发展进行深入探讨和交流。在师生座谈会上，戴大为代表基金会对学校工作给予充分肯定，对学校发展方向、定位、办学理念提出建议。戴大为代表基金会为学校带来政策、资源支持，为学校高考优秀学生颁发特别奖学金。

（撰稿：樊功尉　审稿：王　磊）

【凌城中学女足获“县长杯”冠军】　5月，凌城中学女足在“县长杯”比赛中获冠军，在随后的“市长杯”足球赛中获二等奖。学校女足自建队起，校领导高度重视，教练员悉心指导，认真训练。首次参赛即获“县长杯”冠军。

（撰稿：李　响　审稿：刘　斌）

【古邳中学积极传承非物质文化遗产】　4月，古邳中学协同古邳镇、县教育局、县旅游部门拓展“非遗”传承平台，成功申报徐州市“下邳文化”研学旅游示范基地。学校秉承“质量立校、特色兴校、旅游强校”的办学思路，立足传统文化的“化育”功能，积极保护和传承地方特色文化——下邳文化。示范基地不仅培养学生环保、创新的意识和能力，而且进一步拓宽学校“非遗”传承路径和学校特色品牌建设。

（撰稿：丁建东　审稿：刘　明）

【双沟中学开展“六好”教育活动】　2017年，双沟中学开展“六好”教育活动。即扫好地：开学初，各班级制订班级、宿舍和清洁区卫生扫除分工一览表，分工明确，责任到人，常抓不懈；理好物：在教室整理好书籍簿本，在宿舍整理好生活用品；跑好操：9月起，跑操运动不中断；唱好歌：开展课前一首歌活动；写好字：每天晚自习前10分钟学生练字；上好课：培养学生良好的课堂习惯。

（撰稿：刘　乐　审稿：王　宝）

【睢宁中专市职业技能大赛获佳绩】　在2017年徐州市职业技能大赛中，睢宁中专获多个奖项。比赛共设12个大类68个比赛项目，睢宁中专承办电梯维修与保养、网络空间安全、机器人技术应用3个项目的比赛。学校派出83名师生参加6个大类13个项目的比赛，16人获得一等奖，10人获得二等奖，27人获得三等奖，获奖人数、金牌数创历年最高。

【睢宁中专通过省计算机现代化实训基地验收】　4月，省教育厅组织专家对2017年职业学校现代化实训基地项目进行网络评审、现场视导和论证，认定睢宁中专计算机等64个实训基地为江苏省职业学校现代化实训基地。

（撰稿：陈计威　审稿：胡居春）

【县二中开设校本课程】　9月，县第二中学开设丰富多彩的校本课程。学校利用现有的教学特色和资源优势，以学生的个性发展为本，以兴趣性、拓展性为主，做好校本课程的开发与实施。校本课程分为人文素养、科学素养、生活技能、艺术修养、信息技术、学科竞赛六大类，学生可根据兴趣选课、上课。

（撰稿：胡正甫　审稿：杜斌成）

【南门中学推行“四个一”】 2017年，南门中学推行“四个一”，助推学校逆势崛起。“四个一”即喊响一个口号：重振雄风，再创辉煌，赢得未来；践行一个行为准则：兴实干之风，远离浮躁抓教学，树浩然正气，上下一心创名校；明晰一个办学思路：锻造激情校园，实施精细管理，打造高效课堂；确立一个奋斗目标：打造师生成长的幸福家园，建设现代化高质量县域著名、苏北知名的品牌学校。

（撰稿：李　莹　审稿：闫　刚）

【高作初中加强骨干教师培养】 11月28日，高作初级中学开始实施骨干教师培养及遴选计划。学校努力造就一支素质高、业务优、有开拓创新意识的骨干教师队伍，制定《高作初级中学骨干教师培养实施方案》。

（撰稿：高亚威　审稿：陈宜楼）

【沙集中学开展特色社团活动】 10月，沙集中学开展“一校一特色，一生一特长”特色社团活动。学校成立各类社团，有经典诵读、书法、舞蹈、儿童画、足球等特色项目。活动做到定时间、定地点、定内容，有组织、有检查，开展有序。

（撰稿：杜　磊　审稿：王庆科）

【凌北中学开设特色活动课程】 2017年，凌北中学开设特色活动课程。活动课程有剪纸、绘画、象棋、魔方、身边的地理、书法、合唱、朗诵、田径、足球等。由学生根据个人兴趣，自由选课，实行走班制上课。课程定时间、定地点、定内容，由专业老师任教，学校负责组织、检查，每学期进行一次集中考评。

（撰稿：张　跃　审稿：朱　辉）

【邱集中学召开“拒绝欺凌，共建和谐”主题班会】 12月18日，邱集中学开展“拒绝欺凌，共建和谐”为主题的班会活动。各班主任利用多媒体平台向学生讲解校园欺凌、校园暴力常识。在案例分析与相互讨论中，同学们认识到校园暴力的危害，表示坚决杜绝校园欺凌现象的发生。主题班会增强了学生的法制意识和安全意识。

（撰稿：王　芳　审稿：孙　平）

【王林中学举办青年教师课堂教学大赛】 5月，王林中学举办青年教师课堂教学大赛。大赛分三个环节：课堂展示—教师说课—教师点评。参赛教师做精心准备，充分展示各自的教学风采和教学特点。8名获奖教师根据评委意见对教学设计进行反思、修改，汇集成资源与全校教师分享。

（撰稿：徐　浩　审稿：夏春浩）

【官山中学“一案四环”法助推教学提升】 2017年，官山中学实施“一案四环”教学模式助推教学提升。校长室、教导处制订出活动方案，精心打磨高效课堂，采取“1.5+0.5”的集体备课及“一案四环”教学模式，深化课堂教学改革，强抓每一个环节，充分调动学生的积极性、主动性、创造性，收到良好效果。

（撰稿：宋　健　审稿：陈邦强）

【黄圩中学依托课程建设提升教育质量】 4月，黄圩中学“基于思维能力培养的语文课程建设”获得省教育厅立项，依托课程建设提升教育质量。学校建设促进语文思维训练的语文实验教室、表演剧场等学习工坊，借助信息技术，让知识呈现方式更加直观、形象，增强体验兴趣和学习效果。开发校本课程“阅读思维训练指导”“写作思维训练指导”，开展口语训练活动、语文实验活动、创作体验活动。让学生自主探究、互动释疑、迁移拓展，发挥语文课程基地在核心素养培养上的独特优势。

（撰稿：黄振球　审稿：彭跃龙）

【李集二中体育特色办学成果突出】 年内，李集二中认真贯彻《学校体育工作条例》，坚持体育特色办学，成果突出。学校被评为徐州市体育传统项目学校、徐州市运动员优秀输送基地、全国青少年足球特色学校。学校配有专职体育教师、足球教练6名，师资力量雄厚，按照新课程标准开足体育课。开展阳光体育活动，定期举办运动会，开展广播操、冬季长跑、拔河、跳绳等比赛。

（撰稿：史　伟　审稿：李化举）

【桃园中学通过省现代化学校验收】 12月26日，桃园中学接受徐州市现代化学校终评验收，顺利获得通过。验收组一行7人，听取校长王万青的工作汇报，现场咨询有关整改情况、查阅相关档案资料，对学校教育思想、教师队伍、办学条件、学校管理、办学体系及办学水平等方面的现代化情况做全面调研。验收组对学校重视教育现代化建设给予高度评价，评估结果为优秀等次。

（撰稿：朱启东　审稿：王万青）

【朱集中学多措并举抓质量】 2017年，朱集中学采取多种措施全力抓好教育教学质量。学校强化组织，责任到人，实行年级主任负责制，分管初三的年级主任兼代毕业班的班主任。实行片区联考，表彰获奖教师。提高执行力度，强化备课效果，落实课堂教学，细化学生作业，效果显著。

（撰稿：张　菊　审稿：杨步玲）

【王集二中创建足球特色学校】 9月，睢宁县王集第二中学确立创建足球特色学校的目标。学校在文化建设中突出校园足球文化，体育课加大足球课时比例，开设足球社团，专业教师辅导，刻苦训练。年内，学校男子足球队先后获得睢宁县“县长杯”足球联赛第一名和徐州市“市长杯”足球比赛第四名。

（撰稿：余　贺　审稿：马玉春）

【苏塘中学开展“综合实践人人行”活动】 11月1日，苏塘中学开展“综合实践人人行”活动，内容包括废旧物品再利用、拼接七巧板、纸桥承重、滑翔机试飞等。活动发挥学生的特长，彰显学生的创造力和班级的向心力。现场气氛热烈，选手们的精彩表演、啦啦队的热情欢呼，把活动推向高潮。

（撰稿：池云珠　审稿：宋晓楼）

【岚山中学举行“唱响新时代”比赛】 12月29日，岚山中学举行以“唱响新时代”为主题的庆元旦大合唱比赛。学校注重学生的爱国主义教育，平时通过课前五分钟红色歌曲大家唱，革命故事大家讲等活动传承和弘扬革命精神。班班有歌声，周周有评比，积极调动全校师生参与“唱响新时代”主旋律及红歌大家唱系列比赛活动。

（撰稿：季　超　审稿：沈　鹏）

【高集中学举行革命歌曲大合唱比赛】 12月22日，高集中学举行“不忘初心，革命歌曲大合唱”比赛。各班级积极组织，广大师生激情参与，《我的祖国》《红旗飘飘》《毕业歌》《爱我中华》《咱们的工人有力量》等斗志昂扬的旋律使每个师生接受一次灵魂的洗礼。

（撰稿：梁龙浩　审稿：孙存广）

【双沟二中注重学生自主管理教育】 年内，双沟二中将自我管理教育作为引领学生生活自立、品格提升、学习提高的大事抓实抓好。学校借助班会、团会、报告会等形式，让学生认识自我管理的意义、内容、策略。在学习生活实践中，注重引导，形成自我管理意识。各班级按照学校的考核标准，督查学生自我管理行为。

（撰稿：耿　庄　审稿：董　全）

【姚集中学开展行知文化艺术节活动】 11月16日，姚集中学首届行知文化艺术节圆满落幕。行知文化艺术节主题为“行知文化入我心，经典传承润人生”，内容包括读书节、书画展、诗文诵读、体育节等系列活动。姚集中学2016年被评为省优秀行知实验学校，2017年被选为中国陶行知农村教育研究专业委员会会员学校。

（撰稿：戴建设　审稿：吴荣永）

【张圩中学推行“向善教育”道德实践活动】 10月起，学校深入开展“向善教育”道德实践活动。活动的范围为善在家庭：孝顺父母，生活自理，主动承担一些力所能及的家务事，争做“张圩中学向善教育代言人”；善在学校：尊重师长，善待同学，爱护校园环境，追求校园和谐，争做“张圩中学向善教育的文明人”；善在社会：与人为善，文明谦让，主动参与社会公益活动，用凡人善举引领社会新风尚。

（撰稿：周清阳　审稿：宋利国）

【下邳中学开展同课异构赛课活动】 10月起，下邳中学开展“学讲方式”同课异构赛课活动。比赛以备课组为单位，以全员参与、集体备课、同题异构、即时点评的形式开展。至11月中旬，学校30名教师全部参赛完毕，并按学科从中评选出一批优秀的“学讲”课改先进教师。

（撰稿：李发庭　审稿：王万金）

【浦棠中学开展关爱留守儿童系列活动】 2017年，浦棠中学开展关爱留守儿童系列活动。组织全体党员干部集中开展以“访家境、知生情、解实困、促成长”为主题的阳光家访活动，开设“道德讲堂”主题班会展演活动和给留守儿童过集体生日活动，特邀徐州市夷希微青少年社工联合会到学校开展“大手牵小手，快乐成长”亲子活动。

（撰稿：庄金成　审稿：卢彦飞）

【梁集中学开展校园开放日活动】 12月29日，梁集中学开展“共同托起明天的太阳”为主题的校园开放日活动。学校以开放日为契机，向学生家长展现校园风貌和学校教育教学成果。组织家长观看展板，参观校园、学生宿舍、学校食堂餐厅、实验室、图书室等，部分家长走进教室和孩子一起听课，与班主任老师交流家校互动话题和培养孩子的关注热点。

（撰稿：李　崴　审稿：李　磊）

【刘圩中学启动“比学赶超”竞赛活动】 2月22日，刘圩中学举行“比学赶超”竞赛活动启动仪式。仪式由校长徐刚主持，徐刚向全体教职工宣布“比学赶超”竞赛方案、奖励机制、领导分工。教师代表尤成作“比学赶超，永不言败，做一个有亮度的实干型班主任”的表态发言。全体教职工上交“比学赶超目标”上报表。

（撰稿：赵　磊　审稿：徐　刚）

【庆安中学开发“乡土田园”写作校本课程】 2017年，庆安中学立足农村初中实际，开发“乡土田园”写作校本课程。学校积极开展原生态写作教学活动，打造特色文学社团，举办“乡土歌谣大家唱”“田园诗词朗诵会”“自然色彩作文现场写生”“我眼看我村”“何处惹乡愁——大型乡情分享交流会”等具有乡土特色的系列写作活动。

（撰稿：冷　永　审稿：徐　寒）

【龙集中学家校互助架起连心桥】 2017年，龙集中学开展“家家到”式家访活动，架起家校互助连心桥。学校采取校长、班主任“每生家必到”家访形式，了解学生家庭情况及家长的需求，建立师生互助的帮扶制度，得到家长好评。

（撰稿：刘荣浩　审稿：王如梅）

【睢城镇中心小学教研机制与方式转型】 2017年，睢宁县睢城镇中心小学以江苏省教研室“教学新时空”新媒体互动平台为依托，充分发挥“互联网+教育”的独特优势，创新教研机制，转变教研方式。老师们在一年的观摩与反思中收获颇丰，宋梅获得江苏省“杏坛杯”优质课评比一等奖，48名教师2017网络晒课分获省、市、县级优课奖。

（撰稿：杨　旭　审稿：王　芹）

【开发区实验小学举行课题结题鉴定会】 12月26日，徐州市教育教学研究室第十期立项课题《汉字文化视野下的低年级识字教学案例研究》结题论证会在开发区实验小学举行。课题鉴定组组长、市教研室副主任王建军指出，该课题立足科研成果的转化，具有很强的实践性、规范性、群众性和可借鉴性。建议课题组进一步聚焦研究问题、凝聚特色和亮点，推广研究成果，让课题研究成为课程改革深化的手段和学校发展的深层推动力。

（撰稿：王　侠　审稿：吴成刚）

【高作镇中心小学开展女童保护宣传活动】 3月8日，高作镇中心小学开展女童保护宣传活动。30名女教师志愿者统一着装，签名宣誓，走街道、进社区、入家庭，宣传女童保护知识，发放女童保护手册。活动得到广大群众赞扬。

（撰稿：严志联　审稿：陈新景）

【沙集镇中心小学举行读书节活动】 10月24日，沙集镇中心小学第十届读书节“书香满校园，悦读伴成长”开幕，全校师生参加开幕仪式。读书节活动持续一周，全校师生参与图书跳蚤市场、好书推荐会、读书征文、演讲比赛、讲故事比赛、青年教师读书沙龙等活动，分享好书的启迪，实现书籍资源共享。全镇各小学均以不同形式开展读书节活动。

（撰稿：刘　江　审稿：刘西平）

【凌城镇中心小学获“市长杯”足球赛双亚军】 12月10日,徐州市“市长杯”青少年校园足球冠军赛结束,凌城镇中心小学两支女队获得亚军。该校教练员和运动员表现出良好的体育素质和较高的竞技水平,女子U9队和女子U11队敢打敢拼,作风顽强,双双获得亚军。

(撰稿:花永忠　审稿:戴　辉)

【邱集镇中心小学获全国校园篮球、足球特色学校称号】 年内,教育部公布的第一批全国青少年校园足球特色学校、篮球特色学校名单中,邱集镇中心小学均榜上有名。学校秉承“文化立校,特色强教,内涵发展”的办学理念,深入实施素质教育,女子篮球队组建30年,坚持训练和参加比赛,成绩优异,先后为国家、省、市专业体育队输送运动员近40名。男子足球队组建于2016年,发展迅速,在县、市级比赛中,成绩名列前茅。

(撰稿:朱友章　审稿:王万平)

【民进徐医大支部到大余小学捐赠助学】 6月1日,民进徐州医科大学支部主委王文标一行10人,到睢宁县大余小学开展迎六一捐赠助学活动。王文标代表民进徐州医科大学支部向大余小学捐赠2台打印机、60本图书,向10名品学兼优的留守儿童颁发书包和文具。睢宁县委副书记、省委驻睢宁县帮扶工作队队长尹建庆,县教育局和邱集镇相关负责人,省委驻睢宁县帮扶工作队队员孟庆国、杨海峰参加活动。

(撰稿:朱友章　审稿:王万平)

【官山小学举行“妈妈给我过六一”活动】 6月1日,官山小学组织爱心妈妈和留守儿童度过有意义的六一儿童节。爱心妈妈和孩子们一起猜谜语、表演节目、领礼物、吃蛋糕。活动后孩子们分别向爱心妈妈汇报学习成绩,并给爱心妈妈梳一次头或剪一次指甲。

(撰稿:邢　雷　审稿:陆　博)

【李集镇中心小学举行青年教师读书汇报会】 2017年,李集中心小学读书会举行每月一期青年教师读书汇报活动。汇报会每人时限8分钟,就共读书目,结合教育教学实践开展讨论、汇报。汇报会促进青年教师专业阅读的开展。

(撰稿:魏　群　审稿:曹艳常)

【桃园镇中心小学举行感动校园人物颁奖典礼】 12月29日,桃园镇中心小学举办2017年度感动校园优秀人物评选颁奖典礼。活动以“以人为本,办人民满意教育”为宗旨,以“不忘初心,牢记使命,砥砺前行”为主题,以展示优秀教师风采及学校办学成果为主要内容,表彰年度感动校园最佳教干、最佳名优教师、最佳伉俪、最佳班主任、最佳团队、最佳支教教师。县教育局、桃园镇相关领导和村干部、学生家长代表、教师代表共130余人出席活动。

(撰稿:王继善　审稿:田礼明)

【王集镇中心小学开展核心价值观教育】 年内,学校开展社会主义核心价值观学习教育实践活动。活动以童心向党、童心飞扬、童心灿烂、童心永驻4个篇章为主题,对学生进行爱国、感恩教育。开展“走文明路,说文明话,做文明事,当文明人,建文明校园”主题教育实践活动。学校紧密结合德育工作,创新工作思路和工作形式,取得较好成效。

(撰稿:刘　磊　审稿:陈茂全)

【岚山镇中心小学被命名为全国青少年校园足球特色学校】 7月,岚山镇中心小学被教育部命名为全国青少年校园足球特色学校。学校坚持以“足球为特色,创学校品牌”为办学目标,创新做好足球运动的基础教育和普及工作。各班成立足球队,利用课余时间活动。班主任做好分组、辅导和组织工作,体育教师利用体育课、体育活动课时间进行足球基础教学。校足球队常年训练,由专业教练负责。学校专门安排足球活动时间,编排足球操,做到人人有足球,班班有项目,天天有活动。

(撰稿:张向阳　审稿:王　浩)

【双沟小学被确定为省STEM试点学校】 9月24日,双沟镇中心小学被江苏省中小学教学研究室确定为STEM教育项目试点学校。学校重视科学教育,通过丰富多彩的科技创新社团活动不断提高学生的竞技能力,通过构建校园科技文化、强化师资队伍培养、举办科技节、学科融合等手段普及科学教育，提升学生科学素养、创新精神和综合素质。

（撰稿：武　永　审稿：鲁　明）

【姚集中心小学举行校园开放日活动】 12月28日，姚集中心小学邀请社会各界人士和家长代表们参加校园开放日活动。家长们走进课堂，与学生共同学习，近距离感受学习方式的变化。走近学生，倾听孩子们的心声，了解学生在学校的生活和学习。参与学校评价，学校在交流中吸纳家长的合理化建议。

（撰稿：刘兹昂　审稿：曹　砺）

【古邳镇中心小学举办经典诵读比赛】 11月29日，古邳镇中心小学举办第四届小学生经典诵读比赛。学期初，学校下发《关于开展小学生经典诵读比赛的活动方案》，各校积极开展诵读活动，学生人人参与，推荐选手参加镇级比赛。活动使学生的阅读水平、理解能力得到进一步提升，全镇小学掀起新一轮读书高潮。

（撰稿：周　蒙　审稿：贾汉坤）

【魏集镇中心小学开展特色创建活动】 2017年，魏集镇中心小学提出"一校一品""一校一特""动静结合""文武并举"的特色教育实施方案，各校开展特色创建活动。中心小学积极引导各校集中突破根雕泥塑、呼啦圈操、书法、舞蹈、课本剧、红色教育等社团活动特色项目，提炼精神，打造亮点，使单一特色提升为整体特色，建立"一校一品"的良好发展格局。

（撰稿：蔡同州　审稿：许　波）

【梁集小学践行"两学一做"关爱留守儿童】 2017年，梁集小学13名党员志愿者每人结对关爱2—3名留守儿童。党员志愿者为每个孩子购买书包等学习用品，对全校各班的留守儿童进行心理疏导和学习辅导，把志愿者服务工作常态化，让留守儿童同在一片蓝天下，感受到同样的温暖。

（撰稿：朱　刚　审稿：卢修凤）

【庆安镇中心小学开展"比学赶帮超"活动】 9月20日，庆安镇中心小学举行教育教学质量"比学赶帮超"活动动员大会。校长王超对全镇教干教师提出五点要求：一要常怀师者之爱，爱教育事业，爱学生；二要常修师者之德，严格要求自己，把做人和育人统一起来；三要常担师者之责，强化质量意识，实施精心化管理；四要常铸师者之能，刻苦钻研新知识，提高教书育人的本领；五要常抓学生之长，因材施教，让每一个孩子个性飞扬。部分校长和优秀教师围绕如何提高教育教学质量作经验交流。

（撰稿：周　前　审稿：王　超）

【新城区实验学校举行十岁成长仪式】 6月1日，新城区实验学校举办"童心唱响中国梦"暨十岁成长仪式。四年级学生代表发言表达盼望长大的愿望，家长代表、大队辅导员发言给孩子们送上真挚的祝福和希望。同学们欣赏集体诗歌朗诵《我们长大了》，并集体宣誓，在条幅上签名，表达健康成长、更加优秀的决心。

（撰稿：李　武　审稿：袁　江）

【实验小学承办省第12届"杏坛杯"活动】 3月28—29日，由江苏教育报刊总社、江苏省中小学教学研究室主办，睢宁县中小学教学研究室、睢宁县实验小学承办的第12届江苏省"杏坛杯"苏派青年教师课堂教学展评（徐州分赛区）活动在睢宁县实验小学举行。展评活动主题为"人在课中央"，采取先说课、后上课、再评课的形式。全省27名选手参加展评，省内各地800多名教师观摩。

（撰稿：李　梅　审稿：杜义超）

【城西小学举行新老教师结对活动】 暑假后，城西小学开展新老教师结对活动，40名新教师和30余名老教师分别拜师收徒。新教师虚心向老教师学习，老教师主动分享教育教学经验，新老教师一起备课，互相听课和评课，积极探讨作业布置与批改的有效方式，定期交流教育教学心得，互学互促互进，新老教师思想素质和业务水平都有较大提升。

（撰稿：张　蕊　审稿：孙存香）

【县二小与运高师举行课题研究签约仪式】 12月20日，县二小与运河高等师范学校举行"生活力"课题合作研究签约仪式。"生活力"课题研究由运河高等师范学校教科室主任顾伟和候器教授主持，县二小校组织师生参与合作研究，为该项课题研究实践基地和实验学校。顾伟指出，陶行知较早提出“生活力”概念，在陶行知教育思想研究日趋深化和系统的今天，“生活力”不断释放着思想的冲击力，闪烁着理性的光芒，深入扎实地展开研究，对促进学生学习、生活、成长有着深远的影响和作用。

（撰稿：梁　莉　审稿：任树松）

【第三实验小学开展喜迎十九大系列活动】 9—11月，睢宁县第三实验小学开展喜迎十九大系列活动。校德育处利用国旗下讲话创设喜迎十九大浓厚氛围，利用主题班队会课教育让学生了解党的十九大，组织学生动手制作喜迎十九大手抄报，利用国庆节开展喜迎十九大红歌合唱比赛，利用板报、橱窗、班级文化墙、校广播站开展宣传、教育活动。

（撰稿：陈　晓　审稿：史桂香）

【第四实验小学召开校级家长委员会会议】 3月17日，县第四实验小学召开首届校级家长委员会会议。会议建立健全学校家委会的组织机构及工作制度，并向各位委员颁发聘书。

（撰稿：房　涛　审稿：仝德强）

【第五小学走进“中国·睢谷”科技馆】 12月5日，睢宁县第五小学组织学生走进“中国·睢谷”科技馆。学生们参观产业体系区、大数据指挥中心、高科技展区、VR体验区。功能神奇的展品让学生们大开眼界，增强对科学技术的兴趣和爱好。

（撰稿：崔　浩　审稿：仝周太）

【睢城实验小学举办首届英语绘本节】 12月下旬，睢城实验小学举办首届英语绘本节。活动历时两周，三至六年级学生全员参与。英语书写整洁美观，基本功扎实；新年贺卡及手工制作精美巧妙，创意无限；手抄报及漫画制作图文并茂，知识丰富；英文歌曲编排新颖，歌声动人；绘本表演生动活泼，精彩纷呈，活动展现学校英语教学多元化特色。

（撰稿：仝　惠　审稿：魏本锋）

【睢城实验小学童画社团亮相省第七次少代会】 5月，中国少年先锋队江苏省第七次代表大会在南京举行，获江苏省“十佳红领巾社团”称号的睢城实验小学童画社团的6名师生参加开幕式。小画童现场进行儿童画创作展示，受到省委书记李强等领导的赞扬。

（撰稿：肖婷婷　审稿：魏本锋）

【特教中心开展清明祭扫活动】 3月31日，睢宁县特殊教育中心开展清明祭扫活动。参加活动的有听力障碍学生、各班班主任、科任老师和分管安全的副校长。活动在小萝卜头纪念馆举行。孩子们在老师的带领下，了解小萝卜头纪念馆的相关情况。学生代表发言，并给先烈献上鲜花。

（撰稿：王书芬　审稿：卢志永）

【机关幼儿园做好女童保护工作】 11月28日，机关幼儿园邀请“女童保护”讲师黄梅对园内教师开展“女童保护”防性侵知识讲座。黄梅用生动的语言，结合图文并茂的多媒体课件，从“什么是性侵”“如何教会孩子保护自己”“如何分辨和防范性侵害”“遇到性侵害时该怎么做”和“被侵害后该做什么”等方面进行讲解。幼儿园教师积极开展“幼儿防性侵”的教育教学活动，提高幼儿防性侵和自我保护意识。

（撰稿：梁晓艳　审稿：张　莹）

【新世纪中学开展传染病预防专项活动】 11月，睢宁新世纪中学积极开展预防冬季传染性疾病专项活动。学校成立专项治理领导小组，统筹安排，组织后勤人员每天对全校公共区域、教室内进行全面消毒，并组织学生利用课间进行跳绳、踢毽、慢跑等有氧运动。

（撰稿：王先芝　审稿：周计祥）

【汇文中学开展感恩教育活动】 10月，汇文中学结合“五种教育进校园”，开展感恩教育活动。团委组建感恩孝亲社，聘请“睢宁好人”作“感恩孝亲”专题报告会，组织社员到敬老院义务服务，内化感恩教育，并通过评选“汇文好少年”，巩固教育效果。

（撰稿：庞　帅　审稿：郭苏训）

2017年睢宁县各级各类学校基本情况表

表12

校名	班级数（个）	在校生数（人）	毕业生数（人）	招生数（人）	教职工数		学校领导			
					计（人）	专任教师（人）	校长	副校长	书记	副书记
睢宁高级中学	51	2586	1402	540	348	286	宋志超	王行文　王　峰	宋志超	
睢宁县第一中学	50	2752	1256	770	269	261	沙兴新	袁保金　刘　健 倪其珍	沙兴新	
江苏省睢宁中等专业学校	59	3195	308	919	340	263	胡居春	朱贵华　周明东 刘　辉　袁保倩	胡居春	
徐州市田家炳中学	16	782	367	302	165	155	王　磊	王大鹏　魏　辉 樊功尉	王　磊	
睢宁县李集中学	30	1318	839	450	219	176	郭同芳	田　胜　王凤席	郭同芳	
睢宁县王集中学	18	768	336	380	126	98	李言军	娄培华　王丙收 宋之元	吕玉龙	
睢宁县魏集中学	16	576	141	110	108	88	卓培芳	王存楼	卓培芳	
睢宁县双沟中学	26	1257	285	632	159	147	卓士学	岑　伟　王香花	卓士学	
睢宁县凌城中学	28	1452	445	463	144	142	刘　斌	王　剑　朱　成	刘　斌	
睢宁县古邳中学	24	1051	367	397	109	86	刘　明	刘西安　陈　超	刘　明	
睢宁县第二中学	60	2912	840	983	254	235	杜斌成	杜海峰　林　旭	杜斌成	
睢宁县南门中学	22	1045	534	398	104	96	闫　刚	沈　刚　李　莹	闫　刚	
睢宁县高作初级中学	14	503	34	156	112	100	胡正文	陈宜楼	胡正文	
睢宁县沙集中学	10	465	115	145	91	70	程德江	王庆科	程德江	
睢宁县凌北中学	12	434	115	183	73	70	朱　辉		朱　辉	
睢宁县邱集中学	10	552	42	125	70	65	孙　平	邹　达	孙　平	
睢宁县王林中学	19	728	98	210	124	119	夏春浩	魏　勇　梁　永	夏春浩	
睢宁县官山中学	18	540	79	256	116	95	陈邦强	宋　健		
睢宁县黄圩中学	12	495	66	104	61	54	彭跃龙	黄振球	彭跃龙	
睢宁县李集二中	20	1079	260	456	101	95	沈尖兵	李化举	沈尖兵	
睢宁县桃园中学	22	908	34	305	91	82	王万青	朱启东	王万青	
睢宁县朱集中学	14	439	94	170	102	94	杨步玲	魏义武	甄方圆	
睢宁县王集二中	12	528	124	216	117	109	吴兰波	韩　永	吴兰波	
睢宁县苏塘中学	14	766	113	205	56	54	宋晓楼	宋　明		
睢宁县岚山中学	12	524	86	179	45	39	沈　鹏	崔　强	沈　鹏	

续表12-1

校名	班级数（个）	在校生数（人）	毕业生数（人）	招生数（人）	教职工数		学校领导			
					计（人）	专任教师（人）	校长	副校长	书记	副书记
睢宁县高集中学	12	548	98	165	110	80	孙存广	梁龙浩　王道平	孙存广	
睢宁县双沟二中	11	547	114	204	68	52	董　金	耿　庄	董　金	
睢宁县姚集中学	17	803	168	238	84	83	吴荣永	刘　永	吴荣永	
睢宁县张圩中学	11	410	26	64	34	25	宋利国	周东升	宋利国	
睢宁县下邳中学	9	295	68	102	40	35	王万金	李发庭		
睢宁县浦棠中学	9	482	106	124	68	62	卢彦飞	洪本光	卢彦飞	
睢宁县梁集中学	11	397	156	136	75	59	李　磊	邢守孝　张　伟	李　磊	
睢宁县刘圩中学	11	352	32	76	79	61	徐　刚	赵　磊	徐　刚	
睢宁县庆安中学	12	457	123	154	99	60	徐　寒	林崇胜　赵　琪	徐　寒	
睢宁县龙集中学	7	154	21	49	44	35	王如梅		王如梅	
睢城镇中心小学	165	8775	823	1825	500	471	周本思	许瑞丰　王　芹 许光彩　陈先宝	王跃全	
高作镇中心小学	84	2592	292	432	202	202	陈新景	岳喜军　王　博	陈新景	
沙集镇中心小学	72	2995	373	628	175	173	刘西平	刘　江　杨国强 刘晓东	刘西平	
凌城镇中心小学	99	5100	479	931	208	207	戴　辉	赵章红　刘　刚 司范省	戴　辉	
邱集镇中心小学	112	5680	706	977	323	323	王万平	邢　灿　朱友章 胡　云	王万平	
官山镇中心小学	80	4727	419	1018	222	222	陆　博	邢　雷　朱　岩 花　威	陆　博	
李集镇中心小学	84	5336	612	1090	170	170	曹艳常	赵春曦　陈金玲 王　州	曹艳常	
桃园镇中心小学	160	5452	637	963	233	233	田礼明	殷庆席　刘益臻 朱恒强	田礼明	
王集镇中心小学	189	6065	850	872	334	332	陈茂金	刘　磊　白广平	陈茂金	
岚山镇中心小学	170	5579	837	750	246	244	王　浩	赵善学　申光生 高　健	王　浩	
双沟镇中心小学	91	5625	770	871	250	250	鲁　明	王范彩　冯　勇 王　春	鲁　明	
姚集镇中心小学	110	4428	470	816	224	222	曹　砺	刘兹昂　王行远 田　东	曹　砺	
古邳镇中心小学	107	4283	439	681	195	194	贾汉坤	周　蒙　戴四川	贾汉坤	
魏集镇中心小学	64	2853	346	525	194	194	许　波	陈　峰　陈广阔 姜海波	许　波	
梁集镇中心小学	103	3628	386	657	273	272	卢修凤	王　岩　鲍海洋 曹　庆	卢修凤	

续表12-2

校名	班级数（个）	在校生数（人）	毕业生数（人）	招生数（人）	教职工数 计（人）	教职工数 专任教师（人）	学校领导 校长	学校领导 副校长	学校领导 书记	学校领导 副书记
庆安镇中心小学	82	2456	182	163	235	235	王　超	王冬梅　周　前　赵　侠	王　超	
新城区实验学校	87	6879	0	1300	267	250	袁　江			
睢宁县实验小学	100	6725	1225	1018	282	281	杜义超	孙　晓　荣良玉　姜献辉	杜义超	
第二实验小学	36	2497	348	416	122	122	袁　苏	梁　莉　任树松　陈　琳	袁　苏	
城西小学	68	3073	402	538	176	162	孙存香	张　蕊　卢　青　晏祥海　王娇玉	孙存香	
第三实验小学	30	2125	353	326	96	95	史桂香	卜建军　代　婷　梁金虎	史桂香	
第四实验小学	26	1665	24	522	76	75	凌　云	王小军　黄　玉　仝德强	黄　玉	
第五实验小学	14	802	19	365	40	38	仝周太	郭　猛　崔　浩　崔茂盛	仝周太	
睢城实验小学	56	3823	608	667	180	174	何　飞	魏本锋　王玉芬　孙　伟　张　斌	何　飞	
特殊教育中心	14	119	11	9	50	40	王思军	卢志永　宋　玉	杨　洋	
机关幼儿园	15	525	200	150	59	44	张　莹	冉　红　梁晓艳	张　莹	
县少年儿童业余体育学校	5	135	29	78	33	32	徐　平	蔡裕刚	徐　平	
新世纪中学	69	4627	1932	1618	190	184	周计祥	王亚洲	侯　永	
文华中学	56	2786	906	975	213	196	张成进	王启乐　姚尊来　周志虎　王正理	高国勇	
宁海外国语学校	139	6826	1736	2001	467	407	张成金	张江宁　王中明　张　跃　刘　炜　杨　丽	张　效	
树人中学	36	2089	647	750	135	96	苏学斯	王绪建　朱　飞　孙　斌	王绪建	
树人高级中学	20	1022	380	166	82	67	陈　松	高　超　夏方成　王洪岩	张志宏	
菁华学校	116	5655	1969	1476	436	326	顾开胜	顾大局	刘兴国	
睢中附中	79	5463	1396	1421	244	207	王万军	仝太平　王　峰	王万军	
戚姬中学小学部	5	127	0	35	11	8	王万亮	沈宇翔	王万亮	
北方英汉双语学校	16	690	112	139	54	39	石启忠	朱　成	石　峰	甘明良
兴浦学校	8	306	28	49	20	18	许静群			
敬一中学	41	2075	245	548	105	95	陈志辉	连士明	张道成	张自华
汇文中学	55	3178	471	1150	211	142	刘　忠	邢媛媛	刘　忠	
亚东中等专业学校	13	258	88	112	40	24	李定坤	汤荣亮	杨　志	

（朱玉洁）

市委教育工委书记　徐　峰（5月—）
党委书记、局长　徐　峰
党委委员、副局长　杜　欣　李　波（—9月）
侯书芳（9月—）　郝金春
副局长　周　卫
党委委员、纪委书记　郭　栋（4—10月）

【概况】　2017年，邳州市有各级各类学校257所（含民办学校、不含幼儿园），其中，初中41所，高中6所，完中6所，九年一贯制学校3所，小学198所，特教学校1所，中等职业学校2所。各级各类学校中，民办中学9所，民办小学1所。全市各级各类学校在校学生297941人（含民办学校、不含幼儿园），其中，高中21888人，初中63902人，小学193189人，特教学校在校生232人，中等职业学校在校生18730人（其中非全日制12620人，全日制6110人）。全市有幼儿园121所（其中民办幼儿园67所），在园幼儿55980人。义务教育阶段入学率100%，初中巩固率99.8%，高中阶段入学率96.95%，学前三年幼儿入园率97.5%。全市有在职教职工14003人，其中专任教师13080人。教师学历合格率高中、初中、小学、幼儿园均100%。全市有省特级教师36人，省、市名师名校长25人，县级人民教育家后备人才培养对象15人。

2017年，全市有省三星级以上普通高中8所，省示范初中6所，省实验小学7所，省优质幼儿园47所，徐州市优质幼儿园45所，省、市模范学校1所，省、国家重点职业技术学校2所，省特殊教育现代化示范学校1所。全年投入教育经费31.21亿元。

【局机关“党员妈妈”走访慰问孤儿】　1月23日，局机关10名“党员妈妈”在局党委委员、副局长郝金春带领下赴开发区走访慰问结对孤儿。“党员妈妈”与孩子们进行亲密交谈，了解孩子们的生活、学习及健康情况，并送上压岁钱、慰问品与新春的祝福，鼓励孩子们刻苦学习、快乐生活。

【召开党风廉政建设暨校园安全工作会议】　2月10日，市教育局召开2017年全市教育系统党风廉政建设暨校园安全工作会议，局领导徐峰、杜欣、李波、郝金春、周卫出席会议。会议要求各单位要严明工作纪律，强化行风建设，加大在职教师有偿补课等问题的纠治力度，营造风清气正的教育发展生态。要严格落实校园安全工作责任制，加强安全宣传教育，抓好安全隐患排查整改，确保校园安全。会前，市教育局和各单位分别签订《党风廉政建设责任状》《规范教育收费和严禁有偿补课责任状》《综合治理与安全目标责任书》。

【召开“专递课堂”应用现场推进会】　2月25日，市教育局召开“专递课堂”现场推进会。南京市电教馆馆长陈平，南师大教科院副院长沈书生，徐州市电教馆馆长周岩，邳州市教育局长徐峰、副局长周卫，局相关科室负责人、各中心小学校长、小学骨干教师、项目学校师生代表1000余人参加活动。与会领导、师生观摩利用“专递课堂”开设的8节示范课，运师附小、燕子埠中心小学作经验介绍，周卫总结部署“专递课堂”建设应用工作。

【召开全市教育工作会议】 3月6日，邳州市教育工作会议召开。市委书记陈静出席会议并讲话，他要求广大教育工作者要立足本职岗位，潜心教书，静心育人，为“养成新习惯、塑造新民风、共建共享新邳州”做出贡献。全市上下要大力弘扬和倡导尊师重教的良好风尚，让广大教师的育人环境更好、发展空间更大，让尊重知识、尊重人才、尊重教师在全社会蔚然成风。运河中学、邳州中专、文苑中学、炮车中心小学、市场监管局、城管局6家单位作会议发言。市领导冯仰琦、伏旭、张传喜出席会议。

【召开市委巡察组巡察教育工作动员会】 3月7日，邳州市委第一、三巡察组在教育局大会议室召开教育系统巡察工作动员会。市纪委常委、监察局副局长杨桂良主持会议，市纪委常委孙勤善代表市委巡察组作巡察工作动员讲话，教育局局长徐峰作述职述廉报告和表态发言。全市各中小学校长，局属各单位负责人、机关全体人员参加会议。

【市政协视察学生营养餐推广工作】 3月16日，邳州市政协考察组视察学生营养餐推广工作。考察组先后深入“欢乐买”营养餐生产基地、官湖中心小学、明德实验小学等处视察。座谈会上，教育局局长徐峰汇报学生营养餐社会配送工作情况。市领导孙强、伏旭、叶敏、石咏强、张传喜、鲁瑞冬参加活动。

【徐州市人大检查职业教育法贯彻实施情况】 3月27日，徐州市人大常委会检查组到邳州市检查《中华人民共和国职业教育法》贯彻实施情况。检查组先后深入车辐山中专、邳州中专，了解配套政策制订和职业教育发展等情况，对邳州市发展职业教育提出前瞻性要求。市领导李晓琴、衡钧、伏旭参加活动。

【徐州市政府教育督导团到邳州督导考核】 4月19日，徐州市政府教育督导团督导考核组到邳州开展2017年度徐州市县级政府教育工作督导考核暨县域学前教育督导工作。邳州市副市长伏旭作教育工作汇报，剖析当前教育工作存在的问题和不足，提出下一步工作思路和推进举措。考核组分组查阅财政、教育等部门的档案资料，现场抽查12所中小学（幼儿园），全面了解学校办学情况。反馈会上，督查组充分肯定邳州教育工作取得的成绩，同时指出存在的问题和不足，提出具体整改意见和建议。

【推进“三新”主题实践工作会议召开】 5月9日，邳州市教育系统推进“三新”主题实践暨创建全国文明城市工作会议召开。局领导徐峰、杜欣、李波、郝金春、郭栋出席会议，全市各中小学、局直属各单位主要负责人和分管负责人，局机关全体工作人员参加会议。会议要求，各单位要充分认识“养成新习惯，塑造新民风，共建共享新邳州”实践对于教育工作的重要意义，以社会主义核心价值观为引领，狠抓行风建设。碾庄中学等6家单位作会议发言。

【“万人写‘三新’，同创文明城”启动仪式举行】 5月17日，由邳州市教育局、市文明办联合主办的“万人写‘三新’，同创文明城”启动仪式在明德学校体育场举行。市委副书记、市长唐健，市委常委、宣传部长冯仰琦，副市长伏旭，市政协副主席鲁瑞冬出席仪式。唐健在仪式上致辞，勉励大家以主人翁姿态推进“三新”实践，共建文明城市。伴随着优美的吟诵“三新”的童谣旋律，书法家、学生、教师、家长代表现场书写“三新”。活动立足校园，突出书法特色，凸显美育功能。全市各中小学分别设立分会场同步展开活动，以万人同写“三新”、全民同心共建的方式推进文明创建。

【徐州市人大检查义务教育实施情况】 6月13日，徐州市人大常委会副主任李君超率检查组对邳州市实施《中华人民共和国义务教育法》情况开展执法检查。邳州市人大常委会副主任李晓琴、副市长伏旭、教育局局长徐峰参加活动。检查组一行先后深入向阳小学等4所学校，实地查看学校办学情况。伏旭汇报邳州市贯彻执行《中华人民共和国义务教育法》情况。检查组充分肯定邳州市实施义务教育取得的成效，希望邳州市要立足实际，制订长远规划，通过有效的资源配置和政策调控，逐步缩小城乡差距、区域差距、校际差距，推进义务教育优质均衡发展。

【教育系统党建工作会议召开】 6月29日，邳州市教育系统党的建设工作会议召开。市委教育工委书记、市教育局局长徐峰，市远程教育中心主任、市委组织部组织科科长郭保强，市教育局党委成员杜欣、李波、郝金春、郭栋出席会议。会议宣读《中共邳州市委关于同意成立中国共产党邳州市委教育工作委员会的通知》，总结教育系统党建工作，分析工作中存在问题，全面部署教育系统党建工作任务。

【2017省国际合作引智培训班开班】 7月11日，2017年江苏省国际合作引智培训班在明德实验学校开班。副局长周卫和2名美籍教师、50余名初中英语教师参加开班典礼。周卫在讲话中强调，举行省级英语引智培训意义重大，机会难得，希望全体学员珍惜难得的学习机会，全身心投入到学习中，着力提升业务水平。2名外教分别作自我介绍，并希望学员们通过2周的学习，提升英语教学水平。邳州市先后承担5期英语引智培训班的组织工作，累计培训学员300余人。

【徐州市督查组检查无证园清理整顿工作】 7月17日，徐州市教育局副局长张宝民率督查组到邳州检查无证幼儿园清理整顿工作。邳州市教育局局长徐峰汇报前期无证园清理整顿工作的举措、进展和成效。陈楼镇、铁富镇分别汇报无证园清理整顿工作开展情况。会后，督查组深入到运河街道、陈楼镇实地抽查，了解掌握无证园清理整顿工作落实情况。督查组对邳州市强力推进无证园清理整顿工作做法和成效给予充分肯定，并就下一步工作开展提出建设性的意见和建议。市国土局、综治委、城管局、市场监管局、卫计委、住建局、规划局、公安局、财政局等单位负责人参加汇报会。

【“红领巾”畅游新邳州】 8月15日，邳州市举行“红领巾”看邳州活动。百名少先队员满怀兴奋和喜悦踏上畅游新邳州之旅，拉开2017暑期千名师生代表看邳州活动帷幕。活动中，少先队员们先后参观规划馆、桃花岛公园、文明巷、王杰纪念馆、金猫机器人公司、银杏湖景区，现场感受邳州的发展变化，进一步激发学习动力和热情。

【2017邳州市圆梦行动启动】 8月28日，“梦想的翅膀”2017邳州市圆梦行动启动仪式举行。市委书记陈静，市委副书记、市长唐健出席活动并分别为新入学贫困大学生代表、被救助大学生代表发放圆梦助学金。陈静在启动仪式上寄语寒门学子要梦想在心，自信自强，直面挑战，努力实现人生理想。启动仪式通过一个个温情故事，介绍一群家境贫困却为追求梦想努力拼搏的寒门学子。开场歌舞《相信梦想》、诗朗诵《永远的八月》、歌曲《梦在前方》等节目，为观众呈现一场视听盛宴。

【庆祝第33个教师节大会召开】 9月8日，邳州市召开庆祝第33个教师节大会。市委书记陈静，市委副书记、市长唐健分别作批示。会议由副市长彭浩主持，市委常委、宣传部长冯仰琦出席会议并讲话，市委教育工委书记、市教育局局长徐峰作教育工作报告。会议要求，教育要坚持立德树人，培养合格的社会主义接班人；教师要潜心教书，静心育人；学校要注重质量内涵发展，强学风，树教风；社会各界要积极支持教育事业，努力实现邳州教育跨越式发展。会议宣读表彰决定并进行颁奖，特教中心教师郭庆和八路中心小学、燕子埠中学、运河中学、开发区等先进个人和单位作大会发言。

【唐健调研校园安保与营养餐工作】 9月14日，邳州市委副书记、市长唐健带领教育、公安、安监、市场监管、卫计委等部门负责人，专题调研学生营养餐与校园安保工作情况。唐健先后深入汉中福禧营养餐配送中心、开发区第一幼儿园、运师附小北校区，要求进一步强化营养餐质量安全监管，全面推广校园安保“三三联动”工作机制，配备专职保安队伍，落实幼儿凭卡接送制度，进一步完善校园监控体系，营造安全、稳定的校园环境。唐健还与运师附小北校区的师生们共进午餐，畅谈校园生活。市领导陈纬、伏旭、彭浩参加活动。

【举行信息化教学能手比赛】 9月16日，邳州市教育局在奚仲路小学举行2017年邳州市信息化教学能手比赛，全市各中小学、幼儿园选拔的80余名教师参加比赛。比赛分幼儿园、小学、初中、高中4个学段9个学科，制订教学内容，现场演示。参赛教师充分应用网络平台、触控一体机、平板电脑等资源和设备实现信息技术与课堂的深度融合，展示教学艺术，提高教学效率，呈现精彩课堂。

【召开校园安全暨保安培训工作会议】 9月23日，邳州市校园安全暨保安培训工作会议在明德实验学校举行。市公安局巡防大队负责人就加强校园安保工作作专题培训，演示和传授安保器材的使用方法和技巧。市卫计委卫生监督所负责人讲授食品卫生监督专业知识，对如何抓好食品卫生工作和周边环境治理提出明确要求。市教育局安保科负责人就强化内部安全管理、落实校园安保“三三联动”机制、平安校园创建等工作作出部署。市教育局副局长杜欣对各校校园安全提出要求。全市各中小学（幼儿园）分管安全校干以及专职保安400余人参加会议。

【举行“不忘初心砥砺前行”党日活动】 10月24日，邳州市教育局党委组织机关党员干部和直属单位党组织负责人到碾庄烈士陵园，举行“不忘初心砥砺前行”主题党日活动。全体党员向革命烈士敬献花圈、默哀致敬、重温入党誓词、主题签名，寄托对革命先烈的无限哀思和缅怀之情。市教育局党委书记徐峰在主题讲话中强调，办好邳州教育，要大力弘扬革命先烈吃苦耐劳、无私奉献的崇高精神，进一步加强师德师风建设，深入开展“三新”实践，匡正校风，淳正教风，端正学风，影响家风，带动民风，以教育新形象引领城乡新风尚。

【召开“专递课堂”应用研讨会】 10月26日，市教育局在英华实验小学召开2017年“专递课堂”应用研讨会，副局长周卫出席会议并讲话。实验小学、运师附小、燕子埠中心小学、官湖中心小学作交流发言。与会人员对“专递课堂”应用中的网速瓶颈、操作技能提升、网络教研等方面进行深入交流、研讨。全市各“专递课堂”实验校业务副校长、“专递课堂”管理员、2017年“专递课堂”项目建设学校负责人等70余人参加会议。

【举办创客教育培训班】 11月1—2日，邳州市教育局在运河中学举办创客教育培训班。培训围绕创客教育教师专业发展热点内容，聚焦教师创新思维、创造能力的提升。徐州市电教馆朱强作“创客教育发展形势”专题报告，思泰姆科技研究院匡文明、中望教育三维学院高礼成分别就创客课程开发与设计、三维创意设计等方面作专题培训。全市各校信息技术骨干教师、创客教育相关学科骨干教师170余人参加培训。

【举行幼儿园整合课程观摩研讨会】 11月24日，邳州市幼儿园整合课程观摩研讨会在明珠幼儿园举行，市教育局副局长周卫出席活动。教师顾绍艳、黄继红分别展示主题活动课，宁谊幼教培训师东文丽进行点评，并就整合课程主题活动相关的内容和脉络进行解读。与会人员还观摩明珠幼儿园大班韵律操表演，对该园素质教育的成果表示赞赏。全市各公、民办幼儿园园长、骨干教师代表260余人参加活动。

【开展幼儿园办园行为专项督导检查】 12月1—7日，邳州市教育局开展幼儿园规范办园行为专项督导检查。教育局成立以局长徐峰为组长的督导评估工作领导小组，分8个工作组，按照《幼儿园管理条例》《江苏省教育厅关于开展幼儿园规范办园行为专项督导检查的紧急通知》等文件精神，对全市所有面向学前儿童提供保育教育服务的公、民办幼儿园进行全面督导检查，并配合各镇政府做好看护点督导检查工作。

【举行十九大精神宣讲报告会】 12月12日，市教育局举行党的十九大精神宣讲报告会。邳州市委教育工委书记徐峰作专题报告，副局长杜欣主持会议。徐峰对十九大报告进行系统阐释和深入解读，指出，学习、领会、宣传、贯彻党的十九大精神是当前和今后一个时期全市教育系统的首要政治任务，要求广大教育工作者要认真落实党的十九大提出的任务要求，浓墨重彩书写好教育系统“奋进之笔”。全市各中小学校长、局直属单位负责人、局机关中层以上干部200余人参加报告会。

【赴扶风县开展送培送教活动】 12月17日，邳州市教育专家团队在市教育局副局长侯书芳带领下到扶风县开展为期一周的送培送教活动。12月18日，邳州市与扶风县教育对口帮扶工作对接会在扶风会堂召开，邳州市教育专家团队、扶风县教体局班子成员及教师进修学校、教研室、各对接学校负责人参加会议。会后，邳州教育专家团队深入当地学校，开展调研、培训讲座和听课议课活动。

【举行2017年教师大合唱比赛】 12月29日，“逐梦新时代再创新辉煌”邳州市教育系统2017年教师大合唱比赛在邳州中专举行。26支参赛代表队、1500余名教师纵情歌唱，表达不忘初心，牢记使命，在新时代创造新业绩的决心。运河高师等3支代表队获一等奖，英华实小等6支代表队获二等奖，明德实验学校等10支代表队获三等奖，华山路小学等7支代表队获优秀组织奖。

（撰稿：胡　彬　审稿：杜　欣）

【明德实验学校接受省评估院四星创建评估】 11月22—25日，省教育评估院专家组一行6人到明德实验学校评估四星级学校创建工作。专家组从办学条件、队伍建设、管理水平、素质教育、办学绩效五方面进行科学公正、认真细致考察，认为该校抓硬件提软件，创设优美雅致的文化校园；抓制度化、精细化，建立规范高效的学校管理制度；形成低重心、高品位的明德上善的学校文化，为打造现代化的高品质学校奠定基础。

（撰稿：石　杰　审稿：李宏飞）

【邳州一中打造智慧校园】 8月，邳州一中积极搭建大数据平台，打造智慧校园。学校落实“千兆网进校园，百兆网班班通”智慧校园标准，全校54个班级全部安装希沃触摸式一体机，为课上课下、线上线下、校内校外、精准教学和精准辅导提供有力保障，提高学校教育信息现代化水平。

（撰稿：娄　磊　审稿：刘传超）

【第二中学举行十八岁成人仪式】 5月14日，邳州市第二中学举行以“学成惟志·业就惟勤”为主题的成人仪式。邳州市文明办、团市委和市教育局等单位领导以及学校全体师生、家长近3000人参加仪式。该仪式获评徐州市未成年人教育创新案例一等奖。

（撰稿：王　浩　审稿：张士超）

【第四中学教科研成果突出】 2017学年度，邳州市第四中学注重引领教师专业成长，多人获多个奖项。2人获徐州市优质课一等奖、7人获二等奖，13人获邳州市优质课一等奖。21人分获“一师一优课”部、市、县级优课，3人获青年教师基本功大赛市、县奖项。在徐州市首批“三师工程”评选中，2人分获邳州市“青年良师”和“带头优师”称号，宋波获评徐州市“领军名师”。

（撰稿：吴荣娟　审稿：刘成国）

【新城中学举行十八岁成人仪式】 12月6日，新城中学举行高三年级学生十八岁成人仪式。市教育局副局长侯书芳、团市委副书记刘磊、高中部全体师生和高三学生家长1800余人参加活动。教师代表陈凡华、家长代表刘冰分别发言，龚茹同学带领高三学生宣誓，校长王新建在讲话中希望全体高三学生常怀敬畏之心、感恩之心，争做“三观”正、有担当的新时代中学生。

（撰稿：满　倩　审稿：王新建）

【官湖高中党风廉政建设扎实有效】 9月10日，《官湖高中关于禁止党员干部大操大办非传统性宴席》方案出台，扎实有效开展党风廉政建设。方案出台，为践行社会主义核心价值观和党的群众路线，抵制不良风气，促进党风、政风、作风进一步好转，弘扬文明节俭的社会新风尚奠定坚实基础。

（撰稿：孙光波　审稿：李　飞）

【宿羊山高中解俊获评徐州市“德润彭城·最美教师”】 2017年，宿羊山高中解俊被评为徐州市“德润彭城·最美教师”。解俊扎根农村高中教育22年，始终着力培养学困生，关注留守学生，转化边缘生，让学生感受真善美，圆大批农家学子“成才梦”。

（撰稿：袁召波　审稿：李　永）

【铁富高中举办高中物理教学研讨活动】 11月11日，铁富高中举办农村高中物理教学研讨暨“牛顿”名师工作室活动推进会。沈磊、孙晋源两位教师分别上公开示范课，教研室教研员王雷予以点评，并对全市物理教学提出明确要求。

（撰稿：赵艳梅　审稿：王大全）

【八义集高中在“市长杯”足球赛中获佳绩】 12月9—10日，2017年徐州市“市长杯”青少年校园足球冠军赛在徐州市奥体中心举行，八义集高级中学女子足球队获得第一名，男子足球队获得第二名。

（撰稿：王　猛　审稿：胡　颢）

【土山高中举行学海安教学研讨】 9月20日，土山高级中学举行“关注细节，聚焦课堂”学海安教学研讨活动。教师李慧谈赴海安学习的收获、想法，提出教学意见和建议。校长吴刚要求将先进的教学理念和培训成果及时融汇应用在教学中，总结经验、锐意创新，生成符合本地教情学情的新方法、新理念，并引领青年教师共同成长。

（撰稿：娄海林　审稿：陈　东）

【邳州中专“淮海职教杯”创业大赛获佳绩】 10月25日，邳州中专选手在首届“淮海职教杯”创业大赛中获佳绩。在30多名创业实践赛（中高职组）选手中，王亮老师辅导的陈秋各同学《连东通讯器材经营部新一轮创业计划》获第二名，进入省赛；在16名创业计划竞赛（中职组）选手中，周磊老师辅导的陈鹏宇同学《ITF跆拳道培训》获第五名，进入决赛。

（撰稿：姚　峰　审稿：钟雷声）

【车辐中专邹士英获省技能大赛一等奖】 12月27—29日，江苏省职业学校技能大赛服装设计与工艺项目在苏州高等职业技术学校举行，车辐中专邹士英老师获得文化艺术类服装设计与工艺项目教师工艺组一等奖。

（撰稿：臧启华　审稿：袁成峰）

【特教中心郭庆入选国家“万人计划”教学名师】 年内，教育部公示2017年“万人计划”教学名师人选名单，邳州特教中心教师郭庆入选。从教20年来，郭庆老师用爱心和汗水铺路，用一腔执着让100多名聋哑儿童说话。她每天成百上千次地带着孩子们练习发音，在孩子家长都失望的时候，她仍然坚持不懈，不言放弃。

（撰稿：刘　忠　审稿：李　薇）

【实验小学学生品格提升工程进展顺利】 4月，实验小学确立“聚焦红色资源，培养家国情怀”江苏省中小学生品格提升工程申报项目。打造红色校本课程，提升综合素养是该工程的落脚点，弘扬红色传统文化，培育师德高尚的教师队伍是工程的发力点。项目申报成功后，实验小学按计划、按步骤推进实施。10月，通过项目工程进度汇报。

（撰稿：朱怀云　审稿：陈立芳）

【明德实验小学举行入学仪式】 9月8日，明德实验小学举行喜迎十九大争做圆梦接班人入学仪式。一年级的20个小朋友诵读传统经典《大学》片段，中国书法家协会会员佟士委带孩子们进行“开笔启蒙”，六（4）班学生吟诵《少年中国说》，四年级的学生带领一年级的小朋友一起朗诵《明德弟子规》。

（撰稿：孔庆旭　审稿：刘　志）

【运平路小学举行青年教师综合素养大赛】 12月18—20日，运平路小学举行青年教师综合素养系列比赛。比赛参照教研室教学基本功比赛的项目和程序，邀请全国书协会员、教学名师对选手表现进行点评。比赛分别进行教学设计、教学能力测试、粉笔字、即兴演讲、编讲故事、才艺展示等项目。谭龙文等10名教师胜出，将代表学校参加邳州市教学基本功大赛。

（撰稿：刘　辉　审稿：杜互东）

【福州路小学科技大赛获奖】 10月14日，在江苏省POWERTECH仿生机器人创意大赛暨凤凰EQ教育机器人大赛中，福州路小学蒋旗彰、黄钰宸、谢天瑞、窦岩苏4名学生获一等奖。12月9日，在第八届淮海经济区机器人大赛暨ROBOTPK国际机器人竞技公开赛（徐州赛区）活动中，孟佳卫、王梓奥等8名学生获2枚金牌、4枚银牌、2枚铜牌。

（撰稿：李　颖　审稿：韩召龙）

【英华实小孙卫胜名师工作室研究框架确立】 11月24日，市“孙卫胜名师工作室”成员齐聚英华实验小学，深化工作室研究建设，明晰以“趣理化学程的开发与实施”为主题的研究架构。徐州市名师工作室主持人、江苏省特级教师孙卫胜阐述“趣理化学程”的提出背景和美好愿景。会议确立“融趣于理、激趣探理、生趣明理、趣理相容、趣理互生”的学程开发及具体实践框架。

(撰稿:朱荣武　审稿:孙卫胜)

【华山路小学获徐州市管乐鼓号大赛银奖】 10月27日,华山路小学少先队管乐鼓号队获徐州市少先队管乐鼓号大赛银奖。大赛由徐州团市委、徐州市教育局、徐州市少工委联合举办。华山路小学“腾飞”鼓号队在比赛中展示出青少年自立自强、蓬勃向上的精神风貌。

(撰稿:汪恩明　花常宝　审稿:温　岚)

【青年路小学举行主题家长会】 12月8日,青年路小学召开以“携手·合作”主题家长会。会上,班主任和科任老师利用多媒体展示学生在校学习和生活情况,围绕“引领孩子养成良好习惯”主题作深入分析和讲解。家长和老师沟通交流,探讨孩子教育问题,在如何尊重和关爱孩子、实现家校共育方面达成共识。

(撰稿:娄军华　审稿:娄海清)

【奚仲路小学第二届家长委员会成立】 11月22日,奚仲路小学召开第二届家长委员会成立大会。会上商讨并通过家长代表全程监考、参加学生学业质量测试成绩分析会、议定校服价格、选择学辅用书、对任课教师进行师德师风评价以及“午间故事妈妈进课堂”“家长义工进校园”等活动内容。

(撰稿:韩　光　审稿:李　峰)

【天山路小学举行冬季跳绳比赛】 1月22日,天山路小学举行“绳”采飞扬冬季跳绳比赛。参赛同学奋力拼搏,表现不凡。比赛丰富了学生的课间生活,促进学生素质的全面发展。

(撰稿:王　彪　审稿:魏云飞)

【向阳小学少先队活动案例获省一等奖】 12月,由向阳小学少先大队自主策划、拍摄和制作的“红领巾寻访共和国最小烈士”活动视频被共青团江苏省委、江苏省教育厅、江苏省少工委评为“红领巾寻访”活动案例视频展示项目一等奖。该活动视频通过少先队员到邳州市农村商业银行、八路镇小萝卜头纪念馆现场寻访、拍摄,结合市少工委意见进行后期剪辑、制作,充分挖掘“小萝卜头”烈士的革命事迹,展示少先队员寻访革命传统的过程。全省参展视频130个。

(撰稿:张妍妍　审稿:朱　颖)

【机关幼儿园获省教学成果一等奖】 9月,机关幼儿园《乐飘洒多彩乡土——乡土资源与园本课程设计的开发和实践》获江苏省教学成果一等奖。该项研究将乡土资源与区域活动相结合,激发幼儿对乡土资源的探究兴趣。

(撰稿:刘欢欢　审稿:庄　静)

【明珠幼儿园举行传统节日亲子活动】 5月27日,明珠实验幼儿园举行“欢乐‘粽’动员快乐六一行”亲子活动。活动将端午节和六一儿童节结合起来,让孩子们在亲子氛围中进一步了解端午节的习俗,感受端午节丰富的文化内涵,体验亲子游戏的快乐。活动安排舞龙表演、经典诵读、“三新”童谣、大班器械操表演、赛龙舟、香囊亲子DIY。

(撰稿:庄　慧　审稿:温传英)

【新城幼儿园举行主题庆祝活动】 5月12日,新城幼儿园举办“浓情五月天感恩母亲节”大型庆祝活动。活动内容分为给妈妈朗诵诗歌、为妈妈洗洗脚、给妈妈贴黄瓜面膜、为妈妈送上自制的“徽章”。活动让孩子们明礼知恩,崇德向善,感激生命。

(撰稿:王　莉　审稿:蔡　莉)

【青年路幼儿园举行读书节颁奖活动】 12月28日,青年路幼儿园举行读书节颁奖活动,对“书香宝贝”“书香家庭”及亲子绘本制作最佳创意奖、最佳视觉奖、最佳制作奖、优秀奖获得者进行表彰。幼儿园以读书节主题活动为载体,陆续开展亲子阅读、图书漂流、亲子图书制作展评、绘本阅读开放教学等活动,深受家长好评。

(撰稿:马　敏　审稿:李长梅)

【运河幼儿园开展文明礼仪伴我行系列活动】 9—10月,运河幼儿园开展“文明礼仪伴我行”主题教育系列活动。活动包括“与文明并肩同行”行为规范、“文明礼仪伴我行”主题会演、“文明游戏”等,将文明礼仪内化到幼儿的日常行为习惯,幼儿园浸润在浓郁的文明有礼、热情友好、宽容谦让、诚实守信的和谐氛围中。

（撰稿：徐月侠　审稿：闫继玲）

【王杰中学举行师生同题写作活动】　12月26日，王杰中学全体师生以《改变》为题，每人创作一篇高质量作文。学校聘请校外评审组评出一、二、三等奖予以奖励。活动得到全体师生积极响应。

（撰稿：张成召　审稿：宋端凯）

【赵墩、滩上、宿羊山中学举行"卷入式"教研活动】10月18日，赵墩中学、滩上中学、宿羊山中学三校九年级语文、数学、英语"卷入式"教研活动在宿羊山中学举行。三所学校的校长、教研组长，语文、数学、英语三科教师50余人参加活动。

（撰稿：梁化州　审稿：李　永）

【滩上中学举办乡村骨干教师培训】　9月27日，邳州市初中语文乡村骨干教师培育站培训活动在滩上中学举行。燕子埠中学、车夫山中学、宿羊山中学等8所中学的语文教研组长、骨干教师30余人参加活动。

（撰稿：刘　永　审稿：周　峰）

【碾庄中学创建心理健康教育特色学校】　2017年，碾庄中学入选徐州市中小学心理健康教育特色学校名单。碾庄中学坚持开展主题教育月活动，注重心理健康教育，定期举行法制报告会、女童自我保护讲座、青春仪式等。学校设立心理健康教育领导小组，校长张汉学担任组长，下设心理辅导站，注重心理健康教育工作的科学性和实效性，培育学生健康心理。

（张汉学）

【岱山中学举行古诗文经典诵读活动】　9月1日起，岱山中学举行"古诗文经典每日一诵"活动。在每天大课间跑操前10分钟，学校利用电子屏图文显示，以视频带读、教师领读、学生齐读、班级间赛读、年级组比读等多种形式，形成学校诵读常规。

（撰稿：刘汉飞　审稿：王　建）

【宿羊山初中举行学生内务整理比赛】　10月20日，宿羊山初级中学开展"我爱我家"学校内务整理比赛。活动包括文化布置、床铺整理、洁具摆放、卫生保持等项目，邀请退伍军人给学生进行叠被子示范指导。德育处成立评委组进行现场打分，评选出内务标兵奖和最佳集体奖。

（撰稿：潘　锋　审稿：宋　翔）

【徐楼中学举行秋季田径运动会】　10月25日，徐楼中学举行2017年秋季田径运动会。学校大力宣传"每天锻炼一小时，健康工作50年，幸福生活一辈子"理念，广泛开展阳光体育运动，让每个学生走向操场，形成人人参与健身的氛围。

（撰稿：朱家生　审稿：张　胜）

【议堂中学赴徐州王杰中学开展教研活动】　10月17日，议堂中学组织25名教师赴徐州市王杰中学开展教研活动。在观摩王杰中学教师示范课后，评课教师一致认为，示范课实现课堂教学的三个转变，即学生由个体学习转向小组合作，学生由被动学习转变为主动展示，教师由包办代替转变为恰当点评。

（撰稿：陆　磊　审稿：季延奎）

【土山初中举行纪念"一二·九"歌咏比赛】　12月7日，土山初中举行"铭记一二·九，传承爱国情"师生歌咏比赛。同学们用嘹亮的歌声演唱《歌唱祖国》《没有共产党就没有新中国》等经典歌曲，唱出中华儿女对祖国繁荣富强的美好祝愿。评委组根据各参赛班级的演唱水平、舞台创意等，综合评选出一、二、三等奖。

（撰稿：宋　乐　审稿：宋平国）

【薛集中学开展"静教育"活动】　12月18日，薛集中学开展学海安"静教育"活动。每个班级装订"静教育"校园文化宣传板，传播"静心静思、动静有常、心态平静、学习安静""入室即静、入座即学、即学则获"理念，教育效果显著。

（撰稿：卢鸿儒　审稿：胡争科）

【占城中学举行"一师一优课"活动】　2017年，占城中学举行"一师一优课、一课一名师"活动。按照"主备—协备—研讨—教学实践—总结反思—晒课"等环节，学校组织教师磨课、评课，在教研活动中共同参与、共享成果。佟飞获部级奖,许飞、朱林林、焦静、纪秀娟获徐州市级奖,魏旭哲、沈海舰、王海迪、吕伟、钦海菊获邳州市级奖。

(撰稿:张　磊　审稿:张海峰)

【八义集初中以教研引领课堂】 2017年,八义集初级中学坚持以"教研引领课堂教学,谋求教学质量的全面提升"。通过名师指导、学科协作、自身钻研等途径,营造良好的教研氛围。年内,2名教师获徐州市优质课一等奖,2个课题获省级立项,"一师一优课"活动获得徐州市优秀组织奖,学校被评为邳州市教科研先进单位。

(撰稿:庄聚宝　审稿:杨宜敢)

【新桥中学开展冬季传染病防治工作】 12月,新桥中学开展冬季传染病预防宣传教育工作。学校利用校园广播、宣传栏、家长微信群、致学生家长一封信、讲座等形式加强传染病及预防知识宣传,教育学生养成良好的卫生习惯。对教室、宿舍、厕所等人员密集场所采取消毒、通风各项措施,避免传染病传播。加强晨检工作,班主任、任课教师之间做好无缝对接,及时发现,及时治疗。

(撰稿:张德成　审稿:马全超)

【邳州市初中教学工作会议在新河中学召开】 12月13日,邳州市初中教学工作会议在新河中学召开。各初中主要负责人及业务骨干、市教育局教研室领导208人参加会议。新河中学校长石峰作教学及管理工作经验介绍,局基教科负责人做下阶段教育教学工作部署,教研室相关负责人做期中考试分析及下阶段教学教研工作安排,副局长周卫作总结发言。会前,与会人员集中观摩该校课堂教学和课间操。

(撰稿:庄　鑫　审稿:石　峰)

【八路中学教师代表赴海安学习考察】 11月1—2日,八路中学教师代表20余人,赴海安城南实验中学考察学习。在实验中学校长徐亚洲的陪同下,教师代表参观校园环境,开展听评课活动,观摩课间操跑操,深入课堂和师生交流互动,全面了解该校的办学特色。

(撰稿:张家中　审稿:赵　亮)

【官湖初中举行学海安座谈会】 11月24日,官湖初中举行学习海安教育经验座谈会。学校教干、年级主任近30人共同学习《潜心教书静心育人——问道海安行思录(一)》一书并畅谈学习心得,表示将把海安教育人"特别能吃苦、特别能奉献、特别善合作、特别肯钻研"的精神融入工作中,加大落实制度的执行力,向精细化管理要质量。

(撰稿:冯遵将　审稿:马　跃)

【白埠中学举行红色文化进校园活动】 9月25日,邳州市关工委、教育局组织的"红色文化进校园"活动在白埠中学举行。市关工委主任衡敦亚、副主任刘汉超出席启动仪式。白埠中学校长吴鹤林表示,以该活动为契机,努力创建红色教育基地,让学生在全面接受素质教育的同时,学习和传承红色文化,培养学生的家国情怀。

(撰稿:陈文浩　审稿:吴鹤林)

【陈楼中学举行学海安汇报会】 1月15日,陈楼中学举行海安学习汇报会。校教科室主任翟莉介绍在海安县城南实验中学跟岗学习期间的所见所闻所感,从教学、教科研、学校管理、学生管理、个人感受五个方面讲述海安县城南实验中学的先进教学模式、学校特色建设、先进管理经验。

(撰文:王士文　审稿:车振军)

【红旗中学和开发区实验学校推进家校共育活动】 12月,红旗中学和开发区实验学校推进家校共育活动。两校分别筹建家长委员会,让家长参与并监督学校的民主管理,支持学校的教育教学工作,为学校发展建言献策。"主题家长会""校园开放日""家长监考进校园"系列活动架起学生、家长和老师交流沟通的桥梁,实现家庭教育助力学校发展的目标。

(撰稿:张光来　审稿:曹兴辉)

【邳城中学开展校外义务辅导活动】 12月24日,邳城中学组织教干、教师和部分家长志愿者共15人赴河口、吕滩和艾山等村开展义务辅导活动,督促学生独立、按时完成家庭作业,指导学生抓好复习、预习。120多名留守学生接受辅导。

(撰稿:王保刚　审稿:刘金龙)

【泇口中学举行经典诗文诵读比赛】 10月16日，泇口中学举行“喜迎十九大经典诗文诵读”比赛。师生们分别诵读《满江红》《我的祖国》等经典篇目。白明尧等6名教师和胡朝莉等12名学生分获一、二、三等奖。

（撰稿：马　超　审稿：刘清国）

【铁富初中举行紧急疏散演练】 11月23日，铁富初中举行防震避险紧急疏散演练。随着警报声响起，学生迅速躲到课桌下，随后快速、有序的向操场集中。班主任全程指导学生避险演练，值班教师看守楼梯和操场入口等重点位置，防止出现踩踏事故。

（撰稿：卢庆奎　审稿：刘春雷）

【连防中学举行新教学楼开工仪式】 12月5日，连防中学举行新教学楼开工仪式。该楼为市校安工程，建成后可以改善办学条件、推进义务教育均衡发展、促进教育现代化的创建。建设方代表表示按时完工，争创优质、精品工程。

（撰稿：武　富　审稿：华旭光）

【港上中学省级规划课题结题】 7月，港上中学“十二五”省级规划课题《农村初中青年教师培养的有效途径研究》顺利结题。该课题在2011年11月被江苏省教育科学规划办立项，研究期间，港上中学立足实际，解决农村教育发展的瓶颈，抓住青年教师发展的关键，受到评审专家的肯定。

（撰稿：范士升　审稿：娄培权）

【四户中学推行班主任办公入班制】 2017年，四户中学学习海安先进管理经验，推行“班主任办公入班”制。各班在教室后方设置班主任办公区，让班主任入班常态化，方便班主任及时了解班级学生动态，处理突发事件。

（撰稿：赵宜球　审稿：李森）

【岔河中学举行海安教育经验报告会】 11月27日，岔河中学举行海安教育经验报告会。教务主任宋伯虎作学海安专题报告，从课堂教学、学校管理、家校共育等多个角度，全面介绍海安的教育经验。

（撰稿：宋伯虎　审稿：刘新宇）

【邢楼中学举行微课比赛】 5月16日，邢楼中学举行教师微课比赛。参赛教师多媒体课件内容丰富、画面精美生动，反映教师教学思想、课程设计思路和教学特色，微课服务课堂教学、提升教学质量和学习效果。比赛营造良好的课堂教学研讨氛围。

（撰稿：李宗科　审稿：王克华）

【戴庄中学打造书香班级】 2017年，戴庄中学努力打造书香班级，营造书香校园。各班级成立“读书会”，学校为各班级配备书架、基本书籍。动员教职工捐书，号召学生将个人藏书带进班级，供同伴借阅。学校将阅读课纳入日常课程，配有专职教师指导学生读书、品书、写读书笔记。各班建立阅读台账并设专人负责管理。定期举办“品读论坛”，通过朗诵、演讲、作文竞赛、手抄报比赛等活动，调动学生参与活动的积极性。

（撰稿：魏宇亭　审稿：王　辉）

【车辐山中学开展“问道海安”学习考察活动】 12月20—21日，车辐山中学组织47名教师赴海安县海陵中学考察学习。通过参观校园、听评课、参加报告会、观摩集体备课等形式，认真学习海陵中学先进的教学理念和精致化的教育教学管理。学校邀请徐培宏等4名海安名师到校开展同课异构指导交流活动。

（撰稿：韩　永　审稿：郭泾宗）

【新集中学举行防校园欺凌教师培训活动】 12月29日，新集中学举行“防校园欺凌”教师培训活动。政教处主任讲解校园欺凌行为的危害以及防范措施，使教师掌握正确应对校园欺凌的方法策略，提高师生防范欺凌的能力，营造安全和谐的校园氛围。

（撰稿：蒋学尚　审稿：周之树）

【燕子埠中学举行“三新”主题演讲比赛】 11月5日，燕子埠中学举行“三新”主题演讲比赛。12名教师选手和28名学生选手参加比赛。选手们紧扣“养成新习惯、塑造新民风、共建共享新邳州”三新实践主题，结合自身的工作学习经历与生活体会，通过鲜活的事例、严谨的论述、富有启迪性的演讲，诠释

“三新”实践的深刻内涵和创建全国文明城市的深远意义。比赛评选出一等奖4名，二等奖8名，三等奖12名。

(撰稿：王化标　审稿：王加强)

【邹庄中学举行“国胜”助学金发放活动】 12月29日，邹庄中学举行首届“国胜”爱心助学金发放活动。该助学金由定居南京的邹庄籍爱心民营企业家张国胜出资提供。张国胜为首批82名学习优秀、家庭贫困的学生颁发助学金，并鼓励学生们刻苦学习，努力拼搏，以更加优异的成绩回报老师和家长。该助学金将每学年发放一次。

(撰稿：孟凡华　审稿：王云帆)

【运河街道王杰小学举行揭牌仪式】 6月22日，中国人民解放军总装备部原副政委崔毅中将到王杰小学为该校揭牌。北京走进崇高研究院院长贺茂之中将、秘书长谭宏伟，总装备部秘书局局长刘铁宏大校，邳州市副市长伏旭、教育局副局长杜欣参加活动。崔毅作为英雄王杰事迹的传颂者，为王杰小学题写校名并揭牌。

(撰稿：孙　颖　审稿：吕　杰)

【炮车镇中心小学举行庆三八趣味运动会】 3月7日，炮车中心小学举行庆三八趣味运动会，165名教职工参加比赛。比赛设置投篮、自行车慢骑、花样跳绳等项目。教职工精神饱满、团结一心、配合默契，加油声、喝彩声此起彼伏。

(撰稿：刘尧才　审稿：马夫胜)

【开发区中心小学新校区投入使用】 8月20日，开发区中心小学新校区建设全面竣工并投入使用。新校区总投资4000万元，占地3.3公顷，建筑面积1.4万余平方米，建设3幢教学楼和1幢综合楼，设有47个教学班以及大型会议室、图书室、餐厅等。新校区建成有效改善学校办学条件。

(撰稿：王丙强　审稿：吴德亚)

【碾庄镇中心小学学生参加国际绘画比赛】 5月7日，碾庄镇中心小学学生参加徐州市“友城绘”国际绘画总决赛。学校精心准备、积极组织学生参赛。经过多轮比赛，仕淑娜等5名选手，以邳州风土人情为素材大胆创作，入围徐州市前100名，进入总决赛。

(撰稿：张　力　审稿：耿　焱)

【宿羊山镇徐楼小学举办创新作文大赛】 5月2日，宿羊山镇徐楼小学举行首届“邮政杯”创新作文大赛。活动历经宣传发动、班级选拔、集中评审环节，评选出一等奖20名，二等奖37名，三等奖38名。

(撰稿：黄　杰　审稿：张作礼)

【议堂镇黄海小学接受徐州市教育现代化验收】 12月21日，议堂镇黄海小学迎接徐州市教育现代化学校验收组检查验收。验收组按照《评估细则》，从办学理念与办学行为、学校人才与队伍建设、素质教育与学生发展、硬件设施与条件保障、学校管理与办学特色五大方面56项指标逐一量化记分，对黄海小学师生昂扬向上的精神风貌、大力弘扬中国传统文化的举措表示肯定，对学校操场等硬件设施的规划提出科学合理的意见和建议。

(撰稿：庄思省　审稿：卢占明)

【土山中心小学举办青年教师展示课活动】 10月25—26日，土山中心小学举行青年教师课堂教学展示活动。语文、数学、英语三门学科6名青年教师，采取同课异构方式进行展示。参展教师践行“生本教育”理念，组织小组合作，学生活动充分，教师指导到位，教学效果良好。

(撰稿：韩召同　审稿：石　建)

【赵墩镇中心小学举行教研系列活动】 3月1日—4月17日，赵墩镇中心小学组织开展为期一个半月的春季教研活动。全镇划分4个片区，先期进行校际送课、片区课堂展示，推荐参加镇级比赛。4月13日，举行全镇小学优质课评选，内容包括多媒体应用操作和课堂教学展示2个环节。同时开展镇优秀教师教案、作业批改评比活动。经综合评比，评出优秀组织学校6个，镇级优质课教师28人，优秀教案22份，优秀作业布置与批改15人。

(撰稿：姬长旺　审稿：魏建超)

【占城中心小学开展艺体系列竞赛活动】 12月13—29日，占城镇中心小学围绕“唱响新时代同绘中国梦”主题，开展迎新年首届“小小朗读者”、教师美文诵读、小学生单人一分钟跳绳、踢毽子、“小小歌手”和班级大合唱6项竞赛活动。全镇8所学校近3500名师生积极参与，各项赛事按照既定的比赛办法和规程依次组织初赛和决赛。王晶等43名学生分获“小小朗读者”“小小歌手”大奖，周杰等136名学生分获跳绳、踢毽子各级组前6名，石匣小学六年级等25个班级获大合唱奖，方静等12名教师获教师美文朗读奖，中心小学等5所学校获优秀组织奖。

（撰稿：王　超　审稿：曹　伟）

【八义集镇中心小学获评省少先队示范单位】 10月24日，八义集镇中心小学获评江苏省少先队改革直接联系示范单位。学校围绕立德树人教育目标，以组织建设、思想引领、品牌活动（课）、阵地载体、红领巾社团为工作重点，找准少先队与学校德育工作的结合点、切入点，扎实推进少先队工作规范化、制度化、特色化建设，取得突出成效，先后被评为江苏省少先队先进集体和全国优秀少先队集体。

（撰稿：张　磊　审稿：汪玉学）

【新河镇中心小学举行交通安全讲座】 10月28日，新河中心小学邀请新河交警队警官赵耀、王建为全校师生举行“三三”联动交通安全专题讲座。两位警官用平实的语言、翔实的数据、鲜活的案例给全校师生上了一堂交通安全教育课。

（撰稿：陈　平　审稿：赵成军）

【“小萝卜头”烈士亲属宋振镛到八路实验小学捐书】 9月28日，“小萝卜头”烈士二哥宋振镛一行到八路实验小学，向学校捐赠他的新作《我这一辈子》，并为全体师生作以“红岩魂”为主题的爱国主义教育讲座。市教育局副局长周卫、八路镇党委副书记彭峰参加活动。

（撰稿：李　君　审稿：赵武之）

【官湖镇中心小学开展主题教育活动】 5月24日，官湖镇中心小学开展“我向习爷爷说句心里话”主题教育活动。学生通过手抄报、自制明信片、主题队会、录制心里话视频等方式，表达自己的感受和行动、心愿与期盼、意见与建议。

（撰稿：刘廷合　审稿：翟李春）

【陈楼镇社区教育中心通过省标准化验收】 11月28日，陈楼镇社区教育中心顺利通过省标准化社区教育中心验收。该镇社区教育中心通过开展农村劳动力转移培训，帮助农民拓宽增收渠道，先后举办劳动力转移培训班64期，转移农村劳动力1850人。陈楼镇社区教育中心的工作受到检查组的好评。

（撰稿：顾春雷　审稿：孙领军）

【邳城镇中心小学举行纪念“九一八”活动】 9月18日，邳城镇中心小学举行纪念“九一八”主题教育活动。各班开展“勿忘国耻振兴中华”主题班会，班主任讲述“九一八”事变的经过，要求学生要牢记国难、国耻和国殇，将之转化为奋发向上的学习动力，转化为爱祖国、爱和平的坚定信念。同学们宣誓要为中华之崛起而读书。

（撰稿：万振友　审稿：呆绍俊）

【铁富镇中心小学举行重阳节敬老活动】 10月27日，铁富镇中心小学举行“念亲恩、感亲意、抒亲情”重阳节敬老主题活动。通过开展“亮身份、作表率、争做尊老爱幼青少年”主题系列活动，对学生进行家庭美德教育。活动要求每名少先队员为长辈做一件事，并撰写一篇敬老爱老心得。

（撰稿：沈圆圆　审稿：孙庆永）

【港上镇中心小学银杏文化建设出成果】 2017年，港上镇中心小学致力于银杏文化特色项目建设。该校从物型文化、课程开发、学科渗透、社团活动等方面，营造浓浓银杏文化氛围。银杏艺术手工坊建设为师生制作银杏叶贴画、银杏果粘画提供平台。建立3个名师工作室，通过名师示范引领，带动全校师生审美情趣提升和审美能力提高，激发学生热爱家乡的情怀。

（撰稿：冯　超　审稿：赵　丰）

【邹庄镇中心小学开展主题教学研讨】 9月19—21日，邹庄中心小学举行“我满意的一节课”主题教学研讨活动。校长率先执教，全校教干、教师踊跃参与。主题教研活动以学为中心，落实“学讲计划”，提高教学水平。

（撰稿：冯金平　审稿：胡　伟）

【四户镇中心幼儿园通过省优质园复检】 5月23日，四户镇中心幼儿园接受并通过省优质幼儿园复检评估组的验收。验收组查看现场、观摩活动、查阅资料，对照评估细则，对幼儿园办园条件、教育教学、师资建设、硬件投入、保育管理等方面进行实地评估，给予高度评价。

（撰稿：聂绪伯　审稿：周中余）

【岔河镇楚墩小学科技创新大赛获佳绩】 11月29日，岔河镇楚墩小学选派15名选手参加第十三届徐州市青少年科技创新大赛，取得优异成绩。邹康达的《空气转换机》、刘成飞的《雾霾能量转换器》获一等奖，化杰的《海水淡化机》获二等奖，邹江涛等3名学生的作品获三等奖。

（撰稿：杜学吉　审稿：程寒然）

【邢楼中心小学推进书香校园活动】 2017学年度，邢楼中心小学大力推进书香校园活动。学校以提升师生综合素养为重点，以营造浓郁书香校园文化氛围为目标，引导师生“多读书，读好书，好读书”，让读书成为每个师生的习惯，促进师生健康成长，逐步推进学习型校园建设。

（撰稿：庄家柱　审稿：胡艳秋）

【戴庄倚西小学举行爱心捐赠仪式】 9月30日，戴庄镇倚西小学与苏州市徐州商会、彭城青年会联合举行爱心图书室捐赠仪式。苏州市徐州商会负责人丁国伟、朱强等4人向倚西小学捐赠价值6万元的图书、书柜、电脑、阅览室桌凳等物品。

（撰稿：滕兴君　审稿：冯宪铎）

【车辐山镇中心小学异地新建开工】 6月16日，车辐山镇中心小学异地新建开工仪式在新校区举行。经过前期规划、设计、拆迁等准备工作，总投资3100万元，占地面积1.8公顷，建设面积1.6万平方米的新校区进入全面施工阶段。新校区按照8轨标准设计，解决镇区及周边3个行政村适龄儿童入学问题。

（撰稿：王光远　审稿：刘念强）

【燕子埠镇中心小学举行省市规划课题论证会】 4月23日，燕子埠镇中心小学举行省市规划课题论证会。“农村小学儿童诗校本课程建构与实践研究”和“农村小学主题阅读实践研究”分别获江苏省教育科学规划办重点立项与徐州市教育科学规划办立项。徐州市教科所、邳州市教研室专家对课题的研究基础、研究方向、研究价值进行评价，提出建设性建议和意见。课题主持人靳庆华、王会久、张志明表示，将继续深入探索，扎实开展课题研究，紧密联系教学实际，充分发挥课题研究的导向、引领作用。

（撰稿：靳庆华　审稿：刘士忠）

2017年邳州市乡镇小学、幼儿园基本情况表

表13

单位	小学					幼儿园	教职工数		学校领导				
	学校数	班级数	学生数	毕业生数	招生数	学生数（全镇）	总数	专任教师	中心小学校长	中心小学支部书记	中心小学教科室主任	中心小学常务副校长	中心幼儿园园长
运河中心小学	7	88	4881	790	627	850	210	210	吕　杰	王克强	王克强 彭松林	董会平 吕修华	娄　艳
炮车中心小学	6	96	4925	472	833	1358	185	184	马夫胜	马夫胜	刘尧才	陆　浩	李　梅
开发区中心小学	8	138	8357	1314	1060	1180	223	198	吴德亚	吴德亚	张长林	戴志海 王丙强	朱　玲 刘志恒 何　艳
赵墩中心小学	11	148	6467	990	1101	1550	339	305	魏建超	魏建超	曹传沛	曹耀萍 张　华	蒋桂叶 张　玲
碾庄中心小学	14	158	9026	1076	1281	3219	345	286	耿　聃	姚君彦	王思赟 （代）	吴　洋	李　莉
宿羊山中心小学	9	157	8300	993	1310	2880	382	381	张作礼	张作礼	侯宜伟	季延东	靳永春 赵全英
议堂中心小学	6	63	2812	386	515	1121	187	155	卢占明	卢占明	庄思省	周　升	周　征
土山中心小学	6	77	3470	526	510	1526	204	198	石　建	石　建	朱恩东	陈　涛 杨中华	黄　颖 吕　娟
占城中心小学	7	66	3317	405	480	878	159	148	曹　伟	曹　伟	王　超	沈东凡 张迎春	王　娟 （代）
八义集中心小学	13	136	6112	977	951	2002	268	261	汪玉学	汪玉学	翟新伟	郭广超	姜　磊 张　瑞
新河中心小学	8	98	5065	765	722	2200	192	192	赵成军	赵成军	罗怀玉	程　立	魏贤春
八路中心小学	6	54	1768	309	418	1072	123	117	赵武之	赵武之	夏春雨 （代）	韩召亚	韩　琳
官湖中心小学	12	236	15371	1366	2108	3830	472	472	翟李春	翟李春	李　刚 刘廷合	陈学联	张艳梅 蒋庆梅
陈楼中心小学	8	105	5530	738	730	1680	224	210	孙领军	郭艳华		汤　欣	于秀兰
邳城中心小学	9	116	6879	1084	924	2546	249	248	杲绍俊	杲绍俊	万振友 石荣国	闫自永 周　伟	陈　颖 谢印芝
铁富中心小学	18	212	11602	1704	1815	1912	574	556	鹿丙奇	孙庆永	张希贵	马庆光 冯仰才	冯　君 包志梅
港上中心小学	9	158	8178	996	1286	2785	262	243	赵　丰	赵　丰	冯遵纪	冯　超	胡月梅
邹庄中心小学	9	87	4283	641	765	1100	164	158	胡　伟	胡　伟	赵　昂 张可辉	孟庆佳	赵雪梅
四户中心小学	8	107	5984	748	898	1441	204	200	周中余	周中余	李　佩 聂绪伯	徐平礼	白　姣
岔河中心小学	7	82	4209	670	690	1506	166	161	程寒然	程寒然	徐兆成	邹园园	戴伊平
邢楼中心小学	12	115	6080	849	870	1643	245	233	尹春雷	尹春雷	黄立国	胡艳秋	孙守彦
戴庄中心小学	8	124	5112	756	765	2402	269	260	冯宪铎	冯宪铎	宋　超	曹　冬	辛芝梅
车辐山中心小学	5	112	6561	836	1105	2321	106	105	刘念强	刘念强	王光远	曹传民	陈　琳
燕子埠中心小学	6	58	3224	421	537	1262	56	53	刘士忠	刘士忠	王会久	李奎彦	张　平

2017年邳州市中学和直属学校基本情况表

表14

校名	班级数（个）	在校生数（人）	毕业生数（人）	招生数（人）	教职工数		学校领导			
					计（人）	专任教师（人）	校长	副校长	书记	副书记
江苏省运河中学	216	13759	3948	4803	957	903	张传喜	陆秀光 赵建华 耿德伦 冯仰聪 刘 淼 吴 磊	张传喜	
明德实验学校	42	2054	696	690	262	198	李宏飞	薛 雷 耿长松 孙 伟 郭 攀	李宏飞	王玉刚
邳州一中	54	2686	890	900	283	232	刘传超	王道峰 陈 辉 蒋其琪 王浩行	刘传超	王浩行
邳州二中	56	3108	900	900	217	195	张士超	刘 峰	张士超	刘 峰
邳州四中	39	2632	829	989	299	236	李 波（—9） 刘成国（9—）	张宏大 周 腾 吴荣娟 王建奇	刘成国	
新城中学	53	3434	1084	1208	198	176	王新建	石德团 张满仓 谭利龙 冯文汇	王新建	
官湖高中	46	2593	586	600	316	219	李 飞	张 普	李 飞	孙光波
宿羊山高中	31	1720	478	630	217	186	李 永	张青松 吴昌飞 袁召波	李 永	王其营
铁富高中	22	1345	430	430	217	195	王大全	王继磊 邹 峰	王大全	
八义集高中	16	1543	356	494	127	115	胡 颢	曹兆锦 王新年 王登标	胡颢	
土山高中	25	1009	323	330	111	97	刘成国（—9） 吴 刚 （代，9—）	吴 刚 汤庆飞		
邳州中专	50	3453	1100	1441	348	286	钟雷声	周海燕 李 皎 殷召猛	钟雷声	
车辐中专	44	1643	768	540	118	109	袁成峰	彭 川 王克伟	袁成峰	彭 川 王克伟
特教中心	21	389	7	41	51	46	李 薇	庄 雷 刘桂侠	周 辉	
运师附小	61	4558	718	720	248	171	谭运明	苑晓坤	谭运明	苑晓坤
实验小学	122	7200	1076	1116	285	265	陈立芳	朱怀云（代） 闫怀璇（代） 顾林祥（代）	陈立芳	
明德实验小学	102	7316	873	1230	371	371	刘 志		刘 志	
运平路小学	65	5017	773	888	210	180	杜互东	庄文猛 刘小永 王晓力	杜互东	
福州路小学	55	4020	460	582	168	157	韩召龙		韩召龙	
英华实验小学	54	3146	409	553	154	146	孙卫胜	郇增修 杨 见（代）	孙卫胜	
华山路小学	33	2256	138	329	96	95	温 岚	徐 云	温 岚	
青年路小学	41	2700	520	380	127	125	娄海清	范茹萍 王万峰	娄海清	

续表14-1

校名	班级数（个）	在校生数（人）	毕业生数（人）	招生数（人）	教职工数		学校领导			
					计（人）	专任教师（人）	校 长	副校长	书 记	副书记
奚仲路小学	24	1402	137	279	78	74	李 峰	周 芹	李 峰	
天山路小学	23	1150	111	226	62	57	魏云飞		魏云飞	
向阳小学	60	3680	242	547	176	176	朱 颖	王 峰 刘尧峰 刘振法 吴海威	朱 颖	
机关幼儿园	14	690	200	100	69	52	庄 静	冯 雯 张 燕	庄 静	
明珠幼儿园	22	1124	550	350	93	59	温传英	顾绍艳 韦飞艳	温传英	
新城幼儿园	18	1016	320	300	78	36	蔡 莉	薛 惠		
青年路幼儿园	12	387	162	165	51	36	李长梅	周晓丛	李长梅	
运河幼儿园	9	428	150	160	40	26	闫继玲	徐月侠	闫继玲	
王杰中学	8	373	103	147	69	64	季延奎(—9) 宋端凯(9—)	何 庆		
赵墩中学	19	986	190	309	131	90	李 永	薛 韬		
滩上中学	16	553	114	249	74	60	周 峰	刘家松	周 峰	
碾庄中学	30	2024	527	840	126	78	张汉学	李修兵	张汉学	薛桂春
岱山中学	15	794	228	302	78	56	王 建	曹照中(代) 李 冬(代) 陈贵章(代)	王 建	陈贵章
宿羊山初中	20	1320	286	350	98	92	宋 翔	高洪波	宋 翔	
徐楼中学	16	678	211	280	75	61	张 胜		徐夫乾	
议堂中学	17	691	199	248	116	104	陈立新(—9) 季延奎(9—)	陆 磊	季延奎	
土山初中	6	257	80	120	63	46	魏贤东(—9) 宋平国(9—)		宋平国	
薛集中学	12	402	132	150	64	49	胡争科	卢鸿儒(代)	胡争科	
占城中学	17	917	165	273	69	65	曹兴辉(—9) 张海峰(9—)		张海峰	
陆井中学	3	106	29	39	19	12	曹兴辉(—9) 张海峰(9—)	胡方凯(代)	王绍飞	
八义集初中	12	676	183	257	92	82	杨宜敢		杨宜敢	
新桥中学	12	686	135	229	57	53	马全超		马全超	

续表14-2

校名	班级数（个）	在校生数（人）	毕业生数（人）	招生数（人）	教职工数		学校领导			
					计（人）	专任教师（人）	校　长	副校长	书　记	副书记
新河中学	19	1158	245	560	66	62	石　峰	董　坤　袁大鹏	石　峰	
新集中学	9	411	113	156	70	60	周之树	张益忠　赵　明	周之树	
八路中学	15	899	150	330	76	74	赵　亮	张家中(代)	赵　亮	庄荣恩
官湖初中	44	2780	740	1028	228	212	马　跃	王云帆(—9) 李春宝		
白埠中学	18	1216	161	548	86	79	吴鹤林	朱洪平	吴鹤林	
陈楼中学	21	1300	280	450	150	104	车振军	王　闻	车振军	王士文
红旗中学	43	2456	498	979	131	124	刘　炜(—9) 曹兴辉(9—)	李广伟	曹兴辉	袁宗振
邳城中学	18	968	226	580	101	90	刘金龙		刘金龙	
洳口中学	6	207	45	75	31	27	刘清国			
铁富初中	32	1596	397	785	133	125	刘春雷	王继强	刘春雷	
连防中学	21	1312	256	570	70	58	华旭光	李　成(代)	华旭光	
港上中学	26	1594	365	642	107	94	娄培权	杨柏柱	娄培权	
邹庄中学	19	1230	356	519	85	56	宋端凯(—9) 王云帆(9—)	王广朋	王云帆	王广朋
四户中学	20	1310	340	540	84	80	李　森	王玉生 陈士永	李　森	
岔河中学	22	1200	272	486	99	96	刘新宇	谭海龙	刘新宇	谭海龙
邢楼中学	22	1851	484	699	77	64	王克华	吴传海		
戴庄中学	24	1717	390	750	73	60	王　辉		王　辉	
车辐山中学	24	1602	419	748	97	89	郭泾宗	梁　锋	郭泾宗	
燕子埠中学	16	876	247	357	68	64	王加强	张传尧	王加强	

（胡　彬）

局长、党委书记 王学伦
副局长、党委委员 徐　洪
主任科员、党委委员 孙守卫
副局长、党委委员 刘　亮　王兆友
市政府教育督导团办公室副主任、党委委员 房树仲

【概况】 2017年，新沂市有各级各类学校160所（含民办学校，不含幼儿园），其中，中学34所（初中25所，高中5所，完中4所），九年一贯制学校3所，小学120所，特教学校1所，教师发展中心1所，中等职业学校1所。各级各类学校中，民办中学2所。全市各级各类学校在校学生170467人（含民办学校），其中，高中10965人，初中34232人，小学123952人。特教学校在校生197人，中等职业学校在校生1121人。全市有幼儿园69所（其中民办幼儿园27所），在园幼儿49503人。义务教育阶段入学率100%，初中巩固率99.70%，高中阶段入学率97.07%，学前三年幼儿入园率98.00%。全市有教职工8772人，其中专任教师8462人。教师学历合格率高中94.12%、初中83.78%、小学90.23%、幼儿园98.92%。全市有省特级教师11人，徐州市首批“三师工程”30人。

2017年，全市有省三星级以上普通高中4所，省实验小学13所，省、市优质幼儿园54所，省特殊教育现代化示范学校1所。全年撤并学校2所，新建学校1所。全年投入教育经费24.92亿元。

【承办全国新教育实验新沂开放活动】 11月11—12日，全国新教育实验开放活动暨江苏省教育学会新教育实验研究专业委员会研讨会在新沂召开。全国各地800余名新教育成员单位代表参加活动。新教育实验发起人朱永新教授以《过一种幸福完整的教育生活》为题，介绍新教育核心理念及新教育实验发展历程。与会代表在新安小学、高流镇中心小学实地观看轮滑、架子鼓、篮球等表演，并听取相关校长新教育实验开展情况汇报。

【创新开展机关大讲堂活动】 6月，新沂市教育局深入开展机关作风建设，创新开展机关大讲堂活动。机关例会由每周一次随机抽取人员单独上台交流学习心得体会，改为以沙龙形式进行活动。每次参与沙龙活动的6名机关人员随机抽取确定，探讨和交流时间为30分钟。

【举办局长会客厅——“蒲公英下午茶”活动】 从年初开始，新沂市教育局定期举办局长会客厅——“蒲公英下午茶”活动。通过定期举办主题活动，让社会各界人士走进局长会客厅，与局领导面对面，在交流互动中进行思想和观念的碰撞。2017年度该项活动共举办4期，主题分别为“讲述家长大讲堂背后的故事""老、中、青教师畅谈教育发展""落实全要素教育质量观""教育收费大家谈"。近百名社会各界人士参与活动。

【组织收看十九大开幕式】 10月18日,新沂市教育局认真组织局机关全体工作人员及全市各校师生员工收看中国共产党第十九次全国代表大会开幕盛况。会后,市教育局在"机关大讲堂"活动平台上进行交流讨论,深刻领会十九大精神。

【举办庆祝第33个教师节表彰暨教育奖励基金颁奖仪式】 9月9日,新沂市庆祝第三十三个教师节表彰暨教育奖励基金颁奖仪式在市影剧院举行。新沂市领导高山、陈堂清、张长征、郑彦芳、周树兵出席会议。仪式上颁发新沂市"卓越学子"、教育管理创新等六个奖项基金奖励,并以"根的追求""枝的繁茂""花的绽放"为篇章进行大型文艺演出。

【高考成绩再创新高】 2017年,新沂市实现高考上线人数和比率连续6年持续增长,高考成绩再创新高。二本上线2184人,上线率78.23%;13人被"九校联盟(C9)"高校录取。据徐州市教研室统计,2017年该市高考二本上线率名列大市第一,实现上线人数和比率连续6年持续增长。中考成绩也继续居于徐州市前列。

(撰稿:张　波　审稿:孙守卫)

【成立教育团工委】 4月25日,共青团新沂市教育工作委员会成立大会召开。教育团工委是共青团新沂市委的派出机构,受市教育局和团市委的双重领导。新成立的教育团工委是加强团教合作的桥梁和纽带,也是在新形势下加强学校共青团工作的有效组织形式。

(撰稿:何小武　审稿:房树仲)

【市特殊教育指导中心成立】 5月,新沂市特殊教育指导中心成立。该中心与市卫生、残联、民政等部门对接,由医生、心理咨询师、专业教师组成专家库,对全市特殊儿童档案信息进行有效管理和追踪,为有特殊需要的学生提供随班就读、医教结合、送教上门等服务。

(撰稿:胡松年　审稿:王兆友)

【"乡村教育家"活动丰富多彩】 年内,新沂市"乡村教育家"专业成长团队导师杨采涓主持研发"2017古典文学节气"课程、"四季学科"课程等,引领一大批乡村教师、学生读写成长。10月20日,"乡村教育家"公益讲堂启动仪式在钟吾中学举行,至12月底,共通过"十月课程""十一月课程""十二月课程"等多个课程平台对家长、老师、学生进行系列培训。

(撰稿:杨采涓　审稿:王兆友)

【"利民之声"教师合唱团成立】 6月25日,新沂市"利民之声"教师合唱团正式成立。该团由新沂市教育工会和新沂市教育发展基金会负责管理、训练,首批85名团员来自各校一线教师。2017年教师节表彰大会上,该团首次亮相。9月底,参加徐州市"喜迎党的十九大'信念火红'金秋合唱比赛",获金奖。

(撰稿:马敬义　审稿:孙守卫)

【开展作风建设专项检查】 从3月起,新沂市教育局开展作风建设专项检查。检查由局纪委牵头,从监察室、党建办、组织人事科、财审科抽调人员组成,通过召开动员会、听取情况汇报、张贴检查公告、调阅台账资料、查阅财务账目和会计凭证、开展个别谈话等方式进行,着力检查党建工作、作风建设和日常管理中存在的问题和不足。共检查22所学校,发现问题300多个,及时下发反馈意见,并督促整改。

(撰稿:马　良　审稿:陆信敢)

【召开家长学校建设培训会】 9月19日,新沂市教育局召开家长学校建设培训会,各中小学、幼儿园分管家长学校工作的负责人参加活动。会议从家长学校建设的教材开发、学校场所设置、管理形式等方面对参会人员进行具体指导,并解读《新沂市教育系统家长学校考核标准(试行)》。新安幼儿园、城关小学、合沟中学、高流中学就家长学校建设工作作交流发言。

【举办首届高考优秀学子经验报告会】 8月23日,新沂市教育局在市第一中学报告厅举办首届高考优秀学子家庭教育经验报告会。新沂市2017年4名优秀高考学子、2名学生家长应邀作报告,市第一中学部分学生、家长以及“新沂教育”微信公众号推选的50余名热心读者参加活动。

【《家长大讲堂》进入升级版】 12月30日，在完成54期教师版《家长大讲堂》之后，首期升级版《家长大讲堂》在新沂电视台经济生活频道晚间黄金时间播出。该栏目计划打造30期，主要通过人员升级、内容升级、互动形式升级等模式，让校长走上前台，示范引领家校合作共育。

（撰稿：刘　健　审稿：房树仲）

【多项奖励基金助推新沂教育】 至2017年底，新沂市教育发展基金会共募集社会爱心捐赠款超过2300万元，设立市级奖励基金5个、镇级教育奖励基金5个，奖励金额达341.2万元。基金会成立4年共奖励市级优秀教师548人、优秀学生198人，镇级优秀教师和学生840人，资助困难学生442人。

（撰稿：李夫春　审稿：刘体猛）

【校舍建设成效显著】 2017年，新沂市校舍建设成效显著。校舍建设首次采用代建制，由教育部门提出建设规划，住建部门组织建设，建成后交给学校使用。年内新开工建设校舍30栋，建筑面积10.7万平方米。年内竣工投入使用校舍54栋，建筑面积25.3万平方米。行知学校、第三中学和新安小学二部3所新校建成投入使用。

（撰稿：于全利　审稿：房树仲）

【开展2017年十大亮点工作评选】 年末岁初，新沂市教育局通过微信平台开展全市教育系统2017年十大亮点工作评选。市教育局先期将18项重点工作进行归纳汇总，并发布在新沂教育微信平台，请社会各界作为评卷人进行投票。在民意基础上，教育局党委经过讨论，最终确定“砥砺前行，中考高考双双夺冠”“革故鼎新，新教育实验如火如荼”“多措并举，师资队伍彰显活力”“优化布局，校舍建设规模空前”“党建先行，‘机关讲堂’立德铸魂”“督导创新，教育质态显著优化”“汇聚力量，奖励基金独树一帜”“学校联盟，均衡优质教育资源”“‘弯道超车’，学前教育有序推进”“加大投入，校园安全筑牢防线”为2017年新沂教育十大亮点工作。

（撰稿：马广伟　审稿：孙守卫）

【省厅师资处领导指导“引智”培训工作】 7月18日，省教育厅师资处副处长许李军一行4人到新沂暑期“引智”培训工作现场，慰问外籍教师和参训学员，并对新沂“引智”培训工作予以肯定。该培训为期2周，全市112名中小学教师参加培训。来自澳大利亚的4名外籍教师教学形式多样，内容丰富，课堂生动活泼，通过经验分享、互动对话、课堂游戏、参与体悟等方式，侧重英语教法指导和英语口语、发音、听力训练，引领学员拓宽视野，更新教育理念，提升教学技能。

【成立镇（校）研训中心暨学区联盟】 4月20日，新沂市镇（校）研训中心暨学区联盟成立大会在市教师发展中心举行。会上确立镇（校）研训中心章程，明确镇（校）研训中心职能和镇（校）兼职研训员工作职责，并为全市25家镇（校）研训中心和5个小学学区联盟授牌，向全市147名小学语文、数学、英语、科学学科的兼职研训员颁发聘书。镇（校）级研训中心是隶属于镇（街道）中心小学、直属学校的职能部门，在市教师发展中心业务部门具体指导下开展工作。

【新沂市乡土美术教学成果向全省推广】 4月24—28日，在徐州举行的江苏省第九届民间美术进课堂教研活动中，新沂市合沟中学、合沟小学的“王桂英剪纸教学”特色项目作为优秀案例面向全省推广。该活动以展示乡土美术进课堂教学成果为主要内容。全省300余名中小学美术教师参加活动。活动展出合沟中学、合沟小学剪纸班学生的优秀作品60幅。

（撰稿：刘圣军　审稿：徐洪熙）

【举办首届体育节活动】 10月26日，新沂市教育系统首届体育节暨2017年中小学秋季田径运动会在市人民体育场开幕。现场100余幅展板展示全市各校阳光体育运动的成果。现场活动主要包括市中小学生田径运动会，中小学生篮球比赛、毽球比赛、“市长杯”足球比赛、阳光体育竞赛、“冬季三项”比赛。各中小学教练员、运动员及参加艺体节目展示的师生近5000人参加活动。

（撰稿：唐新革　审稿：黄绍栋）

【新沂中专启动徐州工业职业技术学院新沂学院建设】 11月16日，新沂市人民政府与徐州工业职业技术学院签订全面合作协议，正式启动徐州工业职业技术学院新沂学院建设工作。该学院由新沂市人民政府负责完善基础设施建设，徐州工业职业技术学院负责投入设备、资金、技术、人力资源，通过“共建、共商、共管、共享”理事会运行机制，实行现代化管理，构建“招生—实习—就业”服务体系。

（撰稿：韦　永　审稿：柳　松）

【第一中学名优教师队伍培养成果显著】 2017年，第一中学在名优教师队伍建设方面取得新突破。1名教师通过正高级教师职称评审，1名教师被评为徐州市领军名师，4名教师被评为徐州市带头优师，3名教师被评为徐州市青年良师。至年底，新沂市第一中学拥有正高级教师1人、省特级教师2人、徐州市名校长1人、江苏省名师1人，另有多人被评为新沂市卓越教育工作者、新沂名教师。

【第一中学学生竞赛成果显著】 2017年，第一中学学生在各级各类竞赛中获奖丰硕。学科奥林匹克竞赛获数学省级一等奖8人、物理省级一等奖4人、化学省级一等奖2人、生物省级一等奖12人；在全国青少年航空航天模型教育竞赛中获省一等奖8人；在世界机器人竞赛中获国际一等奖6人、国家一等奖4人；在《语文报》组织的全国作文大赛中获国家一等奖13人、省一等奖108人。2名学生在2017年北京大学暑期夏令营活动中分别被评为哲学和考古优秀营员。

（撰稿：徐　峰　审稿：郭振京）

【第三中学成功申报省级课程基地】 年内，第三中学1月份上报“智联空间”省级课程基地申报材料，5月通过省级立项。秋季开学后，该校举行“智联空间”选修课程启动仪式，充分利用校内外资源，开发、开设28门“智联空间”选修课程，涉及学科竞赛、传统体育、智力竞赛、研究性学习等多个领域，形成多样化的学习方式及实践创新的有效路径。

（撰稿：韩春雷　审稿：何振华）

【高级中学语文课程基地获评省优】 1月6日，江苏省普通高中课程基地项目组调研新沂高级中学“三美”语文课程基地建设及运行情况，该基地通过验收并获优秀等第。调研组肯定该校“三美”语文课程基地建设成果，认为该校课程建设内涵丰富，活动开展有效，形成了学校办学的特色文化。

（撰稿：叶大伟　审稿：丁全华）

【王楼中学举行“双促”教学活动】 年内，王楼中学开展“双促”教学活动，即以赛促教、以评促教。以赛促教——“学讲模式、高效课堂”赛课活动从9月25日开始到10月27日结束，骨干教师率先示范，45岁以下教师全员参与。以评促教活动中，学校按照徐州市教育局“三师”评选精神，结合自身实际，开展“模范教师、青年骨干教师”双师评选，评选出12名模范教师，39名青年骨干教师。

（撰稿：王传雷　审稿：王明刚）

【高流中学举行“做有温度的教育”座谈会】 11月22日，高流中学举行“做有温度的教育”座谈会。参加座谈会的有各年级、各部门分管教干，及推选出的优秀教师代表。与会人员提出多条有针对性的、有价值的意见和建议，让“有温度”变成一项项可知可感的行动准则，成为学校教职工着力体现的一种精神。

（撰稿：胡　芳　审稿：张志诚）

【棋盘中学举办纪念九一八活动】 9月18日，棋盘中学举行以“铭记九一八　勿忘国耻　圆梦中华”为主题的纪念活动。上午9:58分，纪念活动在防空警报声中开始，先后进行升国旗仪式，全体默哀，诗歌朗诵《永不磨灭的历史印记》，集体宣誓，在纪念横幅上签名。全体师生受到爱国主义的洗礼，激发了爱国热情。

（撰稿：胡丰产　审稿：宋军阳）

【瓦窑中学建设省级课程基地】 年内，瓦窑中学“物理与生活”课程基地建设工作有序进行。汽车探究实验室、物理科技馆、数字实验室等10个主要场馆建成。高一年级开设“交通安全”“生活·科技”“趣味物理”课程，高二年级开设“家用电器工作原理”“生活中的物理现象解密”课程，高三年级开设“汽车与物理”课程。同时，学校还开设面向兴趣小组及社团的“简易机器人”“走进3D世界”“家电维修”“汽车探究”等课程。

（撰稿：陈明勇　审稿：滕　清）

【钟吾中学开展阅读写作活动】　2017年，钟吾中学开展阅读写作活动，学生参加两项省级作文大赛均获大奖。学校以“青梧文学社”和语文组为单位，通过设立图书漂流箱、各班级自荐书目建立图书角，开展文学社活动、现场作文大赛、经典诵读活动，丰富学生阅读生活。在江苏省“七彩语文杯”第十六届“中学生与社会”作文大赛中，1人获一等奖，2人获二等奖。在“初中生世界杯”江苏省第十七届中学生作文大赛（初中组）中，1人获特等奖，2人获一等奖，学校获优秀团体奖。

（撰稿：徐　静　审稿：陈晓慧）

【实验学校获评全国青少年足球特色学校】　6月29日，教育部公布2017年全国青少年校园足球特色学校名单，实验学校名列其中。学校积极开展足球教学、训练和竞赛等活动，丰富学生校园生活，带动学校文体活动开展。学校在每年10月举办体育艺术节，定期开展各种足球特色活动。同时，学校足球队积极备战市县级各种足球联赛，多次取得佳绩。

（撰稿：侯新利　审稿：周树飞）

【第四中学确立育人目标，营造励志氛围】　学期初，新沂四中将“男生担当挺拔，女生独立优雅”作为育人目标之一，鼓励学生“做最好的自己”，营造书香励志氛围。学校将名著简介张贴在文化墙上，各班级门前设立图书角，每个学生都“晒晒我的图书”。组织学生利用课余时间朗读名著，增大阅读量，拓宽视野，提高语言表达和写作能力。学校还在楼道张贴中国名牌大学的概况及特色介绍。

（撰稿：周瑞奇　审稿：徐言军）

【第五中学举行教师国学经典诵读比赛】　5月27日，第五中学组织全体教职工举行“寄情端午·诵读华章”国学经典诵读比赛。老师们选取多种体裁诵读作品，配以悦耳动听的背景音乐，把一篇篇经典美文演绎得情感酣畅，意境深远。活动历时2个多小时，20余名教师登台诵读。

（撰稿：陆　琳　审稿：葛明永）

【江苏师大高端培训在第六中学开展】　12月8日，第六中学委托江苏师范大学菜单式高端定制培训协议签约成功。为提升学校教师队伍的整体素质和专业素养，第六中学引进江苏师范大学学术资源，打造学校精英教师团队，变革课堂教学。经过与江苏师范大学教师教育学院多次协商，达成合作协议。

（撰稿：张　萍　审稿：仲维生）

【行知学校建成招生】　秋季，新沂市行知学校正式建成投入使用并招生开学。该校为九年一贯制公办学校，是新沂市委市政府2016年重点工程之一，2016年8月26日动工建设，占地面积8公顷，总建筑面积53837平方米，总投资超2亿元。首次招生一年级11个班，586人；七年级10个班，572人。

（撰稿：晏　慧　审稿：朱一龙）

【草桥中学开展“师生共品经典”读书活动】　2月12日，草桥中学公布并实施“师生共品经典”读书活动方案。年内，学校围绕活动主题，开展师生共读沙龙、校园读书节、书香班级和书香办公室评选、“阅读阅美，悦展越优”师生读书笔记展评等活动。该活动丰富了师生课余生活，浓厚了学校读书学习氛围。

（撰稿：张满居　审稿：张　军）

【堰头中学开展“喜迎十九大”诗歌朗诵活动】　10月17日，堰头中学德育处和团支部联合组织全体师生开展“青春喜迎十九大”暨新教育诗歌朗诵活动。活动以弘扬爱国主义精神为主旋律，对师生进行爱国爱党教育。学校依据新教育实验要求，制订“书香校园”特色活动实施方案，以“每月一事”为抓手，落实活动方案，切实提高学生的阅读朗诵水平。

（撰稿：谢如兰　审稿：任　伟）

【棋盘初中承办“学讲”课堂研讨活动】　12月22日，新沂市南片片区数学“学讲方式”研讨活动在棋盘初中举行。棋盘初中七、八年级的6名教师开设“学讲”示范课，片区11所学校的近40名数学教师参加观摩研讨，市教师发展中心研训员对6名老师的课堂进行点评，对初中数学课堂教学工作提出指导性意见。与会教师进行“学讲”经验交流。

（撰稿：王明娟　审稿：周士航）

【唐店中学推进"每月一事"系列化德育活动】2017年,唐店中学积极推进"每月一事",七、八、九年级分别以"守规""责任"和"成才"为主题开展系列化德育活动。剪报集、感悟心语集的制作评比,"小故事大道理"阅读活动,"校园之星""美德少年"评选活动,以及课本剧表演、文明教育演讲比赛等系列活动,让学生在阅读和活动过程中受到思想情感的熏陶。

(撰稿:马利虎　审稿:陈学军)

【窑湾中学开设"柳琴戏表演艺术"课程】秋季开学起,窑湾中学每周开设2节柳琴戏表演艺术课,落实江苏省立项课程项目"窑湾古镇文化课程"。学校修建柳琴戏表演大厅,聘请新沂市柳琴剧团表演艺术家叶志军、胡玉霞到校传授戏曲知识和表演技巧。经过近一个学期的教学实践,学校形成比较完备的艺术课程体系,撰写出相应的校本课程。

(撰稿:张维坤　审稿:于全友)

【黑埠中学成立"通吾泰来"教育奖励基金会】12月19日,黑埠中学举行"通吾泰来教育奖励基金会"成立暨教师表彰大会。基金会由黑埠中学毕业校友、无锡泰来包装工程有限公司董事长王天佑发起成立,每年向基金会捐赠2万元用于奖励优秀教师,以激励广大教师向英雄王通吾学习。

(撰稿:王夫阳　审稿:何立柱)

【港头中学聘请家长进校当"主考"】4月19—21日,港头中学在六、七、八年级期中考试期间聘请家长进校当"主考"。学校每个考场聘请1—2位特殊的"主考官"——学生家长。"家长考官"与教师一道分发试卷、维持考场秩序、监督考场卫生、共同收取试卷。为期3天的考试,先后有92位学生家长与教师共同监考。该举措是学校"三结合"教育工作的创新尝试,拓展了家校沟通渠道。

(撰稿:王国柱　审稿:胡小宁)

【马陵山中学食宿文化成为名片】2017年,马陵山中学70%学生在校就餐住宿,经过精心培育,两个"无声"成了学校独有的食宿文化。两个"无声"分别是进宿舍时心有他人,静悄无声;就餐时自觉排队,有序无声。学校的食宿文化成就学校品牌,兄弟学校纷纷到学校观摩学习,江苏教育电视台、徐州彭城视窗、新沂电视台等多家媒体作专题报道。

(撰稿:周　莹　审稿:邹以标)

【第十中学举办中考前心理辅导讲座】5月27日,第十中学面向九年级学生和部分学生家长举办考前心理辅导讲座。讲座特邀国家二级心理咨询师、第一中学心理实训中心资深辅导老师曹艳如主讲。曹艳如用生动的语言、丰富的案例、活泼的互动让学生和家长学会直面中考的方法和技巧。

(撰稿:陆启虎　审稿:闫　刚)

【李庄校区师生并入本部上课】9月,原李庄小学校区师生全部迁入八一实验学校本部上课。师生迁出后,地方政府投入资金,对李庄小学校区进行重新翻建。该校区的办学硬件设施将得到彻底的改善。

(撰稿:王大号　审稿:陆其浩)

【合沟中学男足获校园足球联赛冠军】10月19—21日,在新沂市文广新体局、新沂市教育局主办的2017年"中腾材料杯"新沂市中小学生足球联赛中,合沟中学男子足球队获初中男子组第一名。合沟中学依托乡村学校少年宫这一平台,大力开展社团活动,吸引很多喜爱足球运动、有运动天赋的学生参与,学生足球运动水平显著提升。

(撰稿:柳召生　审稿:高印行)

【镇政府到阿湖中学慰问中考考生】6月16日,阿湖镇党委副书记胡伟、组织科长吴琼代表镇政府到阿湖中学慰问初三中考考生。两位镇领导对学生作中考动员讲话,并发放慰问金2000元。学校中考成绩逐年提升,得到镇党委和政府的肯定,赢得社会好评。

(撰稿:米云雁　审稿:何大超)

【时集中学举行庆十九大歌咏诵读比赛】10月20日,时集中学德育处、团总支举行"青春喜庆十九大,不忘初心跟党走"歌咏诵读比赛。全校师生饱含对家乡、学校的浓厚情感,表达了对党和祖国的美好祝愿。活动展示出学校师生良好的精神风貌。

(撰稿:陈亚东　审稿:张　磊)

【踢球山中学开展爱国教育诵读活动】 9月30日，踢球山中学德育处结合“每月一事——爱国教育”主题，举办“爱祖国、爱家乡”诵读比赛。参赛的8个班级近400名学生通过诵读，表达对祖国、对家乡的热爱。比赛之前，各班进行普通话练习。

（撰稿：徐 琳 审稿：高捍东）

【小湖中学创建“耕学园”】 5月，小湖中学开辟“耕学园”，培养学生劳动技能，丰富校园生活情趣。“耕学”即耕田与治学并举之意。“耕学园”内建有鸡舍、鹅圈，饲养鸽子、山鸡、孔雀等十余种禽鸟，并修甬道，搭果架，种植花卉和果蔬，既是动植物园，也是师生的游乐园。

（撰稿：张 立 审稿：王九军）

【邵店中学举办文化艺术节】 12月11日，邵店中学“唱响校园、青春飞扬”年度校园文化节活动开幕。校园文化节包含校园歌手大赛暨“梦响校园，青春飞扬”文化节开幕式、书法绘画比赛、元旦会演节目选拔、校园文化艺术节闭幕式暨元旦会演。全校500余名师生参与活动。

（撰稿：王明文 审稿：吕恩伯）

【城岗中学打造“五重课堂”】 2017年，城岗中学融合“学讲”和新教育实验，努力打造“五重课堂”。备课突出“三化”：教学内容板块化、板块内容活动化、活动内容具体化。上课突出“五重”：“指导先学”重基础，“交流展示”重合作，“释疑拓展”重点拨，“检测巩固”重实效，“小结反思”重体系。从推进每月一事、打造书香校园、师生共写随笔、家校合作共育、打造理想课堂五个方面有效开展新教育实验。先后5次与海门、高邮等地兄弟学校开展同课异构交流活动。

（撰稿：王权威 审稿：高行军）

【秦邮中学到芦墩中学研讨中考复习工作】 3月16日，高邮市秦邮中学副校长胥根祥一行4人到芦墩中学开展研讨中考复习工作。秦邮中学两名教师分别执教数学课和物理课，芦墩中学教师观摩交流。次日，两校交流中考复习工作。秦邮中学“预习、探究、反馈”三个板块的教学模式，受到芦墩中学参与研讨教师的好评。

（撰稿：张金永 审稿：陈都亚）

【启明中学坚持班主任“四深入”制度】 2017年，启明中学坚持班主任“四深入”制度，形成学校德育管理的成功经验。班主任“四深入”即班主任每天都要坚持“深入班级、深入宿舍、深入餐厅、深入学生思想”，做到切实走近学生，了解学生，关心学生，在学习、思想等方面与学生零距离接触。学校不断完善“四深入”制度的内涵，细化管理措施，提升德育管理水平。

（撰稿：马 金 审稿：朱 登）

【新安小学新校区正式启用】 秋季开学，新安小学新校区正式启用。新校区位于沂锡高新区北京东路1号，占地4.7公顷，总建筑面积2.13万平方米，设施设备配置先进，育人环境优美。搬迁后，该校区设有67个教学班，在校学生4800人，教职工211人。新校区建成使用后，新安小学一校三区的办学格局初步形成。

【新安小学教师王智慧走进央视】 3月，新安小学教师王智慧受中国教育电视台邀请，在该台“请教请教”栏目录制一期“陪儿子长大”的访谈节目。在访谈中，王智慧谈教子心得，对当今社会普遍存在的家庭教育方面的问题提出建议。王智慧致力于家庭教育学习和研究，多篇论文发表于《中国教育报》等报纸杂志，总结的家校共育模式在全国范围内得到推广。王智慧多次受邀参加全国性巡讲，被中国教育学会家庭教育专业委员会聘为家庭教育讲座专家。

（撰稿：侯苏洲 审稿：孙先锋）

【城关小学通过市科技教育示范校验收】 3月23日，徐州市教育局基教处、科协组成检查组，对城关小学科学教育综合示范校创建工作进行现场验收。检查组对城关小学的科技教育工作给予较高评价，该校被确定为市科技教育示范校。

（撰稿：黄召翠 审稿：金永梅）

【省级机关女干部爱心捐赠仪式在窑湾小学举行】 4月5日，省级机关女干部捐赠仪式在窑湾小学举行。省老干部局直属处处长张军，徐州市妇联主席石启红，徐州市老干部局局长金明，新沂市委常委、组织部部长、统战部部长张民和有关部门负责人出席活动。老干部们向每个受助儿童发放365元救助金，张民作总结讲话。

（撰稿：李先锐　审稿：陆　波）

【“读书进校园”公益培训活动走进春华小学】 4月20日，新沂市图书馆读书协会“读书进校园”公益培训活动走进春华小学，为师生免费讲学、展示书写作品，受到师生们的欢迎。培训活动在两个场地同时举行，阶梯教室举行阅读与写作培训，操场举行书画现场观摩。阅读与写作培训由市读书协会秘书长庄汉东主持，书画现场观摩分别由书画家马继兴、朱双南、冯遵阳、宋新民主持。培训活动后，市图书馆读书协会向该校赠送230本图书。

（撰稿：夏　斌　审稿：刘朝明）

【桥口小学成立家长委员会】 4月7日，桥口小学成立家长委员会并举行第一次会议。会议选举出家长委员会主任与副主任，校长陈国宪为家长委员会的委员们颁发聘书。家长委员会主任表示要组织好全体家长关心支持学校工作，为学校发展和孩子们健康成长做好保障工作。

（撰稿：沙志强　审稿：王　军）

【城东小学建立“墨香园”】 4月20日，城东小学“墨香园”建成，新沂市书法家协会主席程晓荣题写园名。学校积极打造“墨香园”文化，分别通过师生书法讲座、师生书法作品展示、书法家进校辅导及师生书法竞赛评比等多种形式，弘扬中华书法艺术，彰显校园书法特色。学校被命名为徐州市书法特色学校。

（撰稿：何继刚　审稿：王荣江）

【城西小学举办50周年校庆活动】 10月7日，城西小学举办50周年校庆活动。新沂市教育局和新安街道领导、城西小学退休和在职教师以及来自全国各地的校友欢聚城西小学，参加校庆活动。嘉宾们了解学校的发展历程，观看校史室、足球馆、师生书画展等，共同欣赏师生精彩的节目表演。

（撰写：苗廷娟　审稿：李荣宜）

【新店镇北涧幼儿园新建教学楼投入使用】 9月1日，新店镇北涧幼儿园新建教学楼投入使用。新园坐落在新店镇北涧村，占地0.8公顷，总造价382万元。新建教学楼外观大方，活动空间开阔安全，各科室布局合理，配套设施设备齐全。新园共设6个教学班，可容纳200余名幼儿入园。

（撰稿：佟士龙　审稿：卢海兵）

【墨河中心小学获省绘画大赛优秀组织奖】 5月，墨河中心小学组织学生参加由省教育厅、省少工委和省广播电视总台共同主办的首届“友城绘”江苏省青少年国际绘画大赛。经过评选，该校的所有选手全部进入100强，房朝侠、宋慧敏获得“最佳指导老师”称号，学校获优秀组织奖。

（撰稿：晁严呈　审稿：张晓东）

【“书法家进校园”活动在北沟小学举行】 4月28日，“书法家进校园”暨第九届徐州市规范汉字书写大赛现场交流活动在北沟小学举行。新沂市的270名师生分组参加规范汉字硬笔、软笔书写大赛，其中，年龄最小的学生8岁，年龄最大的教师近60岁。江苏师范大学教授、书法家刘淮现场进行指导、点评，开设讲座，并向北沟小学赠送“志当存高远”书法作品。

（撰稿：张苏北　审稿：周　辉）

【市陶研会“新生活教育实验共同体”成立大会在马陵山镇中心小学举办】 9月29日，由徐州市陶行知研究会主办、新沂市马陵山镇中心小学协办的“徐州陶研会常务理事扩大会暨新生活教育实验共同体（联盟）成立大会”在马陵山镇中心小学举行。徐州市陶行知研究会会长张广焕、新沂市教育局主任科员孙守卫出席会议，徐州各县（市、区）近100名专家和陶友参加活动。马陵山镇中心小学校长吕宣杰介绍区域学陶工作经验，与会代表现场观看该校学陶师陶建设成果。

（撰稿：李先军　审稿：吕宣杰）

【港头镇中心小学开展教师“星火”读书会活动】 9月28日，港头镇中心小学首期“星火”读书会正式启动。读书会由港头镇学校的18名教师自发组织，每周四晚7:00—9:00在港头小学开展读书沙龙活动。参加活动的教师以读书为要务，以学科教学研究为起点，努力实现教学相长。

（撰稿：王　欣　审稿：段南京）

【高流镇沟埃小学举办艺术节】 12月28日，高流镇沟埃小学历时近一个月的“冬之韵”艺术节活动闭幕。自12月初活动开始，学校组织开展“冬之韵”艺术节系列活动，“K歌友会”“秀我身手”“健美有我”“我心绘世界”“别样的冬韵”等主题艺术活动展现师生幸福完整的教育生活风貌。

（撰稿：胡道山　审稿：孔令平）

【时集中心幼儿园开展亲子“悦读”活动】 11月16日，时集中心幼儿园师生、家长近千人举行亲子“悦读”主题活动。活动主要包括“书香家庭展示”“亲子童话剧表演”“亲子图书制作”等环节，家长互评互选，并为各组点评打分。在轻松愉悦的阅读氛围中，家校间架起一座“共享阅读之旅”的桥梁。

（撰稿：高　岩　审稿：张学武）

【阿湖镇黑埠中心小学省级课题结题】 12月18日，阿湖镇黑埠中心小学举行省级课题《农村小学师生快乐阅读的途径与方法研究》结题汇报活动。江苏师范大学田崇雪、于为苍教授，徐州市教科所李燕、李宾、郑少华3位专家，新沂市教育局副局长王兆友参加结题活动。专家组通过听阅读课、听取汇报、查阅资料、现场答辩，对该校课题研究成果的真实性、有效性和实用性给予评价。经过综合鉴定，评审组同意该项课题结题。

（撰稿：汤文生　审稿：陈　赛）

【唐店中心小学马馨冉获淮海地区机器人大赛一等奖】 12月，唐店中心小学学生马馨冉获得淮海地区机器人大赛第一名。该校成立学生兴趣社团50个，学生全部参与各种兴趣活动。机器人社团活动最受学生喜爱，多人次在各级各类机器人比赛中获奖。

（撰稿：闫仕祥　审稿：孙敬酋）

【合沟镇前朱小学综合楼建成投入使用】 9月，合沟镇前朱小学新建教学楼顺利竣工并投入使用。综合楼建筑面积1400平方米，总投资240万元，音乐室、美术室、微机室、图书室、阅览室、会议室等功能室齐全。综合楼建成后学校的办学条件得到改善。

（撰稿：扈立坤　审稿：张　亮）

【邵店镇中心小学研发“魅力课程”】 11月11—12日，“全国新教育实验新沂开放活动”在新沂举行，邵店镇中心小学为活动的分会场之一。学校向与会专家、领导展示“魅力校园”和“魅力课程”，戏曲进校园课程地方柳琴戏专场演出赢得嘉宾赞誉。“沂沭水·柳琴社团”以小学语文课文为蓝本改编的《师生情》《公仪休拒鱼》等课本剧多次在市内外演出。

（撰稿：徐刘全　审稿：邹以虎）

【双塘镇袁湖小学教学楼二期工程投入使用】 8月26日，双塘镇袁湖小学教学楼二期工程正式交付使用。新教学楼建筑面积1500平方米，可容纳6个教学班，并配有5间多功能用房，从根本上解决学校用房紧缺问题。新楼投入使用后，中心校配置图书9000余册，新添科学仪器总值近3万元，配置电脑室1间，新增绿化面积近1000平方米，学校面貌焕然一新。

（撰稿：徐太雷　审稿：陈　伟）

【瓦窑镇新世纪小学举办科技节活动】 5月26，瓦窑镇新世纪小学举行以“科学生活，创新圆梦”为主题的科技节，100余名师生参与活动并展示作品。学校积极组织学生加入航模组、电子百拼组、科学实验组等科技社团，配备专任老师担任辅导员，定期开展活动。学校在省、市各级比赛中均获奖项。

（撰稿：李　华　审稿：徐士宝）

【草桥镇周嘴小学喜“柿”多】 深秋时节，草桥镇周嘴小学的校园里，沉甸甸的柿子挂满枝头，校园里多了一道亮丽的风景线。11月14日，该校组织师生开展“校园采”活动，把象征着希望的果实，送给每一位参加采摘的学生，同时祝福学生收获学业上的硕果。

（撰稿：朱　永　审稿：黄金新）

【建立特殊教育联动机制】 2017年，新沂市教育局联合编办、发改委、民政局、财政局、人社局、卫计委、残联等部门，建立新沂市特殊教育联席会议制度。联席会议统筹发展规划、资源整合、工作衔接、条件保障、信息共享，协调整合各有关部门力量，解决新沂市特殊教育发展中的重点难点问题。联席会议专题讨论落实有关“江苏省第二期特殊教育提升工程”的一些具体问题。

（撰稿：陈　韧　审稿：陈国宪）

【新安幼儿园开展红色之旅活动】　6月1日，新安幼儿园的小朋友在老师、家长陪伴下，前往马陵山开展“阳光六一·亲子马陵”暨庆六一红色之旅活动。活动内容主要有登山小达人比赛、参观恐龙园、亲子游戏、藏兵洞探险、听专职讲解员讲述革命故事。为保障安全，该园活动前编写活动方案并落实到位。

（撰稿：徐　敏　审稿：王　坤）

【机关幼儿园签约“科学一起嗨”项目】　年初，机关幼儿园和小牛顿科学馆签订为期一年的科普公益项目——“科学一起嗨”。年内，小牛顿科学馆为孩子们带来科学公益课堂、亲子科学秀等精彩活动60余次，向该园捐赠科普图书和科学实验材料各50余套。幼儿园和上海夏加尔创意美术馆、阳光轮滑等多家社会公益机构结成联盟，丰富课程内容。

（撰稿：王　凯　审稿：任云婷）

【妇联幼儿园新学期搬迁至新园址】　8月下旬，妇联幼儿园搬迁至新安街道城北幼儿园新园址。为配合做好市政府重点工程拆迁工作，妇联幼儿园暂时借用刚建成的城北幼儿园园舍。一个月的暑期时间，城北幼儿园园舍完成附属工程建设、园舍改造和环境创设工作，新学期顺利开学。

（撰稿：许　芳　审稿：张　玲）

2017年新沂市各级各类学校基本情况表

表15

校名	班级数（个）	在校生数（人）	毕业生数（人）	招生数（人）	教职工数		学校领导			
					计（人）	专任教师（人）	校长	副校长	书记	副书记
钟吾中学	55	3188	855	1077	257	224	陈晓慧	刘普洲　阮祥德	陈晓慧	
教师发展中心					70	55	徐洪熙	栗玉宝　许先宝 赵庆雷	徐洪熙	
中专校	18	1673	344	593	190	154	柳　松	陈长兵　张同军 徐艳秋　鲍善冬	柳　松	杨顺成
第一中学	60	2439	962	720	350	265	郭振京	姚　松　李东新 束峰琛	郭振京	姚　松
第二中学	47	2754	718	1053	124	124	陈　龙 史孝栋	陈兆武		
第三中学	48	2456	820	665	311	238	何振华	李学勇　杨家斌 王建东　徐长征	何振华	
第四中学	22	1159	280	471	168	150	徐言军	陈晓东　程春叶 胡合清　周瑞奇		
第五中学	18	953	88	329	139	125	葛明永	段彩安　葛　威	葛明永	
第六中学	28	1656	112	555	153	139	仲维生	张广州　李增报	仲维生	
第八中学	12	580	92	205	87	79	张长新	王　勇	张长新	
第十中学	22	1161	284	466	132	127	闫　刚	戴风暴　尹福建 石启胜	闫　刚	
实验学校	97	7763	1320	1420	358	337	周树飞	姚　蒙　尹　刚 何书龙　时守礼 李红侠		
行知学校	21	1158		1158	60	60	朱一龙	陈晓柱　孟　远		
八一实验学校	28	1615	167	393	105	103	陆其浩	田传银　王　飞 陈遵华	陆其浩	
高级中学	36	1765	612	645	176	168	丁金华	徐　惠　晏良江 马贤坤　沈中良	丁金华	
棋盘中学	17	823	121	240	92	86	刘东升	刘玉刚　朱克勇	刘东升	
王楼中学	30	1485	225	560	157	146	桂　彬	王明刚　袁增军		王明刚
瓦窑中学	40	2234	582	1095	257	230	滕　清	黄绍谦　季景华 王　珂	滕　清	季景华
高流中学	10	668	172	236	105	104	张志诚	徐延华　李明奎	张志诚	徐延华
高流初级中学	32	1840	320	860	137	128	李月武	王建斌　张春鹏 刘以波	李月武	张春鹏
唐店中学	28	1735	254	886	131	99	陈学军	黄　梅　高行平 王延刚　高　岭	陈学军	

续表15-1

校名	班级数（个）	在校生数（人）	毕业生数（人）	招生数（人）	教职工数		学校领导			
					计（人）	专任教师（人）	校长	副校长	书记	副书记
邵店中学	15	893	171	422	88	75	吕恩伯	冷　风　张小春 陈玉莲	吕恩伯	
时集中学	24	1567	156	845	89	80	张　磊	周新军　朱二琳 郝新社	张　磊	
高塘中学	26	1625	160	542	88	87	侍孝敬	吴　晨　尹加金 赵京明	侍孝敬	
合沟中学	31	1750	328	825	111	107	高印行	于文飞　孙光明	高印行	
小湖中学	8	400	94	201	45	42	王九军	张　立　吴学智 宋卫江	王九军	
踢球山中学	8	365	65	191	49	43	高捍东	马广学	高捍东	
阿湖中学	14	779	104	351	59	55	何大超	胡连军	何大超	胡连军
黑埠中学	13	661	86	278	63	52	何立柱	沈昕泽　薛　松	何立柱	
草桥中学	22	1187	141	440	104	90	张　军	巩绪坤　张　城 李锋云	张　军	
窑湾中学	11	641	119	315	68	64	于金友	张洪亮	于金友	
堰头中学	10	484	126	248	61	59	任　伟	王元永　张　健	任　伟	
芦墩中学	3	49	15	29	25	25	陈都亚	赵　跃	陈都亚	
新店中学	14	666	131	320	78	52	葛冬子	佟士平	葛冬子	佟士平
城岗中学	10	523	81	274	35	35	高行军	夏仲军	高行军	
马陵山中学	33	2040	310	980	168	166	邹以标	王其峰　季宗飞 马　涛　徐铁柱	邹以标	
港头中学	26	1586	198	720	121	106	胡小宁	王远树　戴加庆	胡小宁	
棋盘初级中学	22	1296	206	690	72	58	周士航	葛　坤　胡长芝	周士航	
启明中学	23	919	329	237	68	60	邹其坤	朱　登	邹其坤	朱　登
新安小学	67	4899	622	643	211	209	孙先锋	王长远　林小场 陈慧敏	孙先锋	叶守迎
新华小学	60	4952	585	802	148	147	孙国庆	王其华　张培华 陆敬平　郭广辉	孙守玉	
春华小学	75	4815	790	791	155	143	刘朝明	陆敬军	房树旭	池春华
特教中心	16	198	11	28	68	48	陈国宪	高志强	臧其科	
新安中心小学	94	4589	353	942	182	176	李　江	李荣宜	李　江	

续表15-2

校名	班级数（个）	在校生数（人）	毕业生数（人）	招生数（人）	教职工数		学校领导			
					计（人）	专任教师（人）	校长	副校长	书记	副书记
棋盘镇中心小学	170	7839	1143	989	272	264	孙圣先	孙敬龙	孙圣先	
港头镇中心小学	83	5003	768	737	162	156	段南京		段南京	
合沟镇中心小学	106	5875	866	800	240	232	张　亮	陈汉坡	张　亮	
瓦窑镇中心小学	78	4670	650	751	154	154	徐士宝	房建国	徐士宝	
窑湾镇中心小学	130	6025	1140	726	211	207	陆　波	臧青峰	陆　波	
唐店中心小学	85	4784	637	688	163	162	孙敬酉	田高峰	孙敬酉	
邵店镇中心小学	72	2427	368	568	119	118	叶书权	邹以虎	叶书权	
时集镇中心小学	156	7265	1198	951	252	252	张学武	鲍九斤	高维迎	
北沟中心小学	48	2698	511	445	171	170	周　辉	蔡伟争	周　辉	
墨河中心小学	82	4735	446	410	148	145	张晓东	程九民	张晓东	
高流镇中心小学	115	6060	1108	879	213	210	孔令平	张兴山	孔令平	梁　勇
双塘镇中心小学	82	4738	661	658	178	178	陈　伟	卢春泰	陈　伟	
马陵山镇中心小学	90	5347	390	1438	210	202	吕宣杰	屈树宝	吕宣杰	
阿湖镇黑埠中心小学	148	7208	736	957	239	239	陈　赛	汤文生	陈　赛	王夫平
新店镇小湖中心小学	89	4806	750	797	176	174	卢海兵	金　标	卢海兵	
草桥镇周嘴中心小学	140	6382	438	877	231	231	黄金新	姬以民	黄金新	朱　永
城关小学	45	3750	320	688	96	95	金永梅	张克用　夏新成 耿明星	金永梅	
桥口小学	61	4382	432	766	178	169	王　军	孟建国		
城东小学	23	1350	182	190	57	56	王荣江	王　鑫　何继刚 杨　蔚	王荣江	
机关幼儿园	26	1090	298	302	47	42	任云婷	张　为　王　凯 吴晓琴　叶惠东	任云婷	
妇联幼儿园	6	223	174	104	30	14	张　玲	许　芳		
新安幼儿园	20	870	367	210	83	61	王　坤	张　婧　张　宜	徐春喜	

（周奎英）

铜山区

局长、党委副书记 吴　亮
党委书记 孙　震
副局长、党委委员 徐善之
党委副书记 徐文婷（女）
副局长、党委委员 何　勇　卜宪锋
蔡冬梅（女）　孙景启
孙晓红（女）
工会主席、党委委员 鲍成彩
副局长党委委员 刘　明

【概况】 2017年，铜山区有中小学175所（含民办学校，不含幼儿园），其中，小学131所，初级中学34所，高中7所，中等专业学校2所，教师进修学校1所，特殊教育学校1所。全区中小学在校学生182919人（含民办学校，不含幼儿园），其中，高中12525人，初中36864人，小学126465人，中等专业学校6953人，特教学校112人。在各类学校中，民办学校7所。注册幼儿园102所，在园幼儿54778人。义务教育阶段入学率100%，初中巩固率99.7%，高中阶段入学率98.3%，学前三年幼儿入园率98%。全区有教职工14048人，其中专任教师11709人。教师学历合格率高中100%，初中100%，小学100%，幼儿园82%。全区有省特级教师15人，省、市名师名校长112人。

2017年，全区有省三星级以上普通高中6所，省示范初中22所，省实验小学11所，省、市优质幼儿园110所，省市模范学校22所，省、国家重点职业技术学校2所。年内，获女童保护优秀地方团队（中国少年儿童文化艺术基金会）、江苏省资助工作先进单位、徐州市全民阅读促进工作先进集体称号。全年投入教育经费25.75亿元。

【举办第十三届教师读书峰会】 4月25日，由铜山区教育局主办的区第十三届教师读书峰会在区政府会议中心举行，峰会主题为“阅读，丰富而安静”。会议表彰铜山区2015—2016年度书香集体和书香教师，铜山区人民政府副区长许海莉、徐州市教育局副局长李运生到会为获奖代表颁奖。徐州市、铜山区全民阅读活动领导小组负责人到会祝贺，区教育局局长吴亮作“阅读，丰富而安静”主旨报告。会议邀请省特级教师、省人民教育家培养对象、海门市新教育小学校长祝禧作题为《读书，一种美的生活方式》讲座。参与读书峰会活动的教师2000余人次。《中国教育报》《江苏教育报》、中国江苏网对峰会进行专题报道。

【教师教科研成果丰硕】 2017年，铜山区教师课题研究和科研论文成果丰硕。25项科研课题立项为省教育科学“十三五”规划2016年度课题，74项课题立项为市“十三五”规划2016年度课题和“徐州—

南通教育比较研究”专项课题，346项课题立项为2017年度市、区级教师个人课题，启动和实施45项铜山区2017年教育重大问题研究项目。规划课题和个人课题立项总数、结题总数、结题率及优秀率均位居全市第一。铜山区教师参加省市科研论文评选，获全国中小学教师暑期阅读征文评选、省中小学幼儿园教育管理论文评选、省“师陶杯”教育科研论文评选优秀组织奖。

（撰稿：胡近勇　审稿：吴　亮）

【召开教育督导工作表彰会】 3月16日，铜山区召开2016年教育督导工作表彰会。会上，表彰2016年度学校教育督导工作先进单位和优秀信息联络员。会议指出：要提高认识，实现铜山教育督导新跨越；要敢于担当，增强责任督学工作责任感；要立实创新，推动铜山教育督导再出发。

【区政府教育督导委员会成立】 3月27日，铜山区政府教育督导委员会成立。新成立的区政府教育督导委员会由区监察局、组织部、发改委、财政局、人社局、教育局等11个部门人员组成，副区长许海莉任区政府教育督导委员会主任，梁国玉、吴亮任区政府教育督导委员会副主任。区政府教育督导委员会办公室设在教育局，承担督导委员会日常工作，负责研究制订全区教育督导的政策意见，审议教育督导工作的有关规划和重大事项，指导开展全区教育督导工作，聘任片区督学和责任督学，发布全区教育督导报告。葛世永兼任办公室主任。

【召开中小学科学发展考核表彰会】 8月22日，铜山区2017年中小学科学发展考核表彰会在区会议中心大礼堂举行。鲍成彩宣读《关于表彰2015—2016年度铜山区中小学科学发展综合考核先进单位的决定》，为获奖单位颁发奖牌。棠张镇小学、房村镇中心中学、郑集高级中学城区校、城北中学分别发言。区教育局局长吴亮作教育工作报告，区政府副区长许海莉讲话。

（撰稿：吴　畏　审稿：吴　亮）

【“一师一优课”活动获佳绩】 在2016—2017年度的“一师一优课，一课一名师”活动中，铜山区中小学教师成绩优异。获市级优课318节，省级优课31节，部级优课22节。省部级获奖人数占全市的28%以上。

（撰稿：王绍勇　审稿：吴　亮）

【开展“领导干部大讲堂”活动】 8—12月，铜山区教育系统开展“领导干部大讲堂”活动。“领导干部大讲堂”每两周举行一次，开讲时间为周五下午，每次安排局班子成员、科室负责人各一人主讲。局班子成员围绕分管工作，分析最新形势，找准工作短板和薄弱环节，谈如何在推动发展、突破瓶颈、化解难题、服务群众方面取得更加显著的成效。科室负责人则针对教育工作中的重点、难点和热点问题，谈认识、谈体会、谈作风、谈作为。

【开展年轻干部成长青蓝工程培训】 11月，经基层学校及教育局各科室推荐，区教育局对139名年轻优秀教师、校干按照四个层次，分四个班级开展年轻干部成长青蓝工程培训。通过专家引领、年轻干部成长主题论坛、赴南通跟岗学习、教育微讲坛等项目的实施，选拔培养教育理念新、改革意识强、有敬业精神和专业素养的中青年优秀校长后备人才，逐步健全青年干部选拔、任用、考核、交流、监督等管理机制，为铜山区教育科学发展提供强有力的人才保障。

（撰稿：张剑秋　审稿：吴　亮）

【校安工程建设保质保量】 2017年，铜山区保质保量完成校舍安全工程建设项目。全年确定校安工程63项，其中，中小学幼儿园教学楼及宿舍楼建设项目36个，建筑面积8.06万平方米，投资1.34亿元；食堂提档升级工程20个，建筑面积2.05万平方米，投资2998万元；薄弱学校改造工程3个，建筑面积0.67万平方米，投资1457万元；恢复教学点项目2个，建筑面积0.38万平方米，投资625万元；新建娇山湖小学、大学路实验学校项目2个，建筑面积4万平方米，投资1.5亿元。合计建筑面积15.16万平方米，总投资3.34亿元。

（撰稿：薛宇仁　审稿：吴　亮）

【科普教育基地通过省市验收】 2017年，铜山区青少年活动中心通过省市科普教育基地的验收。科普教育基地以其鲜明的形象、功能强大的科普宣传教育手段以及互动式参与方式，调动青少年参与科普、走近科学的兴趣和热情，创新科普工作手段和形式。

（撰稿：张春恩　审稿：吴　亮）

【举办第十一届科技文化艺术节】 2017年，铜山区青少年活动中心以“体验、快乐、成长”为主题，举办中小学第十一届科技文化艺术节。艺术节活动项目分为：未成年人经典诵读活动、中小学诗词大会、中央人民广播电台第五届“夏青杯”朗诵大赛、青少年弘扬社会主义核心价值观情景剧大赛、“童声里的中国·成长的歌谣”创作大赛和校园歌曲征集传唱活动、科技创新大赛暨科技大篷车进校园活动、艺术作品类展示（包括绘画和书法）。12月，全区设立铜山实小、茅村实小、房村郭集小学、大彭实小和清华中学5个片区，举行艺术展演类（声乐、器乐、舞蹈、经典诵读、校园剧）节目海选，其中40多个优秀节目参加铜山区第二届“童心向阳，春暖花开”少儿春晚。

【未成年人成长指导中心活动丰富】 2017年，铜山区未成年成长人指导中心注重宣传提升社会影响力，强化微信、网站、QQ等新媒体平台建设，注重报纸、展板、彩页等传统宣传手段，适时开设各专业课程，开展各类公益活动。家长和学生通过QQ、微信、电话及时和指导中心老师联系，进行心理咨询，有效解决学生的心理问题和家长的困惑。未成年人成长指导中心心理咨询师志愿者走进学校和社区，开设一系列的心理健康宣讲知识讲座和团辅活动，宣讲知识内容涉及青春期困惑、人际交往、考前心理辅导、教师心理健康等方面。同时中心还开设多场家庭教育、亲子教育、心理健康教育的公益讲座。

【少先队辅导员专业水平不断提升】 年内，铜山区少先队工作获多项奖励。11月，铜山区代表队王慧、祝清刚等6名辅导员，在徐州市少先队辅导员风采大赛中夺得团体第一名、获特等奖。铜山实小王慧、祝清刚、大许实小王雪、苏增代表徐州市参加江苏省辅导员风采大赛，获江苏省少先队辅导员风采展示活动综合团体金奖，户外红领巾研学活动辅导展示项目团体特等奖，辅导员专业技能集体展示项目一等奖，4名教师在少先队基础专业知识笔试项目中获一等奖。

（撰稿：李　强　审稿：吴　亮）

【资助工作获佳绩】 2017年，铜山区学生资助工作得到健康、持续发展。全年共发放政府资助资金5187.76万元，资助家庭经济困难学生63979人次。办理生源地信用助学贷款2514人，贷款总额1882.07万元。在江苏省教育厅2016年度学生资助工作绩效评价活动中，铜山区获得省优秀等级。

（撰稿：钱　强　审稿：吴　亮）

【新建大学路实验学校】 9月，铜山区大学路实验学校建成开学。该校由铜山区人民政府与佳展（徐州）房地产开发有限公司及南京师范大学合作共建，由铜山区教育局和南师大共同管理，聘请原海陵中学校长田玉龙担任校长。该校属九年一贯制学校，有14个班级，其中，小学一年级6个班，二年级2个班，三年级2个班，四年级1个班，初中一年级3个班，学生共计640人。专任教师48人，多数从全区各中小学择优选拔，部分面向社会公开招聘。

【文明城市创建获突出贡献奖】 2017年，在开展创建全国文明城市活动中，区教育局获突出贡献奖。对照《铜山区创建全国文明城市目标任务分解表》，各校明确目标任务，开展校园卫生环境整治活动、文明礼仪系列活动，不断完善学校、社会、家庭三位一体教育网络，扩大文明素养建设的影响范围，产生“教师以文明引导学生，学生以文明影响家庭，家庭以文明影响社会”的良性互动效应，区教育局被铜山区委区政府授予突出贡献奖。

【31所学校通过省教育现代化验收】 11月13—14日，省义务教育学校现代化验收评估专家组到铜山区进行教育现代化学校验收。专家组分4个工作组，深入校园，分别从学校办学理念与办学行为、硬件设施与条件保障、学校人才与队伍建设、素质教育与学生发展、学校管理与办学特色等指标进行全面评估。专家一致认为，铜山区在学校管理、内涵发展、文化建设等方面亮点突出，办学水平朝着高层次方向发展，有31所义务教育学校达到江苏省义务教育学校现代化建设标准，顺利通过评估验收。

（撰稿：张春恩　审稿：吴　亮）

【区领导教师节慰问郑集中学教师】 9月8日，区委书记王维峰、区长刘广民等到郑集中学走访慰问一线教师。王维峰详细了解教师们工作、生活情况，接纳教师代表提出的意见，并为学校的发展提出宝贵的意见和建议。学校校长室成员及相关领导陪同。

【郑集中学接受市四星级普通高中教学视导】 11月30日，郑集中学接受市教育局组织的四星级普通高中教学视导。视导组一行19人，随机听课30节，巡课65节，实地考察学校的教育教学场所和设施，查阅学校管理、队伍建设、内涵发展等方面档案资料，召开部分教师访谈会，进行学生问卷调查，分组与学科教师交流。视导组成员对学校的教育教学工作给予充分肯定。

（撰稿：鹿　飞　审稿：孙　震）

【夹河中学打造校园文化新亮点】 10月27日，夹河中学第三届"夹中好声音"演唱决赛顺利落幕，成为该校校园文化建设新亮点。"夹中好声音"由学校教务处、政教处、团委、宣传处联合举办，学生自主报名参赛，分预赛、决赛、展演三个阶段进行，决赛评选出的十强选手在学校年终大型文艺会演中展演并接受颁奖。

【夹河中学获全国足球特色学校称号】 9月初，夹河中学获2017年全国青少年校园足球特色学校称号。作为学校艺体特色项目之一，夹中足球队建设一直得到学校重视，水平日益提高，校足球队教练贾頠被评为徐州市校园联赛十佳教练员，队员孙恒被评为十佳足球运动员。

（撰稿：郭云宾　审稿：王广帅）

【茅村中学获区教育系统先进集体称号】 8月，茅村中学获徐州市铜山区教育系统先进集体称号。茅村中学认真落实"一岗双责"，打牢校园安全基石。通过"花样激情跑操""感恩励志教育"等活动狠抓学生文明素养。以建设"魅力课堂"为载体，借助学南通等平台，狠抓师德师风建设，措施得力，成效显著。

（撰稿：李为状　审稿：王廷权）

【市人大领导到郑集中学城区校指导工作】 12月10日，市人大常委会副主任、党组副书记赵保华带领部分市人大代表在区教育局副局长徐善之、孙景启的陪同下，到郑集中学指导工作。调研组一行重点对郑集中学城区校区教学情况进行认真检查，听取校长孙震关于学校教育教学情况的汇报，详细了解学校未来的发展方向及目标，充分肯定学校所取得的突出成绩，对未来发展提出指导性意见。

（撰稿：徐晶莹　审稿：王永强）

【大许中学网络赛课成绩显著】 12月，大许中学在教育部组织的"一师一优课，一课一名师"教师网络赛课活动中成绩显著。薛猛、庄自伟、孙慧、徐文娜获评部级优课，薛猛、李德成、徐文娜、孙慧、薛守峰、王成金、刘丰超、朱吉喆、李培喜、张光良、姚桂迪获评市级优课。

（撰稿：窦　建　审稿：李玉新）

【铜山中专刘凯获评国家中职教育资助育人成才典型】 2月22日，由教育部全国学生资助管理中心评选的中等职业教育资助育人百名成才典型人物在北京揭晓，铜山中专学生刘凯入选。2月23日《人民日报》第14版介绍其典型事迹。2月24日，教育部专门给学校发贺信，祝贺刘凯入选。

【铜山中专张佩芹获省级大赛一等奖】 5月23—26日，铜山中专教师张佩芹获江苏省2017年职业学校课堂教学大赛旅游服务类项目比赛一等奖。比赛在苏州举行，全省236名中专校教师参加大赛。铜山中专张佩芹现场授课《一片树叶的故事》。

（撰稿：高　露　审稿：滕道明）

【张集中专贺雅文全国技能大赛获金牌】 5月28日，张集中专学生贺雅文在教育部、农业部等部门联合主办的2017年全国职业院校职业技能大赛农林牧渔类蔬菜嫁接赛项中获金牌。大赛在长春农业学校举行。贺雅文与全国31个省、自治区、直辖市和新疆生产建设兵团职业院校的100多名选手同台竞技，获得蔬菜嫁接项目金牌，教师曹百合获优秀指导教师称号。

（撰稿：马全德　审稿：宗　杰）

【省化学创新实验活动在清华中学举行】 4月26—28日,江苏省第六届中学化学创新实验调演暨实验观摩活动在铜山区清华中学举行。全省13个大市的中学化学教师、教科研人员、中学化学实验研究人员参加活动。教师们积极交流、相互探讨,涌现一大批理念先进、设计精巧、操作简便、安全环保的改进实验和创新实验。

【清华中学教师在市优质课中获奖】 2017年,在徐州市优质课评比中,铜山区清华中学10名教师获奖。其中,沈虹、薛东、贺维学、薛露、徐国、李赛、周玉金7人获市一等奖,王晓强、杜聪、朱金标3人获市二等奖,获奖层次与获奖人数在全市领先。

(撰稿:王雪玲　审稿:宋成伟)

【澳大利亚孔子学院代表团访问汉王中学】 4月12日,澳大利亚孔子学院代表团到汉王中学进行学术交流访问。校长刘峰介绍学校发展历史、办学特色,双方交流教育教学经验。代表团成员听该校朱忠静老师英语课,对该校学生流利的英语口语,得体的行为仪表给予高度赞赏。双方表示,将在教师培训、学生交流、学术研讨、信息化建设等方面开展进一步合作。

【马培童艺术馆在汉王中学开馆】 9月24日,沛县籍著名画家,中国画院马培童焦墨艺术馆在徐州汉王中学开馆。书画界代表及沛县发展论坛部分网友到会祝贺。汉王中学马培童艺术馆建筑面积200余平方米,收藏展出国家级非遗六尺整张作品49幅,其他捐赠作品200多幅。艺术馆坐落学校院内,有力促进传统文化进校园、书法进课堂活动。

(撰稿:何光伟　审稿:刘　峰)

【市化学复习研讨会在大彭镇中心中学召开】 4月25日,徐州市初中化学教学观摩课暨2017中考化学复习研讨会在大彭中学召开。徐州市市区及县区各中学200多名化学教师参加研讨。研讨活动与复习教学深度融合,有课堂观摩,专题经验分享,问题预设充分,过程依托现代信息媒体技术,研讨务实高效。

(撰稿:王光灿　刘永刚　审稿:高　翔)

【黄集中学举行向国旗敬礼活动】 9月28日,黄集镇中心中学组织全体师生开展“向国旗敬礼”系列活动。下午一点钟,学校1000余名师生在操场集合举行升旗仪式,随着国旗的冉冉升起,大家怀着崇敬的心情向国旗敬礼。下午两点,政教处组织全体师生到孙凤鸣烈士墓前敬献花圈。10月1日,学校团委组织学生会全体成员到淮海战役烈士纪念塔敬献花圈,重温入团誓词。

(撰稿:孟祥虎　审稿:李炳焘)

【太山中学综合楼破土动工】 12月24日,太山中学综合楼建设项目破土动工。太山中学综合楼是国家扶持建设项目,经铜山区教育局招标兴建。项目总投资520万元,四层楼层,总建筑面积2400平方米,计划2018年5月建成。项目建设为多功能教室、理化生实验室、图书室、阅览室、艺术教室等,建成后将缓解太山中学各功能室数量、使用面积不足以及各功能室分散不便管理现状,促进太山中学更快更好实现教育现代化。

【太山中学校友爱心捐书】 4月14日,曾在铜山区太山中学毕业的徐州市教育局教研室李文利、徐州撷秀中学魏兵役及社会爱心人士徐州房亭酒业有限公司郑尊富到太山中学,捐赠图书405册。捐赠的图书是根据太山中学学生的读书愿望列出的书单,在徐州凤凰书城和博库书城选购。太山中学为捐赠图书在教学楼建立专门图书架,方便学生们随手借阅。

(撰稿:张文超　审稿:孟昭亚)

【拾幼世界华人幼儿美术大赛获奖】 10月,拾屯中心幼儿园参加由中国教育基金会学前教育研究所和全国幼儿美术教育联盟共同组织的“童画之星”暨世界华人幼儿创意美术大赛获奖。由该园选送的111幅作品均获得优异的成绩,其中,李明博等4名小朋友获书画类特金奖,44幅作品获得金奖,42幅作品获银奖,21幅作品获铜奖。4名教师获优秀奖。该园获得世界华人创意美术教育优秀成果二等奖。

(撰稿:张丽娜　审稿:李　刚)

【杨屯中学深入“学南通推‘学讲’”】 2017年,杨屯中学学习南通“精、细、实”教学管理,深入推进“学讲五步”课堂教学模式。学校优化学习小组建设，完善学生学习评价激励机制，坚持落实“学讲”，打造生本课堂，教育教学成绩突出。学校中考成绩位居徐州大市前15名，规模较小学校第一名，获铜山区中考优胜奖一等奖。学校先后被评为徐州市教育系统先进集体、铜山区教学常规管理先进单位、铜山区教育科研工作综合考核一等奖。

（撰稿：闫　苏　审稿：李伦勇）

【棠张中心中学承办铜山—绍兴同课异构活动】 11月2日，由铜山区教育局教研室牵头，浙江绍兴和江苏铜山在棠张镇中心中学举办同课异构、共促学校体育发展活动。棠张镇中心中学作为活动承办方，向浙江同行展示广播操、素质特色操、五禽操等大课间活动，研讨课堂教学、体育备课、体育教研成果，交流学校体育发展理念和开展体育教学的经验及做法。浙江绍兴体育教师带来“搏击操”课堂教学。

（撰稿：申　冬　审稿：滕道忠）

【大许中心中学举办校园艺术节】 5月19日，大许镇中心中学举办第三届校园文化艺术节。艺术节由艺术作品展示和文艺演出两部分组成。作品展示区展示学生的书法、绘画、手工小制作等作品；文艺会演有歌舞、钢琴、古筝、架子鼓等乐器演奏和小品、课本剧、经典朗诵等多种形式的表演。校园艺术节充分展示学生的艺术素养和创新能力。

（审稿：刘永明　撰稿：邵　峰）

【单集中学举办校园开放日活动】 12月28日，单集中学举办“关心教育好家长暨单集中学校园开放日”活动。校长张林涛介绍学校管理举措、长远打算及取得的成绩，带领家长参观教室、办公室、各功能室，让家长对学校有全方位了解和认识。学校为每位家长颁发聘书，邀请家长和孩子共进午餐。家长们表示，要广泛宣传学校取得的成绩，将不定时走进学校，共同探讨教育孩子的有效途径。

（审稿：张林涛　撰稿：周发洪）

【传统记忆纸品收藏展走进房村中学】 5月3日，徐州工程学院管理学院联合房村镇政府、徐州市职工收藏协会，走进铜山区房村中学，举办“品味楚风汉韵，触摸美丽徐州”——追寻逝去的传统记忆纸品收藏展。展览主题为“楚风汉韵，魅力徐州”，45框680张珍贵贴片构成魅力徐州、楚风汉韵古彭城、徐州首个AAAAA景区、书签上的徐州、名人荟萃、古彭文化之光、美丽徐州七个单元内容。珍贵的贴片让学生感受到传统文化魅力。

（撰稿：马伏刚　审稿：刘　强）

【三堡中心中学护学岗确保学生出行安全】 6月，铜山区三堡中心中学携手三堡镇城管大队设置“护学岗”，加大对学校周边道路管理和整治力度，确保学生出行安全。每周五下午放学期间，城管队员提前到岗，安排车辆有序停放，指挥车辆在学校门口及时停车，礼让学生，确保学生出行安全。

（撰稿：刘冬梅　审稿：刘宏亚）

【刘集中心中学承办区“全民阅读季”启动仪式】 4月24日，铜山区“2017全民阅读季”启动仪式在刘集镇中心中学举行。活动的主题为“同建文明城市、共筑书香铜山”。活动由副区长许海莉主持，市文广新局副局长艾新建、区宣传部部长卢波及刘集镇党委、政府领导出席会议并发言。启动仪式上，农村书屋管理人、教师、学生代表获赠阅读书籍，刘集中心中学代表汤守刚宣读阅读倡议，学生表演精彩的“全民阅读”文艺节目。

（撰稿：蔡正洪　审稿：王　岭）

【柳新中学启动“绿书签进校园”活动】 5月24日，徐州市“扫黄打非”办公室在铜山区柳新镇中心中学举行“徐州市扫黄打非护苗2017绿书签进校园活动”启动仪式。徐州市“扫黄打非”办公室主任、徐州市文广新局版权处处长解硕群，徐州市版权协会会长刘世龙、柳新镇党委宣传委员郑雷出席启动仪式，柳新镇中心中学全体师生参与活动。活动由铜山区文广新体局新闻出版科科长韩玉主持，铜山电视台对活动进行全程报道。

（撰稿：李　静　审稿：董祥武）

【吕梁学校多人获优课奖】 12月，吕梁学校8名教师收到评优课获奖喜讯。在“一师一优课，一课一优师”评优课活动中，学校有9名教师参加，8名教师获奖，其中，尹成兰、邹文敏、徐影获评部级优课，董月明、嵇德清、赵天伟、李秋颖、余天红获评区级优课。

【吕梁学校获评市义务教育控辍工作先进单位】 12月,吕梁学校获评徐州市义务教育控辍工作先进单位称号。学校致力于提高学生文化成绩,秉承"以人为本、以仁为根"的办学理念,关注每一个学生,文化课取得优异成绩的同时,确保不让一个学生掉队,一年无一流生。

(撰稿:赵天伟　审稿:王全成)

【马坡中学举行课题结题鉴定会】 12月13日,马坡中学举行"十二五"规划立项课题结题鉴定会。课题主持人从问题的提出,课题的界定,课题研究的理论依据,课题研究的对象、目标、内容和方法,研究过程及课题研究反思六个方面进行全面、翔实的汇报,获得专家的好评。专家组认为,课题组老师们在课题研究过程中边实施,边调整,边形成干预措施,完成预定的研究目标,在市同类研究中居于领先水平。同时,建议各课题组在下一步研究中,能体现清晰的学科特点,形成更为完整的操作体系,以利于研究成果推广。

(撰稿:李　新　审稿:李　强)

【茅村中心中学打造"暖心工程"】 新学年开始,茅村镇中心中学教育工会打造"暖心工程",采取系列"暖心"措施,使校园成为教职工的温馨之家。学校工会在停车棚里多处安装多用插座方便电动车充电,受到教职工的欢迎。开展为教职工庆祝生日活动,定做生日蛋糕并组织备课组成员唱《生日歌》。联系徐州市天明眼镜连锁店为部分教职工定制花镜,方便教职工备课和学习。

(撰稿:吴庆芳　审稿:张　坤)

【魏集中学德育活动扎实有效】 2017年,魏集中学德育注重联系校情班情,德育活动扎实有效。学校请区德育办领导、教研员到校举办讲座,提升班主任的核心素质。通过素质拓展训练、齐唱国歌比赛、开展"誓做文明魏中人"等活动对学生进行规范教育、爱国主义教育、文明礼仪教育。从学生的学习、纪律、卫生、礼仪、就餐、就寝、集体活动等方面开展评比,班主任通过微信群及时公布结果。开展学生评教和教师互评活动,纳入教师年度考核中。年内,有3名教师获得区级师德先进个人称号。

(撰稿:司长征　审稿:余光锦)

【吴桥中学举行优秀作业展】 3月27日,吴桥中学举行优秀作业评比展览活动。活动面向全校师生,各班开展自评、互评,选出书写工整、书面洁净、格式规范、正确率高、无破损的作业。学生从展评中学到怎样书写作业更规范、更有效,学到良好的学习态度。优秀作业展体现出正能量引领在教育教学中的作用。

(撰稿:沈庆伟　审稿:潘春光)

【沿湖小学花样跳绳接受央视记者采访】 3月23日,沿湖小学花样跳绳队的孩子们在参加铜山区体育卫生工作会议上接受央视记者的专访。孩子们向央视记者展示精彩的跳绳技巧,单摇、正双摇、倒双摇、双摇挽花、二龙戏珠、十字开花、倒双摇挽花等跳法,难度逐渐增大,孩子们却跳的轻松自如,赢得阵阵掌声。

(撰稿:邵　华　审稿:陈思远)

【伊庄中学开展学习杨金军活动】 6月8日,伊庄中学举行报告会,开展向杨金军学习,争做优秀教师活动。副校长张海军传达市教育局《关于向杨金军同志学习的决定》,带领老师们学习杨金军的事迹。老师们表示学习杨金军忠诚教育的崇高信念、严谨治学的工作态度和爱生如子的情怀,争做一名优秀教师。

(撰稿:张海军　审稿:张光海)

【新星学校阳光体育结硕果】 2017年,铜山区新星学校坚持开展阳光体育运动,促进学生身心健康和谐发展,取得丰硕成果。学校先后获铜山区广播操、特色操、眼保健操"三操"特等奖,铜山区阳光冬季长跑特等奖。在徐州市"棠张中学杯"中小学排球赛中,该校男、女代表队双获冠军。

(撰写:赵延辉　审稿:徐　坤)

【黄集实小在苏鲁豫皖教育联盟年会交流】 12月15日,黄集实验小学在铜山区苏鲁豫皖教育联盟第九次年会交流发言。黄集实小校长耿亚东发言题目为《七彩面塑幸福人生》。耿亚东从面塑课程建设、社团活动开展等方面,介绍学校的发展理念、育人目标、办学愿景和取得的实效,受到与会人员赞扬。

【黄集实小被授予省绿色校园称号】 2月7日，江苏省环保厅、教育厅联合授予全省120所学校为省第十六批绿色学校，徐州市7所学校入选，黄集实验小学在入选之列。学校注重将绿色理念渗透到课堂教学中，贯穿于实践活动中，播撒到每个孩子的心田。

(撰稿:常 猛 审稿:乔治国)

【黄集镇左庄幼儿园通过省优质园验收】 11月14日，江苏省优质幼儿园评估组3名专家对左庄幼儿园进行省优质园现场评估验收。专家通过查看环境、观摩活动、查阅资料以及与家长、教师、幼儿访谈等方式，深入了解办园情况，对该园办园水平给予较高的评价。验收顺利通过。

(撰稿:汪 伟 审稿:乔治国)

【郭集幼儿园谢颖入选“德润彭城·最美教师”】 年内，房村镇郭集幼儿园园长谢颖入选2017年“德润彭城·最美教师”。谢颖身患重病多年，仍坚守在幼教岗位第一线，坚持用爱心温暖幼小的心灵，用智慧托起明天的希望，是孩子的领路人，教师的贴心人，家长的知心人，更是郭集幼儿园的一种精神。

(撰稿:张家勇 审稿:刘 军)

【铜山区读书峰会分会在郭集小学举行】 3月，铜山区第十三届读书峰会分会在郭集小学举行。峰会以“阅读，丰富而安静”为主题，由阅读微讲堂、亲子阅读、辩论当歌、经典再现、阅读情景剧、名家讲坛六部分组成。区教育局副局长蔡冬梅致辞，会上对优秀教师进行表彰。

(撰稿:陈陶冶 审稿:刘 军)

【新庄小学打造古筝场馆特色名片】 9月27日，新庄小学借力乡土资源，与徐州市保利乐器有限公司签约，打造古筝场馆特色名片。学校与徐州市保利乐器有限公司建立合作关系，由公司牵头联合社会力量做好社会古筝场馆选址工作。至12月21日，该公司为学校捐助古筝40台，为学生学习古筝、参与古筝生活体验提供保障。

(撰稿:宋 佳 审稿:刘 军)

【何桥实小“一师一优课”活动成绩突出】 2017年，何桥实验小学在“一师一优课、一课一名师”活动取得好成绩。参赛教师22人，郑淑颖获部优，李俊锋、赵丽萍等21人获市优、区优。校长侯新蕾被评为徐州市“一师一优课、一课一名师”活动先进个人，何桥实小被授予铜山区先进集体。

(撰稿:刘 锋 审稿:赵 庭)

【柳泉镇饶山小学U11女子足球队获佳绩】 12月，饶山小学女子U11足球队获铜山区小学生“区长杯”校园足球联赛季军。学校曾在村小组连续两届获奖。

(撰稿:刘 琲 审稿:董维阳)

【柳泉镇饶山幼儿园通过市优质幼儿园验收】 12月20日，柳泉镇饶山幼儿园顺利通过徐州市优质幼儿园验收。该园2016年9月1日开园，之后再次投入30余万元资金，添置软、硬件设施设备，提高办园水平。该园优质育人条件受到验收组专家的一致肯定。

(撰稿:刘 琲 审稿:董维阳)

【苏家小学在市“学讲”推进会交流经验】 2月，苏家小学在市“学讲”三年工作推进会上，作为农村小学代表作交流发言。该校认真落实新课程改革受到肯定。学校采用“选课单”的形式让学生和家长共同为自己的潜在智能做选择，给每个孩子最大程度的空间和时间，找到最合适的生长点。该举措受到省教科院专家彭刚的高度评价。

(撰稿:刘 晴 审稿:樊孔亮)

【魏集实小获批国家级足球特色学校】 11月，张集镇魏集实验小学被批准为国家级足球特色学校。学校的校园足球队在历届“市长杯”足球比赛中均获得一等奖，在全国各地多种类型比赛中获冠亚军。学校加强校园足球文化建设、活动建设，开设足球课，组建班级足球队，举行“健康杯”校级足球联赛。

(撰稿:刘尧丽 审稿:朱殿波)

【张集实小完成省课程基地项目建设】 9月，省课程基地检查视导组对张集实小“解字作书通文立德”小学书法特色文化基地建设进行视导调研。校长许小刚在省教育厅举行的2016年省课程基地建设中期汇报会上，以《解字作书、通文立德》为题，对学校课程基地项目开展的工作进行汇报，得到与会专家一致肯定，高分通过中期评估。

（撰稿：黄连东　审稿：朱殿波）

【台北大安国民小学到铜山实小参观交流】 5月，台湾省台北市大安国民小学校长黄志成、理事长柯振兴带师生一行到铜山实验小学参观交流。学校举行欢迎仪式，大安国小溜冰队与海河校区、行知校区轮滑社团进行手拉手滑行，结对学生一起吃住、上课、出行、玩耍。为期4天的访学，增进两岸文化与教育的交流，树立徐州形象，展现铜小教育集团的风采。

【铜山实小教育集团举办定制课程学生作品展】 1月，铜山实小教育集团首届定制课程作品在万达广场2号展厅展出。葫芦烙画、鱼骨画、石头画、树叶画、蛋壳画、国画、书法、素描、色彩、儿童画等作品，各类奖章及荣誉证书，让观展的政协委员、外国友人和群众赞叹。两天的展出，呈现铜山实小教育集团师生共同的活动场面及努力的成果，赢得社会高度赞誉。

（撰稿：李　娟　审稿：杜庆峰）

【大彭镇小学优质课比赛获奖】 2017年，大彭镇小学在省、市、区优质课比赛中多人次获奖。孙广富、朱桂珍、吴黎黎、董晓莉获市一等奖，朱桂珍、吴黎黎被市推荐参加省优质课竞赛，获二等奖。在区教师优质课比赛中，26人参赛，闫飞等18人获一等奖，王艳等8人获二等奖。在“一师一优课”评比中，茅青云获部级优课奖，盖玲、王兴林获省级优课奖，董晓莉、孙微、黄曼获市级优课奖，胡贺贺等29人获区级优课奖。

（撰稿：兰玉侠　审稿：张万清）

【马林小学李文博评为市励志奉献少年】 10月23日，徐州电视台“张慧帮你问”栏目组记者到大彭镇马林小学录制“励志少年”节目。马林小学李文博被评为徐州市励志奉献少年。徐州电视台记者到马林小学采访李文博录制节目。李文博受邀参加市电视台“励志少年说”现场颁奖典礼。

（撰稿：胡敬宇　审稿：张万清）

【大许小学足球创佳绩】 2017年，大许小学重视足球运动的开展，下属多所学校组织足球训练梯队，在年度比赛中创佳绩。学校12支队伍参加镇级和片级足球比赛。3支队伍参加区中小学生“区长杯”校园足球联赛，沙庄小学U9女队获村小组第一名，大许实小U9女队、大吴小学U11女队均获得第二名。

（撰稿：卢道伟　审稿：李　锋）

【太山小学省才艺大赛获大奖】 8月，太山小学参加第三届江苏省“未来之星”才艺大赛获大奖。大许镇太山小学重视艺术教育，组建“音乐种子合唱艺术团”。艺术团师生在“未来之星”才艺大赛演出的情景剧《远方的呼唤》，受到高度评价。

（撰稿：卢道伟许武　审稿：李　锋）

【洲际酒店集团到牛楼小学捐资助学】 11月，洲际酒店集团领导一行到伊庄镇牛楼小学捐资助学。洲际酒店集团捐赠总价值约5万元的教学物资。

（撰稿：杜　峰　审稿：陈海港）

【伊庄实小承办区美术优质课比赛】 12月，伊庄实验小学承办区美术优质课比赛。铜山区各镇9名教师开设9节示范课，该镇美术教师积极参与听课、评课，互相交流，共同探讨有效的教学设计和方法。

（撰稿：刘淮北　审稿：陈海港）

【省级规划课题在卢套小学立项】 3月8日，卢套小学教师郝燕的省级课题“乡村小学新任教师教学能力提升的实践研究”获立项并顺利开题。市、区相关领导参加开题论证报告会。主持人郝燕作论证报告，受到与会领导及专家高度评价。省级规划课题在乡村村小立项，在铜山教育史上是极少的。

（撰稿：郝　燕　审稿：陈海港）

【单集镇黄集小学举办创建阳光书屋现场会】 3月17日，黄集小学举办创建阳光书屋活动现场会。区教育局领导、学校校长及阳光书屋管理员近30人参加活动。参会人员参观该校阳光书屋，并对活动的运作进行深入探讨。阳光书屋成为学生阅读的良好平台。

（撰稿：周保天　审稿：王庆春）

【单集实小获市教育系统先进集体称号】 9月10日，单集实验小学获徐州市教育系统先进集体称号。该校以"德善教育"为总纲，坚持走"夯实常规提质量，特色创新促发展"的办学之路，突出"内涵"和"创新"两大主题，在德育、教学、艺术、特色建设方面均取得突出成绩，学校呈良好发展态势。

（撰稿：占景才　审稿：王庆春）

【利国实小获全国青少年校园篮球特色学校称号】 11月19日，利国实小被认定为第一批全国青少年校园篮球特色学校。利国实小重视篮球运动开展，长期坚持组织学生训练，每月举行小型竞赛，形成良好的篮球文化氛围。学校先后获市中小学体育传统项目学校篮球比赛冠军、市第21届青少年运动会篮球比赛乙组冠军。

（撰稿：马厚海　审稿：李　永）

【利国镇小学举办"校长引领课堂"示范课】 10月，利国镇小学"校长引领课堂"教学示范课展示活动在学校阶梯教室启动。全镇小学校长和教师近百人观摩4名校长的4节展示课，课后，听课人员进行评课、交流。活动展现利国小学校干优良的精神风貌和专业素养。

（撰稿：马厚海　审稿：李　永）

【马坡实小举行"青蓝相接"活动】 9月10日，马坡实验小学举行"青蓝相接，薪火相传"师徒结对拜师会。师徒双方签订结对协议书，通过"上岗课"，加深新教师职业认同；通过"微型演课"，检验徒弟在师傅指导下的课堂教学状况。

（撰稿：袁廷顺　审稿：张建刚）

【汉王实小迎接市语言文字规范化检查】 12月，徐州市语言文字工作委员会检查小组对汉王实验小学开展语言文字规范化工作检查验收。检查小组查看校园环境，翻阅学校开展语言文字工作有关资料等，给予高度评价，顺利通过检查验收。

（撰稿：王　莉　审稿：王　建）

【茅村实小成立青年教师发展团队】 9月，茅村实验小学成立"三叶草"青年教师发展团队。通过师德修养、课堂教学、理论研究、教学竞赛等研修内容，青年教师得到锻炼，快速成长。

（撰稿：聂文娟　审稿：李道云）

【大庄小学参加省啦啦操比赛获奖】 5月20日，茅村镇大庄小学20名师生赴南京参加江苏省啦啦操比赛获奖。比赛过程中，队员的舞姿、造型和整体编排赢得喝彩，取得第一名的好成绩。

（撰稿：刘　梅　审稿：李道云）

【郑集实小获全国青少年校园篮球特色学校称号】 10月27日，郑集实验小学获教育部第一批全国青少年校园篮球特色学校称号。学校以此为起点，不断完善特色学校建设，切实提高学生体质健康水平。

（撰稿：耿广东　审稿：赵玉朋）

【郑集镇肖楼实小开展"五色花天使"活动】 10月，郑集镇肖楼实验小学开展"五色花天使在行动"晋级活动。学校将五顶不同颜色的天使帽分别赋予"博学""安全""爱心""安全""责任"的名称，制订相应的天使宣言，督促学生完成与天使帽相对应的职责。学生在"一色花天使"的基础上，通过同学、教师、学校考核，合格后申请晋级为"二色花天使"，并为其戴上两顶不同颜色天使帽，直至升级到"五色花天使"。

（撰稿：沙瑶瑶　审稿：赵玉朋）

【三堡实小省三门球比赛获银奖】 11月，三堡实验小学三门球队在省第18届中小学生三门球锦标赛中，获得小学男子组第二名。该校以三门球为突破口，从校园文化布置、课间操创编、三门球游戏开发、三门球社团组建等层面深入挖掘，努力创新，打造学校"一校一品"三门球特色。

（撰稿：徐太银　审稿：刘吉永）

【周庄小学足球队获市校园足球赛亚军】 6月，周庄小学足球队在市奥体中心举行的"市长杯"青少年校园足球联赛U9女子组比赛中获亚军。三堡周庄小学足球队作为参赛队中唯一一支村小足球队，以全胜成绩获得小组第一名进入四强，最终获得亚军。

（撰稿：滕绍龙　审稿：刘吉永）

【铜山实幼教育集团成立】 11月15日，铜山区首家公办幼儿教育集团——铜山实验幼儿教育集团正式成立。该集团经铜山区委、区政府会议审议，区教育局批准成立，标志着铜山区学前教育发展进入资源共享、携手共赢、共谋发展新阶段。

（撰稿：孙成结　审稿：张　莉）

【女童保护志愿者走进棠张实小】 5月4日，共青团徐州市委、市检察院女童保护青年志愿者到棠张实小进行走访慰问和普法宣传。活动邀请女童保护专业讲师黄佳璐为师生作专题讲座，提高女童自我保护意识，收到良好宣传效果。

（撰稿：王　健　审稿：王修刚）

【跃进小学开展“爱，在这里传递”活动】 12月28日，跃进小学师生自发开展“爱，在这里传递”活动，为山区贫困孩子扶贫募捐。活动共捐资6000元，衣物若干。全体师生在活动中接受心灵洗礼，体验社会责任感。

（撰稿：左兆美　审稿：王修刚）

【大学路实验学校举办首届艺术节】 12月，南师大附属徐州市大学路实验学校以“起飞，大学路”为主题举办首届校园艺术节。南师大及区教育局相关领导和家长委员会代表参加活动。歌曲、舞蹈、相声、朗诵、器乐合奏等16个节目精彩上演，区广播电视台全程采编，分3期在新闻综合频道播放。

（撰稿：朱孝芝　审稿：田玉龙）

【驿城实小多举措治理校门拥堵现象】 2017年，驿城实小多举措治理校门拥堵现象。学校多次与村委会协商，在校门口主干道两侧打通两条停放自行车、电动车通道，解决家长停车难问题。与城管部门联合执法，取缔长期在校门口的摊点。每天安排值班校干、老师和家长志愿者组成文明巡查小组，负责维持校园门口主干道交通秩序，为学生们组成安全防护网。

（撰稿：单光玲　审稿：李　磊）

【台上小学获评区书法教育特色学校】 6月，台上小学接受区书法教育特色学校的评估，顺利通过验收。学校以书法教育为突破口，积极创建书法特色学校，创设书法文化氛围，组织学生参加各级各类比赛，提高师生整体书写水平。学校书法教育特色凸显，得到教育主管部门和家长的肯定。

（撰稿：刘子畅　审稿：李　磊）

【市“戏曲进校园”推进会在新区实小举行】 10月13日，由市委宣传部、市教育局、市文广新局和市财政局联合举行的2017徐州市戏曲进校园推进观摩会在新区实小举行。领导和嘉宾观看鼓乐队欢迎仪式、戏曲、儿童画、泥塑社团活动，参观校园文化长廊，观看师生乡土戏曲表演《要唱就唱拉魂腔》。

（撰稿：牛泓苏　审稿：李　磊）

2017年铜山区各级各类学校基本情况表

表16

校名	班级数（个）	在校生数（人）	毕业生数（人）	招生数（人）	教职工数		学校领导			
					计（人）	专任教师（人）	校长	副校长	书记	副书记
郑集高级中学	53	2180	698	710	260	227	孙 震	陈宝学 吴书亮 时 敬 郭春喜	孙 震	
郑集高级中学城区校区	44	1795	620	600	192	187	孙 震	王永强 侯庆宇 时效锋		
棠张中学	46	1999	714	651	248	229	邢长军	吴 巍 张忠坡	邢长军	
夹河中学	35	1330	447	398	189	172	王广帅	端祥福 付化冰 张学礼	王广帅	端祥福
大许中学	38	1743	594	583	218	196	李玉新	周广密 张本峰	李玉新	周广密
茅村中学	23	1071	252	379	164	124	王廷权	杨绪新 支乾松 孟庆国	王廷权	杨绪新
铜山中学	43	2048	609	581	285	218	姚焕成	闫怀平 刘宏伟	姚焕成	
张集中等专业学校	60	5576 全日制 1631 双提升 3945	3833 全日制 474 双提升 3559	2546 全日制 597 双提升 1949	213	200	宗 杰	姚桂东 杨作林 韩琳琳	宗 杰	
铜山中等专业学校	84	3197	869	1630	307	268	滕道明	时淑敏 孟振中 丁向阳 倪彩菊	滕道明	
教师进修学校					33	28	孟宪刚	赵保东	孟宪刚	
铜山区清华中学	70	4263	1242	1588	291	260	宋成伟	赵 跃 李宝山 吴继林	宋成伟	
徐州市大学路实验学校	14	640	0	640	58	49	田玉龙		田玉龙	朱孝芝
何桥镇中心中学	15	696	188	284	116	105	陈 刚	李 翔	陈 刚	杨传林
马坡镇中心中学	23	1015	126	420	140	122	李 强	王 峰	李 强	赵阶峰
黄集镇中心中学	23	1183	153	385	154	148	李炳焘	张 彬 孟祥虎	李炳焘	
郑集镇中心中学	53	3130	690	600	194	180	黄玉岷	周生文 朱海军 田 光 雍世伟 周红伟 赵 雷	黄玉岷	张明国
柳新镇中心中学	55	2616	430	723	323	225	董祥武	雍世武 何 龙 张茂永 单增义 闫文生 周 建 江庆柱	董祥武	雍世武
沿湖学校	25	1251	118	308	79	72	陈思远	高 冬	陈思远	孙继科

续表16-1

校名		班级数（个）	在校生数（人）	毕业生数（人）	招生数（人）	教职工数		学校领导			
						计（人）	专任教师（人）	校长	副校长	书记	副书记
刘集镇中心中学		36	1628	366	681	229	207	王　岭	倪巧华　李洪春　王　振　丁云峰	王　岭	李洪春
大彭镇中心中学		35	1665	332	782	248	218	高　翔	李仁兴　王永强　陈昌龙　刘　争　王启东　余洪亮	高　翔	王启东　李仁兴　王永强
汉王镇中心中学		19	911	200	388	130	91	刘　峰	黄　华　张德旭　周桂生　刘　强	刘　峰	张德旭
三堡镇中心中学		25	1320	185	381	108	75	刘宏亚	王玉柱　周　强　杨　凯	刘宏亚	
棠张镇中心中学		43	2293	323	624	162	140	滕道忠	薛　艳　申　冬　胡　晟　沙丙文　沙丙华	滕道忠	沙丙华
张集镇中心中学		22	1130	211	541	138	103	路　军	刘正果　郑诗林　李　超	路　军	李　超
张集镇魏集中学		12	513	97	273	73	59	余光锦	崔银海　滕　松　姚焕普	余光锦	
房村镇中心中学		36	1936	237	732	168	149	刘　强	唐　建　殷召敏　薛宇刚　张启新	刘　强	马伏刚
房村镇郭集中学		18	960	116	310	79	67	周明生	王成良　王玉海	周明生	王会顶
伊庄镇中心中学		14	764	169	355	80	67	张光海	张海军　权太东	张光海	张海军
伊庄镇吕梁学校		30	1010	36	112	46	40	王全成	周进春	王全成	赵　松
单集镇中心中学		21	1098	175	368	93	67	张林涛	孙景东　周发洪	张林涛	
单集镇吴桥中学		13	570	56	222	46	37	潘春光	周继强		
大许镇中心中学		29	1649	297	742	167	130	刘永明	刘学章　刘　永　陈新廷　耿乙卫　张　飞	刘永明	马文元　沈振祥
大许镇太山中学		23	1185	226	426	86	70	孟昭亚	张文超　张　强　李洪礼　闫世林	孟昭亚	
茅村镇中心中学		28	1281	269	578	206	172	张　坤	薛传明	张　坤	朱兴权
柳泉镇中心中学		22	1139	232	536	122	87	秦　峰	武善勇　杨永利	秦　峰	武善勇
利国镇中心中学		24	1321	262	602	156	127	李　勇	杨　军	杨　军	胡永奎
拾屯教育中心校	杨屯中学	12	531	64	312	55	54	周计文	李伦勇	周计文	李伦勇
	杨西小学	18	818	173	130	32	31		秦　涛		李　刚
	武屯小学	12	519	123	62	28	27		李玉良		李玉良

续表16-2

校名	班级数（个）	在校生数（人）	毕业生数（人）	招生数（人）	教职工数		学校领导			
					计（人）	专任教师（人）	校长	副校长	书记	副书记
铜山实小教育集团	129	8285	1025	1250	284	280	杜庆峰	徐星华 刘艳梅 赵　丹 孙晋刚 杨　峰 李怀刚	杜庆峰	高庆斌 李明明
何桥镇小学中心校	95	4067	512	718	142	141	赵　庭		赵　庭	王克亮
马坡镇小学中心校	77	4334	505	863	148	146	张建刚		张建刚	
黄集镇小学中心校	88	3999	382	890	178	174	乔治国		乔治国	
郑集镇小学中心校	102	6172	873	1043	235	233	赵玉朋		赵玉朋	
柳新镇小学中心校	136	6672	740	1252	225	223	樊孔亮		樊孔亮	
刘集镇小学中心校	120	6000	349	1200	243	215	韩　烨		韩　烨	
大彭镇小学中心校	136	6469	784	1071	219	207	张万清		张万清	孙广富
汉王镇小学中心校	66	3214	437	665	137	136	王　建		王　建	苏建国
三堡街道办事处小学中心校	61	3327	339	603	108	98	刘吉永		刘吉永	陈开阳
棠张镇小学中心校	101	5940	673	1016	198	189	王修刚		王修刚	李守贤
张集镇小学中心校	168	8626	1222	1399	454	348	朱殿波		朱殿波	
房村镇小学中心校	123	6053	1180	1122	264	258	刘　军		刘　军	
伊庄镇小学中心校	61	3031	432	516	128	128	陈海港		陈海港	
单集镇小学中心校	104	5520	716	856	208	204	王庆春		王庆春	
大许镇小学中心校	139	7477	1228	1283	291	287	李　锋		李　锋	
新区街道办事处小学中心校	85	5002	471	925	151	150	李　磊		李　磊	
茅村镇小学中心校	126	6860	890	1211	243	237	李道云		李道云	
柳泉镇小学中心校	99	5433	694	850	168	166	董维阳		董维阳	
利国镇小学中心校	133	7041	797	1025	259	256	李　永	董龙涛 刘　雷	王晓慧	董龙涛
铜山实幼教育集团	47	1606	419	581	190	105	张　莉	焦　杰	张　莉	

（张春恩）

局长、党委书记　张先州
主任科员　刘金山
副局长　朱　涛　刘继华　李志丹
教师发展中心主任（正科）　李振营
教师发展中心副主任　阚东海　王　影

【概况】　2017年，贾汪区有各级各类学校70所（含民办学校，不含幼儿园），其中，初中12所（含1所民办初中），普通高中3所，九年一贯制学校2所，十五年一贯制学校1所，小学50所（含4所办学点），特教学校1所，中等职业学校1所。全区中小学在校学生63460人（含民办学校），其中，高中6455人，初中14483人，小学41239人，特教学校在校生239人，中等职业学校在校生1044人。全区有幼儿园72所（其中民办幼儿园25所），在园幼儿18096人。义务教育阶段入学率100%，初中巩固率99.6%，高中阶段入学率96.53%，学前三年幼儿入园率98%。教师学历合格率高中、初中、小学、幼儿园均100%。全区有省特级教师7人，省市名师4人，名校长4人，青年名教师6人，学科带头人14人，青年骨干教师26人。

2017年，全区有省三星级以上普通高中3所，省示范初中6所，省实验小学6所，省优质幼儿园45所，市优质幼儿园21所，省、市模范学校12所，省重点职业技术学校1所。新建学校项目6个，新建幼儿园11所。年内，区教师发展中心以全省最高分创建为江苏省社区教育示范区，并顺利迎接责任督学挂牌督导国家级验收。区教师发展中心为全市首批创建成省示范性县级教师发展中心。全年投入教育经费9.37亿元。

【区首届名师培养高级研修班开班】　1月4日，贾汪区首届名师培养高级研修班在区教育局一楼会议室开班，区教育局局长张先州、副局长刘继华出席开班仪式。班主任程新展宣读研修方案、学员管理考核办法及研修班班委会成员名单，学员代表王维维作表态发言。刘继华要求学员要心系课堂、心系学生，在课堂教学改革方面充分发挥引领示范作用。张先州作总结讲话，他要求学员在不同基础上有新的提高，明确个人成长目标，积极主动承担教科研课题，相互学习，取长补短，善于总结，做教育教学的有心人，努力成为省特级教师、市名优教师。

【召开2017年度教育工作会议】　2月21日，2017年度贾汪区教育工作会议召开。常务副区长吕宣瑞出席会议并讲话，区教育局局长张先州作教育工作报告。会议确立2017年教育工作五大目标、六项任务、九条重点工作。老矿办事处、城投公司、徐州七中、紫庄中学、青山泉教育中心校5家单位交流发言。各镇（办事处、功能区）、相关部门分管领导，区教育局班子成员，局机关科室中层干部，全区中小学校长、中心园园长参会。

【市小学英语阅读工程活动在贾汪区举行】 3月16日，市教研室在贾汪区师大附校举行全市小学英语阅读工程系列活动暨贾汪区“卷入式”阅读研讨现场会。参加活动的有市教育局“学讲”办领导、市教研室英语教研员，区教育局及区教师发展中心领导，各县区英语教研员及全市小学骨干教师500余人。活动展示贾汪区“卷入式”教研成果，通过现场教学、现场点评讲座、二次上课、反思总结等手段，帮助教师们提升英语教学技能，提供“悦”读平台。

【区长张克调研贾汪区教育工作】 3月23日，贾汪区区长张克率相关部门负责人调研全区教育工作情况，研究解决制约教育发展问题。张克一行先后到贾汪区特教中心、贾汪区实验小学和贾汪中学进行调研。座谈会上，张克听取教育局2016年工作总结和2017年工作思路，并对全区教育工作成果给予充分肯定。张克强调，要始终坚持以提升教育教学质量为主线，发扬“亮剑”精神，敢于争先进位，提升管理能力。要建立激励机制，严格奖惩，形成人人追赶先进的良好氛围。

【召开区政府常务会议贯彻落实省政府1号文件】 3月28日，区政府召开第3次常务会议，研究制定《贯彻落实<省政府关于统筹推进城乡义务教育一体化促进优质均衡发展的若干意见>方案》方案。会议指出，成立教育联席会议制度，定期召开会议，明确责任分工，科学决策，全面推动落实。

【市、县级政府教育督导考核组到贾汪区督导】 4月24日，市政府教育督导团县级政府教育工作督导考核组到贾汪区督导考核教育工作。区领导吕宣瑞代表区政府汇报区教育综合自评情况。督导考核组在听取汇报、查阅资料后，实地查看团结小学、大泉中心小学、塔山小学等学校，深入贾汪区了解教育工作开展情况。督导考核组一致认为，贾汪区政府高度重视教育工作，教育基础建设投入大，师资队伍建设和引进优质资源力度大，教育教学水平得到持续提升。希望进一步加强教师队伍建设，分类施策推进义务教育均衡发展，不断调优教育资源结构，助推贾汪教育工作取得更好成绩。

【全面整治有偿家教】 4月28日，贾汪区按照市教育局、市纠风办治理在职教师校外有偿补课统一部署，整治有偿家教。在整治中实施一条细则、两手抓、三项制度促督查，一条细则即贾汪区整治在职教师有偿家教综合督导评分细则；两手抓即一手抓规范，一手抓查处；三项制度促督察即在职教师有偿补课月报制、警示制、问责制，确保全区整治工作规范、有序。一季度，开展联合执法检查3次，有力遏制在职教师校外有偿补课。

【在市“未来科学家杯”活动中获优异成绩】 6月10日，徐州市首届“未来科学家杯”中小学生科学知识阅读展示活动在江苏模特艺术学校举行，贾汪区代表队获得优异成绩。小学高年级组获得第一名，小学低年级组和初中组均获得第二名。贾汪区获得优秀组织奖。

【市检查组检查无证幼儿园清理整顿工作】 7月19日，市检查组到贾汪区检查无证幼儿园清理整顿工作。贾汪区高度重视，制订下发关于《贾汪区清理整顿无证幼儿园专项行动工作方案的通知》《贾汪区看护点实施办法》等文件，强化宣传引导，营造氛围，引导家长转变观念。整合各方力量，明确各部门职责，全力开展自查。检查组在听取区清理整顿工作汇报后，分组实地查看汴塘镇、青山泉镇整顿情况。区领导吕宣瑞表示将进一步加大工作力度，抓关键求突破，用更加务实的行动、更加有力的举措，按时完成无证幼儿园整治工作。

【接受区人大常委会对教育工作评议】 8月24日，区十二届人大常委会第四次会议对区教育局工作情况进行评议。在充分肯定成绩的同时指出工作中存在的问题，提出整改意见。按照区人大常委会《关于区教育局工作的评议意见》要求，教育局召开专题会议，对评议意见逐条研究分析，制订切实可行的整改方案，把整改责任、任务、时限落实到人，并加强督查督办，确保整改工作落到实处，取得明显成效。

【区教师发展中心获省示范性教师发展中心称号】 年内，经省专家组评估验收，2017年度省示范性县级教师发展中心创建评估结果揭晓，贾汪区教师发展中心获此称号。贾汪区于2016年全面启动省示范性县级教师发展中心创建工作，高标准改建，高规格配置设备设施，精心准备创建资料，细致谋划迎评方案，扎实推进创建各项工作，顺利通过省专家组现场评估验收。

【举行小学入学仪式】 9月5日，贾汪区小学入学启动仪式在团结小学举行。通过升国旗、走进七彩之门、行感恩之礼等活动，突出“启蒙、快乐、自理”主题，让刚入学的小学生接触校园生活，感知礼仪规范，培育小学生热爱祖国的情感和热爱学习的兴趣。

【举行第33个教师节表彰大会】 9月6日，区政府举行第33个教师节颁奖大会，区领导曹志、李健、吴振成、吕宣瑞、耿薇出席会议。区委书记曹志代表区委、区政府向全区广大教育工作者致以节日的问候，向受到表彰的先进集体和先进个人表示热烈的祝贺，向长期关心支持区教育事业发展的社会各界人士表示衷心的感谢。同时，就做好下一步教育工作提出要求。常务副区长吕宣瑞主持会议，副区长耿薇宣读表彰决定。区教育局、江苏师范大学附属实验学校及有突出贡献教师代表、优秀教育工作者代表作交流发言。

【区委书记曹志教师节走访慰问】 9月10日，区委书记曹志率区委办、教育局等部门负责人到学校走访慰问。曹志一行先后到徐州七中、师大附校、团结幼儿园，与学校负责人交谈，听取学校教育教学工作的汇报，了解学校硬件设施建设、办学特色和生源情况，代表区委、区政府向广大教育工作者致以节日的问候和诚挚的感谢，送上慰问金用于改善学校的办学条件。

【开展学校安全隐患联合专项整治工作】 11月8日，区教育局联合区市场监督局、中燃公司、消防大队等多家单位开展安全隐患大排查专项整治行动。活动为期10天，学校内部重点排查食堂设施设备、人员管理、用电安全等安全隐患，校外重点排查学校周边200米范围面向学生经营食品的小商店、小超市等经营场所，发现问题及时下发整改通知书，跟踪整改落实。专业机构参与，提高了检查工作的针对性，有力促进平安校园建设。

【迎接省社区教育示范区现场考核】 11月22日，江苏开放大学社教处处长钱旭初率考核专家组到贾汪区考核省社区教育示范区创建工作。市教育局副局长李清、区领导耿薇等陪同。考核组一行先后到老矿社区教育中心、紫庄镇织星庄园基地、紫庄镇社区教育中心、康田农科教示范基地、大泉社区教育中心、大泉社区居民学校、区社区学院等地，实地考察贾汪区社区教育工作开展情况。

【召开学习贯彻党的十九大精神专题讨论会】 11月24日，区教育局机关党总支召开学习贯彻党的十九大精神专题讨论会。学习讨论活动分4个分支部进行，由支部书记组织，集中学习讨论局党委编撰的“践行‘五个好’标准，争创‘两化’先进基层党组织”互动学习资料。各组党员结合实际，围绕互动学习资料讨论发言。局党委书记、局长张先州对局机关党员提出具体要求。

【举办首期机关学习大讲堂活动】 11月30日，机关全体人员在局一楼会议室举办首期机关学习大讲堂活动。活动旨在深入贯彻落实党的十九大精神，扎实推进“学习型、服务型、创新型、廉洁型、和谐型”五型机关建设。通过宣讲政策理论纪律、传达部署上级精神、交流探讨业务知识，努力培育一支爱学习、肯奉献、敢担当，能干事、会干事、干成事的教育干部队伍。

【开展集中督导“回头看”】 12月7日，区教育局局长张先州带队，对大吴办事处两所学校进行集中督导“回头看”。区政府教育督导室办公室、督学责任区片区总督学、相关责任督学、区教育局相关科室长、教研员16人，通过听取汇报、校园巡视、随机听课、查阅资料、座谈访谈、问卷调查等方式，对学校的教育教学工作整改“回头看”，帮助学校理性分析优劣势，整改存在问题。

（撰稿：吴　伟　审稿：刘金山）

【徐州七中与北京博雅签署合作办学协议】 12月28日，徐州七中与北京博雅考试与评价研究院签订合作协议。合作旨在适应新高考和一流高校自主招生的要求，探索拔尖创新人才培养的新途径，多渠道搭建高中基础教育与高等教育的桥梁。通过名校入驻选拔、个性化纠错辅导、金牌获得者辅导奥赛、强化自主考试训练、名师一对一辅导、知名教授署名推荐等方式，为学生量身定制复习规划，帮助学生高效解决个性化问题。

【七中举行“感动校园”人物颁奖典礼】 3月4日，七中全体师生举行“感动校园”十大人物颁奖典礼。经自我、他人、部门提名，公众初选，评委会评定、公示，学校确定第一届“感动校园”十大人物。校党总支书记、校长姚焕永向获奖教师和学生颁发荣誉证书，并表示祝贺和感谢。学生代表为获奖者献花，获奖者依次发表获奖感言。该活动有力促进学校品德建设、内涵建设，助推学校加快改革，跨越发展。

（撰稿：索志豹　审稿：刘　强）

【贾汪中学晋评省四星级高中】 5月，江苏省教育厅发文，授予贾汪中学江苏省四星级普通高中称号。学校通过材料初审、现场评估、综合考评等相关程序，经省教育评估院和省普通高中星级评估专家委员会审定，顺利通过验收。通过四星级创建，学校在办学条件、师资队伍、管理水平、素质教育、办学绩效等方面全方位提档升级。

【贾汪中学张建平获国家级大奖】 6月，在山东青岛举办的第十五届全国中小学信息技术创新与实践活动（简称NOC）中，贾汪中学学生张建平获得一等奖。该活动吸引6万多所学校的6280万名师生参与，是国家规模和影响最大的信息技术教育普及活动之一。张建平参加“物联网创新设计”赛项的比赛，他设计的“智能家居机器人”获得“物联网创新设计”赛项高中组全国一等奖，王国辉老师获优秀指导教师奖。

（撰稿：马志强　审稿：魏哲奎）

【建平中学举办“感恩有你”家校互联活动】 11月23日，建平中学在校礼堂举办“感恩有你”亲子家校互联活动。与会学生、老师、家长400余人。活动以“感恩有你，伴我成长”为主题，通过感恩演讲、二人对话、共绘梦想、携手搭桥、一个拥抱、一句承诺等活动，加深孩子与家长间的情感，加强家长与学校间的沟通。活动的另一成果就是家校共助群的建立，确保家长可以及时掌握学校的动态，随时了解孩子的学习生活情况，与学校紧密合作，确保孩子在校园里安全、健康、快乐成长。

（撰稿：杜文庸　审稿：周永建）

【贾汪中专在省市技能大赛中获佳绩】 年内，贾汪中专教师在省市技能大赛中多次获奖。1月，在江苏省职业学校技能大赛中，王元勇参加加工制造类户式中央空调安装与调试项目比赛，获教师组二等奖。7月，祖华伟、刘琼、于玲玲参加江苏省职业学校信息化教学设计大赛，获三等奖。6月，江海漫参加徐州市微课大赛，获市一等奖。

【贾汪中专通过省高水平示范性实训基地验收】 12月15日，省高水平示范性实训基地验收组专家张宁新一行3人，对学校机电技术应用实训基地建设工作进行现场视导和审核。实地考察机加工实训基地、电梯安装与维修实训基地、户式中央空调安装与调试等实验实训室，检查基地经费投入、规范使用情况，审核基地相关材料，访谈基地负责人。验收组对基地建设工作给予充分肯定，学校顺利通过验收。

（撰稿：潘全玲　审稿：郭夫忠）

【师大附校国际教育实现零的突破】 2017年，师大附校国际项目部多名学生被国外名校录取。渠佳艺被美国雪城大学、张驰被美国纽约州立大学奥尔巴尼分校、许鸿宇被加拿大西安大略大学录取，实现国际教育零的突破。学校国际项目部为确定出国留学的学生开设，旨在经过系统课程学习后确保学生申请并就读国外名校。国际项目部深入了解每个学生状态、心理特征、个性爱好、兴趣特长等，落实个性化策划和辅导，为语言学习提供优质条件。先后开设“国际视野”“博雅文化”“卓越思维”“人格修养”以及“阳光运动”等校本课程。

【师大附校在市首届中小学创客文化节获奖】 1月18日，师大附校在市教育局举办的首届中小学创客文化节中获奖。学校派出24名学生组成12个战队。在“创意框架”比赛中，张胜男和赵梦宸以1.69米的高度刷新徐州市该项目的记录，获得冠军。鹿晟杰等12人获一等奖。在3D画笔比赛上，郝瑞恒、吴熙悦获亚军。梅凯诚、王梓予获一等奖,钟继琛、周瑜林获二等奖。

(撰稿:许崇善　审稿:薛　刚)

【英才中学举行合唱比赛】 12月28日,贾汪区英才中学在报告厅举行"扬班威、立班训、唱班歌、展风采"迎元旦大合唱比赛。各参赛班级精心准备,同学们精彩的演唱充满激情,充分展现朝气蓬勃的青春风采和团结一致、拼搏进取的精神。比赛结束时,校长杨守才为获奖班级颁发奖状,与领奖的学生合影。

(撰稿:吴　杰　审稿:苏振堂)

【青山泉中学盛金海获评市"学讲"先进个人】 12月,青山泉中学教师盛金海在全市中小学开展的"学进去,讲出来"行动计划中获评市先进个人。盛金海大力推进课堂教学改革,改变学与教的方式,改善课堂教学生态,使教学活动更有目的性、针对性、时效性,更具教育和生活的意义,实现教育本质的回归。一年的教学实践,成绩显著,学生素质得到全面提高。

(撰稿:时信任　审稿:胡　辉)

【国学经典教育公益讲座走进大吴中学】 11月21日,徐州市国学教育经典研究会副会长李孝天应邀在大吴中学举行"学国学经典、做正道少年"国学公益讲座。区教育局副局长李志丹致辞,勉励同学们持之以恒认真学习,提高自身修养。

(撰稿:陈凡贵　审稿:吴　瑞)

【求知中学开展拒绝有偿家教教育活动】 9月,求知中学开展"强师德、正师风、拒绝有偿家教"教育活动。学校成立由校长王桂忠为组长的领导小组,建立家长代表、社会热心人士、退休教师组成行风监督队伍,针对有偿家教问题进行有效监督。组织教师集中学习和个人自学《中小学教师职业道德规范》等法规,以班级为单位对学生进行问卷调查,学校设立监督电话,全体教师签署《拒绝有偿家教签名承诺书》。

(撰稿:蒋兴凡　审稿:王桂忠)

【紫庄中学课程建设获省立项】 4月,紫庄中学"阳光语文课程基地建设"项目顺利通过省基教处专家组答辩,成功立项。"阳光语文课程基地建设"以"阳光"文化的内涵建设为课程背景,以博雅的课内外阅读为课程基础,以"自主、合作、探究"的课堂教学方式为项目核心,以丰富多样的社会实践、体验探究为课外延伸,通过多元化的语文学习平台,把课堂学习与生活体验结合起来,实现语文学习方式的多样化,建构课内外相结合的"阳光语文"课程体系。

(撰稿:刘慎田　审稿:赵增顺)

【贾庄中学打造果园式绿色学校】 2017年,贾庄中学着力打造果园式绿色学校。学校先后购置果树苗木400余棵,16个品种,经过精心规划布局,分别栽种在学校的八个片区。春夏之季栽植的果树开花挂果,初步形成"四季有花香、全年有硕果"的校园特色。

(撰稿:贺广君　审稿:杨杰领)

【塔山中学公益广告弘扬真善美】 2017年,塔山中学在校园内外布置公益广告,弘扬真善美。学校围绕讲文明、树新风、社会主义核心价值观,加强未成年人思想道德建设等宣传教育活动,在校园内外布置一幅幅图文并茂、催人奋进的公益广告,营造弘扬时代主旋律、传递社会正能量的舆论氛围。

(撰稿:张荣启　审稿:陈体新)

【"爱之源"公益助学行走进汴塘中心中学】 6月24日,"爱之源"公益助学行走进汴塘中心中学。爱心人士为获得"逆境奋进奖"的22名学生每人颁发助学金500元和学习用品,并勉励孩子刻苦学习,将来回报社会。受助学生对爱心人士表达感激之情,决心勤奋进取,立志成才。

(撰稿:王兴龙　审稿:徐立民)

【耿集中学举办家长开放周活动】 10月17—28日,耿集中学举办家长开放周活动。家长走进校园、课堂,了解学校的管理与发展,了解课堂教学和课改动向,认真观察各年级午休情况。活动设置建议箱,真诚接受家长提出的各种建议,完善教育教学,给孩子创造更好的学习环境。

(撰稿:段云海　审稿:耿庆银)

【区“养成教育”现场会在新集中学举行】 5月19日，贾汪区教育局主办的“养成教育”现场会在新集中学举行，100余人参加活动。新集中学先后展示特色广播操、课堂教学、养成教育视频和各项行为习惯养成教育的材料。现场会由教育科科长阚东海主持，夏桥小学、葛湖小学和新集中学校长先后作汇报发言。局长张先州对学生习惯养成教育提出要求。

（撰稿：王　冲　审稿：黄桂立）

【徐州工业园学校慰问敬老院老人】 3月3日下午，值第36个全国文明礼貌月之际，徐州工业园学校组织少先队员和共青团员到定点帮扶单位徐州工业园敬老院看望慰问老人。同学们给老人们带去水果和糕点，为老人打扫卧室和庭院，在养老院小广场为老人们表演精心准备的文艺节目。

（撰稿：吴边疆　审稿：王廷彦）

【江庄中学学生书法作品获省特等奖】 3月24日，在江苏省首届书法名校高层论坛师生书法作品年展中，江庄中学多人获得大奖。其中，八年级学生赵宇欣、王蒙蒙的《楷书·古诗文》和《楷书·古诗文一则》获学生组硬笔类书法作品特等奖，王一涵获一等奖，闫丹获二等奖，于星跃、崔胜权获三等奖，孙涛获得优秀辅导教师奖。

（撰稿：郑　强　审稿：高长志）

【现场办公筹建南湖学校学生公寓】 11月6日，徐州工业园区党委书记刘安华、区教育局局长张先州到徐州工业园区南湖学校，现场办公筹建学生公寓。两位领导察看南湖学校学生临时宿舍，实地选址、测量公寓用地。刘安华当场表示，将由徐州工业园区出资3000万元新建学生公寓2栋，停车场、餐厅等附属工程一次完成。张先州对建成学生公寓后，南湖学校的规划布局、文化建设、内部管理、招生工作提出具体指导意见。

（撰稿：杜明辉　审稿：李克杰）

【城区教育中心校创建省级社区教育中心】 2017年，经省教育厅批准，贾汪城区教育中心校成功创建省级社区教育中心。城区教育中心校本着构筑社区大教育的宗旨，深化社区教育发展的内涵，构建成、职、普三教沟通，学校、社会、家庭三者结合，城乡一体、机制灵活的社区教育网络，建成一批学习型家庭、学习型企业和学习型小区。

（撰稿：王　超　审稿：王乐林）

【青山泉中心小学获全国新教育优秀实验学校称号】 7月，青山泉镇中心小学获2017年全国新教育实验优秀实验学校称号。学校积极推进新教育实验十大行动计划，彰显书法特色教育，取得显著成效。学校以晨诵、午读、暮省开启师生日常生活，让师生过上一种幸福完整的教育生活，先后承办贾汪区缔造完美教室现场会和校园读书月活动。校长杨玉慧获新教育智慧校长提名奖，苏梅老师获新教育先进个人称号，张超南老师的“雏鹰”班教室被评为贾汪区十佳完美教室。

（撰稿：屈　娜　审稿：韩盛芳）

【瓦庄小学开展“红领巾寻访强军梦”活动】 10月14日，瓦庄小学少先大队部组织部分少先队员到驻徐王杰部队，开展“红领巾寻访强军梦”主题教育活动。队员们在王杰连队指导员引领下，参观部队模范汽车连，感叹模范汽车连创造连续66年无安全事故的记录。到王杰烈士纪念馆聆听讲解员讲解，观看展品、图片资料、文字记载，详细了解烈士的英雄事迹。寻访强军梦活动让小队员们真切体验解放军战士的军营生活，激发队员们学军、爱军和拥军的感情。

（撰稿：余召喜　审稿：闫胜昔）

【紫庄镇教育中心校举行新教师业务培训】 9月19日，紫庄中心小学举行新教师培训活动。主任张红军主持会议，区教师发展中心主任张会针对新教师面临的实际问题，从备课、上课及作业批改等方面向新教师传授经验。同时，对新教师提出要求：认真对待每一节课，重视课堂、抓实课堂、提高课堂教学效率，机智处理问题与矛盾，多向身边的榜样学习，多与同年级教师交流研讨。

（撰稿：贾　莉　审稿：马书峰）

【塔山大李庄小学迎接验收创建科技示范校】 10月27日，市科技协会与市教育局专家到塔山镇大李庄小学，对学校创建科技示范校工作进行验收。学校科技氛围浓厚,校园里随处可见学生手工作品、科技小制作。专家们对校园示范田、科技馆给予高度评价,对学校特色珠心算赞不绝口,并对学校未来的科技发展提出指导性意见。

(撰稿:刘　素　审稿:彭　永)

【耿集中心小学参加NOC赛获一等奖】 7月10—17日,第十五届全国中小学信息技术创新与实践活动(简称NOC)决赛在青岛大学举行,耿集中心小学参加比赛获一等奖。耿集中心小学机器人社团小组代表江苏省小学组参加"FEG智能车"总决赛,经过硬件拼装、竞速、软件设计3个项目的角逐,耿暄奥、刘艺宝、刘展硕3位小队员以拼装2分37秒,竞速1分36秒,软件设计平均12.20分的优秀成绩获一等奖。吕彬获优秀指导教师奖。

(撰稿:王道侠　审稿:赵士胜)

【汴塘镇半楼小学开展送温暖活动】 2017年,汴塘镇半楼小学定期组织留守儿童和代理家长,到榴园村社会主义大家庭开展送温暖活动。留守儿童打扫庭院,清理垃圾,帮老人揉肩捶背,和老人聊天,了解老人们的生活状况,节日里给老人表演节目。留守孩子给老人们带来欢乐,和老人共同感受社会主义大家庭的温暖。

(撰稿:张良文　审稿:王训波)

【富强幼儿园开展职业宣言活动】 11月28日,大泉富强幼儿园组织教师开展"我是幼师,我承诺"职业宣言活动。园长带领全体教职工,学习教师职业道德规范,与每一位教师签订"师德承诺书",进行神圣而庄严的职业宣言。

(撰稿:王德彬　审稿:陈　冲)

【江庄中心校承办区"读书月"启动仪式】 3月21日,江庄镇教育中心校承办的区第四届"读书月"启动暨全国"12岁以前的语文"联盟学校揭牌仪式在卧龙泉生态园举行。区教育局局长张先州、全国十大名校长南京市北京东路小学校长孙双金以及全区中小学校校长、语文教师代表参加活动。仪式为贾汪区"与书香为伴,与智慧同行"读书月活动拉开序幕。

(撰稿:刘福华　审稿:李　方)

【实验小学新教学楼竣工在即】 2017年,区政府、教育局批准实验小学2幢建筑面积4600平方米的4层教学楼立项并开工建设。至年底,2幢教学楼主体工程通过验收,2018年暑期可投入使用。2幢新教学楼投入使用后,将全面解决实验小学教学和功能教室紧张的状况。

(撰稿:吴庆祝　审稿:李贯东)

【特教中心省特奥会获佳绩】 8月20日,贾汪区特教中心运动员在省第七届特殊奥林匹克运动会暨2017年江苏省残疾人田径锦标赛获得优异成绩。全省13个市代表队的299名运动员参加比赛,为期3天,进行田径、乒乓球、羽毛球、篮球4个大项比赛。贾汪区特教中心学生胡顺天、朱宗庆、王兆文、孟庆年获得3枚金牌、5枚银牌,为徐州市代表队争得荣誉。

(罗　璇)

2017年贾汪区各级各类学校基本情况表

表17

单位	班级数（个）	在校生数（人）	毕业生数（人）	招生数（人）	教职工数		学校领导			
					计（人）	专任教师（人）	校长	副校长	书记	副书记
徐州七中	35	1641	550	506	190	185	姚焕永	贾传喜　李文星 宋学飞	姚焕永	
贾汪中学	39	1888	645	571	236	209	魏哲奎	宋兆杰　时振琢 王训涛	魏哲奎	
建平中学	26	1439	488	404	130	113	周永健	仝　永	周永健	
贾汪中专	34	1044	233	421	118	106	郭夫忠	王玉华　盛　君 薛　波　张明浩	郭夫忠	
江苏师范大学附属实验学校	129	5195	983	2259	385	380	周　慰	闫　辉　孙存龙 周　忠	朱景坤	
英才中学	36	1592	480	551	201	183		杨守才（主持工作） 吕春侠　王胜永 杨洪涛　鹿华伟	杨守才	
青山泉中学	30	1708	314	468	108	96	孙更生	陈公京　时超齐 胡　辉	陈公京	
大吴中学	28	1304	227	304	103	86	吴　瑞	王龙海　李照明	李照明	
求知中学	14	558	128	128	73	69	王桂忠	吴　明　魏德民 吴长奎	王桂忠	李亚敏
紫庄中学	10	463	146	201	59	49	赵增顺	朱士记　高立学	赵增顺	
贾庄中学	17	708	198	145	55	50	杨杰领	贺广君　马　涛 蔡可生	高本安	
塔山中学	22	1114	187	288	62	58	陈体新	王　峰　胡明华	陈体新	
耿集中学	32	1616	306	386	100	92	耿庆银	刘汉忠　李　杰 戚大庆　段云海	刘汉忠	耿庆银
南湖学校	6	266		266	25	20	李克杰	王文启　赵西友 杜明辉	李克杰	
汴塘中心中学	15	743	144	126	54	45	徐立民	周　浩　肖　磊	彭清坤	
新集中学	17	699	139	169	56	53	黄桂立	张　宁　陈　永	黄桂立	
工业园学校	29	963	130	160	65	62	王廷彦	刘兴刚	王廷彦	
陶圣中学	10	463	278	77	62	44	姚　建	骆文岭	薛　梅	
江庄中学	10	414	140	141	62	59	高长志	林茂飞　祁明河	高长志	周仕银
贾汪实验小学	45	2752	351	516	146	140		李贯东（主持工作） 吴庆祝　刘长永	李贯东	吴庆祝

续表17-1

单　位	班级数（个）	在校生数（人）	毕业生数（人）	招生数（人）	教职工数		学校领导			
					计（人）	专任教师（人）	校长	副校长	书记	副书记
特教中心	9	128	15	12	32	32	罗　璇	高春民	高春民	
城区中心校	110	5802	486	883	340	331	王乐林	赵　辉　魏垂建	王乐林	
青山泉中心校	85	3822	736	699	225	224	韩圣芳		韩圣芳	杨玉慧
大吴中心校	115	5808	1035	1055	355	352	赵学元	吴兴斌		
紫庄中心校	100	4505	691	932	260	258	马书峰	王广启　乔德国	马书峰	
塔山中心校	66	2673	535	517	186	184	赵　浩	王　永	赵　浩	
耿集中心校	67	3186	759	585	185	185	郑春礼	赵士胜　孙茂永	赵士胜	
汴塘中心校	81	3848	702	766	212	211	王训波	刘　飞	王训波	
大泉中心校	67	2963	282	471	203	200	张　腾	肖　胜	张　腾	
江庄中心校	54	2211	227	318	153	132	李　方	田　枚	李　方	

（吴　伟）

云龙区

局长、党委书记 王　艳（女，—3月）
康　宁（女，3月—）

党委副书记 曹　璟（女，3月—）

党委委员、副局长 曹　璟（女） 闫井会（—3月）
陈红艳（3月—） 杜红雷（3月—）

副主任科员 杜红雷（—3月） 周玉强

【概况】 2017年，云龙区有各级各类学校24所（不含幼儿园），其中，初中3所，九年一贯制学校2所，小学18所，特教学校1所。全区中小学在校学生38799人，其中，初中2265人，小学36454人，特教学校在校生80人。全区有幼儿园48所（其中民办幼儿园32所），在园幼儿10411人。义务教育阶段入学率100%，初中巩固率100%，学前三年幼儿入园率99.2%。全区有教职工2151人，其中专任教师2090人。教师学历合格率初中、小学、幼儿园均为100%。全区有省特级教师6人，省、市名师名校长等80人。

2017年，全区有省实验小学8所，省义务教育标准化学校21所，省、市优质幼儿园48所，省特殊教育现代化示范学校1所，省小学特色文化建设工程学校4所，省前瞻性教学改革实验项目学校2所，省课程游戏化项目园4组。全年新投入使用学校1所。年内，获首批江苏省基础教育装备示范区、省级“社区教育品牌项目”、徐州市创建全国文明城市先进单位称号。全年投入教育经费4.32亿元。

【教育部复检信息化试点工作】 6月23日，教育部验收组对云龙区全国教育信息化试点工作复检。验收组听取云龙区教育信息化试点工作汇报，现场查看信息化资源建设情况，并召开座谈会。

【教育部科技司调研信息化工作】 11月3日，教育部科学技术司司长雷朝滋调研云龙区基础教育信息化工作。雷朝滋听取云龙区工作汇报，考察经十路小学信息技术课程。省教育厅科技与产业处处长张兆臣，省教育信息化中心副主任、省电教馆副馆长金玉，市教育局局长吴昊、副局长张宝民陪同调研。

【省委组织部调研学校基层党建工作】 4月6日，江苏省委组织部调研云龙区学校基层党建工作。调研组到云兴小学进行实地调研。徐州市委组织部副部长杜庆琦，云龙区委组织部部长马涛，云龙区副区长、教体局局长康宁陪同。

【迎接市政府教育工作督导考核】 4月17日，云龙区迎接市政府教育工作督导考核。督导组听取云龙区工作汇报，访谈分管区长、教育局长、财政局长,实地查看2所中学、4所小学及6所幼儿园,查阅财政账册及教育管理、学前教育等档案资料。

【举办第33个教师节表彰会】 9月7日,云龙区举办庆祝第33个教师节暨“三名工程”推进表彰会。会议表彰云龙区名师工作室首席名师、云龙教育工匠、云龙区最美教师、云龙区优秀班主任、云龙区优秀教育工作者。区委书记方正华,区委副书记、区长周天文,区人大常委会主任夏春辉,区政协主席李学东,副区长康宁,区部委办局和各街道办事处分管教育领导,教体局班子成员和教师代表参会。

【区人大视察教育均衡发展工作】 4月25日,云龙区人大常委会视察云龙区义务教育优质均衡发展工作。区人大常委会主任夏春辉、副主任王艳带领部分区人大常委会委员、人大代表及教科文卫工委委员实地察看解放路小学、解放路小学下河头分校、新元小学、一中云龙实验学校,听取区教体局工作汇报,并召开座谈会。

【迎接省示范性县级教师发展中心验收】 10月18—21日,江苏省示范性县级教师发展中心评估组到云龙区现场考察验收。评估组听取云龙区政府创建工作汇报,查阅创建资料,对创建工作进行提问和质询,现场考察教师发展中心,观摩研修、专题剖析等活动,进行满意度调查和座谈、访谈。

【获评首批省基础教育装备示范区】 12月29日,云龙区被评为首批江苏省基础教育装备示范区。江苏省教育厅10月31日—11月3日,对云龙区创建省基础教育装备示范区进行现场考察评估。云龙区是徐州市首家省基础教育装备示范区。

【承办省全民终身学习活动周开幕式活动现场】 10月13日,云龙区承办江苏省暨徐州市全民终身学习活动周开幕式活动现场。江苏省教育厅副厅长曹玉梅带领代表们,考察云龙区老年大学、云龙区蝶梦社区,观看云龙区全民终身学习活动展板和“云龙大讲坛”活动现场,了解云龙区“医、教、康、养”四位一体融合发展的养老模式。

【承办省班队集体建设年会】 12月18—19日,云龙区承办江苏省少年儿童研究会班队集体建设专业委员会第八次年会。全省340多名少先队辅导员参加会议,观摩云龙区少先队品牌活动,调研动感中队社团阵地建设。江苏省少工委副主任、团省委中少部部长张志方,省社科联学会部部长夏东荣,团市委书记潘晓,云龙区副区长康宁出席开幕式。

【实施名师名科名校工程】 年内,云龙区教体局启动实施教育名师、名科、名校“三名工程”建设。评中小学正高级教师1名,高级教师17名,市级“三师”11名。承办国家、省、市级学科教学活动26场,获全国评优课一等奖2个,省基本功大赛一等奖1个,市评优课一等奖13个,市基本功大赛一等奖9个。4所学校被评为省课程文化项目实验学校,2所学校通过省前瞻性课题立项。

【启动新一轮教育学南通活动】 年内,云龙区教体局启动新一轮教育学南通活动。组织8批近百名校干、教师赴南通交流学习。邀请10余名南通教育专家开设讲座,全区教师5000余人次参与。

【召开教育督导委员会会议】 5月25日,云龙区召开教育督导委员会第三次会议。会议研究部署全国中小学校责任督学挂牌督导创新区创建工作,宣读第二届责任督学名单,部署2017年工作要点。副区长、区教育督导委员会主任康宁出席。

【开展首批“三师工程”评选】 11月,云龙区开展首批领军名师、带头优师、青年良师“三师工程”评选。经个人申报、单位推荐、评委会初审、公示、局党委会审议,评出云龙区首批领军名师6人、带头优师3人、青年良师12人。

【实施上海培训项目】 年内,云龙区教体局和上海市洪雨露名校长培养基地联合实施2个教师培训项目。上海精佰教育集团出资50万元,为云龙区实施“优秀辅导员高级研修班”“薄弱学校骨干教师能力提升培训班”2个培训项目。云龙区选派24名辅导员、12名骨干教师赴上海参加为期1周的培训。

【开展文明城市创建】 年内,云龙区教体局组织全区教育系统师生参与全国文明城市创建。区教体局开展“好事记录本”特色实践活动，“八礼四仪”“核心价值观情景剧”评比等活动，评选百个文明班级、百名文明好少年和十佳最美教师。按照省一类标准，在全市率先配齐心理辅导室。组织1000余名教师志愿者在全区8个街道参与创建。

【举办提升校长课程领导力研修班】 7月11—12日，云龙区教体局举办“实施‘三名工程’提升校长课程领导力”研修班。全区近60名中小学校长参加培训。上海市基础教育国际课程比较研究所博士刘茂祥、徐州市教育教学研究室李宾、云龙区教体局副局长曹璟出席开班典礼。

【举办校园足球联赛】 3月17日，云龙区“区长杯”校园足球联赛在黄山中心小学足球场举行启动仪式。省体育局青少年体育处处长李利、市教育局副局长葛宝堂、市体育局副局长佟倞扬、区政府副区长康宁出席。全区16所学校，48支代表队500余名运动员进行为期2个月的比赛。

【开展学前教育暑期培训】 7月2日，云龙区教体局开展学前教育暑期培训。培训主题是“游戏——点亮快乐童年”，邀请省教育厅基教处处长马斌作专题讲座。云龙区区属幼儿园园长和骨干教师180余人参加培训。徐州市教育局副局长李运生、基教处处长李进强出席。

【举办云龙大讲坛】 年内，云龙区教体局举办11场“云龙大讲坛”惠民讲座。区教体局以“云龙大讲坛”为平台，聘请专家，开设思想道德、健康养生、安全防范、家庭教育等方面惠民讲座，累计参与居民1900余人次。

【潇湘路学校投入使用】 9月1日，潇湘路学校建成投入使用。潇湘路学校占地2.1公顷，规划建筑面积4.9万平方米，总投资约1.9亿元，规划设计为九年一贯制学校，可满足小学48个班、中学42个班的使用需求。

【开展“最美教师”事迹宣讲活动】 6月16日，云龙区教育工会开展2017年“最美教师”事迹宣讲活动。活动评选出10名“最美教师”，300余名教师参加观摩。徐州市教育工会副主席田春传、徐州市电视台主持人李传明出席活动。

（撰稿：乔　雷　审稿：康　宁）

【三中云龙实验学校举行拜师结对仪式】 9月18日，三中云龙实验学校举行“青蓝工程”拜师结对仪式。34名教师结为师徒关系，学校给师傅颁发聘书，师徒双方共同学习《结对师徒职责》，签订责任书。

（撰稿：程雨鑫　审稿：胡学文）

【撷秀中学教师进驻一中云龙实验学校】 9月1日，4名撷秀中学教师进驻一中云龙实验学校。徐州一中和撷秀中学支持一中云龙实验学校发展。

（撰稿：贾祥梅　审稿：孙柏荣）

【新城实验学校初中部纳入一中云龙实验学校】 8月28日，新城实验学校初中部纳入一中云龙实验学校。新城实验学校初中部的教学业务、师德师风建设、教师队伍建设、学生行为规范等由一中云龙实验学校全面托管。云龙区副区长、教体局局长康宁作动员讲话，一中云龙实验学校校长孙柏荣、新城实验学校副校长韩立芹作表态发言。

（撰稿：刘素平　审稿：韩立芹）

【青年路小学省前瞻性项目立项】 6月12日，青年路小学江苏省基础教育前瞻性教学改革实验项目立项。在省前瞻性教学改革实验项目中，青年路小学实验项目“小学生自主发展评价系统的特色化建构与实践”以全省第二名立项。

（撰稿：邓　莹　审稿：刘　婷）

【公园巷小学教育集团名师工作坊揭牌】 4月26日，公园巷小学教育集团举行名师工作坊揭牌仪式。公园巷小学教育集团成立“紫藤”语文工作坊、“木香”英语工作坊，以工作坊为平台，推进教师发展。

（撰稿：张毅蕾　审稿：孟　敏）

【徐师一附小成为市少年军校总校】 5月27日，徐师一附小被共青团徐州市委、徐州市教育局、徐州军分区政治部命名为“徐州市少年军校总校”。学校每年定期组织学生参观学习军事知识,了解革命传统,开展国防教育主题队会,将国防教育引入课堂。

(撰稿:乞晓煜　审稿:叶　斌)

【解放路小学承办高峰论坛】 11月20日,解放路小学承办"大数据+智慧教育"融合发展基础教育高峰论坛。论坛由北京师范大学教学研究中心主办,内容为"中小学教育质量测评与精准教学指导",活动由现场展示、专家讲座、主题教研、课堂教学等环节组成。

(撰稿:苏　娅　审稿:朱晓梅)

【云兴小学教育集团承办省教学研讨会】 5月18日,2017年江苏省小学数学课堂教学改革成果交流研讨会在云兴小学城东分校举行。会议主题是"聚焦'学讲'行动计划,深化课堂教学改革"。全省400余名小学数学教师参加活动。省教科院副院长王国强,省教研室副主任董林伟、小学数学教研员郭庆松,苏教版小学数学教材主编王林,徐州市教育局副局长李运生、教研室主任何振国,云龙区副区长康宁、教体局副局长曹璟出席开幕式。

(撰稿:许　培　审稿:陈书强)

【民富园小学"省长杯"足球联赛获亚军】 8月5日,民富园小学女子足球队获"省长杯"青少年校园足球联赛亚军。民富园小学女子足球队先后获得"区长杯"和"市长杯"比赛冠军,代表徐州市参加在南京举办的"省长杯"比赛获得亚军,学校获团体一等奖。

(撰稿:李常伟　审稿:张保勇)

【黄山中心小学世界教育机器人大赛获奖】 11月19日,黄山中心小学在上海举办的世界教育机器人大赛(WER)2017赛季世界锦标赛上获奖。学校10名创客少年参加大赛,获一等奖5个、二等奖3个,三等奖2个。黄山中心小学创课社团成立于2016年。

(撰稿:原　媛　审稿:王保健)

【津浦西路小学"开笔礼"迎新生】 9月1日,津浦西路小学举办一年级新生"开笔礼"仪式。仪式以"童蒙养正开笔习文"为主题,为一年级60名新生"正衣冠""击鼓明志""朱砂启智""启蒙描红"。

(撰稿:王　威　审稿:赵红光)

【和平桥中心小学承办市3D打印现场会】 5月19日,和平桥中心小学承办徐州市首届3D打印进课堂现场会。和平桥中心小学作经验介绍,与会人员参观3D打印创客教室,观摩展示课教学。徐州市教育局教研室、电教馆以及徐州市科技局、科协相关人员参加活动。

(撰稿:郑　辉　审稿:王保全)

【汉桥小学实施"全阅读"课程】 11月1日,汉桥小学实施"全阅读"课程。汉桥小学把传统阅读与信息技术相融合,通过早读、午读、阅读课、阅读运动会、英语绘本配音大赛等活动建设书香校园。

(撰稿:张　瑜　审稿:赵　琦)

【王杰小学举办"童心园"课程现场会】 5月23日,王杰小学面向全区各校举办"童心园"课程现场会。学校向与会人员展示童心基础课程、童心拓展课程、童心探究课程,举行《童心园》校刊首发仪式。

(撰稿:刘昕鑫　审稿:王　锦)

【绿地小学举办青年教师教学研讨活动】 4月20日,绿地小学举办青年教师语文教学研讨活动。绿地小学以教学研讨锤炼青年教师基本功,实施青年教师粉笔字、普通话朗诵、信息技术应用、文本解读、课堂教学比赛等系列基本功过关培训。徐州市教研室教研员刘春、云龙区教师发展中心培训部部长刘梅及全区工作五年内的青年教师参加活动。

(撰稿:李欢欢　审稿:高　勇)

【潘塘中心小学加入徐师一附小教育集团】 8月,潘塘中心小学加入徐师一附小教育集团。学校名称保持不变,学校间独立管理。通过集团化办学,两校实施资源整合、资源共享和发展共进。

(撰稿:吴　萍　审稿:辛跃武)

【两山口小学开展安全教育月活动】 10月,两山口小学开展安全教育月活动。学校举行消防应急疏散演练，观看安全教育视频，通过主题班会、手抄报、黑板报等形式对学生进行安全教育。

（撰稿：魏　华　审稿：王新光）

【塘坊小学举办“快乐课程”展示比赛】 12月25—29日，塘坊小学举办“快乐课程”展示比赛。展示活动历时1周，学校社团太极柔力球、空竹、朗诵、跳大绳、踢毽子、纸艺和18个班级小课程全部进行成果展示比赛。

（撰稿：李　鹏　审稿：李　鹏）

【特教中心举行基地揭牌仪式】 5月17日，云龙区特殊教育中心举行第27个全国助残日活动暨基地揭牌仪式。云龙区特殊教育发展指导中心、徐州市儿童医院儿童康复协作基地、徐州医科大学麻醉学院志愿者服务基地、高中阶段职前教育基地在云龙区特教中心揭牌。徐州医科大学麻醉学院党委书记丛宁、徐州市儿童医院书记孙敦琇、云龙区政协主席李学东、云龙区副区长康宁出席。

（撰稿：朱　婧　审稿：盛淑琴）

【教育实验幼儿园开展全区研讨活动】 10月19日，云龙区教育实验幼儿园在区教师发展中心开展全区青年幼教团队研讨活动。研讨活动采取专家理论微倾听、教师经验微交流、全体研讨共参与的互动方式进行。教育实验幼儿园书记王凤云作主题研讨。江苏省幼教专家谈亚萍、云龙区副区长康宁参加。

（撰稿：王　璐　审稿：黄婉娟）

【店子教育幼儿园开展幼童保护活动】 11月1日，云龙区店子教育幼儿园开展“幼童保护”主题教育月活动。店子教育幼儿园经过集体备课、试讲、研讨，借助多种手段，从不同角度教育幼儿学会自我保护。

（撰稿：任　艳　审稿：邢传峰）

【翠屏教育幼儿园成为“国培计划”基地】 11月8日，翠屏教育幼儿园成为“国培计划”幼儿园教师培训项目实践基地。徐州幼儿师范高等专科学校承办的“国培计划”幼儿园教师培训项目实践基地授牌仪式在翠屏教育幼儿园举行。徐州幼儿师范高等专科学校党委副书记马玲、院长张文枚、副院长李强，云龙区教体局副局长陈红艳，新疆80余名国培班学员参加活动。

（撰稿：李迪迪　审稿：刘　宁）

【惠民教育实验幼儿园获评省教育质量评估与提升项目园】 5月31日，惠民教育实验幼儿园被评为江苏省首批幼儿园教育质量评估与提升项目园。惠民教育实验幼儿园自下而上收集教师专业发展困惑，形成教研计划，再进行任务分解，形成大小教研组主题，开展“游戏活动中教师观察的有效站位”“区域游戏中教师的观察与指导实践”等多次教研活动，提升保教质量。

（撰稿：刘晓青　审稿：付袁明）

【潘塘教育幼儿园被命名为省课程游戏化项目园】 5月27日，潘塘教育幼儿园被命名为江苏省2017年幼儿园课程游戏化项目园。潘塘教育幼儿园突出“贴近自然，让课程追随幼儿需要”的办园特色，经选择主题、申报方案、完善材料，通过市级、省级演讲答辩。

（撰稿：郭　静　审稿：孙晋玲）

【孙店教育幼儿园承办市“园园行”活动】 12月26日，孙店教育幼儿园承办徐州市课程游戏化“园园行”活动。江苏省幼教专家，市、区幼教干部和幼教骨干100余人参观幼儿园环境，观摩幼儿游戏、自主用餐等。

（撰稿：王　嫱　审稿：陈春生）

【云龙区幼儿园获市少儿春晚节目一等奖】 1月4日，云龙区幼儿园获徐州市“我最喜爱的少儿春晚节目”评选一等奖。云龙区幼儿园舞蹈《小鸡，小鸡》参加徐州广播电视台少儿春节联欢晚会，在“我最喜爱的少儿春晚节目”评选中获奖。

（撰稿：丁　红　审稿：周　泓）

2017年云龙区各级各类学校基本情况表

表18

学校名称	班级数（个）	在校生数（人）	毕业生数（人）	招生数（人）	教职工数		学校领导			
					计（人）	专任教师（人）	校长	副校长	书记	副书记
三中云龙实验学校 （二十九中、三十中）	29	1204	290	475	95	87	胡学文	孔令明　陈士刚 方　强	胡学文	陈士刚
一中云龙实验学校 （潘塘中学）	20	861	224	383	70	68	孙柏荣	韩启明　魏天兵	孙柏荣	韩启明
新城实验学校	32	1304	151	311	85	79	申晓辉 （—8月）	韩立芹（主持，8月—） 曹　锋（—8月） 曹玉林 张　平（8月—） 张世来（8月—）	申晓辉 （—8月）	靖广清 （—8月）
青年路小学	120	5938	727	1210	313	311	陈红艳 （—3月） 刘　婷 （3月—）	宋　梅　王济红 王光辉　张忠艳	陈红艳 （—3月） 刘　婷 （3月—）	宋　梅
公园巷小学	48	2059	307	314	109	107	郭爱英 （—3月） 孟　敏 （3月—）	张春华 程　午（—8月） 卓　宁　张继红 张毅蕾（8月—） 王　莉（8月—）	郭爱英 （—3月） 孟　敏 （3月—）	张春华
潇湘路学校	20	800		344	42	41	孟　敏 （8月—）			
徐师一附小	47	1964	281	308	104	103	叶　斌	辛跃武（—8月） 邱　黎　张红霞 袁玮玮	叶　斌	邱　黎
经十路小学	21	841		317	45	45	叶　斌	辛跃武（—8月） 段学良（8月—）		
解放路小学	59	2635	467	415	139	138	朱晓梅	刘淑艳（—8月） 王永秋（8月—） 罗吉波　王存义 张毅蕾（—8月） 刘　澄（8月—） 雷慧敏（8月—）	朱晓梅	王永秋 （8月—）
新元小学	23	956	68	267	53	53	朱晓梅	罗吉波		
云兴小学	56	2620	454	451	138	135	刘　婷 （—3月） 陈书强 （3月—）	赵　莉　郑晓薇 王效胜	刘　婷 （—3月） 陈书强 （3月—）	许　培
云兴小学城东分校 （华润小学）	50	2339		846	124	120	刘　婷 （—3月） 陈书强 （3月—）	郑晓薇		
民富园小学	52	2746	376	489	145	141	张保勇	李正山（—8月） 李常伟	张保勇	

续表18-1

学校名称	班级数（个）	在校生数（人）	毕业生数（人）	招生数（人）	教职工数		学校领导			
					计（人）	专任教师（人）	校长	副校长	书记	副书记
黄山中心小学	60	2955	374	446	156	151	王保健	孙孝惠　唐红莲 赵　琦（—8月） 董昌民（—8月）	王保健	孙孝惠
津浦西路小学	12	465	74	55	25	24	王　锦（—3月）	赵红光（主持，3月—） 邓正兰　张　健	王　锦（—3月）	赵红光（3月—）
和平桥中心小学	16	715	122	76	42	37	陈书强（—3月） 王保全（8月—）	李鹏（—8月） 吕　岩 冯义滨（8月—）	陈书强（—3月） 王保全（8月—）	
汉桥小学	18	769	145	89	41	40	王永秋（—8月）	段学良（—8月） 赵　琦（主持，8月—） 杨国霞	王永秋（—8月）	赵　琦（8月—）
王杰小学	24	1070	186	159	57	56	孟　敏（—3月） 王　锦（3月—）	于冬梅　沈　毅	孟　敏（—3月） 王　锦（3月—）	
绿地小学	51	2437	321	422	129	128	高　勇	赵红光（—3月） 杨　进	高　勇	申晓辉（8月—）
潘塘中心小学	61	3043	336	583	161	153	辛跃武（8月—）	陈思明（主持，—8月） 王建忠（—8月） 李永君（—8月） 魏天磊 张　毅（8月—）	石　杰（8月—）	陈思明（—8月）
两山口小学	6	207	24	39	20	19	石　杰（—8月）	王新光（主持，8月—）	王新光	
塘坊小学	18	788	98	159	42	39	康进才（—8月） 李　鹏（8月—）	张朝廷（—8月） 李永君（8月—）	康进才	
云龙区特殊教育中心	8	80	12	24	16	15	盛淑琴	黄　利	盛淑琴	
云龙区教育实验幼儿园	10	269	80	72	38	20	王凤云（—8月） 黄婉娟（8月—）	黄婉娟（—8月）	王凤云	付袁明
云龙区幼儿园	7	192	70	57	31	14	周　泓			
店子教育幼儿园	6	173	70	49	26	12	邢传峰（8月—）	邢传峰（—8月）		
翠屏教育幼儿园	8	243	7	16	31	18	刘　宁			
惠民教育实验幼儿园	14	412	149	122	54	31	付袁明（8月—）	付袁明（—8月）		
孙店教育幼儿园	6	145	29	25	25	12	陈春生			
潘塘教育幼儿园	6	162	70	42	25	12	孙晋玲			

（乔　雷）

局长、党委副书记　刘永光（1—3月）
赵智红（4月—）
党委书记　刘永光（4月—）
党委副书记　李　文（1—4月）　张　文（1—4月）
纪委书记　李　政（1—9月）
副局长　刘文琪　王彦飞　刘海澎

【概况】　2017年，鼓楼区有各级各类学校24所（不含幼儿园），其中，小学19所，中学4所，特教学校1所。全区中小学在校生29873人，其中，初中2818人，小学26917人，特教学生138人。全区幼儿园40所（其中民办幼儿园31所），在园幼儿9447人。义务教育阶段入学率100%，初中巩固率100%，学前三年幼儿入园率100%。全区教职工2075人，其中专任教师1966人。教师学历合格率初中、小学、幼儿园均100%。全区有省特级教师14人，名师名校长58人。

2017年，全区有示范初中1所，省现代化学校21所，省市优质幼儿园39所，省市模范学校3所，省特殊教育现代化示范学校1所。全年投入教育经费3.82亿元。

【"三联三化"活动扎实开展】　2017年，鼓楼区教体局开展"三联三化""双抓双促"、离退休干部集中走访帮扶活动。局党委组织机关党员干部对包挂学校、居民和企业项目进行走访，倾听群众呼声，反映群众的诉求，及时帮助师生员工、群众和企业解决实际问题60余件。为九里社区图书馆捐赠图书5000余册，为九里社区、孤山社区申请安装计划外健身路径2套、篮球架设施1套。

【清理整顿无证幼儿园】　2017年，鼓楼区委、区政府成立无证幼儿园清理整顿工作领导小组，制定《鼓楼区无证幼儿园清理整顿工作方案》，建立清理整顿无证园长效管理机制。区政府与各街道办事处签订《无证幼儿园清理整顿及长效管理目标责任书》，召开5次专项工作会议。区委区政府督查室、综治办、教体局对无证园摘除门头、字号，进行5轮清理督查。区清理整顿工作领导小组22家成员单位对无证幼儿园进行6轮执法检查，下发3批《现场检查反馈意见书》，审核各类整改佐证材料150余份，发布7期工作简报，取缔无证园12所。把24个看护点统一纳入4个协作组参加业务活动，提升了看护点保教水平。

【举办于永正教学思想高峰论坛】　5月，"儿童的语文：于永正教学思想高峰论坛"在徐州市鼓楼区举行。活动由江苏省教学学会、徐州市教育局主办，江苏省于永正语文教学研究所、徐州市鼓楼区教育体育局承办。开幕式上，市教育局局长吴昊致辞，于永正作题为《我对"儿童的语文"的思考》的报告。省教育学会会长杨九俊对"儿童的语文"教学思想进行全面评价，并与吴昊为"徐州市于永正语文教学研究推广中心"揭牌。福建师范大学院长余文森、上海师范大学教授王荣生、北京师范大学教授张秋玲、原《山东教育报刊社》主编陶继新先后作主题报告。区教体局副局长刘文琪作研究所工作汇报，教授陆志平总结发言，并对下一步的研究工作提出指导性意见。

（撰稿：查晓红　审稿：赵智红）

【拓展辅导员思维碰撞新领域】 2017年，鼓楼区少工委坚持定制性、伙伴性、共享性和可操作性四个基本原则，为辅导员老师倾心打造"3NC"交流培训平台，开启辅导员思维碰撞新领域。交流平台的分享主题为3NC：NewChange新改变，NewChallenge新挑战，NewChance新机会，以沙龙、讲座、网络互动为参与方式，让新老辅导员分享工作中的苦与乐，努力做到"三个一"，即解决一个问题、分享一条经验、推荐一篇文章，让辅导员们轻松工作、智慧生活。年内进行2次专题交流培训活动。

（撰稿：马　媛　审稿：赵智红）

【成立未成年人成长指导中心】 1月，鼓楼区未成年人成长指导中心成立。中心聘任28名具有专业资质的心理咨询师，每天下午3:30—5:30面向社会及家长开放，接受学生家长的面询和电话咨询、网络咨询。年内，接受咨询500余人次。中心还深入学校指导学校开展心理健康教育活动，开展心理健康团体辅导活动50余次，深受学生老师的欢迎。

（撰稿：辛　浩　审稿：赵智红）

【完善教师专业发展评价体系】 2017年，鼓楼区教体局不断完善教师专业发展评价体系，建立多元开发评价机制。启动区级"领军名师、带头优师、青年良师"评选，评选领军名师20名、带头优师30名、青年良师50名。开展教师素养基本功大赛，以评促建，以赛促进，为队伍专业发展提供更多平台。建立数字化教师专业发展支持系统，教师可在系统中随时积累专业成长实绩，制订发展规划，提出发展需求。针对五年内新招聘教师建立新教师发展评价体系，启动"启航计划"，建立长效培养机制，明确五年成长目标，定向打造，重点培养。采用政府购买服务的方式引进聘用教师，由区政府牵头，联合区编办、人社局、财政局等部门，出台《合同制教师管理办法》，做到"三个明确"，即明确合同制教师的招聘办法和录用机制、明确合同制教师的考核途径和考核主体、明确合同制教师工资增长机制和福利待遇。将合同制教师纳入干部聘用、职称评定、评优评先范围。

（撰稿：张春燕　审稿：赵智红）

【学南通工作扎实推进】 2017年，区教体局精选24名骨干教师赴南通跟岗交流，组织2批80余名校干开展专题交流活动。11月14—15日，局长赵智红、副局长刘文琪赴崇川区和海安县海陵中学看望跟岗学员，并听取学员们专题汇报。开展"学南通项目引领学校发展"专题活动，成功立项25个，其中，省级立项4个，市级立项7个。举办学南通工作汇报会，组织项目研究创新成果奖评比。

（撰稿：李洪涛　审稿：赵智红）

【学校建设成效突出】 2017年，鼓楼区按照《徐州市区2012—2020年小学专项规划》，共新建小学4所，约占地13.8公顷，建面7.6万平方米，投入资金约3.36亿元。新建学校分别为北辰小学、白云山小学、苏宁悦城小学、九龙湖小学。北辰小学位于三环北路以北，经适房五六期以西，建设用地1.47公顷，建筑面积1.83万平方米，新建8轨48班，项目总投资约7560万元，9月投入使用。白云山小学位于响山路以北，锦绣滨湖以西，占地面积约1.3公顷，建筑面积1.08万平方米，新建6轨36班，9月投入使用。幸福家园小学完成改扩建，约占地0.87公顷，建面0.6万平方米，投入资金约2000万元。

（撰稿：杜雪峰　审稿：赵智红）

【第二十四中学成立心理咨询工作室】 9月，徐州市第二十四中学由德育处、学生会及校心理咨询师联合组建的心理咨询室挂牌成立。工作室开展心理健康课程教育，举办多种心理健康讲座和团体心理辅导活动，如"新生入学适应新校园""青春期心理特点""升学减压"等，教育学生保持良好的生活心态，建立和谐的人际关系，正确对待各种压力，对学生的身心发展起到良好的引导作用。

【第二十四中学课程建设接受省级验收】 1月12日，省教育厅专家对二十四中“基于学习能力培养的初中语文课程建设”项目进行全面评估验收。学校先后建成书法教室、名师工作室、语文电子阅览室、语文课程研发中心，完成诚信长廊、诚信文化广场、诸子百家长廊等多个校园文化建设项目，开展课本剧表演、演讲比赛、辩论现场等丰富多彩的校园活动。专家组对学校“三学一测”语文课堂模式以及语文课程建设与德育融合渗透给予较高评价，对学校多角度、多层次开展语文阅读能力诊断及建构评价体系予以好评。

（撰稿：沐来银　审稿：周　伟）

【二十六中举行青春仪式暨艺术节活动】 2017年，徐州市第二十六中学开展“多彩校园·魅力青春”青春仪式暨第十一届校园文化艺术节活动。活动由书画展示、师生表彰、文艺会演三部分组成，展示学校教育教学硕果，体现二十六中“以生态化教育、情商教育相结合的教育可持续发展”的育人理念。

（撰稿：刘　起　审稿：王彦飞）

【三十八中获市教育系统先进单位称号】 9月，三十八中被徐州市教育局授予徐州市“学讲”先进单位称号。学校以“强身体，强精神，明责任，求卓越”的工作和学习态度，践行追求卓越的学校精神，教师团结奋进，学生文明乐学，展现昂扬向上的精神风貌。

（撰稿：彭素芹　审稿：王秀敏）

【九里山实验学校推进集体备课】 2017年，九里山实验学校扎实推进集体备课活动。学校整合成立6个教研组，确定每周文、理科集体备课时间，每个教研组安排校干全程参与各项活动。各教研组充分发挥学科带头人和骨干教师作用，通过学习课程标准，钻研中考说明，研讨省内13市中考试题，立足学情，研究教法，设计练习，切实提高集体备课实效。

（撰稿：吴　峰　审稿：孙从旭）

【民主路小学打造省级书香校园】 4月，民主路小学被江苏省教育厅评为书香校园建设示范点。学校构建“经典诵读”的校本阅读体系，在不同年级，将经典童话寓言、名家名篇名著、经典古诗词纳入校本课程，使学生在诵读过程中，滋养精神世界，培育家国情怀。3月，学校被江苏省中小学教学研究室评为传统文化与中小学古诗文教学研究项目基地学校。学校利用大厅、走廊、过道打造多处“小书虫驿站”，全方位摆放图书，使学校成为处处有书的“大图书馆”。

【民主路小学入选中华艺术传承校】 12月27日，教育部体卫艺司公示全国中小学中华优秀文化艺术传承学校，民主路小学榜上有名。学校将中华优秀传统艺术作为美育的重要组成部分，融入学校教育全过程，把书法、陶艺、剪纸作为文化艺术传承的主要课程推广。充分利用省市专家、非遗传承人、艺术教师资源，通过社团活动、走班选修课程、艺术节等形式将书法、陶艺、剪纸项目在全校普及推广。学生的书法、泥塑、剪纸等作品先后赠送美国、德国、英国、加拿大、澳大利亚等多所友好学校。

（撰稿：王　芬　审稿：周　娅）

【鼓楼小学获全国篮球特色校园称号】 11月21日，教育部网站公布第一批全国青少年校园篮球特色学校名单，鼓楼小学被确定为首批篮球特色学校。鼓楼小学篮球队成立于1985年，在省市各级各类比赛中取得好成绩。学校扎实开展阳光体育活动，重视学生全面发展，将篮球运动作为特色校本课程认真落实。

（撰稿：王新明　审稿：郑　虹）

【鼓楼小学承办区综合实践活动现场会】 5月，鼓楼小学承办鼓楼区综合实践活动现场会，40个班级展示综合实践活动。实施综合实践活动是学校智慧教育的重要组成部分。学校基于科学教育特色进行课程开发，通过项目研究开展综合实践活动，让学生学会在探究和实践中学习知识，打通学科知识界限，改变学习方式，培养创新精神和实践能力，深入推进课程改革。

（撰稿：刘雪红　审稿：郑　虹）

【大马路小学成为省品格提升工程项目单位】 2017年，大马路小学“‘全景式自主体验’德育范式的构建与实施”通过答辩，成为首批江苏省品格提升工程项目单位。儿童社会化的关键在于学会做人，全景式自主体验德育范式构建出的全方位、全视角的德育场域，让学生有机会去品味生命的五味杂陈与奇妙之处，丰富的体验活动触动学生心灵，交流与分享对生命真谛与文明精髓的感悟。

【大马路小学获评省教科院科研基地学校】 2017年，江苏省教科院公布科研基地学校名单，大马路小学名列其中。在6月和12月举行的两次基地学校活动中，学校多名教师参与现场的学习交流，校长高乃国就学校落实核心素养的课堂教学改革“自主习得教学模式的研究与实践”向大会作汇报，刘芳执教英语绘本课《Tadpoles》，王茜执笔完成的《“指向核心素养的语文课堂教学变革研究”的文献综述》参加大会交流，陈雯雯应邀在科研协作活动中作语文主题研究课专家点评。

（撰稿：王银娣　审稿：张　艳）

【大马路小学入选省STEM教育项目实验学校】 年内，大马路小学顺利入选2017年STEM教育项目实验学校。学校坚持开展多学科联动的项目课程的研究，学生在开放的学习环境中保持着强烈的好奇心，善于自主提出问题，借助合作解决问题。

（撰稿：袁　晋　审稿：张　艳）

【中山外国语实验学校英语教学获省级成果奖】 9月，中山外国语实验学校英语教学成果《信息技术支撑下思维导图助力英语课堂》获江苏省教学成果基础教育类二等奖。学校结合徐州市“学讲计划”，以思维导图在英语课堂教学中运用研究为抓手，关注学生思维力，注重教学经验的梳理、风格的凝练、特色的发展，在研究中积极应答教学改革中面临的问题，形成个性化的“学讲”表达。思维导图研究成果多次代表区、市在省级平台汇报和展示。

（撰稿：陈　娟　审稿：曹红梅）

【中山教育集团白云山小学开展“启程课程”研究】 9月起，中山教育集团白云山小学进行“启程课程”的实践探索。学校围绕“启程”开展丰富多彩的社团活动，融入语文、数学、艺术、体育等学科教学，结合传统节日设置各类特色课程，学生在看看、说说、玩玩、做做的过程中，感受和体验学习、实践和探索的无限乐趣。“启程课程”基于儿童的立场，了解儿童的需要，创设适合儿童成长的环境，为学生们提供展现自我的平台。

（撰稿：王　芳　审稿：曹红梅）

【八里小学“以美育人”提升学校品质】 5月，八里小学依托“美育人生”项目建设。提升学校品质。学校实施“五美”工程，即建设尚美校园、开发尚美课程、建构尚美课堂、塑造尚美教师、培育尚美学生，把尚美文化建设的内容渗透到学校制度、课程建设、德育工作、校园活动、校园环境等各个方面，探索形成“以美育重构审美的学校生活，让学校教育走向美学境界”的发展路径。

（撰稿：沈秋月　审稿：袁国丽）

【八里小学创立“经笥学堂”】 2月，八里小学创立“经笥学堂”文化品牌。每周二“经笥学堂”诗文赏析15分钟，全校师生共同品味诗韵。老师们结合季节、节气、节日、人物等进行诗歌归类，把所教诗歌编写成适合学生们的讲稿，制作配套的PPT，师生共同达赏析，成修德与文化浸润的双重目标。

（撰稿：赵亚珠　审稿：袁国丽）

【星源小学创客教育获全国大奖】 2017年，星源小学创客教育获多项全国大奖。创客小组成员陈朱恒、金梁珂参加第十五届全国中小学信息技术创新与实践大赛获“智能机器人航天计划”项目一等奖；由陈星宇、刘泽霆、刘泽震3名同学组成的代表队获徐州市“FEG”智能无人车项目小学组冠军、全国“FEG”智能无人车项目二等奖。教师王可斌获优秀指导教师称号。

【星源小学被评为省节水型学校】 10月，星源小学经徐州市水利局、市教育局审核和省水利厅等部门组织复核，被评为江苏省节水型学校。学校重视节水教育，将“节水”与课程建设相结合，与环保教育相结合，与学生的社会实践活动相结合，做到校园节水工作常态化、制度化，提高和增强了广大师生的惜水、爱水、节水意识。

（撰稿：满田田　审稿：黄宏珍）

【东华小学实施“基于幸福教育的花毽课程建设”】 2月，东华小学确定“基于幸福教育的花毽课程建设”作为鼓楼区基础教育改革实验项目。花毽课程建设立足于学校“幸福教育”校本研究。学校努力创设校园花毽氛围，花毽运动纳入学生活动课程，定期召开花毽达标运动会，利用社团提升学生花毽运动水准。学科教师明确研究方向，聚焦课程主题，创新融合方式。10月，项目通过中期评估。

（撰稿：邹　凯　审稿：张志刚）

【兴北小学开展传统文化进校园活动】 2017年，兴北小学开展传统文化进校园活动。学校通过对校园环境整体规划、分布打造，形成校园民俗体育文化氛围，营造阳光体育民俗特色文化。开发阳光体育民俗特色文化课程，挖掘传统民俗文化精粹，打造“一人一技，一人多技”活动品牌。

（撰稿：孙　蕾　审稿：王　晶）

【下淀小学“培育终身阅读者”项目立项】 5月，下淀小学“培育终身的阅读者——儿童全学科阅读能力提升的策略”获得鼓楼区项目立项。学校成立由校长任组长的项目研究领导小组，全学科教师参与项目研究，聘请专家引领，结合中华传统节日、德育主题活动等契机，举办校园读书节，推进学生经典诵读、班级借阅，班级图书角及班级文化建设，通过全学科教师推荐特色书单、师生共读等日常活动，培养学生自主学习的能力。

（撰稿：史小千　审稿：李　伟）

【王场小学举办书法作品回顾展】 5月26日，王场小学书法教育20年作品回顾展在学校操场举行，百幅师生书法作品获社会各界好评。回顾展活动邀请100多名社会各界人士参加。王场小学为江苏省书法教育特色学校、中国写字教学特色学校。校藏学生优秀书法作品1000多幅，书法碑廊镌刻70多幅。学校多次接待省内外各界人士参观学习，为社会输出2000多名小书法家。

（撰稿：陆　巍　审稿：于冬梅）

【祥和小学特色文化获省优】 1月7日，祥和小学在江苏省小学特色文化验收中获优秀等次。祥和小学深入研究“祥和文化”特色项目建设，进行课程整合，形成以“善能、善博、善创”为主要内容的“至善课程”体系。开发“二十四节气”项目主题课程、“一字一世界”综合实践课程和传统文化视野下的研学旅行课程。设计丰富多元的寒暑假和小长假综合实践作业。12月7日，“至善课程的整体建构与实践探索”在全省小学特色文化建设项目观摩交流活动中作专题汇报。

【祥和小学被命名为省体育传统项目学校】 3月，祥和小学被命名为江苏省体育传统项目（足球）学校。3月，校足球队在“区长杯”足球赛中获三个组别的冠军。6月，在“市长杯”足球比赛中U9女队获冠军。8月，代表徐州市参加“省长杯”足球比赛获第八名。

（任　焱）

【生态园小学省中小学跆拳道比赛获奖】 8月4—6日，生态园小学在2017年江苏省中小学跆拳道精英赛中获团体总分第一名。比赛在矿业大学南湖校区体育馆举行，江苏省各地1000多名青少年跆拳道运动员参加比赛。比赛由江苏省教育厅，江苏省学生体育协会主办，徐州市鼓楼生态园小学承办。比赛设幼儿组、少儿组、少年组、青少年组。

【生态园小学获省智力竞技一等奖】 12月，生态园小学科学社团在2017年省“金钥匙”校园之间智力竞技活动中获一等奖。学校科学社团鹿存深、周侦阳、赵建博3名同学参加综合素养测试和快乐动手题的比赛，获江苏省一等奖。

（撰稿：宋　娜　审稿：刘起化）

【煤港路小学市主题征文比赛获奖】 4月，煤港路小学校在徐州市中小学生“文明城市你我同行”主题征文比赛中获佳绩。煤港路小学以文明创建活动为契机，以养成教育为抓手，开展内容丰富、形式多样、富有实效的文明礼仪活动。在征文比赛中，有15名学生分获一、二、三等奖，6名教师获得优秀指导教师奖。

（撰稿：马瑜苹　审稿：李芙蓉）

【民主实验学校新生家长岗前培训】 8月20日，民主实验学校召开新生家长岗前培训会。2017级新生家长岗前培训会，是民主实验学校“家长学堂”第一次活动，学校邀请徐州知名教育专家左兆军和省特级教师刘杰从“培养孩子独立生活的习惯、重视培养孩子的运动习惯”“如何做智慧型的家长”等方面对家长进行培训。参加培训的家长均获得继续教育2学时。家长的学时证明学期末放入学生的成长档案。

（撰稿：袁　涛　审稿：陈　芳）

【民主实验学校推出“好玩的课程”体系】 2017年，民主实验学校着手研究“好玩的课程”体系。学校强调，课程设计以“趣”为出发点，教学方式凸显“玩”元素，教学组织富含“智”因子。学校以培养学生的核心素养为目标，尊重孩子好玩的天性，从课程的综合性、选择性、生活化、活动化出发，初步推出十大类“好玩”校本课程，包括拆装、魔术、面塑、最强大脑、吟诵、机器人、3D打印、生存、戏剧、发明课程，包含语文、数学、科学、体育、劳技、美术、音乐、品德、人文十大类教学内容。

（撰稿：袁　涛　审稿：陈　芳）

【兴东实验学校开展“多元智能课堂建设”研究】 2017年，兴东实验学校开展“多元智能课堂建设的研究与实践”项目研究。学校不断丰富多元智能理论内涵，建立项目研究支持系统，即多元智能教学的教研——系统分析教研法；集体备课进行“预习单、学情分析与学案一体化设计”，形成合理的多元智能课堂教学目标；实行基于问题解决的板块式教学模式，精简多元智能课堂活动的数量；重建课堂教学结构，推动学生深度学习发生。学校获徐州市“学讲”先进集体、徐州市科学教育综合示范校称号，近1000名师生在各类比赛中获奖。

（撰稿：张忠诚　审稿：车炼红）

【玉潭实验学校推进“青蓝工程”实施】 2017年，玉潭实验学校继续推进“菜单式校本培训的实践探索”项目研究，引领青年教师成长，实施新老教师帮扶结对的“青蓝工程”。充分发挥骨干教师的辐射、引领作用，落实青年教师成长规划行动，为青年教师量身打造发展计划，建立个人发展档案。通过各种途径，提升教师教学素养。年内，5名教师获省、市级论文一等奖，6名教师获区级优质课一等奖。

（撰稿：曹艳梅　审稿：陈　亚）

【牌楼培智学校参与省基础教育改革重大研究项目】 11月3—7日，在常州举办的江苏省第六届智障教育发展研讨活动暨江苏省基础教育前瞻性教学改革重大研究项目启动会上，徐州市牌楼培智学校获得“培智学校网络课程生活适应三百课”的实验研究项目。牌楼培智学校在研究项目中主要负责设计制作“学校生活”版块的教学资源、案例、课例。学校教师梁波、梁堃参与项目培训及课堂研讨活动。

（撰稿：吴振宇　审稿：张延珍）

【万科分校将学校办成学生乐园】 2017年，万科分校致力于守护童心，让儿童快乐生活，让学校成为孩子幸福的乐园。学校优化育人环境，“晒吧”“看吧”精彩呈现，功能室、楼廊实用美观。丰富教育内涵，周末读书会每周如约而至，社团活动每天异彩纷呈。创新教育形式，“百日闯关”激发乐学兴致，“雪花课程”发掘善学能力。着眼儿童成长，“十件礼物”饱含老师的殷殷期盼，“校园宝贝”陪伴孩子快乐童年。建校一年多，学校呈现良好的发展态势。

【万科城民主小学少先队“体验活动”课程化】 2017年，万科城民主小学少先队大队部探寻和确立“体验活动”课程体系。努力开发仪式类、节日类、实践类三大课程，整体提升少先队员生活品质。仪式类课程包含开学仪式、入学百日仪式、成长仪式、入队仪式等；节日类课程包含中秋节、元宵节、清明节传统节日体验以及各类主题节日活动课程；实践类课程包含“雪趣—堆雪人打雪仗”室外体验课、“雏鹰”假期中小队活动、红领巾社团。

（撰稿：张　彤　审稿：裴心连）

【北辰小学美术课搬进博物馆】 1月23日，北辰小学师生到龟山民博馆体验别样的美术课。师生参观萧龙士艺术馆、驷德堂厅、博藏雅集厅、古玩杂项厅、古陶溢彩厅，民博馆老师为同学们上一节“博物馆里的美术课”，通过讲解古代陶艺艺术魅力、博物馆收集趣事、课本中的馆藏文物等，使学生增长知识，提升审美能力。学校致力于开放办学，注重开发指向学生素养的多元课程，以丰富的课程让学生得到更多美的的熏陶和滋养。

（撰稿：张　俊　审稿：高乃国）

【鼓楼实幼承办市学前教育教研工作现场会】 10月12日，徐州市学前教育教研工作现场会在鼓楼区实验幼儿园举行。江苏省教育厅基教处副处长殷雅竹、省研学中心专家孙莉莉出席会议，市、区教育部门相关领导及各区县教研员、鼓楼区园长60余人参加会议。与会专家针对市、区和幼儿园三个层面教研计划的制订进行细致指导，围绕幼儿园教研工作长期规划、教师教研意识树立、基础性教研工作开展等问题，展开交流与讨论。

（撰稿：孙　磊　审稿：郭　婷）

【朱庄幼儿园举行文艺会演】 5月20日，朱庄中心幼儿园举行“家园共庆”文艺会演。活动以幼儿园与家庭共育为主题，通过“亲亲宝贝”“家长秀”“童声中的校园”“教师靓舞”等活动，展示学校办园特色和亮点。小朋友们认真表演，家长们密切配合，老师们才艺展示，在欢乐祥和的环境中孩子们得到教育。

（撰稿：刘　静　审稿：李玉侠）

【下淀幼儿园挖掘地方资源开发园本课程】 2017年，下淀幼儿园挖掘周边地方资源，开发适宜性园本课程，深度实施课程改革。幼儿园成立课程审议项目教研组，以园长和业务骨干担任领头人，带领全体教师展开周边资源调查和课程研发。年内，审议“物资市场”“白云山公园”“六朝松面粉厂”“高架桥”等课程资源和内容，融入主题课程的开发实施中，其中“微种植”“管之乐”园本课程实施汇报得到市、区教研室充分肯定。

（撰稿：车远侠　审稿：孔　苒）

2017年鼓楼区各级各类学校基本情况表

表19

学校名称	班级数（个）	在校生数（人）	毕业生数（人）	招生数（人）	教职工数		学校领导			
					计（人）	专任教师（人）	校长	副校长	书记	副书记
二十四中	12	381	99	119	56	54	周　伟（主持工作）	师忠雷　单劲松		周　伟
二十六中	28	1162	367	426	111	101	王彦飞	相裕周　李　东	姜夕伟	
民主路小学	65	3178	487	516	169	169	周　娅	梁玉华　王晓红 刘　彤　王　芬	刘红艳	
鼓楼小学	62	3084	506	487	167	167	郑　虹	刘雪红　王兆梅 张　婷	肖素萍	
大马路小学	53	2618	371	418	142	142	张　艳	吴　蕾　黄春娟 蒋　杰 卢海燕 （副校级工会主席）	孙荣平	
中山外语学校	30	1313	197	210	77	77	曹红梅	吕　艳　王　霞 唐媛媛	杨晓红	
星源小学	42	1630	265	211	98	98	黄宏珍	赵小艳　满田田	秦　强	
兴北小学	16	524	73	62	36	35	王　晶	彭　莉　张　勇	杨　晶	
下淀小学	21	746	94	104	50	50	李　伟	孟淑凤　孙昌明 孟桂芹	赵继平	
王场小学	26	933	131	175	56	56	于冬梅	汪桂荣　于桂斌 陆　巍　张　东	蒋福长	
祥和小学	35	1429	142	246	78	78	任　焱	王曼丽　周　亚 张　倩	马家纯	
东华小学	14	482	61	67	34	34	张志刚	周　伟　高慧娟 徐　玮　邹　凯	陈　艳	
煤港路小学	30	1223	130	212	71	71	李芙蓉	夏红刚　袁　勇 陈锦营	朱冰娟	
八里中心小学（含阎窝分校）	33	1183	179	192	79	79	袁国丽	郑　军　宋　蓓	刘金伟	
大马路小学生态园分校	50	2414	303	435	131	128	刘起化	徐　真　王　勇 郑苏楠	夏雪梅	
民主实验学校	32	1209	88	196	76	76	陈　芳	乔　晶　吴蒙蒙 石　岩　袁　涛 马夫玲　宗　新 李敬瑾	张保卫	
兴东实验学校	28	992	136	154	56	56	车炼红	唐忠阳	王　莹	
牌楼培智学校	9	138	0	14	19	18	张延珍	张宜刚	林春丽	

续表19-1

学校名称	班级数（个）	在校生数（人）	毕业生数（人）	招生数（人）	教职工数		学校领导			
					计（人）	专任教师（人）	校长	副校长	书记	副书记
三十八中学	20	809	206	364	140	135	王秀敏	惠正义　晁代华 孟　杰　刘永柱	李令军	
九里山实验学校	46	1754	384	373	83	81	孙从旭	戚丽丽　吴　峰	杜文建	
北辰小学	7	209	0	120	14	14	高乃国			
白云山小学	4	137	0	137	12	12	陈　娟	范业鹏		
玉潭实验学校	40	1855	286	236	112	111	陈　亚	杨曙光　侯　平	张洪卫	
民主万科	15	470	0	206	26	26	裴心连	冯　慧		
实验幼儿园	16	476	140	150	64	31	郭　婷	孙　磊　张　晶	郭　婷	
朱庄幼儿园	13	380	147	125	49	25	李玉侠	刘　静	史诚明	
下淀幼儿园	8	238	110	75	33	19	孔　苒	车远侠		

（李洪涛）

局长、党委书记　王　建
党委副书记、纪委书记　张广建
区政府教育督导室副主任　杨友明（1—5月）
陈　湘（1—9月）
王士平（局副主任科员9月起负责督导室）
副局长　程晓燕　周少华　郑旭言　傅惠文
教育工会主席　常　雨
监察室主任　张　军（1—5月）（6月该室撤销）
教师发展中心主任　陈　湘（9月—）

【概况】 2017年，泉山区有公办各级各类学校31所（不含幼儿园），其中，小学25所，九年一贯制学校1所，初中学校2所，特教学校1所，保留学校2所。全区中小学在校学生37403人，其中，小学生36049人，初中生1240人，特教学生114人。全区有幼儿园59所（其中民办幼儿园39所），在园幼儿15397人。学前三年幼儿入园率99.8%，义务教育阶段入学率100%，初中巩固率100%。全区有教职工1846人，其中专任教师1816人。教师学历合格率初中、小学、幼儿园均100%。全区有全国优秀教师1人，省特级教师8人，省、市名师、名校长53人。

2017年，全区有省实验小学8所，省、市优质幼儿园54所。2017年泉山区财政教育经费投入5.38亿元。全年共资助贫困生810人，金额54.1万元。配合市规划设计院完成调整泉山区教育专项规划（2016-2020），新建学校10所，保留27所（扩建3所），总计37所。

2017年，泉山区教育体育局获评教育部“首届基础教育改革创新实验区课改优秀项目与课例展示活动”优秀创新奖、全国全民健身先进单位、江苏省关心下一代工作先进集体、2017年江苏省师资队伍建设优秀工作案例评比特等奖、2017年度省教科研系统先进集体。先后完成市、区两级十二大体系教育、体育项目的起草、修订、落实工作。6所学校完成省教育现代化、市科技示范校、市节水型学校、市心理健康教育特色校的创建验收。省教育现代化监测，泉山区综合得分91.7分，三年检测结果居徐州市首位，苏北领先。

【加强十九大精神学习】 10月，泉山区教体局党委制订党的十九大精神宣讲计划，加强对各党支部日常工作指导。组织全局37个支部、776名党员“两学一做”，学习党的十九大精神。局党委书记王建带头宣讲，班子成员包挂学校。在全市考学平台中，局755党员参与平台测试，取得总平均97分的好成绩。局党委举办专题培训班，培养入党积极分子5人，发展新党员18人。3个党支部被推荐为市级“两学一做”示范点。

【各校开展喜迎党的十九大活动】 七一前夕，区教体局、团区委、14个社区少工委联合开展"喜迎十九大·泉山美少年向习爷爷说句心里话"优秀作品展。少先队员通过心愿卡、儿童画和信件向习主席表达热爱的真切感情。社区少工委带领队员开展各类活动,3所中学举办"青春喜迎十九大 不忘初心跟党走"新团员入团仪式和14岁青春仪式。

【创建全国责任督学挂牌督导创新区】 12月,泉山区教体局创建国家级中小学校责任督学挂牌督导创新区工作进入最后阶段,取得实质性进展。督导室组织全体责任督学,撰写自评概述,完善制度文件,加强督导网站建设,指导学校迎检。经过努力,高分通过国家督导委员会专家组核查验收。

【深入推进集团化办学】 2017年,泉山区教体局继续深入推进集团化办学,做好2所新建学校的招生工作。经过调研论证,制定《办学工作方案》,新建学校均由品牌学校领办,合理规划施教区,第三十四中附属小学、西苑小学西校区顺利开学,优质教育资源进一步集聚和提升。市领导视察新建学校开学工作,对办学情况给予充分肯定。

【"校长课程领导力"论坛活动】 2017,泉山区教体局举办"校长课程领导力"论坛活动。活动历时2个多月,分为3个阶段:第一阶段学习,请进重庆军地专家介绍经验,走出去到南师大培训。第二阶段,6所品牌学校成立6个学习共同体。第三阶段现场展示。论坛现场以"校长演讲—现场答辩—专家点评—当场打分"的形式进行。市基教处刘勇赞誉论坛提供一个"校长践行'学讲计划'的泉山样本"。

【"学讲"项目工作室获全国课改项目创新奖】 11月,教育部首届全国基础教育改革实验区优秀项目与课例展示活动在徐州举行,泉山区"学讲"项目工作室获全国课改项目创新奖。工作室成员参与125项国家、省、市级科研课题研究,在省级刊物发表科研论文109篇,评出江苏省特级教师1人、江苏省教学名师1人、徐州市名教师1人、徐州市学科带头人2人。工作室在全省教师队伍建设优秀案例中获特等奖。

【评选泉山"科技好少年"】 2017年,泉山区教体局研究制定《泉山区"科技好少年"评选活动方案》,开展泉山科技好少年评选工作。区教体局先后举办青少年科技知识竞赛、2017WRO世界青少年机器人奥林匹克竞赛泉山区公开赛和青少年小发明小制作竞赛。评选出100名"科技好少年",10所先进科技教育学校。

【学前教育取得新成果】 年内,泉山区教体局学前教育办公室围绕《幼儿园指导纲要》要求,加大对幼儿园规范办园的管理力度,成果显著。22所幼儿园顺利通过省优质园复审,5所幼儿园通过省优质园评优,2所幼儿园通过市课程游戏化项目建设申报。风化街、科技幼儿园分别获省级教育成果一、二等奖,星光幼儿园获省级课程游戏化项目建设督导优秀等第,880余人次参加省、市级论文评比,获奖率77%,其中获一、二等奖占比61%。

【强化编制管理,严格审批聘用】 2017年,教体局下发《关于2017年暑期教师调配的有关要求》,推行公开选拔、公平竞争的选人用人机制。完成编外用工建档核编、代课教师待遇调整,多渠道解决教师紧缺问题。配合有关部门,7月完成60名在编教师公开招聘,年底完成28名"同工同酬"教师选聘,招聘100余名代课教师,进一步规范人事调配制度。

【推进全民健身工程】 2017年,教体局积极推进全民健身工程,提升公共体育服务水平。重点抓好赛事组织、设施建设、全民健身活动三个主要环节。先后举办泉山区第十届中小学生运动会、第三届"区长杯"校园足球联赛、江苏省老年人体育节暨泉山区老年人太极系列比赛等活动,10万余人参加。培训400名三级以上社会体育指导员。4所学校被教育部命名为国家级足球特色学校,奎山幼儿园被评为江苏省足球特色幼儿园。

【工会工作成绩突出】 2017年,泉山区教体局工会认真做好先进集体和先进个人推荐组织工作。推荐并评选出区级三八红旗手1人,三八红旗集体1个,巾帼建功先进个人4人,巾帼建功先进集体2个,1人获徐州市五一劳动奖章,1人获评省文明职工。11户家庭当选全区最美家庭。成立36家基层妇联组织,参加市妇联"两地情传家书"活动,获得优秀组织奖，参加全市定向越野比赛，获得最佳组织奖。

（撰稿：李世明　审稿：王　建）

【省助力工程班校长在少华街小学接受培训】 12月7日，2017年江苏省助力工程小学校长培训班6名校长走进少华街小学跟岗学习，接受培训。少华街小学校长蒋洁介绍学校办学理念，参训校长多角度地了解学校深厚文化内涵及管理者专业素养，在课程建设、治学方略等方面思想均有新突破。

（撰稿：张　红　审稿：蒋　洁）

【教育部改革创新试验活动在星光小学举行】 11月23日，教育部首届基础教育改革语文优秀课例展示在星光小学举行。参加活动的有吉林、重庆等七省市领导专家、教师及徐州市近300名教师。广州、重庆、成都、宁波及星光小学、青年路小学、大马路小学12名老师进行优质课展示。专家就教学内容有机整合、目标取向、信息手段应用进行点评。

（撰稿：辛艳春　审稿：乔雯雯）

【科技实小被定为省STEM教育项目试点学校】 9月，在省首届STEM教育大会上，科技实小被省教科所等单位确定为省STEM教育项目试点学校。STEM是科学、技术、工程和数学英文的简称。学校坚持科技特色办学，被授予全国青少年科普创新教育基地。3月，在WER世界教育机器人大赛中国赛区华东公开赛中，3名同学分别获得前三名。

（撰稿：胡　艳　审稿：张启云）

【求是小学“创课程”体系建设成效显著】 9月开始，求是小学分主题、多维度、有重点地实施“创造引领、生命起航”的“创课程”。学校邀请省教科院、江苏师大专家学者，对“创课程”体系进行顶层设计。“创课程”包含三个维度、四个主题、指向六大核心素养，在基础课程中创造习惯的养成、拓展课程中创造思维的训练、探究课程中创造意识的培养。

（撰稿：孙卫东　审稿：朱　霄）

【淮西小学被授予市“心育”特色学校】 3月14日，淮西小学顺利通过徐州市心理健康教育特色学校验收。市德育办领导对心理健康教育特色学校创建工作进行评估检查，听取校长崔明琳工作汇报，查阅3年台账资料，实地考察博爱教育中心、个体咨询室、宣泄区等设施，给予高度评价。

（撰稿：张秋敏　审稿：崔明琳）

【区少年军校总校在西苑小学揭牌】 4月13日，泉山区少年军校总校在西苑小学正式揭牌。团市委、市少工委、区教体局、驻徐部队官兵参加揭牌仪式。300余名小学生展示军训效果，英姿飒爽，震撼全场。校长胡新龙致辞，组织学生参观徐州军史纪念馆、革命旧址，走进军营，访问退役军人和现役军人，继承革命传统，增强国防意识。

（撰稿：谢　磊　审稿：胡新龙）

【风化街小学获评市级书香集体】 年内，风化街小学被授予2017年度徐州市阅读推进活动书香集体称号。学校高度重视教师读书，成立春风化雨读书社，开展“读书打卡”“读书沙龙”“名师讲座”等活动，促教师专业发展。组织学生开展“每天读一点”阅读卡评选、“最美晨读班级”评比、图书交易等活动，营造书香校园氛围。

（撰稿：郭永真　审稿：苑永辉）

【“奎山‘学讲’共同体”取得阶段性成果】 5月27日，“奎山‘学讲’共同体”成立两周年阶段性成果展示活动在科技中学举行。2015年6月，奎山学区5所小学和一所中学组成“奎山‘学讲’共同体”。两年间，共同体通过100多节“同课异构”观摩、金牌论坛等形式，展示各校特长，体现资源共享、优势互补、抱团发展。市教育局副局长李运生肯定“奎山‘学讲’共同体”的教研模式，希望大力推广。

（撰稿：张　炜　审稿：乔振银）

【少华街二小举办徐州—福建课堂教学观摩活动】 3月31日，少华街二小举办徐州—福建课堂教学改革观摩活动。活动主题为“聚焦核心素养，转变学习方式”，福建师范大学教授余文森团队与泉山区各校骨干教师近200人参加。业务副校长陈荣芳作“学友共生”课堂范式成果汇报，主任韩小玲开设“学讲”展示课，余文森对活动给予高度评价。

（撰稿：韩小玲　审稿：苏　蕊）

【少华三小举行复习策略探讨活动】 10月31，少华三小一年级语文教研组组织复习策略研讨活动。组内6所学校近40名语文教师就“关注复习，增效减负”举行复习策略交流研讨。三小备课组以“复习策略研究”为主题制订方案，组织现场互动，6名主讲老师展示增效减负的有效模式。教研活动视角独特，为提高课堂质量提供积极有效的实践经验。

（撰稿：李　丽　审稿：刘金珠）

【光荣教育集团语文组举行主题活动】 12月，光荣教育集团语文组围绕“听、说、读、写”，组织各年级开展学科主题活动。各教研组经过多轮遴选进行成果展示汇报：一年级的“拼读小达人”快速拼读，二年级的“听写小能手”百字听写，三年级“读写绘”通过形象描绘创意习作，四五年级“美文朗读者”感受阅读的滋味，六年级“阅读推广人”展现课外阅读感受。活动培养学生阅读良好习惯，提升文学素养。

（撰稿：宋　娟　审稿：吴高峰）

【永安街小学举办科技嘉年华活动】 5月27日，永安街小学举办科技嘉年华活动。活动包括“科学实验秀”“科学大闯关”两大部分。徐州市鲨鱼公园老师通过小电视剧、小实验展现神秘的科幻世界，同学们凭借十几个科学实验操作平台，在家长、辅导员指导下，探索科学奥秘。

（撰稿：张文姬　审稿：涂翠华）

【段庄一小主持学区现场教研活动】 12月5日，段庄一小主持学区1—3年级语文现场教研活动。段庄一小、西苑小学、科技小学、矿山路小学、杏山小学的语文教师，分别对一年级第六单元教材进行详细解读。教师们认为低年级语文课的教和学，与教师对文本解读深度密切有关，必须把文本提升到文学层面去挖掘，解读简单中的不简单，才能提高低年级语文教学的效率。

（撰稿：朱　黎　审稿：王　雷）

【段庄二小“羿旭”俱乐部再创佳绩】 5月20日，段庄二小承办徐州市中小学射箭锦标赛，段二羿旭俱乐部运动员囊括男、女团体第一和团体总分第一。8月20日，在省青少年射箭锦标赛上，段二运动员获男子个人、团体2枚金牌。几年努力，段二射箭特色教育培养出1名世界冠军，35名全国冠军，47名江苏省冠军。

（撰稿：　审稿：满瑞敏）

【湖滨小学迎接连云港市代表团参观学习】 4月21日，连云港市文明创建代表团到湖滨中心小学参观学习。学校介绍参与文明城市创建的情况，包括学校文明文化氛围营造，文明道德教育主题活动及文明创建特色举措。代表团参观校园，观看班级文化布置，双方交流文明创建的经验。

（撰稿：颜　拓　审稿：陈万云）

【矿山路小学迎接市“学讲”先进集体复检】 10月25日，矿山路小学迎来市“学讲”办“学讲”先进集体复检视导团队。视导团队由市“学讲”办徐明、李贺带队，对矿山路小学自2016年评为“学讲”先进集体之后“学讲计划”推进工作进行视导，了解推进情况，调研师生对“学讲”的认识，并随机抽课13节。视导团队肯定学校“学讲计划”推进工作，提出下一步实施的要求。

（撰稿：杜　冉　审稿：乔永智）

【奎园小学女足获“市长杯”足球联赛季军】 6月13日，奎园小学U11女足获得“市长杯”校园足球联赛（小学女子组）第三名。奎园小学作为全国足球特色学校，对联赛高度重视，经过选拔训练，组建U9男女、U11男女队四支代表队参赛，队员近60人。

（撰稿：张　颖　审稿：汪宜平）

【戏曲艺术进校园活动走进三十四中附小】 11月10日，市2017年戏曲艺术进校园与江苏柳琴戏基层共建单位授牌活动在三十四中附小举行。市委宣传部处长尹健、市教育局体卫艺处处长王胜勇、江苏柳琴剧院院长韩梅出席，韩梅授牌，校长冯文武接牌，并分别致辞。附小师生表演戏曲联唱、折子戏，剧院演员展示行当。共建活动弘扬优秀传统文化，丰富校园文化生活。

（撰稿：翟　曼　审稿：冯文武）

【碧水湾小学举行篆书校本教材启用仪式】 12月1日，碧水湾小学举行篆书校本教材启用仪式。中国篆书委员会委员仇高驰参加活动。学校确立打造“书香校园”特色，在读书与书法课程建设上认真设计，每周三下午开设1节书法课。邀请仇高驰等书法教师任教并参与教材编写，为例字设计二维码，便于学生扫码在家自学。

（撰稿：周　艳　审稿：滕晓颂）

【汇文小学严格教学常规管理】 2017年，汇文小学加强课程管理，促进学生全面发展。校长带领中层干部每周最少听一节推门课。中层领导参加听课、评课活动，检查教师业务。业务副校长定时检查和随时抽查教学，每天巡课，及时反馈。严密监控课堂教学，有力保证教育教学有序、有效开展。

（撰稿：江　影　审稿：张　强）

【明诚小学举行教师志愿者送课活动】 12月21日，明诚小学5名老师到张小楼小学进行教师志愿者送课活动，张小楼小学组织老师观摩。课后两校老师进行说课、评课活动。通过送教活动发现差距、找出问题，进行反思，促进双方教师教育观念、教学方法的转变。

（撰稿：殷　杰　审稿：孟召华）

【史庄小学少先队员寻访美丽新家园】 11月，史庄小学在周边棚户区改造之际，组织少先队员寻访美丽新家园。少先队员以“践行绿色理念，共绘美丽泉山”为主题，到售楼中心，询问、参观家乡发展规划，走进样板房，感受新家园。少先队员们用画笔描绘未来美好生活。

（撰稿：解朝峰　审稿：胡光芹）

【王新庄小学开展“学讲”区域协同教研】 2017年，学校以“求真‘学讲’”为主线，开展互相学习、共同发展教科研年活动。在历时一年的时间里，学校参与西苑小学、淮西学校及杏山花园小学、汇文学校的多次教研教学活动，围绕“求真”主线，通过区域协同形式，强化教科研氛围，提升教师业务能力。

（撰稿：孙沛昕　审稿：殷冬冬）

【张小楼小学举行十岁成长仪式】 6月1日，张小楼小学举行“感恩成长·筑梦起航”十岁成长仪式，三年级80名学生和家长参加活动。仪式有老师祝语，家长寄语，学生演讲，学生们走过“成长之门”，活动使学生懂得十岁生日是成长的界碑，应明白更多的道理，承担更多的责任。

（撰稿：丁筱餍　审稿：赵　安）

【苏山小学张扬学生个性促进全面发展】 2017年，苏山小学注重张扬学生个性，促进学生全面发展。学校收到国家级、省级55幅儿童画的奖状喜报。在全省书法水平考级中，学校有几十名学生获七级以上证书。男女足球队分别在“市长杯”足球赛中取得二等奖。学校“一班一品”活动特色初步形成。

（撰稿：刘冰洋　审稿：魏新梅）

【三中泉山实验学校获省网络知识竞赛二等奖】 12月20日，三中泉山实验学校在江苏省第二届青少年网络信息安全知识竞赛中获得中学组二等奖。参赛前，学校积极组织多种校内竞赛，选拔4名学生，参加徐州市网络安全知识竞赛获奖，并代表徐州市参加省赛获得好成绩。

（撰稿：焦　阳　审稿：祁元祥）

【城北中学举行师德报告会】 9月22日，城北中学举行师德报告会。市师德先进于跃进、柴淑芬，校师德先进唐龙梅分别作演讲，从不同角度谈以德修身、无私奉献的感人事迹。与会教师深受教育，进一步增强立德树人、教书育人的荣誉感和责任感。

（撰稿：于跃进　审稿：韩彦西）

【徐士强到火花学校调研】 4月25日，上海市普通教育科研所所长、《上海教育科研》杂志社主编徐士强对火花学校“学讲计划”进行调研。徐士强观看学校纪录片，听取校长吴学政汇报，深入课堂听课，与老师进行交流。徐士强说，在课堂上看到“学讲”理念对学生未来发展的重要意义，收获许多意想不到的感动。

（撰稿：张　伟　审稿：吴学政）

【机关幼儿园通过省优复检】 6月5日，机关幼儿园顺利通过省优质幼儿园复检。省评估组专家通过听取汇报、实地考察、查阅资料、访谈家长等环节，对幼儿园在保教队伍、办园条件、安全卫生、保教水平、管理绩效等方面进行检查评估,给予高度评价。评审组认为幼儿园管理有序,特色鲜明,同意通过验收。

(撰稿:尤春雨　审稿:刘　颖)

【教工幼儿园与三堡幼儿园携手共建】 2017年,泉山区教工幼儿园与铜山区三堡中心幼儿园携手共建。教工幼儿园根据课程游戏化精神,在实地考察、案例剖析、座谈交流过程中,坚持“分层推进、分类指导、重点突破、整体提高”的共建原则,采用专家引领、名师指导、互访观摩等多种形式,引领、助力三堡幼儿园提升课程游戏化实施质量。

(撰稿:房　萍　审稿:张　晴)

【星光幼儿园省课程游戏化项目获得好评】 1月3日,星光幼儿园在省幼儿园课程游戏化项目专家组检查中获得好评。星光实验幼儿园作为省第三批课程游戏化项目建设园,经历一年实施,文化内涵建设及教育质量实现跨越式发展。省学前教育专家组实地查看,听取汇报,查阅资料,对幼儿园取得的成绩与课程资源库建设、使用,给予充分认可。

(撰稿:张　莉　审稿:陈　巧)

【星光二幼承办内蒙古学前教育交流活动】 10月31日,“内蒙古与徐州学前教育创新发展论坛”在星光二幼举行观摩活动。活动由市教育学会和内蒙古创新教育学会联合举办,星光二幼作为观摩园接待200余名内蒙古及徐州五区六县幼教同行观摩和交流。内蒙古幼儿园园长进行4天的跟岗活动。观摩活动中,孩子们快乐互动,老师们真诚分享,赢得参观领导及同行好评。

(撰稿:商　薇　审稿:张　莉)

【苏山幼儿园绘本资源融入课程建设】 10月,苏山中心幼儿园开展以“秋叶飘飘”为主题的绘本课程建设。幼儿园购买180本《秋天》绘本,通过研读、筛选,挖掘书中价值,挑选适宜绘本,形成“秋叶飘飘”绘本资源库,与已有的课程主题结合,将绘本运用到益智区、表演区、角色区、美工区、科学区,使幼儿得以多元表达,深化课程游戏化改革。

(撰稿:王　微　审稿:蒋晓雯)

【星光三幼开展社会实践活动】 5月12日,星光第三实验幼儿园组织幼儿参加文明城市创建社会实践活动。幼儿园将教育活动向街道、家庭延伸,印发倡议书,由家长陪同走出校园,向行人散发,提倡文明风气,将创建活动与幼儿文明礼仪知识普及结合起来。

(撰稿:王　月　审稿:邱　琳)

【泉山特教全面启动“公交护学岗”】 6月1日起,泉山区特教学校全面启动“护学岗”和“公交站台志愿服务岗”制度。学校附近的公交站乘客拥挤,关系学生安全。学校领导及党员教师佩戴志愿者袖标、穿着红色马甲,守护在公交车站,在上学和放学人流高峰时段义务维持交通秩序,引导学生有序乘车,主动承担维护学生安全的社会责任。

(撰稿:张丽斌　审稿:李冀湘)

2017年泉山区各级各类学校基本情况表

表20

学校名称	班级数（个）	在校生数（人）	毕业生数（人）	招生数（人）	教职工数		学校领导			
					计（人）	专任教师（人）	校长	副校长	书记	副书记
少华街小学	35	1747	262	228	98	98	蒋洁	韩兵 王利 李冀晖	蒋洁	韩兵
少华街二小	41	1879	75	632	104	104	苏蕊		高洪波	
少华街三小	14	536	0	219	23	23	刘金珠		吴媛媛	
求是小学	52	2654	384	536	101	96	朱霄	刘涛 孙海鹰 赵月	田永军	陈春萍
星光小学	76	3615	559	605	192	192	乔文雯	晁家奎 曹可凡 吴湘 吴嫣杰		吴湘
碧水湾小学	13	579	33	208	41	41	滕晓颂		滕晓颂	
光荣巷小学（含开元校区）	60	2840	332	561	150	150	吴高峰	朱敏 张好然 张敏 江晓静	樊迎春	
风化街中心小学	16	530	102	69	37	36	苑永辉	徐艳秋 赵吕莉 赵锋	苑永辉	刘雅平
永安街小学	17	614	70	106	40	39	涂翠华	王怀平 苏海霞		
段庄第一小学	16	684	132	71	45	45	王雷	谢慧芳 沈志明 张薇	吴敬圣	
淮海西路中心小学	44	1664	236	292	122	122	崔明琳	孟淑君 吴梅 韦晓东 蒋建中 陈颖		郭蕴玉
西苑小学（含西校区）	44	2240	297	428	119	119	胡新龙	叶咏梅 张霞 刘静 谢磊	李学勤	潘艳玲
科技实验小学	36	1845	310	286	98	98	张启云	彭皓 吴珂 古松萍 乔丽 种静芝 张清华	蒋厚平	
湖滨小学	28	1439	228	182	82	82	陈万云	颜拓 徐辉 沈宁 张纪永 袁晓慧	周易	
段庄第二小学	26	1160	192	133	66	66	满瑞敏	陈慧 王芙蓉 韩磊	郝祥彦	
矿山路小学	38	1561	199	232	83	83	乔永智	张岷 赵祥君	阎兆斌	龚春旭 张艳红
奎山中心小学	30	1081	174	163	57	57	乔振银	赵明杰 童静 朱胜启	周兴伟	
奎园小学	24.	992	131	133	68	68	汪宜平	张颖 于文涛 钟燕 孙庆呈	张甫军	
三十四中附小	18	778	95	159	36	35	冯文武	王海 邢淑兰 张艳	陈红光	

续表20-1

学校名称	班级数（个）	在校生数（人）	毕业生数（人）	招生数（人）	教职工数		学校领导			
					计（人）	专任教师（人）	校　长	副校长	书　记	副书记
汇文学校（小学）	30	1089	107	146	63	62	张　强	赵洪波　张满意	张　强	
汇文初中（三中泉山实验学校）	13	396	82	141	35	35	祁元祥	祁锦山	朱　艳	
火花九年制学校	38（25+13）	1307（860+447）	130+116	126+182	55+45	53+45	吴学政	刘银松　周廷达		
明诚小学	20	725	89	100	52	50	孟召华	杨　彪　赵红莉	孟召华	
史庄小学	24	816	114	133	51	50	胡光芹	刘文亮　解朝峰	郑帮民	刘文亮
苏山小学	43	1618	172	303	96	96	魏新梅	郑慧娴　张　静 吴　刚　李永波	完永湘	
王新庄小学	23	1018	103	142	53	53	殷冬冬		罗传明	
张小楼小学	13	349	37	47	21	21	赵　安	周广庆　朱永镇	赵　安	
城北中学	12	397	71	203	47	39	韩彦西	王玉琪　陈延超 阎承强	王兴仁	
机关幼儿园	6	172	58	60	32	16	刘　颖		彭传香	
教工幼儿园	8	240	75	50	44	21	张　晴	房　萍　王睿洁	张　晴	
星光第三幼儿园（奎山）	6	172	66	65	30	12	邱　琳		邱　琳	
星光幼儿园	15	486	168	150	72	37	陈　巧	甘宜芬	陈洪波	
星光第二幼儿园	12	336	103	99	51	36	张　莉	张光辉	张　莉	
火花幼儿园										保留
苏山幼儿园	6	180	70	70	28	12	蒋晓雯	刘会珍		
泉山区特教中心	9	114	14	10	24	24	李冀湘	王　强	葛桂琴	
湖北路小学										保留
黄河新村小学									保留	

（李世明）

经济技术开发区

教体局局长　韦　敏
副局长　宋景业　王　伟　牛树超
局长助理　尚爱勇
教育工会主席　郭　冰

【概况】　2017年，徐州经济技术开发区各级各类学校37所（含民办学校，不含幼儿园），其中，初中学校7所，高中1所，九年一贯制学校2所，小学26所，中等职业学校1所。各级各类学校中，民办中学1所。全区中小学在校学生46418人（含民办学校），其中，高中1164人，初中12341人，小学32202人，中等职业学校在校学生711人。全区有幼儿园37所（其中民办幼儿园27所），在园幼儿9086人。义务教育阶段入学率100%，初中巩固率100%，高中阶段入学率99.8%，学前三年幼儿入园率99.84%。全区有教职工4083人，其中专任教师3547人。教师学历合格率初中100%，小学98.4%，幼儿园98.7%。全区有省级特级教师2人，省、市名师名校长28人。

2017年，全区有省三星级以上高中1所，省示范初中5所，省实验小学2所，省、市优质幼儿园37所，省、市模范学校2所，省、国家重点职业技术学校1所。年内，区教育局获国家、省、市6项荣誉称号。全年投入教育经费5.9亿元。

（撰稿：杨浩然　审稿：王　伟）

【学前教育优质发展】　2017年，经济技术开发区学前教育得到快速优质发展。新、改建幼儿园9所，新增学位2370个。创建省优质园7所、市优质园4所。省课程游戏化项目1组、市课程游戏化项目1组。修订《公办幼儿园和普惠性民办幼儿园服务区制度》，推进幼儿园服务区制度的落地。

（撰稿：马玉荣　审稿：王　伟）

【8所学校通过教育现代化验收】　2017年，开发区8所中小学通过教育现代化验收。8所学校是长安路学校、黄山外国语学校、徐庄中学、毛庄中学、大庙小学、徐庄实验小学、王桥小学、来安小学。

（撰稿：许科研　审稿：王　伟）

【雷朝滋调研开发区教育信息化工作】　11月4日，第十六届教育技术国际论坛暨智慧教育国际研讨会在徐州召开，教育部科学技术司司长雷朝滋在会议中专程调研开发区教育信息化工作，对开发区教育信息化工作取得的成绩给予充分肯定。

（撰稿：任永跃　审稿：王　伟）

【省物理课改论坛在开发区举行】　11月16-17日，江苏省第四届初中物理课改论坛在开发区实验学校举行。论坛主题为“物理教学中学生实践活动的开展”。全省20余名专家和350余名代表参加活动。

(撰稿:王震君　审稿:王　伟)

【与海门市政府签订合作办学协议】 9月12日,徐州经济技术开发区与海门市政府签署合作办学协议。海门市人民政府向合作校——开发区高级中学输送优秀师资队伍、管理团队、特色课程,并提供指导和咨询。开展两地教育行政部门、中小学干部教师对口交流,共建研究平台,开展教育、教学、科研、校长论坛等交流活动。

(撰稿:王震君　审稿:王　伟)

【开发区教委第二次党代会召开】 12月21日,中共徐州经济开发区教育委员会第二次代表大会召开。区教育局党委直属37个党支部党员代表100人参会,大会选举产生中共徐州经济开发区教育委员会第二届党委委员,韦敏当选党委书记、王伟当选党委副书记。

【首届课改优秀项目与案例展示活动在开发区举行】 11月23日,由教育部基础教育课程教材发展中心主办的首届基础教育改革创新实验区课改优秀项目与课例展示活动在开发区举行。参加活动的有全国各地的教育教学专家、知名学者、一线名师等,会场展示10个实验区的优秀项目。

(撰稿:王震君　审稿:王　伟)

【举办首届业务校长读书交流活动】 6月6日,开发区举办首届业务校长读书交流活动。全区业务校长及教体局分管局长参加活动。活动实行小组制,从业务校长读书的意义、读书讲座、案例分享、智慧碰撞、总结活动几个程序依次进行交流活动。

(撰稿:王震君　审稿:王　伟)

【举行第四届中小学生艺术展演活动】 5月31日,开发区庆六一表彰大会暨第四届中小学生艺术展演活动在开发区实验学校举行。会上表彰各校“校园之星”“优秀少年”“美德少年”“学习典范”等。梆子戏《抬花轿》、京剧表演《梨园英秀》及书法、篆刻、剪纸等在会上展演。

(撰稿:吴　敏　审稿:王　伟)

【举办班主任基本功大赛】 4月,开发区举行中小学班主任基本功大赛。全区27所学校的53名优秀班主任教师参赛,比赛分笔试、面试两种形式。

(撰稿:张运桥　审稿:王　伟)

【区高级中学获市五一劳动奖状】 4月,徐州市总工会授予徐州经济技术开发区高级中学五一劳动奖状。

【许新海到开发区高级中学作学术报告】 11月12日,江苏省特级教师、江苏海门市教育局党组书记、新教育研究院院长许新海到区高级中学校作学术报告,主题为“让每个教师享受生命成长的幸福——新教育实验教师成长的理论和实践”。

(撰稿:王　星　审稿:俞祝强)

【在工业学校设立职工技能培训基地】 7月12日,开发区总工会职工技能培训基地揭牌仪式在开发区工业学校举行。培训基地以开展针对性、实用性、实效性技能培训为途径,主要做好职工技能提升工程、城镇下岗失业再就业培训工程、城乡劳动力促进就业扩大创业工程。

【工业学校与无锡技师学院签约联合办学】 5月23日,工业学校与无锡技术学院举行联合办学签约仪式。两校将在工业机器人应用与维护、数字媒体技术应用(影视后期)两个专业开展中专+高技模式的培养,学生毕业后由无锡技师学院安排就业。

(撰稿:李　新　审稿:陈尊雷)

【实验学校获批省级体育传统项目学校】 1月,开发区实验学校被江苏省体育局、江苏省教育厅命名为2017-2020年度省级体育传统项目(田径)学校。学校2013年被国家体育总局命名为国家级青少年体育俱乐部。

【实验学校市优秀论文评选多人获奖】 2017年,开发区实验学校参加市优秀论文评奖,多人获奖。在徐州市第十三届“创新杯”优秀论文评选中,43名教师分别获市级一、二、三等奖,张晓敏、魏伟、邵超、肖康获市一等奖。

(撰稿:周楷博　审稿:苗　刚)

【开中获教学管理创新特色学校优秀奖】 2017年，开发区中学获教学管理创新特色学校优秀奖。学校把提升和发展学生核心素养作为培养目标，深入推进“学讲”计划，着眼学生全面发展，创新教育教学管理，特色鲜明，在江苏省教育学会“初中教学管理创新特色学校”评选中获优秀奖。

【开中学生获省作文大赛特等奖】 年内，开发区中学在江苏省第十七届“初中生世界杯”作文大赛中获由江苏省教育厅颁发的优秀团体奖，4名学生分别获特等奖、一等奖和二等奖，特等奖获得者徐昕睿被授予“《初中生世界》文学之星”称号。

（撰稿：汪静华　审稿：谭　永）

【大庙中学省重点课题结题】 4月12日，大庙中学江苏省重点课题《研制教具创新机制全面落实初中化学实验》顺利结题。出席结题报告会的有省教研室课题中心主任朱纷、省化学教研员赵华、江苏师范大学教授刘月芳等。

（撰稿：李春艳　审稿：沈兴伟）

【大黄山中学初中人文课程基地获省立项】 4月，经省教育厅、教科所组织答辩评审，大黄山中学“初中人文教育课程建设”项目获得立项。该项目旨在通过初中人文教育课程建设，深入推进教学改革、改善教学生态，进一步丰富学生人文底蕴，培养学生责任担当和实践创新能力。

【大黄山中学承办阅读教学主题研讨活动】 12月8日，全区语文教研组长、骨干教师50余人齐聚大黄山中学，参加区初中语文“阅读教学深度学习”主题研讨活动。活动探究阅读教学中的热点、难点，引导全区语文教师思考如何运用好新教材培养学生语文素养，钻研教材，挖掘教材，设计教学，引导学生自能阅读。

（撰稿：蒋立信　审稿：解树生）

【黄外秦晓筱获评省、市“美德少年”】 5月31日，第四届江苏省“美德少年”、徐州市第五届“美德少年”评选结果公布，黄山外国语学校秦晓筱获评江苏省第四届“美德少年”标兵和第五届徐州市“美德少年”。

【周紫藤获机器人大赛冠军】 12月9日，在第八届淮海经济区机器人大赛中，黄山外国语学校学生在“室内导航”项目中获初中组前三名，周紫藤获得冠军，吴继尧获得亚军，陈孝年获得季军。

【李桂树入选“中国好人榜”】 1月，黄山外国语学校校长李桂树在中央文明办举办的“我推荐我评议身边的好人”活动中入选“中国好人榜”。11月，李桂树获评第五届徐州市敬业奉献道德模范。

（撰稿：王宝玉　审稿：李桂树）

【西朱中学引入“智慧课堂”】 12月，西朱中学为全校16个班级配备“智慧课堂”K12系统，开启“智慧课堂”教学改革实验。用智慧打造高效课堂，让学生成为课堂的主人，促进师生共同成长与发展。

【西朱中学加强学习小组建设】 9月，西朱中学召开培训会，加强学习小组建设。对七年级各班班干及学习小组组长进行专门培训，拟定小组名称，制订组规、学习计划和奖励条例，并布置组徽、组训设计评比活动。

（撰稿：刘大庆　审稿：李坚庚）

【液晶触控一体机进入徐庄中学】 2月20日，徐庄中学26个教学班全部使用上教学用液晶触控一体机。

【徐庄中学举行“感恩·成就精彩未来”宣讲】 5月3日，徐庄中学邀请中国关工委教育专家李浩一行到校进行“感恩·成就精彩未来”宣讲。学校全体师生及家长1500余人参加活动。

（撰稿：李颖春　审稿：张兆行）

【毛庄中学启用新建教学楼】 十一前夕，毛庄中学全体师生搬进新校舍，结束板房过度生活。新建的教学综合楼建筑面积9000平方米，有33口教室，功能室一应俱全，教室全部配备触摸式教学一体机。

（撰稿：马　艳　审稿：詹怀盈）

【省专家视导侯小篆刻特色文化课程项目】 1月4日，江苏省基础课程项目视导组专家到侯集实验小学视导调研篆刻特色文化课程项目的建设情况。

专家参观"七彩童年,篆阅人生"金石园、篆刻特色文化广场及篆刻课程专用教室。侯集实验小学篆刻特色文化建设被专家组评定为优秀项目。

(撰稿:石玉超　审稿:孙庆太)

【青海骨干教师到开小参观交流】 4月24日,青海省骨干教师一行20余人到开发区实验小学参观、交流。青海骨干教师观摩学校3位教师的教研课,与教研组长进行评课交流,参观校级兴趣班,赞扬学校扎实、优质的社团活动。

【市小学优质课评选活动在开小举行】 5月23日,徐州市综合实践活动优质课评比活动在开发区实小举行。活泼、多样的教学组织形式,自主、开放的课堂学习空间,让学生在愉快的学习氛围中感受和体验着综合实践活动课程的魅力。

(撰稿:刘呈呈　审稿:姚向芹)

【大黄山实小承办"书法家进校园"活动】 5月3日,徐州市书法家进校园活动暨第九届规范汉字书写大赛开发区现场交流活动,在大黄山实验小学举办。市语委办负责人、彭城书法大赛专家组老师及开发区各校推选出的优秀教师、学生300人参加活动。

【大黄山实小与南通小海小学进行校际交流】 5月9—11日,大黄山实验小学与南通小海小学举行以"关注课堂提质量,聚焦'学讲'促提升"为主题的校际教研交流活动。交流活动为两校教师搭建相互学习、相互交流、相互借鉴、共同提高的平台,促进两校教师的专业成长。

(撰稿:佟光路　审稿:李传海)

【刘湾小学数字化监控系统投入使用】 暑假期间,刘湾小学投入资金17万元,把模拟监控系统升级为数字视频监控系统。数字视频监控系统的投入使用,确保校内财产和师生人身的安全,提高对灾害和突发事件的防御能力,有效保障教育教学工作进行。

(撰稿:杨　彬　审稿:尚　海)

【西朱小学承办徐州—福州课改交流会】 3月28日,福建师范大学、福州教育团队60余人到西朱小学进行区域课改工作交流活动。活动展示西朱小学课堂教学改革和创新校本教研活动的阶段性成果,使徐州的"学讲计划"产生更广泛的影响。

【西朱小学获全国NOC大赛一等奖】 7月10—17日,第十五届全国中小学信息技术创新与实践活动(NOC)决赛在青岛大学举行,西朱小学学生顾书腾、胡家瑞、张铭洲获FEG智能无人车项目小学组全国一等奖,卓皓、王香云获得优秀指导教师奖。

【西朱小学获评省教学改革先进集体】 12月22日,在常州市举行的江苏省基础教育前瞻性教学改革重大研究项目"互联网+时代课堂教学范式研究"成果报告会上,西朱小学智慧教室项目组获先进集体称号,梁璐、王春燕获先进个人称号。

(撰稿:王荣辉　审稿:郭　亮)

【后姚小学被评为全国足球特色学校】 2017年,后姚小学被教育部授予全国校园足球特色学校称号。年内,后姚小学足球队参加徐州市校园足球俱乐部联赛,获得第二名。浓厚的校园足球文化氛围,全体师生参与足球训练的特色,受到各级领导的好评。

(撰稿:刘　飞　审稿:蒋　洳)

【后姚小学教科研取得新成绩】 2017年,后姚小学教师教科研成绩突出。1人在省级论文评选中获奖,10余人在市级论文评选中获奖,6篇论文在省、市级报纸杂志发表,4人市级个人课题结题,3人市级个人课题立项。

(撰稿:戴　美　审稿:蒋　洳)

【荆山小学省特色文化课程建设项目通过中期评估】 2017年,荆山小学"梆子美正·曲韵毓德——地方戏曲特色文化建设工程"项目顺利通过省级课程基地建设指导中心的中期评估。

【陶行知新生活教育实验交流会在荆山小学举行】 10月31日,由市陶研会举办的徐州市陶行知新生活教育实验共同体展示交流现场会在荆山小学举行。市陶行知研究会领导、开发区教体局领导、县区陶研会负责人、开发区各校校干230余人参会。与会嘉宾参观学校物化建设成果，观摩第二课堂活动，观看学校的戏曲汇报演出，对学校特色课程建设予以肯定。

（撰稿：于芳芳　审稿：黄书彬）

【李庄小学鼓乐队获市银奖】　10月27日，李庄小学艺萌鼓乐队代表开发区教体局参加由共青团徐州市委、徐州市教育局、徐州市少工委联合举办的“少年号角杯”管乐鼓号大赛，获比赛银奖第一名。

（撰稿：王姜玲　审稿：李华山）

【大湖小学筹建特殊教育资源中心】　9月，大湖小学开始筹建特殊教育资源中心。区财政投资210万元建设资金、省拨80万元项目资金，改建标准化场地，增设无障碍设施，配齐必需的专用教室，使校舍场地面积和功能满足不同类型残疾学生生活、学习和康复的需要。共计改造校舍2600平方米，增建校舍500平方米，改造优化场地4852平方米，高标准配置教学与康复设备，为全区残疾儿童少年入学打下基础。

（撰稿：朱晓林　审稿：姚　远）

【城东实小被评为书法特色学校】　3月9日，在徐州市书法等级考试工作会议上，徐州市教育局授予徐州市城东实验小学徐州市书法教育特色学校称号，樊茜被评为徐州市书法先进个人。

（撰稿：朱景礼　审稿：陆建豪）

【大庙小学新建综合楼启用】　11月，大庙小学新建教学综合楼落成并投入使用。教学楼建筑面积面积1245平方米，内设现代化图书室、科学实验室、录播室、学生计算机教室、美术教室、舞蹈房、劳动技能教室等功能室。

（撰稿：盖爱辉　审稿：陈　鸿）

【李井小学张汝杰拾金不昧】　2月24日，李井小学收到一面写着“品德高尚　拾金不昧”的锦旗，对学生张汝杰拾金不昧的事迹表示感谢和赞誉。19日，李井小学学生张汝杰在侯集农贸市场捡到一个钱包，里面有若干现金、银行卡和各种单据，后根据身份证信息找到失主。

（撰稿：张姝媛　审稿：朱　斌）

【王庄小学更名】　2017年，原王庄小学更名为长安路学校，成为九年一贯制学校，并将于2018年暑期开始招收初中生。

（撰稿：孙　建　审稿：张　玲）

【新兴小学第二届家委会成立】　10月18日，新兴小学第二届家委会成立暨家长学校开学典礼举行。会上，选举产生新一届家委会组织机构，宣读《家长学校章程》，学校给家委成员和家校教师颁发聘书。家长学校将每月开展一次家教讲座或座谈会。

（撰稿：孟现磊　审稿：伏　浩）

【徐庄实小通过省“健康促进学校”银牌验收】　11月21日，省“健康促进学校”验收组到徐庄实验小学进行健康促进学校银牌验收。验收组查看教室、食堂、心理咨询室、卫生保健室及功能室，查阅档案材料，观看学生的汇报演出，听取学校汇报。学校高分通过验收。

（撰稿：黄　艳　审稿：刘　永）

【苑山小学开展徐工体验日活动】　9月16日，苑山小学开展第二季“微心愿”徐工体验日活动。30名学生参观徐工体验厅和国际先进、亚洲第一的压路机智能制造车间，现场观看曾登录央视“挑战不可能”舞台的“钢铁蜘蛛侠”步履式挖掘机ET110的灵魂表演，举行工程机械车模拼装竞技活动。

（撰稿：王　晴　审稿：刘龙亭）

【王桥小学教学综合楼启用】　2月，王桥小学新建教学综合楼顺利竣工并投入使用。新教学楼取名“明德楼”，共四层18间教室，相应配全各功能室。王桥小学结束六年级学生到中学借读的历史。

（撰稿：柳鹏举　审稿：张　猛）

【薛湖小学举行首届朗诵大赛】　5月11日，薛湖小学举行首届“点亮阅读智慧，书香泽润心灵”朗诵大赛。全校22个班级选手参赛。活动丰富校园文化生活，培养学生良好的朗读能力，营造出浓郁的书香氛围。

（撰稿：王甜甜　审稿：张　忠）

【山黄小学改善办学条件】　2017年，山黄小学加大投入,改善办学条件。8月,学校将南操场及主干道1976平方米水泥路面铺设成柏油路面,在南操场建成12个小花坛,校园环境得以改善。11月,山黄小学增添多种教育现代化设备,"小鱼"办公设备、教师机、触控一体机、学生机等,建成静电地板机房一间。所有新配电脑和触控一体机均与教育城域网相连,基本满足教师运用现代化手段组织教学需求。办学条件得到根本改善。

(撰稿:李荣水　臧　悦　审稿:张建伟)

【赵疃小学新建操场投入使用】 10月,赵疃小学新建250米操场正式投入使用。学生们在新操场上进行体育锻炼,享受运动的快乐。

(撰稿:张士彦　审稿:张士彦)

【社区教育中心省级"学习苑"获批】 9月,开发区社区教育中心"学习苑"获批。该"学习苑"是江苏省开放大学在徐州设立的唯一一所省级"学习苑",建筑面积860多平方米,拥有星空书吧、书画活动中心、远程教育中心、多功能活动中心等核心活动场所。

(撰稿:王继峰　审稿:王吉廷)

【一幼开展班级环境优化活动】 11月7日,开发区第一幼儿园邀请江苏省教科院博士毛曙阳到园现场指导教师开展班级环境优化活动。

(撰稿:张园园　审稿:单秀丽)

【蟠桃园教师参加省市玩教具大赛获奖】 7月7日,蟠桃花园中心幼儿园教师赵燕红、陈媛媛研发的玩教具《马赛克》获徐州市2017年幼儿园自制玩教具比赛一等奖,11月16日,参加省教育厅组织的第四届江苏省幼儿园优秀自制玩教具比赛,获省级一等奖。

【蟠桃花园中心幼儿园开放跟岗观摩活动】 10月23日,蟠桃花园中心幼儿园向大庙幼儿园、时楼幼儿园、后姚幼儿园开放跟岗观摩活动。3所幼儿园分别派出业务副园长、后勤主任、年级组长、骨干教师参与"一对一"跟岗观摩,在幼儿园常规管理、游戏化课程建设等方面进行深入学习。

(撰稿:杨　帆　审稿:孙振东)

2017年经济技术开发区各级各类学校基本情况表

表21

学校名称	班级数（个）	在校生数（人）	毕业生数（人）	招生数（人）	教职工数		学校领导			
					计（人）	专任教师（人）	校长	副校长	书记	副书记
开发区实验小学	95	4383	438	862	264	248	姚向芹	孙海英　刘向飞 张传侠　刘晓慧	姚向芹	
刘湾小学	34	1370	171	249	91	85	尚　海	刘西凤　杨成盾 周雪萍	尚　海	
长安路学校	14	530	44	121	36	36	张　玲	孙　建		张　玲
大黄山实验小学	40	1802	274	348	114	100	李传海	佟光路　魏家清	李传海	
荆山小学	28	1049	187	161	63	63	黄书彬	夏志强　宋文娜	黄书彬	
西朱小学	29	1068	167	153	68	64	郭　亮	冯　伟　王艳强	郭　亮	
城东小学	36	1596	296	257	102	92	陆建豪	朱景礼	陆建豪	
大庙小学	13	477	57	70	33	33	陈　鸿		陆建豪	
新兴小学	20	737	131	79	52	49	伏　浩	王继田	伏　浩	
侯集实验小学	59	2650	559	462	175	162	孙庆太	石玉超　唐二伟	孙庆太	
后姚小学	25	897	192	127	54	52	将　泼	戴美美	蒋　泼	
李庄小学	29	1259	333	198	84	83	李华山	王大良　张　强	李华山	
大湖小学	14	600	120	139	40	32	姚　远	李华飞		李华飞
李井小学	11	325	38	39	29	29	朱　斌		孙庆太	
徐庄镇小学中心校					8	0	王永峰	高　春　姜军龙 马修彦　张　斌 丁广丰	王永峰	
徐庄实小	48	2208	411	337	128	127	刘　永		刘　永	
王桥小学	18	736	146	101	43	43	张　猛		张　猛	
黄集小学	14	430	107	48	27	27	张计均		张计均	
来安小学	6	257	20	22	14	14	马兴利		张计均	

续表21-1

学校名称	班级数（个）	在校生数（人）	毕业生数（人）	招生数（人）	教职工数		学校领导			
					计（人）	专任教师（人）	校长	副校长	书　记	副书记
岳庄小学	9	317	41	48	17	17	郑友才		刘　永	
苑山小学	13	502	69	77	28	28	刘龙亭		张　猛	
时楼小学	24	1067	146	158	60	59	李　浩		李　浩	
薛湖小学	23	991	127	138	55	55	张　忠		王永峰	
山黄小学	10	325	50	51	19	19	张建伟		张建伟	
赵疃小学	6	180	12	11	9	9	张士彦		张建伟	
开发区实验学校	169	8056	1062	1941	487	473	苗　刚	王兆丰　杨　平	苗　刚	
开发区中学	46	2098	523	860	165	141	谭　永	王学东　刘宗果	刘宗果	
大黄山中学	34	1680	334	779	126	103	解树生	吴启虎　邹文治	解树生	
西朱中学	16	647	123	306	72	60	李坚庚	王化学		昝金海
大庙中学	48	2344	493	1173	172	147	沈兴伟	蒋首锋　赵启科　王瑞强	沈兴伟	
徐庄中学	33	1465	324	622	129	113	张兆行		张兆行	
毛庄中学	20	863	178	361	76	73	詹怀盈		詹怀盈	
黄山外国语学校	31	1556	496	516	129	84	李桂树	王宝玉　张寒冬　蒋海潮	张寒冬	
开发区高级中学	31	1166	390	437	132	112	俞祝强	施金兵	牛树超	
工业学校	25	711	150	278	138	94	陈尊雷			陈尊雷
开发区社区教育中心					10	7	王吉廷		王吉廷	
大黄山社区教育中心					8	7	杨冰松		杨冰松	
大庙社区教育中心					12	11	王伟才		王伟才	
蟠桃社区教育中心					6	5	王　平		王吉廷	

续表21-1

学校名称	班级数（个）	在校生数（人）	毕业生数（人）	招生数（人）	教职工数		学校领导			
					计（人）	专任教师（人）	校长	副校长	书记	副书记
徐庄镇社区教育中心					7	7	施启田		施启田	
大黄山中心幼儿园	15	462	170	176	62	57	胡慧芳	夏友玲	胡慧芳	
大黄山实验幼儿园	6	157	62	51	16	15	杨恩元	王　琳	杨恩元	
大庙镇中心幼儿园	8	242	65	90	23	20	胡媛媛	张伟丽	胡媛媛	
开发区第一幼儿园	16	501	114	90	37	36	单秀丽	张园园　任丹丹	孙振东	
蟠桃花园中心园	9	312	110	90	23	20	孙振东	杨　帆	孙振东	
大庙实验幼儿园	7	161	47	31	28	16	李　敏	许　琦　李卓骏	胡媛媛	
东环中心幼儿园	5	131	53	32	14	14	闫　环	李晓鸥	孙振东	
徐庄镇中心幼儿园	6	209	70	60	15	15	盖迎春	王先红　崔美英	刘　永	
徐庄镇时楼幼儿园	8	279	90	60	17	17	张荣森	李玉玲	李　浩	

（李智梅）

（责任编辑　曹昭海）

荣誉录

先进集体

徐州市教育系统先进集体

丰县民族中学
丰县欢口镇欢口初级中学
丰县欢口镇中心学校
江苏省丰县机关幼儿园
丰县修远国际学校
丰县华山中学
丰县宋楼中学
丰县实验中学
丰县宋楼镇初级中学
丰县顺河镇初级中学
丰县首羡镇初级中学
丰县首羡镇和集初级中学
丰县宋楼镇中心学校
丰县梁寨镇中心学校
徐州安保中等专业学校
沛县汉源中学
沛县张庄镇崔寨中学
沛县正阳小学
沛县曙光小学
沛县张庄镇中心小学
沛县歌风中学
沛县张寨中学
沛县第五中学
沛县树人小学
沛县实验学校
沛县大屯镇郝寨中学
沛县张庄中学
沛县敬安镇中心小学
沛县大屯镇中心小学
大屯矿区第一中学
睢宁县李集中学
睢宁县第二中学
睢宁县浦棠中学
睢宁县庆安镇中心小学
睢宁县双沟镇中心小学
睢宁县第二小学
睢宁县官山中学
睢宁县姚集镇王窝小学
睢宁县邱集镇魏桥小学
睢宁县沙集小学
睢宁县李集小学
睢宁县梁集镇中心幼儿园
睢宁县官山镇汤集幼儿园
邳州市四户镇中心小学
邳州市炮车镇中心小学
邳州市明德实验小学
邳州市燕子埠镇中心初级中学
邳州市新城中学
邳州市新城幼儿园
邳州市八义集镇中心小学
邳州市八路镇宋圩小学
邳州市官湖镇平墩小学
邳州市碾庄镇中心小学
邳州市邳城镇泇北小学
邳州市四户镇竹园小学
邳州市邹庄镇呦山完全小学
邳州市奚仲路小学
邳州市英华实验小学
邳州市戴庄中学
邳州市赵墩镇滩上中学
邳州市占城中学
明德实验学校
邳州市宿羊山高级中学
新沂市新安幼儿园
新沂市草桥中学
新沂市瓦窑中学
新沂市合沟中学
新沂市马陵山镇钟吾小学
新沂市北沟第二幼儿园
新沂市妇联幼儿园
新沂市双塘镇中心小学
新沂市时集镇中心小学
新沂市合沟镇中心小学
新沂市港头镇戴沟小学
新沂市新店镇小湖中心小学
新沂市高流镇沟埃小学
新沂市第四中学
新沂市新店中学
新沂市教师发展中心
新沂市小湖中学

徐州市铜山区杨屯中学
徐州市铜山区房村镇中心中学
徐州市铜山区刘集镇实验小学
徐州市铜山区大彭镇东风小学
徐州市铜山区张集实验小学
徐州市铜山区单集实验小学
徐州市铜山区刘集镇中心中学
徐州市铜山区棠张镇中心中学
徐州市铜山区马坡镇中心小学
徐州市铜山区郑集实验小学
徐州市铜山区柳新镇苏家小学
徐州市铜山区大彭镇雁群小学
徐州市铜山区汉王镇小学中心校
徐州市铜山区大许镇太山小学
徐州市铜山区柳泉镇实验小学
徐州市铜山区棠张镇中心幼儿园
徐州市贾汪区大吴中心小学
徐州市贾汪区城区中心幼儿园一部
徐州市贾汪区紫庄镇贾庄初级中学
江苏省贾汪中学
贾汪区耿集办事处中心小学
贾汪区江庄镇大路小学
贾汪区青山泉镇西南联合小学
贾汪区大吴中心幼儿园
徐州市贾汪区团结幼儿园
徐州市大马路小学校
徐州市祥和小学校
徐州市王场新村小学校
徐州市第三十八中学
徐州市牌楼培智学校
徐州市八里中心小学校
徐州市绿地小学
徐州三中云龙实验学校
徐州一中云龙实验学校
徐州市青年路小学
徐州市解放路小学
徐州市黄山中心小学
徐州市段庄第二小学校
徐州市永安街小学校
徐州市少华街第二小学
徐州市淮海西路中心小学校
徐州市城北中学
徐州市太山小学
徐州市大黄山实验小学
徐州市城东实验小学
徐州市铜山区毛庄中学
徐州市西朱小学
徐州市荆山小学
徐州市第五中学
徐州市第三十五中学
徐州市第二实验幼儿园
徐州市特殊教育学校
徐州市树人初级中学
江苏省徐州医药高等职业学校
徐州工程学院马克思主义学院
江苏省徐州财经高等职业技术学校信息技术系
徐州幼儿师范高等专科学校美术系
江苏省睢宁高级中学南校高三年级部
睢宁县庆安中学体育教研组
睢宁县姚集中学初三年级组
徐州市第二中学高三年级处
徐州市第三中学高三年级处
徐州高级中学物理教研组
徐州市第三十六中学高中部
徐州市侯集高级中学高三年级处
西藏拉萨江苏实验中学徐州援藏教师团队

先进个人

德润彭城·最美教师

胡士伟　江苏省丰县中学
崔炳光　丰县初级中学
魏垂宝　沛县栖山中学
王忠民　沛县正阳小学
刘　彦　睢宁县庆安镇中心小学
徐晨州　睢宁县双沟镇苗圃小学
樊士玉　邳州市港上镇中心小学
解　俊　邳州市宿羊山高级中学
陈连红　新沂市钟吾中学
吴爱华　新沂市时集镇蒋沟小学
谢　颖　徐州市铜山区房村镇郭集幼儿园
耿淑慧　江苏省郑集高级中学
陈苏平　徐州市贾汪区团结小学
傅昌敏　徐州市第七中学

吴音昊　徐州市大马路小学校
孙　黎　徐州市九里山实验学校
董书繁　徐州市公园巷小学
王小倩　徐州市青年路小学
王冬梅　徐州市师范学校第一附属小学
赵媛媛　徐州市泉山区特殊教育中心
王　芳　徐州市第二中学
徐崇伟　徐州市第三中学
许亚慧　徐州高级中学
蔺春霞　徐州市西苑中学
李　华　徐州市九里中学
陶佩琳　徐州生物工程职业技术学院

徐州市优秀教育工作者

苏惠芳　江苏省丰县中学
吴腾飞　江苏省丰县中等专业学校
王胜玉　丰县华山中学
丁　瑞　江苏省丰县宋楼中学
葛芬萍　江苏省丰县顺河中学
刘　权　丰县欢口中学
李　浩　丰县王沟中学
程　森　丰县初级中学
魏明明　江苏省丰县实验初级中学
张宗方　丰县师寨镇师寨初级中学
陈华君　丰县常店镇马楼初级中学
张　伟　丰县宋楼镇宋楼初级中学
石　峰　丰县范楼镇金陵初级中学
马　路　丰县首羡镇首羡初级中学
孙凤英　丰县顺河镇顺河初级中学
丁成磊　丰县范楼镇京庄初级中学
朱信远　丰县大沙河镇李寨初级中学
渠秋艳　丰县首羡镇和集初级中学
程　慧　丰县华山镇套楼初级中学
涂志强　丰县华山镇史店初级中学
胡广领　丰县华山镇华山初级中学
郑　娜　丰县梁寨镇梁寨初级中学
邱　洁　丰县师寨镇东渡希望初级中学
王荣强　丰县常店镇常店初级中学
邓杏花　丰县范楼镇范楼初级中学
于海影　丰县欢口镇育英初级中学
王惠颖　丰县王沟镇单楼初级中学
周红松　丰县宋楼镇刘王楼初级中学

李　钊　江苏省丰县实验小学
史翠丽　丰县人民路小学
王莹珠　江苏省丰县东关小学
聂　颖　丰县王沟镇中心学校
李荣敏　丰县大沙河镇李寨中心小学
王亭亭　丰县首羡镇中心小学
齐敦君　丰县赵庄镇赵庄小学
黄　婕　丰县梁寨镇赵楼小学
尹吉桃　丰县华山镇蒋楼小学
王文平　丰县常店镇凤苑小学
李文卿　丰县凤城街道办事处中阳路小学
范红云　丰县宋楼镇杨楼小学
王　玉　丰县特殊教育中心
段　清　丰县机关第二幼儿园
李　艳　丰县顺河镇中心幼儿园
史惠敏　丰县范楼镇中心学校
蒋显敬　丰县创新外国语学校小学部
张　鹏　丰县广宇中英文学校
李　娜　丰县智慧树学校
张玉才　江苏省　沛县中学
独超峰　沛县第二中学
朱大伟　沛县张寨中学
吴　春　沛县湖西中学
高文钦　江苏省沛县中等专业学校
龚慧芹　徐州安保中等专业学校
蒋北战　沛县歌风中学
朱信平　沛县初级中学
宋志宏　沛县第五中学
周长健　沛县体育中学
马培健　沛县汉源中学
吴　伟　沛县实验小学
刘　艳　沛县实验学校
申明贞　沛县歌风小学
杨步升　沛县正阳小学
刘　平　沛县树人小学
朱秀娟　沛县曙光小学
刘培沛　沛县特殊教育中心
程　强　沛县教师发展中心
唐红莉　大屯矿区第二中学
韩　晶　沛县龙固镇中心小学
丛地峰　沛县大屯镇中心小学
王开新　沛县沛城镇中心小学

冯　琳　沛县胡寨镇中心小学
刘　伟　沛县五段镇中心小学
李凤莲　沛县张庄镇中心小学
梁　洁　沛县张寨镇中心小学
张　红　沛县敬安镇中心小学
张永亮　沛县河口镇中心小学
李鹏飞　沛县栖山镇中心小学
刘茂荣　沛县龙固中学
甘　磊　沛县杨屯中学
韩正伟　沛县大屯中学
纵　洁　沛县大屯镇郝寨中学
赵　昕　沛县第三中学
姬纹纹　沛县沛城镇鹿湾中学
徐世明　沛县湖西农场中学
戚厚伟　沛县五段中学
葛传宝　沛县张庄中学
赵冬明　沛县张庄镇崔寨中学
李淑萍　沛县张寨镇中学
司天云　沛县张寨镇唐楼中学
韩　通　沛县敬安中学
朱本琳　沛县河口镇孟庄中学
范　辉　沛县栖山中学
谢　方　沛县栖山镇王店中学
鹿沛先　沛县鹿楼中学
赵裕炜　沛县鹿楼镇鸳楼中学
蒿成楠　沛县汉城国际学校
邵　达　江苏省睢宁高级中学南校
李　波　江苏省睢宁高级中学北校
徐建业　睢宁县职业高级中学
薛　甫　徐州市田家炳中学
赵文平　睢宁县李集中学
梁金辉　睢宁县王集中学
金　倩　睢宁县南门中学
高亚威　睢宁县高作初级中学
王庆科　睢宁县沙集中学
薛小红　睢宁县凌北中学
吴　冰　睢宁县官山中学
姜海玲　睢宁县李集二中
田　静　睢宁县桃园中学
梁龙辉　睢宁县朱集中学
余　贺　睢宁县王集第二中学
朱　亮　睢宁县苏塘中学
宋姗菊　睢宁县高集中学
胥明令　睢宁县双沟第二中学
卢　慧　睢宁县官路中学
冯阿军　睢宁县张圩中学
李发庭　睢宁县下邳中学
杜　雷　睢宁县浦棠中学
高红军　睢宁县梁集中学
尤　成　睢宁县刘圩中学
赵　琪　睢宁县庆安中学
杨　影　睢宁县龙集中学
胡红玲　睢宁县睢城镇中心小学
王金龙　睢宁县高作镇中心小学
刘　江　睢宁县沙集镇中心小学
董　静　睢宁县凌城镇中心小学
尹　琳　睢宁县官山镇中心小学
董　梅　睢宁县桃园镇中心小学
杨秋利　睢宁县王集镇中心小学
葛　飞　睢宁县岚山镇河湾小学
陈明珍　睢宁县双沟镇中心小学
刘兹昂　睢宁县姚集镇中心小学
王东玲　睢宁县古邳镇中心小学
王　杨　睢宁县魏集镇中心小学
王冬梅　睢宁县庆安镇中心小学
李　梅　睢宁县实验小学
陈　莉　睢宁县城西小学
杜　凯　睢宁县第二小学
王宗红　睢宁县第三实验小学
王　芳　睢宁县第四实验小学
周小丹　睢宁县特殊教育中心
冯　静　睢宁县少年儿童业余体育学校
周化雷　睢宁县新世纪中学
王洪岩　睢宁县树人高级中学
袁　彦　睢宁县教育局
戴文革　睢宁县教育局
王海燕　邳州市八义集镇中心小学
赵　朔　邳州市八路镇中心小学
徐玉桢　邳州市岔河镇中心小学
王　涛　邳州市车辐山镇中心小学
韩　莉　邳州市陈楼镇中心小学
肖国峰　邳州市戴庄镇中心小学
冯方会　邳州市港上镇中心小学
刘阳美　邳州市港上镇中心小学

戴广丹　邳州市官湖镇中心小学
孙艳华　邳州市官湖镇中心幼儿园
张金茹　邳州市碾庄镇中心小学
朱玉宝　邳州市碾庄镇中心小学
谢印芝　邳州市邳城镇中心小学
韩召永　邳州市宿羊山镇中心小学
胡会梅　邳州市铁富镇中心小学
赵　卉　邳州市铁富镇中心小学
王　震　邳州市土山镇中心小学
程振斗　邳州市新河镇中心小学
石　磊　邳州市邢楼镇中心小学
周梅生　邳州市燕子埠镇中心小学
薛春芳　邳州市议堂镇中心小学
吕云鹏　邳州市占城镇中心小学
曹耀萍　邳州市赵墩镇中心小学
刘彩娥　邳州市车辐山中学
王春廷　江苏省车辐中等专业学校
房伟利　邳州市八路中学
冯现娟　邳州市港上中学
惠　永　邳州市连防中心中学
胡　伟　邳州市邹庄镇中心小学
宋　翔　邳州市宿羊山中学
吴昌飞　邳州市宿羊山高级中学
张　普　邳州市官湖高级中学
吴荣娟　邳州市第四中学
曹连防　邳州市教育局教学教研室
冯　雯　邳州市机关幼儿园
周振永　邳州市运河镇中心小学
刘　冰　邳州市经济开发区中心小学
杲先媛　邳州市经济开发区中心小学
伏　宇　江苏省运河高等师范学校附属小学
朱怀云　邳州市实验小学
曹庆安　邳州市英华实验小学
马　玲　邳州市福州路小学
夏树奎　邳州市运平路小学
陈　甜　邳州市青年路小学
刘振法　邳州市向阳小学
魏　红　邳州市奚仲路小学
刘妍妍　邳州市华山路小学
苗二亮　邳州市索家小学
郑琳琳　邳州市特殊教育中心
朱清华　邳州市明德实验小学
顾绍艳　邳州市明珠实验幼儿园
吴希龙　邳州市南师大附属东方小学
汤继猛　邳州市红旗中学
吕凤良　明德实验学校
陈海飞　邳州市炮车中学
王　成　邳州市第二中学
花　茹　邳州市新城中学
王健康　江苏省运河中学
李　靖　江苏省运河中学
张发启　邳州市教育局
陈连红　新沂市钟吾中学
晁普旗　新沂市高级中学
张　薇　新沂市第四中学
李妍妍　新沂市实验学校
袁方案　新沂市第三中学
陈　婷　新沂市第十中学
孙志文　新沂市第六中学
夏玲玲　新沂市润新高考文化补习学校
孙镇江　新沂市港头中学
吴　玮　新沂市马陵山中学
钱　方　新沂市窑湾中学
李海涛　新沂市棋盘中学
傅国华　新沂市瓦窑中学
臧大芹　新沂市第八中学
王引红　新沂市邵店中学
胡小米　新沂市草桥中学
夏晨曦　新沂市黑埠中学
赵苏芹　新沂市第五中学
王记红　新沂市高塘中学
季娅秋　新沂市第一中学
范鹏梅　新沂市高流初级中学
黄金新　新沂市草桥镇周嘴中心小学
王景艳　新沂市春华小学
马　庄　新沂市墨河中心小学
黄召翠　新沂市城关小学
李　梅　新沂市新安小学
郝光红　新沂市新华小学
陈　赛　新沂市阿湖镇黑埠中心小学
刘尧敏　新沂市棋盘镇泉子小学
孙庆益　新沂市桥口小学
滕　秀　新沂市时集镇中心小学
袁　旭　新沂市港头镇中心小学

赵　丽　新沂市高流镇石涧小学
徐　洁　新沂市邵店镇中心小学
秦　敏　新沂市瓦窑镇双庙小学
孙安远　新沂市合沟镇郇楼小学
张公殿　新沂市新安南陈小学
郁玲玲　新沂市双塘镇中心小学
徐　敏　新沂市新安幼儿园
许　芳　新沂市妇联幼儿园
华　丽　新沂市马陵山镇中心幼儿园
张　凤　江苏省郑集高级中学
陈　鹏　江苏省郑集高级中学城区校区
刘旭明　徐州市铜山区棠张中学
王　敏　徐州市铜山区茅村中学
刘　园　徐州市铜山区大许中学
周金莲　徐州市铜山中学
佟广标　江苏省徐州市张集中等专业学校
李春光　江苏省铜山中等专业学校
朱　薇　徐州市铜山区实验幼儿园
赵阶锋　徐州市铜山区马坡镇中心中学
雍世伟　徐州市铜山区郑集镇中心中学
蔺起金　徐州市铜山区柳新镇中心中学
周　丹　徐州市铜山区沿湖学校
李凤芹　徐州市铜山区杨西小学
王学胜　徐州市铜山区大彭镇中心中学
李月琴　徐州市铜山区汉王镇中心中学
钟明明　徐州市铜山区三堡中心中学
夏兆喜　徐州市铜山区棠张镇中心中学
郭华路　徐州市铜山区郭集中学
周　广　徐州市铜山区伊庄镇中心中学
刘自德　徐州市铜山区吕梁学校
周志愿　徐州市铜山区单集镇中心中学
张林涛　徐州市铜山区太山中学
崔　苗　徐州市铜山区茅村镇中心中学
王　慧　徐州市铜山区柳泉镇中心中学
朱桂芳　徐州市铜山区利国镇中心中学
沈　虹　徐州市铜山区清华中学
牛广永　徐州市铜山区何桥镇赵庄小学
李　伟　徐州市铜山区黄集镇郓城小学
刁绍光　徐州市铜山区马坡镇小学中心校
赵成水　徐州市铜山区郑集实验小学
吴红莹　徐州市铜山区柳新实验小学
孙　村　徐州市铜山区刘集实验小学
胡贺贺　徐州市铜山区大彭镇程庄小学
朱先花　徐州市铜山区汉王实验小学
秦银桂　徐州市铜山区三堡实验小学
董　芳　徐州市铜山区棠张镇牌坊小学
乔继萍　徐州市铜山区张集实验小学
李　永　徐州市铜山区房村镇中心小学
李　芳　徐州市铜山区伊庄镇中心幼儿园
董会慧　徐州市铜山区大许实验小学
薛　玉　徐州市铜山区茅村实验小学
刘红根　徐州市铜山区柳泉镇高皇小学
刘国栋　徐州市铜山区利国实验小学
徐星华　徐州市铜山区铜山实验小学
朱海宁　徐州市铜山区新区实验小学
王文东　徐州市第七中学
武中林　徐州市贾汪区建平中学
宋金龙　贾汪区诚贤中学
王广跃　江苏省贾汪中等专学校
段　静　江苏师范大学附属实验学校
闫　峰　徐州市贾汪区汴塘新集初级中学
周百吉　徐州市贾汪区汴塘镇中心初级中学
刘　辉　徐州市贾汪区紫庄中学
段云海　徐州市贾汪区耿集中学
马　涛　徐州市贾汪区紫庄镇贾庄初级中学
李　永　徐州市贾汪区青山泉中学
王宝玲　徐州市贾汪区塔山镇中心小学
白夫玲　徐州市贾汪区贾汪镇中心小学
佟　刚　徐州市贾汪区紫庄镇旗山小学
孙　静　贾汪区青山泉镇教育中心校
赵　乾　徐州市贾汪区实验小学
高传虎　徐州市贾汪区汴塘镇茸山小学
乔　莉　徐州市贾汪区团结小学校
王雪婷　徐州市贾汪区大吴中心幼儿园
王保玲　徐州市贾汪区教育局
李贯东　徐州市贾汪区少年宫
张凌华　徐州市贾汪区教师发展中心
王兆梅　徐州市鼓楼小学校
张　彤　徐州市民主路小学校
王可斌　徐州市星源小学
周　伟　徐州市第二十四中学
张延珍　徐州市牌楼培智学校
刘　进　徐州市兴北小学
亓　晶　徐州市民主路小学校

张　艳　徐州市大马路小学校
李玉侠　徐州市朱庄中心幼儿园
唐媛媛　徐州市中山外国语实验学校
孙　凯　徐州市王场新村小学校
辛跃武　徐州市师范学校第一附属小学
张海燕　徐州市云龙区教师发展中心
张　菡　徐州市青年路小学
张　宁　徐州市公园巷小学
陈丹丹　徐州市解放路小学
于冬梅　徐州市王杰小学
马慕菡　徐州市云兴小学
权红梅　徐州市民富园小学
张　莉　徐州市潘塘中心小学
黄　梅　徐州市塘坊小学
刘素平　徐州市新城实验学校
郑　昕　徐州市光荣巷小学校
赵媛媛　徐州市泉山区特殊教育中心
童　静　徐州市奎山中心小学校
刘　珍　徐州市少华街小学校
蒋厚平　徐州市科技实验小学
邱　琳　徐州市奎山中心幼儿园
朱　艳　徐州市汇文学校
张甫军　徐州市奎园小学
孙　玲　徐州市求是小学
张　莉　徐州星光第二实验幼儿园
神　思　徐州市星光碧水湾小学
赵　锋　徐州市风化街小学
黄兴民　徐州市汇文学校
曹克凡　徐州市星光小学
孙海英　徐州市开发区实验小学
李玉梅　徐州市开发区中学附属小学
陈　琳　徐州经济开发区大庙镇李井小学
李允允　徐州经济技术开发区李庄小学
刘凡保　徐州经济技术开发区实验学校
贺雪花　徐州经济技术开发区徐庄镇薛湖小学
张媛媛　徐州经济技术开发区徐庄镇黄集小学
李　响　徐州经济技术开发区高级中学
王　洁　徐州经济技术开发区毛庄中学
王传彬　徐州经济技术开发区徐庄镇中心中学
杨晓静　徐州开发区蟠桃花园中心幼儿园
朱凌萱　徐州市第一中学
张先云　徐州市第二中学
王　顺　徐州市第三中学
韩　广　徐州市第三中学
李广东　徐州高级中学
孟　彦　徐州市第五中学
尹　宁　徐州市第八中学
王金良　徐州市第十中学
孟　慧　徐州市第十三中学
郭兆峰　徐州市王杰中学
陆　刚　江苏模特艺术学校
杨　斌　徐州市第二十二中学
徐　瑾　徐州市科技中学
赵　苑　徐州市西苑中学
王　琰　徐州市东苑中学
曹涵之　徐州市新元中学
张晋良　徐州市第三十一中学
谢全俭　徐州市第三十三中学
郑　茜　徐州市第三十四中学
沈若会　徐州市第三十五中学
齐长波　徐州市第三十六中学
梁光森　徐州市第三十七中学
王玲侠　徐州市九里中学
赵文萱　徐州高等师范学校
许荣良　运河高等师范学校
潘媛媛　徐州市特殊教育学校
徐　立　徐州市公园巷幼儿园
朱玉茜　徐州市第一实验幼儿园
杨维清　徐州市第二实验幼儿园
陈　戈　徐州市教育局德育研究室
申瑞杰　徐州市教师教育中心
梁　靖　徐州市体育运动学校
郑　香　徐州树德中学
曹　瑛　中国矿业大学附属中学
郭　莉　徐州工程学院
陈　繁　徐州幼儿师范高等专科学校
王善辉　徐州生物工程职业技术学院
李　赞　江苏省徐州财经高等职业技术学校
王峥业　江苏省徐州医药高等职业学校

徐州市师德先进个人

汪　静　丰县王沟中学
胡连成　丰县华山镇初级中学
王满义　丰县凤城镇张五楼初级中学

郭庆考　丰县梁寨镇初级中学
朱晴晴　丰县师寨镇东渡初级中学
潘胜武　丰县李寨镇初级中学
张丽丽　丰县范楼镇初级中学
刘　丰　丰县欢口镇育英初级中学
渠敬衡　丰县实验小学
李文涵　丰县凤城街道办事处中心幼儿园
奚美娥　丰县赵庄镇赵庄小学
李银侠　丰县华山镇华星小学
刘贵贤　丰县欢口镇中心小学
王晓丽　丰县顺河镇大圣小学
刘　存　丰县首羡镇张集小学
史文洁　丰县孙楼街道办事处沙元小学
李文甜　丰县范楼镇范楼小学
肖　莉　丰县大沙河镇李寨中心小学
曹淑艳　丰县创新外国语中学
叶　莉　丰县机关幼儿园
张　权　江苏省沛县中学
高咏梅　沛县第二中学
马正芹　沛县歌风中学
刘守峰　沛县初级中学
居　易　沛县第五中学
张广殿　沛县张双楼中学
边　湘　沛县三河尖中学
王　东　沛县大屯矿区中小学管理中心
刘丽芳　沛县第三中学
张裕慧　沛县胡寨中学
张　峰　沛县魏庙中学
王永迎　沛县河口中学
姬　瑜　沛县朱寨中学
吴向阳　沛县朱寨镇闫集中学
饶春侠　沛县安国中学
张学森　沛县安国镇朱王庄中学
刘　洪　沛县实验小学
李　鹏　沛县歌风小学
李淑敏　沛县曙光小学
姚建国　沛县杨屯镇中心小学
董步雷　沛县魏庙镇中心小学
张　华　沛县鹿楼镇冯集小学
张文娇　沛县朱寨镇中心小学
李晓航　沛县安国镇中心小学
张　娟　江苏省郑集高级中学城区校区
孟宪征　徐州市铜山区棠张中学
李为状　徐州市铜山区茅村中学
潘雪梅　江苏省徐州市张集中等专业学校
闫　群　徐州市铜山区黄集镇中心中学
张贻利　徐州市铜山区三堡中心中学
张世芹　徐州市铜山区张集镇中心中学
丁海科　徐州市铜山区伊庄镇中心中学
刘　永　徐州市铜山区大许镇中心中学
薛传明　徐州市铜山区茅村镇中心中学
董　艳　徐州市铜山区柳泉镇中心中学
李　敏　徐州市铜山区利国镇中心中学
李俊锋　徐州市铜山区何桥镇中心小学
张　猛　徐州市铜山区黄集实验小学
张彭彭　徐州市铜山区柳新实验小学
杨洪顺　徐州市铜山区刘集实验小学
孙广富　徐州市铜山区大彭实验小学
周　艳　徐州市铜山区棠张镇实验小学
李　莉　徐州市铜山区张集实验小学
卢松梅　徐州市铜山区伊庄镇实验小学
张再英　徐州市铜山区大许镇中心幼儿园
张丽娜　徐州市铜山区茅村实验小学
韩翠侠　徐州市铜山区利国实验小学
宋玉媛　徐州市铜山区新区实验小学
陈光辉　睢宁高级中学南校
武家辉　睢宁高级中学北校
王　立　睢宁中等专业学校
孟　君　睢宁县李集中学
张振兵　睢宁县凌城中学
林　旭　睢宁县第二中学
武加之　睢宁县南门中学
蔡金菊　睢宁县高作初级中学
王　芳　睢宁县邱集中学
李　扬　睢宁县王林中学
王忠意　睢宁县官山中学
周　雪　睢宁县姚集中学
许秀茹　睢宁县李集二中
支艳秋　睢宁县苏塘中学
朱良海　睢宁县高集中学
杨　帆　睢宁县邱集镇中心小学
周天辉　睢宁县李集镇中心小学
田春叶　睢宁县王集镇中心小学
朱美玲　睢宁县岚山镇中心小学

李　锋　睢宁县古邳镇周滩小学
周　瑞　睢宁县魏集镇叶场小学
刘　彦　睢宁县庆安镇骑路小学
周金玲　睢宁县第二实验小学
陈　晓　睢宁县第三实验小学
陈梦珠　睢宁县机关幼儿园
戈二威　睢宁县树人中学
吴文书　睢宁县菁华学校
侯　莉　邳州市占城镇中心小学
韩媛媛　邳州市特殊教育中心
王荣杰　邳州市占城镇陆井中学
朱　娟　邳州市官湖镇初级中学
吴桂梅　邳州市青年路小学
纪兆明　江苏省运河中学
刘　伟　江苏省运河中学
靳庆华　邳州市燕子埠镇中心小学
苑　菲　邳州市明德实验小学
曹庆奎　邳州市赵墩中学
曹希刚　邳州市八义集镇初级中学
曹学成　邳州市碾庄中学
程重阳　邳州市新河镇新集中学
杜祥刚　邳州市红旗中学
冯　劲　邳州市铁富高级中学
冯梅玲　邳州市邹庄镇中心小学
甘　莉　邳州市占城中学
杲　东　邳州市新城中学
谷美丽　邳州市天山路小学
郭　强　明德实验学校
韩召亚　邳州市八路镇中心小学
黄海涛　江苏省运河中学
李　鹏　邳州市燕子埠中学
刘　芹　邳州市实验小学
刘　艳　邳州市机关幼儿园
吕修华　邳州市运河街道王杰小学
马　锋　邳州市八义集高级中学
宋端凯　邳州市邹庄中学
宋海州　邳州市铁富镇中心小学
索金耀　邳州市赵墩镇中心小学
王　琳　邳州市明德实验小学
王培文　邳州市宿羊山镇中心小学
温　岚　邳州市华山路小学
杨　勇　邳州市戴庄镇中心小学
张　梅　新沂市唐店中学
陈　林　新沂市高流初级中学
梁　伟　新沂市第一中学
张继虎　新沂八一实验学校
何书龙　新沂市实验学校
陈海波　新沂市钟吾中学
王　露　新沂市草桥镇沂河小学
陈　静　新沂市第三中学
王　坤　新沂市新安幼儿园
臧　茹　新沂市妇联幼儿园
李　芸　新沂市机关幼儿园
杨丽梅　新沂市港头镇戴沟小学
姚変喜　新沂市阿湖镇中心校
尹艳平　新沂市窑湾中心小学
卢　南　新沂市双塘镇中心小学
黄成远　新沂市合沟镇后湖小学
刘圣军　新沂市教师发展中心
卜银侠　江苏省　新沂中等专业学校
池转红　新沂市特殊教育中心学校
王晓婷　徐州鼓楼小学校
刘　彤　徐州市民主路小学
赵景秀　徐州市第三十八中学
魏皓洁　徐州市祥和小学
曹艳梅　徐州市玉潭实验学校
冯　莉　徐州市云兴小学
臧玉芝　徐州市解放路小学
吴林林　徐州市潘塘中心小学
郭　媛　徐州市绿地小学
刘艳梅　徐州市青年路小学
许　杰　徐州市西苑小学
郝　雯　徐州市少华街第三小学
吴慧娟　徐州市湖滨中心小学
马宝云　徐州市泉山区教工幼儿园
张　薇　徐州市段庄第一小学校
石媛媛　徐州市苏山小学
阚海燕　江苏省贾汪中学
杨薇薇　徐州市贾汪区建平中学
王民俊　贾汪区诚贤中学
苏晓珊　江苏师范大学附属实验学校
程　艳　徐州市贾汪区大吴中学
戚大庆　徐州市贾汪区耿集中学
李文静　贾汪区青山泉镇四清小学

卢红梅　徐州市贾汪区塔山镇葛湖小学校
贾金芝　徐州市贾汪区大吴中心小学
徐晓琳　徐州市贾汪区团结幼儿园
陈　敏　贾汪区大泉教育中心校
姚　磊　徐州经济技术开发区毛庄中学
王　艳　徐州经济技术开发区徐庄镇苑山小学
李培林　徐州市西朱中学
神凤娥　徐州市刘湾小学
颜　妍　徐州市后姚小学
周　辉　徐州市大湖小学
刘春侠　徐州市第二中学
周炳新　徐州高级中学
张汝迪　徐州市第五中学
周均福　徐州市第十中学
戚　雷　徐州市第十三中学
马智文　徐州市王杰中学
程　艳　徐州市第二十二中学
顾启花　徐州市第三十一中学
杜黎明　徐州市第三十二中学
丁英伟　徐州市第三十五中学
马艳林　徐州市第三十六中学
陈大蓉　徐州市第三十七中学
赵雪莲　徐州市侯集高级中学
王　莉　徐州市第一实验幼儿园
郁光磊　徐州高等师范学校
唐　靖　运河高等师范学校
叶　飞　江苏模特艺术学校
薛正喜　徐州市撷秀初级中学

徐州市首批领军名师

崔文华　徐州市第二中学
徐　杨　徐州市第三中学
窦月玲　徐州高级中学
段　波　徐州市王杰中学
蔡　宏　徐州市第三十一中学
孙　莉　徐州市第三十四中学
杨　洋　徐州市第三十五中学
张功忠　徐州市九里中学
赵美娟　徐州市特殊教育学校
范海凤　丰县民族中学
师　辉　丰县中等专业学校
崔炳光　丰县初级中学
刘福新　沛县汉源中学
吕美荣　沛县实验小学
雍世伟　铜山区郑集镇中心中学
武其芳　铜山区清华中学
孙　薇　睢宁县睢城镇中心小学
卢清荣　睢宁县实验小学
刘亚平　睢宁高级中学南校
冷　永　睢宁县庆安中学
张　波　睢宁高级中学南校
张　旋　睢宁县新城区实验学校
宋　波　邳州市第四中学
张桂梅　新沂市第四中学
姚　松　新沂市第一中学
徐长征　新沂市第三中学
张　红　泉山区徐州市少华街小学校
族艳慧　泉山区徐州市少华街小学校

徐州市首批带头优师

张培强　徐州市第一中学
朱洪磊　徐州市第二中学
刘　阳　徐州市第二中学
牛含冰　徐州市第三中学
代晓影　徐州市第三中学
周　伟　徐州市第三中学
郭　庆　徐州市第三中学
法　浩　徐州高级中学
孟文娣　徐州高级中学
石　斌　徐州市第十三中学
王丽萍　徐州市第十三中学
李　淼　徐州市第十三中学
徐丹丹　徐州市科技中学
赵志冉　徐州市第三十三中学
翟莉群　徐州市撷秀初级中学
牛立萍　江苏模特艺术学校
孙翠微　丰县初级中学
马敬华　丰县机关幼儿园
胡继东　丰县民族中学
丁继华　丰县民族中学
张宗方　丰县师寨镇师寨初中
孙琳琳　江苏省丰县中学
王　燕　江苏省丰县中学
魏崇启　江苏省丰县中学

王　堃　江苏省丰县中学
张　晨　沛县大屯矿区第二中学
梁　建　沛县第三中学
韩正光　沛县第五中学
孟　丽　沛县胡寨镇中心幼儿园
郝鹏辉　沛县湖西中学
吕慧娟　沛县龙固中学
程善峰　沛县正阳小学
燕　勇　沛县中等专业学校
姜　澜　沛县中等专业学校
郝家顺　江苏省郑集高级中学
沙　丹　铜山区大彭实验小学
王之军　铜山区清华中学
高颂民　铜山区清华中学
秦银桂　铜山区三堡实验小学
朱　浩　铜山区铜山实验小学
卢松梅　铜山区伊庄镇实验小学
杨雪梅　铜山区张集镇木犁小学
孙　飞　铜山区郑集实验小学
朱成立　徐州市铜山中学
施学兰　铜山区中等专业学校
王　强　铜山区中等专业学校
刘召华　徐州市张集中等专业学校
潘雪梅　徐州市张集中等专业学校
赵　波　睢宁县李集中学
程金凤　睢宁县实验小学
王红艳　睢宁县实验小学
邱　莲　睢宁县实验小学
申艳玲　睢宁县实验小学
杨　永　睢宁中等专业学校
吴中敏　江苏省车辐中等专业学校
于富民　江苏省运河高等师范学校附属小学
杨庆华　江苏省运河高等师范学校附属小学
朱庆国　江苏省运河中学
闫　颖　邳州市福州路小学
陈大锋　邳州市明德实验小学
桑　苗　邳州市明德实验学校
闫　艳　邳州市明德实验学校
庄　慧　邳州市明珠实验幼儿园
苏　利　邳州市炮车中学
张　震　邳州市土山初中
靳庆华　邳州市燕子埠镇中心小学
曹庆安　邳州市英华实验小学
刘成军　邳州市运河镇中心小学
刘　辉　邳州市运平路小学
张玉梅　新沂市北沟中心小学
余荣兴　新沂市第一中学
吴玉章　新沂市第一中学
苗庆硕　新沂市第一中学
许丽永　新沂市第一中学
沈红梅　新沂市新华小学
陈连红　新沂市钟吾中学
陈海波　新沂市钟吾中学
孙华山　新沂市钟吾中学
王维维　贾汪区江苏师范大学附属实验学校
张　平　贾汪区江苏师范大学附属实验学校
刘丽霞　贾汪区江苏师范大学附属实验学校
宋　梅　徐州市青年路小学
陈　莉　徐州市青年路小学
邓　莹　徐州市青年路小学
李　楠　徐州市师范学校第一附属小学
孙大静　泉山区徐州市苏山小学
杨　静　泉山区徐州市太山小学
高乃国　鼓楼区徐州市大马路小学
孙　娟　鼓楼区徐州市民主路小学
姚　蕊　鼓楼区徐州市民主路小学
杨　蕾　徐州市万科城民主小学
黄　彦　徐州市大黄山实验小学
孙忠艳　徐州市荆山小学

徐州市首批青年良师

袁文斌　徐州市第一中学
史　颖　徐州市第一中学
李剑亮　徐州市第一中学
王晓宁　徐州市第一中学
王海燕　徐州市第一中学
张在凡　徐州市第一中学
李忠良　徐州市第三中学
吴　晶　徐州市第三中学
郭　琪　徐州市第三中学
王　培　徐州高级中学
王　颖　徐州高级中学
田淑华　徐州高级中学
杨炎炎　徐州高级中学

谢弈萱　徐州高级中学
刘　辉　徐州市第五中学
翟仁爱　徐州市第十中学
李　蕾　徐州市第十三中学
李晓梅　徐州市第十三中学
车　萍　徐州市王杰中学
刘　睿　徐州市第三十一中学
徐慧姝　徐州市第三十一中学
王　莉　徐州市第三十一中学
孙　兵　徐州市第三十一中学
孙　鑫　徐州市第三十六中学
杜慧芳　徐州市第三十七中学
周　瑾　徐州市侯集高级中学
程新辉　徐州市侯集高级中学
赵　晖　徐州市东苑中学
潘媛媛　徐州市特殊教育学校
李依叡　中国矿业大学附属中学
李　艳　徐州市公园巷幼儿园
周红彦　徐州市第一实验幼儿园
臧楠楠　徐州高等师范学校
顾　玮　徐州高等师范学校
王淑颖　丰县初级中学
孟凡敏　丰县初级中学
杨　雷　丰县初级中学
蒋晓丹　丰县初级中学
毛立功　丰县初级中学
李喜文　丰县大沙河镇二坝小学
王　丽　丰县范楼镇金陵初级中学
胡连成　丰县华山镇华山初级中学
陈秀海　丰县华山镇华山初级中学
任存金　丰县人民路小学
魏　伟　丰县实验小学
王慧颖　丰县示范幼儿园
贾　陆　丰县中等专业学校
柏　云　江苏省丰县中学
许花亭　江苏省丰县中学
孙红娟　江苏省丰县中学
刘　振　江苏省丰县中学
辛家宝　沛县实验小学
朱　凡　沛县大屯镇中心小学
陈荣坤　沛县第二中学
魏增海　沛县第三中学
孙玉薇　沛县歌风小学
马正芹　沛县歌风中学
徐兴朋　沛县湖西中学
刘　艳　沛县实验学校
朱　旭　沛县实验学校
徐沛娟　沛县杨屯镇中心小学
王恒云　沛县杨屯镇中心小学
刘苏华　沛县杨屯镇中心小学
王延荣　沛县杨屯中学
吕香芝　沛县正阳小学
蒋广锋　江苏省郑集高级中学
汪允立　江苏省郑集高级中学
李秀丽　铜山区大许镇中心中学
潘慈奎　铜山区房村镇中心小学
占忠慧　铜山区黄集实验小学
胡　鹏　铜山区黄集实验小学
袁长远　铜山区江苏省郑集高级中学
刘　秀　铜山区刘集实验小学
胡永亮　铜山区柳泉镇实验小学
陈芬芳　铜山区柳新镇中心中学
李　元　铜山区茅村中学
王庆明　铜山区清华中学
刘金菊　铜山区清华中学
孙安玉　铜山区棠张中学
薛　娟　铜山区新区实验小学
刘　蓓　铜山区徐州市大学路实验学校
周　广　铜山区伊庄镇中心中学
贺　敏　铜山区张集镇中心中学
赵成水　铜山区郑集实验小学
孙　齐　铜山区中等专业学校
朱　振　睢宁县第二中学
胡春艳　睢宁县第二中学
黄　玉　睢宁县第四实验小学
凌　云　睢宁县第四实验小学
陈际深　睢宁县高级中学北校
李泽民　睢宁县岚山镇中心小学
朱雪松　睢宁县李集初级中学
葛晓艳　睢宁县李集中学
王　超　睢宁县李集中学
王　旭　睢宁县李集中学
蒋丽娜　睢宁县双沟镇第二幼儿园
金雪莲　睢宁县魏集中学

王宗红　睢宁县职工子弟小学
梁全德　江苏省车辐中等专业学校
李文芳　江苏省车辐中等专业学校
顾亚东　江苏省运河中学
张巧云　江苏省运河中学
鲁德梅　江苏省运河中学
潘　明　江苏省运河中学
袁　健　江苏省运河中学
刘　伟　江苏省运河中学
邵　艳　江苏省运河中学
马洪超　邳州市第二中学
李宝华　邳州市官湖高中
戴广奋　邳州市官湖镇初级中学
张以周　邳州市红旗中学
戴广法　邳州市红旗中学
程增华　邳州市明德实验小学
魏　婷　邳州市明德实验小学
马金月　邳州市明德实验学校
陈海飞　邳州市炮车中学
李银娜　邳州市炮车中学
刘旭业　邳州市特殊教育中心
伏　伟　邳州市新河中学
刘　锋　邳州市运平路小学
张春超　邳州市赵墩中学
李　娜　新沂市草桥镇周嘴中心小学
田友志　新沂市城岗中学
沈党平　新沂市第三中学
梁金贵　新沂市第三中学
陈金枝　新沂市第三中学
张艳红　新沂市第五中学
王红军　新沂市高流镇中心小学
叶大伟　新沂市高中
晁普旗　新沂市高中
孙先通　新沂市马陵山中学
晁成江　新沂市棋盘初级中学
王明娟　新沂市棋盘初级中学
张红梅　新沂市棋盘镇中心小学
陆裕仲　新沂市邵店中学
何培玲　新沂市实验学校
周英侠　新沂市实验学校
孙长江　新沂市小湖中学
王秀忠　新沂中等专业学校
张　纯　贾汪区江苏师范大学附属实验学校
杨雪艳　贾汪区江苏师范大学附属实验学校
李克侠　贾汪区江庄中学
苏　洁　云龙区徐州市公园巷小学
梁　辰　云龙区徐州市公园巷小学
朱薪羽　云龙区徐州市公园巷小学
刘　倩　云龙区徐州市青年路小学
李令斌　云龙区徐州市青年路小学
王　琦　云龙区徐州市师范学校第一附属小学
陈晓宁　云龙区徐州市云兴小学
赵吕利　泉山区徐州市风化街中心小学
郑　倩　泉山区徐州市淮海西路中心小学校
范　凯　泉山区徐州市科技实验幼儿园
陆　岩　泉山区徐州市少华街小学校
谢　薇　泉山区徐州市少华街小学校
张　冬　泉山区徐州市星光小学
康　倩　鼓楼区徐州市大马路小学校
巩慧敏　鼓楼区徐州市鼓楼小学
姚桂玲　徐州经济技术开发区工业学校
陶亚男　徐州市大黄山实验小学
李　彬　徐州市开发区中学
李　敏　徐州市开发区中学

（责任编辑　严国年）

年度教育人物

第三届国家“万人计划”领军人才(教学名师)

邳州市特殊教育中心　郭　庆

郭庆，中共党员，1978年10月生，江苏邳州人，1997年6月毕业于如皋师范学校特师专业，1997年8月至今工作于邳州市特殊教育中心，双本科学历、学士学位。第三届国家“万人计划”领军人才教学名师、江苏省特级教师、江苏省学科优秀青年教师、徐州市青年名教师、徐州市学科带头人、邳州市名师。主持省市级课题四项，获江苏省中小学教学研究第十期课题评比特等奖、江苏省基础教育教学成果评比二等奖、全国聋校优秀课评比一等奖、徐州市优质课一等奖，四次荣获徐州市特殊教育青年教师基本功比赛一等奖。

郭庆心系残疾学生，有高度的责任感和强烈的进取精神，理解、宽容、尊重、照顾每一个残疾孩子，用爱心、耐心、细心、恒心润泽学生的心田，她勇于创新，乐于奉献，是邳州市敬业爱岗模范。2009年，郭庆应学校要求创办聋儿语言康复部，训练0—6岁聋儿讲话。教聋儿讲话异常艰难，郭庆让学生看她的口型，摸她的喉咙，尝试采用多种方式对孩子进行发音训练，日复一日，不厌其烦，孩子们终于说出清晰、流畅的语言，还参加了演讲比赛，从无声世界走了出来，进入普通幼儿园、小学就读。2014年，郭庆又带领同事们探索新领域——自闭症儿童康复、智障儿童康复，使自闭症儿童和智障儿童接受早期训练，促使学校走在全省特殊教育教学改革的前列。郭庆还带领同事创办家长学校，为家长进行康复知识和技能培训，家长们学到康复知识、技能和方法，参与对孩子的教育、指导，康复训练效果大幅度提高。2017年，郭庆名师工作室成立，充分发挥名师的引领、辐射作用，为学校培养了一支20多人的康复教师团队，带动特教行业发展。

郭庆多年倾心为学生，热心为家长的敬业精神赢得社会广泛赞誉。2014年，中央电视台举办“寻找最美乡村教师”的大型公益活动，全国评选出10名“特别关注乡村教师”，郭庆入选。她的事迹被《光明日报》、中国教育新闻网、中国网、徐州电视台、《徐州日报》《徐州党建》、邳州电视台等多家媒体报道，先后被评为“江苏好人”“最美邳州人”“感动邳州十大年度人物”。以她的典型事迹拍摄的纪录片《生命之光》获第十四届全国党员教育电视片观摩交流活动一等奖。

第三届国家“万人计划”领军人才（教学名师）

徐州市大马路小学　刘　杰

刘杰，徐州市大马路小学教师，江苏省特级教师，第三届全国“万人计划”领军人才教学名师 、全国模范教师、全国优秀班主任、江苏省名教师、江苏省先进工作者。

刘杰26年来一直担任中高年级语文教学和班主任工作，她关注每一个学生，热爱理解学生，帮助学生提高心理素质，健全人格，增强承受挫折、适应环境的能力。2014年，她所带的班集体被评为江苏省优秀少先队集体，在积极阳光、团结向上的集体中，在良好的班风引领下，每一个学生都健康快乐成长。她的辛勤付出，收获了学生的喜欢、家长的信任、学校的好评，也收获班主任工作无限的幸福感。

作为一名特级教师，刘杰始终严格要求自己，在教学方面做领军人、排头兵。她抓住语文教学的核心任务，注重培养学生“听、说、读、写”能力，提高课堂教学效率,提升学生的综合素养。要求学生要写一手好字，写一手好文，热爱阅读，能说会道。她努力创设开放的语文课程，充分利用学校、家庭和社会教育资源，拓宽学生的学习空间，增加学生语文实践的机会，使学生在广阔的大语文背景下学语文、用语文，让语文课程变得开放而有活力。她在省、市、区级开设专题讲座、公开课200余次，听讲、观摩达4万多人。她主持的徐州市规划重点课题《小学中高年级阅读教学中培养学生口头表达能力的策略的研究》获得江苏省优秀成果二等奖，《情趣作文、自主表达于永正作文课例研究》成果丰硕。她2011年建立个人网站“秋雨桐”，“秋雨桐”网站已经发表文章2900余篇，回复5000余条。

2013年，刘杰名师工作室成立，名师工作室以课题研究为载体，以课堂教学为主阵地，探索教育教学规律，提高教师教育科研的能力与水平，帮助更多的老师走向专业化发展。2013年，获评徐州市创新名师工作室。2014年，学校成立 自主成长团队，她帮助自主成长团队的教师建立成长档案，做好职业规划，明确发展目标，开展读书交流活动，提高教师阅读的深度，为教师们的专业化发展奠定坚实的基础。在她的指导下，多名青年教师在省市级刊物发表文章，在市区级比赛中多次获奖，被评为徐州市名教师、徐州市学科带头人、徐州市青年名教师。

第三届国家“万人计划”领军人才(教学名师)

徐州市第一中学副校长　张安义

张安义,徐州一中副校长,江苏省特级教师,第三届国家“万人计划”领军人才教学名师、江苏人民教育家工程培养对象、江苏省有突出贡献中青年专家、江苏省“333工程”培养对象、江苏省"六大人才高峰"培养对象、江苏省评优课一等奖获得者。主持过4项省部级课题,获江苏省基础教育教学成果一等奖,发表省级以上论文近90篇。创新践行高中政治课“认同教育”思想与教育模式。其教育教学思想被辑入《江苏省著名特级教师思想录》。

张安义忠诚于党和人民的教育事业,有理想信念、道德情操,有扎实的学识、仁爱之心;坚守教书育人、立德树人的使命;有强烈的事业心、责任感,模范的履行教师职责;在教学实践中注重对学生进行社会主义核心价值观教育。他坚持教书和育人相统一、言传和身教相统一、潜心问道和关注社会相统一、学术自由和学术规范相统一;以德立身、以德立学、以德立教,为人师表、师德高尚,在省内外教育领域享有较高声望;他面对繁杂管理和教学工作,能统筹兼顾、勤奋刻苦、惜时高效,从未无故耽误学生一节课,竭力高标准上好每堂课,每年度学生评教满意度均接近100%。作为教学管理干部和高中政治教师,张安义始终坚持在教学一线承担足额教学任务,遵循教育规律,按素质教育要求规范教学,并基于自己对教育的理解和理想追求,开展教育教学和管理改革,取得重大突破,对培养学生核心素养、提高教学质量有显著影响,多次获得省部级以上教育教学成果奖。

张安义早在1990年就创新实践“政治课五环节目标教学法”。其经验在铜山县政治课教学界推广;2006年以来,张安义主持省级重点课题《新课程背景下互动高效教学体系的构建》,提出“五动”教学法,结题成果获得首届江苏省基础教育教学成果一等奖。2009年,提出徐州一中“基于学案的四段教学法”,在徐州市基础教育界产生较大影响。2014年,张安义着力高中思想政治课“认同教育”研究。明确提出“认同教育”主张,初步构建“认同教育体系观”:合作澄清学习观、主题问题链教学观、学本自主学生观、自育育人教师观、价值引领评价观、目标整合课程观。其专著《基于认同的思想政治课教育》由省教育厅资助出版发行。该研究的价值在于能为素质教育的有效实施,提供一种可资借鉴的实践模式和操作范型。课题阶段性成果得到江苏省教科院、南京大学和华东师范大学专家教授的高度评价。

第四批"江苏人民教育家培养工程"培养对象

贾汪区实验小学教科室主任　陈为强

陈为强，第四批"江苏人民教育家培养工程"培养对象。本科学历，中小学正高级教师，现为徐州市贾汪区实验小学教科室主任，任教小学数学学科。他先后获得全国模范教师、江苏省小学数学特级教师、江苏省第四期和第五期"333工程"培养对象、江苏省教学名师、徐州市拔尖人才等称号，中国共产党贾汪区第九次、第十次代表大会代表。他撰写《数学成绩报告单改革的一次尝试》《用结构化的视角统整数学教学》等60余篇文章分别发表在《上海教育科研》《教学与管理》等国家级、省级刊物上，出版个人专著《童在中央：打造情理相融的课堂》。

陈为强二十余年的积淀，逐步形成"简约、厚实、灵动"的教学风格，先后应邀到河南、安徽、山东等地在省级范围开公开课、讲座11次，在镇江、盐城、南京等开设市级讲座、公开课21次，区级讲座与公开课27次。他先后被聘为教育部"国培"小学数学专家组成员、徐州市小学数学兼职教研员、徐州名师培养专家组成员，在徐州教育界有着较高知名度和影响力。

陈为强作为学校教科室主任，他勤于思考，勇于实践。先后主持省级规划课题5项，市级规划课题6项。"十三五"期间，又有两项省级立项课题，其中一项被江苏省教育厅立项为"基于测试分析的跟进式改革重大研究项目"之一，目前正在进行深入研究，另一项省级课题《构建小学数学情理相融课堂的实践研究》即将结题，课题研究成果被评为徐州市科研成果一等奖，围绕该课题出版33.6万字的专著《童在中央：打造情理相融的课堂》，该著作获得徐州市人民政府颁发的第十二届哲学社会科学优秀成果奖，并作为徐州市许多县（市、区）小学数学教师必读书目。2017年7月，所主持的省重点课题获得省组织部人才办公室资金资助。其撰写的文章在《上海教育科研》《教学与管理》等国家级核心期刊发表6篇，在《江苏教育》《小学数学教师》《小学教学》等省级刊物上发表37篇。

陈为强作为徐州市首届名师工作室的"陈为强数学名师工作室"的领衔人，承担培养指导青年教师的任务。先后与十余名教师签订师徒协议，定期对他们进行指导，其中，王广阔、乔秀艳已成为徐州市名教师、徐州市学科带头人、特级教师后备人才，张纯、王脉军被评为贾汪区学科带头人，张新艳等三名教师获得徐州市评优课一等奖。

第四批“江苏人民教育家培养工程”培养对象

丰县创新外国语学校校长　蒋显敬

蒋显敬，第四批“江苏人民教育家培养工程”培养对象。大学学历，丰县创新外国语学校校长，特级教师，全国优秀音乐教师，中国陶笛艺术委员会副会长，全国优秀少先队辅导员，江苏省“333工程”青年科技带头人，徐州市拔尖人才。先后主持《乐感与智力的探索》《让民族音乐为学生的终生奠基》《民族器乐学习——民办学校艺术发展的新路径》的研究工作，并取得显著成果。2004年主持的教育部教育科学“十五”规划重点课题“创新学习研究与实验”《基于创新学习的小学“作业超市”实践研究》结题后在全国近10个省市推广。出版《简谱视唱教材》《简谱乐理与视唱》《陶笛演奏法》《陶笛考级曲集》等专著。主持的《让民族音乐为学生的终生奠基》《民族器乐进入民办学校的实践及探索》分别获江苏省教学成果二等奖。开设讲座近100场，被《新华日报》等报刊报道。撰写《校长引领：教师专业发展之路》等60多篇论文在省级刊物发表。

蒋显敬1999年担任校长，反思长期的教育实践，结合深入的学习研究，于2007年修订培养目标：通过在民办学校开展民族艺术教育，拓宽艺术视野，陶冶学生情操，提高整体素质，使小学生的生理、心理、智力等方面都得到全面和谐的发展。十年的实践探索，蒋显敬带领团队开创出一条“文化育人、特色发展、全面带动的民办学校发展思路”，构建一套独具特色的民办校民乐课程体系——手脑共同发展，培植文化根基，在技能训练的同时促进学生的思维发展，包括理解力、表现力及创造力；在音乐教育的同时促进学生传统文化的理解、认同和表现。

2011年4月6日，蒋显敬所带领的学校承办由中国音乐教育学会主办的“全国中小学‘民族音乐进校园’成果交流展示会”，组织5016人同时演奏中国民族乐器陶笛，创下“最大规模的9孔陶笛演奏世界纪录”。2014年5月，承办全国陶行知艺术教育思想研讨会。2015年4月，承办中国首届陶笛重奏艺术音乐会。2016年5月，承办江苏省民办教育专业委员会主办的“艺术教育促进学校发展”前瞻论坛。2017年11月，承办“江苏省人民教育家培养工程”第四期培养对象小幼管理组“传承民族文化 筑梦教育自信”主题活动，来自全国各地的高中、初中、小学、幼教分管艺术教学的负责人和音乐美术教师1000余人出席、参与活动。2018年4月4日，澳大利亚孔子学院师生考察团到校考察，全校师生为他们展示传统舞龙、武术、剪纸、面塑、造纸、陶艺、陶笛演奏等中国传统文化，拉开中澳校际的交流序幕。

第四批“江苏人民教育家培养工程”培养对象

徐州市王杰中学校长　郭兆烽

郭兆峰，第四批“江苏人民教育家培养工程”培养对象。现任徐州市王杰中学校长、党委书记。中学正高级教师，江苏省特级教师，徐州市名教师，徐州市名校长，徐州市优秀专家、拔尖人才，江苏师大生物教育专业教育硕士生导师，江苏省第四期“333工程”第三层次培养对象。长期从事中学生物教育和学校管理实践与研究。近几年，参与、主持省市教学改革、市规划办重点课题5项，结题4项，多次参与省市校长与教师培训项目的教学与研究。在省级以上刊物发表教育教学和学术论文14篇，其中发表在国家级核心期刊6篇。

郭兆峰以优秀的学校文化提升办学境界，促进学校发展。以徐州市教育科学规划办重点课题的研究成果推广为抓手，通过改变影响学校发展的核心要素，在学校形象设计、文化创新、德育管理、教学改革、教师队伍发展、学校环境建设等核心要素和重点工作方面进行积极探索，以关注每位学生的发展为目标，采用系统规划，分项实施，整体推进的策略，促进学生、教师和学校不断进步，在省级及核心期刊《中国教育学刊》发表管理学术论文5篇。他深入推进课程改革，开发丰富的课程资源，以江苏省课程基地建设和课题研究为载体，推进高中课程改革和育人模式变革，培养学生核心素养，提高素质教育水平和升学水平，深化课程改革。扎实推进国家课程校本化实施，开发和实施校本课程。一是开发和实施综合实践课程，承办江苏省综合实践活动课程改革现场会。二是以课堂教学改革为重点，构建良好的课堂教学生态。多次承办徐州市课程改革现场会，学校被评为江苏省基础教育课程改革先进集体，在生物教学改革中，获得江苏省2004—2010年苏科版初中生物教材实验先进集体称号，2017年，学校报送的教学成果获得江苏省基础教育教学成果一等奖。

郭兆峰注重建设幸福而富有教育激情的教师团队，在校内构建“一主、二助、四提升”的教师发展模式，以“学科工作坊”“课题项目研究团队”“特色文化和教学项目”为抓手，组织教师开展“嵌入式学习”，不断提升教师素养。以“徐州市名师工作室”为平台，培养本学科骨干教师和管理团队。主持、参与省教研室多项课题如期结题，成果应用取得显著成效；在专业核心期刊《中学生物教学》和核心学术期刊《中国教育学刊》发表论文4篇。指导青年教师多人次被评为徐州市青年优秀骨干教师，获得江苏省生物评优课一等奖。

第四批“江苏人民教育家培养工程”培养对象

徐州市职成教研室教研员　胡晓虹

胡晓虹，第四批“江苏省人民教育家培养工程”培养对象。北京师范大学教育硕士，中小学正高级教师，原徐州市第一中学教师，现为市职成教研室教研员，任教语文学科。省特级教师、徐州市优秀专家、江苏省师范大学兼职硕士生导师、徐州工程学院兼职教授。两届市政府社科奖获得者，市教育系统高评委专家库成员，两届省“333工程”培养对象。在省级以上刊物发表论文50多篇，其中在核心刊物发表6篇，廓清或纠正教科书瑕疵4处，参与或主持省市课题8项。出版著作《聆听的花朵》(教育论文卷和文学作品卷)获2013年省“师陶杯”论文特等奖及2016年江苏省教育科学研究成果二等奖。

1996年7月，胡晓虹大学毕业回到母校--徐州一中，一直坚持在教学一线工作，认真学习、勤奋思考，从未懈怠。2004年9月，她报考北京师范大学语文教育硕士，学成归来，胡晓虹注重将崭新的教学理论应用于业务实践，尊重课堂教学和学生成长规律，不断探求课堂教学艺术，教学能力和业务水平进一步提高，专业知识功底日益精进，逐步形成“娓娓道来、温婉细腻”的教学风格。她引导学生从写好字等小事做起，坚持育人为本，德育为先，把教师“敢于管理”与学生“自主管理”相结合，创新值日班干部“日记录—周点评—月小结”等班级管理模式，获得良好成效，所带班级在历年考试中均取得骄人成绩。

教科研方面，胡晓虹注重汲取学科前沿成果，广采博纳，知识结构进一步优化，教学理念不断创新。教育博客“聆听的花朵”开设5年来，浏览量达7万，渐渐成为业内同仁交流探讨的平台。她还努力把先进的教学理论和教研成果转化成实实在在的教学实践，及时在组内交流教学体会，通过课题引领、听课评课、集体备课等多种方式指导本学科组多名青年教师备课、授课，帮助一批青年教师成长为骨干教师。

（责任编辑　严国年）

附:徐州市教育局2017年重要文件目录

序号	文件编号	标题
1	徐教〔2017〕13号	关于开展在职教师有偿补课专项整治活动的实施意见
2	徐教〔2017〕18号	徐州市教育局2017年工作要点
3	徐教〔2017〕23号	关于开展市属高中学校借读问题专项整治的通知
4	徐教〔2017〕69号	关于印发《市教育局直属中学2017-2018学年度教学质量监测评价方案》的通知
5	徐教〔2017〕73号	关于加快推行“3550”改革流程运行保障制度的意见
6	徐委教〔2017〕01号	关于印发《全市教育系统“发挥三个作用、建设强富美高新徐州”大讨论活动实施方案》的通知
7	徐委教〔2017〕04号	关于印发《全市教育系统文明单位〔校园〕创建工作的实施方案》的通知
8	徐委教〔2017〕05号	关于印发《2017年全市教育系统推进全国文明城市创建工作实施方案》的通知
9	徐委教〔2017〕09号	关于印发《2017年徐州市教育系统党建工作要点》的通知
10	徐委教〔2017〕14号	关于印发《徐州市教育系统推进“两学一做”学习教育常态化制度化的实施方案》的通知
11	徐委教〔2017〕23号	关于表彰2017年度徐州市教育系统先进集体和先进个人的决定
12	徐委教〔2017〕27号	关于全市教育系统认真学习贯彻党的十九大精神努力办好人民满意教育的通知
13	徐委教〔2017〕28号	关于印发《关于加强全市中小学校党建工作规范化建设的意见》的通知
14	徐委教〔2017〕29号	关于印发《关于进一步推进中小学校贯彻落实“三重一大”决策制度的意见》的通知
15	徐教规〔2017〕01号	徐州市2017年义务教育学校招生工作意见
16	徐教规〔2017〕02号	徐州市2017年市区初中学校招生实施办法

17	徐教规〔2017〕03号	徐州市2017年高中阶段学校招生工作意见
18	徐教规〔2017〕04号	徐州市2017年市区高中阶段学校招生实施办法
19	徐教办〔2017〕03号	关于印发《徐州市教育局机关2016年度考核工作方案》的通知
20	徐教办〔2017〕10号	关于印发《徐州市教育局2017年职能工作绩效目标任务分解》的通知
21	徐教办〔2017〕15号	关于印发《徐州市教育局机关财务管理制度实施细则》的通知
22	徐教办〔2017〕17号	关于调整徐州市教育局保密委员会成员和管理机构的通知
23	徐教办〔2017〕18号	关于调整涉密信息系统安全保密管理人员的通知
24	徐教办〔2017〕25号	关于印发《省委省政府支持徐州建设淮海经济区中心城市的意见》教育重点工作任务分解的通知
25	徐教安全〔2017〕02号	关于印发《2017年全市教育系统安全稳定工作要点》的通知
26	徐教安全〔2017〕07号	关于印发《2017年徐州市中小学(幼儿园)安全工作意见》的通知
27	徐教安全〔2017〕10号	关于表彰2016年度徐州市优秀平安校园的决定
28	徐教安全〔2017〕16号	关于切实加强全市学校安全工作的紧急通知
29	徐教安全〔2017〕19号	关于印发《关于加强中小学幼儿园交通安全教育实施方案》的通知
30	徐教备〔2017〕03号	关于成立徐州市教育技术装备首批专家库暨召开专家库成员会议的通知
31	徐教财〔2017〕05号	关于印发《徐州市教育局预决算信息公开管理办法》的通知
32	徐教财〔2017〕20号	关于进一步加强中小学财务管理严肃财经纪律的意见
33	徐教法〔2017〕01号	关于表彰2016年度徐州市依法治校示范校的通知
34	徐教法〔2017〕02号	关于做好2017年全市教育现代化建设监测工作的通知
35	徐教法〔2017〕03号	关于进一步推进“法治启航——女童保护和爱护我们的身体”普法专项工作的通知

36	徐教法〔2017〕10号	关于印发《市教育局行政执法公示、重大行政法决定法制审核、行政执法全过程记录实施办法》的通知
37	徐教法〔2017〕11号	关于印发《2017年教育系统法治宣传教育工作要点》的通知
38	徐教法〔2017〕12号	关于印发《徐州市教育系统领导干部学法用法实施办法》的通知
39	徐教法〔2017〕16号	关于印发《徐州市教育局“双随机”抽查工作细则》的通知
40	徐教法〔2017〕22号	关于加强中小学校章程建设的通知
41	徐教法〔2017〕23号	关于印发《深入推进我市教育行政部门社会信用体系建设》的通知
42	徐教人〔2017〕25号	关于进一步贯彻落实《市政府关于加快解决全市免费幼儿师范男生就业信访问题的会议纪要》的通知
43	徐教人〔2017〕35号	关于开展防治“吃空饷”问题长效机制建立情况专项督查迎检工作的通知
44	徐教发〔2017〕05号	关于加强学校建筑工地及校舍安全管理的通知
45	徐教发〔2017〕08号	关于下达2017年徐州市高中阶段教育招生计划的通知
46	徐教发〔2017〕19号	关于加强中小学基本建设管理增强廉政风险防控能力的通知
47	徐教基〔2017〕02号	关于公布2016年度义务教育现代化(标准化)学校名单的通知
48	徐教基〔2017〕11号	市教育局关于贯彻落实教育部省教育厅规定切实做好2017年义务教育招生入学工作的通知
49	徐教基〔2017〕21号	关于印发《关于做好义务教育阶段农村留守儿童教育工作的意见》的通知
50	徐教基〔2017〕29号	关于全面改善义务教育薄弱学校办学条件工作进展情况通报
51	徐教基〔2017〕37号	关于对全市无证幼儿园清理整顿工作进行抽查的通知
52	徐教基〔2017〕42号	关于重申严禁学校违规组织假期集体补课的通知
53	徐教基〔2017〕59号	关于推进家庭教育工作的实施意见
54	徐教基〔2017〕71号	关于进一步规范学校管理促进学生健康成长的意见

55	徐教职〔2017〕03号	关于加强民办教育寒假期间培训机构管理的通知
56	徐教职〔2017〕06号	关于做好2017年全市职业学校专业设置管理工作的通知
57	徐教职〔2017〕07号	徐州市教育局关于做好2016年度民办教育机构年检工作的通知
58	徐教职〔2017〕13号	关于印发2017年徐州市社会教育工作要点的通知
59	徐教职〔2017〕18号	关于表彰2017年职业学校“三创”优秀学生、优秀学时干部和先进班集体的决定
60	徐教职〔2017〕27号	关于开展全市中等职业学校学生学籍管理工作专项治理的紧急通知
61	徐教职〔2017〕28号	关于做好2017年秋季徐州市中等职业学校新生注册和备案工作的通知
62	徐教职〔2017〕33号	关于公布职教集团牵头院校和面向徐州战略产业的特需专业领办院校认定结果的通知
63	徐教体〔2017〕03号	关于做好徐州市2017年初中毕业生体育中考工作的通知
64	徐教体〔2017〕07号	关于公布徐州市2016年学生体质健康监测结果的通知
65	徐教体〔2017〕12号	关于实施学生体质健康报告书制度的通知
66	徐教师〔2017〕02号	关于做好我市乡村骨干教师培育站的通知
67	徐教师〔2017〕13号	关于实施教师队伍建设“三师工程”的意见
68	徐教师〔2017〕14号	关于开展徐州市首批“三师工程”评选工作的通知
69	徐教助〔2017〕01号	关于开展徐州市励志典型学生评选活动的通知
70	徐教党〔2017〕25号	关于印发《中共徐州市教育局委员会关于开展基层党组织换届工作的实施方案》的通知
71	徐教党〔2017〕30号	关于印发《市教育局机关“百家机关联百镇、千名干部进千村、万名党员入万户”集中走访帮扶活动方案》的通知
72	徐教党〔2017〕57号	关于印发《关于贯彻落实〈中国共产党党委(党委)理论学习中心组学习规划〉的实施细则》的通知
73	徐教党〔2017〕64号	关于印发《直属学校年轻校级干部培养选拔方案》的通知

74	徐教党〔2017〕99号	关于学习宣传贯彻党的十九大精神的通知
75	徐教关〔2017〕01号	关于公布徐州市基层学校关工委常态化建设先进单位的通知
76	徐教机党〔2017〕01号	关于表彰局机关“两学一做”学习教育活动先进党支部和先进个人的通知
77	徐教机党〔2017〕06号	关于评选推荐机关优秀共产党员、优秀党务工作者和先进基层党支部的通知
78	徐教机党〔2017〕07号	教育局机关关于推进“两学一做”学习教育常态化制度化工作的通知
79	徐教机党〔2017〕12号	关于印发《徐州市教育局机关开展“双联双促”工作法实施方案》的通知
80	徐教机党〔2017〕16号	关于印发《提升能力引领淮海——徐州市教育局机关大讲堂活动方案》的通知
81	徐教机党〔2017〕20号	关于印发《徐州市教育局机关党委学习宣传贯彻党的十九大精神工作方案》的通知
82	徐政教督〔2017〕01号	关于对2016年度县级政府教育工作督导的报告
83	徐政教督〔2017〕02号	关于对2016年度县级政府教育工作督导的意见
84	徐政教督〔2017〕06号	关于印发《徐州市学历教育民办中小学校督导评估方案》和《徐州市学历教育民办中小学校督导评估标准》(2017年修订)的通知
85	徐政教督办〔2017〕01号	关于2017年春季开学工作专项督导的意见
86	徐政教督办〔2017〕03号	关于开展2017年度县级政府教育工作督导考核暨县域学前教育督导的通知
87	徐政教督办〔2017〕07号	关于做好全国中小学校责任督学挂牌督导创新县(市、区)网上材料申报审核工作的通知
88	徐教宣〔2017〕12号	关于表彰2016年度局直属学校创建全国文明城市工作先进个人的通知
89	徐教宣〔2017〕24号	关于印发《2017年全国文明城市学校实地测评要求》的通知
90	徐教纪〔2017〕03号	关于开展在职教师校外有偿补课专项督查工作的预备通知
91	徐教纪〔2017〕06号	关于开展违规吃喝问题专项整治“回头看”的工作方案
92	徐教监〔2017〕01号	关于规范义务教育学校招生的预警通知

93	徐教监〔2017〕03号	关于徐州市中小学在职教师校外有偿补课典型案例查处情况的通报
94	徐教教研〔2017〕04号	关于启动“学讲计划”推进工作2016-2017年度先进学校、先进个人评选的通知
95	徐教教研〔2017〕05号	关于开展徐州市教育局直属学校校长论坛活动的通知
96	徐教团〔2017〕01号	关于表彰2016年度徐州市教育局直属单位共青团工作先进单位和先进工作者的决定
97	徐教团〔2017〕03号	关于印发《徐州市教育局团委二〇一七年工作意见》的通知
98	徐教团〔2017〕10号	关于开展全市团支部书记“双述双评”工作扎实推进“一学一做”教育实践深入开展的通知
99	徐教团〔2017〕15号	关于印发《中国共产主义青年团徐州市教育局委员会关于开展基层团组织换届工作的实施方案》的通知
100	徐教信〔2017〕01号	关于开展2016年度教育信息化创新应用成果征集、评选和表彰的通知
101	徐教信〔2017〕06号	关于开展2017年度全市“全市一优课、一课一名师”活动的通知
102	徐教信〔2017〕17号	关于印发《徐州市教育系统网络安全综合治理行动方案》的通知
103	徐教职称〔2017〕10号	关于做好徐州市中小学教师专业技术资格评审委员会专家库候选人选推荐工作的通知
104	徐教职称〔2017〕11号	关于做好徐州市幼儿园教师专业技术资格评审委员会专家库候选人选推荐工作的通知
105	徐教职称〔2017〕12号	关于做好徐州市中等职业学校教师中级专业技术资格评审委员会专家库人选推荐工作的通知
106	徐教职称〔2017〕13号	关于做好徐州市高校教师中级专业技术资格评审委员会专家库人选推荐工作的通知
107	徐教职称〔2017〕14号	2017年徐州市中小学、幼儿园教师专业技术资格评审工作意见
108	徐教职研〔2017〕02号	关于组织开展2017年徐州市职业学校课堂教学大赛的通知
109	徐教职研〔2017〕06号	关于举办2017年徐州市职业学校教学大赛的通知
110	徐教职研〔2017〕13号	关于印发《徐州市职业学校教学诊断与改进工作实施方案》的通知
111	徐委教民〔2017〕01号	关于印发《2017年民办学校党建工作意见》的通知